D1719665

Handbuch Körpersoziologie

Robert Gugutzer · Gabriele Klein · Michael Meuser
(Hrsg.)

Handbuch Körpersoziologie

Band 1: Grundbegriffe
und theoretische Perspektiven

Herausgeber*innen
Robert Gugutzer
Goethe-Universität Frankfurt am Main
Deutschland

Michael Meuser
Technische Universität Dortmund
Deutschland

Gabriele Klein
Universität Hamburg
Deutschland

ISBN 978-3-658-04135-9   ISBN 978-3-658-04136-6 (eBook)
DOI 10.1007/978-3-658-04136-6

Die Deutsche Nationalbibliothek verzeichnet diese Publikation in der Deutschen Nationalbibliografie;
detaillierte bibliografische Daten sind im Internet über http://dnb.d-nb.de abrufbar.

Springer VS

Lektorat: Cori A. Mackrodt, Stefanie Loyal

Gedruckt auf säurefreiem und chlorfrei gebleichtem Papier

Springer VS ist Teil von Springer Nature
Die eingetragene Gesellschaft ist Springer Fachmedien Wiesbaden GmbH

Vorwort

Die Soziologie des Körpers ist ein mittlerweile etabliertes, aber vergleichbar junges soziologisches Forschungsfeld. Noch in den Anfängen der Soziologie war der menschliche Körper ein wenig beachtetes Forschungsthema, obgleich bereits Autoren wie Georg Simmel, Norbert Elias, George Herbert Mead oder Alfred Schütz wegweisende Impulse für eine Soziologie des Körpers setzten und auch die Phänomenologie und Anthropologie von Arnold Gehlen, Helmuth Plessner und Maurice Merleau-Ponty wichtige Anregungen für körpersoziologisches Denken lieferten. Auch die Nachkriegssoziologie befasste sich kaum mit der gesellschaftlichen und soziologischen Relevanz des Körpers, obwohl gerade die Aufarbeitung der Volkskörper-Politik und der Körperideale des Nationalsozialismus dazu reichlich Anlass geboten hätten. Erst im Zuge der demokratischen Aufbrüche in den 1970er Jahren, zum Beispiel die Frauen-, Schwulen-, Lesben- und Schwarzenbewegung, geriet der Körper in den Fokus soziologischer Forschung und entwickelte sich in den folgenden Jahren und Jahrzehnten zu einem wichtigen und innovativen soziologischen Forschungsfeld.

Das in den 1970er Jahren gewachsene Interesse der Soziologie am Körper korrespondierte mit sozialen, ökonomischen, kulturellen, politischen, medialen und technologischen Prozessen, die den *body turn* in der Soziologie vorantrieben. Dazu zählen unter anderem neuere Individualisierungsschübe und die Durchsetzung postmaterialistischer Werte, die Globalisierung und Ausdifferenzierung der Massenmedien und die Etablierung der ‚Social Media‘, die Verbreitung der Konsumkultur und der Hedonismus der Popkultur, die Versportung, Ästhetisierung, Inszenierung und Eventisierung des Alltags, gen- und biotechnologische Innovationen, die Ausbreitung von Zivilisationskrankheiten und Epidemien, der Jugendlichkeitskult und die damit verbundenen Praktiken der Körper- und Schönheitsmanipulation, das Altern der Gesellschaft und die damit einhergehenden biopolitischen Strategien der Gesundheitsprävention. Zudem rückten einige Theorieentwicklungen den Körper in den Mittelpunkt sozial- und kulturwissenschaftlicher Diskurse: Der *practice* und *performative turn*, der *new materialism* und vor allem das Konzept des *embodiment* haben zur verstärkten Aufmerksamkeit auf den Körper in der Soziologie beigetragen.

Mittlerweile hat sich die Körpersoziologie als ein lebendiges und produktives Forschungsgebiet behauptet, was auch an einer inzwischen kaum mehr überschaubaren Anzahl an körpersoziologischen Publikationen zu erkennen ist. Das *Handbuch Körpersoziologie* dokumentiert diese Forschungslandschaft, indem es ein breites Spektrum an körpersoziologischen Perspektiven und Ansätzen zusammenträgt und über die Vielfalt der in den beiden Bänden des Handbuchs versammelten 72 Texte den Status Quo der Körpersoziologie eindrücklich re-präsentiert. Ein erstes Ziel des Handbuchs besteht von daher darin, jenen Leserinnen und Lesern, die sich seit längerem mit körpersoziologischer Forschung beschäftigen, einen gleichermaßen breiten wie fundierten Überblick über den aktuellen Stand der Körpersoziologie anzubieten. Zugleich wollen die beiden Bände den an der Körpersoziologie Interessierten, aber mit ihr noch wenig Vertrauten, einen Einblick in dieses Forschungsgebiet ermöglichen.

Das zweite Ziel des Handbuches besteht darin, den grundlegenden Stellenwert des Körpers für soziologisches Denken zu veranschaulichen. Es will zeigen, dass die Körpersoziologie nicht nur als eine von vielen Bindestrichsoziologien anzusehen ist, sondern allgemeinsoziologische Relevanz hat. Als Thesen formuliert: Der Körper ist für subjektiv sinnhaftes Handeln bedeutsam, wie er auch eine soziale Tatsache ist, die hilft, Soziales zu erklären. Der menschliche Körper ist Produzent, Instrument und Effekt des Sozialen. Er ist gesellschaftliches und kulturelles Symbol sowie Agent, Medium und Werkzeug sozialen Handelns. Soziale Strukturen schreiben sich in den Körper ein, soziale Ordnung wird im körperlichen Handeln und Interagieren hergestellt. Sozialer Wandel wird durch körperliche Empfindungen motiviert und durch körperliche Aktionen gestaltet. Körpersoziologie ist in diesem Sinne als *verkörperte Soziologie* aufzufassen. Darunter verstehen wir eine Soziologie, die am Körper ansetzend und auf den Körper zurückkommend das Soziale zu verstehen und zu erklären hilft. Diese Lesart will das *Handbuch Körpersoziologie* vertreten.

Zur Umsetzung der beiden Ziele haben wir für das Handbuch eine Struktur gewählt, die in vier thematischen Kapiteln Zugänge zur Körpersoziologie präsentiert. Aufgrund des Seitenumfangs sind sie auf zwei Bände verteilt.

In *Band 1, Teil A* wird eine Reihe *körpersoziologischer Grundbegriffe* vorgestellt. Damit sind Begriffe gemeint, die nicht nur für die Körpersoziologie, sondern auch für die allgemeine Soziologie wichtig sind. Manche dieser Grundbegriffe sind in der Soziologie etabliert, wie Handeln, Kommunikation, Macht oder Wissen, andere (noch) nicht, zum Beispiel Berührung, Interkorporalität, Rhythmus oder Wahrnehmung. Im ersten Fall werden die Begriffe einer körpersoziologischen Lesart unterzogen, um deren körperliche Dimension herauszuarbeiten. Im zweiten Fall wird, da die Körperlichkeit offenkundig ist, deren soziale Dimension ausgewiesen. Insgesamt ist eine Liste körpersoziologischer Begriffe entstanden, die für die Analyse jedweder sozialer Phänomene nutzbar ist.

Teil B in *Band 1* trägt den Titel *Theoretische Perspektiven*. Das Kapitel verfolgt das Ziel, die Relevanz der hier behandelten theoretischen Ansätze für die körpersoziologische Forschung und Theoriebildung zu verdeutlichen. Hier sind theoretische Ansätze zusammengestellt, von denen manche in der Körpersoziologie eine prominente Position einnehmen, beispielsweise Diskurs-, Handlungs- und Praxistheorie oder Phänomenologie. Andere hingegen sind eher randständig (geworden), wie Kritische Theorie oder Systemtheorie. Theoretische Ansätze, die zentral für körpersoziologische Forschung sind, werden dahingehend überprüft, welchen Beitrag sie für das körpersoziologische Denken geleistet haben. Theorien, bei denen der Körper kein wichtiger Baustein zu sein scheint, werden zudem daraufhin diskutiert, welchen Gewinn die Berücksichtigung einer körpersoziologischen Perspektive für die jeweilige Theorie verspricht.

Band 2, Teil C thematisiert die für Körpersoziologie relevanten *soziologischen Forschungsfelder*. Dieses Kapitel ist von der das Handbuch leitenden Idee einer verkörperten Soziologie getragen, die davon ausgeht, dass der Körper eine basale Bedingung des Sozialen ist und die Körpersoziologie mehr als eine spezielle Soziologie, nämlich grundlegend für alle soziologischen Teilgebiete ist. Die hier versammelten Texte veranschaulichen, dass und in welcher Hinsicht der Körper in unterschiedlichen soziologischen Forschungsfeldern wichtig ist. Körper, Körperlichkeit, Verkörperung oder Embodiment müssen sich hierbei nicht unbedingt nur auf den menschlichen Körper beziehen, sondern können auch Interaktionen zwischen menschlichen Körpern, Dingen, Objekten oder Artefakten einschließen. Deshalb ist es auch immer möglich, an der Verkörperung ansetzend die Konstruktion, Reproduktion und Transformation sozialer Wirklichkeit zu untersuchen. Indem Teil C eine große Bandbreite an soziologischen Forschungsfeldern präsentiert, die bislang zumeist ohne expliziten Körperbezug bearbeitet werden, beispielsweise Arbeit, Familie, Medien, Religion, Stadt oder Technik, verdeutlicht er zudem das grundlegende Erkenntnispotenzial der Körpersoziologie.

Teil D in *Band 2* stellt körpersoziologisch fundierte und praktizierte *methodische Zugänge* vor. Hier wird der Körper unter erkenntnistheoretischen, methodologischen und methodischen Gesichtspunkten betrachtet. Aber nicht nur der Körper als Forschungsgegenstand, sondern der Forscherkörper selbst wird als Bestandteil methodischer Zugänge in den Blick genommen und die Frage diskutiert, warum und wie der Forscherkörper für soziologisches Forschen allgemein bedeutsam ist. In diesem Sinne folgt das Kapitel nicht einer additiven Aneinanderreihung bereits etablierter, mitunter konkurrierender Methoden empirischer Sozialforschung. Vielmehr werden in diesem Kapitel verschiedene, körperlich und leiblich sowie körpersoziologisch relevante Aspekte des Forschens in den Mittelpunkt gerückt: Sprechen, Beobachten, Schreiben, Spüren. Zudem werden die Chancen und Grenzen, Herausforderungen und Hindernisse einer solchermaßen verkörperten Sozialforschung zur Diskussion gestellt, etwa in der Foto-, Video- oder Diskursanalyse körperlicher Phänomene.

Das *Handbuch Körpersoziologie* bietet mit der Zusammenstellung der vier Themenschwerpunkte – körpersoziologische Grundbegriffe, theoretische Positionen, soziologische Forschungsfelder und methodische Zugänge – einen breiten und differenzierten Überblick über wie auch einen vertieften und konzentrierten Einblick in die Körpersoziologie. Es erhebt dennoch keinen Anspruch auf Vollständigkeit. Auch dieses Handbuch weist Leerstellen auf, die zum Teil den „blinden Flecken" der Herausgeber und der Herausgeberin geschuldet, zum Teil durch kurzfristige Absagen zugesagter Beiträge bedingt sind. So fehlen in dieser Erstauflage des Handbuchs beispielsweise Beiträge zu wichtigen theoretischen Positionen wie „Postkoloniale Ansätze", zu körpersoziologisch relevanten Forschungsfeldern wie „Behinderung", „Politik" und „Militär" oder zu methodischen Aspekten wie „Transkription". In der zweiten Auflage des Handbuchs sollen diese und andere bis dahin offenkundig gewordenen thematischen Lücken geschlossen werden.

Schließlich sei noch ein formaler Hinweis angebracht. Da es sich bei dem vorliegenden Werk um ein Handbuch handelt, unterlagen die Texte einigen ‚strengen' formalen Vorgaben. Dazu zählen zum einen die je nach Teil des Handbuchs vorgegebenen Seitenumfänge der Beiträge sowie die Nennung von drei bzw. fünf besonders einschlägigen Quellen, die im Literaturverzeichnis fett hervorgehoben sind. Zum anderen waren auch die Beschränkung auf eine festgelegte Anzahl an Quellenangaben sowie der Verzicht auf Fußnoten vorgegeben. Dies bedeutete für die Autorinnen und Autoren eine besondere Herausforderung, da sie sich zum Teil auf wenige Publikationen konzentriert als auch auf manche Literaturverweise verzichtet haben.

Die Arbeit an dem *Handbuch Körpersoziologie* begann 2013, drei Jahre später ist es nun fertiggestellt. Der Weg dorthin hat nicht nur der Herausgeberin und den Herausgebern, sondern auch den Autorinnen und Autoren Ausdauer und Langmut abverlangt. Wir danken allen Mitwirkenden für ihre kollegiale Mitarbeit, ihre konstruktiven Beiträge und ihre Geduld. Unser Dank gilt auch dem Springer VS für das Angebot, dieses Handbuch herauszugeben und damit die Körpersoziologie als ein etabliertes Forschungsfeld anzuerkennen. Insbesondere danken wir Cori Mackrodt und Stefanie Loyal für die allzeit unkomplizierte, unterstützende und freundliche Kooperation, die es leicht gemacht hat, diese Publikation zu realisieren. Für seine umfangreiche, langjährige organisatorische Arbeit auf der Hinterbühne dieses Projekts danken wir schließlich Michael Staack.

Robert Gugutzer, Gabriele Klein, Michael Meuser
Frankfurt a. M., Hamburg, Dortmund im Mai 2016

Inhalt

Inhalt (Band 2)

Methodische Zugänge

Grundbegriffe

Berührung

Matthias Riedel

Was ist eine Berührung? Die umfassende Antwort auf diese zunächst einfach erscheinende Frage muss ein weites Gebiet von Forschungsansätzen und Disziplinen in den Blick nehmen: bis in die Antike zurückreichende philosophische Reflexionen über die Sinne ebenso wie aktuelle medizinische, physiologische, neurologische und psychologische Forschungsansätze zum *haptisch-taktilen* Erleben (für einen detaillierten Überblick vgl. Grunwald 2008). Traditionell werden Berührungen (etymologisch von mhd.: rüeren, ruoren, i. S. von rühren, bewegen) zunächst als Leistungen des Tastsinnes aufgefasst.

Eine klassische Unterscheidung wurde dabei von Gibson (1962, S. 477 ff.) eingeführt und hat sich bis heute – nicht zuletzt wegen ihrer guten Operationalisierbarkeit – als tragfähig und ergiebig erwiesen: Gibson spricht von *aktivem Tasten* auf der einen und *passivem Tasten* auf der anderen Seite. Übersetzt man diese Dichotomie in die Sprache der neuro- oder psychophysiologischen Forschung, so bezeichnet passives Tasten die *taktile Wahrnehmung* und aktives Tasten die *haptische Wahrnehmung*. Diese Definition und Übertragung ermöglicht somit, die Fachtermini *haptisch* und *taktil* nun wiederum in den alltagsweltlich vertrauten Begriff der *Berührung zu übersetzen*: berühren gegenüber berührt werden.

Es geht hierbei also um zwei verschiedene Handlungstypen, wenngleich diese – und das ist das Eigentümliche an Berührungen – in der Handlungs- und Wahrnehmungspraxis oft verschmelzen: „Bei aktiver Berührung ist zwar die Wahrnehmung des Ertasteten im Zentrum der Aufmerksamkeit, wohingegen bei passiver Berührung, beispielsweise bei einer Massage, das eigene Körperempfinden im Vordergrund steht, aber dennoch wird immer das ‚Eigene' und das ‚Andere' wahrgenommen" (Wagener 2000, S. 87). Diese Eigentümlichkeit hebt den Tastsinn von den anderen Sinnen des Menschen ab, denen diese „Reflexionsfunktion" nicht eigen ist: So nimmt man, während man beispielsweise etwas hört, nicht gleichzeitig die eigenen Ohren, oder das eigene Trommelfell als hörendes Organ wahr.

Für den Tastsinn hingegen ist eben diese „Reflexionsfunktion des eigenen Sinnesorgans" (Riedel 2012, S. 83) konstitutiv: „die Eigensteuerung einer tastenden Hand basiert auf der permanenten ‚Selbstwahrnehmung der Hand' (bezüglich ihrer Lage im Raum, des erfahrenen Drucks etc.) in einem rekursiven Abstimmungsprozess mit der gleichzeitig ablaufenden Fremdwahrnehmung des berührten *und* berührenden Körpers. Handelt es sich beim berührenden *und* berührten Körper um den Körper eines Menschen und nicht um einen unbelebten Körper, läuft dieser rekursive Prozess *aufeinander bezogen* in zwei Personen ab. Es entsteht eine ‚nonverbale Interaktion'" (ebd., S. 83), deren Medium die zwischen-menschliche Berührung ist.

Dies bedeutet aber nicht, dass nur Berührungen zwischen Menschen soziale Interaktionen begründen oder beeinflussen können. Auch *Selbst-, Tier- und Gegenstandsberührungen* können unmittelbar auf eine Interaktionssituation Einfluss nehmen, so z.B. wenn man in Gegenwart des Anderen mit einer Haarsträhne, dem Smartphone oder der Katze „spielt". Aber auch außerhalb von Interaktionssituationen (d.h. ohne die Co-Präsenz mindestens zweier Menschen) können *Selbst-, Tier- und Gegenstandsberührungen* von hoher sozialer Relevanz sein, wie sich z.B. zeigt, wenn (nicht nur) Kinder mit Hund oder Stofftier im Arm leichter einschlafen.

Diese breiter gefasste, nicht nur auf zwischen-menschliche Berührungen beschränkte Begriffsbestimmung stellt zudem eine direkte Anschlussfähigkeit an die Körpersoziologie her. So habe sich nach Gugutzer (2012) das neophänomenologisch orientierte Forschungsprogramm einer *verkörperten Soziologie* „auf die Analyse von Interaktionen zu konzentrieren, und das in dreifacher Hinsicht. Nicht nur interessieren hier Interaktionen (a) zwischen *Anwesenden,* so genannte face-to-face Interaktionen, sondern ebenso Interaktionen (b) zwischen *Abwesenden* wie auch (c) zwischen *menschlichen und nicht-menschlichen Akteuren*" (ebd., S. 88 f.).

1   Berührung – das unterschätzte Körpermedium

Die Körpersoziologie betont in besonderem Maße den Doppelcharakter des Körpers, zugleich Produzent *und* Produkt von Gesellschaft zu sein (vgl. z.B. Gugutzer 2015). Wie aber können Körper „ganz konkret" gesellschaftlich handeln bzw. gesellschaftlich hergestellt werden? Ein hierfür bisher – auch in der körpersoziologischen Betrachtung – wenig beachtetes „Körpermedium" sind Berührungen und Körperkontakte. Dies mag vor dem Hintergrund der gesellschaftlichen Allgegenwart von Berührungen und Körperkontakten in Beruf, Partnerschaft, Familie, Gesundheit, Pflege etc. zunächst verwundern. Dies ist einer Vielzahl von Faktoren geschuldet, was hier zumindest kurz ausgeführt werden soll (vgl. ausführlich Riedel 2008, S. 15 f.):

Zunächst lässt gerade die Allgegenwart und weitreichende Ritualisierung von zwischenmenschlichen Berührungen (wie Händedruck oder Abschiedskuss) die Mehrzahl der „reibungslosen Berührungen" im Alltagsbewusstsein häufig „unsichtbar" werden. Denn es entspricht der Eigenlogik der menschlichen Wahrnehmungsverarbeitung, dass vor allem neue, unerwartete und/oder affektiv besonders stark aufgeladene (Berührungs-)Interaktionen erinnert und damit einer Thematisierung zugänglich werden.

Hinzukommt, dass im sozialwissenschaftlichen wie öffentlichem Diskurs vielfach abstrakte „Globalbegriffe" wie Gewalt-Aggression-Macht, Liebe-Sexualität-Erotik, Sport-Tanz, Intimität-Zärtlichkeit-Nähe oder Wellness-Gesundheit-Pflege verwandt werden. Diese Begriffskomplexe bleiben jedoch – in Bezug auf die körperliche Dimension und Berührungen – unscharf, weil unterschiedlichste Einzelhandlungen, Kognitionen und Emotionen darunter subsumiert werden können bzw. umgekehrt die „Globalbegriffe" nur selten spezifiziert und in Einzelhandlungen übersetzt werden. In diesem Sinne „verschwinden" Berührungen hinter den genannten „Globalbegriffen" und werden dadurch bei einer Betrachtung sozialwissenschaftlicher Fachliteratur und öffentlicher Diskurse „unsichtbar", obwohl sie implizit stets Thema sind.

Zudem ist nicht außer Acht zu lassen, dass die gesellschaftliche und individuelle Wahrnehmung von Berührung fest verwoben ist mit der okzidentalen Sinnen- und Sittengeschichte, die den Fern- (Auge und Gehör) und Nahsinnen (Geruchs-, Geschmacks- und Tastsinn) unterschiedliche epistemologische, ethische und entwicklungsgeschichtliche Eigenschaften und Wertigkeiten zuschreibt. So steht beispielsweise auch Simmel noch merklich in der philosophischen Denktradition einer Hierarchie der Sinne, wenn er postuliert: „Gegenüber der soziologischen Betrachtung von Gesicht und Gehör tritt die der niederen Sinne zurück, wenngleich die des Geruchs nicht so weit, wie die eigentümliche Dumpfheit und Unentwickeltheit seiner Eindrücke anzunehmen verleitet" (Simmel 1908, S. 489). Und auch in der Zeit nach Simmel lebt die höhere soziale Relevanzzuschreibung an die Distanzsinne fort: Auge und Ohr gelten als die Basis für die auch global übertragbaren Sprachhandlungen in Wort, Schrift und Film, während der lokal gebundene Tastsinn bzw. Berührungen trotz ihrer genannten Allgegenwart scheinbar weniger bedeutsam seien für die Fundierung von Gemeinschaft und Gesellschaft.

2 Berührungen als Produzent und Produkt von Gesellschaft

Bereits 2004 arbeitete Gugutzer zentrale Identitätsmerkmale einer Soziologie des Körpers heraus, von denen Riedel (2012) den Aspekt, dass der Körper zugleich Produkt *und* Produzent von Gesellschaft ist, herausgreift und im Hinblick auf Berührungen anwendet und weiterentwickelt. Die Vorgehensweise, eine konkrete „Körper-Handlung" (Berührungen) in den Blick zu nehmen, bietet für die Körpersoziologie die Chance, konkreter greifbar und angreifbar zu machen, wie die Wechselbeziehung von Körper und Gesellschaft aussieht. Dabei werden zunächst drei Varianten von Körperpraktiken unterschieden, welche den Körper als „Produzent von Gesellschaft" kennzeichnen: *Körperroutinen, Körperinszenierungen und Körpereigensinn* (vgl. Gugutzer 2006, S. 14 ff.). Diese können sich beispielsweise in Worten oder Blicken äußern, ganz besonders jedoch im „Medium von Berührungen", wie sich am Beispiel des „Händchenhalten" prototypisch zeigen lässt: Während das Hand halten in der Kennlernphase vieler Paare ein bewusst eingesetztes (erstes) „Änderungs- bzw. Beziehungszeichen"

(Goffman 1974, S. 274) ist, das sowohl der individuellen körperlichen Inszenierung der beiden Partner (in spe) wie auch der neuen „Paar-Verbindung" dient, kann sich diese Berührungsform im Verlaufe der Partnerschaft zu einer gewohnheitsmäßig ablaufenden „Körperroutine" entwickeln (was deren Bedeutung verändert, aber nicht „automatisch" verringert). Der „Eigensinn des Körpers", zeigt sich in vorreflexiven, unkontrolliert ablaufenden Handlungen. So kann in der Kennlernphase z. B. eine unwillkürlich feuchte Hand beim ersten „Händchen halten" die bewusste körperliche Inszenierung als „cooler Typ" konterkarieren.

Neben diesen Dimensionen, die Berührung als „Produzenten von Gesellschaft" definieren, werden von Riedel (2012), wiederum in Anlehnung an Gugutzer (2006), fünf weitere Dimensionen unterschieden, in denen Berührungen als „Produkt der Gesellschaft" gefasst werden können, in dem Sinne, dass sich gesellschaftliche Strukturen, Konventionen, Institutionen und Technologien, aber auch gesellschaftliche Wissensformen u. ä. auf den Körper und damit auf die Berührungspraxis auswirken. Diese fünf Dimensionen – Körperformung, Körperdiskurs, Körperumwelt, Körperrepräsentation und Leiberfahrung – sowie ihre Anwendung auf den Begriff der Berührung sollen zum Abschluss des Beitrags etwas detaillierter beschrieben werden:

2.1 Körperformung

Unter dem Begriff der Körperformung wird gefasst, wie Berührungen und deren Wahrnehmung durch Gesellschaft geprägt werden. So wie der Körper als Ganzes geformt wird – beispielsweise durch direkte Eingriffe wie Prothetik, Piercing oder plastische Chirurgie, aber auch durch Arbeitsbedingungen, Ernährungsgewohnheiten oder Freizeitgewohnheiten, welche sich beispielsweise auf das (durchschnittliche) Körpergewicht auswirken – so unterliegt auch das Berührungsverhalten einer gesellschaftlichen Formung.

So beschreibt bereits Elias (1976), wie im „Prozess der Zivilisation" bestimmte Selbstberührungen, wie z. B. das Bohren in Nase oder Ohr, mit Scham oder Ekel „besetzt" und entsprechend im öffentlichen Raum geächtet wurden. Aktuell zeigt sich die gesellschaftliche Formung beispielsweise in technologischen Veränderungen wie touch-sensiblen Smartphone-Displays, welche völlig neue Gegenstandsberührungen (z. B. das Spreizen von Daumen und Zeigefinger zum Vergrößern des Dargestellten) erzeugt haben.

2.2 Körperumwelt

Gemäß der Systemtheorie nach Luhmann lässt sich der Körper (i. S. des biologischen und psychischen Systems) als Umwelt sozialer Systeme sehen, welcher seine soziale Relevanz erst in dem Moment erhält, in dem er zum Gegenstand von Kommunikationen gemacht wird. Bezogen auf die soziologische Betrachtung von Berührungen heißt dies, dass je nach dem, in welchem gesellschaftlichen Subsystem Berührungen thematisiert werden, ganz unterschiedliche Begriffe, Ziele und Wertungen relevant werden. So „kann ein Abtasten der Brust im Rechtssystem unter dem Gesichtspunkt Übergriff oder sexuelle Belästigung behandelt werden, während dieselbe Berührung, im medizinischen Kontext ausgeübt, als Palpation bezeichnet und moralisch neutral beurteilt würde" (Riedel 2012, S. 94).

2.3 Körperdiskurs

In Diskursen über den Körper und Berührungen schlagen sich Wissensbestände, aber auch normative Vorstellungen einer Gesellschaft nieder. Betrachtet man Berührungen unter dem Begriff des Körperdiskurses, liegt nicht mehr die materielle Seite der Berührung im Vordergrund, sondern es geht um die Frage, wie über den Körper und Berührungen gesprochen wird. Dabei spielen Berührungen und Körperkontakte in den verschiedensten Diskursen eine Rolle. Hier seien als Beispiele der Diskurs um die Erziehung von Kindern, der Hygienediskurs, Diskurse um körpertherapeutische Verfahren oder auch Gewalt und Missbrauch genannt.

2.4 Körperrepräsentationen

Unter der Analysekategorie der Körperrepräsentation geht es um die Frage, was die im Kontext verschiedener gesellschaftlicher Diskurse betrachteten respektive geformten Körper bzw. Berührungen *symbolisieren*. „Der menschliche Körper ist immer auch nicht-intendierter Träger von Zeichen und Zuschreibungen, die auf die soziale Herkunft, auf soziale Zugehörigkeiten und Machtverhältnisse verweisen" (Gugutzer 2006, S. 15). Hier geht es also v. a. auch um nicht-intendierte, zum Habitus (vgl. Bourdieu 1987) gewordene Körperhandlungen und Berührungen. So können beispielsweise eine militärische oder eine esoterische Körperformung ganz unterschiedliche Körpersprachen erzeugen, die entsprechendes Berührungsverhalten implizieren und anderes Berührungsverhalten ausschließen.

2.5 Leiberfahrung

Wie der Begriff „Erfahrung" bereits andeutet, liegt der Fokus dieser letzten Analysedimension nicht auf der Außenwahrnehmung von Körper oder Berührung, sondern auf der innerlich-leiblichen Selbstwahrnehmung einer Berührung. Es wird mit diesem Begriff also eine Perspektivenverschiebung von der Außen- zur Innensicht vorgenommen. Die Frage, wie wir eine Berührung spüren, lässt sich dabei nur teilweise biologisch oder neurophysiologisch beantworten, weil „die Wahrnehmung von Berührungen, z. B. als schmerzhaft oder zärtlich, [...] erst in einer Synthese von *Empfindung* (= individuellen sensomotorischen und somatosensorischen Leistungen) und *Erfahrung* (= vornehmlich unbewusste Bewertung vor dem Hintergrund von Sozialisation, kulturell geprägten Körperbildern, Berührungsbiografie, Berührungskontext bzw. -situation etc.)" entsteht (Riedel 2012, S. 95). Deshalb spielt für die Leiberfahrung eine zentrale Rolle, wer, wo, in welcher Situation eine Berührung vornimmt und/oder erfährt.

Literatur

Bourdieu, Pierre (1987). *Sozialer Sinn. Kritik der theoretischen Vernunft.* Frankfurt a. M.: Suhrkamp.

Elias, Norbert (1976). *Über den Prozess der Zivilisation: Soziogenetische und psychogenetische Untersuchungen. Bd. II: Wandlungen der Gesellschaft, Entwurf zu einer Theorie der Zivilisation.* Frankfurt a. M.: Suhrkamp.

Gibson, James J. (1962). Observations on Active Touch. *Psychological Review 69,* No. 6, 477–491.

Goffman, Erving (1974). *Das Individuum im öffentlichen Austausch. Mikrostudien zur öffentlichen Ordnung.* Frankfurt a. M.: Suhrkamp. (Englische Originalausgabe 1971: Relations In Public: Microstudies Of The Public Order).

Grunwald, Martin (Hrsg.). (2008). *Human Haptic Perception – Basics and Applications.* Basel; Boston/Berlin: Birkhäuser Verlag.

Gugutzer, Robert (Hrsg.). (2006). *Body Turn. Perspektiven der Soziologie des Körpers und des Sports.* Bielefeld: Transcript.

Gugutzer, Robert (2012). *Verkörperungen des Sozialen. Neophänomenologische Grundlagen und soziologische Analysen.* Bielefeld: Transcript.

Gugutzer, Robert (2015). *Soziologie des Körpers.* 5. vollst. überarb. Aufl. Bielefeld: Transcript.

Riedel, Matthias (2012). Soziologie der Berührung und des Körperkontaktes. In: Renate-Berenike Schmidt & Michael Schetsche (Hrsg.), *Körperkontakt – Interdisziplinäre Erkundungen* (S. 77–105). Gießen: Psychosozial-Verlag.

Riedel, Matthias (2008). *Alltagsberührungen in Paarbeziehungen. Empirische Bestandsaufnahme eines sozialwissenschaftlich vernachlässigten Kommunikationsmediums.* Wiesbaden: VS Verlag.

Schmidt, Renate-Berenike & Schetsche, Michael (Hrsg.). (2012). *Körperkontakt – Interdisziplinäre Erkundungen.* Gießen: Psychosozial-Verlag.

Simmel, Georg (1908). *Soziologie. Über die Formen der Vergesellschaftung.* Berlin: Duncker & Humblot Verlag.

Wagener, Uta (2000). *Fühlen-Tasten-Begreifen. Berührung als Wahrnehmung und Kommunikation.* http://oops.uni-oldenburg.de/641/1/674.pdf. Zugegriffen: 20. März 2015.

Bewegung

Gabriele Klein

Bewegung ist ein zentraler Topos der modernen Gesellschaft – und damit ein wichtiger Forschungsgegenstand der Soziologie. Bewegung wird bislang in verschiedenen soziologischen Teildisziplinen verhandelt: In der Körpersoziologie, die sich u. a. mit dem Verhältnis von Körper und Bewegung, mit Bewegungspraktiken, -kulturen und -ordnungen sowie mit Bewegungswissen und Bewegungsgedächtnis befasst; in der Sozialtheorie, die Bewegungen des Sozialen als Transformationen und Dynamisierungen von Gesellschaft(en) untersucht; in der Technik- und Mediensoziologie, die sich mit den gesellschaftlichen Auswirkungen von technischem Fortschritt in Transport- und Kommunikationsmedien beschäftigen und in den Forschungen über soziale Bewegungen, die sich den nicht-institutionalisierten Formen politischer Artikulation widmen. Dieser Text stellt die zentralen, für eine körpersoziologische Forschung wichtigen Diskursfelder vor und skizziert Aspekte einer Soziologie der Bewegung.

1   Bewegung und Moderne

Die moderne Gesellschaft versteht sich als eine Gesellschaft in Bewegung und schreibt ihre Geschichte als die des Fortschritts, der Mobilität, der Geschwindigkeit und der ‚Flüssigkeit‘; ‚Tempo‘, ‚Dynamik‘, ‚Beschleunigung‘ gehören zu ihren zentralen Leitmetaphern. Mit der Transformation der ständischen mittelalterlichen Ordnung und der Überwindung der Vorstellung, dass die Bewegung der Welt und die weltliche Ordnung durch eine höhere Macht bestimmt seien, wird Bewegung in der Moderne zu einem Vorgang, der gemacht werden muss und der gestaltet werden kann. In der modernen Gesellschaft wird Bewegung zu einer performativen Kategorie.

Die modernen Naturwissenschaften und Technik forcieren die Vorstellung von Bewegung als eine Kategorie der Machbarkeit und Gestaltbarkeit. Sie verstehen Bewegung nicht mehr, wie noch das kosmische Weltbild, als einen Grundantrieb des Seins, sondern als einen beobachtbaren, messbaren, schriftlich und bildlich fixierbaren Gegenstand. Um die Gesetze der Bewegung zu erkunden, wird körperliche Bewegung stillgestellt und zu einem vom Betrachter losgelösten Phänomen erklärt.

Die moderne Gesellschaft wird begleitet durch eine Vielzahl von technischen Errungenschaften, die eine neue Beweglichkeit in Raum und Zeit ermöglichen, Mobilität forcieren, die Globalisierung der Märkte befördern und die Lebensgewohnheiten massiv verändern: Technische Beförderungsmittel wie Eisenbahnen, Automobile und Flugzeuge sowie technologische Kommunikationsmedien wie Fernschreiber, Radio, Telefon, Fernseher, Mobiltelefone und digitale Medien forcieren eine „Revolution der Geschwindigkeit" (vgl. Virilio 1993). Bewegung wird dem Prinzip der Beschleunigung (vgl. Rosa 2013) unterstellt. Damit radikalisiert sich das Verhältnis von Bewegung und Stillstand, der fortan als Nicht-Aktivität und Unbeweglichkeit diskriminiert wird.

Die technischen Bildmedien (Fotografie, Film, Video) ändern die Wahrnehmung, Erfahrung und Darstellung von Bewegung. Die Kinematographie eröffnet ein Verständnis von Bewegung als eine Aneinanderreihung von Bildern. Bewegung, bislang gedacht als eine Eigenschaft der materiellen und körperlichen Welt, dringt damit in die Vorstellungswelt der Bilder ein. Dies hat Konsequenzen für die Wahrnehmung körperlicher Bewegung, die nunmehr über das Film (und Video-)Bild korrigiert, analysiert und optimiert wird. Die Körper-Bewegung wird über die Bild-Bewegung beglaubigt.

Die Beweglichkeit und das Mobilitätscredo der modernen Gesellschaft des 20. Jahrhunderts schlagen sich nicht unbedingt in gesellschaftstheoretischen Entwürfen nieder: Evolutionäre, auf historische Genese ausgerichtete gesellschaftstheoretische Entwürfe, wie sie noch beispielsweise von Auguste Comte oder Karl Marx und im 20. Jahrhundert von Norbert Elias entwickelt wurden, weichen jenen ‚statischen' soziologischen Konzepten, die – wie der Strukturfunktionalismus – die Funktionsweisen und Struktureigentümlichkeiten stabiler Gesellschaften thematisieren. Am Ende des 20. Jahrhunderts setzen sich dann jene sozialtheoretischen Entwürfe durch, die Gesellschaft ‚zeitdiagnostisch' und damit rein gegenwartsbezogen analysieren. ‚Sozialer Wandel' heißt hingegen das Konzept, mit dem die Veränderung von Gesellschaften beschrieben wird, und diese wird gemeinhin nicht als ein permanenter Prozess, sondern als ein besonderer Vorgang, als Über-Gang von einem Gesellschaftszustand in einen anderen beschrieben. Der Begriff Bewegung selbst wird jenseits gesellschaftlicher Institutionen verortet und auf soziale und politische Bewegungen bezogen, die, wie die Frauen-, Schwulen- und Lesben-, Schwarzen-, Antiatomkraft-, Friedens- oder Occupybewegung, außerhalb der etablierten gesellschaftlichen und politischen Institutionen ihre Ziele durchzusetzen versuchen. Oder er wird dort verwendet, wo es um Wanderungsbewegungen von Menschen geht, seien es Arbeitsmigrant*innen oder politische Flüchtlinge.

Es sind mit den Arbeiten von Norbert Elias, Michael Foucault und Pierre Bourdieu vor allem drei gesellschaftstheoretische Ansätze, die den Bewegungsbegriff – metaphorisch und analytisch – nutzen, um das für soziologische Theorien zentrale Verhältnis zwischen Individuum und Gesellschaft zu beschreiben. Sie liefern nicht nur die theoretische Grundlage der Körpersoziologie, sondern auch einer Soziologie der Bewegung: Norbert Elias untersucht, wie Figurationen, verstanden als Bewegungsordnungen, sich in ‚Haltungen' niederschlagen, die er sowohl als Körperhaltungen in Bewegungsordnungen wie auch als verinnerlichte Normen begreift. Michael Foucault fokussiert die Rolle der Institutionen bei der Herstellung sozialer Macht-Ordnungen und untersucht die Praktiken des „Übens" und deren Auswirkungen auf die Regulation von körperlichen Bewegungen. Pierre Bourdieu wiederum richtet sein Augenmerk auf die alltäglichen Bewegungen, die er als habitualisierte Muster gesellschaftlicher Ordnungen verstehen will.

2   Körper, Bewegung und Subjekt

Die experimentellen Biowissenschaften formulieren Anfang des 20. Jahrhunderts ein neues Bewegungskonzept, das die einzelnen Phasen des Bewegungsablaufs selbst zu einer objektiv messbaren Tatsache erklärt. Damit verändert sich das Verständnis von Bewegung: Sie wird nunmehr in der Unterbrechung gedacht, die Bewegungsbahn wird fixiert, und Bewegung wird über Fragmentarisierung und Stillstand analysiert. Die biomechanischen Bewegungsanalysen finden ihre Anwendung in der detaillierten Vermessung der körperlichen Bewegung und Leistungsfähigkeit, wie sie das Militär, die taylorisierte Fabrikarbeit, aber auch der Leistungssport, der mit den modernen Olympischen Spielen die Bühne betritt, benötigt. Diese Vermessungsstrategien transformieren sich zu Beginn des 21. Jahrhunderts zu einer umfassenden Selbstvermessung des Subjektes und werden damit Teil einer gouvernementalen Politik.

Ausgangspunkt und Zielscheibe einer durch moderne Naturwissenschaften und Technik forcierten Objektivierung, Metrisierung und Fragmentierung von Bewegung ist der menschliche Körper, dessen Bewegungen bereits seit der Renaissance an geometrische Muster angepasst werden. Das 19. Jahrhundert macht körperliche Bewegungen dann in doppelter Weise zum wissenschaftlichen Gegenstand: Auf der einen Seite durch die Bewegungsphysiologie, die den Körper als einen mechanischen Bewegungsapparat versteht, und andererseits durch die Neurophysiologie, die sich den elektrischen Impulsen der Nervenleitungen widmet und damit für die Antriebskraft des Körpers nicht mehr die Willenskraft, sondern physikalische Größen verantwortlich macht.

Gegen ein hierarchisches und funktionales Verhältnis von körperlichem Bewegen und geistigem Handeln, von Motorik und Verstand argumentieren körper- und bewegungssoziologische Ansätze (Alkemeyer 2004; Gebauer 2004; Klein 2004; Alkemeyer et. al. 2009). Sie setzen sich damit von jenen soziologischen Handlungstheorien (z. B. bei Max Weber und Jürgen Habermas) ab, die körperliche Bewegung nicht als Handlung selbst, sondern als *Medium* des Handelns oder als nicht-selbstständige Handlung verstehen, da sie Handeln als willentlich gesteuert und rational begründet begreifen. In Anlehnung an die Anthropologie und Phänomenologie (z. B. Gehlen, Merleau-Ponty und Plessner) verstehen körper- und bewegungssoziologische Ansätze Bewegung als einen unmittelbaren Zugang des Menschen zur Welt. Sie deuten Bewegung einerseits als einen Handlungsmodus des Körpers: Bewegung ist demnach das, was der Körper macht. Andererseits verstehen sie Bewegung aber auch als eine Existenzweise des Körpers: Bewegung ist das, was der Körper ist. Körperliche Bewegung ist damit aus bewegungssoziologischer Sicht weit mehr als ein Mittler zwischen Ich und Welt. Sie wird beschrieben als „Existenzweise des Sozialen" (Alkemeyer 2004, S. 57), als wirklichkeitskonstituierend und welterzeugend, als sinnkonstituierend und bedeutungsgenerierend, als Grundlage habitueller Dispositionen und als konstitutiv für Subjektbildungen und Subjektivierungsprozesse.

3   Gesellschaftliche Mobilität und körperliche Bewegung

Vor dem Hintergrund des modernen Geschwindigkeitsparadigmas thematisieren sozialwissenschaftliche Forschungsbefunde die Transformation des Bewegungsverhaltens: Der „passive Körper" (Sennett 1997, S. 22 ff.), der sich ohne körperliche Bewegung und jenseits der Grenzen körperlicher Wahrnehmungsfähigkeit in Raum und Zeit fortbewegt, tritt auf die historische Bühne. Körperliche Bewegung hingegen wird zum Ausgleichsfaktor von Bewegungslosigkeit und körperlicher Passivität des an technische Medien gekoppelten Menschen. Der zum „rasenden Stillstand" (Virilio 1996) gezwungene Mensch avanciert zum Leitbild jenes post/modernen Bewegungsverständnisses, das ein Auseinanderdriften von Psyche und Motorik befürchtet und die körperliche Bewegung selbst als einen Ausgleich an Überreizung durch Bewegungslosigkeit verstanden wissen will: Freizeit-, Fitness-, Sport-, Tourismus- und Gesundheitsindustrien kommerzialisieren das normative Konzept des unter Bewegungsarmut leidenden Subjekts, indem sie den Körper selbst zur Ware erklären und als Bild-Körper, als imaginäre Figur vermarkten. Gekoppelt an die Körpermaschinen der Fitnessstudios und an digitale Selbstvermessungsapparaturen transformiert sich Bewegung, einst ein Grundprinzip des Seins, im 21. Jahrhundert zu einem Medium der Selbstsorge in neoliberalen Gesellschaften.

4   Soziale Choreografie: Die Ordnung des Sozialen
als Ordnung der Bewegung

Körperbewegungen produzieren und repräsentieren Interaktionsordnungen. Diese These wurde bereits von Erving Goffman herausgearbeitet, indem er Interaktionsordnungen als Ordnungen von sich bewegenden Körpern vorstellte. Es ist, so Goffman, die „leibgebundene Kundgabe" (Goffman 1974, S. 32 ff.), die dem Anderen die Situation vorhersehbar macht. Das Erkennen und Verstehen der Handlungen des Anderen nennt Goffman eine „einfache Leibeskontrolle" (ebd., S. 34), auch sie vollzieht sich auf der Ebene körperlicher Wahrnehmung. Leibliche Kundgabe und Leibeskontrolle setzen eine Lesbarkeit des Körpers voraus, und diese ist möglich, weil körperliche Bewegungen für Goffman nicht primär individuell und einzigartig, sondern kulturell kodiert und intersubjektiv verständlich sind. Als kulturelle Konvention werden Bewegungen erlernt und im Laufe der Körper- und Bewegungssozialisation habitualisiert.

Goffmans interaktionstheoretische Perspektive sieht keine der Situation selbst vorgelagerte normative Ordnung vor. Vielmehr entsteht die Ordnung in der Situation selbst.

Die Verbindung von Makro- und Mikroebenen von Bewegungsordnungen und Bewegungspraktiken hingegen versucht das Konzept der sozialen Choreografie (Klein 2014) einzufangen. Es thematisiert die Räumlichkeit und Zeitlichkeit des Sozialen, die als eine in der Bewegungsorganisation generierte, emergente Ordnung (Luhmann) von In- und Exklusion, von Marginalisierung und Macht, aber auch von Subversion, Transformation oder Revolution gedacht werden können.

Soziale Choreografie als emergente (Bewegungs-)Ordnung bezieht sich auf eine körperliche Praxis, die eine performative Ordnung des Sozialen herstellt, die als ästhetische und soziale gleichermaßen lesbar wird. Das Konzept der sozialen Choreografie thematisiert von daher nicht primär das Soziale der Choreografie im Sinne eines sozialen Aspekts des Tänzerisch-Ästhetischen. Soziale Choreographie ist hingegen zum einen als konkrete räumlich-zeitliche Organisationsform von Körpern zu verstehen, die sich interaktiv aufeinander beziehen bzw. interkorporal sind (z.B. im Straßenverkehr, in Demonstrationen, auf Tanzflächen). Soziale Choreografie bezieht sich demnach auf die sich in Zeit und Raum ereignenden körperlichen Interaktionen, oder anders gesprochen: auf die emergenten Choreografien in der Mikrostruktur sozialer Situationen. Soziale Choreografie fasst zum anderen aber soziale Räume als choreografierte Räume, so beispielsweise den öffentlichen Raum als eine durch Stadtplanung, Verkehrsinfrastrukturen und Architekturen materialisierte Ordnung. Diese Ordnungen sind raumzeitliche Bewegungs-‚Vor-Schriften'. Sie regeln den Bewegungsfluss und das Bewegungsverhalten der Menschen und steuern damit auch die Muster sozialer Wahrnehmung und Erfahrung.

Soziale Ordnung als Bewegungsordnung zeigt sich also in einem doppelten Sinne: Bewegungsordnung kann materialisiert und manifest sein, wie Architektur und gebaute Umwelt. Ordnung ist aber auch performativ, insofern sie erst durch die ineinandergreifenden Bewegungen der Akteure hervorgebracht wird, die sich wiederum auf die materialisierte Bewegungsordnung beziehen. Insofern thematisiert soziale Choreografie das Soziale als repräsentative und performative Ordnung von Raum, Körper, Objekten und Materialien. Sie eröffnet damit intersektionale Bezüge zwischen soziologischer Theorie, Körpersoziologie, Material Studies, Bewegungsforschung und Raumsoziologie und versucht, die Breite und Differenziertheit eines soziologischen Begriffs der Bewegung zu fassen, der mehr meint als individuelle Körperbewegung.

Literaturverzeichnis

Alkemeyer, Thomas et. al. (Hrsg) (2009). *Ordnung in Bewegung. Choreographien des Sozialen. Körper in Sport, Tanz, Arbeit und Bildung.* Bielefeld: Transcript.

Alkemeyer, Thomas (2004). Bewegung und Gesellschaft. Zur „Verkörperung" des Sozialen und zur Formung des Selbst in Sport und populärer Kultur. In: Klein, Gabriele (Hrsg.), *Bewegung. Sozial- und kulturwissenschaftliche Konzepte* (S. 43–78). Bielefeld: Transcript

Gebauer, Gunter (2004). Ordnung und Erinnerung. Menschliche Bewegung in der Perspektive der historischen Anthropologie. In: Klein, Gabriele (Hrsg.), *Bewegung. Sozial- und kulturwissenschaftliche Konzepte* (S. 23–42). Bielefeld: Transcript.

Goffman, Erving (1974). *Das Individuum im öffentlichen Austausch: Mikrostudien zur öffentlichen Ordnung.* Frankfurt a. M.: Suhrkamp.

Klein, Gabriele (2004). Bewegung denken. Ein soziologischer Entwurf. In: Ders. (Hrsg.), *Bewegung. Sozial- und kulturwissenschaftliche Konzepte* (S. 131–154). Bielefeld: Transcript.

Klein, Gabriele (2014). Choreografien des Protests. Zu den Bewegungsordnungen kollektiver Aufführungen. In: Martina Löw (Hrsg.), *Vielfalt und Zusammenhalt: Verhandlungen des 36. Kongresses der Deutschen Gesellschaft für Soziologie in Bochum und Dortmund 2012.* (S. 805–814). Frankfurt a. M.: Campus.

Rosa, Hartmut (2013). *Beschleunigung und Entfremdung. Entwurf einer kritischen Theorie spätmoderner Zeitlichkeit.* Berlin: Suhrkamp.

Sennett, Richard (1997). *Fleisch und Stein. Der Körper und die Stadt in der westlichen Zivilisation.* Frankfurt a. M.: Suhrkamp.

Virilio, Paul (1993). *Der negative Horizont. Bewegung, Geschwindigkeit, Beschleunigung.* München/Wien: Edition Akzente.

Virilio, Paul (1996). *Die Eroberung des Körpers: vom Übermenschen zum überreizten Menschen.* Frankfurt a. M.: Fischer.

Disziplin

Gabriele Sobiech

Der Begriff Disziplin verweist auf Phänomene der modernen Gesellschaft, auf die, Stefan Breuer (1986, S. 45) zufolge, zuerst Karl Marx und Georg Simmel hingewiesen haben. Für Marx bedeutete Disziplin die in der Industrie „typische technische Unterordnung des Arbeiters unter den gleichförmigen Gang der Arbeitsmittel", die zu einer „kasernenmäßigen Disziplin", zu „Regelmäßigkeit, Gleichförmigkeit, Ordnung, Kontinuität" führen sollte. Diese Form der Disziplinierung ist nach Marx aber nicht nur negativ zu verstehen, vielmehr stelle die Überwindung des Disziplinmangels der Arbeiter für die Gesellschaft auf ihrem Weg zum Sozialismus eine Notwendigkeit dar. Simmel wiederum fasste unter Disziplin zunächst die auf persönliche Unterwerfung fußenden Machtverhältnisse, die es in Beziehungen der Unterordnung unter ein objektives und unpersönliches Prinzip zu transformieren galt. Der „Übergang vom Subjektivismus der Herrschaftsverhältnisse zu einer objektiven Formation und Fixierung" (ebd.) zeige sich z. B. im Militär oder in der Maschinenarbeit.

Erst Max Weber aber, so Breuer (ebd.), erhob die Disziplin zur *Schlüsselkategorie* der modernen Gesellschaft. Als Unterkategorie von Herrschaft bezieht diese sich auf die „‚Eingeübtheit' des kritik- und widerstandslosen Massengehorsams" (Weber 1990, S. 28 f.). In der Disziplin wird demnach eine Handlung, ohne diese zu reflektieren, aufgrund eingeübter Einstellungen ad hoc ausgeführt.

Die nicht- oder vorbewusste Einübung von Haltungen und Einstellungen stellte auch für Norbert Elias (1976) einen zentralen Vorgang im „Prozess der Zivilisation" dar. Elias sieht die in der frühen Kindheit einsetzende, permanente Konditionierung des Verhaltens und Empfindens in der bürgerlichen Gesellschaft als Teil einer Steuerungsfunktion, die der Fremdzwänge nicht mehr bedarf. Die damit verbundene Verdrängung von Triebregungen durch eine automatische Selbstüberwachung entlang gesellschaftsüblicher Schemata und Modelle, durch die sich erst ein stabiles „Über-Ich" herausbilden kann, sind Merkmale einer „psychischen Selbstkontrollapparatur", die mit der wachsenden Stabilität der „gesellschaftlichen Zentralorgane" in engem Zusammenhang steht (ebd., S. 319 f.).

Auf welche Weise die Disziplin eine Technologie darstellt, die sich nicht nur auf die Automatik der Gewohnheiten richtet, vielmehr den *Körper,* seine Haltungen, Bewegungen und Gesten en detail (Foucault 1977, S. 178) betrachtet, um ihn zu unterwerfen und zugleich zu einem ausnutzbaren Körper umzuformen, hat vor allem Michel Foucault (1977) in seiner genealogischen Untersuchung über die „Geburt des Gefängnisses" aufgezeigt. Die Entstehung der Disziplinartechnologie, die im 17. und 18. Jahrhundert die traditionelle Ständegesellschaft zersetzt und damit das juristische Modell der souveränen Macht nach und nach ablöst, die sich im Verfügungsrecht über den Körper bis hin zur Macht über den Tod der Untertanen manifestiert, verändert sich nun in eine Macht über das Leben, die mit einer „politischen Anatomie" (ders., S. 177) des Körpers in Zusammenhang steht. Der Körper ist im Sinne Foucaults ein wesentlicher Bestandteil des Operierens von Machtverhältnissen in der modernen Gesellschaft. Gefängnisse sind nur ein Beispiel für die fortschreitende Ausweitung der Disziplinarsysteme, die im Laufe des 18. und 19. Jahrhunderts auch innerhalb anderer Institutionen wie dem Militär, dem Hospital, den Fabriken und der Schule ihre Wirkungen entfalten.

1   Die Techniken der Disziplinarmacht:
Die nützliche Dressur des Körpers

Um das Ordnen menschlicher Vielfältigkeiten zu möglichst geringen Kosten und wenig Widerständen auf Seiten der Bevölkerung sicher zu stellen und um die Leistungsfähigkeit der Einzelnen mit der Leistungsfähigkeit der pädagogischen, militärischen, industriellen und medizinischen Apparate zu verbinden, waren Machttechniken notwendig, die nicht mehr wie das feudale Prinzip mit „Abschöpfung" von Gütern und Leistungen arbeiteten, sondern mit „Wertschöpfung" (Foucault 1977, S. 281). Gemäß dieses Prinzips konnte sowohl die Akkumulation der Menschen wie auch die Akkumulation des Kapitals in Einklang gebracht werden. Dieser Entwicklung liegt aber nicht der Wille eines einzelnen Akteurs oder einer privilegierten Gruppe von Akteuren zugrunde, vielmehr geht es um eine strategische Situation in einer Gesellschaft, die zwar intentional, aber unabhängig von der Intention einzelner Subjekte ist.

Ein Widerstandsort gegen diese intentionale Ausrichtung von Machtdispositiven (Diskurse, Techniken, Rituale, architektonische Muster etc.) kann nach Foucault (1986, S. 117) nicht ein einzelner „Ort der Großen Weigerung – die Seele der Revolte" sein, sondern bildet „das nicht wegzudenkende Gegenüber" der Macht, das sich in einzelnen Widerstandspunkten manifestiert und nur im strategischen Feld der Machtbeziehungen existiert. Widerstandspraktiken, die bestimmte gesellschaftliche Machtverhältnisse in der Disziplinargesellschaft kritisieren und verändern wollen, können deshalb dazu führen, die gegebenen Verhältnisse zu reproduzieren und zu stabilisieren (Dahlmanns 2008, S. 60).

Foucault (1977, S. 177) interessierte sich in besonderem Maße für solche disziplinierenden Verfahren, die „unterworfene und geübte", „fügsame und gelehrige Körper" fabrizieren. Um die Kräfte des Körpers zu steigern, wird empirisch erzeugtes

Kontrollwissen auf eine Weise zur Anwendung gebracht, die „Körperverhalten nach strengen Regeln dressurhaft in habituelle Schema" (Honneth 1994, S. 69) presst und auf routinemäßige Abläufe hin festlegt. Machtverhältnisse bringen demnach Wissen hervor, das wiederum Machtwirkungen zur Folge hat. Dieses durch Macht erzeugte Wissen formuliert und definiert zugleich Normen, die in sozialen und institutionellen Praktiken eine Differenzierung in normal und anormal nahe legen (vgl. Lemke 1997, S. 96).

Insgesamt sind die disziplinierenden Methoden und Techniken also darauf ausgerichtet, das individuelle Verhalten kontrollierbar und präzise berechenbar zu machen, um eine möglichst optimale Ausnutzung der Körperkräfte zu erreichen. Zu den Disziplinartechniken gehören weiterhin die soziale Parzellierung (jedem Individuum wird ein Platz zugewiesen), die Klassifizierung und anschließende Einordnung jedes Einzelnen in eine hierarchische Sozialstruktur (durch normierende Sanktionen und dokumentierende Überprüfungen). Entscheidend für die Durchsetzung einer allumfassenden Normierung ist die Einrichtung eines „zwingenden Blicks", einer permanenten Überwachung, paradigmatisch aufgezeigt am Modell des Panoptikums (Foucault 1977, S. 263), das als verallgemeinerungsfähiges Funktionsmodell die gesamte Gesellschaft durchzieht.

Foucault interpretierte die zunehmende Individualisierung demnach nicht als Zunahme größerer Autonomie und Emanzipation, sondern vielmehr als Unterwerfung (Kammler et al. 2008, S. 269). Kritik übte Foucault damit auch an den Humanwissenschaften, die Innerlichkeit (Selbstzwänge) als Ausdruck eines freien, souveränen Subjekts verstehen und damit die Unterwerfungsmechanismen verschleiern. „Die ‚Aufklärung', welche die Freiheiten entdeckt hat, hat auch die Disziplinen erfunden" (Foucault 1977, S. 285). Das Subjekt wird über eine bestimmte Disziplinar- und Machttechnologie also erst erzeugt, sichtbar an den Vorstellungen, die den Individuen über sich selbst angeboten werden (Dahlmanns 2008, S. 79).

2   Optionen für körpersoziologische Disziplinstudien

Der foucaultsche Blick auf den Körper als Effekt strategischer Macht-Wissens-Technologien, kurz: Disziplinen, ist für körpersoziologische Analysen äußerst bedeutsam. Er stellt nicht nur die angebliche Natürlichkeit des Körpers in Frage, vielmehr wird dieser durch die konsequente Historisierung seiner materiell-leiblichen Erscheinung dekonstruiert. Die Vorstellung einer „kulturellen Vorgängigkeit" wird als nichtexistent und damit als strategisches Spiel um Macht, Wissen und Wahrheit entlarvt (Kammler et al. 2008, S. 267). Auch dadurch, dass Foucault auf der Ebene lokaler Praktiken zeigt, wie der Körper unmittelbar ins Feld des Politischen gerät, ist sein theoretischer Ansatz bezüglich einer Analyse von *Disziplinierungs- und Normalisierungspraktiken des Körpers,* die zugleich den strategischen Einsatz von Herrschafts-, Macht-, Produktions- und Kommunikationstechniken reflektieren will, besonders fruchtbar. Exemplarisch soll an zwei Bereichen kurz auf die gewinnbringende Verwendung seiner „kleine(n) Werkzeugkisten" (Foucault 1976, S. 53) verwiesen werden.

Disabilitiy Studies

Im Zentrum der Disability Studies stehen die von Foucault herausgearbeiteten Praktiken der Körperdisziplinierung mit Bezug auf den abweichenden Körper, der sich nach Waldschmidt (2007, S. 61) nicht auf eine „vorsoziale, beschädigte Körperlichkeit" reduzieren lässt. Vielmehr zeigen die mit der Disziplinierungspraxis – z.B. des Differenzierens, Hierarchisierens und Ausschließens – verknüpften diskursiven Strategien, wie durch Naturalisierung und Pathologisierung von Behinderung die verkörperte Devianz dem negativen Pol des Normalfeldes, z.B. der Gesundheit, zugerechnet wird. Vor allem mit der Machttechnik des „zwingenden Blicks", die im klinischen Blick auf den defizienten Körper ihre Wirkung entfaltet, ist die Erfahrung von „(Ver-)Objektivierung mit der Erfahrung von Behinderung" (ebd., S. 63) unauflösbar verbunden. Entgegen der angeblich vorgegebenen Ontologie von Behinderung kann durch die Nutzung von Foucaults Werkzeugkasten die Konstruktion von Normalität und Abweichung, also das „making disability", ins Blickfeld rücken. Kritisiert wird am Ansatz von Foucault, dass die körperliche Materialität mit ihrem Eigensinn, insgesamt das Handlungspotenzial, das auch mit marginalisierten Körpern verbunden ist, übersehen wird.

Sportsoziologie

Trotz des in den 1980er Jahren einsetzenden „body turns" in den Sozial- und Kulturwissenschaften geriet der Körper als Produkt und Produzent gesellschaftlicher Strukturen mit wenigen Ausnahmen kaum in den Blick der Sportsoziologie (Gugutzer 2006, S. 41). Diesem Umstand ist es wohl auch geschuldet, dass das Interesse an Foucaults Analyse disziplinatorischer Machttechnologien im deutschsprachigen Raum zunächst äußerst marginal blieb. Dabei ist der Sport wie kein anderer Bereich eine kulturelle Praxis, die auf die Fokussierung körperlicher Disziplinierungs- und Machtverhältnisse verweist (Sobiech 2000, S. 111 ff.; Honneth 1994, S. 65). In den kollektiven Dressuren von Haltungen und Körpertätigkeiten, in den komplexen Methoden der Raum- und Zeiteinteilung sowohl der philanthropischen Körpererziehung im 18. Jahrhundert als auch des Jahnschen Turnens im 19. Jahrhundert kommen all jene Mechanismen der Disziplinarmacht zum Tragen, die auch im Militär, in Fabriken und Internaten das vornehmlich männliche Individuum produzieren. Das zum Sport gehörende individualisierende Leistungsprinzip, das Streben nach Erfolg, das immer auch eine funktionelle Zurichtung des Körpers impliziert, wird auch für Frauen mit ihrem Eindringen in die Sportbewegung zu Beginn des 20. Jahrhunderts wirksam (Sobiech 1994, S. 48 ff.). Sobiech (1994) hat nachgewiesen, auf welche Weise die spezifischen Mittel der Disziplinarmacht in der Orientierung an gesellschaftlichen Idealkörperbildern bis in die Gegenwart normalisierende Wirkungen erzielen.

Zusammengefasst: Körpersoziologische Disziplinstudien im Anschluss an den Wegbereiter solcher Analysen, Michel Foucault, verdeutlichen, wie institutionelle Verschränkungen von Wissen und Macht auf produktive Weise auf individuelle Körper einwirken, indem sie diese kontrollieren und disziplinieren.

Literatur

Breuer, Stefan (1986). Sozialdisziplinierung. Probleme und Problemverlagerungen eines Konzepts bei Max Weber, Gerhard Oestereich und Michel Foucault. In: Christoph Sachße & Florian Tennstedt (Hrsg.), *Soziale Sicherheit und soziale Disziplinierung* (S. 45–69). Frankfurt a. M.: Suhrkamp.

Dahlmanns, Claus (2008). *Die Geschichte des modernen Subjekts. Michel Foucault und Norbert Elias im Vergleich.* Münster/New York/München, Berlin: Waxmann.

Elias, Norbert (1976). *Über den Prozeß der Zivilisation. Soziogenetische und psychogenetische Untersuchungen. Bd.2. Wandlungen der Gesellschaft. Entwurf zu einer Theorie der Zivilisation.* Frankfurt a. M.: Suhrkamp.

Foucault, Michel (1976). *Mikrophysik der Macht: Michel Foucault über Strafjustiz, Psychiatrie und Medizin.* Berlin: Merve.

Foucault, Michel (1977). *Überwachen und Strafen. Die Geburt des Gefängnisses.* Frankfurt a. M.: Suhrkamp.

Foucault, Michel (1986). *Der Wille zum Wissen. Sexualität und Wahrheit. Bd. 1.* Frankfurt a. M.: Suhrkamp.

Gugutzer, Robert (2006). (Hrsg.). *body turn. Perspektiven der Soziologie des Körpers und des Sports.* Bielefeld: transcript.

Honneth, Axel (1994). *Desintegration. Bruchstücke einer soziologischen Zeitdiagnose.* Frankfurt a. M.: Fischer.

Kammler, Clemens/Parr, Rolf/Schneider, Ulrich J. (2008). *Foucault Handbuch. Leben – Werk – Wirkung.* Stuttgart: J. B. Metzler.

Lemke, Thomas (1997). *Eine Kritik der politischen Vernunft. Foucaults Analyse der modernen Gouvernementalität.* Berlin, Hamburg: Argument.

Sobiech, Gabriele (1994). *Grenzüberschreitungen. Körperstrategien von Frauen in modernen Gesellschaften.* Opladen: Westdeutscher Verlag.

Sobiech, Gabriele (2000). Die nützliche Dressur des Körpers – Sport als Fokussierung gesellschaftlicher Körper-Macht-Verhältnisse. In: Beate Blanke & Katharina Fietze (Hrsg.), *Identität und Geschlecht* (S. 111–128). Hamburg: Czwalina.

Waldschmidt, Anne (2007). Macht – Wissen – Körper. Anschlüsse an Michel Foucault in den Disability Studies. In: dies. & Werner Schneider (Hrsg.), *Disability Studies, Kultur-*

soziologie und Soziologie der Behinderung. Erkundungen in einem neuen Forschungs-
feld (S. 55–77). Bielefeld: transcript.
Weber, Max (1990⁵). *Wirtschaft und Gesellschaft. Grundriß der verstehenden Soziologie.*
Tübingen: Mohr.

Emotion

Rainer Schützeichel

Setzt man die Begriffe „Körper" einerseits und „Emotion", „Gefühl" oder „Affekt" andererseits miteinander in Beziehung, so ergibt sich ein breites Spektrum an bedeutsamen soziologischen Dimensionen und Fragestellungen. Diese haben eine erhebliche Relevanz sowohl für die Soziologie des Körpers und wie auch für die Soziologie der Emotionen bzw. Affekte, aber sie betreffen darüber hinaus auch allgemeine sozialtheoretische Problemstellungen. Die bisherigen Schwerpunkte körpersoziologischer Forschung ergänzend, in denen der Körper vornehmlich als Träger von Handlungspraktiken oder Subjekt von spezifischen Erkenntnisvermögen thematisiert wird, rückt in diesen Zusammenhängen der Körper als leibliches Organ affektiver, „gefühlter" Welt- und Selbstbeziehungen in den soziologischen Blick.

Es gibt keine einheitliche Begriffsgeschichte und keine einheitlichen Definitionen. Während im englischsprachigen Kulturraum „Affekt" (lat. afficere: versehen mit) der Oberbegriff zu „emotions" (lat. emovere: herausbewegen) und „sentiments" (lat. sentire: empfinden) ist, werden im deutschsprachigen Bereich Affekte eher als unwillkürliche, besonders heftige emotionale Regungen begriffen. Zwischen „Emotion" und „Gefühl" zeichnet sich in den letzten Jahren eine semantische Trennung dergestalt ab, dass als „Emotion" der umfassende, auch Kognitionen umfassende mentale Komplex bezeichnet wird, als „Gefühl" hingegen die rein phänomenalen, sinnlich erfahrbaren Gehalte dieses Komplexes. In begriffsgeschichtlicher Hinsicht ist bedeutsam, dass in der jüngeren Begriffsgeschichte mit dem Aufkommen der „kognitiven Wende" Emotionen und Kognitionen einen Gegenbegriff bilden, während noch bis in die Anfänge des vorigen Jahrhunderts der zentrale Gegensatz derjenige zwischen „Affekt" und „Leidenschaft" war in dem Sinne, dass sich entweder die Affekte eines Subjekts bemächtigen oder ein Subjekt seine Leidenschaften zu kontrollieren vermag (vgl. Schützeichel 2010).

Nach einer kurzen Vorverständigung über die Konzepte der Emotion bzw. des Affekts bzw. allgemein über „phänomenale Zustände" (1) werden die folgenden Dimensionen und Fragestellungen näher vorgestellt: Die Relevanz des Körpers für eine Binnendifferenzierung zwischen Emotionen und Affekten, Stimmungen und Atmosphären (2), die Relevanz affektueller und emotionaler Akte oder allgemein phänomenaler Zustände in Bezug auf Differenzierungen im Konzept des Körpers selbst und damit im Hinblick auf die wichtige Unterscheidung zwischen Körper und Leib (vgl. dazu den Beitrag von Lindemann im Kapitel „Grundbegriffe") (3) sowie die unterschiedlichen sozialtheoretischen Positionierungen im Hinblick auf die affektuelle Konstitution sozialer Beziehungen und die soziale Konstitution emotionaler-affektueller Ordnungen (4). Schließlich gehen wir im letzten Punkt auf eine Frage mit zivilisationsgeschichtlicher und gesellschaftstheoretischer Bedeutung ein: der Körper als Objekt von Emotionen und Affekten (5).

(1) Als „phänomenale Zustände" können solche Zustände bezeichnet werden, die sich durch ein Empfinden, Fühlen und Spüren von bestimmten Erlebnissen und Erfahrungen auszeichnen. Emotionen, Affekte, Gefühle, Stimmungen und Atmosphären sind spezifische solcher phänomenaler Zustände, also solche prototypischen (individuellen oder kollektiven) Erlebnisse, die wir alltagssprachlich als „Wut", „Ärger". „Ekel", „Treue" oder „Trauer", aber auch als „andächtige Stimmung" oder als „gedrückte Atmosphäre" beschreiben. Die interdisziplinäre wie auch die soziologische Forschungslage sind zwar theoretisch wie terminologisch und begrifflich desintegriert (vgl. Schützeichel 2006), dennoch lässt sich tendenziell feststellen, dass das Forschungsfeld eine tripolare Struktur zwischen „Körper", „Leib" und „Bewusstsein" aufweist: Die Individuierung solcher phänomenaler Zustände wird entweder auf körperliche Prozesse oder auf leibliche Empfindungen oder auf mentale Akte zurückgeführt. Das Konzept „phänomenaler Zustände" dient aber auch in körpersoziologischer Hinsicht dazu, zwischen dem Leib als Ort phänomenalen Erlebens und dem Körper als einer physischen Einheit zu differenzieren. Diese tripolare Struktur von „Körper", „Leib" und „Bewusstsein" legen wir auch den folgenden Ausführungen zugrunde.

(2) In affekt- bzw. emotionssoziologischer Hinsicht unterscheiden sich die Positionen im Hinblick darauf, in welchem Grade sie Emotionen und Affekte als verkörperlicht bzw. verleiblicht konzipieren. Entsprechend lassen sie sich ebenfalls in ein dreipoliges Theoriefeld eintragen: Der erste Pol wird durch Positionen markiert, die Emotionen als körperlich präformierte und fundierte Anpassungsreaktionen auf bestimmte Umweltzustände beschreiben, als physiologische Prozesse, die nur unter bestimmten Umständen mental repräsentiert werden. Der zweite Pol wird durch (leib-)phänomenologische Positionen gebildet, denen zufolge Gefühle, Emotionen, Affekte als leibliche Empfindungen individuiert oder als leibliches Betroffensein von Atmosphären realisiert werden. Auf dem dritten Pol finden sich kognitivistische Positionen. Diese betrachten Emotionen als mentale Zustände des Bewertens von Ereignissen und Sachverhalten. Körperliche Erregungen werden als Epiphänomene begriffen, die weder zum Gehalt noch zur Genese von Emotionen etwas beitragen, sondern schlichtweg als „arousal" erlebt werden.

„Körper" steht in diesen theoretischen Forschungsprogrammen häufig als Kompaktbegriff für diejenige organische Einheit, die von einem Bewusstsein nicht oder kaum zu kontrollieren und zu regulieren ist, sondern mit einer Eigenoperativität ausgestattet ist. Werden Emotionen oder generell phänomenale Zustände in dieser Weise als verkörpert konzeptualisiert, so weisen sie eine vergleichsweise geringe kulturelle und kognitive Permeabilität auf. Diese Verkörperung von Gefühlen führt verschiedenen Ansätzen (z. B. der Habitustheorie) zufolge zu einer Komplizenschaft des Körpers und seinen habituellen Dispositionen mit den obwaltenden sozialen Strukturen und damit zu einer Reproduktion symbolischer Gewalt durch inkorporierte Gefühle. Auf die Körperdimension nehmen ebenso die so genannten „neo-jamesianischen" Forschungsrichtungen Bezug, die mitunter mit der Annahme von so genannten Basisemotionen oder „Affektprogrammen" verbunden sind und von daher auch sozialtheoretisch fruchtbar gemacht werden. Im Rahmen der jüngeren „affect theory" (Gregg/Seigworth 2010) wird schließlich drittens ebenfalls die Autonomie der Affekte betont und auf das autonome, vorintentionale Begehren (conatus) des Körpers zurückgeführt.

„Leib" steht in diesem Spektrum gemäß der Traditionen der Phänomenologie und der Philosophischen Anthropologie für Formen leiblicher Intentionalität, die als Atmosphären der sozialen Ordnung eine „spürbare", „affektive" Dimension verleihen (vgl. Schmitz et al. 2011). Im Gegensatz zum physischen Körper wird hier auf eine spezifische Intentionalität des Leibes verwiesen, die sich in affektiven Akten des Spürens, Empfindens und Erfahrens äußert. Der Leib ist ein „gefühlter Leib" oder ein „feeling body" (Colombetti 2014). „Bewusstsein" hingegen steht in diesem tripolaren Feld eher für ein Verständnis von Emotionen als spezifischen affektiven Episoden, als entkörperlichte, mentale Zustände, die aus der kognitiven Bewertung von internen oder externen Zuständen resultieren. Als mentale Zustände weisen sie, so die Vertreter dieser soziologischen Forschungsrichtung, eine sprachliche und kulturelle Strukturierung und Präkonfiguration auf. Nicht die leibliche Kommunikation, auch nicht die körperlichen Affekte, sondern semantische Regeln und Normen sowie kulturelle Konstruktionen sind dementsprechend für die Genese wie die soziale Reproduktion von phänomenalen Qualitäten als Emotionen verantwortlich.

(3) In körper- bzw. leibsoziologischer Hinsicht führt die Berücksichtigung von phänomenalen Qualitäten wie Empfindungen, Gefühlen und Affekten zu der fundamentalen Differenzierung zwischen Körper und Leib. Diese Differenz wird unterschiedlich begründet. In der philosophischen Anthropologie wird die Grenze zwischen „Körper haben" und „Leib sein" gezogen. Dem Körper (lat. „corpus") als einem anatomischen oder physiologischen Gegenstand steht der Leib (mhd. von „lip": Leben) als die lebendige, sich-selbst spürende oder empfindende Einheit gegenüber. Der Phänomenologie und Neo-Phänomenologie gemäß ist der Leib gleichsam die transzendentale Bedingung unseres Zur-Welt-Seins; unser Denken gründet in unseren leibhaftigen, spürbaren Erfahrungen (vgl. Gugutzer 2012). Eine besondere Bedeutung in Bezug auf die Körper-Leib-Unterscheidung haben in jüngerer Zeit enaktivisti-

sche Theorien erhalten. Diese vertreten eine Position der „embodied cognition" (vgl.
Varela et al. 1991). Sie gehen davon aus, dass die sensitive und motorische Interaktion
mit der Umwelt konstitutiv für Kognitionen und mentale Repräsentationen ist. Kognitionen resultieren also nicht aus Repräsentationen einer vorgegebenen Welt durch
eine vorgegebene mentale Struktur, sondern entwickeln sich auf der Basis von handelnden Interaktionen eines Organismus mit seiner Umwelt. Enaktivistische Theorien gehen von einer Emotionen und Stimmungen fundierenden Affektivität eines
Organismus aus, die sich in einem Spüren, Fühlen und sonstigen phänomenalen Erlebnissen ausdrückt. In diesen manifestiert sich ein ursprüngliches Affiziert-Sein als
einer ursprünglichen Bestrebung eines Organismus.

(4) Auch in Bezug auf die sozialtheoretisch bedeutsame Frage nach den unterschiedlichen Formen und Mechanismen der Vergemeinschaftung bzw. Vergesellschaftung
bietet die hier zugrunde gelegte tripolare Struktur einen heuristischen Anhaltspunkt,
um entsprechende Theorieschulen und Forschungsperspektiven zu ordnen: Solche
soziologischen Perspektiven, die vornehmlich mit dem Konzept des „Körpers" arbeiten, betonen die vergesellschaftende Funktion von Körpern und anderen „Materialitäten". Von ihnen wird insbesondere der affektuelle, vorintentionale Vergesellschafts-
modus betont, der sich in entsprechenden Körperpraktiken realisiert.
     Demgegenüber betonen (leib-)phänomenologische Ansätze die Eigenlogik sinn-
lich-phänomenaler Ordnungen und öffnen somit den Blick für die Frage, wie sich
in diesen sinnlich-phänomenalen Ordnungen soziale Konstellationen abbilden und
wie sich – umgekehrt – soziale Konstellationen sinnlich-phänomenal und damit in
den verschiedenen affektiven und emotionalen Dimensionen im Sinne einer „ein-
gefleischten Sozialität" oder einer „gefühlten Sozialität" produzieren und reproduzieren. Im Beharren auf diese vorsprachliche und präreflexive Dimension leiblicher
Intentionalität könnten sowohl kognitivistische wie auch generell a-intentionale
Theorieansätze korrigiert werden. In enger Kooperation mit (leib-)phänomenolo-
gischen Ansätzen öffnen enaktivistische Theorien auch einen Blick auf die zentrale
soziologische Frage nach der Genese sozialer Beziehungen durch „social cognition"
bzw. „empathy". Hier stehen sich seit geraumer Zeit simulations- und sogenannte
theorietheoretische Ansätze in ihren unterschiedlichen Varianten gegenüber. Simu-
lationstheorien zufolge verstehen wir Andere, indem wir deren Verhalten und Erleben simulieren und deren Perspektive übernehmen. Theorietheoretische Ansätze
betrachten hingegen das Verstehen Anderer als einen kognitiven, inferentiellen Prozess. Enaktivistische bzw. phänomenologische Theorien kritisieren die gemeinsame
Voraussetzung beider Theoriegruppen: Die mentalen Zustände, die es zu simulieren
bzw. theoretisch zu erklären gilt, werden in der cartesianischen Tradition als verborgen und intransparent angenommen. Von daher wird in beiden Gruppen die
Notwendigkeit eines „mindreading" unterstellt. Phänomenologisch-enaktivistische
Theorien betonen demgegenüber das leibliche, affektuelle „participatory sense making", durch welches sich Individuen koordinieren. Dabei schließen sie an phäno-

menologische Leibtheorien (Edith Stein, Max Scheler, Hermann Schmitz), aber auch an Goffmans Untersuchungen zur Interaktionsordnung wie auch an jüngere pragmatistische Leibtheorien an, die beispielsweise in besonderer Weise „somatic styles" oder „somaesthetics" (Shusterman 2012) als grundlegend für kommunikative Prozesse betrachtet, die besondere (ein- oder gleichstimmige) affektive Atmosphären erzeugen und damit die Grundlage für ein „emotional sharing" (Goldie 2000, S. 193) bilden können.

In kognitivistischen Emotionstheorien wird hingegen nicht die leibliche Kommunikation als zentraler Modus der Vergemeinschaftung und Vergesellschaftung von Emotionen und Affekten betrachtet, sondern es werden der Modus der Perspektivenübernahme und der Institutionalisierung semantischer oder normativer Regeln in den Vordergrund gerückt. Kognitivistische Emotionstheorien vertreten entweder Theorien rationaler Wahl oder normative Handlungstheorien. Entsprechend vollzieht sich die Einübung in die soziale Emotionalität und Affektivität als eine kognitive Aneignung und Bewältigung von Emotionsregeln und Emotionsstandards.

(5) In gesellschaftstheoretischer Hinsicht ist hervorzuheben, dass der Körper in jüngerer Zeit zunehmend zum Ankerpunkt der Zuschreibung von personalen und sozialen Identitäten geworden ist. Entsprechend ist der Körper damit auch Anlass von Emotionsarbeit und Objekt von Emotionen, seien es solche der Scham oder des Neids, wenn der Körper und das ihn begleitende leibliche Empfinden von sozial als gültig angesehenen Erwartungen abweicht, seien es solche des Stolzes, der Zufriedenheit oder der Anerkennung, wenn er solchen Erwartungen gerecht wird. Identitätsarbeit, Emotionsarbeit und Körperarbeit stehen also in einem engen Zusammenhang. Dies betrifft insbesondere solche sozialen Felder, in denen Körper in einer besonderen Weise präsent sind, also die Sexualität und Intimbeziehungen, Sport, Medizin und Massenmedien, aber auch und gerade die lebensweltlichen Nobilitierungs- und Positionierungskämpfe innerhalb wie zwischen den Geschlechtern, in denen die Körper entsprechend affektiv inszeniert werden. Diese affektive Inszenierung des Körpers steht in der zivilisationsgeschichtlichen Tradition der von Elias (2010) diagnostizierten Affektkontrolle, die auch in erster Linie eine Kontrolle des Körpers und des körperlichen Ausdrucks ist.

Literatur

Colombetti, Giovanna (2014): *The Feeling Body*. Cambridge MA/London: MIT Press.
Elias, Norbert (2010): *Über den Prozess der Zivilisation*. 2 Bde. Frankfurt am Main: Suhrkamp.
Goldie, Peter (2000): *The Emotions*. Oxford: Oxford University Press.
Gregg, Melissa & Seigworth, Gregory J. (Hg.) (2010): *The Affect Theory Reader*. Durham/London: Duke University Press.

Gugutzer, Robert (2012): *Verkörperungen des Sozialen: Neophänomenologische Grundlagen und soziologische Analysen.* Bielefeld: Transcript.

Schmitz, Heinrich, Müllan, Rudolf Owen & Slaby, Jan (2011): Emotions outside the box – the new phenomenology of feeling and corporeality. *Phenomenology and the Cognitive Sciences 20,* 241–259.

Schützeichel, Rainer (Hg.) (2006): *Emotionen und Sozialtheorie.* Frankfurt am Main/New York: Campus.

Schützeichel, Rainer (2010): Der Wert der politischen Leidenschaft. Über Max Webers „Affektenlehre". *Tel Aviver Jahrbuch für Deutsche Geschichte 38,* 103–116.

Shusterman, Richard (2012): Pragmatism's Embodied Philosophy: From Immediate Experience to Somaesthetics. In: Bryan S. Turner (Hg.): *Routledge Handbook of Body Studies.* London: Routledge, S. 34–48.

Varela, Francisco J., Thompson, Evan & Rosch, Eleanor (1991): *The Embodied Mind. Cognitive Science and Human Experience.* Cambridge: MIT Press.

Habitus

Gunter Gebauer

1 Herkunft des Begriffs

Das lateinische Wort *habitus* ist eine Übersetzung des griechischen *hexis*. In der Philosophie des Aristoteles wird damit der Begriff der Haltung bezeichnet. Sie ist eine erworbene ethische Einstellung, die mit einer Haltung des Körpers verbunden ist. Innen und Außen des Menschen bilden eine gemeinsame Form. So zeigt die gerade Körperhaltung einen geraden, aufrechten Charakter; sie ist der äußere Aspekt der inneren Beschaffenheit des Subjekts. In der mittelalterlichen Scholastik wird *habitus* verstanden als eine „dauerhafte Anlage eines Dings zu etwas" (Thomas von Aquin nach L. Schütz 1964); sie wird als Vermittlungsinstanz zwischen Potentialität und einer aktuellen Handlung aufgefasst. Im 20. Jahrhundert wird der Begriff des Habitus in einer Arbeit des Kunsthistorikers Erwin Panofsky aufgenommen: Er führt die Struktur von scholastischem Denken und des hochgotischen Architekturstils auf einen beiden zugrunde liegenden Habitus zurück. Von diesem Gedanken wurde Pierre Bourdieu zur Entwicklung seines soziologischen Konzepts des Habitus angeregt, das seine bereits zuvor formulierten Überlegungen über den Zusammenhang von subjektiver Weltsicht und objektiven Sozialstrukturen in der traditionellen algerischen Gesellschaft (Bourdieu 2000) begrifflich fasst.

2 Bourdieus Ausarbeitung des Begriffs

Was Bourdieu von Panofskys Betrachtung übernimmt, ist der Gedanke, dass den kulturellen Produktionen einer bestimmten Epoche ein gemeinsames generierendes Prinzip zugrunde liegt. Die grundlegende Haltung, die dem scholastischen Denken und dem gotischen Kathedralenbau gemeinsam ist, wurde in Klosterschulen gelegt: In der schulischen Institution wurde eine *strukturierende Struktur* ausgebildet, die von den Absolventen entsprechend den jeweiligen Feldbedingungen auf die Philosophie und die Baukunst angewendet wurde. Auf diese Weise erzeugte sie eine Systematik und innere Kohärenz verschiedener Felder desselben kulturellen Systems (Bourdieu 1974).

Mit der strukturierenden Struktur hatte Bourdieu eine Art innerer Steuerungsinstanz des kulturellen Handelns gefunden. Sie bildet den Kern des Habituskonzepts. Bourdieu vergleicht sie mit einer generativen Grammatik, die er im Unterschied zu Chomsky als sozial erworben und kulturspezifisch annimmt. Auf soziales Handeln allgemein übertragen, heißt dies: Jeder Akteur besitzt eine Individualität aufgrund seiner Herkunft, seiner Lerngeschichte und seiner Umgebung, in der er aufgewachsen ist. Seine Erfahrungen der Welt sind körperlich verankert: als *inkorporierte* Strukturen, die seine Wahrnehmung organisieren und bewerten, als Dispositionen für zukünftige Handlungen, als innere Einstellungen und Vorlieben. Im sozialen Handeln veräußerlicht, werden sie unter dem jeweiligen gesellschaftlichen Einfluss zu *sozialen* Strukturen. Habitus ist beides zugleich: das Eigene des Subjekts *und* ein soziales Vermögen. In jedem sozialen Handeln finden sich subjektive Anteile, die als inkorporierte Strukturen von den Existenzbedingungen geprägt sind, unter denen Subjekte ihren Habitus erworben haben.

Im Habitus greifen subjektive und soziale Strukturen ineinander. Sie sind jedoch nicht kausal miteinander verbunden. Die entscheidende Instanz, die diese Vermittlung zustande bringt, ist der Körper. Er ist zweiseitig: nach außen auf die Welt und nach innen auf das Subjekt gerichtet. Die Beziehung von Körper und Welt entsteht aus der biologischen Eigenschaft des Menschen, „der Welt gegenüber offen, also ihr ausgesetzt und somit von ihr formbar zu sein." (Bourdieu 2001, S. 172). Dabei bleibt er immer ein einheitlicher Körper; es ist immer der *eine* Körper, der von außen behandelt, als Objekt wahrgenommen und dabei vom Subjekt gleichzeitig erfahren und gefühlt wird. Er stellt „als realer Akteur, d.h. als Habitus, mit seiner eigenen Geschichte ... und den von ihm verkörperten Eigenschaften ein, wie Hegel sagt, Prinzip der *Vergesellschaftung* dar" (Bourdieu 2001, S. 171). Mit Anspielung auf einen Gedanken Pascals sagt Bourdieu: Der Körper ist in der Welt enthalten, wie der Körper die Welt enthält und begreift (Doppelsinn von frz. *comprendre*) (Bourdieu 2001, 167).

Eine Besonderheit des menschlichen Körpers ist, dass er immer auch geschlechtlich verstanden wird. Geschlechtlichkeit interessiert den Soziologen Bourdieu weniger in Bezug auf ihre Möglichkeit der Veränderung denn als grundlegende *soziale* Unterscheidung von männlich – weiblich (im Sinne von *gender*). Sie ist in unserer Gesellschaft die Grundstruktur, die Handeln, Geschlechtszugehörigkeit und personale Identität der großen Mehrheit ihrer Mitglieder bestimmt. Andersartiges Verhalten ist möglich, wird aber immer, ob gewollt oder nicht, auf diese Struktur bezogen. Als generatives Prinzip vermittelt der Habitus zwischen der Sozialstruktur der Zweigeschlechtlichkeit und dem geschlechtsbezogenen Handeln der Akteure *(doing gender)*. Geschlechtliche Identität wird in einem Prozess konstruiert, der auf Eindeutigkeit und Abgrenzung zielt. Vom Kleinkindalter an wird die geschlechtliche Sicht auf die Welt ständig als binärer Code aktualisiert. Über die Unterscheidung zwischen Mann-Sein und Frau-Sein wird eine antagonistische Beziehung ausgeprägt, die von den Beteiligten, oft mit deren stillschweigender Zustimmung, als Hierarchie verstanden wird: als „männliche Herrschaft" (Bourdieu in Dölling/Krais 1997, S. 153 – 217). Das Besondere dieser Herrschaftsform ist, dass sie durch und durch somatisiert ist – sie ist tief in das Verhalten, die Formung und Gestaltung des Körpers der Akteure eingelassen.

3   Praktischer Sinn und soziale Felder

Als körperliche Wesen bilden die Handelnden einen Sinn für das aus, was in einer Situation zu tun ist, für das, was einerseits von der Situation, andererseits vom Habitus der Handelnden verlangt wird. Bourdieu nennt ihn den „praktischen Sinn" *(sens pratique)*. Praktisches Handeln in einer sozialen Situation ist keineswegs nur reaktiv, sondern wirkt auch verändernd auf die Praxis ein. In jedem spezifischen Feld funktioniert der Habitus gemäß den feldspezifischen Gesetzmäßigkeiten. Am Beispiel einiger Felder zeigt Bourdieu, wie dies geschieht: im wissenschaftlichen, ökonomischen, politischen, juristischen, ästhetischen, religiösen und im sportlichen Feld. In den verschiedenen Feldern werden unterschiedliche soziale Spiele gespielt; es ist aber immer dieselbe Anlage des Spielers, die sich den Regeln des jeweiligen Felds anpasst und in Übereinstimmung mit dem Spiel handelt. Bourdieu deutet dieses Zusammenstimmen als Ergebnis von Herkunft und Ausbildung, Übung und Kenntnis, die im Körper verankert sind.

Das vom Habitus hervorgebrachte Handeln bildet eine *strukturierte Struktur*. Sie ist für alle Teilnehmer und Beobachter objektiv gegeben. Sie kann von ihnen beurteilt werden und ermöglicht Rückschlüsse auf soziale Herkunft, Zugehörigkeit und eine Antizipation des zukünftigen Handelns eines Subjekts. Mit diesem Ausdruck wird zweierlei angegeben: Die strukturierte Struktur lässt ein wiedererkennbares Muster des Habitus erkennen; zugleich ist sie produktive Veränderung im Sinne einer Anpassung an neue Gegebenheiten, die Modifikation und Fortentwicklung des Habitus erfordern. Entgegen manchen Kritiken gibt es bei den Produktionen des Habitus keine Bewegungslosigkeit. Wenn die Handelnden allerdings unfähig sind, ihren Habitus auf ein grundlegend verändertes Feld einzustellen, kommt es bei ihnen zu einer Lähmung *(Hysterisis-Effekt)*.

4   Gewinne der körpersoziologischen Lesart von Bourdieus Habituskonzept

Mit dem Habitus-Begriff lassen sich grundlegende theoretische Spaltungen aufheben, die das neuzeitliche Denken über das menschliche Handeln behindert haben. Er verbindet den inneren mit dem äußeren Aspekt des handelnden Menschen, seine subjektiven Einstellungen mit den gesellschaftlichen Strukturen, die individuellen

Lebensgeschichten mit den objektiven Positionen der Akteure im gesellschaftlichen Raum. Mit ihm werden drei bedeutende Neuerungen in die Soziologie und Philosophie eingeführt: (1) Der Körper erhält mit seiner ganzen Komplexität als materieller, als sozial geformter, als fühlender und als rational die Handlungspraxis bewältigender Anteil des Menschen einen bedeutende Rolle für das gesellschaftliche Sein. (2) Insofern er sowohl einen Innen- als auch einen Außenaspekt hat, bildet er eine Klammer zwischen diesen *beiden* Seiten des Menschen, die bisher getrennt gedacht wurden. Das Habituskonzept stellt den avanciertesten Versuch dar, den traditionellen Dualismus von Körper – Geist oder Leib – Seele zu überwinden. (3) Angesichts der Vielzahl und Unterschiedlichkeit der Bereiche sozialen Handelns ergibt sich die Frage der Einheitlichkeit der handelnden Person. Bourdieu überwindet dieses Problem durch die Annahme eines einheitlichen Habitus, der sich mit dem praktischen Sinn auf die unterschiedlichen Handlungsfelder einstellt.

Die herausragende Rolle des Körpers erkennt man daran, dass soziales Handeln und Urteilen nicht kognitiv von Regeln geführt werden, sondern vom „sozialen Geschmack". Das Konzept des Geschmacks, das Bourdieu aus der Kantschen Ästhetik übernimmt und soziologisch umdeutet, ist das Vermögen, welches das kulturelle Kapital eines Akteurs in praktisches Urteilen umsetzt: Das Subjekt mag bestimmte Dinge und handelt entsprechend dieser Vorliebe; hingegen mag es andere Dinge nicht, meidet sie oder beurteilt sie abwertend. Geschmackswahlen vollziehen sich als sinnlich geleitete Präferenzen nach dem Schema von Mögen vs. Nicht-Mögen. Sie sind klassen- und gruppenspezifisch, historisch wandelbar und besitzen eine Art verpflichtender Allgemeinheit gegenüber den Mitgliedern derselben Gruppe oder Klasse. Sie stehen in enger, aber *nicht direkter* Verbindung mit dem ökonomischen Kapital.

Aufgrund ihrer Geschmackspräferenzen bilden die sozialen Akteure, je nach Verfügung über kulturelles und ökonomisches Kapital, bestimmte *Lebensstile*, die typisch für den Habitus einer Gruppe oder Klasse sind. Sie wirken abgrenzend, als *Distinktionen*, gegenüber anderen Gruppen und Klassen. Für die Erzeugung von Distinktionen gibt die höchste soziale Klasse mit ihrem „legitimen Geschmack" die maßgebliche Orientierung vor. Ihr Grundprinzip ist die Ablehnung von Objekten, die sich unmittelbarer, ‚grober' Sinnenlust anbieten. Mit ihren Körpersinnen bilden die Akteure eine differenzierte Gesellschaft aus und werden selbst zu einem Teil von ihr. Durch die Produktionen des Habitus nehmen die gesellschaftlichen Verhältnisse in den sozialen Subjekten Gestalt an. So drückt sich die hierarchische Struktur der Gesellschaft in körperlichen Verhaltensweisen aus: im Auftreten, in den Umgangsformen, im Stil des Sprechens und Sich Kleidens, in den Essgewohnheiten, in der Zuwendung zum eigenen Körper (z. B. in der Körperpflege und der Gestaltung des Körpers durch Training, Askese, Meditation, Fasten), in der Aufmerksamkeit auf körperliche und psychische Leiden (oder ihre Vernachlässigung). Zu einem hohen kulturellen Kapital gehört in unserer Gesellschaft die Kenntnis von Krankheitssymptomen, von Vorsorge und Behandlung – eine umfassende „Selbstsorge" (M. Foucault).

Deutlich erkennbar ist das Verhältnis zum eigenen Körper im Feld des Sports. Entgegen der Tendenz, Sportaktivität als natürlichen Ausdruck von Bewegungslust anzusehen, zeigt Bourdieu, dass die Wahl einer Sportart weitgehend vom Habitus bestimmt (aber nicht determiniert) wird (Bourdieu 1986): Traditionell setzen höhere Klassen mit ihrer Präferenz für das Feine, Leichte, Elegante bevorzugt auf Sportaktivitäten mit technischen Fertigkeiten (z. B. Tennis, Golf, Fechten). In den unteren Klassen, die das Wuchtige, Gehaltvolle, Substantielle bevorzugen, werden eher Praktiken des kraftvollen Körpereinsatzes betrieben (wie Gewichtheben, Boxen, Ringen). In diesem Verhältnis tritt eine ganze Einstellung zur Welt in Erscheinung, die sich auch in anderen Präferenzen zeigt (z. B. bei den Vorlieben des Essens und Trinkens, in der Einstellung zur Sprache, zu den Künsten, zur Komik etc.): Die technische Haltung drückt eine gewisse Distanz zur körperlichen Praxis aus, während die Präferenz der Kraft direkt auf die Welt und die Handlungspartner zugreift (Bourdieu 1982). Dieses traditionelle Bild hat sich in den letzten Jahrzehnten in der Folge der Bildungsexpansion allerdings etwas verändert – die ‚feineren' Sportarten haben großen Zulauf aus den mittleren Klassen erhalten. Allerdings erhält die führende Klasse der Gesellschaft durch zunehmende Verfeinerung und Distanzierung (z. B. durch streng limitierten Eintritt in ihre Clubs) die Distinktionen im Sport weiter aufrecht.

Literatur

Bourdieu, Pierre (1974). „Der Habitus als Vermittler zwischen Struktur und Praxis". In: Ders.: *Zur Soziologie der symbolischen Formen*. Frankfurt a. M.: Suhrkamp, S. 125 – 158.

Bourdieu, Pierre (1976). *Entwurf einer Theorie der Praxis auf der Grundlage der kabylischen Gesellschaft*. Frankfurt a. M.; Suhrkamp (frz. 1972).

Bourdieu, Pierre (1982). *Die feinen Unterschiede. Kritik der gesellschaftlichen Urteilskraft*. Frankfurt a. M.: Suhrkamp (frz.: 1979).

Bourdieu, Pierre (1986). Historische und soziale Voraussetzungen des modernen Sports. In: Gerd Hortleder/Gunter Gebauer (Hrsg.), *Sport – Eros – Tod* (S. 91–112). Frankfurt a. M.: Suhrkamp (frz. 1980).

Bourdieu, Pierre (1987). *Sozialer Sinn. Kritik der theoretischen Vernunft*. Frankfurt a. M.: Suhrkamp (frz.: 1980).

Bourdieu, Pierre (2000). *Die zwei Gesichter der Arbeit*. Konstanz: UVK.

Bourdieu, Pierre (2001). *Meditationen. Zur Kritik der scholastischen Vernunft*. Frankfurt a. M.: Suhrkamp (frz. 1997).

Dölling, Irene/Krais, Beate (Hrsg.). (1997). Ein alltägliches Spiel. Frankfurt a. M.: Suhrkamp).

Krais, Beate/Gebauer, Gunter (2002). *Habitus*. Bielefeld: transcript.

Müller, Hans-Peter (2014). *Pierre Bourdieu. Eine systematische Einführung*. Berlin: Suhrkamp.

Panofsky, Erwin (1967). *Architecture gothique et pensée scolastique,* Paris: Les Éditions de Minuit.

Rehbein, Boike (2011). *Die Soziologie Pierre Bourdieus.* Konstanz: UVK.

Schütz, Ludwig (1964). Thomas Lexikon. Sammlung, Übersetzung und Erklärung der in sämtlichen Werken des hl. Thomas von Aquin vorkommenden Kunstausdrücke und wissenschaftlichen Aussprüche. Stuttgart: Frommann-Holzboog.

Handeln

Margit Weihrich

Die Soziologie des Körpers steht mittlerweile auf eigenen Beinen (Gugutzer 2015, S. 6). Dennoch lässt sich für die allgemeine Soziologie noch immer eine merkwürdige Körper- und Leibvergessenheit diagnostizieren. Diese Diagnose bezieht sich auch auf denjenigen der soziologischen Grundbegriffe, der am engsten mit dem Körper verbunden ist: Die körperlich-leibliche Verfasstheit des Handelns führt noch immer ein Schattendasein. Das ist erstaunlich, ist es doch evident, dass Menschen körperliche Akteure sind. Doch Soziologinnen und Soziologen sind es gewohnt, Handeln mit Max Weber vom „gemeinten Sinn" her zu denken, den die Person mit ihrem Handeln verbindet. Auch wenn dieser Sinn eine subjektive Kategorie ist und damit auf einen lebendigen Menschen verweist, ist Sinn doch immer etwas Meta-Physisches geblieben und hat den Vollzug des Handelns ausgeblendet. Das gilt auch dann, wenn der „gemeinte Sinn" auf die Beziehung zu anderen Menschen verweist und es um das soziale Handeln geht – und damit, wenn man Max Weber folgt, um *den* Gegenstand der Soziologie. Doch Menschen nehmen körperlich aufeinander Bezug und erzeugen Sinn durch aufeinander bezogenes körperliches Handeln. Ihr Körper macht sie sichtbar, verletzungsoffen und verletzungsmächtig. Und Menschen haben nicht nur einen Körper, sie sind auch Körper und nehmen sich und andere sinnlich-spürend wahr. Weber indes hat den rationalen Typen des Handelns den Vorzug gegeben und dem traditionellen und dem affektuellen Handeln – beides körperliche Angelegenheiten – „Sinnhaftigkeit abgesprochen" (Stadelbacher 2010, S. 39). Inzwischen hat sich das affektuelle Handeln erfolgreich aus dieser Rolle befreien können: Die Soziologie der Gefühle ist etabliert, und auch die emotionale Verfasstheit des Handelns erfreut sich soziologischen Interesses. Interessanterweise klammert aber auch die Soziologie der Gefühle die Körperlichkeit weitgehend aus – es wäre an der Zeit, beides zusammenzudenken.

Der Mainstream der Soziologie betrachtet soziales Handeln immer noch als eine körperlose Angelegenheit. Dem Körper wird die Rolle eines Instruments zugewiesen, über das der Akteur verfügen kann, das gesellschaftlich prägbar, individuell bearbeitbar, grundsätzlich beherrschbar und instrumentell einsetzbar ist. Eine solche Vorstellung des Körpers passt gut zur Idee eines ‚rationalen' Handelns, die darin besteht, dass Akteure interessengeleitete und folgenorientierte mentale Entscheidungen treffen – übrigens mit dem letztendlichen Ziel, das Bedürfnis nach physischem Wohlbefinden (und sozialer Anerkennung) zu befriedigen. Die Entscheidungsprozedur wird ‚im Kopf‘ durchgeführt – dass der Kopf zum Körper gehört, spielt dabei keine Rolle. Gleichzeitig verweist der Begriff der Rationalität auf den Primat der geistigen Vernunft. Trotz der Fixiertheit auf das Denken lässt sich aber auch hier nicht übersehen, dass das Denken eine körperlich-leibliche Basis hat. Vielleicht hat man sich deshalb solche Mühe geben müssen, den Körper vom Geist zu trennen (und genderspezifisch zu verorten). Die Geschichte der abendländischen Philosophie lässt sich als regelrechter Kampf gegen den Körper rekonstruieren.

Soziales Handeln ist für die Soziologie auch deshalb so interessant, weil Akteure im Zusammenspiel ihrer Handlungen – vermittelt über soziale Mechanismen – zur Entstehung, Reproduktion und Veränderung von Phänomenen auf höheren Systemebenen beitragen. Wenn die leiblich-körperlichen Grundlagen sozialen Handelns für eine solche Mikrofundierung von Gesellschaft berücksichtigt werden, sind neue Antworten auf die Frage nach der sozialen Ordnung zu erwarten (Böhle/Weihrich 2010). Gesellschaftliche Koordinationsmechanismen wie Tausch, Herrschaft oder Gemeinschaft hätten dann eine leiblich-körperliche Basis, und jenseits von Normen und Institutionen würde sich der Blick für fluide und dynamische soziale Ordnungen öffnen. Einer solchermaßen „verkörperten Soziologie" (Gugutzer 2015) geht es deshalb nicht darum, auf die Körperlichkeit jeglichen Handelns zu verweisen, sondern auf die Rolle, die Körperlichkeit und Leiblichkeit in sozialen Abstimmungsprozessen spielen. Sie gibt alternative Antworten auf die Frage, auf welche Weise Personen in ihrem körperlich-praktischen Tun aktiv, miteinander und situativ Muster des Sozialverhaltens generieren, und damit auf die Frage nach den körperlichen (oder körperlich fundierten) Mechanismen zur Erzeugung sozialer Ordnung.

Macht man sich auf Spurensuche bei den Klassikern der Soziologie, so finden sich durchaus Ansatzpunkte einer körperlichen Grundierung sozialen Handelns (Stadelbacher 2010; Gugutzer 2015). Für Georg Simmel spielt die sinnliche Wahrnehmung über Auge, Ohr und Nase eine wesentliche Rolle in Interaktionen. Dabei ist der Körper gleichzeitig wahrgenommenes Objekt und wahrnehmendes Subjekt, so dass man hier bereits Ansätze einer leibbasierten Verständigung ausmachen kann. Bei George Herbert Mead beruht Gesellschaft grundsätzlich auf dem körperlichen Zugang zur Welt, Sprechen ist ein körperlicher Akt und Denken eine interaktive Praktik. Der für Meads Interaktionismus zentrale kommunikative Austausch bedarf körperlicher Gesten und einer reaktiven Antwort des Gegenüber, so dass soziale Abstimmung hier immer (auch) eine Abstimmung handelnder Organismen ist. Bei Erving Goffman sind die körperliche Kopräsenz und die sinnliche Wahrnehmung des jeweils Anderen konstitutive Bedingungen jeder Interaktion, und bei Foucault und Elias wird der Körper so zugerichtet, dass soziale Koordination möglich ist. Doch die Körpersoziologie ist sich einig, dass auch in diesen Ansätzen die cartesianische Trennung von Körper und Geist letztendlich nicht überwunden wird; vor allem bleibt die leibliche

Erfahrung (mit Ausnahme von Simmel) noch außen vor. Hierfür bietet sich (neben Hermann Schmitz, dessen Neue Phänomenologie Robert Gugutzer für seine „Soziologie am Leitfaden des Leibes" nutzt) allerdings ein neuerer ‚Klassiker' an: der an Merleau-Ponty anknüpfende Pierre Bourdieu, einer der Körpersoziologen schlechthin. Bourdieus Habitus verweist auf den „praktischen Sinn", ein leibliches Konzept, das als Intuition für soziale Strukturen und Regeln situationsangemessenes Handeln anleitet und damit soziale Ordnung möglich macht.

An Bourdieus „praktischen Sinn" schließen sich praxeologische Ansätze an und rehabilitieren das von Weber diskreditierte traditionelle Handeln, verleihen ihm Sinn und dynamisieren es. Hier wird die Koordination von Einzelhandlungen nicht über vorgängige Strukturen, Institutionen oder Normen erklärt, sondern über inkorporierte Praktiken oder Gesten, die es erlauben, ohne großen Aufwand situationsgerecht zu handeln. Auch wenn soziale Praktiken immer wieder als präreflexiv beurteilt werden, so sind sie doch nicht ‚blind': Man nimmt in seinen Praktiken aufeinander Bezug, passt die Praktiken an die Situation an und zeigt sich „unmittelbar sinnlich, *was* geht, was nicht geht und wie es geht" (Alkemeyer 2010, S. 339). Kaufmann (1996) zeigt das am Beispiel des ‚Oben Ohne' am Strand auf. Was getan wird, sieht erst einmal wie eine private Entscheidung aus. Doch wer, wie und auf welche Weise was darf, wird bis in die kleinste Geste hinein sozial kontrolliert – und zwar durch die Gesten und Blicke der Teilnehmerinnen und Teilnehmer an dieser Veranstaltung selbst: vom Strand, wie Kaufmann sagt. Das Ergebnis ist eine dynamische, aber auch sehr klare soziale Ordnung. Herrschaft als sozialer Mechanismus basiert hier nicht auf der Übertragung von Handlungsrechten oder deren Entzug, sondern auf der wechselseitigen leiblichen Betroffenheit durch Blicke auf Gesten, der man sich nicht einfach entziehen kann.

Nicht zuletzt führt die Frage nach den körperlich-leiblichen Grundlagen des Handelns zu den Dingen und zu der Einsicht, dass Gegenstände und andere sinnlich erfahrbare Phänomene ‚Mitspieler' in sozialen Abstimmungsprozessen sind und soziologische Aufmerksamkeit verdienen. Das gilt z. B. für das „häusliche Universum", in dem die Person einen täglichen „Tanz mit den Dingen" unternimmt, sich die Dinge durch körperliche Routinen einverleibt und mit diesen Routinen wiederum strategisch verfährt (oder es zumindest versucht) (Kaufmann 1999). Diese Beobachtungen lassen sich auch produktiv für die Arbeitssoziologie einsetzen: Leibliches Spüren im Umgang mit Maschinen und Menschen wird auch instrumentell zur Erzielung eines Arbeitsergebnisses eingesetzt. Dieses Arbeitsvermögen wird konzeptuell als erfahrungsgeleitet-subjektivierendes Handeln gefasst, das durch eine dialogische Vorgehensweise, eine Wahrnehmung mit allen Sinnen, assoziatives Denken und eine empathische Beziehung zum Gegenüber gekennzeichnet ist (Böhle 2009). So lässt sich z. B. die interaktive Arbeit in der Dienstleistung als eine Arbeit ‚mit Leib und Seele' rekonstruieren, in der (etwa beim Kellnern) der Tanz mit den Dingen, (etwa in der Pflege) der strategische Einsatz von Gesten oder (etwa bei der Arbeitsvermittlung im Jobcenter) die räumliche Gestaltung wesentliche Bestandteile der Herstellung der notwendigen Kooperationsbeziehung zwischen Dienstleistern und Kunden sind – hierzu gehört auch die Arbeit an den eigenen Gefühlen und an den Gefühlen der Kunden (Böhle et al. 2015).

Die Beispiele zeigen, dass die körperlich-leibliche Verfasstheit des Handelns neue Antworten auf die Frage nach der sozialen Ordnung gibt. Das gilt vor allem dann, wenn es um Interaktionen geht. Leibhaftige Menschen aus Fleisch und Blut, die sich ‚body to body‘ gegenüberstehen und sich selbst und andere leiblich wahrnehmen, lösen die allfälligen sozialen Abstimmungsprobleme viel erfolgreicher als es die sprach- und körperlosen Modellakteure zumal der rationaltheoretisch basierten Entscheidungstheorie vermögen (Weihrich 2002).

Wie aber sieht es mit der Rolle von Körper und Leib in Interdependenzbeziehungen aus, also in Situationen, in denen ich meine Partner gar nicht kenne und oft auch gar nicht wissen kann, welche Folgen mein Handeln für sie hat?

Argumente für die Bedeutung leib- und körperbasierter Abstimmungsprozesse jenseits von Interaktionen findet man, wenn es um Verständigung geht. Hierfür spielt die gemeinsame Verortung in der sozialen Wirklichkeit durch inkorporiertes Wissen eine wichtige Rolle. Dies gilt auch für symbolische Kommunikationssysteme wie die Sprache, da – wie der Embodied-mind-Ansatz zeigt – Verstehen auch auf einer inhaltlich-abstrakten Ebene leib- und körperbasiert ist. Für Fritz Böhle (2010) ist es vor allem das empfindende, sinnlich-körperliche Wahrnehmen und Begreifen, das seine Wirkung über unmittelbare persönliche Beziehungen hinaus entfaltet. Denn die körperlich-leibliche Gebundenheit der Menschen verweist auf eine immer schon vorhandene soziale Einbindung jenseits aller Individualisierung. Auf dieser Grundlage wird eine „Vergesellschaftung durch Vergemeinschaftung" möglich; Böhle unterscheidet diesen Mechanismus von einer „Vergesellschaftung durch institutionelle Regulierung" und bewirbt ihn als ein grundlegendes Prinzip sozialer Abstimmung und sozialer Ordnung.

Doch wenn es nicht nur um Verständigung und Koordinierung geht, sondern um die Bearbeitung von Kooperations- und Verteilungsproblemen, die durch Interessensdivergenzen gekennzeichnet sind, bleibt auch eine verkörperte Soziologie auf rationale Abstimmungsmechanismen angewiesen – etwa dann, wenn Beiträge zur Herstellung öffentlicher Güter geleistet werden sollen oder Konflikte zu befrieden sind, in denen es Gewinner und Verlierer gibt. Für solche Situationen bieten sich soziale Mechanismen an, die auf der Übertragung von Rechten und deren Sicherung durch Normen beruhen. Solche Gesellschaftsverträge beruhen auf der kognitiven Kalkulation, anderen die Rechte zuzugestehen, die man auch für sich selbst in Anspruch nehmen möchte, und die entsprechenden Normen einzuhalten, weil man das auch von anderen erwartet. Die Rolle, die Körper und Leib hier spielen, ist noch nicht geklärt und bedarf weiterer Forschung.

Literatur

Alkemeyer, Thomas, Brümmer, Kristina & Pille, Thomas (2010). Praktiken sozialer Abstimmung. Kooperative Arbeit aus der praxeologischen Perspektive Pierre Bourdieus. In: Fritz Böhle & Margit Weihrich (Hrsg.), *Die Körperlichkeit sozialen Handelns. Soziale Ordnung jenseits von Normen und Institutionen* (S. 229–260). Bielefeld: transcript.

Böhle, Fritz (2009). Weder rationale Reflexion noch präreflexive Praktik – erfahrungsgeleitet-subjektivierendes Handeln. In: Fritz Böhle & Margit Weihrich (Hrsg.), Handeln unter Unsicherheit (S. 303–228). Wiesbaden: VS Verlag für Sozialwissenschaften.

Böhle, Fritz (2010). Vergesellschaftung durch Vergemeinschaftung. Leiblich fundierte Mechanismen sozialer Ordnung. In: Fritz Böhle & Margit Weihrich (Hrsg.), *Die Körperlichkeit sozialen Handelns. Soziale Ordnung jenseits von Normen und Institutionen* (S. 349–375). Bielefeld: transcript.

Böhle, Fritz, Stöger, Ursula & Weihrich, Margit (2015). *Interaktionsarbeit gestalten. Vorschläge und Perspektiven für humane Dienstleistungsarbeit.* Berlin: edition sigma.

Böhle, Fritz & Weihrich, Margit (Hrsg.) (2010). *Die Körperlichkeit sozialen Handelns. Soziale Ordnung jenseits von Normen und Institutionen.* Bielefeld: transcript.

Gugutzer, Robert (2015). *Soziologie des Körpers.* 5. vollst. überarb. Auflage. Bielefeld: transcript.

Kaufmann, Jean-Claude (1996). Frauenkörper – Männerblicke. Konstanz: UVK.

Kaufmann, Jean-Claude (1999). *Mit Leib und Seele. Theorie der Haushaltstätigkeit.* Konstanz: UVK.

Stadelbacher, Stephanie (2010). Die klassische Soziologie und der Körper. Handlungstheoretische Zugänge und ihr Verhältnis zur Körperlichkeit der Akteure. In: Fritz Böhle & Margit Weihrich (Hrsg.), *Die Körperlichkeit sozialen Handelns. Soziale Ordnung jenseits von Normen und Institutionen* (S. 35–58). Bielefeld: transcript.

Weihrich, Margit (2002). Die Rationalität von Gefühlen, Routinen und Moral. *Berliner Journal für Soziologie*, 12. Jg., Heft 2, 189–209.

Identität

Katharina Liebsch

1 Herkunft des Begriffs

Identität ist Ausdruck eines historisch wie auch gegenwärtig verbreiteten gesellschaftlichen Bemühens, sich seiner selbst zu vergewissern – eine Orientierung, die auf Sich-Erkennen und Anerkannt-Werden zielt. Da aber die Frage „Wer bin ich?" nicht abschließend beantwortet werden kann, ist Identität weniger ein Zustand denn ein Prozess, dessen lebenslaufbezogene Dynamik durch den Reifungs- und Alterungsprozess des Körpers oder auch durch soziale Probleme und Krisen, wie z. B. Arbeitslosigkeit oder Krankheit gestaltet wird. Diese Transformation von körperlicher und psychischer Konsistenz im Verlauf eines Lebens wird ergänzt durch die Zunahme gesellschaftlicher Kontingenz- und Differenzerfahrungen im Prozess der Modernisierung. Insbesondere die Umbrüche in der zweiten Hälfte des 19. Jahrhunderts (Urbanisierung, Industrialisierung, Arbeiterbewegung, Frauenbewegung) haben dazu beigetragen, dass sich die gesellschaftlichen und kulturellen Verortungen und Einbindungen von Menschen veränderten und bislang verbreitete Zugehörigkeiten zu „Klassen", „Nachbarschaften", „Berufen", „Familie" vervielfältigt, teilweise aufgelöst und durch neue, z. B. transnationale Beziehungsformen und netzbasierte Selbstverhältnisse ergänzt und erweitert haben – für diejenigen, die Zugang zu diesen Veränderungen haben, auf andere Art und Weise als für diejenigen, die von der Teilhabe an Entwicklungen ausgeschlossen bleiben.

Die Bandbreite der begrifflichen und theoretischen Fassungen von Identität spannen diese dementsprechend zwischen den Polen Prozess und Krise einerseits und Kohärenz und Kontinuität andererseits auf. Dabei überwiegt in den theoretischen Überlegungen des 20. Jahrhunderts die Annahme eines „Ich", einer Einheit im sozialen Raum und eines Kontinuums in der Zeit, die intersubjektiv konstituiert ist und über zumindest begrenzte Handlungsautonomie verfügt. So heißt es beispielsweise in der für die sozialwissenschaftliche Forschung wegweisenden Identitätstheorie von Erik H. Erikson (1966, S. 256): „Das Gefühl der Ich-Identität ist also die angesammelte Zuversicht des Individuums, dass der inneren Gleichheit und Kontinuität auch die Gleichheit und Kontinuität seines Wesens in den Augen anderer entspricht".

Demensprechend wird in den allermeisten Ansätzen des 20. Jahrhunderts das Vorhanden-Sein eines solchen Kohärenz-Gefühls als normatives Element gesetzt und als regulative Idee für das Verstehen des Abläufe und der Gestaltung von Subjektbildungsprozessen postuliert.

Im Unterschied dazu geht die neuere soziologische Identitätsforschung davon aus, dass es heute nicht mehr möglich ist, Identität als widerspruchsfreies, vereinheitlichendes und durch die Einzelperson kontrolliertes Selbst-Bild zu konzeptualisieren. Vielmehr muss Berücksichtigung finden, dass Menschen in verschiedenen Lebenswelten leben und mit diversen Rollenanforderungen konfrontiert sind, die eine kontinuierliche Selbstbefragung mit sich bringen. Dies macht es erforderlich, die Vorstellung von *einer* Identität aufzugeben und vielmehr zu konzeptualisieren, dass ein aus verschiedenen Lebenserfahrungen zusammengesetztes Selbstbild aktiv hergestellt wird. Dabei spielen Inszenierungen und Präsentationen der eigenen Person eine Rolle, wie sie beispielsweise über Kleidung, Auftreten oder auch durch die Art des Sprechens zum Ausdruck gebracht werden. Auch rhetorische Strategien und diskursive Mechanismen, tragen, so Anthony Giddens, dazu bei, Identität in der Form einer „Erzählung" eines moralisch-normativen Projekts zu präsentieren. Dieses „Projekt" vollzieht sich zentral über die bewusste Steuerung körperlicher Ausdrucksformen. Giddens sieht im „Körperbewusstsein" den „Ort" von Identität. Hier realisieren sich die verschiedenen Möglichkeiten und Gelegenheiten der Selbstformierung, die im Nachhinein mit einer Lebens-Erzählung in Einklang gebracht und als Identität präsentiert und erfahren werden (Giddens 1991). Diesen Herstellungscharakter machen auch postkoloniale Ansätze deutlich, indem sie den Modus des „Hybriden" als nachträglichen Effekt diverser (willkürlicher und temporärer) Positionierungen innerhalb eines diskursiven Repräsentationsprozesses beschreiben. „Hybride Identitäten" schaffen Verbindungen zwischen offenkundig disparaten Kategorisierungen, z. B. Hautfarbe, Geschlecht, Nationalität, und transformieren zugleich auch die Bedeutungen der re-artikulierten Klassifikationen (Hall 1999).

2   Körper als Objekt und als Mittel der Identitätskonstruktion

Der Körper spielt bei der Herstellung von Identität eine zweifache Rolle. Zum einen werden Aspekte der körperlichen Erscheinung – Physis, Mimik, Gestik, Bekleidung und Bewegungen – dazu benutzt, Identität zu signalisieren. Diese kulturellen Zeichen schreiben sich normativ in die Körper ein (Bourdieu 2005) und treten beispielsweise als Streben nach Gesundheit, Fitness und Schönheit in Erscheinung. Zum zweiten werden durch Analogien zwischen dem menschlichen Körper – seinem Organismus, Gesundheit, Bauch und Gliedern – und sozialen Formationen von Gemeinsamkeiten und Verbindung imaginäre Kollektivkörper erzeugt (Kantorowicz 1992). Dabei werden sowohl die individuellen als auch die kollektiven Formen von Körperlichkeit kulturell und diskursiv geformt, wie sich am normativen Idealkörper ästhetischer, politischer und medizinischer Diskurse gleichermaßen ablesen lässt wie am imaginär-realen Kollektivkörper, wie z. B. der Nation, den Juden oder dem Körper im Cyberspace. Umgekehrt haben wären diese kulturellen Identitätsformationen ohne konkrete, individuelle Verkörperung (embodiment, incorporation, performance) nicht möglich.

Trotz seiner offensichtlichen Relevanz wird die Rolle und Funktion des Körpers in den sozialwissenschaftlichen Identitätstheorien nicht systematisch berücksichtigt (Gugutzer 2002, S. 14). Es fehlt eine Perspektive, die das von Giddens betonte „Körperbewusstsein" als „Ort" von individueller und kollektiver Identität theoretisch konzeptualisiert. Anleihen dazu bieten so verschiedene Theorieansätze wie die Philosophische Anthropologie (z. B. Plessner 1975), die Phänomenologie (z. B. Schmitz 1992), die Psychoanalyse (z. B. Mertens 1992) sowie Theorien der Inkorporierung (z. B. Bourdieu 2005), die jeweils unterschiedlich zeigen, dass die Identitätsbausteine ‚Erfahrung', ‚Reflexion' und ‚Interaktion' sowohl körperlich fundiert sind als auch über Kognition, Wissen und Sprache hinaus zudem durch leibliches Spüren, durch Wahrnehmungs- und Affektdimensionen körperlicher Regungen und Empfindungen bestimmt werden.

Dabei kommt psychoanalytischen Theorien der Verdienst zu, die Prozesse der wechselseitigen Verschränkung von Körper, Leib und kulturellem Selbst-Ausdruck genauer beschrieben zu haben. Sie zeigen, dass sich in Auseinandersetzung mit der Umwelt, den Dingen, Personen, Geräuschen und den damit einhergehenden visuellen, akustischen, haptischen und emotionalen – also durchweg leiblich erfahrenen – Eindrücken allmählich eine Vorstellung von der eigenen Person entwickelt. Die Entstehung von Selbst-Bildern ist, so lautet die Grundthese, in einen fortschreitenden Prozess von „Identifizierungen" und Trennungen eingebunden. „Identifizierungen" verlaufen als zweiphasige und doppelgleisige Prozesse: Es gibt eine primäre und eine sekundäre Identifizierung. In der primären Phase der Identifizierung ist das Kind hauptsächlich auf seine erste Bezugsperson ausgerichtet. In der sekundären Phase der Identifizierung wird die primäre Identifizierung durch andere Identifizierungen erweitert oder auch konkurrierend verdrängt. Darüber hinaus vollziehen sich Identifizierungen doppelgleisig, werden über zwei unterschiedliche Mechanismen vollzogen: erstens die der Gefühlsbindung an die Personen und Objekte der Umwelt, und zweitens die des Dranges zur Nachahmung bewunderter Verhaltensweisen und Einstellungen der Bezugspersonen.

Identifizierungen sind also individuelle Kombinationen bewusster Vorstellungen und unbewusster Fantasien von vieldeutigen, widersprüchlichen Beziehungserfahrungen und sozialen Rollen, eine Mischung biologischer, psychischer, sozialer und kultureller Faktoren und Einflüsse. Sie werden leiblich erfahren, körperlich ausagiert und psychisch repräsentiert.

Die Herausbildung einer Identität vollzieht sich schrittweise in Identifizierungsprozessen, die auf drei Ebenen ablaufen: Erstens spielen Körperempfindungen und psychosexuelle Erfahrungen eine wichtige Rolle. Zum zweiten gehen Interaktionen und Identifikationen mit Bezugspersonen in die Identitätsbildung ein. Drittens werden Normen, soziale Rollen und Körperschemata erlernt und nicht zuletzt verlaufen Identifizierungen auch in Form von Selbstkategorisierungsprozessen (Mertens 1992).

3 Relevanz und Gewinn einer Verbindung körpersoziologischer und identitätstheoretischer Ansätze

Die systematische Berücksichtigung des leiblichen Spürens wie auch der Körperpraktiken und Körpertechniken in ein begriffliches Verständnis von Identität ermöglicht es,

- die Herstellung von Identität in ihren vielfältigen Dimensionen zu erfassen. So lässt sich einerseits durch die Beschreibung und Analyse von Identitätspraktiken, beispielsweise die körperlichen Formen der Selbstsorge, der Askese und Ästhetik, eine stärker auf die soziale Umwelt ausgerichtete Dimension der Passungs- und Verknüpfungsarbeit beschreiben, die der Anerkennung, sozialen Integration und Aufrechterhaltung von Handlungsfähigkeit des Individuums dient. Andererseits rücken darüber hinaus aber auch Formen und Prozesse von Identitätskonstruktion in den Blick, die aus der Introspektion des Individuums, seinen subjektiven Wahrnehmung und Verknüpfung verschiedener Bezüge stammen, beispielsweise dem Gefühl von stillschweigender Übereinkunft mit einer Person oder von geteilter Freude. Diese leiblich erfahrenen Momente und Erlebnisse sind für die Erzeugung und Aufrechterhaltung von Kohärenz und Selbstanerkennung, des Gefühls von Authentizität und Sinnhaftigkeit von zentraler Bedeutung. Sie nicht auszublenden, sondern in der Form eines Platzhalters, z. B. als „Leibsein" oder „Identifizierung", auch theoretisch zu berücksichtigen, stellt eine Erweiterung (körper-)soziologischen Denkens dar.
- die Normativität von Identitätstheorien zu relativieren. Identität als Produkt einer „reflexiven Leiblichkeit" (Gugutzer 2002, S. 295) zu fassen, in der Denken, Empfinden/Spüren und Praktiken als aufeinander bezogen gedacht werden, trägt dazu bei, Identitätskonstruktionen zu verstehen, die gängigerweise als „Pathologie" oder „Misslingen" von Identität typisiert werden. Wenn beispielsweise der eigene Körper als fremd erscheint (‚im falschen Geschlechtskörper leben') oder wenn eine Person Stimmen hört, die ihr Ratschläge erteilen (‚der Stimme Gottes folgen'), dann kann dieses Leib-Erleben als eine Aktivität verstanden werden, mit deren Hilfe eine bedrohte oder verlorene Identität neu hergestellt wird. Die jeweilige Form „reflexiver Leiblichkeit" wird als Prozess der Sicherung von Kontinuität des Selbst verstehbar.
- die Einbindung Einzelner über körperliches Erleben in einer Gemeinschaft imaginärer Körper zu verstehen, z. B. wie Körper als Masse oder als Staat organisiert werden. Die kulturellen Praktiken, in denen Gemeinsamkeiten sowie Aus- und

Einschlüsse erzeugt werden, die einen Körper in einen Kollektivkörper versetzen, basieren zum einen auf Analogien zwischen dem individuellen Körper und dem Kollektiv-Körper und zum zweiten auf der Fähigkeit und Bereitschaft des/r Einzelnen, sich in diese kollektiven Formationen einzubringen.

- Umgekehrt bringt die Kategorie Identität für die Körpersoziologie in Erinnerung, dass hinter den Klassifikationen und Typisierungen von Körper-Formen, Körper-Praktiken und Körper-Kulturen Individuen in jeweilig unterschiedlichen Phasen der Identitätskonstruktion stehen, die Körperlichkeiten in Auseinandersetzung mit gesellschaftlichen Anforderungen und kulturellen Deutungsangeboten hervorbringen. Als „somatische Kulturen" (Boltanski 1976) verweisen Identitäten darauf, dass das (Er-)Leben von Körper ein Prozess ist, dessen Sinnhaftigkeit kommunikativ entfaltet und gleichermaßen affektiv erlebt und anerkannt wird. Deshalb transportiert auch die abstrakte Rede vom Körper über die Beschreibung bildhafter körperlicher Erscheinungen und die Analyse von Praktiken hinaus eine präsentative Symbolik, die bei der sprechenden wie auch der zuhörenden Person unmittelbar und unterschwellig affektive und emotionale Wirkung entfaltet und in der Form einer leiblicher Regung das Verhältnis zum eigenen Körper und Umgang mit ihm thematisiert.

Literatur

Boltanski, Luc (1976): Die soziale Verwendung des Körpers. In: Kamper, Dietmar/Rittner, Volker(Hg): *Zur Geschichte des Körpers*. Wien/München: Hanser, S. 138–177

Bourdieu, Pierre (2005). *Die männliche Herrschaft*. Frankfurt a. M.: Suhrkamp.

Erikson, Erik H. (1966). *Identität und Lebenszyklus*. Frankfurt a. M.: Suhrkamp.

Giddens, Anthony, 1991: *Modernity and Self Identity. Self and Society in Late Modern Age*. Stanford: Stanford University Press.

Gugutzer, Robert (2002). *Leib, Körper und Identität. Eine phänomenologisch-soziologische Untersuchung zur personalen Identität*. Wiesbaden: Westdeutscher Verlag

Hall, Stuart (1999b): Ethnizität: Identität und Differenz. In: Engelmann, Jan (Hg.): *Die kleinen Unterschiede. Der Cultural Studies-Reader*. Frankfurt a. M., New York: Campus, S. 83–98.

Kantorowicz, Ernst (1992): *Die zwei Körper des Königs. Eine Studie zur politischen Theologie des Mittelalters* [1957]. Stuttgart: Klett-Cotta

Mertens, Wolfgang (1992). *Entwicklung der Psychosexualität und der Geschlechtsidentität*. Stuttgart/Berlin/Köln: Kohlhammer

Plessner, Helmuth (1975). *Die Stufen des Organischen und der Mensch*. Berlin/New York: de Gruyter.

Schmitz, Hermann (1992). *Leib und Gefühl. Materialien zu einer philosophischen Therapeutik*. Paderborn 2. Auflage: Jungfermann.

Interkorporalität

Melanie Haller

Interkorporalität als Begriff und Konzept wurde von dem französischen Philosoph Maurice Merleau-Ponty entwickelt. Der Phänomenologe entwarf den Begriff in seiner Leibphilosophie, als Erweiterung und Alternative zum Begriff der Intersubjektivität. Sein Ziel war die Überwindung des erkenntnistheoretischen Problems von Intersubjektivität, welches er in Auseinandersetzung mit Edmund Husserls Philosophie ausmachte. Das erkenntnistheoretische Problem liegt im Solipsismus begründet, welcher nur die eigene Individualität mit ihren Bewusstseinsinhalten als Erkenntniszugang gelten lässt und alle anderen Individuen, mit der Außenwelt, als deren Vorstellung annimmt. Aus dieser erkenntnistheoretischen Prämisse ist es unmöglich, Erkenntnis jenseits einer individualistisch-teleologischen Position zu gewinnen.

Diese erkenntnistheoretische Position zeigt sich auch in den soziologischen Diskussionen um das Problem von Intersubjektivität (Crossley 1995b, S. 142), welche Intersubjektivität grundsätzlich in Frage stellen, da sie danach fragen, wie soziale Strukturen und Ordnungen aus individualistischer Perspektive beschreibbar sein sollen. Das Problem von Intersubjektivität changiert hier zwischen Fragen des Fremdverstehens und einer Konstitution von Kollektivität.

Merleau-Pontys erweitertes Konzept von Interkorporalität bietet sich als Lösung dieses soziologisch formulierten Problems von Intersubjektivität an und darüber hinaus als ein körpersoziologisches Konzept eines interkorporalen Selbst- und Weltverhältnisses. Interkorporalität grenzt sich damit von individualistischen Konzeptionen ab, wie es etwa die Weiterführungen von Bourdieu, Goffman oder auch Crossley zeigen.

Interkorporalität bei Merleau-Ponty verbindet Edmund Husserls Ansatz von Intersubjektivität mit dem Körper und ist so „leibliche Intersubjektivität" (Merleau-Ponty 1967, S. 55). Merleau-Ponty entgeht auf diese Weise dem Dualismus der Bewusstseinsphilosophie, welcher einem solipsistischen Verständnis von Intersubjektivität anhaftet. Interkorporalität ist für Merleau-Ponty eine anthropologische Konstitutionsbedingung des Menschen, dessen Subjekthaftigkeit an den Körper gekoppelt ist. Für Merleau-Ponty ist „Zur-Welt-sein" (Merleau-Ponty 1966, S. 509) immer ein leibliches Sein: „ich bin all das, was ich sehe, ich bin ein intersubjektives Feld, nicht trotz meiner

Leiblichkeit und geschichtlichen Situation, sondern durch mein leibliches Sein und meine Situation und dadurch, daß ich durch sie auch alles andere erst bin." (Merleau-Ponty 1966, S. 513)

Der Zugang zur Welt geschieht primär über den Leib, welcher von Merleau-Ponty anthropologisch als Interkorporalität gesetzt, nie nur subjektiv, sondern immer auch sozial ist. Wie der Körpersoziologe Nick Crossley pointiert: „I must be simultaneously the perceiver and the perceived and so, too, must she. This intertwining or ‚chiasm', as the later Merleau-Ponty terms it, is the basic form of intercorporeality which, in turn, is the basic form of human being-in-the-world" (Crossley 1995b, S. 144). Das Präfix „Inter" ist im Konzept von Interkorporalität als inhaltliche Qualität zu verstehen und nicht als ein topologisches oder räumliches Dazwischen von Körpern als Entitäten. Interkorporalität bezeichnet nicht einen Raum zwischen zwei Körpern, sondern ist vielmehr die Qualität der Körper selbst. Interkorporalität ist außerdem reziprok-integrativ, also ein relationaler Begriff und notwendig wechselseitig zuzuordnen. Interkorporalität meint damit nicht nur eine Beziehung oder ein Verhältnis von Körpern als Entitäten, sondern die Differenz liegt bereits im Begriff selbst: Körper sind immer verwoben mit dem, was ihnen nur als äußerlich erscheint, sie sind immer soziale Körper. Insofern ist die Übersetzung von intercorporeité als Zwischenleiblichkeit missverständlich, da sie eine topologische Trennung von Körpern impliziert, die der Begriff umgehen möchte.

Körper sind für Merleau-Ponty sozial und kulturell geformt und Leiberfahrungen gehen unmittelbar in dieser Formung auf, da Merleau-Ponty – im Gegensatz zu Helmut Plessner – keine analytische Trennung von Leib und Körper vollzieht, wenn er auch vornehmlich in seinen Abhandlungen auf den Begriff des Leibes rekurriert. Die leibliche Existenzweise des Menschen ist die Voraussetzung für Handlungen in der Welt: „Durch meinen Leib verstehe ich den Anderen, so wie ich auch durch meinen Leib die Dinge wahrnehme" (Merleau-Ponty 1966, S. 220). Die auf Helmut Plessner basierende körpersoziologische Differenz eines konstitutiven Leibes und eines sozialwissenden Körpers arbeitet Merleau-Ponty nicht näher aus. Sein Konzept von Interkorporalität ist jedoch aus körpersoziologischer Perspektive genau in diesem Punkt anschlussfähig an weitere theoretische Konzepte, welche den Zugang zur Welt und die Handlungsperspektive auf den Körper legen. Einige dieser Konzepte sollen im Folgenden genannt werden:

Zunächst sei auf die philosophische Anthropologie von Helmut Plessner verwiesen, der mit seiner analytischen Trennung von Leib-Sein und Körper-Haben ein Konzept vorlegt, mit welchem Interkorporalität körpersoziologisch ausdifferenziert werden kann. Plessner folgend lässt sich sagen, dass Interkorporalität eine leibphänomenologische Wahrnehmungskategorie ist, so wie es auch Merleau-Ponty formuliert, und gleichzeitig ein sozial erworbenes Körperwissen. Mit der phänomenologischen Perspektive von Hermann Schmitz liegt ein ähnliches Konzept vor, dass den Aspekt „nonverbaler Kommunikation" (Gugutzer 2002, S. 106) im Bezug zum Leib und in Abgrenzung zum Körper weiter ausformuliert. Wie Robert Gugutzer im Bezug zu Schmitz in seiner Arbeit zeigen konnte, ist die soziologische Frage nach Identitätsbildungsprozessen gebunden an ein auszudifferenzierendes Verhältnis von Leib und Körper (Gugutzer 2002). Identitäten bilden sich demnach vor allem in korporalen Wechselbeziehungen. Die in Identitätstheorien gängige Differenz von personaler und sozialer Identität wird hier also auf der Ebene von Körpern aufgehoben und verbunden.

Die wohl anschlussfähigste Sozialtheorie an Merleau-Pontys Philosphie ist Pierre Bourdieus Konzept des Habitus, welches die inkorporierten Strukturen der Sozialwelt als handlungsleitendes Motiv bestimmt. Bourdieu erweitert Merleau-Pontys Interkorporalität um eine Einschreibung sozialer Strukturen in Körper, so dass mit Bourdieu von einer Soziogenese von Interkorporalität gesprochen werden muss. Merleau-Pontys Konzept von Interkorporalität wird bei Bourdieu in den „sens pratique" des Habitus übersetzt: soziale Strukturen sind in Körper eingeschrieben, so dass Körper agieren, ohne diese Struktur zu reflektieren. Diese Soziogenese von Interkorporalität kann „mit Hilfe der genetischen Analyse der Habitusbildung auf historisch objektive Strukturen zurückgeführt" (Bourdieu/Wacquant 1996, S. 41) werden.

Auch Erving Goffman ist in dieser Hinsicht ein Erbe Merleau-Pontys, indem er Interaktionen als ein Ineinandergreifen von körperlichen Wissensbeständen versteht. In seinem Konzept der „leibgebundene[n] Kundgabe" (Goffman, 1982, S. 32) wird deutlich, dass soziale Handlungssituationen darauf beruhen, dass Körperexpressionen erkannt, verstanden und gedeutet werden können. Goffman betont dabei – ähnlich wie Bourdieu – die Abgrenzung zu einer individualistischen Perspektive und die soziale Relevanz von agierenden Körpern.

Diesen Aspekt hat auch Nick Crossley in seinen Arbeiten zu einer „carnal sociology" (Crossly 1995a, S. 43 ff.) aufgenommen und in seinem Konzept der „reflexive body techniques (RBT)" ausgearbeitet (Crossley 2005, S. 2 ff.). Crossley hebt in diesem Konzept auch die aktive Rolle von Körpern hervor, anstatt sie nur als Objekte von sozialen Formungsprozessen und symbolischen Repräsentationen zu begreifen.

Eine solche Erweiterung von Merleau-Pontys konstitutivem Konzept von Interkorporalität ist anschlussfähig an die aktuellen Diskussionen der Körpersoziologie um den Körper als Akteur. Interkorporalität aus akteurstheoretischer Perspektive zu betrachten, verweist auf die reziproke Qualität des Körpers, dass Körper einerseits sozial gedacht werden müssen und gleichzeitig Körper das Soziale herstellen. Ein Konzept von Interkorporalität ist auf diese Weise eine Erweiterung der körpersoziologischen Annahme, dass Körper sozial hergestellt werden, da es Körper als Akteure des Sozialen versteht. Diese Perspektive hat inzwischen, durch den „practical turn" beeinflusst, Eingang in eine praxistheoretische Körpersoziologie gefunden. In dieser Ausrichtung der Körpersoziologie steht zentral die Überwindung eines Dualismus von Körper und Geist, die den Körper gleichzeitig als Medium und Akteur positioniert. Diese Position hat Merleau-Ponty in seinem Konzept von „Praktognosie" (Merleau-Ponty 1966, S. 170) erarbeitet, in welchem der Leib die Welt präreflexiv wahrnimmt ohne auf Vorstellungen oder Symbole zurückzugreifen, obwohl diese, mit Bourdieu gesprochen, sehr wohl inkorporiert sind.

Der Leib ist also immer verstehender und wissender Leib, er hat ein intentionales Verständnis für Handlungssituationen oder im Sinne Bourdieus einen „praktischen Sinn." In Merleau-Pontys Praktognosie werden Körper in ihrer präreflexiven intentionalen Interkorporalität zu Akteuren von sozialen Situationen. Für die Körpersoziologie schließt sich daran die Frage an, wie diese Intention in die Körper kommt und wie Interkorporalität mit sozialen Formungsprozessen zusammenhängt. Dies ist nicht zu klären, ohne das Verhältnis von Subjekt, Körper und Leib zu definieren. Die Frage nach Interkorporalität treibt damit eine der zentralen Fragen der Soziologie an: die nach dem Verhältnis von Individuum und Gesellschaft. Interkorporalität zeigt sich als eine Schnittstelle zwischen Leib und Körper, sofern wir Helmut Plessners analytisches Konzept von Körper-Haben und Leib-Sein zur Erweiterung diese Konzeptes zu Rate ziehen. Diese Schnittstelle näher zu erforschen wäre damit eine Aufgabe für die Körpersoziologie, um mehr über die Verschränkung von Subjekt, Leib, Körper und Gesellschaft zu erfahren.

Das Konzept von Interkorporalität lässt sich so auch als Radikalisierung der Annahme der Körpersoziologie von sozial hergestellten Körpern lesen. Denn es verweist darauf, dass alle Aspekte von Wahrnehmung unter der Prämisse von Interkorporalität zu lesen sind. In einer soziologischen Zuspitzung stellt dies letztendlich auch die Vorstellung einer Leiberfahrung jenseits von Sozialität in Frage. Eigenleibliche Erfahrungen, wie etwa Spüren, sind aus dieser Perspektive als soziale Prozesse zu begreifen und nicht als individuelle Affekte. Die Philosophin Gail Weiss hat dies in ihrer zentralen Arbeit zu Interkorporalität zugespitzt: „To describe embodiment as intercorporeality is to emphasize that the experience of being embodied is never a private affair, but is always already mediated by our continual interactions with other human and nonhuman bodies" (Weiss 1999, S. 5).

Eine Wahrnehmung von Welt vollzieht sich damit immer über Ver-körperungen, und gleichzeitig werden diese Ver-körperungen auch von anderen wahrgenommen, treten also durch ihre leibliche Präsenz sozial in Erscheinung.

Interkorporalität stellt auf diese Weise auch die Vorstellung von monadischen Subjekten in Frage und verweist auf die körperliche Existenzweise von Subjekten, die als eine Verbindung von Körper, Leib und Subjekt zu denken ist. Körper sind immer ineinander verwobene Körper und diese Wechselseitigkeit mit Anderen und der Welt wurde bislang in der Körpersoziologie relativ selten in Anschlag gebracht. Die Reziprozität betrifft auch das Verständnis von Subjekten, die in der Folge von Interkorporalität als Intersubjektivitäten zu konzipieren sind. Diese Verbindung von Interkorporalität und Intersubjektvitität ist in den Arbeiten George Herbert Meads angelegt, die Hans Joas als „praktische Intersubjektivität" beschrieben hat. Für Mead entstehen Subjekte durch leibliche Interaktionen, die als symbolvermittelnde Gesten den „Spuk des Solipsismus" (Mead 1980: 223) überwinden. Ein soziologischer Subjektbegriff wäre daher als Intersubjektivitätsbegriff zu konzipieren, da es mit einer Soziogenese von Interkorporalität keinen Solipsismus geben kann (Haller 2014). Dies würde ,en passant' den Solipsismus als das mehrfach formulierte Problem von Intersubjektivität auflösen. In der Konsequenz würde dies auch bedeuten, das Augenmerk stärker auf eine Wechselseitigkeit von Subjekten, Körpern und sozialer Welt zu richten und vor allem dieses Verhältnis näher soziologisch zu bestimmen.

Literatur

Bourdieu, Pierre/Wacquant, Loic (1996): *Reflexive Anthropologie,* Frankfurt a. M.: Suhrkamp.

Crossley, Nick (2005). Mapping reflexive body techniques: on body modification and maintance, *Body & Society* 11, 1, 1–35.

Crossley, Nick (1995a). Merleau-Ponty, the elusive body and carnal sociology, *Body & Society* **1, 43, 43–63.**

Crossley, Nick (1995b). Body techniques, agency and intercorporeality: on Goffman's Relations in Public, *Sociology* 29, 133–149.

Goffman, Erving (1982): *Das Individuum im öffentlichen Austausch. Mikrostudien zur öffentlichen Ordnung.* Frankfurt/Main: Suhrkamp.

Gugutzer, Robert (2002). *Leib, Körper und Identität. Eine phänomenologisch-soziologische Untersuchung zur personalen Identität,* Wiesbaden: Westdeutscher Verlag.

Haller, Melanie (2014). *Abstimmung in Bewegung,* Bielefeld: Transcript.

Mead, George Herbert (1980): *Gesammelte Aufsätze, Bd. 1 und Bd. 2, hrsg. von Hans Joas,* Frankfurt a. M.: Suhrkamp.

Merleau-Ponty, Maurice (1967). Der Philosoph und sein Schatten. In: Ders.: *Das Auge und der Geist* (S. 45–67), Reinbek: Rowohlt.

Merleau-Ponty, Maurice (1966). *Phänomenologie der Wahrnehmung,* **Berlin: De Gruyter.**

Weiss, Gail (1999). *Body images: embodiment as intercorporeality,* **New York: Routledge.**

Kommunikation

Jens Loenhoff

Kommunikation ist stets eine Praxis des Körpers. Dies war freilich nicht immer im Bewusstsein einer Forschung, die die symbolisch gesteuerte Koordination des Handelns aufzuklären versucht. Ebenso wie Sozial- und Handlungstheorien haben auch Theorien der Kommunikation ein je unterschiedlich enges und begrifflich elaboriertes Verhältnis zum Körper. Dies reicht von systematischer Ignoranz und Verdrängung gegenüber der Kommunikationsrelevanz leiblich-körperlicher Vollzüge bis zu ihrer Anerkennung als konstitutiver Dimension symbolisch vermittelter Interaktion. Insbesondere im Kontext der Rückbesinnung auf das senso-motorische Apriori des Handelns und des damit verbundenen Interesses an der Materialität der Kommunikation haben sich vor allem interaktionsorientierte Ansätze dem Körper als ermöglichende Bedingung der Handlungskoordination zugewandt. Die erneute Aufmerksamkeit gegenüber der vom Pragmatismus programmatisch formulierten Koevolution von Handlung und symbolischer Beziehung, einer phänomenologischen Soziologie des Körpers und einer detranszendentalisierten Leibphänomenologie, die Kommunikation als Vollzugsform existenzialer Zwischenleiblichkeit thematisiert, hat die sozialwissenschaftlichen Disziplinen für das Verhältnis von Körper, Symbol und Kommunikation sensibilisiert. Selbst differenztheoretische Abstraktionen, die vom Kommunikationsereignis nur noch das Prozessieren von Unterscheidungen zurückbehalten wollen, kommen nicht umhin, dem Körper eine Funktionsstelle im Kontext von Prozessen der „Interpenetration", der „strukturellen Kopplung" und der „symbiotischen Mechanismen" zuzuweisen, die für die kommunikativen Operationen sowohl im Kontext von Interaktionssystemen wie auch innerhalb der gesellschaftlichen Funktionssysteme eine Deckungsgrundlage und Kontingenzunterbrechung darstellt (Luhmann 1984).

Aus phylogenetischer und ontogenetischer Perspektive wird der unmittelbare Zusammenhang zwischen der Evolution der Kommunikationsmittel aus der körperlichen Kopräsenz und der Ausbildung spezifischer, auf die Koordination des Handelns zugeschnittener Körpertechniken besonders einsichtig. So besteht die elementarste Form des darstellenden Verhaltens in der bloßen Rhythmisierung einer Bewegungsform, und zwar als „Darstellung des Appelldatums" (Gehlen 1986, S. 145 f.) bzw. als mimische Nachahmung. In der damit gegebenen Überprägnanz ahmt ein Handeln sich selbst nach und erhält damit Symbolfähigkeit. Ausdrucksbewegungen und die sie begleitenden extero-, intero- und propriozeptiven Wahrnehmungsprozesse können so zu sich selbst in ein Verhältnis treten. Erst der Vollzug von Bewegungen und vokalen Äußerungen innerhalb kontrollierbarer sensomotorischer Kreisprozesse ermöglicht nämlich die willkürliche Vergegenständlichung von Körperausdruck und die situativ angemessene Hervorbringung signifikanter Gesten (Mead 1934). Die Verschränkung interpersonaler Beziehungen mit intentionalen Zuständen durch dazwischentretende Gesten macht dabei die Entwicklung von einfachen Artikulationen bis zu grammatikalisierbaren und dadurch hoch leistungsfähigen Darstellungsmitteln wie den menschlichen Sprachzeichen plausibel.

Als multisensorischer Prozess ist Kommunikation im Zusammenwirken visueller, auditiver und taktiler Wahrnehmungen fundiert (Loenhoff 2012). Wahrnehmungsbereitschaft, Aufmerksamkeit und wechselseitige Fokussierung der Beteiligten müssen im Medium humanspezifischer Möglichkeiten Form gewinnen, um im Kommunikationsprozess als Steuerungsfaktoren wirksam werden zu können. Der Ausbeutung der Leistungsdifferenz der im Alltag als „Sinne" beschriebenen sensomotorischen Systeme kommt dabei eine besondere Bedeutung zu, auf deren Interaktionsrelevanz bereits Georg Simmel (1992) in seinem diesbezüglichen Exkurs hingewiesen hat. Elementare leibliche Orientierungsweisen und deiktische Gesten, die von Körperbewegungen ihren Ausgang nehmen und dann erst als eigenständige semantische Mittel versprachlicht werden, belegen ebenso wie die als Fundamente von Metaphern, Klassifikationen und semantischen Kategorien fungierenden Körpererfahrungen den engen Zusammenhang zwischen den Vermögen des Körpers und der Genese semiotischer Ressourcen (Bühler 1933). Entsprechende Mindestanforderungen an die körperliche Konstitution sowie ein intaktes Körperschema, ohne die Kommunikationsofferten nicht hervorgebracht und verstanden werden können, zeigen sich insbesondere an denjenigen Einschränkungen, die mit schweren Erkrankungen, Behinderungen oder extremen Schmerzzuständen verbunden sind.

Im Kontext alltäglicher Kommunikation und der sie strukturierenden präreflexiven Deutungsroutinen gilt der Körper in der Regel als Oberfläche, an der sich emotionale und mentale Zustände gleichsam „ablesen" lassen und die als zuverlässiger Indikator soziokultureller und milieuspezifischer Eigenschaften in Anspruch genommen werden kann. Körperliche Expressivität und spezifische Verkörperungsformen, wie sie in Grenzphänomenen des Lachens und Weinens zum Ausdruck kommen (Plessner 1941), werden als kommunikativ relevante Signale im Kontext wechselseitiger Verhaltenssteuerung wirksam. Die Mobilisierung körperlicher Ressourcen bildet aber nicht nur die ermöglichende Bedingung der Handlungskoordination, vielmehr übernehmen Augenbewegung, Stimmlage, Berührung, Balancierung von räumlicher Nähe und Abstand auch regulative Funktionen für den Kommunikationsverlauf, sei es als Symbolisierung von Intimität und Distanz, sei es im Interesse der Modalisierung oder der Präzisierung der Bedeutung kommunikativer Äußerungen. Vor allem multimodale Interaktionsanalysen thematisieren die zum Zwecke der Semantisierung und Semiotisierung eingesetzten körperlichen Vollzüge und das komplexe Zusammenwirken von Gestik, Mimik, Blickverhalten, Proxemik, Kinesik, Prosodie und den Ausdrucksvalenzen der menschlichen Stimme (Jewitt 2009). Zugleich zeigen ethnographische Studien eine bemerkenswerte kulturelle Varianz kommunikativer Multimodalität sowie die unterschiedliche Inanspruchnahme der hochgradig plastischen sensomotorischen Infrastruktur des Körpers. Im Kontext einer solchen Forschung kommt der Körper nicht nur als Gegenstand gesellschaftlicher Diskurse in den Blick, sondern auch als Träger eines kommunikationsrelevanten Wissens in Form inkorporierter Kompetenzen. In Gestalt eines impliziten Wissens ermöglichen sie über die Artikulation und den Mitvollzug einer Körperbewegung die kontextuell angemessene Koordination des Handelns und reichen bis zu einem spezifischen lexikalischen, grammatischen und idiomatischen Sprachwissen. Vor allem die nichtsprachlich gesteuerten, besonders körperintensiven und -sensitiven Modi der Handlungskoordination, wie sie bei komplexen Arbeitsabläufen, bei Sport oder Sexualität an die Stelle sprachlich artikulierten Sinns treten, zeigen auf paradigmatische Weise die eigentümliche zwischenleibliche Dichte dieser Art von symbolischer Interaktion. Praktiken der kommunikativen Inanspruchnahme des Körpers offenbaren sich aber ebenso in seiner ästhetischen Virtuosität in Ballett, Tanz oder künstlerischer Performance, die jenseits von Sprache und Sprechen semantische Gehalte im Medium körperlicher Darstellungsmöglichkeiten hervorbringen.

Dass der Körper in der Interaktion ein maximal relevanter Gegenstand primärer Eindrucksbildung und Typisierungen (männlich/weiblich, jung/alt, vertraut/fremd) ist, bestätigen Alltagserfahrung und wissenschaftliche Forschung gleichermaßen. Als Voraussetzung von Adressabilität erfolgen die Identifikation von Personen und eine erste lebensweltliche Bewertung anhand ihrer spezifischen körperlichen Erscheinung. Dabei spielen die mit kommunikativer Absicht vorgenommenen Zurichtungen des Körpers in Gestalt sozialer Markierungen, die als symbolische Darstellung von Zugehörigkeit oder weltanschaulichen Sinngehalten fungieren, ebenso eine Rolle wie am Körper unwillkürlich hinterlassene Spuren in Form von Körpermalen, Fingerabdrücken oder der Handschrift, die die zu ihm gehörende Person identifizieren, entlarven oder überführen. Der Körper fungiert so als Deckungsgrundlage für die kommunikativ hochgradig wirksame Zuschreibung von Authentizität und Ehrlichkeit oder verborgenen und unbewussten Motiven (Ekman 1989; Hahn 1988). An seiner Qualität als Störquelle offenbart sich die dem Körper eigene und oft überraschende Eigenrelevanz, die die Kommunikation durch unwillkürliche Regungen zu irritieren vermag und die Korrekturen oder Ausgleichshandlungen erforderlich macht. Wie stark die Sphäre körperlicher Expressivität in die Verhaltensabstimmung eingehen soll oder darf, zeigen kultur- und milieuspezifischen Einschränkungen. Sie regeln die kommunikative Inanspruchnahme des Körpers, die vom nichtsprachlichen Verhalten und Handeln bis zu den Formen des Körperkontaktes reichen, die die Kommunikation strukturieren und ihre Bedeutung modalisieren, wobei die Anforderung an die Selbstbeobachtung und Disziplinierung des Körpers je nach Kommunikationspraxis und -kontext unterschiedlich voraussetzungsvoll sind. An ihnen manifestiert sich die normative Struktur der Anforderungen an die Körperkontrolle und die damit verbundenen Erwartungserwartungen. Sogar körperliche Gewalt als besonders radikale Demonstration von existenziellem Engagement und Unirritierbarkeit kann zu einem Kommunikationsmittel ersten Ranges werden und eine hochgradig wirksame symbolische Kraft entfalten. Umgekehrt vermögen spezifische sprachliche Ausdrücke ein Gewaltpotential zu entwickeln, das körperlich erfahren und erlitten wird.

Schließlich bleibt der Körper auch in der Nutzung moderner Kommunikationstechnologien und entgegen der Prophezeiung seines Verschwindens eine unverzichtbare Ressource. Denn die digitale Kommunikation ist hinsichtlich ihrer Realisierungsbedingungen keineswegs weniger, sondern nur in anderer Form auf die sensomotorischen Strukturen und Funktionszusammenhänge angewiesen. Vielmehr müssen sich die zur kommunikativen Nutzung konstruierten technischen Artefakte diesen Strukturen anpassen, auch wenn ihr Design und ihre Funktion wiederum die Herausbildung neuer und anderer Körpertechniken stimulieren.

Die Einsicht in die körperlich-leibliche Fundierung von Kommunikation und Intentionalität und die Bestimmung der Realisierungsformen semiotischer Praktiken im Lichte der Möglichkeiten und Grenzen des Körpers, aber auch der kulturspezifischen und normativ strukturierten Sinnbewirtschaftung dieser Körperpraxen stehen in deutlichem Gegensatz zu den Geltungsansprüchen sowohl derjenigen Kommunikationsmodelle, die Sprechen und Hören als Codierung, Übertragung und Decodierung von Nachrichten begreifen, als auch zu den transzendentalphänomenologischen, kognitivistischen und intellektualistischen Konzepten, die reflexiv gesicherte Sinngehalte als zuerst durch Bewusstseinsakte konstituiert und erst anschließend der Kommunikation übereignet begreifen wollen. Die Darstellung sprechender Köpfe, körperlosen Signal- und Zeichentransport suggerierende Sender-Empfänger-Modelle oder technomorphe Metaphern einer digitalisierten Kommunikation, in der der Geist als Symbolmaschine Bedeutungen „errechnet", übersehen notorisch die impliziten Hintergründe derartiger Modelle in Gestalt der Eigenrelevanz des lebendigen und empfindenden Körpers, weil sie den Blick auf das unhintergehbare Fundierungsverhältnis verstellen, das die strukturellen und funktionalen Merkmale des Kommunikationsprozesses an den menschlichen Körper und seine Eigenschaften rückbindet.

Eine den Körper berücksichtigende und seine sensomotorischen Kompetenzen fokussierende Analyse kommunikativer Phänomene muss demgegenüber den Formen leiblicher Intentionalität Rechnung tragen. Sie ist mit der Überzeugung verbunden, dass der Körper schon längst vor einem prädikativen und begriffsgestützten Verstehen den Bereich möglicher Bedeutung begrenzt (Loenhoff 2015). Eine solche Perspektive macht die performativen und konzeptionellen Konsequenzen deutlich, die sich aus dem Umstand ergeben, dass solche Dispositionen und Verkörperungsformen kommunikativ hoch wirksam Handlungen koordinieren und Situationen strukturieren, ohne dass deren Sinngehalt in die Form propositionaler Sätze transformiert werden könnte. Für eine anticartesianische und repräsentationskritische Theorie der Kommunikation ist der Körper daher mehr und anderes als das Werkzeug eines sich mitteilenden Geistes. Sie erkennt in dessen sensomotorischen Vermögen die Fundamente des symbolischen Handelns und betont die Verschränkung körperlicher Akte zu emergenten Kommunikationsereignissen, deren Sinnstruktur sich der Koproduktion nicht reduktionsfähiger Einheiten verdankt.

Ein soziologisch besonders relevanter und je nach methodologischem Standpunkt unterschiedlich zu bewertender Sachverhalt ist schließlich mit der Frage angesprochen, ob der einzelne Körper überhaupt zum voraussetzungslosen Ausgangspunkt für die Bestimmung des Verhältnisses von Körper und Kommunikation gemacht werden kann, zumal die Einheit und die Individualität dieses Körpers als kommunikativ wirksame Zurechnungsadresse das Ergebnis einer historischen Entwicklung bzw. der soziokulturellen Evolution darstellt. Seine zwiespältige Rolle zwischen seiner Funktion als ermöglichende Bedingung und semiotische Ressource auf der einen und seiner gesellschaftlichen Sinnbewirtschaftung durch alltägliche Disziplinarpraxen, durch Kunst, Naturwissenschaft und Technik auf der anderen Seite, die die kompakten Strukturen der körperlichen Fundamente des Handelns durchformen, muss in einem kommunikationstheoretischen Paradigma reflexiv eingeholt werden. Der Umstand, dass die Kommunikation auf den Körper nicht als ungeschorenes Naturphänomen, sondern stets als soziale Tatsache zugreift, es umgekehrt aber dieser immer schon kulturell sinnbewirtschaftete Körper ist, der die symbolische Handlungskoordination ermöglicht, bleibt auch in Zukunft eine Herausforderung für die begriffliche Integration. Dass die Grenzen der kommunikativen Möglichkeiten des Körpers ausschließlich durch gesellschaftliche Diskurse bestimmt sind, mögen allerdings wiederum nur diejenigen annehmen, die mit seiner Widerständigkeit, seiner Unberechenbarkeit und seinem potentiellen Vetorecht gegenüber den Zumutungen der sozialen Praxis im Alltag wie auch in der Wissenschaft nicht glauben rechnen zu müssen.

Literatur

Bühler, Karl (1933). *Ausdruckstheorie. Das System an der Geschichte aufgezeigt.* Stuttgart: Fischer.

Ekman, Paul (1989). *Weshalb Lügen kurze Beine haben.* Berlin/New York: de Gruyter.

Gehlen, Arnold (1956/1986). *Urmensch und Spätkultur. Philosophische Ergebnisse und Aussagen.* Wiesbaden: Aula-Verlag.

Hahn, Alois (1988). Kann der Körper ehrlich sein? In: Hans U. Gumbrecht & K. Ludwig Pfeiffer (Hrsg.), *Materialität der Kommunikation* (S. 666–679). Frankfurt a. M.: Suhrkamp.

Jewitt, Carey (Hrsg.). (2009). *The Routledge handbook of multimodal analysis.* London: Routledge.

Loenhoff, Jens (2012). Multimodality and the senses. In: Carol A. Chapelle (Hrsg.), *The encyclopedia of applied linguistics*. Somerset, NJ: Wiley. doi:10.1002/9781405198431. wbeal0839

Loenhoff, Jens (2015). **Intercorporeality as a foundational dimension of human communication.** In: Christian Meyer, Jürgen Streeck & Scott J. Jordan (Hrsg.), *Intercorporeality: Beyond the body*. Oxford: Oxford University Press (im Druck).

Luhmann, Niklas (1984). *Soziale Systeme. Grundriß einer allgemeinen Theorie*. Frankfurt a. M.: Suhrkamp.

Mead, George Herbert (1934). *Mind, self, and society from the standpoint of a social behaviorist*. Hrsg. v. Charles William Morris. Chicago: The University of Chicago Press.

Plessner, Helmuth (1941/1980). *Lachen und Weinen. Eine Untersuchung der Grenzen menschlichen Verhaltens*. In: Günter Dux, Odo Marquart & Elisabeth Ströker (Hrsg.), *Helmut Plessner, Gesammelte Schriften. Bd. VII: Ausdruck und menschliche Natur* (S. 201–387). Frankfurt a. M.: Suhrkamp.

Simmel, Georg (1992). **Exkurs über die Soziologie der Sinne.** In: *Soziologie. Untersuchungen über die Formen der Vergesellschaftung. Gesamtausgabe Bd. II* (S. 722–742). Frankfurt a. M.: Suhrkamp.

Leiblichkeit und Körper

Gesa Lindemann

Der in der Soziologie verwendete Leibbegriff geht auf die phänomenologische Philosophie zurück. Ausgehend von den Arbeiten Edmund Husserls (1976a, b) wurde der Leibbegriff innerhalb der Philosophie unter besonderer Berücksichtigung der Zeitdimension von Martin Heidegger (1927/1979) und Jean-Paul Sartre (1943/1993) weiterentwickelt. Maurice Merleau-Ponty (1945/1966, 1964), Helmuth Plessner (1928/1975, 1931/1981) und Hermann Schmitz (1964–1980) haben die Fokussierung auf die Zeit zurückgenommen und auch die ausdruckshaften Aspekte leiblicher Existenz in gleicher Weise behandelt wie die zeitlichen. Vor allem Schmitz, aber auch Plessner, kommt zudem das Verdienst zu, die Raumstruktur leiblichen Erlebens und das Erleben des eigenen Zustandes begrifflich klar ausgearbeitet zu haben (Schmitz 1965; Plessner 1928/1975). Die Arbeiten von Schmitz und Plessner ermöglichen es darüber hinaus, die Differenz von Leib und Körper begrifflich präzise zu fassen und die Aspekte von Leib und Körper systematisch aufeinander zu beziehen.

In der jüngeren soziologischen Debatte sind vor allem die leibtheoretischen Konzepte von Merleau-Ponty (vgl. Crossley in diesem Band) sowie von Schmitz und/oder Plessner (vgl. Gugutzer 2012; Lindemann 2014; Uzarewicz 2011) relevant. Dabei kommt den Begriffen Leib und Körper der Status sozialtheoretischer Annahmen (vgl. Lindemann 2014, S. 328 f.) zu. Wenn man Handlung, Interaktion und Kommunikation aus einer leibtheoretischen Perspektive heraus begreift, werden soziale Akteure als leibliche Selbste begriffen, und dies in mehrfacher Hinsicht:

1) Ein leibliches Selbst erlebt sich selbst hier/jetzt in Beziehung zu seiner Umwelt.
2) Es erlebt den eigenen Zustand, d. h., es erlebt sich z. B. als ängstlich, müde oder als wach auf die Außenwelt gerichtet i. S. eines „ich kann (nicht)".
3) Es nimmt die Umwelt wahr und antizipiert eine konkret für die aktuelle Situation relevante Zukunft, die in einen weiteren Zukunftshorizont eingebettet ist.
4) Das leibliche Selbst ist weniger ein Subjekt, das die Situation distanziert wahrnimmt, vielmehr erlebt sich ein leibliches Selbst hier/jetzt als von den Ereignissen in seiner Umgebung betroffen.

5) Zugleich vermittelt das leibliche Selbst zwischen der Wahrnehmung der Umgebung, dem Erleben des eigenen Zustandes und der erwarteten Zukunft, indem es sich auf die Umwelt bezogen verhält bzw. handelt.

Wer vom Leib ausgeht, analysiert Vergesellschaftung als einen situierten raum-zeitlich strukturierten Vollzug leiblicher Umweltbezüge. Es geht weniger um das aktive Handeln und Entscheiden einzelner Akteure, sondern darum, wie diese in die Situation eingebunden sind, von dieser berührt werden und entsprechend auf die Umwelt handelnd einwirken bzw. mit anderen kommunizieren. Bei der Darstellung dieses Konzepts muss man berücksichtigen, dass nicht alle der genannten fünf Punkte von allen der eingangs genannten Autoren in gleicher Weise berücksichtigt werden. Ich werde in meiner Darstellung so vorgehen, dass ich zunächst diejenigen Aspekte darstelle, die als Konsens aller eingangs genannten Autoren gelten können. Darauf aufbauend stelle ich diejenigen Aspekte dar, die vor allem auf die Beiträge von Schmitz und Plessner zurückgehen.

1   Die Raum-Zeit-Struktur leiblicher Erfahrung

Bei der Analyse der raum-zeitlichen Struktur leiblicher Erfahrung stellen leibtheoretische Konzepte den Sachverhalt in den Mittelpunkt, dass leibliche Selbste jeweils hier/jetzt existieren, sich hier/jetzt auf ihre Umwelt beziehen, sich selbst erleben und auf andere bezogen handeln.

Hier/Jetzt

Ein Vorzug des Leibbegriffs besteht darin, dass er Sachverhalte explizit benennt, die in anderen Akteurskonzeptionen implizit vorausgesetzt werden. Dazu gehört die Einsicht, dass ein Akteur immer hier/jetzt existiert, wahrnimmt und handelt. Dies gilt auch noch unter den Bedingungen moderner weltumspannender Kommunikation. Auch wenn ein Akteur weltweit kommuniziert, seinen Tabletrechner immer bei sich hat und immer erreichbar ist, so sitzt er doch stets hier/jetzt vor dem Monitor, empfindet hier/jetzt die schmerzende Sehnenscheidenentzündung, die von den zu oft wiederholten Bewegungen am Bildschirm herrühren. Mit der Akzentuierung des Hier/Jetzt tritt die erste wesentliche Besonderheit des Leibes zutage, die diesen vom Körper unterscheidet. Der Körper ist in einem dreidimensional ausgedehnten messbaren Raum gemäß einer messbaren Zeit zu verorten. Dies trifft auf das Hier/Jetzt der leiblichen Existenz nicht zu. Vielmehr ist der Leib als Ausgangspunkt jeder örtlichen Orientierung (Merleau-Ponty 1966, S. 178; Plessner 1928/1975, S. 183 f.) zu verstehen. *Definition des Körpers im Unterschied zum Leib:* Ein Körper ist kontinuierlich dreidimensional ausgedehnt und befindet sich zu einer bestimmten Zeit an einer Stelle im Raum, d. h. an einer Position, die nach Lage- und Abstandsbeziehungen zu anderen Körpern genau berechnet werden kann (Schmitz 1965, S. 54). Ein Beispiel: Um 17.45 Uhr steht der Tisch (2 m lang/1 m breit) im Abstand von 2 Metern parallel zur Wand des Zimmers. Um 17.50 steht derselbe Tisch direkt neben der Wand. Um zu wissen, wo ein Körper sich befindet, muss ich ihn relativ zu anderen Körpern verorten. Das globale Positionierungssystem (GPS) ist eine Technik, mit deren Hilfe eine solche Berechnung für jeden beliebigen Körper durchgeführt werden kann. Wenn man einen Menschen als Körper betrachtet, unterscheidet er sich nicht von einem Tisch. Beide sind dreidimensional ausgedehnt und können an einer bestimmten messbaren Raum-Zeitstelle verortet werden.

Definition des leiblichen Hier/Jetzt im Unterschied zum Körper: Für den Leib gilt diese Art der Positionierung nicht. Dass ich jetzt hier bin, weiß ich, ohne mich zuvor vergewissert zu haben, in welchem Winkel sich mein Körper zur Wand, zum Schreibtisch und zum Bücherregal befindet. Das Hier/Jetzt des Leibes hebt sich spontan ab. Es kann passieren, dass ich morgens aufwache und im ersten Moment nicht weiß, wie spät es ist und ob ich zuhause oder im Hotelbett liege. Dennoch weiß ich, dass ich jetzt hier bin. Ich weiß aber nicht, welchen Ort das GPS anzeigen würde, wenn ich eine entsprechende Positionierung vornähme und um zu wissen, wie spät es ist, müsste ich auf die Uhr schauen.

Um die besondere Charakteristik des Hier einzufangen, bezeichnen Schmitz und Plessner den Ort des Leibes als „absoluten Ort" (Schmitz 1965, S. 11; Plessner 1928/1975, S. 289 f.). Als solcher fungiert der Leib als Bezugspunkt für die eigene Orientierung. Die grundlegenden praktischen Formen räumlicher Orientierung sind stets auf den eigenen Leib bezogen. Rechts/links, oben/unten oder vorn/hinten beschreiben räumliche Orientierungen, in denen der eigene Leib spontan wie ein Nullpunkt fungiert. Ein Körper befindet sich in Raum und Zeit. Ein Leib existiert raum-zeitlich und entfaltet Raum- und Zeitbezüge vom je eigenen Hier/jetzt ausgehend.

Praktische Raum- und Zeitbezüge ausgehend vom Hier/Jetzt

Die praktischen Raum-Zeitbezüge, d. h. die aktiven, nach außen gerichteten Leib-Umweltbezüge, werden ebenfalls in allen leibtheoretischen Ansätzen behandelt. Sich leiblich in den umgebenden Raum hinein zu richten, kann auf verschiedene Weise erfolgen, durch Blicke, Gesten, aber auch dadurch, dass man sich praktisch in der Welt zu schaffen macht, dass man zugreift, praktisch und technisch vermittelt Gegenstände handhabt. Der Leib ist „zur Welt" (Merleau-Ponty 1966) und richtet sich in den umgebenden Raum. Dabei wird die Welt zunächst nach praktischen Reichweiten gegliedert (Schütz/Luckmann 1979, S. 63 ff.). Dies gilt auch für den Umgang mit moderner Technologie, die den Leibtheoretikern noch unbekannt war. Ich kann mich nach rechts wenden und die externe Festplatte greifen. Um das USB-Kabel mit Festplatte und Rechner zu verbinden, muss ich mich bücken und nach vorn beugen usw.

Leibliche Akteure bewegen sich in einem Raum, in dem Gegenstände aktuell oder potentiell zugänglich sind.

In der Praxis ihrer Umweltbezüge richten leibliche Akteure den umgebenden Raum ein, indem sie sich an gewohnheitsmäßig zu durchlaufende Bahnen des Greifens, Gehens, Beugens orientieren (Schmitz 1967, §§ 127, 129). Es entstehen Schematisierungen des praktischen Sich-Beziehens auf die Welt (Merleau-Ponty 1966, S. 126). Pierre Bourdieu hat diesen Gedanken für soziologische Analysen fruchtbar gemacht und dafür den Begriff des Habitus (Bourdieu 1987, Kap. 3; siehe auch den Beitrag Habitus in diesem Band) geprägt. Leibliche Akteure empfinden Aktionsimpulse und richten sich entsprechend auf ihre Umwelt, dabei machen sie im zeitlichen Verlauf Erfahrungen, aufgrund deren sie unterschiedliche Möglichkeiten entwickeln, sich immer wieder in ähnlicher Weise praktisch auf die Umwelt zu richten. So entstehen Dispositionen, sich in einer bestimmten Weise zu verhalten. Dispositionen werden von leiblichen Akteuren gemäß den aktuellen Erfordernissen aktualisiert und können entsprechend dem aktuellen Sinn der leiblichen Handlung modifiziert werden. Ich verdeutliche dies anhand eines eigenen Beispiels. Petra ist es gewohnt, aus schweren Porzellanbechern zu trinken, die man fest greifen muss, damit sie nicht aus der Hand fallen. Jetzt sitzt sie am Tisch, aber dort steht nicht wie gewohnt ein schwerer Porzellanbecher, sondern ein Plastikbecher, der wirkt, als wäre er leicht zu knicken. Wäre der Habitus ein Automatismus, würde Petra den Plastikbecher wie einen schweren Porzellanbecher ergreifen und wahrscheinlich zusammenknicken. Wenn ein Habitus aber eher als Disposition verstanden wird, in einer bestimmten Weise zu greifen, die gemäß der gegenwärtigen Wahrnehmung aktualisiert und variiert werden muss, ereignet sich kein Automatismus, sondern es findet eine situationsbezogene Aktualisierung von Aktionsmöglichkeiten statt. Petra greift einerseits wie gewohnt nach vorn, aber zugleich intuitiv anders, da sie eine andere Beschaffenheit des Trinkgefäßes erwartet. In diesem Sinne hatte bereits Plessner den Leib als eine historische „Reaktionsbasis" (Plessner 1928/1975, S. 284 f.) beschrieben, die gemäß den gegenwärtigen Angeboten der Umwelt und den darin gegebenen zukünftigen Möglichkeiten aktualisiert wird.

Das Erleben des eigenen Leibes

Als absoluter Ort bildet der Leib den Nullpunkt der spontanen Orientierung, von dem aus leibliche Akteure sich orientieren und sich praktisch auf die Umgebung richten. Schmitz weist nun darauf hin, dass der Leib zugleich auch selbst als ausgedehnt gespürt wird. Die Art und Weise, wie der Leib gespürt wird, bezeichnet Schmitz als die „Inselstruktur des körperlichen Leibes" (Schmitz 1965, S. 25 ff.). Hierbei wird erneut die Differenz zwischen Körper und Leib deutlich. Der Körper ist kontinuierlich ausgedehnt, man kann etwa ohne Unterbrechung am eigenen Körper entlang tasten. Der gespürte Leib ist aber nicht in dieser Weise gegeben. Wenn man den Versuch unternimmt, ohne Bezug auf das Bild vom eigenen Körper an sich selbst von oben nach unten herunterzuspüren, wird man eher einzelne Regionen spüren, die Schmitz als „Leibesinseln" beschreibt (Schmitz 1965, S. 26). Wenn ich im Moment des Schreibens den eigenen Leib von oben nach unten spüre, ergibt sich z. B. das Folgende: Ein leichtes Ziehen im Übergang vom Hals zur Schulter, ein schmerzender Punkt in der Gegend der Lendenwirbelsäule, eine diffus kribbelnde Ausdehnung in der Gegend der Ober- und Unterschenkel und in der Gegend der Füße je ein kühler Klumpen. Dieser Zusammenhang von Leibesinseln verändert sich ständig. Wenn ich aufstünde, würde ich mich in anderer Weise spüren, und wahrscheinlich treten bei jedem Leib andere gespürte Regionen in den Vordergrund. Die Leibesinseln können relativ zueinander verortet werden im Sinne von oberhalb/unterhalb von, eher vorn oder eher hinten. Insofern weisen sie ein Merkmal des Körpers auf. Zugleich weisen die Leibesinseln aber auch Merkmale des Leibes auf, denn ihnen kommt auch das Merkmal absoluter Örtlichkeit zu. Insofern bezeichnet Schmitz den Leib, der im Sinne unterschiedener Leibesinseln erlebt wird, als „körperlichen Leib" (Schmitz 1965, S. 6, S. 24 ff.). Der aktive auf die Umwelt bezogene Leib wird immer auch als körperlicher Leib gespürt.

Die systematische Verbindung zwischen dem auf die Umgebung gerichteten Leib und dem gespürten Leib arbeitet Schmitz aus, indem er den Leib als durch dynamische Gegensatzstrukturen bestimmt analysiert. Dies lässt sich ausgehend von der Phänomenologie der Schmerzerfahrung begreifen. Schmerz ist ein Extremfall des Erlebens des Hier/Jetzt des eigenen Leibes. Bei der Erfahrung intensiven Schmerzes kann die äußere Wahrnehmung zusammenbrechen. Die Schmerzgeplagte verliert den Sinn dafür, wo links, rechts oder oben und unten ist. Es gibt nur noch die Erfahrung, jetzt an diesen Ort gebunden zu sein, weg zu wollen, gleichsam aus sich heraus zu wollen, genau dies aber nicht zu können. Schmitz beschreibt dies als „gehindertes Weg!" (Schmitz 1964, S. 168), welches in der Schmerzerfahrung dominiert. Der im Schmerz gegebene absolute Ort ist allerdings kein isolierter Punkt, denn er ist als die Enge, in die das leibliche Selbst gezwungen ist, bezogen auf eine Weite als Orientierung des „Weg!". Als das, wohin die/der Betreffende hinaus will. Die Weite bildet den Hintergrund, vor dem sich die Enge des schmerzenden Leibes abhebt. Schmerz ist gemäß Schmitz ein spannungsvoller räumlicher Gegensatz von Enge und Weite (Schmitz 1965, S. 73). Im Gegensatz von Enge und Weite wird eine Grenze gezogen, denn es ist sehr deutlich, wo ich als subjektiv betroffener Leib bin. Dabei ist es wichtig festzuhalten, dass der Leib nur eingegrenzt ist, indem er über sich hinaus ist, d. h. zu der Weite in Beziehung ist, vor deren Hintergrund sich die Enge des schmerzenden Leibes abhebt. Insofern gehört die Weite ebenso zum Leib wie die Enge (Schmitz 1965, S. 6). Der Leib ist das als dieser Gegensatz existierende Phänomen. Wenn die Pole des Gegensatzes Enge und Weite nicht mehr aufeinander bezogen sind, hört der Leib auf zu existieren. Der Leib ist keine Substanz, sondern der mehr oder weniger spannungsvolle Vollzug von Gegensätzen, wobei der Gegensatz von Enge und Weite eine besondere Stellung einnimmt. Vom Gegensatz von Engung und Weitung ausgehend (Schmitz 1965, § 49) wird entwickelt, wie sich Leiber auf ihre Umgebung richten

(Schmitz 1965, § 50). Für die soziologische Analyse ist hierbei der Aspekt der leiblichen Kommunikation (Schmitz 178, Kap. 2) von Bedeutung. Leibliche Selbste berühren einander wechselseitig, indem sich auf einander richten und selbst erleben, dass sich andere auf sie richten – etwa durch Blicke, Gesten oder Worte. In diesen Analysen wird deutlich, dass es einen inneren Zusammenhang gibt zwischen dem Spüren des eigenen Leibes und der Art und Weise, sich auf die Umwelt zu beziehen. Wenn ich mich matt und bedrückt fühle mit schweren hängenden Gliedern, kann ich nicht dynamisch überzeugend nach außen wirken. Ich muss mich in diesem Fall buchstäblich in einen anderen leiblichen Zustand bringen, der zu den Anforderungen der Situation passt.

2   Vermittelte Unmittelbarkeit und die Verschränkung von Körper und Leib

Der besondere Beitrag von Plessner zur Ausarbeitung des Leibkonzepts liegt in den Konzepten der „vermittelten Unmittelbarkeit" und der „Verschränkung von Körper und Leib". Dem Konzept der „vermittelten Unmittelbarkeit" (Plessner 1928/1975, S. 321 f.) zufolge ist das leibliche Erleben nicht nur unmittelbarer Vollzug, vielmehr stehen leibliche Selbste zugleich außerhalb. Sie erleben, dass und wie sie andere leibliche Selbste bzw. ihre Umwelt erleben. Weil sie sowohl innerhalb als auch außerhalb ihrer leiblichen Vollzüge stehen (Plessner 1975, S. 289 f.), können leibliche Selbste bestimmte Muster leiblicher Bezüge identifizieren. Solche Muster bilden sich in leiblichen Kommunikationen, und sie bilden für leibliche Kommunikationen ein Muster, an denen sich die leiblichen Bezüge der Beteiligten orientieren (vgl. Lindemann 2014, S. 122 ff.). Als Beispiel führe ich das Muster einer hierarchischen Beziehung zwischen den Beteiligten an. Durch ein solches Muster ist etwa festgelegt, wer wen wie anblicken sollte bzw. wer den Blick zu senken hat. Sozial Höhergestellte haben mehr Spielräume, ihnen ist es eher erlaubt, sozial Untergebene anzublicken und evtl. drohend zu fixieren. Die nach außen gerichteten Bezüge beinhalten zugleich auch Formen, wie die Beteiligten sich dabei zu erleben haben, wie die leiblichen Bezüge auf die Umwelt im Sinne der Spannung von Engung und Weitung zu erfolgen haben. Während Höhergestellte eher entspannt abwarten können, wird sich ein angesprochener Untergebener eher spannungsvoll in die Enge getrieben fühlen unter dem Zwang, antworten zu müssen.

In einer leibtheoretischen Perspektive ist eine Hierarchie nicht nur das Muster einer sozialen Beziehung, in der einige Macht über andere haben. Vielmehr muss dieses Muster leiblich realisiert werden. Die Beteiligten erleben ein Ordnungsmuster als unmittelbar gültig, indem sie es entsprechend in ihren leiblichen Bezügen realisieren. Umgekehrt heißt das, dass die unmittelbaren leiblichen Bezüge vermittelt über das Muster der Hierarchie realisiert werden. Hier liegt die Fruchtbarkeit des Konzepts der vermittelten Unmittelbarkeit für die soziologische Forschung. Denn es erlaubt zum einen zu rekonstruieren, wie gesellschaftliche Muster von den Beteiligten als unmittelbar gültig erlebt werden. Alle Beteiligten sind auch in ihrer zuständlichen Leiberfahrung durch dieses Muster bestimmt. Zugleich erlaubt dieses Konzept aber auch, die Differenz zwischen mustergültiger Ordnung und leiblichem Erleben zu begreifen. Das leibliche Erleben ist vermittelt über das Muster, aber nicht mit ihm identisch. Deshalb können sich spontan immer Abweichungen und Überraschungen ereignen. Wenn sich die leiblichen Kräfteverhältnisse situativ verschieben, können Untergebene auch Höhergestelle leiblich dominieren. Ob dies dauerhaft gelingt, hängt dann nicht zuletzt davon ab, wie stabil das institutionalisierte Hierarchiemuster ist.

Das Konzept der vermittelten Unmittelbarkeit erlaubt es, Leiblichkeit auf eine sehr grundlegende Weise auch in traditionelle soziologische Konzepte wie den Institutionenbegriff zu integrieren. Dieser hebt darauf ab, dass es Muster sozialer Beziehungen gibt, die die Beteiligten als solche identifizieren können. Einerseits gilt also: Leibliche Selbste sind unmittelbar auf die Umwelt bezogen und stehen in Berührungsbeziehungen zu anderen leiblichen Selbsten. In diesem Rahmen ist es möglich zu rekonstruieren, wie leibliche Selbste es lernen, sich im Bezug aufeinander und auf die Umwelt einzurichten. Der Leib fungiert dabei als eine historisch gewachsene Reaktionsbasis. Andererseits gilt aber auch, dass es von den Leibern unabhängige Einrichtungen, Institutionen, gibt, die die Beteiligten als solche identifizieren und für sich als mehr oder weniger verbindlich betrachten (vgl. hierzu auch Lindemann 2014, S. 217 ff).

Anhand des Prinzips der vermittelten Unmittelbarkeit lässt sich auch das Verhältnis von Leib und Körper begreifen, das Plessner als „Verschränkung" beschreibt. Wenn leibliche Selbste zu sich selbst in Distanz sind, existieren sie nicht nur als leiblicher Vollzug, sondern sie erleben, dass sie einen Körper haben. Plessner beschreibt dies als Differenz von Leibsein und Körperhaben. Ethnologische Studien zeigen, dass die Möglichkeit, die eigene leibliche Existenz auf den Körper zu beziehen, den man hat, an eine bestimmte Form der Raumerfahrung gebunden ist. Erst wenn der Raum im Sinne eines dreidimensional kontinuierlich ausgedehnten Raums erfahren wird, scheint es möglich zu sein, die Distanz zum eigenen leiblichen Erleben so zu gestalten, dass sich ein Individuum zugleich mit dem dreidimensional ausgedehnten Körper identifiziert, den es hat. Dieser Körper ist der Körper im Sinne der Naturwissenschaften, d. h. der physikalisch, chemisch und biologisch zu erforschende Körper.

Wie man die Verschränkung von Leib und Körper begreift, hängt davon ab, ob man den kontinuierlich dreidimensional ausgedehnten Körper als eine transhistorisch reale Größe versteht oder nicht. Wenn man den biologischen Körper als universal begreift und die Möglichkeit leiblicher Erfahrung an einen biologischen Körper bindet, ist die Verschränkung von Leib und Körper im Sinne einer anthropologischen Konstante zu begreifen. Leibliche Erfahrung ist dann an den Ablauf physiologischer Prozesse gebunden (vgl. Meyer-Drawe 1987, S. 182 f; Gugutzer 2012, S. 44 ff.). Auf diese Weise wird das Verhältnis von Körper und Leib in die Unterscheidung zwischen

Natur und Kultur eingeordnet. Danach ist der Mensch als körper-leibliches Wesen sowohl Natur als auch Kultur (Gugutzer 2012, S. 47 f.).

Die alternative Konzeption besteht darin, die Natur-Kultur-Unterscheidung als einen möglichen Weltzugang neben anderen zu betrachten und es ernst zu nehmen, dass es Weltzugänge gibt, die ohne diese Unterscheidung auskommen. In diesem Sinne argumentiert Plessner (1931/1980, S. 149, S. 162 f.), dass die Natur im Sinne der Naturwissenschaften und die Annahme einer universalen Natur des Menschen historisch entstandene und damit vergängliche Tatsachen sind (vgl. auch Lindemann 2014, S. 68 ff.). Wenn man die durch die ethnologischen Forschungen zugänglichen anderen Weltzugänge gleichberechtigt neben den modernen Weltzugang stellt, der zwischen Natur und Kultur unterscheidet, ist man gezwungen, die Verschränkung von Körper und Leib als ein modernes Phänomen zu begreifen.

Die Verschränkung von Körper und Leib basiert darauf, dass es für die Beteiligten evident geworden ist, dass es einen dreidimensional ausgedehnten Raum und einen natürlichen biologischen Körper gibt. Die historischen Analysen von Schmitz (1965, Kap. 7) zeigen, dass z. B. die Beschreibungen von Akteuren in dem Heldenepos „Ilias" ohne ein Wort auskommen, das dem semantischen Gehalt des Wortes „Körper" entspricht. Es werden entweder einzelne erlebte Regionen wie z. B. die Zwerchfellgegend oder einzelne Glieder (z. B. Schenkel, Beine, Hände) beschrieben. Bezeichnungen, die dem entsprechen, was wir als Körper, d. h. als einheitlichen Gegenstand begreifen, sind Pluralformen, die sich auf das Beieinander der erlebten leiblichen Regionen und Glieder beziehen (Schmitz 1965, S. 443). Schmitz zufolge wird hieran deutlich, dass die leibliche Erfahrung noch nicht durch den Bezug auf den Körper strukturiert wird (Schmitz 1965, S. 443). Schmitz neigt allerdings dazu, den Leib als das Ursprüngliche zu begreifen, das durch den Bezug auf den Körper verdeckt wird (Schmitz 1965, S. 444 f.).

Die Einbeziehung von Plessners Konzept der vermittelten Unmittelbarkeit führt zu einem anderen Ergebnis. Während Schmitz zwischen dem ursprünglichen leiblichen Erleben und seiner Verdeckung unterscheidet, muss man mit Plessner zwischen unterschiedlichen institutionell-symbolischen Vermittlungen der leiblichen Erfahrung unterscheiden. Eine allen Leibern in gleicher Weise mögliche Raumerfahrung ist in dieser Perspektive eher unwahrscheinlich, vielmehr müssen räumlich-zeitliche leibliche Umweltbezüge an einer zu institutionalisierenden symbolischen Form orientiert werden, die die räumlichen leiblichen Umweltbezüge vermittelt. Demnach wäre es nicht so, dass der Bezug auf den Körper den Leib verdeckt, vielmehr wäre der „Körper" als eine institutionalisierte symbolische Form zu verstehen, die das leibliche Selbsterleben im Sinne der vermittelten Unmittelbarkeit strukturiert (Lindemann 1993/2011). Der dreidimensional ausgedehnte Körper wird damit zu der symbolischen Form, in die die leibliche Erfahrung zu bringen ist. Ich möchte dies anhand eines Beispiels aus der Körpergeschichte belegen, nämlich dem Problem der im Leibe wandernden Gebärmutter, die erst im Verlauf des 17. und 18. Jahrhunderts sesshaft geworden ist.

Anatomisch gebildete Mediziner glaubten nicht daran, dass eine Gebärmutter im Körper umher wandern kann, denn anhand der Sektion von Körpern konnte man sehen, dass die Gebärmutter fest an ihrem Ort verankert ist und dass es um sie herum gar keinen Platz für Bewegungen gibt. Die alltägliche Erfahrung von Frauen, die etwa von Hebammen weitergegeben wurde, widersprach allerdings der anatomischen Einsicht. Dass die leibliche Erfahrung sich im Weiteren am Körper orientierte, ist historisch verbürgt, die Berichte über wandernde Gebärmütter verschwanden, und zwar im 17. und 18. Jahrhundert im Zuge der Verbreitung anatomischer Abbildungen (vgl. hierzu insgesamt Laqueur 1992, S. 130 f.). Die Studien zur Körpergeschichte decken auf, wie das Erleben des Leibes zunehmend vermittelt wird durch das medizinische Wissen über den Körper. Durch die medizinische Praxis wird naturwissenschaftlich orientiertes Körperwissen für leibliche Akteure praktisch relevant gemacht (vgl. Duden et al. 2002). Vor diesem Hintergrund ist die Verschränkung von Körper und Leib zu verstehen als eine Verschränkung von Wissen über den Körper und der erlebten Gegebenheit des eigenen Leibes.

Literatur

Bourdieu, Pierre (1980/1987) *Sozialer Sinn. Kritik der theoretischen Vernunft.* Frankfurt/M.: Suhrkamp

Duden, Barbara e. a. (Hrsg.) (2002) *Geschichte des Ungeborenen. Zur Erfahrungs- und Wissenschaftsgeschichte der Schwangerschaft.* Göttingen: Vandenhoeck, Ruprecht

Gugutzer, Robert (2012) *Verkörperungen des Sozialen. Neophänomenologische Grundlagen und soziologischer Analysen.* Bielefeld: transcript

Heidegger, Martin (1927/1979) *Sein und Zeit.* Tübingen: Niemeyer

Husserl, Edmund (1976), Husserliana, VI: Die Krisis der europäischen Wissenschaften und die transzendentale Phänomenologie. Eine Einleitung in die phänomenologische Philosophie. Hrsg. von Walter Biemel. Nachdruck der 2. verb. Aufl., Den Haag.

Laqueur, Thomas (1992) *Auf den Leib geschrieben. Die Inszenierung der Geschlechter von der Antike bis Freud.* Frankfurt/Main, New York: Campus

Lindemann, Gesa (1993/2011) *Das paradoxe Geschlecht. Transsexualität im Spannungsfeld von Körper.* Leib und Gefühl, Wiesbaden: VS

Lindemann, Gesa (2014) *Weltzugänge. Die mehrdimensionale Ordnung des Sozialen.* Weilerswist: Velbrück Wissenschaft

Meyer-Drawe, Käte (1984) *Leiblichkeit und Sozialität.* München: Fink

Merleau-Ponty, Maurice (1945/1966), *Phänomenologie der Wahrnehmung.* Berlin

Plessner, Helmuth (1928/1975), *Die Stufen des Organischen und der Mensch.* Berlin, New York

Plessner, Helmuth (1931/1981), Macht und menschliche Natur. Ein Versuch zur Anthropologie der geschichtlichen Weltansicht. In. Günter Dux, Odo Marquard & Elisa-

beth Ströker (Hrsg.), *Ders., Gesammelte Schriften V: Macht und menschliche Natur.* (S. 135–234). Frankfurt am Main.

Sartre, Jean-Paul (1943/1993), *Das Sein und das Nichts. Versuch einer phänomenologischen Ontologie.* Reinbek bei Hamburg

Schmitz, Hermann (1965), *System der Philosophie. Bd. II/1: Der Leib.* Bonn

Schmitz, Hermann (1967) *Der leibliche Raum, in: System der Philosophie. Bd. III,1.* Bonn: Bouvier

Schmitz, Hermann (1978) *Die Wahrnehmung, in: System der Philosophie. Bd. III,5.* Bonn: Bouvier

Schütz, Alfred & Luckmann, Thomas (1979) *Strukturen der Lebenswelt, Bd. 1.* Frankfurt/M.: Suhrkamp

Uzarewicz, Michael (2011) *Der Leib und die Grenzen der Gesellschaft. Eine neophänomeno-logische Soziologie des Transhumanen.* Stuttgart: Lucius und Lucius

Macht

Michael Meuser

Nahezu jede soziologische Thematisierung von Macht rekurriert auf Max Webers (1972, S. 28) berühmte Definition, der zufolge Macht „jede Chance" bedeutet, „innerhalb einer sozialen Beziehung den eigenen Willen auch gegen Widerstreben durchzusetzen, gleichviel worauf diese Chance beruht." Weber bemerkt, der Begriff der Macht sei „soziologisch amorph". Alles Mögliche könne „jemand in die Lage versetzen, seinen Willen in einer gegebenen Situation durchzusetzen" (ebd., S. 28f.). Machtverhältnisse sind nach Webers Auffassung soziologisch nur dann bedeutsam, „sofern sie durch die Machtunterworfenen selbst mitgetragen und durch deren Überzeugungen gestützt werden" (Strecker 2014, S. 90), also in Gestalt von Herrschaft auftreten. Herrschaft definiert Weber (1972, S. 28) als „die Chance, für einen Befehl bestimmten Inhalts bei angebbaren Personen Gehorsam zu finden". Es ist eine zentrale Erkenntnis körpersoziologischer Analysen von Macht und Herrschaft, dass das Mittragen der Machtverhältnisse durch die Machtunterworfenen vor allem auf einer präreflexiven Basis erfolgt, dass die „Überzeugungen" und der „Gehorsam" also nur bedingt in einem kognitiven Sinne zu verstehen sind. Neben der Funktionsweise gesellschaftlicher Macht- und Herrschaftsverhältnisse sind die „amorphen" unmittelbaren interpersonalen Machtbeziehungen ein weiterer Gegenstand der körpersoziologischen Thematisierung von Machtphänomenen. Sowohl in struktur- als auch in handlungstheoretischer Perspektive bedarf die Analyse von Macht einer körpersoziologischen Fundierung.

1 Interpersonale Machtbeziehungen

Eine körpersoziologisch aufschlussreiche Analyse interpersonaler Machtbeziehungen hat Heinrich Popitz vorgelegt. Popitz (1992, S. 23ff.) unterscheidet „vier Grundformen der Macht": „Aktionsmacht", „instrumentelle Macht", „autoritative Macht" und die „Macht des Datensetzens". In der Beschreibung der ersten Form, der Aktionsmacht, die die Basis auch anderer Machtformen ist, hat der Körper einen zentralen Stellenwert. Popitz versteht Machtausübung als ein Eingreifen in „körperliche

Integrität, ökonomische Subsistenz, gesellschaftliche Teilhabe" (ebd., S. 31). Er bindet Machtausübung an „Verletzungsoffenheit", die er in anthropologischer Perspektive zusammen mit „Verletzungsmächtigkeit" als Teil der conditio humana und beide als fundamentale Modi von Vergesellschaftung versteht. „Menschen können über andere Macht ausüben, weil sie andere verletzen können" (ebd., S. 25). Damit kommt dem Körper in seinem Konzept von Macht eine hervorgehobene Stellung zu. Unter den Durchsetzungsformen von Macht steht Gewalt für Popitz an zentraler Stelle. „Schiere Aktionsmacht" ist die „direkteste Form von Macht" (ebd., S. 43), die ein Mensch erfahren kann. Sie verweist auf „die Fragilität und Ausgesetztheit seines Körpers" (ebd., S. 44). Weil wir uns „in der Beziehung zu einer anderen Person nicht aus unserem Körper zurückziehen" können (ebd., S. 45), kann Aktionsmacht immer ausgeübt werden, auch von einem „Schwächeren, der die Gunst der Stunde nutzt" (ebd., S. 43). Die Zentralität des Körpers für das Popitzsche Machtverständnis zeigt sich auch in seiner Bestimmung vollkommener Macht als „die äußerste Steigerung des Herr-Seins über andere Menschen: Herr-Sein über Leben und Tod" (ebd., S. 53).

Popitz' anthropologisch fundierte Analyse von Macht setzt auf der Ebene interpersonaler Macht an. Aktionsmacht ist auf körperliche Kopräsenz in sozialer Interaktion angewiesen. Sie ist daher auch eine unmittelbar sichtbare und körperlich spürbare Macht. Auf dieser Ebene kann, bedingt durch die prinzipiell gegebene Verletzungsmächtigkeit und -offenheit des Menschen, potentiell jeder Akteur zumindest temporär und situativ Macht ausüben, z. B. auch der körperlich Schwächere, der eine günstige Gelegenheit ergreift. Aktionsmacht ist nicht an dauerhafte Überlegenheit gebunden. In struktureller Perspektive wäre allerdings zu fragen, in welcher Weise Verletzungsmächtigkeit und -offenheit in einer gegebenen Gesellschaft sozial ungleich verteilt sind, z. B. zwischen Männern und Frauen, Erwachsenen und Kindern.

2   Gesellschaftliche Machtverhältnisse

Legt man den Fokus auf gesellschaftliche Machtverhältnisse, stellt sich in körpersoziologischer Perspektive die Frage, wie diese in die Körper der Individuen eingeschrieben werden. Michel Foucault (1977, S. 178) hat eine „‚Mikrophysik‘ der Macht" entworfen und gezeigt, wie der Körper in Einklang mit der gesellschaftlichen Ordnung geformt wird. Er hat in seinen Arbeiten über das Strafsystem und über die Sexualität den Körper als einen Ort analysiert, an dem sich alltägliche Mikropraktiken und die Makroorganisation gesellschaftlicher und politischer Macht miteinander verbinden (vgl. Dreyfus/Rabinow 1987, S. 23). Der Körper wird demnach in der modernen Gesellschaft zu einem zentralen Faktor bei der Durchsetzung von Macht. Indem die Kontrolle und die Disziplinierung des Körpers sowohl durch Überwachung als auch durch Stimulation erfolgen, richten sich Machtstrategien auf den Körper. Seine Disziplinierung – im Gefängnis, im Militär, in der Fabrik, im Sport und in der Schule – dient dazu, den Willen und das Denken der Menschen so zu formen, dass sie sich reibungslos in die Maschinerie der modernen Produktionsbedingungen einfügen. Es entsteht nicht nur ein fügsamer, sondern auch ein produktiver Körper. Der Körper wird als Maschine entdeckt, als praktisch „ausnutzbarer" und wissenschaftlich „durchschaubarer Körper". Er ist „gelehrig", kann „umgeformt und vervollkommnet werden" (Foucault 1977, S. 174 f.) In diesem Sinne spricht Foucault (ebd., S. 34, 36) von einer „politischen Technologie" und „politischen Ökonomie" des Körpers: der Körper als Teil einer Machtmaschinerie. Die Disziplinierung der Körper macht den einzelnen Körper zu einem Element, das an die anderen Körper angeschlossen ist.

Im Zuge der Entwicklung der modernen Gesellschaft ersetzt eine Stimulation des Körpers tendenziell die Repression. Foucault betont die Produktivität von Macht und wendet sich damit gegen eine negative Sichtweise, die Macht nur als etwas Repressives begreift (vgl. ebd., S. 250). Macht ermöglicht Handeln. Foucault (1987, S. 255) skizziert Macht als „Gouvernement", verstanden als Strukturierung des „Feld[s] möglichen Handelns der anderen" (ebd., S. 257). Die Hervorbringung produktiver Körper qua Stimulation steigert sich in einer individualisierten Gesellschaft, in der Selbstführung und Selbstoptimierung zu zentralen Anforderungen an die Individuen geworden sind. In einer Körperarbeit, in der die Körper gemäß einem von einer Trias von Fitness, Gesundheit und Ästhetik bestimmten Ideal geformt werden, gehen Selbstermächtigung und Selbstunterwerfung eine unauflösliche Liaison ein. In einer an Foucault anschließenden gouvernementalitätstheoretischen Sicht ist die Aufforderung, Verantwortung für den eigenen Körper zu übernehmen, Teil einer (post-)modernen, auf Selbstführung statt Zwang basierenden Herrschaftsform.

Auch Norbert Elias (1976) hat in seiner Soziogenese der abendländischen Zivilisation beschrieben, wie Macht in die Körper der Individuen Eingang findet: durch eine zunehmend verstärkte und verfeinerte Affektkontrolle, durch die der Körper zu dem zivilisierten Körper geworden ist, den wir heute als selbstverständlich voraussetzen. Fremdzwänge werden in Selbstzwänge umgewandelt, sie finden in körperlichen Empfindungen wie Scham und Peinlichkeit ihren Ausdruck. Darin sieht Elias die Grundvoraussetzung für die Ausbildung eines zivilisierten Habitus.

Sowohl Elias als auch Foucault entfalten ein Verständnis von Macht, demzufolge Macht ihren Ort in den Körpern der Individuen hat. Eine ähnliche Sichtweise prägt Pierre Bourdieus herrschaftstheoretische Analysen. In seinem Konzept des Habitus, das die soziale Ordnung als eine Ordnung sozialisierter Körper konzipiert, zeigt er, wie gesellschaftliche Strukturen und Verhältnisse in die Körper der Individuen eingeschrieben werden. Die Wirkung gesellschaftlicher Machtverhältnisse fasst er mit dem Begriff der symbolischen Gewalt, die er als einen „Zwang durch den Körper" beschreibt (Bourdieu 1997, S. 158). „Alle Macht hat eine symbolische Dimension" (ebd., S. 165). Bourdieu betont, dass auf Dauer gestellte Machtverhältnisse auf eine Zustimmung der Beherrschten angewiesen sind, dass diese aber nicht das Resultat einer freiwilligen Entscheidung ist, sondern „auf der unmittelbaren und vorreflexiven Unterwerfung der sozialisierten Körper" beruht (ebd.). Machtverhältnisse werden inkorporiert. Zwang und Zustimmung schließen einander nicht aus, vielmehr werden durch Inkorporierung habituelle Dispositionen erzeugt, die ein vorreflexives Einverständnis der Beherrschten mit ihrer Lage erst ermöglichen. Bourdieu spricht hier von einer „praktische[n] Anerkennung", welche „häufig die Form einer *körperlichen Empfindung*" (Bourdieu 2001, S. 217; Herv. i. O.) wie Scham oder Schuldgefühl annimmt. Herrschaftsbeziehungen sind, so Bourdieu (1997, S. 165), „im Dunkel der praktischen Schemata des Habitus" verankert und auf diese Weise somatisiert. Auch die Anerkennung der Legitimität von Herrschaft sieht Bourdieu, im Unterschied zu Weber, auf diese Weise als gegeben: „in der unmittelbaren Übereinstimmung zwischen den einverleibten Strukturen [...] und den objektiven Strukturen" (Bourdieu 2001, S. 226 f.). Bedingt durch die Beharrungskräfte des Habitus bzw. die „außerordentliche Trägheit" (ebd., S. 220) inkorporierter Strukturen hat eine Beseitigung äußerer Zwänge auch nicht automatisch eine Befreiung der Subjekte zur Folge.

Bourdieu hat das Konzept der symbolischen Gewalt an mehreren Stellen dargelegt, u. a. in seiner Analyse der männlichen Herrschaft, die ihm als „das Paradigma [...] aller Herrschaft" (Bourdieu 1997, S. 216) und als „exemplarische Form symbolischer Macht" (Bourdieu 2001, S. 218) gilt. Am Beispiel der männlichen Herrschaft zeigt er, wie Herrschaft dadurch etabliert und aufrechterhalten wird, dass ihre Existenz keiner Rechtfertigung bedarf, sondern wegen der Homologie von inkorporierten und objektiven Strukturen als evident erscheint.

3   Körper, Macht und Geschlecht

Diese Evidenz und die damit erfolgende Naturalisierung männlicher Herrschaft sind bekanntlich durch den Feminismus radikal in Frage gestellt worden. In seiner Kritik der männlichen Herrschaft hat der Feminismus von Beginn an den (weiblichen) Körper in den Fokus gerückt. Daher sind der Feminismus und die Geschlechterforschung für die Entwicklung eines körpersoziologischen Verständnisses von Macht von großer Bedeutung; wie sie überhaupt der Körpersoziologie wesentliche Impulse gegeben haben. Die bekannte, Anfang der 1970er Jahre im Zuge der Kampagne zur Legalisierung der Abtreibung geprägte Parole „Mein Bauch gehört mir" verdeutlicht exemplarisch, dass der weibliche Körper als Ort politischer Machtkämpfe um weibliche Autonomie gesehen wurde und wird (vgl. Villa 2000, S. 53). Die Selbstbestimmung über den eigenen Körper wird als wesentlicher Teil eines ‚female empowerment' begriffen. Männliche Macht wurde vor allem in den Anfangszeiten der zweiten Frauenbewegung als die Verfügung des Mannes über den weiblichen Körper, als Kontrolle der reproduktiven Fähigkeiten der Frauen thematisiert. Auch in der Befassung mit sexueller Gewalt wird die Bedeutung des Körpers für die Durchsetzung und Aufrechterhaltung von Machtverhältnissen herausgestellt.

In einer an Foucault orientierten Perspektive wird der „Geschlechtskörper als Resultat hegemonialer Diskurse" (Villa 2000, S. 12) analysiert. Judith Butler (1997, S. 22) fasst die „Materie der Körper [...] als die Wirkung einer Machtdynamik, so daß die

Materie der Körper nicht zu trennen sein wird von den regulierenden Normen, die ihre Materialisierung beherrschen". Der heteronormative Diskurs erzeugt dieser Sichtweise zufolge ein leiblich gespürtes Begehren, das in Einklang mit dem hegemonialen Geschlechterregime steht. Als Wirkung einer geschlechtsspezifischen Machtdynamik lässt sich bspw. auch beschreiben, wie die Veränderungen, die der jugendliche Körper in der Pubertät erfährt, von den männlichen und weiblichen Subjekten typischerweise gespürt werden: als Ausdruck neuer Potenzen (Spermarche) oder als Hygieneproblem (Menarche).

Eine weitere Dimension des Verhältnisses von Geschlechtskörper und Macht spricht Butler (ebd., S. 57) an, wenn sie auf die im Geschlechterdiskurs der bürgerlichen Gesellschaft verankerte „klassische Assoziation von Weiblichkeit mit Materialität" hinweist. Mit der kulturellen Zuschreibung von Körperlichkeit an die eine, die weibliche Seite der Geschlechterrelation wird ein Machtverhältnis, in dem der Mann das Allgemeine und die Frau das Besondere repräsentiert, auch dadurch befestigt, dass der Frauenkörper (zumindest bislang) einem wesentlich größeren Repertoire an sozialen Vorschriften ausgesetzt ist als der Männerkörper. Zum Beispiel gelten Schönheitsgebote vor allem für Frauen. Der Umstand, dass der weibliche Körper stärker als der männliche Gegenstand öffentlicher Aufmerksamkeit ist, lässt sich als Ausdruck und Durchsetzung männlicher Macht begreifen. Dass gegenwärtig auch der männliche Körper vermehrt den Geboten der Körperästhetik unterworfen wird, deutet allerdings auf eine Verschiebung der Machtverhältnisse zwischen den Geschlechtern hin. In dem einen wie dem anderen Fall kristallisieren sich die (geschlechtlichen) Machtverhältnisse in den Körpern.

Macht lässt sich in körpersoziologischer Hinsicht sowohl als interpersonale als auch als gesellschaftliche Macht thematisieren. Popitz steht für die erste, Foucault, Bourdieu, Butler stehen für die zweite Perspektive. Beide Perspektiven aufeinander zu beziehen und damit gleichsam der Dualität von Handlung und Struktur gerecht zu werden ist ein Desiderat künftiger Forschung. So wäre z. B. zu zeigen, wie in kulturellen Diskursen sich als verletzungsmächtig erfahrende männliche und als verletzungsoffen erfahrende weibliche Körper erzeugt werden und diese leiblichen Erfahrungsmodalitäten sich in interpersonalen Machtbeziehungen niederschlagen.

Literatur

Bourdieu, Pierre (1997). Die männliche Herrschaft. In: Irene Dölling & Beate Krais (Hrsg.), *Ein alltägliches Spiel. Geschlechterkonstruktion in der sozialen Praxis* (S. 153–217). Frankfurt a. M.: Suhrkamp.

Bourdieu, Pierre (2001). *Meditationen. Zur Kritik der scholastischen Vernunft.* Frankfurt a. M.: Suhrkamp.

Butler, Judith (1997). *Körper von Gewicht.* Frankfurt a. M.: Suhrkamp.

Dreyfus, Hubert L. & Rabinow, Paul (1987). *Michel Foucault. Jenseits von Strukturalismus und Hermeneutik.* Frankfurt a. M.: Athenäum.

Elias, Norbert (1976). *Über den Prozeß der Zivilisation.* 2 Bde. Frankfurt a. M.: Suhrkamp.

Foucault, Michel (1977). *Überwachen und Strafen.* Frankfurt a. M.: Suhrkamp.

Foucault, Michel (1987). Das Subjekt und die Macht. In: Hubert L. Dreyfus & Paul Rabinow (1987), *Michel Foucault. Jenseits von Strukturalismus und Hermeneutik.* (S. 243–261). Frankfurt a. M.: Athenäum.

Popitz, Heinrich (1992). *Phänomene der Macht.* 2. Aufl. Tübingen: J. C. B. Mohr.

Strecker, David (2014). Macht und Herrschaft. In: Hans-Peter Müller & Steffen Sigmund (Hrsg.): *Max Weber-Handbuch* (S. 90–92). Stuttgart: Metzler.

Villa, Paula-Irene (2000). *Sexy Bodies. Eine soziologische Reise durch den Geschlechtskörper.* Opladen: Leske + Budrich.

Weber, Max (1972). *Wirtschaft und Gesellschaft.* 5. Aufl. Tübingen: J. C. B. Mohr.

Mimesis

Christoph Wulf

Einleitung

Soziale und ästhetische Handlungen werden als mimetisch bezeichnet, wenn sie erstens als Bewegungen Bezug auf andere Bewegungen nehmen, wenn sie zweitens sich als körperliche Aufführungen oder Inszenierungen begreifen lassen, und wenn sie drittens eigenständige Handlungen sind, die aus sich heraus verstanden werden können und die auf andere Handlungen oder Welten Bezug nehmen (Gebauer/Wulf 1998, 1992).

Mimetische Prozesse spielen in der Ästhetik eine wichtige Rolle, jedoch darf der Mimesis-Begriff nicht auf Ästhetik reduziert werden. Vielmehr ist Mimesis ein anthropologischer Begriff, der eine ausgeprägte *aisthetische* Komponente hat (Wulf 2014). Mimetische Prozesse können zur Entstehung von Gewalt beitragen. Dies ist besonders in Krisensituationen der Fall, in denen Rituale und Verbote nicht mehr greifen (Girard 1987).

Für das Verständnis der körperlichen und kulturellen Bedeutung mimetischer Prozesse sind drei Aspekte besonders wichtig:

1) Der sprachgeschichtliche Ursprung und der frühe Verwendungszusammenhang des Mimesis-Begriffs verweisen bereits auf die Rolle, die mimetische Prozesse für die Inszenierung kultureller Praktiken und für die Kultur des Performativen spielen.
2) Mimesis darf nicht als bloße Nachahmung im Sinne der Herstellung von Kopien begriffen werden. Vielmehr bezeichnet Mimesis eine kreative menschliche Fähigkeit, mit deren Hilfe auch Neues entsteht (Ricoeur 1988–1991; Wulf 2013).
3) In mimetischen Prozessen bildet sich das für das menschliche Zusammenleben so wichtige praktische Wissen, das ein schweigendes körperbasiertes Wissen ist, das sich dem analytischen Zugriff teilweise entzieht (Goodman 1984; Wulf 2013).

1   Zur Geschichte des Begriffs

Die Geschichte des Mimesis-Begriffs macht deutlich, dass es sich bei ihm um einen anthropologischen Begriff handelt. Wir gehen heute davon aus, dass der Begriff „Mimesis" aus Sizilien, der Heimat der Mimen, nach Griechenland gekommen ist. Die auf Grund sprachgeschichtlicher Analysen mögliche Differenzierung des Begriffs führt zur Erkenntnis, dass Mimesis im Zusammenhang mit „Mimos" und den Praktiken der Mimen steht. Nicht Nachahmen bzw. eine Ähnlichkeit herstellen, sondern eine Posse aufführen, sich wie ein Mime verhalten, bedeutet die Tätigkeit des „Mimos". Sie verweist auf die Alltagskultur der einfachen Leute, aus der Szenen bei den Feiern der Reichen mit der Absicht vorgeführt wurden, diese zu unterhalten. Die hier entwickelten Inszenierungen und Aufführungen waren oft deftig und despektierlich. Nach dieser mit sprachlichen Zeugnissen vielfältig belegten Auffassung liegen die Anfänge des Mimesis-Begriffs in kulturellen performativen Praktiken und haben eine ausgeprägt sinnliche, auf Körperbewegungen bezogene Seite. Im 5. Jahrhundert v. Chr. findet der Begriff „Mimesis" in Ionien und Attika größere Verbreitung. In der platonischen Zeit ist er zur Bezeichnung von Prozessen des „Nachahmens", „Nachstrebens" und „Nacheiferns" bereits gebräuchlich.

Davon ausgehend, dass in Griechenland die Dichter für die Erziehung der nachwachsenden Generation eine große Rolle spielen, untersucht Platon im dritten Buch des Staates *(Politeia)*, wie literarische Werke in mimetischen Prozessen ihre bildende Wirkung entfalten. Nach Platons Auffassung sind es die in der Dichtung erzeugten Figuren und Handlungen, die sich in mimetischen Prozessen in das Imaginäre der jungen Menschen einschreiben. Diese Bilder sind so mächtig, dass sich junge Menschen ihrer Wirkung nicht widersetzen können. Deshalb müssen die Erzählungen und Bilder ausgewählt werden, die sich in der Vorstellungswelt der jungen Menschen festsetzen sollen. Andere Inhalte hingegen müssen von der jungen Generation ferngehalten werden. Bei Platon dienen also mimetische Prozesse zur Erziehung, Bildung und Sozialisation. In ihnen erfolgt die Erzeugung und Vermittlung kulturellen Wissens. Wie Platon ist Aristoteles davon überzeugt, dass die Fähigkeit zu mimetischem Verhalten den Menschen angeboren ist. „Sie zeigt sich von Kindheit an, und der Mensch unterscheidet sich dadurch von den übrigen Lebewesen, dass er in besonderem Maße zur Nachahmung befähigt ist und seine ersten Kenntnisse durch Nachahmung erwirbt – als auch durch die Freude, die jedermann an Nachahmung hat" (Aristoteles 1987, S. 11).

2   Mimetisches als performatives Wissen

Als ‚performative Inszenierung und Handlung' bezeichnet Mimesis einmal die menschliche Fähigkeit, innere Bilder, Imaginationen, Ereignisse, Erzählungen, Handlungsfolgen zu inszenieren und szenisch aufzuführen. Zum anderen charakteri-

siert Mimesis die Fähigkeit, in der Beobachtung der Performativität sozialen und ästhetischen Verhaltens sich diesem anzuähneln und es sich dadurch anzueignen. Die
unterschiedlichen Voraussetzungen der Prozesse mimetischer „Anähnlichung" an
Vorbilder lassen Unterschiedliches entstehen. Die Unterschiedlichkeit dieser „An-
ähnlichungs"- und Aneignungsprozesse führt auch zur Entstehung von Verschieden-
artigkeit (Wulf/Zirfas 2007; Wulf 2014).

Die Fähigkeit zu performativem sozialem Handeln wird in mimetischen Lernprozessen erworben. Menschen entwickeln z. B. die von Kultur zu Kultur unterschiedlich
ausgeprägten Fähigkeiten des Spielens, Tauschens von Gaben und rituellen Handelns
in mimetischen Prozessen. Um jeweils „richtig" handeln zu können, ist ein praktisches Wissen erforderlich, das über sinnliche, körperbezogene Lernprozesse in den
entsprechenden Handlungsfeldern erworben wird. Auch die jeweiligen kulturellen
Charakteristika sozialen Handelns lassen sich nur in mimetischen Annäherungen erfassen. Praktisches Wissen und soziale Handlungen sind historisch und kulturell geformt. Überall, wo jemand mit Bezug auf eine schon bestehende soziale Praxis handelt und dabei selbst eine soziale Praxis herstellt, entsteht ein mimetisches Verhältnis
zwischen beiden; beispielsweise, wenn wir eine soziale Praxis aufführen, wenn wir
nach einem sozialen Modell handeln, wenn wir eine soziale Vorstellung körperlich
ausdrücken. Dabei handelt es sich nicht einfach um imitatorische Handlungen. Mimetische Handlungen sind nicht bloße Reproduktionen, die exakt einem Vor-Bild
folgen. In mimetisch vollzogenen sozialen Praxen kommt es stets auch zur Erzeugung von etwas Neuem.

3   Der mimetische Erwerb praktischen Wissens

In mimetischen Lernprozessen werden vorgängige soziale Handlungen noch einmal
gemacht. Dabei wird die Bezugnahme nicht vom theoretischen Denken sondern mit
Hilfe der Sinne *aisthetisch* hergestellt; verglichen mit der ersten sozialen Handlung
entfernt sich die zweite Handlung von dieser insofern, als sie sich mit ihr nicht direkt
auseinandersetzt, sie nicht verändert, sondern sie noch einmal macht; dabei hat die
mimetische Handlung einen zeigenden und darstellenden Charakter; ihre Aufführung erzeugt wiederum eigene sinnliche Qualitäten. Mimetische Prozesse beziehen
sich auf von Menschen bereits gemachte soziale Welten, die entweder als wirklich gegeben oder die imaginär sind.

Der dynamische Charakter sozialer Handlungen hängt damit zusammen, dass das
für ihre Inszenierung erforderliche Wissen ein praktisches Wissen ist. Als solches unterliegt es in geringerem Maße als analytisches Wissen rationaler Kontrolle. Dies ist
auch der Fall, weil praktisches Wissen kein reflexives, seiner selbst bewusstes Wissen
ist. Dazu wird es erst im Zusammenhang mit Konflikten und Krisen, in denen die aus
ihm entstehenden Handlungen einer Begründung bedürfen. Wird die soziale Praxis
nicht in Frage gestellt, so ist das praktische Wissen häufig ein implizites Wissen. Wie

das Habitus-Wissen umfasst es Bilder, Schemata, Handlungsformen, die für die szenische körperliche Aufführung sozialer Handlungen verwendet werden, ohne dass sie auf ihre Angemessenheit hin reflektiert werden. Sie werden einfach gewusst und für die Inszenierung der sozialen Praxis herangezogen.

In mimetischen Prozessen vollzieht sich eine nachahmende Veränderung und Gestaltung vorausgehender Welten. Hierin liegt das innovative Moment mimetischer Akte. Mimetisch sind soziale Praxen, wenn sie auf andere Handlungen Bezug nehmen und selbst als soziale Arrangements begriffen werden können, die sowohl eigenständige soziale Praxen darstellen als auch einen Bezug zu anderen Handlungen haben. Soziale Handlungen werden durch die Entstehung praktischen Wissens im Verlauf mimetischer Prozesse möglich. Das für soziale Handlungen relevante praktische Wissen ist körperlich und ludisch sowie zugleich historisch und kulturell; es ist semantisch nicht eindeutig, lässt sich nicht auf Intentionalität reduzieren, enthält einen Bedeutungsüberschuss und zeigt sich in den sozialen Inszenierungen und Aufführungen von Religion, Politik und alltäglichem Leben (Kraus/Budde/Hietzge/ Wulf 2016).

4   Neurowissenschaft und evolutionäre Anthropologie

In den letzten Jahren ist der körperliche Charakter mimetischer Prozesse auch von den Neurowissenschaften und von der Verhaltensforschung bzw. der evolutionären Anthropologie bestätigt worden. So konnten die Neurowissenschaften in den 1990er-Jahren nachweisen, dass sich die Menschen von den nicht-menschlichen Primaten dadurch unterscheiden, dass sie in besonderer Weise fähig sind, sich in mimetischen Prozessen die Welt zu erschließen. Grund dafür ist das Spiegelneuronen-System. Die Analyse der Funktionsweise der Spiegelneuronen zeigt, wie das Erkennen anderer Menschen, ihrer Handlungen und ihrer Intentionen von unserem Bewegungsvermögen abhängt. Das Spiegelneuronen-System scheint es unserem Gehirn zu ermöglichen, beobachtete Bewegungen auf unsere eigenen Bewegungsmöglichkeiten zu beziehen und deren Bedeutung zu erkennen (Rizzolatti/Sinigaglia/Griese 2008). Ohne diesen Mechanismus nähmen wir zwar Bewegungen und das Verhalten anderer Menschen wahr, doch wüssten wir nicht, was ihr Verhalten bedeutet und was sie wirklich tun. Die Spiegelneuronen sind das physiologisches Korrelat, das sicherstellt, dass wir nicht nur als einzelne, sondern auch als soziale Personen handeln können. Sie wirken mit bei mimetischem Verhalten und Lernen, gestischer und verbaler Kommunikation, dem Verständnis der emotionalen Reaktionen anderer Menschen. Die Wahrnehmung des Schmerzens oder Ekels eines Menschen aktiviert die gleichen Gehirngegenden, die aktiviert werden würden, wenn wir diese Gefühle unmittelbar selbst empfänden. Zwar gibt es Spiegelneuronen bei nicht-menschlichen Primaten, doch ist ihr System beim Menschen komplexer. Im Unterschied zu nicht-menschlichen Primaten sind Menschen in der Lage, transitive und intransitive Bewegungshandlungen zu unterscheiden, Handlungstypen und die Sequenz der Handlungen, die diese Typen ausmachen, zu wählen, sowie bei Handlungen aktiv zu werden, die nicht wirklich vollzogen, sondern lediglich nachgeahmt werden. Das Spiegelneuronen-System ermöglicht es uns, die Bedeutung der Handlungen anderer Menschen zu begreifen, und zwar nicht nur einzelner Handlungen, sondern auch von Handlungssequenzen. Zahlreiche experimentelle Versuche haben zudem gezeigt, was die Primatenforschung für Kinder mit neun Monaten nachgewiesen hat, dass das System der Spiegelneuronen nicht nur beobachtete Handlungen verarbeitet, sondern auch die Intention, mit der diese Handlungen vollzogen wird. Wenn wir jemanden eine Handlung vollziehen sehen, dann haben seine Bewegungen für uns eine unmittelbare Bedeutung. Entsprechendes gilt auch für unsere Handlungen und deren Verständnis durch andere Menschen. Experimentelle Untersuchungen zeigen, dass die Qualität des Bewegungssystems und das Spiegelneuronen-System notwendige, doch nicht ausreichende Bedingungen für das mimetische Vermögen darstellen. Es bedarf darüber hinaus weiterer neuronaler Vorgänge, damit Prozesse entstehen, die über die bloße Wiederholung hinausgehen und in denen eine mimetische „Anähnlichung" an die Welt und an anderen Menschen geschieht. Solche mimetischen Fähigkeiten lassen Kleinkinder an den kulturellen Produkten und Prozessen ihrer Gesellschaft teilnehmen. Sie ermöglichen, was in der Psychologie „Wagenhebereffekt" genannt wird und darin besteht, dass Kleinkinder die materiellen und symbolischen Produkte ihrer kulturellen Gemeinschaft inkorporieren, diese dadurch erhalten bleiben und an die nächste Generation weitergegeben werden können (Tomasello 2002).

Mimetische Prozesse richten sich zunächst vor allem auf andere Menschen. In ihnen nehmen Säuglinge und Kleinkinder auf die Menschen Bezug, mit denen sie zusammenleben: Eltern, ältere Geschwister, andere Verwandte und Bekannte. Sie versuchen sich diesen anzuähnlichen, indem sie z. B. ein Lächeln mit einem Lächeln beantworten. Doch sie initiieren auch durch die Anwendung bereits erworbener Fähigkeiten die entsprechenden Reaktionen der Erwachsenen. In diesen frühen Prozessen des Austauschs erlernen Kleinkinder z. B. Gefühle und den Umgang mit ihnen. Sie lernen, diese Gefühle in Bezug auf andere Menschen in sich zu erzeugen und sie bei anderen Menschen hervorzurufen. Im Austausch mit der Umwelt entwickelt sich ihr Gehirn, d. h. es werden bestimmte seiner Möglichkeiten ausgebildet, andere hingegen verkümmern. Die kulturellen Bedingungen dieses frühen Lebens schreiben sich in die Gehirne, in die Körper der Kinder ein. Wer nicht in frühem Alter Sehen, Hören oder Sprechen gelernt hat, kann es zu einem späteren Zeitpunkt nicht mehr erlernen. Die mimetischen Bezugnahmen der Säuglinge und Kleinkinder lassen zunächst keine Subjekt-Objekt-Trennung entstehen. Diese ist erst das Ergebnis späterer Entwicklungen. Zunächst ist die Wahrnehmung der Welt magisch, d. h. nicht nur die Menschen, sondern auch die Dinge werden als lebendig erlebt. In dieser im Verlauf der Entwicklung der Rationalität an Bedeutung verlierenden Fähigkeit, die Welt in Korrespondenzen zu erfahren, bilden sich zentrale Möglichkeiten, in mimetischen Prozessen die Außenwelt in Bilder zu verwandeln und in die innere Bilderwelt aufzunehmen.

Zusammenfassend lässt sich also feststellen, dass kulturelles Lernen weitgehend körperbasiertes mimetisches Lernen ist. So vollziehen sich Erziehung, Bildung und Sozialisation, besonders in der Kindheit und Jugend, doch auch im Erwachsenenalter in körperbasierten mimetischen Prozessen.

Literatur

Aristoteles (1987): *Poetik*. Hrsg. v. H. Fuhrmann. Stuttgart: Reclam.

Gebauer, Gunter/Wulf, Christoph (1992): *Mimesis. Kultur – Kunst – Gesellschaft*. Reinbek: Rowohlt (2. Aufl. 1998).

Gebauer, Gunter/Wulf, Christoph (1998): *Spiel, Ritual, Geste. Mimetisches Handeln in der sozialen Welt*. Reinbek: Rowohlt.

Girard, René (1987): *Das Heilige und die Gewalt*. Zürich: Benzinger.

Goodman, Nelson 1984: *Weisen der Welterzeugung*. Frankfurt/M.: Suhrkamp.

Kraus, Anja/Budde, Jürgen/Hietzge, Maud/Wulf, Christoph (2016): *Handbuch Schweigendes Wissen*. Weinheim: Juventa.

Ricoeur, Paul (1988–1991): *Zeit und Erzählung*. 3 Bde. München: Wilhelm Fink.

Rizzolatti, Giacomo/Sinigaglia, Corrado/Griese, Friedrich (2008): *Empathie und Spiegelneurone. Die biologische Basis des Mitgefühls*. Frankfurt/M:: Suhrkamp.

Tomasello, Michael (2002): *Die kulturelle Entwicklung des menschlichen Denkens. Zur Evolution der Kognition*. Frankfurt/M. : Suhrkamp.

Wulf, Christoph (2013): *Anthropology. A Continental Perspective*. Chicago: The Chicago University Press.

Wulf, Christoph (2014): *Die Bilder des Menschen. Die mimetischen und performativen Grundlagen der Kultur*. Bielefeld: Transcript.

Wulf, Christoph/Zirfas, Jörg (Hg.) (2007): *Die Pädagogik des Performativen*. Weinheim: Beltz.

Nation und Staat

Ulrich Bielefeld

Körper und Nation sind keine Grundbegriffe der klassischen Soziologie. Aus welcher Perspektive man immer schaut, beide haben keinen vergleichbaren Status wie etwa Begriffe der Interaktion und Sozialisation, Institution und Imagination, Handlung und Struktur, Macht und Herrschaft, Strukturierung und Vergesellschaftung. Dennoch waren sie als Gegenstand und als soziale Tatsache häufiger sozialer, politischer, gesellschaftlicher und wissenschaftlicher Bezugspunkt – als Form des Kollektiven und dessen politischer Organisation zum einen, mit dem Blick auf Menschen, die körperlich vermessen, nach körperlichen Merkmalen, ihrer Hautfarbe oder der Form ihrer Nase kategorisiert wurden zum anderen. Die sich seit den 1980er Jahren ausdifferenzierenden Soziologien des Körpers und der Nation mussten sich früherer Thematisierungen versichern (I), der politisch-metaphorische Gebrauch des Körperbegriffs im Verhältnis zu Staat und Macht kam ebenso in den Blick (II) wie die Prozesse von Verkörperung und Inkorporierung und die Übertragung des Körperbegriffs auf politische Kollektive (III).

1   Körper und Nation in der frühen Soziologie

Der und die Körper melden sich über die Bedürfnisse, über Hunger und Sexualität (Marx, Freud, Foucault) ‚zu Worte‘, aber auch über ihre Repräsentationen (Symbolischer Interaktionismus), als Organismen (Gehlen, Plessner, Schmitz) und deren Kontrolle und Zurichtung (Foucault), als sich bewegende Körper, als sich ausdrückende und als wahrgenommene, aber auch als bewertete, als ein- oder ausgeschlossene, als schön oder hässlich angesehene, als weiß, schwarz, gelb oder braun eingeteilte und auch als kranke oder gesunde, verletzte und geschundene Körper. Beständig wurden und werden Körper und Körpermerkmale, Haut und Skelett, negativ wie positiv zur Typisierung und Kollektivierung, zur Herstellung und Behauptung von vorgestellten, realisierten und zu realisierenden Gemeinschaften herangezogen.

Mit einem Verweis auf den gestrigen Mangel, es wurde, so Paula Irena Villa, „in der Soziologie weitgehend ignoriert", dass Menschen „auch aus Fleisch und Blut sind"

(Villa 2008, S. 201), konnte die aktuelle Beschäftigung begründet werden (so auch
Schroer 2005). die schon zu Beginn der 1980er Jahre unter dem Titel der ‚Wiederkehr'
(Kamper/Wulf 1982) einsetzte.

Ähnliches kann für den Begriff der Nation beobachtet werden. Die Soziologie ent-
stand als „Selbstthematisierungswissenschaft" der modernen und d. h. der industriell
und nationalstaatlich organisierten westlichen Gesellschaft (Bielefeld 2003). Diese
konnte sich zu ihrer Selbstbegründung und Rechtfertigung nicht mehr auf ein Außen
berufen. An dessen Stelle traten zum einen die Vergangenheit als Erklärung und Begründung der Entwicklung des Eigenen in der langen Dauer der Geschichte, zum
anderen die Berufung auf Natur als biologische oder als zweite Natur, als kulturelle
Tatsache der Prägung eines biologisch-rassisch oder sprachlich-kulturell geprägten
Kollektivs des natürlichen, kulturellen oder politischen Volkes. Schließlich bezogen
sich die Sozialwissenschaften von Anfang an auf ein empirisches und theoretisches
Verständnis der Gegenwart, auf Erklärung und Interpretation der Gegenwartsgesellschaft. Körper und Nation verschwanden in der Thematisierung von sozialem Handeln und subjektiv gemeinten Sinn (Max Weber), von Arbeitsteilung und Solidarität
(Émile Durkheim) weitgehend aus dem Blick und blieben dennoch erhalten. Max
Weber kommt das Verdienst zu, den Rassenbegriff für den soziologischen Gebrauch
vehement abgelehnt und zudem in Auseinandersetzung mit der zeitgenössischen
ökonomischen Theorie ein organisches Konzept des Volkes als Grundbegriff einer
nationalen Ökonomietheorie kritisiert zu haben. Er war dennoch dem verhaftet, was
im Nachhinein als methodologischer Nationalismus bezeichnet wurde, ohne einen
organischen Volks-, Staats- und Nationsbegriff zu vertreten.

Anders gilt dies auch für den Gründungsvater der Soziologie in Frankreich, Émile
Durkheim. Weil ihm die Integration der zeitgenössischen Gesellschaft gefährdet
schien, fand Durkheim einen Mechanismus des Zusammenhalts dort, wo die konservativen Kritiker der III. Republik die Ursache des Auseinanderfallens zu beobachten glaubten, in Arbeitsteilung und Individualismus. „Organische Solidarität" war
sein Begriff für die Vermittlung des Zusammenhalts von Individuum und Gesellschaft. Hatte der Romancier und ‚rechtspopulistische' Politiker Maurice Barrès in seiner Trilogie des „Culte du moi" (1888–1891) die Gemeinschaft im Inneren, eingeschlossen im Körper des Einzelnen verortet, ‚Ich' und ‚Wir' körperlich gleichgesetzt,
so sah Durkheim, der den Begriff des „Culte du moi" übernahm und gegen seinen
Erfinder wendete, in den Rechten des Einzelnen geradezu das Motiv zur Integration
und letztlich eine Garantie für Stabilitätssicherung einer differenzierten Gesellschaft.
„La société n'existe que dans et par les individus" ist die häufig zu findende Durkheim-
sche Formel (exemplarisch: Durkheim 1986).

Im ‚Kultus des Ich' wird der Individualismus selbst zur Praxis der Verkörperung
von Gesellschaft. Das ‚Wir' liegt nicht begraben im Inneren des einzelnen Körpers,
der Einzelne wird über die (rituelle) Teilnahme zur Person, zum gesellschaftlichen
Individuum und zum Körper. Schon bei Durkheim war eine Nähe der französischen
Sozialwissenschaften zur Thematisierung von Körper und Kollektivität, Körper und

Nation angelegt. In der Folge beobachtete Marcel Mauss national unterschiedliche Techniken des Gehens und Marschierens und eine frühe Form der Transnationalisierung des Laufens durch den Film (Mauss 1989). Er schlägt mit Habitus einen Begriff vor, den Pierre Bourdieu übernimmt,und den er als eine körperlich gewordene, inkorporierte Handlung als Gewohnheit versteht.

2   Körper und Staat

Für das Verhältnis von Körper und Staat macht Michael Foucault eine wichtige Bemerkung: „Es gibt keinen Körper der Republik. Stattdessen wird im Verlauf des 19. Jahrhunderts der Körper der Gesellschaft zum neuen Prinzip" (Foucault, 1975). War der Körper des Königs der physische wie der symbolische Körper, so korrespondierte die politische Schwäche mit der körperlichen (de Baecque 1993, S. 46 ff). In der Revolution genügte es nicht, die politische Macht zu brechen, auch der physische Körper des Königs musste schließlich hingerichtet werden. War die Macht symbolisch im konkreten Körper des Königs vereint, der, wie im Frontispiz des Leviathans dargestellt, die Körper der Untertanen aufnahm und sie schützte, so wurde – in der Übertragung der Metapher – nun der soziale und gesellschaftliche Körper durch die Privilegien derer zersetzt, die diesen zu schützen vorgaben, so die These des Abbé Sieyès während der Französischen Revolution. Der soziale, gesellschaftliche und politische Körper wurde von einer Krankheit heimgesucht, hervorgerufen von den Privilegien. Das Bild des Körpers wurde zu einer organizistischen Metapher. „…, das Organische erlaubte es, den Bruch von 1789 zu verstehen" (de Baecque, S. 102 (Übersetzung UB)).

In diesem Prozess wurde der politische Körper symbolisch von den konkreten Körpern der neuen Machthaber, den Bürgern, gelöst. Er verschwand etwa schon in der sich verändernden Ikonographie der Herrschaft der ersten europäischen Nation, Holland. Individualität und Gruppe wurden betont und Individualisierung und Kollektivierung erschienen in einem Zusammenhang. Die Einzelnen versammelten sich nicht mehr unter einem Souverän oder einer sakralen Figur und die Grenzen der Körper der Einzelnen konnten in den bildlichen Darstellungen aufgehoben werden. Die Gruppe selbst wurde zum verbindenden Element zwischen individueller Autonomie und Gemeinschaft (Hammer-Tugendhat 1998). Die Darstellung von Autonomie, Gleichheit und Einheit war keine Beschreibung sozialer Realität. Es handelte sich um eine Behauptung. Im künstlerisch-bildnerischen Entwurf wurde die Veränderung eines politischen Konzepts nicht nur angezeigt, sondern es wurde aktiv an dieser gearbeitet. Die politischen und sozialen Körperbilder befanden sich in einem Prozess der Veränderung.

3   Der kollektive Körper der Nation

Die Nation als Kollektiv, das nun nichts mehr über sich hat, wird zu einem aktiv zu gestaltendem und die Welt definierenden Zentrum. Die organizistische Metapher des „grand corps citoyen" konnte hier anschließen. In den revolutionären Auseinandersetzungen nach 1789 wurde dieser große Körper exemplarisch verwundet. Die Erzählung über eine tatsächliche Wunde eines kämpfenden Bürgers diente der Sichtbarmachung des neuen Körpers ebenso, wie es schließlich die toten Körper der in den Kämpfen und in den kommenden Kriegen Gefallenen taten und tun werden. Tendenziell ist es in der neuen Konzeption nun der Einzelne, jeder verwundete und gefallene Einzelne, der die Existenz des Ganzen bestätigt. Alle brauchen nun einen Namen, nicht mehr nur die mit Namen: Edward the Duke of York, the Earl of Suffolk, Sir Richard Ketly, Davy Gam, esquire: None else of name; and of all other men, But five and twenty ... (Shakespeare, Heinrich V., zit nach Lacqueur 1998, S. 355). Die vielen Kreuze auf den Friedhöfen der Schlachtfelder und schließlich auf den großen Tafeln der Memorials und Denkmäler verweisen über den Einzelnen auf den kollektiven Körper der Nation.

Dieser ist als politischer Begriff, als Metapher eine soziale Tatsache. Es gibt ihn nicht, wenn nicht an ihm gearbeitet, wenn er nicht laufend her- und dargestellt wird. An dieser Her- und Darstellung sind unterschiedlichste soziale Systeme und Subsysteme beteiligt, von der Kunst über die Wissenschaft zu den Schulen, zum Militär, zum Sport und zur Familie. Verkörperungen und Inkorporierungen werden praktisch in ein Verhältnis gesetzt. In vielerlei Varianten lässt sich die Arbeit an der Herstellung eines Körpers der Nation und eines „Volkskörpers" rekonstruieren, als Biopolitik im Anschluss an Michel Foucault, als Inkorporierung von Haltungen, eines Habitus, häufig untersucht am Beispiel des Sports (Alkemeyer/Wiedenhöft 2003), des Tanzes (Klein 1992) und im deutschen Fall notwendig an den Körperpraxen des nationalsozialistischen Staates (Diehl (Hrsg.) 2006; darin Gamper, S. 149–170). Hier sollte es nun alles wirklich geben: den gesunden Körper und den reinen „Volkskörper". Biologistisch-mythischer Rassismus und ästhetisch-heroische Konzeption verbanden sich mit dem konkreten Ausschluss der abweichenden einzelnen und kollektiven Körper. Für sie standen Euthanasie (der abweichende einzelne Körper) und antisemitisch-rassistische Vernichtungspolitik des kollektiven Körpers der Anderen, vor allem des jüdischen Anderen.

4   Körper, Rasse, Nation

Moderne Nationen realisieren sich staatlich. Der Nationalstaat regelt Zugehörigkeiten. Im Rahmen der Nationen werden die Körper der einzelnen hergestellt, kultiviert und diszipliniert. Zwei Begriffe, die sich auf soziale und natürliche Körper beziehen, sprengen schon begrifflich den nationalen Rahmen: Geschlecht und Rasse. Sie haben in rassistischen Diskursen einen Zusammenhang, insbesondere in den Vorstellungen der Reinheit und über die Bedeutung des Blutes, schließlich des reinen Blutes. Beides sind Begriffe der ebenso starken Differenzierung wie Gleichmachung. Alle Frauen oder Männer, wo immer sie herkommen und wie sie sich auch unterscheiden, fallen in die eine Kategorie. Alle ‚Weißen' bzw. alle nach irgendeinem Zugehörigkeitskriterium definierten ‚Gemeinsamen' (etwa: Deutschen), ob sie sich der Zugehörigkeit bewusst waren oder nicht, in die andere. Es handelt sich im Fall der Rasse um die alten „Unterschiede von Haut und Haar" (Coates 2015. S. 15). Sie wurde mit den selbstbestimmten, auf Einheit bezogenen Gesellschaften der Moderne von einer sozialen Tatsache zum Strukturelement und verwies nun auf tiefe, unüberwindbare, da natürliche oder historisch verwurzelte Unterschiede. Die äußeren Merkmale, Hautfarben, Schädelumfang oder Nasenformen sollten noch unter der Haut wiederzufinden sein, im Aufbau des Skeletts oder in den Strukturen des Gehirns, ebenso wie sie in den tiefen Schichten der Zeit, in der langen Geschichte der Zivilisation verankert sein sollten. ‚Rasse' wurde zur „materiellen wie phantasierten Grundkategorie" (Mbembe 2014, S. 13). Als solche unterlief der Begriff, auf dem Boden des Nationalen und der nationalen Kolonialstaaten entstanden, die nationalen Kategorisierungen. Der Wahn, denn der Ursprung der Rasse sind die angstvollen und fiebrigen Konstruktionen des Rassismus, und seine Folgen lösen sich nicht in ihrer Dekonstruktion auf. Rassismus, rassistische Gewalt schreibt sich in die Körper ein, erhält eine körperliche Realität. War die ‚Négritude' für Jean Paul Sartre ein Moment der Negativität, eine Phase und Handlung im Rahmen eines dialektischen, sich selbst und damit die Rassen aufhebenden Prozesses, formt sie sich tatsächlich zur Realität der „Black Nation" als Form eines kosmopolitischen Nationalismus. In diesen Prozessen haben sich die Zugehörigkeiten längst von der Nation, nicht aber von unterschiedlich geformten und sich überlagernden Kollektiven gelöst, die sich in vielen Variationen in die Körper eingeschrieben haben. Die Beobachtung von Marcel Mauss, dass der amerikanische Film den Gang der jungen Französinnen verändert habe, stammt aus der ersten Hälfte des letzten Jahrhunderts. Heute ist es banal geworden darauf hinzuweisen, dass Körperpolitiken längst globalisiert sind. Sie haben dadurch nationale und kollektive Eigenschaften nicht verloren (Rosenberg/Fitzpatrick 2014).

Literatur

Alkemeyer, Thomas & Wiedenhöft, Anja (2003). Der Körper der Nation – die Nation als Körper. Repräsentationen und Habitus-Konstruktionen in der deutschen Turnbewegung des 19. Jahrhunderts. In: Brigitte Prutti & Sabine Wilke (Hrsg.), *Körper – Diskurse – Praktiken. Zur Semiotik und Lektüre von Körpern in der Moderne* (S. 19–59). Heidelberg: Synchron.

Bielefeld, Ulrich (2003). *Nation und Gesellschaft. Selbstthematisierungen in Deutschland und Frankreich.* Hamburg: Hamburger Edition.

Coates, Ta-Nehisi (2016). *Zwischen mir und der Welt*. München: Hanser Berlin.

De Baecque, Antoine (1993). *Le Corps de l'Histoire. Métaphore et Politique (1770–1800)*. Paris: Calman-Lévy, hier Kapitel 1, La Defaite du Corps du Roi, S. 46 ff.

Durkheim, Émile (1986). Der Individualismus und die Intellektuellen (1898). In: Hans Bertram (Hrsg.), *Gesellschaftlicher Zwang und moralische Autonomie* (S. 54–70). Frankfurt a. M.: Suhrkamp.

Foucault, Michel (1975). Pouvoir et corps. In: *Quel corps?* (S. 2–5), Nr. 2, September–Oktober, (dt. zunächst in: Dietmar Kamper & Volker Rittner (Hrsg.). (1976), *Zur Geschichte des Körpers. Perspektiven der Anthropologie* (S. 130–137, hier S. 130)). München: Hanser, hier S. 130; wieder abgedruckt in: Michel Foucault (2002), *Schriften in vier Bänden. Dits et Ecrits, Band II, 1970–1975* (S. 932–941, hier S. 932–933), hrsg. von Daniel Defert und François Ewald unter Mitarbeit von Jacques Lagrange. Frankfurt a. M.: Suhrkamp.

Hammer-Tugendhat, Daniela (1998). Rembrandt und der bürgerliche Subjektentwurf: Utopie oder Verdrängung. In: Ulrich Bielefeld & Gisela Engel (Hrsg.), *Bilder der Nation. Kulturelle und politische Konstruktionen des Nationalen am Beginn der europäischen Moderne* (S. 154–178). Hamburg: Hamburger Edition.

Kamper, Dietmar & Christoph Wulf (Hrsg.). (1982). *Die Wiederkehr des Körpers*. Frankfurt a. M.: Suhrkamp.

Klein, Gabriele (1992). Frauen Körper Tanz. Eine Zivilisationsgeschichte des Tanzes, Weinheim/Berlin: Quadriga.

Laqueur, Thomas (1998). Von Agincourt bis Flandern: Nation, Name und Gedächtnis. In: Ulrich Bielefeld & Gisela Engel (Hrsg.), *Bilder der Nation. Kulturelle und politische Konstruktionen des Nationalen am Beginn der europäischen Moderne* (S. 351–378). Hamburg: Hamburger Edition.

Mauss, Marcel (1989). Die Techniken des Körpers. In: ders., *Soziologie und Anthropologie*, Bd. 2 (S. 199–220). Frankfurt a. M.: Fischer.

Mbembe, Achille (2014), Kritik der schwarzen Vernunft, Berlin: Suhrkamp 2014.

Rosenberg, Emily S. & Fitzpatrick, Shanon (Hrsg.). (2014). *Body and Nation. The Global Realm of U. S. Body Politics in the Twentieth Century*. Durham/London: Duke University Press Books.

Schroer, Marcus (2005). Soziologie des Körpers. Frankfurt a. M.: Suhrkamp

Villa, Paula Irena (2008). Körper. In: Nina Baur et al. (Hrsg.), *Handbuch Soziologie* (S. 201–217)., Wiesbaden: Verlag für Sozialwissenschaften.

Performativität

Gunter Gebauer

1 Herkunft

In den 1990er Jahren erhielt der Begriff der Performativität im Rückgriff auf J. L. Austins (1962) Bemerkungen über die Funktion „performativer" Ausdrücke neue Aktualität, nachdem diese schon in den1960er Jahren in der Sprachphilosophie, damals im Zusammenhang mit dem *linguistic turn* heftig diskutiert worden waren. Im Unterschied zu der älteren Diskussion veränderte sich sein Bedeutungsspektrum: Unter dem Einfluss neuerer gesellschaftlicher und wissenschaftlicher Tendenzen wurde er im Zuge des sog. *performative turn* zu einem Leitbegriff, mit dem kulturelle Phänomene unter den Gesichtspunkten von Aufführung, Theatralisierung, Körperinszenierung, Ritualisierung und Verkörperung *(embodiment)* untersucht werden.

2 Vorläufer

Schon lange vor Austins bahnbrechender Veröffentlichung war das Konzept der sozialen Aufführung *(performance)* in der amerikanischen Soziologie entwickelt worden, wenngleich ohne die scharfe begriffliche Hervorhebung, die es in der sprachtheoretischen Diskussion in den 1960er/1970er Jahre erhielt. So steht im Zentrum der Soziologie G. H. Meads die soziale Interaktion als eine *face-to-face* Situation mit dem Charakter einer Aufführung: In einem materiellen Geschehen wirken die in einer Interaktion präsenten Teilnehmer nach informellen Interaktionsstrukturen zusammen und bilden gemeinsam die sozialen Identitäten der Beteiligten heraus. Am Beispiel des Baseballs exemplifiziert Mead, welche kognitiven Gehalte dabei erzeugt werden (Mead 1968, S. 194 ff.): Kenntnis der Regeln, der Spielrollen, der internen Struktur der eigenen und der gegnerischen Mannschaft und der an sie gerichteten Erwartungen *(Generalized Other)*. In der von Mead begründeten Interaktionssoziologie und den verwandten Richtungen der sinnverstehenden Soziologie (A. Schütz), der Ethnomethodologie (H. Garfinkel), der Kommunikationstheorie G. Batesons, der Ritualtheorie (V. Turner) und des Symbolischen Interaktionismus (E. Goffman, A. Cicourel) wurde der rituelle, darstellende und aufführende Charakter sozialen Geschehens empirisch untersucht.

Von den Vorläufern wurde ähnlich wie in den neueren Arbeiten angenommen, dass Regeln und Ordnungen des sozialen Handelns in gemeinsamer Tätigkeit entstehen. Interaktion wurde als materieller intersubjektiver Prozess aufgefasst. Der Sprachbegriff wurde über die verbale Sprache hinaus auf Handlungen erweitert und das Modell einer abgeschlossenen Innerlichkeit abgelehnt. Im Unterschied zu den neueren Performativitätsstudien wurden die interaktiven Prozesse weitgehend unter kognitiven und sozialpsychologischen Gesichtspunkten betrachtet.

3   Die Rückkehr zu Austins Entdeckung: Die Verwandlung der Welt durch performative Akte

An der Wiederentdeckung des Performativen waren andere Wissenschaften federführend beteiligt als an den Diskussionen der 60er/70er Jahre. Jetzt waren es Disziplinen der neu entstandenen Kulturwissenschaft – die Theater- und Filmwissenschaft, Tanzwissenschaft, die Literaturwissenschaft mit der Ausprägung Gendertheorie, die Körperanthropologie u. a. Methodologisch sind sie bis heute gekennzeichnet durch einen Anti-Essentialismus, Anti-Mentalismus, die Ablehnung des traditionellen Konzepts des Subjekts als originärem und autonomen Schöpfer seiner Handlungen, durch die Annahme mimetischer Prozesse mit wesentlicher Beteiligung des Körpers.

Was hat das Interesse an Austin motiviert? Seine große Entdeckung ist die Erzeugung von Veränderungen der Welt durch bestimmte kulturelle Aktivitäten, durch Sprechakte. Austin hatte erkannt, dass eine bestimmte Klasse sprachlicher Ausdrücke anders funktioniert als die feststellenden und beschreibenden Sätze. Indem man „performative Ausdrücke" ausspricht, vollzieht man eine Handlung, die einen neuen Aspekt der Welt hervorbringt. Ein befugter Sprecher sagt: „Hiermit taufe ich das Kind"; sein Sprechen verändert (für die Gläubigen) den Status des Kindes: Es wird in die Gemeinschaft der Getauften aufgenommen; es ist nicht mehr dasselbe Wesen wie vorher. Wenn ein Schiedsrichter zu einem Spieler sagt: „Ich verwarne Sie", ist dieser zu einem Kandidaten für eine gelbe Karte oder sogar für einen Platzverweis geworden. Eine wesentliche Voraussetzung für das Gelingen eines performativen Akts ist, dass der Sprecher die Legitimation besitzt, diesen zu vollziehen. So werden der Pfarrer und der Schiedsrichter von einer Institution (von der Kirche, vom Fußballverband) mit der Macht ausgestattet, durch bestimmte (formelhafte) Worte „Dinge zu tun" (Austin).

Austin hatte seine Entdeckung strikt auf die Sprache, ihr Funktionieren und ihre Bedeutungen bezogen und alle weiteren Faktoren, die Interaktion, die sozialen Mechanismen, den Aufführungscharakter, weitgehend ausgeklammert. Was seine ursprüngliche Intuition für die Diskussion in den 1990er Jahren fruchtbar macht, ist seine neue Sichtweise auf die Sprache. Neben den „konstativen" Äußerungen besteht sie aus einer Fülle miniaturhafter performativer Ereignisse. In diesen Aufführungen werden in die bestehende Welt mosaikförmige Teile einer neuen Welt einfügt. Sprache ist ein Machen, das zwar anders funktioniert als praktisches Handeln, aber ähnlich wie dieses die Welt verändert.

4 Eine neue Konzeption des Körpers

In einem Sprechakt ist viel mehr involviert als nur Sprechen: Performative Akte führen zu grundlegenden Veränderungen von Subjekten und Tatsachen, die ihren Status und ihre rechtliche Stellung betreffen (Bourdieu 1990). Das performative Geschehen ruft seinerseits Wirkungen im Inneren der Angesprochenen hervor; ein Taufakt führt beispielsweise zu Ergriffenheit, eine Eheschließung zu Freude. In der anderen Richtung äußern sich die inneren Geschehnisse ihrerseits in öffentlichen Verhaltensweisen. Es kommt zu einem wechselseitigen Austausch von äußeren Akten und inneren Reaktionen.

Das Zentrum dieses Austausches bildet der menschliche Körper – Austin hatte ihn nicht einmal erwähnt. Der Körper ist ein doppelseitiger Akteur im sozialen Austausch. Einerseits hat er eine *materielle* Existenz, andererseits ist er ein *Mitspieler* in der jeweiligen Situation. Als Beteiligter formt er die soziale Situation mit, wird aber auch selbst von dieser geformt. In unzähligen Akten wird der Körper in die Gebräuche der Welt eingepasst. Im Lernprozess wird der Körper in *strukturelle Übereinstimmung* mit der regelhaften Welt der Menschen gebracht (Bourdieu 2001, S. 165 ff.). Als Formender und Geformter wird sein Verhalten nicht von mentalen, also inneren Instanzen bewirkt; es stellt sich vielmehr in performativen Prozessen her: Der Körper wird selbst regelhaft gemacht – die ersten Regeln sind nicht die von Außen gegebenen Sprach- und Handlungsregeln, sondern die in eigener Tätigkeit unter den Bedingungen seines sozialen Milieus gebildeten Regularitäten, die beginnend mit den ersten Lebensmonaten aus dem biologischen einen sozialen Körper machen.

Durch sein performatives Handeln verwandelt der sozialisierte Körper die nichtgeordnete Welt in eine sozial strukturierte Welt. Dies geschieht gemäß den Strukturen der Gemeinschaft, die ihn geformt hat. Der sozial geformte Körper ist Teil der *symbolischen* Welt von Menschen. Er bildet die Basis gegenseitiger Verständlichkeit; er ist geregelt, berechenbar und vernünftig. Ein sehr einfaches Beispiel sind Prozesse elementaren Bewegungslernen. So fährt das Kind hinter dem Skilehrer her und übernimmt mimetisch dessen Bewegungen in sein eigenes Bewegungsschema, wie die Drehung, die Verlagerung des Gewichts auf einen Ski etc.

5   Der Gewinn der Kulturwissenschaft durch das Konzept der Performativität

In der Sicht der Kulturwissenschaft besitzen performative Akte genau die Merkmale, die zentrale Themen ihrer Theorie sind: die körperliche Präsenz von Personen im Hier und Jetzt, die welterzeugende Kraft der Sprache, die Situation der Aufführung, in der die Akteure sich entsprechend gesellschaftlicher, politischer, ästhetischer und geschlechtlicher Codes inszenieren. Die Kulturwissenschaft „begreift kulturelle Phänomene … als immanente Prozesse, in denen *kraft ihres eigenen Vollzugs*" soziale und kulturelle Ordnungen hervorgebracht werden (Volbers 2014, S. 8).

Grundlegende Ordnungen der gesellschaftlichen Welt werden durch körperliche Akte eingerichtet und bekräftigt: In bühnenartigen Situationen präsentieren die handelnden Personen ihre Subjektivität, die nicht mehr wie früher mit dem Merkmal der Authentizität ausgezeichnet wird, das Subjekten etwas absolut Eigenes zugesprecht. Vielmehr eignen sie sich die präsente Situation mit Hilfe der Codes an, die ihnen für ihre persönliche Darstellung, ihre *Performance,* zur Verfügung stehen. Nach Butler (1991) kann dies so weit gehen, dass sich Personen als *das* Geschlecht *(gender)* präsentieren, als welches sie sich empfinden.

Eine Öffnung von Grenzen wird auch für den Ausdruck von Gefühlen angenommen. Nach herkömmlichen Vorstellungen haben die sozialen Akteure ihren emotionalen Ausdruck den Gefühlsregeln der Gesellschaft *(feeling rules)* anzupassen, die in der Vergangenheit nur geringe subjektive Spielräume gewährten. Nach den neueren Vorstellungen können sie ihren Gefühlen weitgehend den Ausdruck verleihen, der ihnen am besten entspricht.

Grenzen überschreitendes Ausdrucksverhalten im Sinne des Veräußerlichen eines Inneren wird in ästhetischen Bereichen, die auf Performativität spezialisiert sind, geradezu erwartet. Dies geschieht insbesondere in künstlerischen *Performances* (E. Fischer-Lichte 2004) und medialen Showereignissen im Fernsehen, Film und Sport. Unter dem Gesichtspunkt des Performativen werden diese Bereiche einander näher gerückt. Zwar können sie nicht verwechselt werden – jeder von ihnen bewahrt sein Eigenes –, aber sie teilen einige wesentliche Merkmal miteinander. Gemeinsam ist ihnen eine hohe Intensität des Ausdrucks innerer Prozesse mit demonstrativen Formen; verbunden damit ist eine exzessive Körperlichkeit mit starken inszenatorischen Elementen. Die Kunst hat mit diesen Formen neue Paradigmen durch ungesteuerte Prozesse gewonnen, die spontan aus extremen körperlichen Situationen entstehen. Der Sport ist, ohne einen *künstlerischen* Stilwillen zu entwickeln, zu einem quasi-ästhetischen Bereich in der Nähe der Avantgarden-Kunst geworden. In beiden Bereichen entstehen erregende Ausdrucksweisen, die Echtheit beanspruchen – in der Kunst entsprechend einem ästhetischen Konzept, während sie im Sport unmittelbar aus zufällig sich ergebenden Konstellationen entstehen.

Die *Praxis des Performativen* mit ihren Sprechakten, Gesten und rituellen Tätigkeiten ist in die Praxis einer Gemeinschaft eingebunden. In ihr entsteht der *sensus communis* (Gemeinsinn oder praktische Sinn, Bourdieu 1987), insofern er bei allen Mitgliedern einer Gemeinschaft gleichartige Reaktionen und Empfindungen hervorruft und ihr auf diese Weise öffentlichen Ausdruck und inneren Zusammenhalt gibt. Im Feld des Politischen wird darüber hinaus auch der Aspekt des Zeigens bedeutsam, der performative Akte kennzeichnet: Ein Akt des öffentlichen Zeigens ruft in einer politischen Gruppe gemeinsam geteilte Aufmerksamkeit hervor. Politische Akte und Teilnahme an Politik manifestieren sich, weit unterhalb der Ebene von Verlautbarungen, Demonstrationen, Wahlkämpfen, in unzähligen alltäglichen Akten, die implizit politische Stellungnahmen ausdrücken.

Unter dem Aspekt der Performativität erhält der Körper zwei Fähigkeiten, die ihn von seinen biologischen Ursprüngen entfernen: Aufgrund seiner eigenen Geordnetheit erhält er eine allgemeine Verständlichkeit, also eine *semantische* Dimension; d. h. sein Verhalten kann mit Bedeutung aufgeladen und verstanden werden. So kommt es, dass performative Akte Zugehörigkeit zu sozialen Gruppen ausdrücken – mehr noch: sie tragen wesentlich zu ihrer Bildung und Verstärkung bei. Alle Gruppen, deren innere Bindung durch körperliche Merkmale unterstützt werden, bilden ihre eigenen performativen Akte aus; ein Beispiel ist das Merkmal der *Coolness* bei afro-amerikanischen Musikern und in weißen Jugendkulturen (U. Haselstein, Gebauer et al. 2004). In der Fankultur des Sports wird die Anhängerschaft zu einem Verein durch Bekleidung, Fahnen, Banner, Gesänge, Choreographien, durch das Tragen von Vereinsfarben und -emblemen gezeigt.

Die zweite Fähigkeit entsteht dadurch, dass performative Akte zu Instanzen der Erzeugung sozialer Ordnungen werden. An den Beispielen der Taufe und der Heirat ist die Absicht erkennbar, den Ereignissen eine Ordnung aufzuprägen: Die Eltern *wollen,* dass das Kind in eine neue Ordnung überführt wird, in die Ordnung der Getauften; das Paar will aus dem ungeordneten Verhältnis der Nicht-Verheirateten in die bürgerliche Ordnung der Ehe eintreten. Auch in Spielhandlungen ist die Tendenz zur Ordnungserzeugung erkennbar: Die eine Gruppe versucht ihre Ordnung gegen die andere Gruppe durchzusetzen. Jede Strategie einer Sportmannschaft hat zum Ziel, die eigenen Abläufe so zu planen, dass sie sich gegen alle Versuche des Blockierens, Störens, Hinderns durch die Konkurrenz durchsetzen, um mit ihrer *eigenen* Ordnung den Sieg über die andere Gruppe zu erreichen. Wenn man das Spielparadigma weiterdenkt, gelangt man z. B. zur Gegnerschaft politischer Parteien oder zum Kampf von Wirtschaftsunternehmen um die Vorherrschaft auf dem Markt.

Literatur

Austin, John L. (1972), *Zur Theorie der Sprechakte.* Stuttgart (engl. 1962: *How to Do Things with Words*).

Bourdieu, Pierre (1987), *Sozialer Sinn. Kritik der theoretischen Vernunft.* Frankfurt a. M.: Suhrkamp (frz. 1980).

Bourdieu, Pierre (1990), *Was heißt sprechen? Die Ökonomie des sprachlichen Tausches.* Wien (frz. 1982).

Bourdieu, Pierre (2001), Meditationen. Zur Kritik der scholastischen Vernunft. Frankfurt a. M.: Suhrkamp (frz. 1997).

Butler, Judith (1991), *Das Unbehagen der Geschlechter.* Frankfurt a. M.: Suhrkamp.

Fischer-Lichte, Erika (2004), *Ästhetik des Performativen.* Frankfurt a. M.: Suhrkamp.

Fischer-Lichte, Erika/Wulf, Christoph, Hrsg. (2001), *Theorien des Performativen.* Paragrana, 10, 1.

Gebauer, Gunter/Alkemeyer, Th./Boschert, B./Flick, U./Schmidt, R. (2004), *Treue zum Stil. Die aufgeführte Gesellschaft.* Bielefeld: Transcript.

Mead, George Herbert (1968), *Geist, Identität und Gesellschaft aus der Sicht des Sozialbehaviorismus.* Frankfurt a. M.: Suhrkamp (amerik.: 1934).

Volbers, Jörg (2014), *Performative Kultur. Eine Einführung.* Wiesbaden: Springer VS.

Praxis und Praktiken

Stefan Hirschauer

Der Begriff der Praxis steht in der Soziologie ursprünglich in der Tradition von Karl Marx, der Praxis als „sinnlich menschliche Tätigkeit" fasste (Marx 1969, S. 5). In dieser Tradition setzte Pierre Bourdieus Kritik des scholastischen Denkens den Begriff der Praxis als ‚das Andere' (das Gegenüber) der Sozialwissenschaft an. Praxis ist das, was *nicht* Theorie ist. Dies setzt einen anti-intellektualistischen Stachel: „dass schon das Nachdenken über die Praxis und das Sprechen über sie uns von der Praxis trennt" (Bourdieu 2001, S. 67). Anders als in dieser Exotisierung ‚der' Praxis, die die Praktiken der Forschung und Theoriebildung unterschätzte, haben die Begriffe Praxis und Praktiken unter dem Einfluss von Pragmatismus und Ethnomethodologie, Poststrukturalismus und Habitustheorie seit den 90er Jahren ein schärferes Profil als Grundbegriffe der Sozialtheorie gewonnen und treten als solche neben das Handeln und Verhalten, Interaktion und Kommunikation. Der Begriff der Praxis hat dabei nicht nur eine große Bedeutung für die körpersoziologische Forschung, diese bekommt mit ihm auch umgekehrt eine sozialtheoretische Relevanz. Denn das Ensemble der Praxistheorien rückt den Körper stärker in den Mittelpunkt der Sozialtheorie als je zuvor.

Die Begriffe Praxis und Praktiken stehen primär für eine neue Art, das Handeln zu konzipieren, indem sie dessen körperlich tätige Seite sowie eine vom Akteur dezentrierte Verteiltheit von Tätigkeiten hervorheben. Die Verschiebung vom Begriff der Handlung zu dem der Praxis hat vor allem sechs Aspekte:

1. Zunächst wird das Handeln in Praxistheorien in Abgrenzung zu rationalistischen und intentionalistischen Handlungstheorien materialistischer verstanden. Praktisches Handeln ist nicht das Ausführen individueller Pläne und Entscheidungen, sondern eine körperlich vollzogene Koaktivität in Wechselwirkung mit anderen Entitäten. Der Begriff der Praxis ist also von vornherein körperzentriert gedacht – wie vor ihm nur der Begriff der ‚Arbeit' und parallel zu ihm der der Performativität. ‚Praxis' ist der *körperliche Vollzug* sozialer Phänomene, sie besteht letztlich aus „Körperbewegungen" (Reckwitz 2003, S. 290). ‚Praktiken' sind bestimmbare *Formen* dieses Vollzugs: Typen von Aktivitäten, Weisen des Handelns, Verhaltensmuster, Interaktionsformen. Menschliches Handeln und Verhalten – d. h. Praxis – findet also im Rahmen

von Praktiken statt, d. h. im Rahmen von kulturell vorstrukturierten *ways of doing*, in deren Verlaufsmuster sich Handelnde bei ihrem Tun verwickeln. Insofern sind Praktiken „Kulturtechniken" (Reckwitz 2010, S. 188).

2. Da Praxistheorien mit diesem materialistischen Blick bis ‚hinunter' auf Bewegungen tiefer ansetzen als Handlungstheorien, bezeichnet Praxis menschliches Handeln *und Verhalten*. Handeln ist auch ‚sich verhalten können'. Es gibt drei Ressourcen eines solchen kulturell kompetenten Verhaltens: den gekonnten Einsatz des sozialisierten *Körpers*, den geschickten Gebrauch von *Dingen*, und den korrekten Gebrauch von *Zeichen*. Und es gibt Praktiken, in denen das körperliche *Agieren* (etwa der Kampf), das *Hantieren* mit Dingen, oder das *Kommunizieren* (der Gebrauch von Zeichen) im Vordergrund stehen.

In Max Webers geisteswissenschaftlicher Unterscheidung des Handelns vom Verhalten über den ‚subjektiv gemeinten Sinn' steckt eine Auszeichnung menschlicher Akteure. Der Praxisbegriff stellt dagegen statt Webers zweckrationalen Handeln das Gewohnheitshandeln ins Zentrum. Damit nimmt er eine anthropozentrische Distinktion in den Grundbegriffen der Soziologie zurück. Vergleicht man Menschen unbefangen mit anderen Entitäten (wie es etwa George Herbert Mead in seiner verhaltenswissenschaftlichen Sozialtheorie tat), lässt sich feststellen, dass sie sich oft impulsiv wie Tiere verhalten und reagieren, oder dass ihre Körper auch physische Wirkungen haben und herumstehen wie viele Dinge. Mit dem Antirationalismus des Praxisbegriffs wird insofern auch das Animalische am Menschen rehabilitiert: Vieles Interagieren ist Reagieren, vieles Darstellen ist ‚sich verhalten', vieles Tun ist eher Kampf als Kommunikation, manches Arbeiten ist bloß ein Sich-Beschäftigen und ‚Rummachen'. Zu welchem Grade das Tun ein Handeln oder ein Verhalten ist, ist eine Frage der jeweiligen Bewusstseinsbeteiligung, Initiative, Impulsivität und affektiven Engagiertheit.

Der verhaltenswissenschaftliche Weg vom Verhalten zum praktischen Handeln führt nicht über einen vorgängigen geistigen Handlungsentwurf, sondern über eine mitlaufende körperliche *Selbststeuerung*, mit der sich Handelnde hervorbringen. Diese beruht darauf, dass wir wahrnehmen, was wir tun und aufgrund dessen in Handlungsvollzüge laufend eingreifen können. Wir modifizieren unser händisches Tun in der Anpassung an das Verhalten von Objekten, wir sehen unsere Lenkbewegungen an Richtungsänderungen und können nur durch ihre ständige Korrektur geradeaus fahren, wir sehen unsere Hand schreiben, wir hören uns sprechen und korrigieren uns, weil wir uns merken, wie wir einen Satz angefangen haben. Zum Handeln braucht es Feedback-Schleifen und Gelingenskriterien. In Interaktion mit Anderen wird dieses Feedback noch verstärkt, entweder durch ihre Beobachtungen und sprachlichen Hinweise in expliziten Lernsituationen oder indem sie bzw. wir uns im Alltag kontinuierlich ihre Augen leihen, um unser eigenes Verhalten zu kontrollieren und zu modifizieren. Die von Cooley und Mead betonte Spiegelung in den Augen des Anderen ist eine Verlängerung des Autofeedbacks. Wer etwas tut (handelt oder sich verhält), treibt also nicht einfach nur ein Geschehen voran, er wird vielmehr auch von ihm ergriffen und erlebt sich in ihm auf eine bestimmte Weise. Er wird zum Zeugen des eigenen Tuns und kann außerdem die Wahrnehmung seiner selbst auch noch auf andere verteilen.

3. Der Begriff des Handelns wird in Handlungstheorien meist mit einer aktivistischen Idealisierung gebraucht: Handeln heißt dort etwas *unternehmen* und nicht einfach passiv zu bleiben. Bei nüchtern-verhaltenswissenschaftlicher Betrachtung stellen sich die tätigen Involvierungen von Menschen aber nicht so dualistisch (aktiv/passiv) dar, sondern in einem Kontinuum von *Aktivitätsniveaus:* Wir können etwas explizit tun (z. B. uns aufraffen, nun endlich aufzustehen), wir können es aber auch routiniert vollziehen (z. B. unser Frühstück wie immer machen), wir können etwas als ein Nebenengagement beiläufig mitvollziehen (z. B. im Gespräch einen Passanten grüßen), etwas anstoßen und geschehen machen (z. B. einen Eindruck erwecken, ein Gerücht weitergeben, ein Handeln ‚veranlassen‘), es aber auch nur geschehen lassen (einen Zusammenstoß nicht aufhalten, ein Gerücht unwidersprochen wirken lassen). Wir können etwas aber auch ganz unbeachtet liegen lassen (ein Thema nicht aufgreifen, einen Gegenstand oder Anwesenden nicht beachten) oder gar uns selbst überlassen (der persuasiven Rhetorik, der erotischen Verführung, dem Schlaf, aber auch dem Schwung der Welle: Jullien 1996). Dabei kann es uns passieren, dass wir uns etwas unterlaufen lassen (das Essen brennt an, wir fangen uns einen Virus ein, ein Gesprächsverlauf wird unangenehm), so dass wir zukünftig darauf achten, es nicht entstehen zu lassen (es kommen zu sehen, zu verlangsamen und zu stören) oder es routiniert ganz zu unterbinden (es in Schach zu halten, zu vermeiden, etwa die unkontrollierte Lautäußerung) oder es gar explizit zu konterkarieren (das Gerücht zu bekämpfen, den Infekt zu behandeln, den Zusammenstoß aufzuhalten, der Versuchung zu widerstehen). Unser praktisches Tun fädelt sich also ein in schon laufende eigendynamische Geschehnisse: Interaktionen, Diskurse, körperliche und physikalische Ereignisse, mit denen es ‚mitläuft‘ oder auf die es sich einschwingt. Der Praxisbegriff löst sich so von der Idee des ‚reinen Handelns‘ wie sie das um moralische Zurechnung bemühte juristische Denken braucht.

4. An die Stelle des unternehmenden Handelns von Individuen tritt daher eine *Koaktivität* mit anderen Entitäten. Von Handlungstheorien aus betrachtet, sind Praktiken Handlungen ohne ‚Akteure‘, nämlich ein Strom des Handelns ohne Stilisierung eines souveränen Zentrums und rationalen Ursprungs. Handlungen haben Urheber, Praktiken Träger oder Teilnehmer. Deren Anzahl ist offen. Es gibt Tätigkeiten, die sich aufgrund der erforderlichen Bewegungsabläufe für ein, zwei oder mehr Personen anbieten. Man vergleiche nur Zähneputzen und Tanzen, Essen und Sprechen, Skat und Doppelkopf, Quintett- und Fußballspielen, Theaterspielen und Demonstrieren.

Die soziologisch bekannteste Form von Koaktivität sind Interaktionen. Man kann sie praxistheoretisch als eine Form *verteilten Handelns* begreifen. Ihr besterforschter

Fall sind Gespräche. Die Konversationsanalyse zeigte etwa die Dialogizität des Monologs, der durch Zuhörersignale getragen wird, oder den Sprecherwechsel, der Redezüge distribuiert. Aber auch in nicht-sprachlichen Interaktionen, etwa in sexuellen, sportlichen, musikalischen und handwerklichen Koproduktionen, sind Interaktionszüge unvollständige Bestandteile einer gemeinsamen Tätigkeit, unmittelbare Beiträge zu einer ‚joint action‘.

Koaktivität meint aber noch mehr. Wenn man auf Menschenseite die Intentionalität zugunsten niedrigstufiger Aktivitäten herunterfährt und ihre Alleinautorschaft am Handeln durch dessen ‚Verteilung‘ zurücknimmt, dann lässt sich das Handeln auch für andere Partizipanden öffnen, die in eine Praktik involviert sind: für Artefakte (i. S. der Akteur-Netzwerk-Theorie), situative Settings, Tiere, Texte und selbsttätige körperliche Prozesse. Wenn menschliche Handelnde viele Dinge nur anstoßen oder geschehen lassen, so lässt sich eben auch umgekehrt fragen, wie materiell vorstrukturierte Settings Menschen handeln lassen. Die Aufmerksamkeit verschiebt sich von den ‚inneren Aufforderungen‘ (den Motiven) oder den verbalen Aufforderungen generalisierter Anderer (den Normen) zu den situativen Umständen, die uns Handlungen nahelegen. Situationen sind mit Dingen, Menschen und Zeichen angefüllte Gelegenheiten, die uns etwas tun machen oder lassen.

5. Wie werden situierte Koaktivitäten zu einer kulturellen Praktik verstetigt? Die Vorstellung vom Handeln als eine sich selbst fortspinnende Praxis bietet hier zwei Anhaltspunkte. Auf seiner subjektiven ‚Innenseite‘ (Reckwitz 2003, S. 290) hat alles Tun einen selbst- und körperbildenden Aspekt. Es sozialisiert den Körper des Handelnden und dessen Hexis zeigt, was er schon länger getan hat. Man denke nur an das in Bewegung-Setzen des eigenen Körpers, in dem sich bei häufiger Wiederholung Gewohnheiten ablagern, die den Gang ‚in Gang halten‘ können. Umgekehrt, von den Praktiken aus betrachtet, verlangen diese von den Handelnden das Einnehmen bestimmter Haltungen des Körpers, des Denkens, der Gefühle – sie bieten ‚teleoaffektive Strukturen‘ (Schatzki 2002, S. 80 ff.), von denen die Handelnden einen Großteil ihrer intentionalen Gerichtetheit beziehen. Mit unserem Handeln vollziehen wir also nicht nur soziale Tatsachen (i. S. der Ethnomethodologie), wir bilden zugleich ein je spezifisches Selbst aus. Vor allem Bourdieu hat die reproduktionstheoretische Pointe dieser Perspektive expliziert. Wenn Akteure in der Praxis einen Habitus erwerben, so trägt diese tiefe körperliche Sozialisiertheit umgekehrt auch zur Verstetigung der Praxis bei. Die Praktizierenden erwerben in ihr einen praktischen Sinn für ein Tun, nämlich die Empfänglichkeit, die Geneigtheit und die Kompetenz, diesem praktischen Tun gewissermaßen handelnd zu erliegen. Den Praktiken als Formen des Handelns entsprechen Formen des Selbst. Man schlüpft in sie hinein und kommt – mehr noch als beim Einnehmen von Rollen – verändert aus ihnen heraus: ein kontinuierlicher psycho-physischer Umbau des Handelnden durch seine eigene Praxis.

6. Neben diesen Spuren, die das Handeln im Handelnden hinterlässt, erzeugt es an seiner Außenseite kontinuierlich Zeichen. Ein jedes Tun hat eine stets mitlaufende *kommunikative* Seite, mit der es anzeigt, *was* für ein Tun es ist (z. B. ein gerichtetes Gehen). Praktische Tätigkeiten markieren sich in ihrem Vollzug selbst als bestimmte Aktivitäten. Neben der körperlichen Selbststeuerung ist es dieses ‚Accounting' (i. S. der Ethnomethodologie), das sie von bloßem Verhalten unterscheidet. Das Tun beansprucht eine erkennbare Individualität („Was machst du da?" – „Sieh doch!"). Damit bekommt es eine sinnhafte Oberfläche, die von allen Praktizierenden ‚gelesen' und verstanden werden kann. Auf der Basis dieser elementaren Selbstexplikation entfaltet das praktische Handeln ein stummes Vormachen, eine öffentliche Schauseite: Es führt seinem Publikum vor Augen, wie etwas geht, es sozialisiert also andere. Dass Lernen außerhalb von spezifisch erzieherischen Settings ‚einfach so' stattfinden kann, liegt eben daran, dass es ‚didaktische' Nebeneffekte allen Handelns gibt.

Ein Bergsteiger, so Gilbert Ryle, achtet beim Gehen auf das, was er tut, er ist auf Unfälle vorbereitet, spart seine Kräfte, er prüft und versucht. „Er ist gleichzeitig damit beschäftigt zu gehen und sich das Gehen unter Bedingungen dieser Art beizubringen" (1969: 50). Aber auch der Betrachter übt sich in dieser Selbstbefähigung: „Handeln und Verstehen sind grob gesagt bloß verschiedene Ausübungen desselben Handwerks ... Der Urheber führt an, der Zuschauer folgt, aber ihr Weg ist der gleiche" (ibid. 68). Ryle legt nahe, das Handeln als ein interaktives Anführen und Folgen in einer geteilten Praxis zu begreifen. Wir folgen also nicht nur mit den Füßen den Wegen eines Geländes und mit den Händen den Bedienelementen eines Apparates, wir folgen auch mit den Augen den Bewegungen und abgesonderten visuellen Zeichen eines Handelnden (und – etwa beim Küssen und Tanzen – auch seinen taktilen Zeichen). Es gibt daher nicht nur das der Praxis implizit inkorporierte Wissen (das *knowing how* i. S. Ryles), es gibt auch ein durch sie implizit *gezeigtes*, ein performiertes Wissen in einer ganz alltäglichen Wissensvermittlung (Hirschauer 2008). Daher kann man Praktiken aus der Perspektive von Diskursen auch als das unentwegte Gebrabbel der Körper auffassen. Menschliches Verhalten ist jene Form kultureller Selbstrepräsentation, die sich durch Körper artikuliert – und nicht durch Texte oder Bilder.

Literatur

Bourdieu, Pierre (2001). *Meditationen. Zur Kritik der scholastischen Vernunft.* Frankfurt am Main: Suhrkamp.

Hirschauer, Stefan (2008). Körper macht Wissen. In: Karl-Siegbert Rehberg (Hg.) *Die Natur der Gesellschaft.* Bd. II. (S. 974–984). Frankfurt: Campus.

Hirschauer, Stefan (2016). Verhalten, Handeln, Interagieren. In H. Schäfer (Hg.) *Praxistheorie. Ein Forschungsprogramm.* Bielefeld: Transkript.

Jullien, Francois (1999). *Über die Wirksamkeit.* Berlin: Merve.

Marx, Karl (1969). Thesen über Feuerbach, in: *MEW* 3, Berlin: Dietz.

Reckwitz, Andreas (2003). Grundelemente einer Theorie sozialer Praktiken. *Zeitschrift für Soziologie* 32, 282–301.

Reckwitz, Andreas (2010). Auf dem Weg zu einer kultursoziologischen Analytik zwischen Praxeologie und Poststrukturalismus. In: Monika Wohlrab-Sahr (Hrsg.): *Kultursoziologie*. (S. 179–205). Wiesbaden: VS.

Ryle, Gilbert (1949/1969). *Der Begriff des Geistes,* **Stuttgart: Reclam**

Schatzki, Theodore R. (2002). *The site of the social.* Pennsylvania State University Press.

Raum

Silke Steets

Raum und Körper teilen in der Soziologie ein gemeinsames Schicksal. Beide galten lange Zeit als vernachlässigte Themen des Faches, erst das zunehmende Interesse an den materiellen Facetten des Sozialen rückte beide – Körper wie Raum – in den letzten Jahren verstärkt ins Zentrum der analytischen Aufmerksamkeit. Im Fall des Raums liegen die Gründe für das wachsende Interesse auch in einer durch Globalisierung und neue Technologien bedingten Irritation räumlicher Weltbezüge. „Nah" scheint uns längst nicht mehr nur, was uns unmittelbar körperlich umgibt, sondern auch, was „zeitnah" für uns erreichbar ist. Nicht nur, dass wir heute über Facebook, Twitter und Co. eng mit unseren Freunden in Mexiko oder Australien verbunden sind, zu den nur selten hinterfragten Wissensbeständen zählt mittlerweile auch, dass unsere schwedischen Sportschuhe in China gefertigt werden, wir sie bei einem amerikanischen Versandhändler bestellen und von einem deutschen Logistikunternehmen liefern lassen. Phänomene wie diese haben in der Soziologie erstens Fragen danach aufgeworfen, was der Raum für soziale Zusammenhänge überhaupt bedeutet und zweitens haben sie zu einer intensiven Beschäftigung mit Konzepten und Modellen geführt, die helfen sollen, die Räumlichkeit des Sozialen zu verstehen.

1   Raum als soziologische Kategorie

Analog zur Physik unterscheidet man auch in der Soziologie zwischen „absolutistischen" und „relativistischen" Raumkonzepten (vgl. Löw 2001, S. 24 ff.). Absolutistische Konzepte entwerfen Raum als „Container", das heißt, als ein neutrales Gefäß oder Territorium, das entweder leer sein kann (und auch dann noch existent ist, wenn es leer ist) oder aber beliebig mit Körpern und Dingen gefüllt werden kann (sich dadurch aber nicht verändert). Entscheidend ist, dass der Raum und die Elemente im Raum als unabhängig voneinander gedacht werden. Martina Löw hat gezeigt, dass dieser Dualismus von Raum und Körpern impliziert, dass Raum auch unabhängig vom Handeln gedacht wird (vgl. ebd., S. 18). Das heißt, in der absolutistischen Logik gibt es Handlungen von bewegten Körpern in einem an sich unbewegten

Hintergrundraum. Die relativistische Denktradition hingegen leitet Raum aus den Beziehungsverhältnissen zwischen sich bewegenden Körpern ab. Handlungstheoretisch gesprochen heißt das, dass Raum prozessual im Handeln hergestellt wird. Da relativistische Modelle dem Beziehungs- oder Handlungsaspekt eine vorrangige Rolle einräumen, die strukturierenden Momente der physisch-materiellen Raumelemente aber vernachlässigen, hat Löw ein drittes, von ihr als „relational" bezeichnetes Raummodell vorgeschlagen. Sie verzichtet entgegen dem absolutistischen Verständnis auf die Konstruktion eines umschließenden Raumbehälters vorab und fragt analog zur relativistischen Denkweise, wie räumliche „(An)Ordnungen" im Handeln entstehen. Gleichzeitig betont sie aber, dass ohne ein Verständnis der Körper und Dinge als Elemente eines Raums, dieser letztlich unerklärbar bleibe (vgl. ebd., S. 156).

2   Der Körper in der Raumsoziologie

Ein Blick in die Geschichte der Raumsoziologie offenbart, dass Körper dort auf sehr unterschiedliche Weise thematisiert werden. Eine frühe raumtheoretische Arbeit hat 1974 der französische Marxist Henri Lefèbvre vorgelegt. Für ihn ist Raum ein Produkt gesellschaftlicher Arbeit: „(social) space is a (social) product" (Lefèbvre 1991, S. 30). Um der Gefahr eines „verdinglichenden" Raumdenkens zu entgehen, schlägt er als Analysewerkzeug zum Verständnis des Raums eine tripolare Dialektik vor. Zwar bringe jede Gesellschaftsformation ihren je eigenen Raum hervor, immer aber basiere die Produktion des Raums auf einer fortwährenden Wechselwirkung zwischen a) der *räumlichen Praxis* (also dem Raum, wie er in den Routinen des Alltags reproduziert wird), b) den *Repräsentationen des Raums* (das heißt, Raum, wie er kognitiv zum Beispiel in Mathematik oder Stadtplanung entwickelt wird) und c) den *Räumen der Repräsentation* (worunter komplexe Symbolisierungen und räumliche Imaginationen, etwa in der Kunst, fallen) (vgl. ebd., S. 31 ff.). Im zeitdiagnostischen Teil seines Werkes argumentiert Lefèbvre, dass sich Raum in der modernen, kapitalistischen Gesellschaft als „abstrakter Raum" herstelle, der gleichzeitig homogenisiert und fragmentiert sei. Ihm zufolge wird Raum hier als etwas gedacht, das in einzelne, gleichartige Einheiten zerfällt, die beliebig auf dem Markt gehandelt und getauscht werden können. Entsprechend habe sich auch die räumliche Alltagspraxis, also das, was die tätigen und werkschaffenden Menschen unter kapitalistischen Bedingungen tagtäglich tun, in den Zustand einer entfremdeten „Alltäglichkeit" verwandelt. Dadurch gingen zum einen subjektiv sinnhafte Raumbezüge – wie etwa die Bindung an Orte – verloren und zum anderen resultiere daraus eine Selbstentfremdung zwischen Bewusstsein und Körper (vgl. ebd., S. 194 ff.). Der instrumentelle Umgang mit dem Raum spiegele sich in einem instrumentellen, von einer cartesianischen Denktradition geprägten Umgang mit dem Körper. Interessanterweise sieht Lefèbvre im Körper allerdings auch ein wichtiges Moment des Widerstands gegen die Logik des abstrakten Raums. Die Eigensinnigkeit und der Rhythmus des Körpers, die sich eben nicht komplett der Herrschaft des Geistes unterordnen lassen, resultierten hin und wieder schlicht in Körpern, die sich weigern, zu funktionieren. So entstünden Risse und Widersprüche im abstrakten Raum (zur Rhythmusanalyse vgl. Lefèbvre 2004).

Im französischen Raumdenken taucht der Körper erneut bei Pierre Bourdieu (1991) und Michel Foucault (1994) auf. Für Foucault ist er einer der wichtigsten Orte, an denen sich der Wandel von Kontrollformen in der modernen Gesellschaft niederschlägt. Besonders eindrucksvoll verdeutlicht er dies am Beispiel des Panopticons, des vom Sozialreformer Jeremy Bentham im 19. Jahrhundert erdachten, modernen Gefängnisses (vgl. Foucault 1994, S. 251 ff.). Für Foucault ist das Panopticon ein verräumlichter Machtapparat, der dadurch, dass er ein spezifisches Blickregime, nämlich eine asymmetrische Sichtbarkeit zwischen Aufsehern und Häftlingen erzeugt und die Häftlinge in ihren Zellen isoliert, zur „freiwilligen" Selbstdisziplinierung „anregt". Er erklärt dies als Effekt der permanenten Beobachtbarkeit der auf ihre Körper reduzierten Häftlinge und sieht darin das zentrale Prinzip der Disziplinargesellschaft. Ähnlich wie bei Lefèbvre wird auch hier das Zusammenspiel von Raum und Körper gesellschaftsdiagnostisch gedeutet und auf seine Machteffekte hin untersucht.

Auch Pierre Bourdieu setzt sein Nachdenken über Raum und Körper am Zusammenspiel von Sozial- und Dingwelt an. Für beide benutzt er den Raumbegriff, wenngleich der „soziale Raum" hier lediglich eine Metapher für die Relationalität der Sozialwelt ist, wohingegen er den „angeeigneten physischen Raum" als etwas konkret Räumliches versteht (vgl. Bourdieu 1991). Bourdieu konzipiert den sozialen Raum als ein Ensemble unsichtbarer Beziehungen, durch die Individuen und Gruppen wechselseitig positioniert sind. Die Positionen im sozialen Raum basieren auf einer Verteilung sozialen Vermögens, also unterschiedlicher Kapitalsorten, welche wiederum sowohl eine typische Weltsicht als auch eine mehr oder weniger große Macht, diese Weltsicht als legitime Sicht der Dinge durchzusetzen, mit sich bringt. Der soziale Raum ist daher gleichzeitig objektiv strukturiert durch eine ungleiche Verteilung von Kapitalausstattungen, und er ist subjektiv strukturiert, weil die etablierten Wahrnehmungs-, Deutungs- und Urteilschemata den Zustand symbolischer Machtkämpfe zum Ausdruck bringen (vgl. Bourdieu 1992, S. 135 ff.). Das praktische Zum-Ausdruck-Bringen symbolischer Machtkämpfe geschieht unter anderem über die Aneignung des physischen Raums, worunter Bourdieu ein symbolisches wie materielles Platzieren von Wohnhäusern, Straßen, Geschäftszentren usw. versteht. Diese gesellschaftliche Aneignung des physischen Raums hat Bourdieu zufolge eine wichtige körperliche Facette, denn die Symbolik und die Materialität des derart hervorgebrachten Raums entfalten eine ganz besondere Kraft, und zwar durch ihre intrinsische Immanenz, das heißt dadurch, dass sie ihre „stumme[n] Gebote [...] unmittelbar an den Körper" (Bourdieu 1991, S. 27) richten. Die theoretische Schnittstelle für die Vermittlung von Sozial- und Dingwelt bildet bei Bourdieu der Habitus, also jene Wahrnehmungs-, Deutungs- und Urteilsschemata, über die das Subjekt im Modus eines praktische Körperwissens verfügt und die sowohl typisch für seine Position im sozialen Raum sind als auch zu typischen Formen der Aneignung des physischen Raums führen. Für Bourdieu ist der angeeignete physische Raum gleichzeitig ein materialisiertes Resultat sozialer Aushandlungsprozesse und ein Element im Spiel symbolischer Machtkämpfe. Eine Vermittlung erfolgt über verkörperte Formen sozialer Praxis (vgl. Bourdieu 2009).

Stärker handlungstheoretisch ist der eingangs bereits erwähnte raumsoziologische Ansatz von Martina Löw (2001) ausgerichtet. In Anlehnung an die Sozialtheorie Anthony Giddens' (1988) entwickelt Löw die Idee einer „Dualität von Raum". Anders als etwa Lefèbvre oder Bourdieu negiert sie jegliche Vorstellung eines natürlichen physischen Hintergrundraums. Für Löw sind alle Räume sozial hergestellte Räume. In ihrem Verständnis entstehen Räume durch die Praxis des Anordnens (Handlung) und sind gleichzeitig eine gegebene sozialräumliche Ordnung (Struktur), das heißt, sie sind sowohl Resultat des Handelns als auch dem Handeln vorrangig – einen Aspekt, den sie im Begriff der „(An)Ordnung" fasst (vgl. Löw 2001, S. 166). Routinen spielen hier eine Schlüsselrolle: Menschen handeln in der Regel repetitiv, das heißt sie entwickeln Routinen, die ihre Aktivitäten in gewohnten Bahnen verlaufen lassen. Der Giddens'schen Unterscheidung zwischen „diskursivem" und „praktischem" Bewusstsein folgend, geht Löw davon aus, dass Räume meist im Modus des praktischen Bewusstseins, sprich durch habitualisierte, verkörperte Praktiken hergestellt werden. Basieren räumliche (An)Ordnungen auf „Regeln", die wiederum durch „Ressourcen" abgesichert sind, spricht Löw von institutionalisierten Räumen (vgl. ebd., S. 162 f.). Mit Blick auf den Handlungsaspekt unterscheidet Löw zwei sich in der Regel gegenseitig bedingende Prozesse: das „Spacing" und die „Syntheseleistung" (vgl. ebd., S. 158 ff). Körpersoziologisch ließe sich dies interpretieren als eine Differenzierung in körper- und leibsoziogische Aspekte der Raumkonstitution. Das Spacing bezeichnet den Akt des Platzierens bzw. das Platziertsein von sozialen Gütern und Menschen an Orten und damit eine Betrachtung des Körpers als Körperding. Die Syntheseleistung wiederum umfasst Wahrnehmungs-, Erinnerungs- und Vorstellungsprozesse, durch die ein Subjekt die Elemente eines Raums überhaupt erst als zusammenhängenden Raum erfasst. Da insbesondere das Wahrnehmen bei Löw neben den kognitiven auch leibliche Aspekte umfasst – Räume werden gerochen, gehört, gespürt, gesehen usw. – tritt hier eine leibsoziologische Perspektive ins Relief. Löw betont gleichsam, dass Wahrnehmen (wie auch Erinnern und Vorstellen) habituell variieren und dass Spacing und Syntheseleistung als simultan sich vollziehende Prozesse zu denken sind. Ihr Ansatz ist damit gut anschlussfähig an Vorstellungen von einer Dualität von Leib und Körper (vgl. Gugutzer 2012, S. 42 ff.).

3   Was können Raum- und Körpersoziologie voneinander lernen?

Eine raumsoziologische Heuristik rückt stets Organisationsformen des Nebeneinanders in den Blick, wobei nicht die platzierten Dinge und Körper den Raum bilden, sondern das, was sich zwischen diesen aufspannt. Sichtbar werden dadurch Differenzen, gegenseitige Verflechtungen und ihre Veränderungen. Das gilt für Makroräume wie globale Handels- oder Kulturräume ebenso wie für die Mikroräume des Alltags. Eine stärker körpersoziologische Herangehensweise an den Raum könnte helfen, die menschlichen Elemente, aus denen sich Räume unter anderem zusammensetzen, in ihrer körperleiblichen Eigensinnigkeit besser zu verstehen. Hier erscheinen mir die Ansätze von Lefèbvre und Löw besonders anschlussfähig zu sein. Umgekehrt ließen sich Körper mithilfe einer raumsoziologischen Brille besser in ihrer Wechselwirkung mit anderen räumlichen Elementen untersuchen. Dass unser Verständnis von Körper zudem eng verbunden ist mit der Art wie wir uns Räume vorstellen, hat Henri Lefèbvre gezeigt. Dass sich über ein Wechselspiel von Raum und Körper Machtformen vermitteln können, wissen wir von Michel Foucault und dass sich symbolische Macht in ihrer Sprachlosigkeit und Räumlichkeit besonders an den Körper richtet, darauf hat Pierre Bourdieu hingewiesen.

Literatur

Bourdieu, Pierre (1991). Physischer, sozialer und angeeigneter physischer Raum. In: Martin Wentz (Hrsg.), *Stadt-Räume* (S. 25–34). Frankfurt a. M./New York: Campus.

Bourdieu, Pierre (1992). *Rede und Antwort*. Frankfurt a. M.: Suhrkamp.

Bourdieu, Pierre (2009). *Entwurf einer Theorie der Praxis*. Frankfurt a. M.: Suhrkamp.

Foucault, Michel (1994). *Überwachen und Strafen: Die Geburt des Gefängnisses*. Frankfurt a. M.: Suhrkamp.

Giddens, Anthony (1988). *Die Konstitution der Gesellschaft. Grundzüge einer Theorie.* Frankfurt a. M./New York: Campus.

Gugutzer, Robert (2012). *Verkörperungen des Sozialen: Neophänomenologische Grundlagen und soziologische Analysen.* Bielefeld: transcript.

Lefèbvre, Henri (1991). *The Production of Space.* Oxford/Cambridge: Blackwell.

Lefèbvre, Henri (2004) *Rhythmanalysis: Space, Time and Everyday Life.* London/New York: Continuum.

Löw, Martina (2001). *Raumsoziologie.* Frankfurt a. M.: Suhrkamp.

Rhythmus

Michael Staack

Rhythmus wird als konzeptueller Begriff in verschiedenen wissenschaftlichen Disziplinen verwendet, am prominentesten in den Musikwissenschaften, den Bewegungswissenschaften, der sprach- und literaturwissenschaftlichen Metrik, in der Phänomenologie, der (Sozial-)Psychologie und (Chrono-)Biologie sowie der Philosophischen
und Kultur-Anthropologie. Die meisten dieser disziplinären Diskurse haben sich
theoretisch und empirisch eigenständig entwickelt. Dies spiegelt sich einerseits in der
Unbestimmbarkeit der Etymologie von *Rhythmus* wider (Wagner 1954) und andererseits in einer unüberschaubaren Anzahl von Definitionsversuchen.

Körpersoziologische Perspektiven auf Rhythmus haben sich in der Auseinandersetzung mit diesen spezifischen disziplinären Diskursen entwickelt und konstituieren sich noch heute durch Bezugnahme auf diese: Erstens werden von den genannten Disziplinen (vor allem der Bewegungswissenschaft, der (Sozial-)Psychologie und
der Philosophischen und Kultur-Anthropologie) diejenigen *Forschungsfelder* rhyth-
mustheoretisch bearbeitet, die heute ausgewiesene Forschungsfelder der Körpersoziologie sind, z. B. Tanz, Ritual, Sexualität und Gewalt. In diesem Fall profitiert die
körpersoziologische Forschung von den *Ergebnissen* dieser rhythmusbezogenen Vorarbeiten, z. B. zu Flow- und Rauscherlebnissen im Zusammenhang mit (kollektiver/
synchronisierter) Rhythmisierung. Zweitens sind für körpersoziologische Arbeiten
zu Rhythmus die in den genannten Disziplinen geführten *Begriffsarbeiten* und *Theo-
riediskussionen* relevant, um angemessen komplexe soziologische Behandlungen
rhythmisch-körperlicher Phänomene – und also des Rhythmus als körperlichem
Phänomen – leisten zu können. Vor allem die sprach- und literaturwissenschaftliche
Metrik sowie die Musikwissenschaft und Phänomenologie bieten hierfür differenzierte theoretische Diskussionen und Begriffsdefinitionen.

Die aktuelle körpersoziologische Forschung baut auf diesen Vorarbeiten in verschiedener Weise auf: *Sprach- und literaturwissenschaftliche Betrachtungen* des
Rhythmus machen die Sinnebene (z. B. von Gedichten oder Alltagssprache) mit
zum Gegenstand der Analyse (vgl. Gumbrecht 1988; Lösener 1999) und bieten der
Körpersoziologie dadurch Ansatzpunkte für *hermeneutische Zugänge* zu rhythmi-

schen Phänomenen. Die an behavioristischen Paradigmen orientierten *psychologischen Forschungsdesigns* entwickeln auch in der Körpersoziologie verwendbare Forschungsdesigns, mit denen sich (Effekte von) Rhythmen und Rhythmisierungen *messen* lassen, klammern in der Operationalisierung die semantische Ebene hingegen zumeist aus (vgl. z. B. Kirschner/Tomasello 2008). Und während in den *Bewegungswissenschaften* und der *Phänomenologie* untersucht wird, wie die *rhythmische Struktur des menschlichen Körperleibes* bzw. *die menschliche Rhythmisierungsfähigkeit* als individuelle Fähigkeit mit beeinflusst, wie rhythmische Interaktion, Einleibung und Weltaneignung gelingen (vgl. z. B. Franke 2005), begreifen kulturanthropologische Perspektiven Rhythmus als ein *kulturelles Phänomen,* das in spezifischer Weise menschliche Dispositionen zum Interaktions-, Einleibungs- und Weltaneignungshandeln zur Geltung kommen lässt oder überhaupt erst erzeugt (Condon 1982; für kulturanthropologische Perspektiven auf Rhythmus u. a. bei Durkheim und Mauss vgl. Staack 2015).

Dass sich körpersoziologische Perspektiven auf Rhythmus aus diesen heterogenen Diskursen speisen, bedeutet für körpersoziologisches Arbeiten zum Rhythmus folglich, zuerst zu klären, inwiefern die semantische Dimension im Forschungsdesign berücksichtigt oder ausgeklammert und ob weiterhin Rhythmus eher vom Individuum oder von der Kultur her untersucht werden soll. Zusätzlich zu diesem *Wie* muss das *Was* bestimmt sein, also die Frage, auf welche Phänomenebene von Rhythmus sich der eigene analytische Zugriff bezieht. Diese Phänomenebene lässt sich anhand einer – idealtypisierenden – Dreiteilung analytischer Fokussierungen einordnen: (1) Körper*soziologische* Rhythmusanalysen denken primär *sozio*-logisch und beziehen an zweiter Stelle körperliche Phänomene analytisch mit ein. (2) *Körper*soziologische Rhythmusanalysen denken primär *körper*-(phänomeno)logisch und beziehen an zweiter Stelle soziale Phänomene analytisch mit ein. Eine Mittelstellung lässt sich (3) Analysen von *Interaktionsrhythmen* zuordnen, die körperliche und soziale Phänomene etwa gleichermaßen analytisch mit einbeziehen.

(1) Körper*soziologisch*-rhythmusanalytische Perspektiven fokussieren auf *soziokulturelle Rhythmen* wie z. B. den Tages-, Wochen-, Monats- oder Jahresrhythmus, Rhythmen von Werktag-Festtag und Arbeitszeit-Freizeit sowie Rhythmen des Personen- und Warenverkehrs oder informationeller und unterhaltungsindustrieller Disseminationen. Während wirtschafts-, technik- und beschleunigungssoziologische Perspektiven auf diese Rhythmen den Körper analytisch zumeist nicht beachten oder ihn höchstens warnend als Leidtragenden von entfesselten Steigerungsdynamiken identifizieren, nehmen alltagssoziologische Ansätze, die sich mit rhythmischer Des-/Organisation alltäglicher sozialer Lebenswelten beschäftigen, auch den Körper mit in den Blick. Die klassische Studie über die Arbeitslosen von Marienthal z. B. zeigt auf, inwiefern sich Veränderungen alltagskultureller Rhythmen potentiell in Habitus und Hexis der Betroffenen niederschlagen. Ähnliche Fragen stellt die vor allem von Lefebvre (2004) ausgearbeitete Herangehensweise der „Rhythmanalysis", die auf rhythmische Abläufe in urbanen Räumen fokussiert. Lefebvre begreift die Beziehung

des menschlichen Körpers zu kulturellen Rhythmen dabei bereits als eine Wechselbeziehung und verlangt daher ein analytisches Einbeziehen des eigenen Forscherkörpers als Reflexions- und Erkenntnisinstrument.

(2) *Körper*soziologisch-rhythmusanalytische Perspektiven fokussieren auf *körperlich-leibliche Rhythmen*, die auf das Soziale einwirken. Rhythmus und Körperleib, so betonen diese Perspektiven, die sich v. a. von der Phänomenologie her der Körpersoziologie nähern, sind nicht nur untrennbar miteinander verwoben, sondern sind ohne einander nicht existenzfähig: Erstens sind Körper (u. a. durch die Atmung und den Herzschlag) als auch Leib (u. a. durch die „sukzessive Konkurrenz von Spannung und Schwellung"; Schmitz 1965, S. 125) auf elementarer Ebene rhythmisch organisiert. Zweitens existiert Rhythmus nicht ohne eine körperleibliche Performanz, also ohne eine *körperleibliche Rhythmisierung* (Valéry 1990, S. 112 f). Und drittens, für eine Perspektive auf Sozialität am wichtigsten, ist die menschliche Fähigkeit, sich selbst – und also insbesondere auch sich selbst mit anderen – zu rhythmisieren, eine grundsätzlich körperleibliche. Von der Erkenntnis ausgehend, dass wechselseitige Konstituierungen von (rhythmisierten) Körperleibern und Rhythmen *im* körperleiblichen Rhythmus stattfinden, wird in diesen Perspektiven eine phänomenologisch begründete (proto-)soziologische Perspektive entwickelt. Diese argumentiert, dass Personen über rhythmisch abgestimmte Bewegungen, sei es bei den ganzen Körperleib erfassenden Tänzen oder den Körperleib partiell erfassenden Begrüßungs-Handschlägen, miteinander in eine unmittelbare Einleibungs- bzw. Interaktions- und damit eine soziale Relation eintreten.

(3) Die Perspektive der körpersoziologischen Analyse von *Interaktionsrhythmen* nimmt eine Mittelstellung zwischen den genannten Ansätzen ein. Sie fokussiert auf soziokulturelle Rhythmen direkter Interaktionen räumlich kopräsenter Körper, z. B. in Mutter-Kind-Interaktionen, in Gesprächen, im Kartenspiel oder bei sexuellen, sportlichen, Arbeits- oder Gewalthandlungen (Collins 2004; 2011). Dabei erkennt auch sie die körperleibliche Fähigkeit, einen Rhythmus wahrzunehmen, sich rhythmisch an ihm zu orientieren und sich mit ihm zu synchronisieren, als Voraussetzung für das Generieren von und Partizipieren an Interaktionsrhythmen an. Jedoch unterscheidet sie sich von der phänomenologisch-soziologischen Perspektive bzgl. des analytischen Fokus: Interaktionsrhythmus – bzw. Rhythmus als solcher – wird weniger als Produkt körperleiblicher Interaktionen betrachtet, sondern mehr als ein in der Interaktion emergierendes, potentiell eigendynamisches Phänomen, das auf die interagierenden Körperleiber nach einer *eigenen Logik* einwirkt.

Drei sich potentiell wechselseitig verstärkende Qualitäten dieser Eigenlogik von Interaktionsrhythmen (zu grundlegenden Qualitäten der Eigenlogik von Rhythmus vgl. Gumbrecht 1988) gilt es dabei zu beachten, wobei körpersoziologisch insbesondere die zweite und dritte relevant sind: (1) *Gedächtnisstützende Qualität*: Rhythmisch Gesprochenes und rhythmische Bewegungen sind leichter zu memorieren, leichter zu erinnern und leichter zu aktualisieren. In ihrer stärksten Form kann dies – z. B. in Form des ‚Ohrwurms' – ‚gegen den eigenen Willen' stattfinden. (2) *Koordina-*

tive Qualität: Die (interaktions-)komplexitätsreduzierende Struktur eines Rhythmus entlastet erstens die sich dem Rhythmus Hingebenden davon, Interaktion raumzeitlich bewusst koordinieren zu müssen. Zweitens erzeugt dieses nicht einem eigenen oder anderen persönlichen Willen attribuierte Koordiniertwerden bei den Beteiligten Vorstellungen der Entdifferenzierung eigener, anderer und kollektiver Perspektiven. Diese beiden Elemente können im stärksten Fall kollektive (Inter-)Aktionen erzeugen, bei denen den Beteiligten in situ nicht die Interdependenz von eigener Aktion und kollektiver (Inter-)Aktion bewusst ist. (3) *Affektive Qualität:* Bereits individuelles rhythmisches Sich-Verlieren in eine Tätigkeit erzeugt spezifische Lustgewinne. Dies steigert sich potentiell in der Kollektivität eines *Interaktions*-Rhythmus, in dem die Beteiligten rhythmisch-körperlich-emotionales Feedback voneinander erhalten. Diese Lustgewinne können in Form von Trance- und Rauschzuständen zu völligem Selbstverlust im Rhythmus führen und bei kollektiven Rhythmisierungen darüber hinaus zu lustvoll erlebten Eindrücken unausgesprochenen Konsenses und körperleiblicher Verschmelzung.

Soziologische Ansätze, die sozialtheoretisch ein sinnhaft handelndes Subjekt zentrieren, verorten den Ursprung des eigenlogischen Phänomens ,Interaktionsrhythmus' dabei *innerhalb* sozial-sinnhaften Handelns. Handlungen rhythmisieren sich demnach *aufgrund ihres wechselseitig auf andere Subjekte verweisenden sozialen Sinns:* Gespräche aufgrund als gemeinsam wahrgenommener Themen, sexuelle Handlungen aufgrund wechselseitigen Erfüllens von Attraktivitätsvorstellungen, gemeinsame Arbeitshandlungen aufgrund der positiv besetzten Semantik von ,Teamwork'. Ein einmal entstandener Interaktionsrhythmus wiederum vermittelt und intensiviert sodann umgekehrt die intersubjektive Beziehung, indem er die Aufeinanderverwiesenheit der Subjekte und des sozialen Sinns, den diese ihrem Handeln beimessen, intensiviert bzw. gar gewissermaßen kurzschließt: Sinn muss im rhythmisch abgestimmten Handeln dann nicht (mehr) betont artikuliert werden – die körperlich-rhythmische Abstimmung prozessiert die sinnhafte Intersubjektivität.

Eine Konzeption der Entstehung des Interaktionsrhythmus innerhalb sozial-sinnhaften Handelns erschwert jedoch die theoretische Abgrenzung einer Eigenlogik des Interaktionsrhythmus. Denn für diese gilt es zu bestimmen, ab welchem Moment im Prozess des Rhythmisierens man die Rhythmisierung eigenlogisch nennen kann – ab welchem Moment sich also ein Übergang von (sozialer) *Aktion* zu (sozialer) *Passion* feststellen lässt.

Soziologische Theorieansätze, die in Bezug auf den Interaktionsrhythmus behavioristischen Perspektiven z. B. aus Psychologie und Ethologie nahestehen (vgl. z. B. Collins 2004), verorten den Ursprung von Interaktionsrhythmen in der Interaktion – aber *außerhalb* des Sinnhaft-Sozialen (Staack 2015). Durch diese Externalisierung von Interaktionsrhythmus aus dem Sinnhaft-Sozialen wird es in dieser Konzeption komplizierter, rhythmisches Handeln als sozial sinnhaft zu begreifen – sozialer Sinn muss anderweitig in die Theoriekonzeption eingeführt werden. Umgekehrt lässt sich Interaktionsrhythmus mittels dieser Konzeption einfacher als eigenlogisches Phänomen bestimmen. Zudem ermöglicht die Externalisierung, kollektive Rhythmisierung nicht nur als Handeln, sondern als auch als *Verhalten* zu analysieren.

Konzipiert man Interaktionsrhythmus als ein Phänomen, das seinen Ursprung außerhalb des Sinnhaft-Sozialen hat, ist es möglich, ihn als in einem Spannungsverhältnis zu sozialem Sinn bestehend zu begreifen – und zwar nicht nur zu sprachlich (re-)produziertem sozialen Sinn (Gumbrecht 1988), sondern auch zu körperleiblich (re-)produziertem sozialen Sinn (Waldenfels 1999, S. 62 f). Eine körpersoziologische Perspektive auf interaktionsrhythmische Phänomene kann dann (1) die *sprachliche Semantik* (durch *sayings* sprachlich [re-]produzierten Sinn), (2) die *nichtsprachliche Semantik* (durch *doings* körperlich-performativ [re-]produzierten Sinn) und die (3) *Wirkungen der Eigenlogik des Interaktionsrhythmus* als potentiell dreifaches Spannungsverhältnis konzipieren und in der Analyse voneinander differenzieren.

Literatur

Collins, Randall (2004). Interaction Ritual Chains. Princeton/New Jersey: Princeton University Press.

Collins, Randall (2011). Dynamik der Gewalt. Hamburg: Hamburger Ed.

Condon, William S. (1982). Cultural Microrhythms. In Davis, Martha (Hrsg.), Interaction Rhythms. Periodicity in Communicative Behavior. New York: Human Sciences Press, S. 53–77.

Franke, Elk (2005). Rhythmus als Formungsprinzip im Sport. In Brüstle, Christa/Ghattas, Nadia/Risi, Clemens/Schouten, Sabine (Hrsg.), Aus dem Takt. Rhythmus in Kunst, Kultur und Natur. Bielefeld: Transcript, S. 83–103.

Gumbrecht, Hans U. (1988). Rhythmus und Sinn. In Ders./Pfeiffer, Ludwig K. (Hrsg.), Materialität der Kommunikation. Frankfurt am Main: Suhrkamp, S. 714–729.

Kirschner, Sebastian/Tomasello, Michael (2008). Joint Drumming. Social Context Faciliates Synchronization in Preschool Children. Journal of Experimental Child Psychology 102, 299–314.

Lefebvre, Henri (2004). Rhythmanalysis. Space, Time and Everyday Life. London (u. a.): Continuum.

Lösener, Hans (1999). Der Rhythmus in der Rede. Linguistische und literaturwissenschaftliche Aspekte des Sprachrhythmus. Tübingen: Niemeyer.

Schmitz, Hermann (1965). System der Philosophie. Bd 2, Teil 1: Der Leib. Bonn: Bouvier.

Staack, Michael (2015). Körperliche Rhythmisierung und rituelle Interaktion. Zu einer Soziologie des Rhythmus im Anschluss an Randall Collins' Theorie der „Interaction Ritual Chains". In Gugutzer, Robert/Staack, Michael (Hrsg.), Körper und Ritual. Sozial- und kulturwissenschaftliche Zugänge und Analysen. Wiesbaden: Springer VS, S. 191–218.

Valéry Paul (1990). Cahiers/Hefte. Heft 4 (Hrsg. durch Köhler, Hartmut/Schmidt-Radefeld, Jürgen). Frankfurt am Main: S. Fischer.

Wagner, Hugo (1954). Zur Etymologie und Begriffsbestimmung „Rhythmus". Bildung
und Erziehung 7, S. 89–93.
Waldenfels, Bernhard (1999). Sinnesschwellen. Studien zur Phänomenologie des Fremden Bd. 3. Frankfurt am Main: Suhrkamp.

Ritual

Christoph Wulf

Einführung

Der Missbrauch von Ritualen zur Gleichschaltung und Unterdrückung von Menschen während des Nationalsozialismus sowie die Ritualkritik in der Studentenbewegung der 1960er Jahre haben dazu geführt, dass es lange Zeit eine negative Einstellung gegenüber Ritualen gab. Erst seit der Jahrtausendwende ist der Umgang mit Ritualen differenzierter geworden. So wichtig eine fundierte Ritualkritik in allen gesellschaftlichen Bereichen ist, sie darf nicht dazu führen, dass die zentrale Bedeutung von Ritualen für eine Gesellschaft übersehen wird. Rituale sind für die Konstitution, Aufrechterhaltung und Veränderung von Gemeinschaften wichtig. Sie verbinden Vergangenes mit Gegenwärtigem und Zukünftigem. In Gemeinschaften und Gesellschaften schaffen sie Strukturen. Sie inkorporieren die in gesellschaftliche Institutionen enthaltenen Werte und Handlungsweisen in die Menschen, die in ihnen tätig sind oder mit ihnen in Berührung kommen. Rituale markieren und gestalten Übergänge zwischen Lebensphasen und Institutionen (van Gennep 1999; Turner 1989).

Was unter Ritualen verstanden wird, darüber gibt es in der weitgefächerten interdisziplinären und internationalen Ritualforschung unterschiedliche Sichtweisen (Wulf/Zirfas 2004). Konsens ist, dass Liturgien, Zeremonien, Feste und nach Auffassung vieler auch Alltagshandlungen wie z. B. Begrüßungen als Rituale bezeichnet werden können (Grimes 1992). Was als Ritual angesehen wird, ist das Ergebnis von Symbolisierungs- und Konstruktionsprozessen (Goffman 1980). Ein wichtiger Gesichtspunkt für die Klassifikation von Ritualen besteht in ihrer Unterscheidung nach Anlässen. Mit diesem Kriterium lässt sich eine Typologie aufstellen, aus der hervorgeht, in welchen gesellschaftlichen Zusammenhängen Rituale eine Rolle spielen (Gebauer/Wulf 1998):

- Übergangsrituale (z. B. Geburt, Initiation, Hochzeit, Tod);
- Rituale der Institution bzw. Amtseinführung;
- jahreszeitlich bedingte Rituale (Weihnachten, Geburtstage, Nationalfeiertage);
- Rituale der Intensivierung (Feiern, Liebe, Sexualität);

- Rituale der Rebellion (Friedens- und Ökobewegung, Jugendrituale);
- Interaktionsrituale (Begrüßungen, Verabschiedungen, Konflikte).

1   Struktur und Strukturelemente

In Anlehnung an die Arbeiten van Genneps (1999) und Turners (1989) unterscheidet man gemeinhin drei Phasen bei der Kennzeichnung von Übergangsriten. In der ersten Phase befindet sich der Ritualteilnehmer noch in seiner alten Institution bzw. Lebensphase; dann kommt die Übergangsphase und schließlich die Anschlussphase in der neuen Situation. Eine Hochzeit lässt nach diesem Modell interpretieren. Im Zentrum des Rituals steht die zweite Phase. In dieser erfolgt die rituelle Handlung, die die erste und die zweite Phase verbindet. Im Beispiel der Hochzeit ist es der Akt der Eheschließung, die Hochzeitszeremonie im engeren Sinne, in deren Verlauf der Übergang in die Ehe rituell inszeniert und aufgeführt wird. Häufig findet hier die Intensivierung des Geschehens durch Gesten wie etwa das Anstecken der Eheringe statt (Wulf/Fischer Lichte 2011).

Rituale des Übergangs werden auf sozialen „Bühnen" inszeniert und aufgeführt. Mit ihrer Hilfe bearbeiten Gemeinschaften die Unterschiede zwischen ihren Mitgliedern und schaffen Übergänge zwischen unterschiedlichen sozialen Praktiken. Rituale sind institutionelle Muster, in denen kollektiv geteiltes Wissen und kollektiv geteilte Handlungspraxen inszeniert und aufgeführt werden und in denen eine Selbstdarstellung und Selbstinterpretation der Übergänge zwischen verschiedenen sozialen Formen erfolgt. Mithilfe von Ritualen schreiben sich Institutionen in die Körper der Menschen ein und erzeugen ein praktisches Handlungswissen, ohne dass Menschen nicht orientierungs- und anschlussfähig wären.

Rituelle Handlungen haben einen Anfang und ein Ende und damit eine zeitliche Interaktionsstruktur. Sie vollziehen sich in sozialen Räumen, die sie gestalten. Rituelle Prozesse verkörpern und konkretisieren Institutionen und Organisationen. Sie haben einen herausgehobenen Charakter, sind demonstrativ und werden durch ihre Rahmungen bestimmt. In Ritualen werden Übergänge zwischen sozialen Situationen und Institutionen geschaffen und Differenzen zwischen Menschen und Situationen bearbeitet. Rituale sind körperlich, expressiv, symbolisch, regelhaft, effizient; sie sind repetitiv, homogen, ludisch, öffentlich und operational.

2   Rituale als performative Handlungen

Die Berliner Ritualstudie hat gezeigt, dass die Nachhaltigkeit der Wirkungen von Ritualen an ihren performativen Charakter, d. h. an die Körperlichkeit ihrer szenischen Inszenierungen und Aufführungen gebunden ist (Wulf u. a. 2001, 2004, 2007, 2011). In der körperlichen Darstellung von Ritualen und Ritualisierungen zeigen Menschen, wer sie sind und wie sie ihr Verhältnis zu anderen Menschen und zur Welt begreifen. Rituelle Prozesse lassen sich als szenische Aufführungen performativen Handelns verstehen, in deren Rahmen den Mitgliedern der Institutionen unterschiedliche Aufgaben zufallen. Manche rituelle Inszenierungen sind spontan; bei ihnen ist häufig nur schwer erkennbar, warum sie gerade in diesem Augenblick emergieren. Andere rituelle Aufführungen lassen sich aus dem Kontext und der identifizierbaren Vorgeschichte verstehen. Wegen des ludischen Charakters ritueller Aufführungen stehen die szenischen Elemente häufig in einer kontingenten Beziehung zueinander, die die Dynamik der Rituale ausmacht (Wulf/Goehlich/Zirfas 2001; Wulf/Zirfas 2007).

Rituale wirken in erster Linie über die Inszenierung und Aufführung der Körper der beteiligten Menschen. Selbst wenn die Deutung eines Rituals bei diesen verschieden ist, gehen von der Tatsache, dass das Ritual gemeinsam vollzogen wird, gemeinschaftsbildende Wirkungen aus. Trotz unterschiedlicher Befindlichkeit, differenter Deutungen und grundlegender Unterschiede erzeugt die rituelle Handlung Gemeinschaft.

Rituelle Aufführungen erfordern Bewegungen des Körpers, mit deren Hilfe Nähe und Distanz sowie Annäherung und Entfernung zwischen den Teilnehmern des Rituals in Szene gesetzt werden. In diesen Körperbewegungen kommen soziale Haltungen und soziale Beziehungen zum Ausdruck. So erfordern hierarchische, von Machtunterschieden bestimmte Beziehungen andere Bewegungen des Körpers als freundschaftliche oder gar intime Beziehungen. Durch die Beherrschung sozialer Situationen mit Hilfe von Körperbewegungen wird auch der Körper durch sie beherrscht; er wird zivilisiert und kultiviert. Mit den Bewegungen des Körpers werden soziale Situationen geschaffen. Wegen ihres figurativen Charakters sind solche Situationen besonders gut erinnerbar und bieten sich daher auch für Wiederaufführungen an. In rituellen Inszenierungen wirkt ein ostentatives Element mit; die am Ritual Beteiligten möchten, dass ihre Handlungen gesehen und angemessen gewürdigt werden. In den Bewegungen der Körper soll das Anliegen der Handelnden zur Darstellung und zum Ausdruck kommen.

Wenn vom Performativen, von Performanz und Performativität die Rede ist, so liegt der Akzent auf der weltkonstituierenden Seite des Körpers. Diese zeigt sich in der Sprache und im sozialen Handeln. Wenn vom performativen Charakter die Rede ist, werden damit Sprache als Handlung und soziales Handeln als Inszenierung und Aufführung bezeichnet. Wird menschliches Handeln als aufführendes kulturelles Handeln begriffen, so ergeben sich daraus Veränderungen für das Verständnis sozialer Prozesse. In diesem Fall finden die Körperlichkeit der Handelnden sowie der Ereignis- und inszenatorische Charakter ihrer Handlungen größere Aufmerksamkeit. Dann wird deutlich: Soziales Handeln ist mehr als die Umsetzung von Intentionen. Die darüber hinaus gehende Bedeutung besteht u. a. in der Art und Weise, in der Handelnde ihre Ziele verfolgen und zu realisieren versuchen. In diese Prozesse gehen unbewusste Wünsche, frühe Erfahrungen und Empfindungen ein. Trotz der intentio-

nal gleichen Ausrichtung einer Handlung zeigen sich in der Inszenierung ihrer körperlichen Aufführung und in dem *Wie* ihrer Durchführung erhebliche Unterschiede.

Der Charakter und die Qualität sozialer Beziehungen hängen wesentlich davon
ab, wie Menschen beim rituellen Handeln ihre Körper einsetzen, welche körperlichen
Abstände sie einhalten, welche Körperhaltungen sie zeigen, welche Gesten sie entwickeln. Über diese Merkmale vermitteln Menschen anderen Menschen vieles über
sich selbst. Sie teilen ihnen etwas von ihrem Lebensgefühl mit, von ihrer Art und
Weise, die Welt zu sehen, zu spüren und zu erleben. Trotz ihrer zentralen Bedeutung
für die Wirkungen sozialen Handelns fehlen diese Aspekte körperlicher Performativität in vielen Handlungstheorien, in denen die Handelnden unter Absehung der
sinnlichen und kontextuellen Bedingungen ihres Handelns noch immer auf ihr Bewusstsein reduziert werden. Will man diese Reduktion vermeiden, muss man untersuchen, wie rituelles Handeln emergiert, wie es mit Sprache und Imagination verbunden ist, wie es durch gesellschaftliche und kulturelle Muster ermöglicht wird und
wie sich sein Ereignischarakter zu seinen repetitiven Aspekten verhält. Nachgehen
muss man der Frage, wie weit sich Sprechen und Kommunikation als Handeln begreifen lassen und welche Rolle Ansprache und Wiederholung für die Herausbildung
geschlechtlicher, sozialer und ethnischer Identität spielen. In einer solchen Perspektive wird Handeln als körperlich-sinnliche Teilnahme und Gestaltung kultureller
Praktiken begriffen. In dieser Perspektive werden künstlerisches und soziales Handeln als *Performance,* Sprechen als performatives Handeln und Performativität als
ein abgeleiteter, diese Zusammenhänge übergreifend thematisierender Begriff verstanden. Wenigstens drei Dimensionen der Performativität von Ritualen lassen sich
unterscheiden.

Erstens lassen sich Rituale als kommunikative kulturelle Aufführungen begreifen. Als solche sind sie das Ergebnis von Inszenierungen und Prozessen körperlicher
Darstellung, in deren Verlauf es um das Arrangement ritueller Szenen geht, in denen
die Ritualteilnehmer unterschiedliche Aufgaben erfüllen. Indem sie sich im Sprechen
und Handeln aufeinander beziehen, erzeugen sie gemeinsam rituelle Szenen. Zweitens kommt dem performativen Charakter der Sprache bei rituellen Handlungen erhebliche Bedeutung zu. Deutlich wird dieser z. B. bei den Ritualen der Taufe und der
Kommunion, des Übergangs und der Amtseinführung, in denen die beim Vollzug
des Rituals gesprochenen Worte wesentlich dazu beitragen, eine neue soziale Wirklichkeit zu schaffen (Austin 1985). Entsprechendes gilt auch für die Rituale, in denen das Verhältnis der Geschlechter zueinander organisiert wird und in denen die
wiederholte Ansprache eines Kindes als „Junge" oder „Mädchen" dazu beiträgt, Geschlechtsidentität herauszubilden (Butler 1998). Drittens umfasst das Performative
der Rituale auch eine ästhetische Dimension, die für künstlerische *Performances*
konstitutiv ist. Diese Perspektive verweist auf die Grenzen einer funktionalistischen
Betrachtungsweise der Performativität ritueller Handlungen. Wie die ästhetische
Betrachtung künstlerischer *Performances* dazu führt, dass diese nicht auf intentions-
geleitetes Handeln reduziert werden, erinnert sie auch daran, dass sich die Bedeutung

von Ritualen nicht in der Verwirklichung von Intentionen erschöpft. Nicht weniger wichtig ist die *Art und Weise,* in der die Handelnden ihre Ziele realisieren.

Trotz gleicher Intentionalität zeigen sich bei der körperlichen Aufführung von Ritualen häufig erhebliche Unterschiede. Zu den Gründen dafür gehören allgemeine historische, kulturelle und soziale sowie besondere, mit der Einmaligkeit der Handelnden verbundene Bedingungen. Das Zusammenwirken allgemeiner und besonderer Bedingungen erzeugt den performativen Charakter sprachlichen, sozialen und ästhetischen Handelns in rituellen Inszenierungen und Aufführungen. In dem Ereignis- und Prozesscharakter von Ritualen werden die Grenzen ihrer Planbarkeit und die Voraussehbarkeit deutlich. Bei der Berücksichtigung der ästhetischen Dimension wird die Bedeutung des Stils ritueller Aufführungen sichtbar. Die zwischen der bewussten Intentionalität und den vielen Bedeutungsdimensionen der szenischen Arrangements von Körpern erkennbar werdende Differenz ist offensichtlich.

3 Zusammenfassung

Rituale sind für Gemeinschaften und Gesellschaften konstitutiv. Ihr performativer Charakter macht sie zu einem zentralen Element der Körpersoziologie. Mit der Ausdifferenzierung der Gesellschaft nimmt ihre Bedeutung nicht ab. Lediglich die großen die ganze Gesellschaft strukturierenden Rituale verlieren gegenwärtig an Bedeutung. Damit sich die zahlreichen gesellschaftlichen Gemeinschaften und Gruppierung voneinander unterscheiden und dennoch kooperieren können, benötigen sie Rituale, die nun jedoch weniger für die ganze Gesellschaft als vielmehr lediglich für einzelne Gemeinschaften und Gruppierungen Geltung beanspruchen.

Literatur

Butler, Judith. *Hass spricht. Zur Politik des Performativen* (1998). Berlin: Berlin-Verlag.

Gebauer, Gunter/Wulf, Christoph (1998): *Spiel – Ritual – Geste. Mimetisches Handeln in der sozialen Welt.* Reinbek: Rowohlt.

van Gennep, Arnold: *Übergangsriten* (1999). Frankfurt/M.: Campus.

Goffman, Erving: *Rahmen-Analyse. Ein Versuch über die Organisation von Alltagserfahrungen* (1980). Frankfurt/M.: Suhrkamp.

Grimes, Ronald L.: *Beginnings in Ritual Studies* (1995). Columbia: University of South Carolina Press.

Turner, Victor: *Das Ritual. Struktur und Anti-Struktur.* Frankfurt/M. 1989.

Wulf, Christoph/Althans, Birgit/Audehm, Kathrin/Bausch, Constanze/Göhlich, Michael/ Sting, Stephan/Tervooren, Anja/Wagner-Willi, Monika/Zirfas, Jörg: *Das Soziale als Ritual. Zur performativen Bildung von Gemeinschaft* (2001). Opladen: Leske und Budrich.

Wulf, Christoph/Althans, Birgit/Audehm, Kathrin/Bausch, Constanze/Göhlich, Michael/ Mattig, Ruprecht/Tervooren, Anja/Wagner-Willi, Monika/Zirfas, Jörg: *Bildung im Ritual. Schule, Familie, Jugend, Medien* (2004). Wiesbaden: Springer VS.

Wulf, Christoph/Althans, Birgit/Blaschke, Gernot/Ferrin, Nino/Göhlich, Michael/Jörissen, Benjamin/Mattig, Reinhard/Nentwig-Gesemann, Iris/Schinkel, Sebastian/Tervooren, Anja/Wagner-Willi, Monika/Zirfas, Jörg (2007): *Lernkulturen im Umbruch.* Wiesbaden: Springer VS.

Wulf, Christoph/Althans, Birgit/Audehm, Kathrin/Blaschke, Gerald/Ferrin, Nino/Kellermann, Ingrid/Mattig, Ruprecht/Schinkel, Sebastian (2011): *Die Geste in Erziehung, Bildung und Sozialisation. Ethnographische Untersuchungen.* Wiesbaden: Springer VS.

Wulf, Christoph/Fischer-Lichte, Erika (2010): *Gesten. Inszenierung, Aufführung, Praxis.* München: Wilhelm Fink.

Wulf, Christoph/Göhlich, Michael/Zirfas, Jörg (Hg.) (2001): *Grundlagen des Performativen. Eine Einführung in die Zusammenhänge von Sprache, Macht und Handeln.* Weinheim, München: Juventa.

Wulf, Christoph/Zirfas, Jörg (Hg.) (2004): *Die Kultur des Rituals. Inszenierungen, Praktiken, Symbole.* München: Juventa.

Wulf, Christoph/Zirfas, Jörg (Hg.) (2007): *Pädagogik des Performativen.* Weinheim: Beltz.

Schönheit und Attraktivität

Nina Degele

Schönheit verlangt nach dem Blick Anderer, ist damit keine Privatsache, sondern Kommunikation und Interaktion. Attraktivität als Anziehungskraft *(ad-trahere)* steht für wertgeschätztes Aussehen, Ausstrahlung und Charisma, und diese Eigenschaften sollen weitgehend natürlich und authentisch erscheinen. Im Gegensatz zu Philosophie, Ästhetik und Psychologie interessiert soziologisch weniger eine essenzielle Bestimmung von Schönheit, sondern vielmehr die Bedeutung, die ihr sozial zugemessen wird, und die sozialen Konsequenzen, die Schönheit hat. So lässt sich fragen, was Gesellschaft mit schönen (oder weniger schönen) Körpern macht, ebenso auch, in welcher Weise Körper Gesellschaft konstruieren, steuern, modifizieren, beides auch und vor allem in Hinblick auf Geschlecht.

Gesellschaftstheoretisch ist Schönheit seit Simmel (1985) vor allem über Mode als das Neue, Kurzlebige, Bessere, und damit als Signum der Moderne relevant. Die Mode bezeichnet die Permanenz des Wechsels und das Prinzip steter Ersetzung des Gegenwärtigen durch das Neue. Sie vermindert die vielen Möglichkeiten der Veränderung auf wenig sinnfällige und reduziert damit die Komplexität einer sich immer schneller ändernden Welt. Im Hinblick auf Kleidung und Mode etwa war die Differenzierung nach Klasse bis zum frühen 18. Jahrhundert wichtiger als die nach Geschlecht. Simmel beschrieb vor einem Jahrhundert Mode als ein Produkt standes- bzw. klassenmäßiger Differenzierung. Beim *trickle down effect* ahmen die unteren Stände und Klassen die oberen nach, und weil sich letztere immer neu distinguieren, verursacht dies modischen Wandel. Nährboden dafür waren und sind Großstädte. Angesichts steigender Anonymität ist urbanes Sichkleiden gleichermaßen Massenkommunikation und Ausdruck persönlicher Identität: Dem Bedürfnis nach Nachahmung einerseits und dem Drang zur Individualität andererseits entsprechen die beiden Grundfunktionen des Verbindens und Unterscheidens – anders und doch gleich sein. Modernisierungstheoretisch lässt sich die Bedeutung von Mode damit im Spannungsfeld von Anpassung (an Gruppen und Normen) und kreativem Ausprobieren von Neuem nachzeichnen. Im Gegensatz zur ständischen Gesellschaftsordnung muss Schönheit heute mit individueller Ausstrahlung einhergehen, Schönheit wird vor allem in individualisierten Milieus zum Persönlichkeitsmerkmal. Dies geschieht durch Habitualisierung und Inkorporierung von Techniken des Sichschönmachens, der Erweiterung sozialer Kontrolle über den Körper und der Wahrnehmung individueller Freiheit.

Im Anschluss an Bourdieus *ungleichheits-* und *klassentheoretische* Überlegungen ist Schönheit als Statuskategorie mit Macht verbunden, verkörpert kulturelles Kapital und damit objektive soziale Verhältnisse, kann aber auch fehlendes ökonomisches und kulturelles Kapital kompensieren (Bourdieu 1987). Ökonomischen und sozialpsychologischen Studien zufolge verdienen schöne Menschen in der Arbeitswelt mehr (Hamermesh 2011). Dies operiert auch als *self-fulfilling-prophecy* und steht im Widerspruch zum Leistungsprinzip als einem zentralen Modernisierungsmerkmal: Äußerlichkeiten dürfen keine Rolle spielen, weil nur Leistung Zugang zu Erfolg und Ressourcen regulieren soll.

In einer *kontroll-* und *disziplinierungstheoretischen* Perspektive operieren Anforderungen an das äußere Erscheinen subtil und werden vor allem durch Verinnerlichung wirksam. Mit Foucault und Elias erscheint der schöne Körper als Gegenstand der Überwachung. Normen des Gewichthaltens, Anziehens, Schminkens, Fithaltens und plastischen Operierens sind Mechanismen der Disziplinierung vor allem, aber nicht nur des weiblichen Körpers, eine Teilhabe an der modernen Spaß- und Inszenierungskultur wird dabei erst durch freiwillige Einschränkungen möglich. Eine Inkorporierung von Zivilisationsstandards findet im Berufsleben und in der Freizeit (z. B. beim Sonnenbaden am Strand) wie durch ungeschriebene Regeln als Ordnung der Blicke statt. In der *Performanzperspektive* von Garfinkel, Goffman und Bourdieu ist der Körper Wissensspeicher sozialer Zugehörigkeit und reproduziert soziale Ungleichheiten; er ist performativ und verfügt über die Fähigkeit, soziale Arrangements, soziale Beziehungen und soziale Hierarchien zugleich *darzustellen* und *herzustellen*. Nicht die Frage der Aufrichtigkeit vs. Manipulation steht im Vordergrund; bei Goffman ist die Unterscheidung von ‚wirklich' (privat) und ‚inszeniert' (öffentlich) eher eine Frage des Stils als eine substanzielle (Tseelon 1997).

Schönheit ist *geschlechtlich* konnotiert: *Geschlechtertheoretisch-feministisch* sind schöne Frauen ein Statussymbol mächtiger Männer, wobei Frauen unbedeutende Privilegien mit dem Verzicht auf Macht bezahlen (Koppetsch 2000). Bourdieu verweist auf die historische Situierung von Frauen als Zuständige für die Mehrung kulturellen Kapitals in der heterosexuellen Familie. Goffmans aus den 1960er Jahren stammende Analyse der Bedeutung von Geschlecht in der Werbung zufolge macht diese Frauen kleiner, anschmiegsamer, ihre Unterordnung wird ritualisiert und übersteigert. Frauen als gleichermaßen schönes wie auch schwaches Geschlecht wird metaphorisch Launenhaftigkeit und Wandel zugesprochen, was sie für Moden prädestiniert. In einer *heteronormativitätskritischen* Perspektive erweist sich Schönheitshandeln nicht nur als *doing gender,* sondern auch als *doing heterosexuality,* das der Naturalisierung von Heterosexualität und Zweigeschlechtlichkeit dient. In diesem Deutungsrahmen findet eine Zuordnung von Frauen und Trivialität (der Mode) einerseits und Männern und Seriosität (des Berufs) andererseits statt; Frauen sollen sowohl unauffällig wie auch besonders attraktiv sein. Vor allem Frauen in gehobenen Positionen stehen zwischen Anforderungen an Professionalität und Weiblichkeit, d. h. sie dürfen weder wie eine Sekretärin noch wie ein Mann aussehen und wahrgenommen werden (Entwistle 2000).

Beim *Bodybuilding* wird ein atavistisches Modell von Männlichkeit produziert: Der selbstbestimmte und unabhängige Bodybuilder steht für Selbstbestimmung und die *Ideologie* des sozialen Aufstiegs aus eigener Kraft. Trotz ständigen Wechsels zwischen anorektischen und bulimischen Verhaltens inszenieren Bodybuilder ein Bild von *Gesundheit,* der Spiegel ist das zentrale Medium einer hyper-maskulinen Selbst-Objektivierung (Klein 1993). Ein solches Mannsein wird über eigene Fähigkeiten und Leistungen definiert, ‚Weiblichkeit' (nicht zuletzt auch die von Bodybuilderinnen) findet ihre Bestätigung über Inszenierungen heterosexueller Schönheit und somit über das Begehren von Männern. Auch bei der Kontrolle über ihren Körper sind Frauen immer den Blicken und der Kontrolle von Männern ausgeliefert, was sich mit Bourdieu als symbolische Gewalt deuten lässt.

In einer *optimierungs-, technik-* wie auch *kapitalismuskritischen* Perspektive steht bei Schönheitsoperationen der Wunsch nach Normalität im Vordergrund. Die plastische Chirurgie hat diesen Markt entdeckt und inszeniert Normalisierung und Rationalisierung als Selbstwerdung, die sich ihrerseits einer scheinbar neutralen Technik bedient. Schönheitsoperationen sind damit paradox, nämlich souveräne Entscheidung wie auch unterwerfende Normalisierung (Selbst- und Fremdbestimmung). Bei einer solchen Freiheit zur Unterwerfung (unter Normen, Technik und vorzugsweise männliche Ärzte) ist die freiwillige Wahl gar keine mehr, wenn das ‚Normale' schon pathologisiert ist (Morgan 2003). Der Optimierungsgedanke hat sich verselbständigt, er ist zum Wert an sich geworden, der nichtmanipulierte Körper erscheint als Abweichung von Schönheitsnormen.

Aus *praxeologischer* Sicht erscheint Schönheit als Praxis (Penz 2010) bzw. als Schönheitshandeln. Dabei werden nicht Objekte und Eigenschaften analysiert, sondern Prozesse, die Schönheit herstellen. So lassen sich *Ideologien* und *Paradoxa* nicht zuletzt *heteronormativitätstheoretisch* rekonstruieren. So ist Schönheitshandeln keine private oder spaßige Angelegenheit ‚für sich selbst' und auch keine Frauensache, sondern eine anerkennungsorientierte soziale Positionierung (Degele 2004). Der Zusammenhang von Frausein/Weiblichkeit und Schönheit ist durch Inkonsistenzen und Widersprüche/Paradoxa im Spannungsfeld von (Selbst-)Disziplin, (Selbst-)Kontrolle und Normalisierung geprägt (Tseelon 1997).

Ging es in der antiken *Philosophie* um die Einheit des Schönen, Guten und Wahren *(kalogathia),* suchte die *Ästhetik* im 15. und 16. Jahrhundert die Schönheit in den Dingen der Natur, im 18. Jahrhundert liegt Schönheit im Auge des/der Betrachtenden und wird zur Geschmackssache. Vor allem die *evolutionäre Psychologie* versucht, als schön deklarierte Eigenschaften von Menschen als fortpflanzungstechnisch funktional nachzuweisen und auf evolutionäre Mechanismen zurückzuführen. Die *psychologische Attraktivitätsforschung* beschäftigt sich mit der Suche nach Universalien von Schönheitsempfinden und -bewertungen.

Eine universal ausgerichtete wissenschaftliche Erforschung von Schönheit ist nicht frei von sexistischen und rassistischen Untertönen. Aus *postkolonialer* und *intersektionalitätstheoretischer* Perspektive ist objektive Schönheit vielmehr ein Mythos, computergenerierte Schönheitsmodelle spiegeln die Kombination vorgängiger einheitlicher Selektionsmaße wider ('Rasse', Geschlecht, Alter u. a.). Der Begriff der schönen Jüdin zu Anfang des 19. Jahrhunderts etwa reproduziert die Konstruktion der ethnisch-religiösen Differenz, die ihre Funktion aus dem Diskurs der hegemonialen, nicht-jüdischen Kultur bezieht und letztlich im Antisemitismus der europäischen Kultur begründet liegt. Bei Schönheit spielt keineswegs nur Geschlecht eine maßgebliche Rolle, sondern ebenso die Verwobenheiten mit Hautfarbe/Ethnizität/Nationalität, Klasse, Religion, Alter, Gesundheit sowie ihre Einbettung in sexistische, rassistische, klassistische Ungleichheitsstrukturen.

Literatur

Bourdieu, Pierre (1987). *Die feinen Unterschiede. Kritik der gesellschaftlichen Urteilskraft.* Frankfurt am Main: Suhrkamp.

Degele, Nina (2004). *Sich schön machen. Zur Soziologie von Geschlecht und Schönheitshandeln.* Wiesbaden: VS-Verlag.

Entwistle, Joanne (2000). *The Fashioned Body. Fashion, Dress and Modern Social Theory.* Cambridge/UK: Polity Press.

Goffman, Erving (1981). *Geschlecht und Werbung.* Frankfurt am Main: Suhrkamp. Engl. (1979).

Hamermesh, Daniel S. (2011). *Beauty Pays: Why Attractive People Are More Successful.* Princeton NJ: Princeton Univ. Press.

Klein, Alan M. (1993). *Little Big Men: Bodybuilding Subculture and Gender Construction.* Albany: State University of NY Press.

Koppetsch, Cornelia (Hrsg.). (2000). *Zur Soziologie der Attraktivität.* Konstanz: UVK.

Morgan, Kathryn Pauly (2003). Women and the Knife. Cosmetic Surgery and the Colonization of Women's Bodies. In: Rose Weitz (Hrsg.), *The Politics of Women's Bodies. Sexuality, Appearance, and Behavior* (S. 164–183). Oxford University Press.

Penz, Otto (2010). *Schönheit als Praxis. Über klassen- und geschlechtsspezifische Körperlichkeit.* Frankfurt am Main: Campus.

Simmel, Georg (1895). Zur Psychologie der Mode. Soziologische Studie. In: Heinz-Jürgen Dahme, Otthein Rammstedt (Hrsg.), *Schriften zur Soziologie* (S. 131–139). Frankfurt am Main: Suhrkamp.

Tseelon, Efrat (1997). *The Masque of Feminity.* London: Sage.

Sinne

Sophia Prinz

1   Philosophische Grundlagen

Als theoretische Konzepte haben die Begriffe „Sinne" (von lat. „sensus") und „Sinnlichkeit" (von lat. „sensualitas" und „sensibilitas") zunächst in der philosophischen Erkenntnistheorie an Profil gewonnen. Die Unterscheidung von fünf körperlichen Modi der Sinneswahrnehmung (Sehen, Hören, Tasten, Riechen, Schmecken), die Differenzierung von einem „äußeren" Sinnesempfinden und einer mentalen Innenwelt, sowie Überlegungen zur funktionalen Koppelung von sensorischer Wahrnehmung einerseits und intellektuellen Erkenntnisakten andererseits finden sich in Ansätzen bereits bei den Vorsokratikern sowie in der antiken chinesischen und indischen Philosophie. Die in der griechischen Philosophie angelegte latente Geringschätzung der sinnlichen Wahrnehmung (Aisthesis) gegenüber dem Logos sowie die damit verknüpfte Hierarchisierung der Sinne hat die gesamte abendländische Philosophie- und Kulturgeschichte geprägt. Wie sich bereits an dem platonischen Kernbegriff „idéa" ablesen lässt, der von dem Verb *idein* („erblicken", „sehen") abstammt und sich in etwa mit „Wesensschau" übersetzen lässt, wurde dabei dem Sehsinn am meisten „Erkenntnisfähigkeit" attestiert.

Für die neuzeitliche Entwicklung des Begriffs waren zudem René Descartes' strikte Trennung zwischen Körper und Geist („rex extensa" vs. „res cogitans") von Bedeutung, sowie Immanuel Kants *Kritik der reinen Vernunft,* die demgegenüber zwischen Empirismus und Rationalismus zu vermitteln sucht. Eine wahre Erkenntnis, so eine der zentralen Thesen Kants, sei – mit Ausnahme der Mathematik – nur durch das Zusammenspiel von „empirischen" Sinnen und Vernunft möglich. Eine deutlichere theoriesystematische Aufwertung erfuhr das sinnliche Vermögen erst durch die neu begründete philosophische Ästhetik. So betonte etwa Alexander Gottlieb Baumgarten in seiner Hauptschrift *Aesthetica* (1750/1758), dass es neben der formal-logischen Wahrheit auch eine eigenständige, sinnliche Wahrheit gäbe, die nicht rational erfassbar ist, sondern nur in der Schönheit der Künste augenscheinlich werden kann. Während sowohl Kant als auch Baumgarten das „sinnliche Vermögen" als einen mentalen Akt verstanden, wurde die genuine Körperlichkeit des sinnlichen Erlebens erst in den vernunftkritischen, anti-idealistischen Philosophien des 19. und frühen 20. Jahrhunderts thematisch. Körpersoziologisch anschlussfähig sind insbesondere die Ansätze der Philosophischen Anthropologie und der Leibphänomenologie, die sich beide sowohl mit der sinnlichen Vermitteltheit intersubjektiver Beziehungen als auch mit dem Zusammenspiel von „aktiver" Körperbeherrschung und „passivem" Sinnesempfinden auseinandersetzen. So bezeichnete etwa Helmut Plessner, einer der Begründer der Philosophischen Anthropologie (vgl. dazu den Beitrag von Fischer in Bd. 1, Teil B), den Menschen als ein „exzentrisch positioniertes" Lebewesen, das einerseits den sinnlichen Reizen seiner Umwelt unmittelbar ausgesetzt ist, aber andererseits seine eigene Sinnesempfindung zu reflektieren vermag – der Mensch *ist* also nicht nur empfindender Leib, sondern *hat* auch einen Körper, den er kontrollieren kann. Diese Doppelstruktur des „Körperleibes" ist an eine kooperative Einheit der sinnlichen Wahrnehmungsmodi und motorischen Körperbewegungen, einen spezifisch humanen „Sinn der Sinne" (Plessner 2003, S. 371) gekoppelt, den es mithilfe einer anthropologischen „Ästhesiologie" zu entziffern gilt (Plessner 2003, S. 384).

Ähnlich wie Plessner charakterisierte auch der französische Leibphänomenologe Maurice Merleau-Ponty den Leib als ontologisch ambivalent. Im Anschluss an Edmund Husserls Leib- und Martin Heiddeggers Daseinsbegriff definierte er ihn als ein existentielles „Zur-Welt-Sein" („être-au-monde") (Merleau-Ponty 1966, S. 10), da er sich sowohl unter die „materiellen" Dinge gesellen kann, aber gleichzeitig als ein wahrnehmend-handelndes Quasi-Subjekt mit der vorgefundenen Welt sinnlich-sinnstiftend umgeht. Wie die Welt dem Leib erscheint hängt dabei von seinem eingeübten „Körperschema" ab: Durch die Anforderungen, die die Welt an ihn stellt, hat der Leib gelernt, das undifferenzierte Rauschen der sinnlichen Eindrücke in einzelne handhabbare Ding- und Bewegungsgestalten auf der einen und einen bloß „mitwahrgenommenen" Hintergrund zu unterscheiden. Diesem Ansatz ist dabei insofern eine soziologische Perspektive inhärent, als Merleau-Ponty mit der Betonung der innerweltlichen Ausbildung des leiblichen Empfindungs-, Wahrnehmungs- und Handlungsvermögens zwangsläufig auch dessen zwischenleiblich-soziale und historisch-kulturelle Bedingtheit mitdenkt.

Während Merleau-Pontys theoretischer Schwerpunkt auf der vorprädikativen, senso-motorischen Auseinandersetzung zwischen wahrnehmendem Leib und sinnlich erfahrbarer (sozialer) Außenwelt liegt, hebt die „Neue Phänomenologie" von Herman Schmitz in erster Linie auf das innerleibliche „Sich-Spüren" und das leiblich-affektive „Betroffensein" des Subjekts ab – solchen sinnlichen Empfindungen also, die nicht ausschließlich über die „fünf Sinne" vermittelt werden, sondern auch von dem Leib selbst herrühren kann – wie etwa Hunger, Angst oder Schmerz (Schmitz 2011). Dieses affektive Spüren spielt Schmitz zufolge auch in sozialen Situationen eine zentrale Rolle: Über die wechselseitige „Einleibung" zweier Individuen oder das intuitive Verstehen von überindividuellen „Atmosphären" können Gefühle und Sinnzusammenhänge (mit)geteilt werden.

2   Soziologische Positionen

Auch wenn die Frage der Sinne nicht zum zentralen Themenbereich der Soziologie gehört, finden sich bei einigen soziologischen Klassikern erste Hinweise auf die soziale Bedeutung des sinnlichen Empfindens. So waren sich etwa Karl Marx, Max Weber und Emile Durkheim trotz unterschiedlicher theoretischer Perspektiven und Erkenntnisinteressen darüber einig, dass sich die Moderne durch eine zunehmende „Entsinnlichlichung" auszeichne – sei es aufgrund der allgemeinen Verkümmerung der sinnlichen Erfahrung durch die eintönige Fabrikarbeit (Marx), der zunehmenden Durchrationalisierung aller Lebensbereiche (Weber) oder des relativen gesellschaftlichen Bedeutungsverlusts der religiös motivierten kollektiven Efferveszenz (Durkheim). Dieser Diagnose steht Georg Simmels Beobachtung aus „Die Großstädte und das Geistesleben" entgegen, dass der moderne Großstädter unter einer permanenten Reizüberflutung leide und daher zu einer „blasierten Haltung" neige (Simmel 1995). In einem etwa zeitgleich erschienenen Exkurs hatte Simmel zudem einen ersten differenzierten Entwurf für eine allgemeine „Soziologie der Sinne" ausgearbeitet (Simmel 1992). Neben anthropologischen Aussagen über die verschiedenen Modi der Sinneswahrnehmungen, die situative „Arbeitsteilung der Sinne" und das Vermögen des Menschen, sich von unmittelbaren sinnlichen Empfindungen intellektuell zu distanzieren, diskutiert Simmel darin auch die soziale Funktion der Sinne in alltäglichen, intersubjektiven Situationen und ihre jeweilige gesellschaftliche Regulierung (Fischer 2002). Während er beispielsweise dem Sehsinn eine genuine Reziprozität unterstellt, die eine vorsprachliche Wechselwirkung zwischen den Individuen ermöglicht, bezeichnet er den Geruch insofern als einen „dissoziierenden" Sinn, als er innerhalb des großstädtischen Gedränges unweigerlich zu „Chockwirkungen" führt. So fühlt sich etwa der Bürger, der den eigenen Körpergeruch mit Parfüm zu stilisieren sucht, von dem „ehrwürdigen Schweiß der Arbeit" unangenehm berührt. „Die soziale Frage" ist für Simmel also „nicht nur eine ethische, sondern auch eine Nasenfrage." (Simmel 1992, S. 734).

Trotz dieses vielversprechenden Ansatzes wurde in den folgenden Jahrzehnten das von Simmel anvisierte Projekt nicht weiterverfolgt. Wenn überhaupt sinnliche Phänomene von der soziologischen Forschung berücksichtigt wurden, dann zumeist nur in zwei Hinsichten: Auf der einen Seite finden sich bei den Vertretern des Collège de Sociologie und der Durkheimschule (Bataille, Maffesoli), den französischen Neomarxisten (Lefebvre, Debord, Baudrillard) oder der Frankfurter Schule (Horkheimer/Adorno, Benjamin, Marcuse) Positionen, die die „rationalistische" Moderne, die bürgerliche Ästhetik und den „ästhetisierten" Spätkapitalismus scharf kritisieren und sich für nicht-entfremdete Formen sinnlichen oder ästhetischen Erlebens aussprechen. Auf der anderen Seite gibt es eine Reihe von Sozialwissenschaftlern, die sich – ganz in der Tradition des westlichen Okularzentrismus – mit dem Sehen als sozialen Akt und der visuellen Kultur der modernen Gesellschaft auseinandersetzen. So haben Sozialphänomenologen, Ethnomethodologen und symbolische Interaktionisten die sozialen Mechanismen von intersubjektiven Blickverhältnissen herausgearbeitet (siehe dazu etwa Raab 2007), während sich bei den französischen Poststrukturalisten und Praxistheoretikern – insbesondere bei Michel Foucault und Pierre Bourdieu, die beide (implizit) an Merleau-Ponty anknüpfen – Ansätze für eine allgemeine historische Sozialtheorie visueller Praktiken finden lassen (siehe dazu Prinz 2014).

Die soziale Relevanz des *gesamten* sinnlichen Wahrnehmungsvermögens und des komplexen Zusammenspiels der einzelnen Sinne wird hingegen erst seit den späten 1990er Jahren in der sozial-und kulturwissenschaftlichen Forschungslandschaft breiter diskutiert. Vorreiter dafür war die angloamerikanische „Anthropology of the Senses" oder „Sensory Anthropology", die den Einsatz und die Modulation der verschiedenen Sinne kulturvergleichend erforscht (Howes 2004). Daneben gehören aber auch die kulturwissenschaftlichen Medientechniktheorien (z. B. McLuhan), Jacques Rancières foucauldianische These von der „Aufteilung des Sinnlichen" (Rancière 2006), die Post-Deleuzianischen Arbeiten zur Affekttheorie, die Philosophische Anthropologie sowie die leib-, post- und neophänomenologischen Perspektiven zu den zentralen Stichwortgebern der neueren Diskussion. Insbesondere die Praxistheorie, die Science and Technology Studies und die Körpersoziologie bemühen sich dabei darum, eine allgemeine „Soziologie der Sinne" sowohl gesellschafts- und sozialtheoretisch als auch empirisch-methodologisch weiter auszubuchstabieren (Gugutzer 2012, Göbel/Prinz 2015).

3   Dimensionen einer Soziologie der Sinne

Die sinnliche Wahrnehmung, so die Grundthese einer Soziologie der Sinne, ist kein vor-sozialer, rein physiologischer oder psychischer Vorgang, sondern trägt entscheidend zur sozialen Vergemeinschaftung bei und wird umgekehrt durch die soziale Umwelt geformt. Wie bereits Simmel in seinem „Exkurs" angedeutet hat, kann sie dabei auf ganz verschiedenen Ebenen ansetzen. So gilt *erstens* zu untersuchen, was die fünf Sinne in den verschiedenen sozialen Situationen überhaupt leisten können – so vermittelt etwa das Sehen als „Fernsinn" eine andere Information über das jeweilige Geschehen als beispielsweise das Tasten oder Schmecken. Die verschiedene Reichweite der Sinne spielt beispielsweise beim *face-work* (Goffman), den intersubjektiven Begrüßungsritualen aber auch in der Interaktion mit Artefakten und Medien eine zentrale Rolle. Dabei ist zwischen dem bloßen „Sinneseindruck" und dem darauffolgenden Prozess des (Gestalt-)Wahrnehmens zu unterscheiden, in dem die aktuellen Sinneseindrücke bereits mit Bedeutungen, Erinnerungen oder Erkenntnisinteressen verknüpft werden. Mit Schmitz kann zudem zwischen den fünf äußeren Sinnen, die das Subjekt mit seiner intersubjektiven und materiellen Umwelt in Beziehung setzen, und einer Art innerleiblichen Spürsinn differenziert werden, durch den das Subjekt ein Selbstverhältnis aufbaut. Während die äußeren Sinne in je unterschiedlichem Maße kontrolliert werden können (indem man sich etwa die Augen, die Ohren oder die Nase zuhält), kann das Subjekt von seinen Schmerzempfindungen oder Hunger-gefühlen kaum abstrahieren. Oder wie man es auch im Rekurs auf Plessner ausdrü-cken könnte: Der Mensch kann seinen Körper und seine Wahrnehmungen zu einem gewissen Grad steuern, bleibt aber stets anfällig für ein nicht intendiertes, leiblich-affektives Betroffensein.

Auf sozialtheoretischer Ebene kann *zweitens* genauer herausgearbeitet werden, wie das so ausdifferenzierte Sinnesempfinden von der gesellschaftlichen und sozio-materiellen Ordnung geprägt, eingeschränkt oder gar gesteigert wird. So ließe sich etwa im Anschluss an den frühen Marx aufzeigen, dass die Ausdifferenzierung der Arbeitswelt auch mit einer Spezialisierung der Sinne einhergeht. Jedes Berufsfeld, so die These, erfordert eine sinnliche Fertigkeit, die durch die praktische Arbeit einge-übt wird. Ähnliches ließe sich auch für kulturelle Geschlechterkonventionen heraus-arbeiten: Je nach zugewiesener oder angenommener Geschlechtszugehörigkeit lernt der Mensch nicht nur die eigene sinnliche Erscheinung zu inszenieren, sondern bil-det zudem ein bestimmtes Sinnesvermögen sowie innerleibliches Spüren aus. Wie ein sozialer Akteur etwas sinnlich erfährt, hängt mit anderen Worten stets von dem vor-bewussten, inkorporierten Wissen ab, das der Leib in Auseinandersetzung mit sich selbst und den Dispositiven seiner Kultur erworben hat.

Schließlich kann *drittens* auf gesellschaftstheoretischer Ebene analysiert werden, inwiefern verschiedene gesellschaftliche Ordnungen eine je eigene „Aufteilung der Sinnlichen" aufweisen. Dieser Vergleich lässt sich sowohl diachron als auch synchron durchführen: So wird gegenwärtig nicht nur untersucht, inwiefern sich die sinnliche Ordnung der westlichen Moderne durch die globale Ausdifferenzierung der Kon-sumgüter, die „Ästhetisierung" der Ökonomie und die digitale Revolution verändert, sondern auch inwiefern „die Moderne" je nach kulturellem und historischem Kontext unterschiedliche sinnliche Praktiken und ästhetische Formen hervorgebracht hat.

Literatur

Fischer, Joachim (2002): Simmels ‚Exkurs über die Soziologie der Sinne'. Zentraltext einer anthropologischen Soziologie. *Österreichische Zeitschrift für Soziologie, 27 (2)*, S. 6–13.
Göbel, Hanna Katharina & Prinz, Sophia (Hrsg.) (2015). *Die Sinnlichkeit des Sozialen. Wahrnehmung und materielle Kultur.* Bielefeld: Transcript.
Gugutzer, Robert (2012). *Verkörperungen des Sozialen. Neophänomenologische Grundla-gen und soziologische Analysen.* Bielefeld: Transcript.
Howes, David (Hrsg.) (2004). *Empire of the Senses. The Sensual Culture Reader.* Oxford, New York: Berg.
Merleau-Ponty, Maurice (1966). *Phänomenologie der Wahrnehmung.* Berlin: de Gruyter.
Plessner, Helmuth (2003). *Anthropologie der Sinne. Gesammelte Schriften Bd. 3.* Frankfurt a. M.: Suhrkamp.

Prinz, Sophia (2014). *Die Praxis des Sehens: über das Zusammenspiel von Körpern, Artefakten und visueller Ordnung.* Bielefeld: Transcript.

Raab, Jürgen (2007): *Visuelle Wissenssoziologie. Theoretische Konzeptionen und materiale Analysen.* Konstanz: UVK.

Rancière, Jacques. (2006). *Die Aufteilung des Sinnlichen. Die Politik der Kunst und ihre Paradoxien.* Berlin: b-books.

Schmitz, Hermann. (2011). *Der Leib.* Berlin [u. a.]: de Gruyter.

Simmel, Georg (1992). Exkurs über die Soziologie der Sinne. In: ders., *Soziologie. Untersuchungen über die Formen der Vergesellschaftung, Gesamtausgabe Bd. 11* (S. 722–742), Frankfurt a. M.: Suhrkamp.

Simmel, Georg (1995): Die Großstädte und das Geistesleben. In: ders., *Aufsätze und Abhandlungen 1901–1908. Bd. 1* (S. 116–131), Frankfurt a. M.: Suhrkamp.

Subjektivierung

Andreas Reckwitz

Der Begriff der Subjektivierung (oder Subjektivation) hat sich erst seit jüngster Zeit im soziologischen Begriffsapparat etabliert. Eng verwandt ist er mit den Begriffen der ‚Subjektposition‘ und des ‚Subjekts‘ in neueren Verwendungsweisen, auch in Zusammenhang mit Komposita wie ‚Subjektform‘ oder ‚Subjektordnung‘. Das Konzept der Subjektivierung und seine spezifische Wendung, die es dem traditionsreichen philosophischen Begriff des Subjekts gibt, stammt aus dem Feld poststrukturalistischer Theorien, wie es sich seit den 1970er Jahren in den internationalen Sozial- und Kulturwissenschaften ausgebildet hat. Als wichtigster Impuls in diese Richtung dürfen die Arbeiten von Michel Foucault gelten, der in seinem 1982 veröffentlichten Aufsatz „The Subject and Power" im Rückblick das Anliegen seines gesamten Werkes als eine Bemühung „um eine Geschichte der verschiedenen Formen der Subjektivierung des Menschen in unserer Kultur" (1994, IV: 269; DE, IV) umschreibt. Den verwandten Begriff der Subjektposition hatte Foucault bereits 1969 in „Archäologie des Wissens" verwendet (1969, S. 78 ff). 1980 behandeln Gilles Deleuze und Félix Guattari den Begriff der Subjektivierung (gemeinsam mit denen der Subjektivierungslinie und des Subjektivierungspunktes) ausführlicher in „Tausend Plateaus" (S. 179 ff). Judith Butler gibt der Karriere des Begriffs in „Psyche der Macht" (1997) einen weiteren, wohl entscheidenden Schub, so dass er sich seit den 1990er Jahren im englischen und deutschen Sprachraum verbreitet (vgl. zu dieser Verbreitung nur Rose, 1996; Reckwitz, 2006, 2008; Bröckling 2007).

Subjektivierung bezeichnet eine spezifische sozial- und kulturwissenschaftliche Perspektive auf das menschliche Individuum. Damit befindet der Begriff sich in einem semantischen Netzwerk mit benachbarten Konzepten wie Identität, Interpellation und Habitus und mit konkurrierenden Konzepten wie Individuum und Sozialisation. Subjektivierung meint den permanenten Prozess, in dem Gesellschaften und Kulturen die Individuen in Subjekte umformen, sie damit zu gesellschaftlich zurechenbaren, auf ihre Weise kompetenten, mit bestimmten Wünschen und Wissensformen ausgestatteten Wesen ‚machen‘: das *doing subjects*. Dass für die Umschreibung dieses Prozesses der klassische philosophische Begriff des Subjekts umfunktioniert wird, ist ein ebenso ironischer wie gehaltvoller Schachzug. Denn in der klassischen

Subjektphilosophie, wie sie sich im 17. und 18. Jahrhundert in den vier Strängen der Bewusstseinsphilosophie (Descartes), der ökonomischen Handlungsphilosophie (Locke, Smith), der subjektivistischen Vernunftphilosophie (Kant) und der romantischen Philosophie individueller Expressivität (Rousseau) als grundlegend für das moderne Denken – mit allen seinen weitreichenden Folgen in Politik, Wirtschaft und Kultur – ausbildete, war mit dem Subjekt etwas Anderes gemeint. Das Subjekt markierte hier ein vorsoziales, vorkulturelles und vorhistorisches Fundament, eine universale strukturelle Matrix des menschlichen Geistes. Beim Subjekt sollte es sich um eine reflexive, ihrer selbst transparente und bewusste Instanz handeln, die menschliche Autonomie sichert. Das Subjekt ging hier jeder Gesellschaftlichkeit voraus, von dessen Repressionen es sich im realen historischen Prozess immer wieder emanzipieren sollte.

Mit dem Begriff der Subjektivierung erscheint diese Konstellation in einem ganz anderen Licht. Dabei macht man sich die semantische Doppeldeutigkeit des lateinischen *subiectum* als eine agierende, autonome Instanz *und* als etwas Unterworfenes zu Nutze: Im gesellschaftlichen Prozess der Subjektivierung unterwerfen sich die Individuen bestimmten Schemata und Matrizen, so dass sie durch diese Unterwerfung hindurch zu sozial als autonom anerkannten – mit Interessen, Reflexivität, Selbstverwirklichungswunsch etc. ausgestatteten – Subjekten werden. Die Autonomie ist also Realität und Schein zugleich. Es gibt gar keine vorsozialen ‚Individuen‘, die der ‚Gesellschaft‘ gegenüberstehen, keine *agency* gegen die *structure*, keine personale Identität gegen die soziale Identität, sondern immer allein mannigfache Prozesse von Subjektivierungen. Wenn die Positionierung eines bestimmten sozial geformten Ichs gegen bestimmte äußere Zumutungen stattfinden kann, dann immer schon in diesem Rahmen. Der Subjektivierungsansatz versucht damit, so wenig wie nur möglich als vorsoziale Eigenschaft im Individuum zu präjudizieren.

Ein solcher theoretisch voraussetzungsvoller Subjektivierungsbegriff hebt durchgängig drei Zusammenhänge hervor:

a) Die Gesellschaftlichkeit, die subjektivierend wirkt, wird als ein machtvolles Netzwerk von (nicht-diskursiven) Praktiken und Diskursen angenommen. In diesen drücken sich kulturelle Wissensordnungen aus. Es sind diese impliziten Wissensordnungen als Klassifikationssysteme, die Subjektpositionen dekretieren, ermöglichen und zuweisen, und es sind die nicht-diskursiven und diskursiven Praktiken, die in Permanenz ‚passende‘ Subjekte hervorbringen: Jede Praktik wirkt, indem sie praktiziert wird, subjektivierend; und Diskurse wirken subjektivierend, indem sie – normale, ideale, abgelehnte – Subjektpositionen repräsentieren.

b) Das Konzept der Subjektivierung betont von vornherein die Prozesshaftigkeit des ‚doing subjects‘. Es geht nicht darum vorauszusetzen, dass es Subjektordnungen ‚gibt‘, vielmehr hat das ‚Werden‘ und ‚Machen‘ des Subjekts eine basale Zeitlichkeit. In jedem Moment werden immer wieder und immer wieder neu Subjektformen stabilisiert – oder subvertiert. Eine scheinbar stabile Subjektordnung ist dann das Ergebnis einer zeitlichen Reproduktion und Wiederholung. In der Prozessualität der Subjektivierung ist zugleich jedoch von vornherein die Möglichkeit der Umdeutung, des Abweichens, Scheiterns und des Neuanfangs enthalten. Damit unterscheidet sich der Subjektivierungsansatz vom Habitusbegriff: Dieser suggeriert, dass Individuen einen – einmal inkorporierten – Habitus ‚haben', der nur mit Mühe verändert werden kann, während Subjektivierung den Akzent auf einen offenen Prozess von Wiederholung und Veränderung legt.

c) Der Begriff der Subjektivierung setzt unmittelbar an den Körpern und an den Affekten an. Ganz im Gegensatz zum klassisch philosophischen, letztlich mentalistischen Subjektbegriff geht das Konzept der Subjektivierung davon aus, dass die Interiorisierung der Wissensschemata einer Subjektposition von vornherein eine Inkorporierung in Permanenz bedeutet und zugleich, dass die Ausführung/Aufführung der Subjekthaftigkeit eine Frage der körperlichen Performanz ist. Auch die Affekte sind aus dieser Sicht genauso wenig ‚privat' wie die Körper: Auch die affektiven Erregungszustände werden durch den Prozess der Subjektivierung modelliert und liefern Bestandteile von Subjektpositionen.

Die beiden wichtigsten Autoren der Subjektivierungstheorie, Michel Foucault und Judith Butler, setzen in ihrer Thematisierung des Zusammenhangs von Subjektivierung und Körperlichkeit unterschiedliche Akzente. Foucaults Ausgangspunkt ist eine analytische Auf- und Abwertung von Körpern zugleich. Die Geschichte und ihre Macht-Wissens-Komplexe wirken zuvörderst durch die Körper hindurch. Gegen eine klassische Kultur-, Sozial- und Politikgeschichte kann der Körper gerade nicht ignoriert werden, aber er ist eben auch keine eigendynamische, vitale Instanz, sondern eine Art materielles Archiv der Geschichte: „Die Genealogie stellt sich als Analyse einer Verbindung zwischen Körper/Leib und Geschichte her" (1994, II, S. 174; in den deutschen Übersetzungen von Foucault und auch von Butler wird *corps* bzw. *body* häufig missverständlich mit ‚Leib' übersetzt.). Die Wirkung der Macht-Wissens-Komplexe muss dabei keineswegs den Umweg über die subjektiven Vorstellungen der Akteure gehen, sondern kann unmittelbar am Körper angreifen. Dieser Zusammenhang wird von Foucault am suggestivsten in seiner Analyse der Struktur von Disziplinierungsprozessen in „Überwachen und Strafen" entfaltet. Mentale und interpretative Prozesse resultieren hier erst aus einer vorgängigen Regulierung von Körpern. Zugleich wird Foucault nicht müde zu betonen, dass diese Körperregulierung nicht allein repressiv, sondern produktiv wirkt. Dass diese Produktivität sich auch auf die Hervorlockung affektiv-libidinöser Orientierungen der Subjekte erstreckt, wird in Foucaults Analyse des Sexualitätsdispositivs deutlich, in der er eine „positive Ökonomie des Körpers und des Begehrens" (1994, III, S. 304) anstrebt.

Judith Butler baut auf Foucaults Verständnis der Körperlichkeit von Subjektivierungsprozessen auf, akzentuiert dieses jedoch um: Macht-Diskurs-Komplexe – wie etwa die Geschlechterordnung – wirken auch hier formierend und regulierend auf die Körper, aber Butler betont, wie in der körperlichen Aktivität der Effekt einer Identität (etwa die eines geschlechtlichen Subjekts) fortwährend performativ erzeugt wird. Die scheinbare Basis eines Subjekts mit bestimmten Eigenschaften ist tatsächlich die Wirkung einer bestimmten ‚körperlichen Stilisierung' vor anderen und vor sich selbst: „Dass der geschlechtlich bestimmte Körper performativ ist, weist darauf hin, dass er keinen ontologischen Status über die verschiedenen Akte, die seine Realität bilden, hinaus besitzt" (1990, S. 200). Subjektivierung ist damit ein Prozess der Wiederholung von Akten durch den Körper, die auch identifikatorische Akte wie die libidinöse Orientierung an bestimmten Subjekttypen einschließt. Gegen die Kritik, sie löse die Materialität des Körpers in deren diskursiven Konstruktionen auf, macht Butler ein Konzept der „Materialisierung" des Körpers stark: In der Kette der körperlichen und affektiv-identifikatorischen Wiederholungen ‚sedimentieren' sich langfristig körperliche Strukturen, die aber gleichwohl niemals völlig veränderungsresistent sind. Vielmehr enthält Butler zufolge der Prozess der Wiederholung körperlicher Akte immer das Potenzial von Abweichung und Subversion. Eine zusätzliche Komplexität enthält der Prozess der Subjektivierung für Butler dadurch, dass infolge der Ausrichtung an strikt regulierten Subjektmodellen alternative affektive Identifizierungen regelmäßig in ein konstitutives Außen verworfener Subjekthaftigkeit abgeschoben werden (z. B. illegitime geschlechtliche oder sexuelle Orientierungen). Auf diesem Wege fristen sie nach Art eines psychischen und körperlichen „Rests" im Subjekt eine unintendierte eigensinnige Existenz und melden sich als körperliche oder psychisch-unbewusste Störmanöver (Symptome, Erkrankungen) zu Wort.

Als heuristisches Konzept bewährt sich der Begriff der Subjektivierung in seiner Anwendung in empirischer Forschung. Für eine Soziologie des Körpers bietet er zusammenfassend vor allem dadurch eine vielversprechende Perspektive, dass Subjektivierung von vornherein zwei Ebenen aufeinander bezieht: die kulturell-diskursiven Subjektordnungen *und* ihre performative Verarbeitung in den Praktiken mit ‚ihren' einzelnen Körpern, die diese Ordnungen mehr oder minder reproduzieren. Immer geht es darum, beide Seiten in die Analyse einzubeziehen. Aber die analytische Sonde kann sich stärker auf die eine oder die andere Seite richten: Kulturelle Subjektordnungen sind auf der einen Seite immer auch kulturelle Ordnungen von – idealer, normaler, abweichender oder verworfener – Körperlichkeit und lassen sich in ihrer immanenten Struktur rekonstruieren. Solche – hegemonialen, subhegemonialen oder antihegemonialen – *kulturellen Körperordnungen* werden in modernen Gesellschaften vor allem in Form von – textuellen oder visuellen – Diskursen und von komplexen Dispositiven verhandelt, die Körper mit Hilfe von Artefakten auch räumlich arrangieren. Diese *Körperdiskurse* – etwa Bilder idealer, normaler und abstoßender Körper oder Manuale des Körpermanagements – und *Körperdispositive* – etwa in Bereichen wie Gesundheit und Fitness – sind ein herausgehobener Gegenstand subjektivierungsanalytischer Körpersoziologie.

Auf der anderen Seite richtet sich die Subjektivierungsanalyse immer darauf, wie in den alltäglichen sozialen Praktiken ,*Subjektkörper*' produziert und reproduziert werden. Bei jeder Praktik – und bei ganzen umfassenden Komplexen von Praktiken – stellt sich die Frage, wie sie jeweils einen bestimmten Einsatz des Körpers erfordert, ihn idealerweise trainiert und dann voraussetzen kann oder aber dieser im Einzelfall hinter den Erwartungen zurückbleibt. Hier lassen sich verschiedene Analyseebenen von Körperlichkeit unterscheiden, in denen sich Subjektivierungsformen manifestieren: a) die öffentlich sichtbare Mobilisierung des Körpers in allen seinen Körperteilen – von den Fingerspitzen bis zu den Stimmbändern und der Haltung des Oberkörpers – und deren Koordination; b) die inkorporierten Wissensschemata, die vor allem Know-how-, Skript- und Routinewissen umfassen, c) die langfristig wirksamen und sedimentierten körperlichen (einschließlich neuronalen) Fähigkeiten und Dispositionen wie physische Robustheit, Konzentrations- und Aufmerksamkeitsfähigkeit, Sensibilität, Lustfähigkeit, Krankheitsanfälligkeit etc., d) die affektiven Erregungszustände der Körper (die sich performativ zeigen, aber auch subjektiv ,gespürt' werden), die von libidinösen bis zu aggressiven Akten reichen, e) die Modellierung der Sinnesorgane, das heißt die spezifischen Formen des Sehens, Hörens, Tastens etc., die durch bestimmte Praktiken herangezogen werden. Schließlich kann f) ein besonderes Interesse den ,*Körperpraktiken*' im engeren Sinne gelten, das heißt jenen körperlichen Selbsttechnologien, die nicht nur à la longue so wie jede Praktik den Körper subjektivieren, sondern deren primäres *Ziel* die Modellierung des Körpers und seiner Fähigkeiten ist (etwa sportliche Praktiken, Tanz, Meditation). Die Herausforderung einer subjektivierungsanalytischen Körpersoziologie besteht darin, die beiden Ebenen der Analyse kulturell-diskursiver Subjektordnungen einerseits, der Praktikenanalyse andererseits in ein fruchtbares Wechselspiel zu bringen.

Literatur

Bröckling, Ulrich (2007). *Das unternehmerische Selbst. Soziologie einer Subjektivierungsform.* Frankfurt/M.: Suhrkamp.

Butler, Judith (1990). *Das Unbehagen der Geschlechter.* Frankfurt/M. 1991: Suhrkamp.

Butler, Judith (1993). *Körper von Gewicht. Die diskursiven Grenzen des Geschlechts.* Frankfurt/M. 1997: Suhrkamp.

Butler, Judith (1997). *Psyche der Macht. Das Subjekt der Unterwerfung.* Frankfurt/M. 2001: Suhrkamp.

Deleuze, Gilles/Félix Guattari (1980). *Tausend Plateaus. Kapitalismus und Schizophrenie II.* Berlin 1992: Merve.

Foucault, Michel (1969). *Archäologie des Wissens.* Frankfurt/M. 1990: Suhrkamp

Foucault, Michel (1975). *Überwachen und Strafen. Die Geburt des Gefängnisses.* Frankfurt/M. 1991: Suhrkamp.

Foucault, Michel (1994). *Schriften in vier Bänden. Dits et Écrits, I–IV* (hg. v. D. Defert und F. Ewald). Frankfurt/M. 2005: Suhrkamp.

Reckwitz, Andreas (2006). *Das hybride Subjekt. Eine Theorie der Subjektkulturen von der bürgerlichen Moderne zur Postmoderne.* Weilerswist: Velbrück.
Reckwitz, Andreas (2008). *Subjekt.* Bielefeld: Transcript.
Rose, Nikolas (1996). Identity, genealogy, history. In: Stuart Hall/Paul du Gay (Hg.). *Questions of Cultural Identity* (S. 128–150). London: Sage.

Sucht

Henning Schmidt-Semisch und Bernd Dollinger

Der Begriff „Sucht" leitet sich ursprünglich vom mittelhochdeutschen Wort „siech"
(krank; althochdeutsch „siuchan") bzw. von dem Verb „siechen" (krank sein) ab. Bis
zum 16. Jahrhundert war „Sucht" eine generelle Bezeichnung für Krankheit (etwa
Schwindsucht, Fallsucht, Tob- oder Wassersucht). Seit dem 16. Jahrhundert wurden „siech" und „Sucht" im Spätmittelhochdeutschen von den Begriffen „krank" und
„Krankheit" abgelöst und „Sucht" vor allem mit spöttelndem oder ironischem Un-
terton für die Bezeichnung negativer Charaktereigenschaften gebraucht (etwa Zank-
sucht, Gewinnsucht oder Rachsucht). Spätestens seit Beginn des 19. Jahrhunderts änderte sich die Bedeutung der „Sucht" schließlich grundlegend, nachdem bereits zuvor
im Jahre 1784 von dem einflussreichen Mediziner und Sozialforscher Benjamin Rush
Alkoholismus als Krankheit definiert worden war. Hatte man exzessiven Alkoholkon-
sum zuvor eher als Laster oder verkorkste Leidenschaft bewertet, so begann sich die
öffentliche Bewertung nun allmählich zu verändern: „Aus dem Laster", so Scheerer
(1995, S. 12), „wurde eine Krankheit, die von Medizinern beschrieben, erforscht und
behandelt wurde. Sprachgeschichtlich wurde die Trunksucht dann zur Brücke für
einen weiteren Bedeutungswandel des Wortes Sucht" – zu einem modellhaften Konzept, das im Verlaufe des 20. Jahrhunderts nach und nach auf den Konsum anderer
(zunächst insbesondere illegalisierter) Substanzen übertragen wurde, um anschließend im Übergang zum 21. Jahrhundert vermehrt auch auf „stoffungebundene" Verhaltensweisen (sog. Verhaltenssüchte: Glücksspielsucht, Internetsucht etc.) Anwendung zu finden.

Mit der Übertragung auf immer mehr Substanzen bzw. Verhaltensweisen entwickelte sich das Suchtkonzept vor allem seit den 1960er Jahren zunehmend zu einem
vertrauten und dauerhaft institutionalisierten sozialen Problem(-muster), das heute
von einer unüberschaubaren Vielzahl an Professionellen, Institutionen und Organisationen gestützt wird, „die zeitstabil für die Beobachtung, Kontrolle und Bekämpfung des Problems zuständig sind" (Schetsche 2014, S. 167). Diese Verfestigung der
Rede von der Sucht hat nicht nur dazu geführt, dass wir heute die unterschiedlichsten
(unerwünschten) Verhaltensweisen mit dem Suffix „Sucht" versehen, sondern auch
dazu, dass „to the majority of the scientific community [...] addiction is no longer

a theory which can be legitimately questioned" (Frenk und Dar 2000, S. 1). Dies ist auch deshalb bemerkenswert, als die Begriffe bzw. Diagnosen „Sucht" und „Abhängigkeit" keineswegs etwas Einheitliches bezeichnen. Selbst die großen internationalen, medizinischen Klassifikationssysteme DSM (Diagnostic and Statistical Manual of Mental Disorders) und ICD (International Classification of Diseases) haben sich von jeher in ihren Diagnosekriterien unterschieden, was sich in den jüngsten Änderungen bzw. Auflagen noch einmal bestätigt: So werden im DSM-5 die bisher getrennten Kategorien „Missbrauch" und „Abhängigkeit" nun zu der Kategorie „Substanzgebrauchsstörung" zusammengelegt, die mit Blick auf elf Kategorien diagnostiziert wird, wobei man beim Vorliegen von zwei bis drei Kriterien von *moderater,* beim Vorliegen von vier und mehr Kategorien von *schwerer Substanzgebrauchsstörung* spricht. Hingegen sollen in der ICD-11 die Trennung zwischen „schädlichem Gebrauch" und „Abhängigkeit" beibehalten und die bisherigen sechs diagnostischen Kriterien für Abhängigkeit auf drei kondensiert werden, von denen für eine entsprechende Diagnose lediglich *eine* vorliegen muss.

Auch wenn sich diese Diagnosekriterien auf unterschiedlichen Ebenen (körperlich, psychisch, im Verhalten oder in sozialen Auswirkungen) manifestieren, so ist die „Sucht" doch vor allem als ein körperliches Phänomen konzipiert: Der entsprechende (wissenschaftliche wie alltagstheoretische) Suchtdiskurs ist wesentlich durch eine medizinisch-naturwissenschaftliche Denkweise oder Rationalität geprägt, die stets versucht, „Sucht" durch die Rekonstruktion biologisch-somatischer Prozesse oder pharmakologischer Substanzeffekte (im Körper) zu erschließen. In beiden Fällen wird vorausgesetzt, dass das Konsumgeschehen vom Einzelnen nicht (mehr) gesteuert werden kann; die Steuerung wird vielmehr von etwas anderem (von der „Droge" oder eben der „Sucht") übernommen: Der Körper wird gewissermaßen zum „Sklaven" der Droge bzw. der „Sucht" (Dollinger und Schmidt-Semisch 2007, S. 9).

Demgegenüber gehen sozialwissenschaftliche Perspektiven in der Regel davon aus, dass die unterschiedlichen Drogenkonsummuster (und mithin auch die „Sucht") durch drei wesentliche Variablen beeinflusst werden, nämlich durch „Drug, Set and Setting" (Zinberg 1984), also durch a) die Art der Droge selbst (Drug), b) die individuelle biologische, soziale und psychische Ausstattung und Konstitution des jeweiligen Konsumierenden (Set) sowie schließlich c) die situativen, sozialen, kulturellen und gesellschaftlichen Rahmenbedingungen des Gebrauchs (Setting). Diese drei Variablen wirken nicht isoliert, sondern beeinflussen sich wechselseitig, d. h. die Drogenwirkung wird durch das Set, etwa die Erwartungen oder Ängste des Konsumierenden, beeinflusst, diese wiederum durch das Setting vorgeprägt usw.

Trotz dieses potentiell recht komplexen Ansatzes des „Drug, Set and Setting" konzentrieren sich die Bemühungen der Suchtforschung bislang vor allem auf die Variablen „Drug" (etwa die Suchtpotentiale einzelner Substanzen und deren gesundheitliche Risiken) und „Set" (psychische und soziale Defizite, „Suchtpersönlichkeiten" etc.). Zwar gibt es auch mit Blick auf das Setting Ansätze, die z.B. lern-, sozialisations- oder handlungstheoretisch ansetzen sowie broken-home-Szenarien, Genderaspekte des Drogengebrauchs, soziale Ungleichheit etc. thematisieren. Dennoch befassen sich nur wenige AutorInnen mit der Bedeutung, die das Setting im Sinne von kulturellem Sucht- und Drogenwissen bzw. Suchtdiskurs bei der Entstehung und Perpetuierung von exzessivem Konsumverhalten bzw. „Sucht" ausübt. Wechselwirkungen zwischen Suchtdiskurs und individuellem Verhalten werden deshalb relativ selten thematisiert.

Es herrscht das durch medizinisch-naturwissenschaftliche Positionen geprägte Bild vor, demzufolge Drogenerfahrungen primär individuelle, körperlich bedingte Erfahrungen seien, die sich aus dem Konsum einer Droge ergeben: Der Konsument nimmt eine Substanz zu sich, die eine bestimmte körperliche Reaktion bzw. Wirkung erzeugt. Aus soziologischer Perspektive wiesen allerdings bereits Alfred R. Lindesmith (1938) und Howard S. Becker (1963) darauf hin, dass ein Automatismus zwischen Reiz (Einnahme der Substanz) und körperlicher Reaktion (Drogenerfahrungen bzw. Sucht) nicht existiert. Wie insbesondere Becker ausführte, müssen die Konsumierenden interaktiv zunächst die Bereitschaft zum Gebrauch und dessen Techniken erlernen. Zudem müssen sie besondere Wirkungen wahrnehmen, um diese schließlich genießen zu können. Die Wahrnehmung körperlicher Wirkungen wird dabei durch Interaktionen (Gespräche, Beobachtungen etc.) mit Anderen erworben, die die entsprechenden Erfahrungen verbal, aber auch körperlich kommunizieren. Dies betrifft sowohl positive Drogenwirkungen wie auch Erfahrungen von Symptomen einer Sucht. In dieser Hinsicht bezeichnet Reinarman (2005, S. 34 ff.) „Sucht als interaktionale Errungenschaft", da „Abhängige" durch Ratgeber, Therapeuten etc. dazu angehalten würden, ihr Leben und Verhalten im Kontext des Deutungsmusters „Sucht-als-Krankheit" zu interpretieren. Darstellungen, die „Süchtige" über ihr Handeln gäben, seien daher nicht ungezwungene, objektive Beschreibungen einer eindeutigen Realität, sondern verwiesen auf einen performativen Prozess, „in dem Abhängige wieder und wieder ihre neu wiederhergestellte Lebensgeschichte erzählen gemäß der grammatischen Regeln des Krankheitsdiskurses (bzw. Suchtdiskurses; d. A.), den sie gelernt haben" (Reinarman 2005, S. 35).

Wie deutlich sich der Suchtdiskurs dabei verkörperlichen kann, wird in einer Untersuchung von Zinberg (1971) deutlich, der feststellte, dass die Entzugserscheinungen bei „heroinabhängigen" US-amerikanischen Soldaten in Vietnam sehr stark, aber in spezifischer Weise variierten: Während sich die von den Soldaten beschriebenen Entzugserscheinungen von Stationierungseinheit zu Stationierungseinheit unterschieden, stimmten sie innerhalb der jeweiligen Einheit überein. Die Männer inkorporierten gleichsam, wie ein Entzug auszusehen hat, und verkörperten ihn entsprechend. Stanton Peele (1977, S. 112 f.) verallgemeinerte diese Erkenntnisse dahin gehend, „that those addicts who do evidence elaborate displays of withdrawal have themselves learned to do so from television and movie depictions!"

Aus körpersoziologischer Perspektive ist eine Befassung mit „Sucht" daher gewinnbringend, da es sich um ein Phänomen handelt, das im Kontext von Suchtdiskursen in erster Linie auf körperliche (bzw. biologische und pharmakologische) Prozesse zurückgeführt wird, diese allerdings das Phänomen nicht hinreichend erklären können und wichtige Determinanten der Verkörperung von „Sucht" nicht in Rechnung stellen. In körpersoziologischer Hinsicht sind vielmehr (auch) Suchtdiskurse in den Blick zu nehmen, und zwar bezüglich der Wechselwirkungen zwischen kulturellem Suchtwissen (das nicht nur ein Spezialwissen von Ärzten und Professionellen ist, sondern auch Alltagswissen von Laien und potentiell „Süchtigen" selbst) und „süchtigem" Verhalten. Es ist danach zu fragen, wie sich „Sucht" durch Experten-, Medien- und Alltags-Diskurse in Körper einschreibt und durch besondere Handlungen und Deutungen reproduziert wird. Hierbei kann etwa an den „Kulturkörper"-Ansatz von Knoblauch (2012) angeschlossen und von einem „Suchtkörper" gesprochen werden, an dessen dinglicher Gestaltung (auch i.S. eines „Doing Addiction"; Schmidt-Semisch 2010) „eine ganze Kultur beteiligt ist: Sie ist nicht nur daran beteiligt, was in den Körper an Wissen eingeht. Sie ist auch daran beteiligt, was der Körper zum Ausdruck bringt und kommuniziert. Und schließlich bildet sie den Rahmen dessen, wie der Körper selbst behandelt wird" (Knoblauch 2012, S. 110). Eine solche Sichtweise erstreckt sich nicht nur auf „Süchtige", sondern auf breitere Vorgaben der Lebensführung: Mit der Ausweitung des Suchtbegriffs seit Ende des 20. Jahrhunderts werden alle Menschen dazu aufgerufen, permanent aufmerksam bezüglich ihrer eigenen Handlungs- und Erlebnismuster zu sein; vom Internet-Surfen bis zu Sexualität oder Einkaufen scheint jede Tätigkeit „süchtig" machen zu können. In der Konsequenz muss jeder achtsam sein, sich als Subjekt hinterfragen und sich dadurch in Relation zu vorherrschenden Vorschriften der Lebensführung und Selbstkontrolle setzen.

Eine körpersoziologische Perspektive, die den (Sucht-)Körper als einen (auch) diskursiv und sozial produzierten Körper versteht, trägt dazu bei, derartige Vorgaben und Erwartungen sichtbar und ihre Kontingenz nachweisbar zu machen. Angesichts der Vielzahl therapeutischer und präventiver, insbesondere aber auch kriminalisierender, stigmatisierender und kontrollierender Maßnahmen, die durch den gegenwärtig vorherrschenden Suchtdiskurs legitimierbar sind, wäre dies für die Suchtforschung und den praktischen Umgang mit Sucht ein großer Gewinn.

Literatur

Becker, Howard S. (1963). *Outsiders. Studies in the sociology of deviance*. New York: Free Press.

Dollinger, Bernd/Schmidt-Semisch, Henning (2007). Reflexive Suchtforschung: Perspektiven der sozialwissenschaftlichen Thematisierung von Drogenkonsum. In: Bernd Dollinger & Henning Schmidt-Semisch (Hrsg.), *Sozialwissenschaftliche Suchtforschung* (S. 7–34). Wiesbaden: VS-Verlag.

Frenk, Hanan/Dar, Reuven (2000). *A Critique of Nicotine Addiction*, Boston: Kluwer.

Knoblauch, Hubert (2012). Kulturkörper. Die Bedeutung des Körpers in der sozialkonstruktivistischen Wissenssoziologie. In: Markus Schroer (Hrsg.), *Soziologie des Körpers* (S. 92–113). Frankfurt a. M.: Suhrkamp.

Lindesmith, Alfred R. (1938). A Sociological Theory of Drug Addiction. In: *American Journal of Sociology* 44, 593–613

Peele, Stanton (1977). Redefining Addiction. Making Addiction a Scientifically and Socially Useful Concept. In: *International Journal of Health Services* 7, 103–124.

Reinarman, Craig (2005). Sucht als Errungenschaft. Die diskursive Konstruktion gelebter Erfahrung. In: Bernd Dollinger & Wolfgang Schneider (Hrsg.), *Sucht als Prozess. Sozialwissenschaftliche Perspektiven für Forschung und Praxis* (S. 23–42.). Berlin: VWB.

Scheerer, Sebastian (1995). *Sucht.* Reinbek: Rowohlt

Schetsche, Michael (2014). *Empirische Analyse sozialer Probleme. Das wissenssoziologische Programm.* 2. Auflage. Wiesbaden: VS-Springer

Schmidt-Semisch, Henning (2010). Doing Addiction. Überlegungen zu Risiken und Nebenwirkungen des Suchtdiskurses. In Bettina Paul & und Henning Schmidt-Semisch (Hrsg.), *Risiko Gesundheit. Zu Risiken und Nebenwirkungen der Gesundheitsgesellschaft* (S. 143–162.). Wiesbaden: VS-Verlag.

Zinberg, Norman E. (1984). *Drug, Set and Setting. The Basis for Controlled Intoxicant Use.* New Haven and London.

Zinberg, Norman E. (1971). G. I.'s and O. J.'s in Vietnam, in: *New York Times Magazine,* 5. 12. 1971, 112–124.

Wahrnehmung

Gregor Bongaerts

Wahrnehmung gehört nicht zu den tradierten Grundbegriffen der Soziologie. Aus diesem Grund bedarf es einer Begründung dafür, Wahrnehmung als soziologisches und insbesondere körpersoziologisches Phänomen aufzufassen. Seit der antiken Philosophie ist die Beschäftigung mit Wahrnehmung primär mit erkenntnistheoretischen Fragen befasst. Zwei Wortbedeutungen prägen das philosophische Denken: Wahrnehmung kann als sinnliche Wahrnehmung (aisthesis), verstanden werden oder aber als begriffliches Erfassen (noiesis).

Die Erforschung der (Sinnes-)Wahrnehmung als eines eigenständigen Phänomens übernimmt gegenwärtig die Psychologie im Verbund mit den Neurowissenschaften. Gefragt wird nach den Prozessen der neurophysiologischen und kognitiven Verarbeitung von Sinnesreizen, auf die sich der wahrnehmende Organismus innerhalb einer bestimmten, auch sozialen Umwelt bezieht. Weitgehend folgt die psychologische Wahrnehmungsforschung einem Paradigma der kognitiven Informationsverarbeitung.

Als soziologischer Begriff ist Wahrnehmung von Interesse, wenn er sich systematisch auf die Produktion, Reproduktion und Transformation sozialer Ordnung beziehen lässt. Spezifisch körpersoziologisch gedacht, zeigt sich seine Relevanz nicht schon allein daran, dass Sinneswahrnehmung notwendig ein körperlicher Vollzug ist, sondern an potenziellen sozialen und kulturellen Varianzen des Wahrnehmens.

Innerhalb der Geschichte der Soziologie wird Wahrnehmung zumeist als notwendige Bedingung für soziales Geschehen berücksichtigt. Ansätze einer pragmatistischen und phänomenologischen Tradition stellen Wahrnehmung vor allem als Bedingung der Möglichkeit von Handlungskoordination und Identitätsbildung heraus. Wahrnehmung meint die wechselseitige Wahrnehmung mehrerer. Charles Horton Cooleys „looking-glass self" (Cooley 1992, S. 184) bringt die Rolle der anderen für die Identität auf eine Formel. Vergleichbar stellt George Herbert Mead heraus, dass sich jemand nur einheitlich als Objekt erfahren kann, wenn er durch andere vermittels Wahrnehmung objektiviert wird. Nur an einer solchen Selbstobjektivierung kann Identitätsbildung ansetzen (vgl. Mead 1973, S. 214 ff.). Die Entstehung intersubjektiv geteilter Bedeutungen wiederum setzt für Mead die Wahrnehmung der eigenen Stimme in einer Situation der Handlungskoordination mit anderen voraus.

Einen anderen Akzent setzt Alfred Schütz (vgl. Schütz 2004, S. 223 ff.), wenn er gleichermaßen die vis-à-vis-Situation als ursprüngliche soziale Beziehung hervorhebt. Die Wahrnehmung des körperlichen Verhaltens eines anderen wird als privilegierter Zugang zum Fremdverstehen und somit in ihrer kommunikativen Funktion markiert. Das körperliche Verhalten wird als Symptom für Bewusstseinsprozesse aufgefasst und ist in diesem Sinne zeichenhaft. Die vis-à-vis-Situation ist für Schütz darüber hinaus wichtig, weil in der wechselseitigen Präsenz der Körper die Wahrnehmung gemeinsamer Erfahrungen begründet ist. Jemand kann wahrnehmen, dass ein anderer auf dieselben Wahrnehmungsgegebenheiten orientiert ist und dadurch können die Bewusstseine in Bezug auf die gemeinsame Wahrnehmungserfahrung synchronisiert werden. Auch bei Schütz bleiben Wahrnehmung und ihre Körperlichkeit Bedingung der Möglichkeit für kommunikative Koorientierung und Koordinierung sowie für die Erzeugung intersubjektiver Bedeutungen. Wie genau diese körperlichen Abstimmungsprozesse durch Wahrnehmung ablaufen und in welchem Verhältnis zu konkreten sozialen Ordnungsbildungen sie stehen, bleibt offen.

Einen Zusammenhang mit einer konkreten Ordnungsbildung fokussiert Erving Goffman. Die körperliche Anwesenheit von Akteuren bedingt wechselseitige Wahrnehmbarkeit und eine besondere soziale Ordnung, die Interaktionsordnung (vgl. Goffman 2001). Grundlegend ist für Interaktionen zunächst, dass die Wahrnehmbarkeit zu einer wechselseitig reflexiven Wahrnehmung des Gegenübers führt. Die Beteiligten nehmen wahr, dass sie vom anderen wahrgenommen werden und dass der andere bemerkt, dass er selbst wahrgenommen wird. Es geht folglich nicht um beliebige Wahrnehmungen des anderen, sondern um die Wahrnehmung des Verhaltens, das die Beteiligten aufeinander orientiert. Wahrnehmen und Wahrnehmenlassen gehen ineinander über und entsprechend wird vermittels Wahrnehmung kommuniziert. Im Blickverhalten etwa kommt zum Ausdruck, dass die Anwesenheit des anderen bemerkt ist, aber auch, was daraus folgt: z. B., dass man seine Ruhe haben und nicht gestört werden möchte. Für Goffman ist wesentlich, dass sich aufgrund der körperlichen Anwesenheit ganz besondere soziale Regeln – zum Beispiel Rituale – ausbilden, die wechselseitige Verletzbarkeiten in physischer und psychischer Hinsicht vermeiden helfen.

Im Rahmen von Luhmanns Systemtheorie wird ganz vergleichbar in Bezug auf Interaktion das Zusammenspiel von Wahrnehmung und Kommunikation berücksichtigt. Die wechselseitige Wahrnehmung erscheint als Bedingung und Anlass für Kommunikation. Wahrnehmung ermöglicht, begleitet und unterstützt die Kommunikation. Durch das kommunikative Geschehen werden diejenigen Wahrnehmungen ausgewählt, die für die weitere Kommunikation von Relevanz sind. Der Körper selbst bleibt allerdings für Luhmann Umwelt des sozialen Geschehens, also der Kommunikation. Der Körper und das an ihm beobachtbare Wahrnehmungsverhalten können Thema oder Orientierung für Kommunikation sein, stiften aber selbst keinen sozialen Sinn und mithin auch keine soziale Ordnung. Ganz im Gegenteil wird argumentiert, dass Kommunikation strukturbildend wirkt, weil sie sich von Wahrnehmung abgrenzen muss (vgl. Luhmann 1984, S. 560 ff.).

Wie Wahrnehmung mit Blick auf ihre Körperlichkeit im Kern sozialer Ordnungsbildung vorkommen kann, führen zwei Autoren vor: Zum Ersten Georg Simmel mit seiner Soziologie der Sinne (vgl. Simmel 1923) und zum Zweiten Pierre Bourdieu mit seinem Begriff ‚Habitus'. Simmel interessiert sich sowohl für die Sinne in ihrer konstitutiven Funktion für soziale Wechselwirkungen, wie es in seiner Terminologie heißt, als auch für ihre soziale Deutung und Regulierung (vgl. Fischer 2002). Insbesondere Auge und Ohr erscheinen ihm soziologisch relevant. Das Auge vermittelt durch den Blick die unmittelbarste Form sozialer Wechselwirkung, der sich die Beteiligten nicht entziehen können und die die Beteiligten in Gleichzeitigkeit miteinander verbindet. Das Ohr hingegen stiftet soziale Wechselwirkungen im Nacheinander von Rede und Gegenrede und dies im Verbund mit der Stimme. Auf Basis derartiger sozialkonstitutiver Funktionen der unterschiedlichen Sinne können umgekehrt die Sinne sozial reguliert werden. Dies erfolgt durch Einrichtungen, die Verhältnisse sinnlicher Nähe oder Ferne bestimmen. Die Großstadt befördert etwa das Auge als Distanzsinn und reguliert stärker Distanzverhältnisse zwischen einer Vielzahl von Personen als das Leben in einer Kleinstadt oder einem Dorf. Vergleichbar kann in einem Nahverhältnis die anziehende oder abstoßende Wirkung des individuellen Geruchs durch Parfümierung reguliert werden.

Gegenüber einer soziologischen Analyse einzelner Sinne setzt Bourdieus Theorie der Praxis von vornherein mit dem Konzept des Habitus bei einem komplett sozial regulierten Körper an. Der Körper ist durch die sozialen Lebensweisen geprägt, so dass er zum einen als Ausdruck einer gewachsenen sozialen Ordnung zu begreifen ist und zum anderen als Medium ihrer Reproduktion, aber auch Transformation. Habitus meint ein System von Dispositionen für Wahrnehmen, Denken, Handeln und Bewerten, das dem Bewusstsein nicht verfügbar und im Körper aktualisiert ist. Die unterschiedlichen Habitus entstehen durch variierende Sozialisationsbedingungen in verschiedenen Gesellschaftsformen oder in den differenzierten Klassen und Milieus moderner Gesellschaften. Der sozialisierte Körper wird mit Blick auf die Wahrnehmung vor allem durch den Geschmack rekonstruiert, der sich in der Art und Weise der Stilisierung des Lebens ausdrückt (vgl. Bourdieu 1982, S. 405 ff.). Was wem schmeckt, was jemand wie isst, welche Kunst jemand konsumiert, welchen Sport jemand treibt, welches Körperideal attraktiv erscheint, mit wem sich jemand in welchen Milieus bewegt usf., sind Formen der Stilisierung des eigenen Lebens, die in modernen Gesellschaften nicht nur Ausdruck einer Klassenzugehörigkeit sind, sondern zudem zutiefst verkörperte Arten und Weisen, diese soziale Ordnung zu reproduzieren oder innerhalb eines gesellschaftlich begrenzten Spielraums zu transformieren. Die für andere Theorien dominante Thematisierung der körperlichen Wahrnehmung unter Anwesenheitsbedingungen gerät bei Bourdieu zu einem sekundären Phänomen. Der Körper und das körperliche Wahrnehmungsver-

halten erscheinen primär als ein Effekt sozialer Strukturen, insbesondere Klassen-
strukturen.

Vor dem Hintergrund der angeführten soziologischen Theorien lässt sich der Anspruch an einen körpersoziologischen Begriff der Wahrnehmung genauer bestimmen.
Sowohl mit Blick auf die Konstitution sozialen Geschehens als auch mit Blick auf die
soziale Regulierung ist Wahrnehmung auf spezifische Ordnungen zu beziehen, will
sie körper*soziologisch* relevant sein. Wahrnehmung kann dabei nur soziologisch interessieren, wenn sie in sichtbarem Verhalten und Handeln aktualisiert ist. Wahrnehmung bedeutet immer ein Wahrnehmungsverhalten und damit ein aktives Verhältnis zur Welt. Unterhalb der Ebene einer reflexiv bewussten Orientierung stimmt der
wahrnehmende Körper Akteure mit den Gegebenheiten der Situation ab. Mit Blick
auf soziale Ordnung kann die nicht-bewusste Orientierung durch Wahrnehmung
mindestens auf drei Aspekte bezogen werden, wobei diesen Aspekten gemeinsam
ist, dass durch das Wahrnehmungsverhalten die jeweilige Situation gedeutet wird. Im
Unterschied also zur Abstimmung mit der nicht-sozialen Umwelt, z. B. des Auges an
Lichtverhältnisse, geht es nicht um ein physiologisch determiniertes Wahrnehmungsverhalten, sondern um eine Deutung, die im Hinblick auf die Handlungsziele eines
Akteurs oder die Erfordernisse der Koordinierung des Verhaltens und Handelns mehrerer angemessen sein kann. Dieses körperliche Wissen, das auch als implizites Wissen bezeichnet wird und im Wahrnehmungsverhalten in Situationen aufgerufen ist,
ist als Deutung zu begreifen, weil Varianzen zu beobachten sind, die sich auf unterschiedliche sozio-kulturelle Aneignungsbedingungen zurückführen lassen.

Zum Ersten ist Wahrnehmung mit sozialer Ordnung in Interaktionssituationen
konstitutiv verbunden. Die Verhaltensabstimmung der Akteure erfolgt auf Basis der
wechselseitigen Wahrnehmung. Wahrnehmung fundiert, unterstützt und kommentiert Kommunikation (vgl. Loenhoff 2001, S. 270 f.). Die Art und Weise, wie diese
Wahrnehmung selektiert und artikuliert wird, produziert soziale Ordnung *in situ* und
in actu, sie ist aber zugleich an soziale Regeln zurückgebunden, die z. B. kulturell verschieden regulieren, ob und wie viel Blickkontakt erwartet wird, wie viel Körperab-
stand gehalten werden soll usw. Die Wahrnehmungen der Akteure sind dabei mit
einem Gespür dafür verbunden, sich angemessen oder unangemessen zu verhalten.

Zum Zweiten ist Wahrnehmung mit sozialer Ordnung dadurch verbunden, dass
Schemata der Wahrnehmung durch sozialstrukturell regulierte Erfahrungsräume erzeugt werden. In diesem Fall wird Wahrnehmung nicht für ein spezifisches soziales
Geschehen, wie Interaktionen es sind, reserviert, sondern für alle Handlungen berücksichtigt, durch welche soziale Ordnungen, z. B. Klassen und Milieus, (re-)pro-
duziert werden. Die variierenden Wahrnehmungsweisen lassen sich dabei im Sinne
Bourdieus an dem Geschmack der Akteure beobachten. Selbst wenn sich Akteure
nicht in Anwesenheit anderer befinden und allein ihren eigenen Interessen folgen,
während sie geschmacksgeleitet handeln, ist ihr Wahrnehmungsverhalten sowohl sozial geprägt als auch daran beteiligt, soziale Ordnung zu stabilisieren bzw. zu transformieren.

Zum Dritten lässt sich die räumliche, technische und materielle Gestaltung von Wahrnehmungsmöglichkeiten gesondert untersuchen. Dieser Aspekt verknüpft die Schemata und Regeln der Wahrnehmung nicht mit Interaktionen oder abstrakten sozialen Strukturen wie Klassen und Milieus, sondern fokussiert die materiellen Bedingungen des sozialen Lebens und damit die Bedingungen der Regulierung und Sozialisierung des Körpers. Simmel hatte das Leben in der Großstadt und Gebäude moderner Gesellschaften, z. B. Fabrikhallen hervorgehoben, die zuvor nicht gekannte Kollektivwahrnehmungen ermöglichen. Die Beispiele ließen sich beliebig erweitern um Formen des Wohnens, des Arbeitens, der Fortbewegung und technisch vermittelten Kommunikation, wobei gerade die letztgenannten Techniken und Medien über das räumliche hinaus die Wahrnehmung von Zeitverhältnissen regulieren.

Allen drei Aspekten ist gemein, dass Wahrnehmung als sozial relevantes körperliches Verhalten aufgefasst und in ihrer Performanz beobachtet wird. Körpersoziologisch ist Wahrnehmung mithin in den variierenden Arten und Weisen der Sozialisierung, des Gebrauchs, der Regulierung sowie der damit einhergehenden Deutung der Körpersinne und ihrer Wahrnehmungsmöglichkeiten der Forschung aufgegeben.

Literatur

Bourdieu, Pierre (1982). *Die feinen Unterschiede. Kritik der gesellschaftlichen Urteilskraft.* Frankfurt am Main: Suhrkamp.

Cooley, Charles H. (1992). *Human Nature and the Social Order:* Transaction.

Fischer, Joachim (2002). Simmels ‚Exkurs über die Soziologie der Sinne'. Zentraltext einer anthropologischen Soziologie. In: *Österreichische Zeitschrift für Soziologie. Themenheft Soziologie der Sinne,* 27, 2: 6–13.

Goffman, Erving (2001). Die Interaktionsordnung. In: *Interaktion und Geschlecht.* (S. 50–104). Frankfurt am Main; New York: Campus.

Loenhoff, Jens (2001). *Die kommunikative Funktion der Sinne. Theoretische Studien zum Verhältnis von Kommunikation, Wahrnehmung und Bewegung.* Konstanz: UVK.

Luhmann, Niklas (1984). *Soziale Systeme. Grundriß einer allgemeinen Theorie.* Frankfurt am Main: Suhrkamp.

Mead, George Herbert (1973). *Geist, Identität und Gesellschaft.* Frankfurt am Main: Suhrkamp.

Schütz, Alfred (2004). *Der sinnhafte Aufbau der sozialen Welt: eine Einleitung in die verstehende Soziologie.* Konstanz: UVK.

Simmel, Georg (1923). Exkurs über die Soziologie der Sinne. In: *Soziologie.* (S. 483–493) München; Leipzig: Duncker & Humblot.

Wissen

Fritz Böhle

Bei der im westlichen Denken entwickelten Trennung von Körper und Geist erscheint Wissen körperlos. Sowohl die Genese als auch die Anwendung von Wissen ist demnach eine alleinige Angelegenheit des Geistes bzw. Denkens. Auch in der Entwicklung soziologischen Denkens ist ein solcher Blick auf das Verhältnis von Wissen und Körper vorherrschend. Dies gilt sowohl für die Bestimmung kognitiver im Unterschied zu normativen und evaluativen Handlungsorientierungen als auch in wissenssoziologisch orientierten Gesellschaftstheorien, insbesondere bei der über face-to-face-Beziehungen hinausgehenden Vergesellschaftung.

Gleichwohl versteht sich jedoch Wissenschaft, sofern sie sich empirisch orientiert, als „Erfahrungswissenschaft" und begreift damit die menschlichen Sinne als unabdingbare Voraussetzungen von Erkenntnis. Dementsprechend sieht beispielsweise Kant in der sinnlichen Wahrnehmung eine grundlegende Bedingung menschlicher Erkenntnis. Der Körper wird aus wissenschaftlicher und erkenntnistheoretischer Sicht somit keineswegs völlig ausgegrenzt, sondern im Gegenteil als eine unverzichtbare Grundlage von Erkenntnis betrachtet; zugleich wird er aber in seiner Rolle und Rangordnung eingegrenzt: Die menschlichen Sinne sind nur so weit für Erkenntnis und Wissen nützlich, als sie verstandesmäßig geordnet und kontrolliert werden. In der Bezeichnung des Riechens, Schmeckens und auch Berührens als ‚niedere' Sinne im Unterschied zu Sehen und Hören kommt zum Ausdruck, dass die Sinne nicht nur dem Verstand untergeordnet werden, sondern diesem auch nur teilweise zugänglich erscheinen.

In der neueren Entwicklung finden sich in unterschiedlichen Disziplinen Ansätze, in denen die Rolle des Körpers für Wissen und Erkenntnis neu bestimmt und die Trennung von Geist und Körper überwunden werden. Stichworte sind *embodied mind, embodied intelligence* oder allgemein *embodiment*. Wie der Hinweis auf die Rolle der Sinne in der Wissenschaft und Erkenntnistheorie zeigt, geht es dabei jedoch nicht allein um die Einsicht, dass für Erkenntnis und Wissen auch der Körper notwendig ist; entscheidend ist vielmehr, dass die Rolle des Körpers und das sinnliche und körperliche Erkenntnisvermögen erweitert und neu bestimmt werden. In dieser Perspektive lassen sich drei Forschungsrichtungen unterscheiden: die körperliche

Fundierung von Wissen, die Körperlichkeit von Wissen und das leibliche Erkennen und Wissen. Die hier jeweils angeführten Theorien und Konzepte sind teils breiter angelegt; wir orientieren uns hier aber an der jeweils dominanten Akzentuierung – insbesondere in Bezug auf deren soziologische Rezeption und Weiterführung.

1   Körperliche Fundierung von Wissen

In der entwicklungspsychologischen Forschung hat Piaget bereits in den 1940er Jahren eine genetische Erkenntnistheorie vorgelegt. Der körperliche, sensomotorische Zugang zur Welt ist demnach eine erste Stufe kognitiver Entwicklung, auf der das intellektuelle Erkennen und Denken aufbaut. Diese sind somit von der körperlichen Entwicklung nicht unabhängig, sondern auf das Engste mit ihr verbunden (vgl. Piaget 1995). Diese Sicht wird in der neurowissenschaftlichen und psychologischen Kognitionsforschung – u. a. im Zusammenhang mit Forschungen zur künstlichen Intelligenz – seit den 1980er Jahren erweitert. Die körperliche Fundierung von Erkennen und Wissen wird nicht mehr nur auf die kognitive Entwicklung, sondern auch auf das verstandesmäßige Denken selbst bezogen. Der Geist, d. h. das Denken und das Gehirn werden als in den Körper insgesamt eingebunden gesehen. Die menschliche Wahrnehmung der Welt ist dementsprechend grundsätzlich durch die Wechselwirkung von Körper und Umwelt und damit dem Handeln und Verhalten in und mit der Umwelt bestimmt (vgl. Gallagher 2005). Auch das intellektuelle Erkennen der Welt ist demnach durch die körperliche Verfasstheit und das körperliche Sein in der Welt geprägt. Ohne Einbettung in den Körper und dessen Interaktion mit der Umwelt kann „der Geist, das Gehirn nicht intelligent arbeiten" (Tschacher 2006, S. 15). Dass dabei nicht nur *wie,* sondern auch *was* gedacht wird, körperlich geprägt ist, wird mit dem Konzept der körperbezogenen Metaphern aufgezeigt (Lakoff/Johnson 1999). Die Körperlichkeit des abstrakt-symbolischen Denkens findet seinen Ausdruck in körperbezogenen sprachlichen Metaphern wie oben und unten, vorne und hinten in der intellektuellen Argumentation oder in der Verwendung des Verbs „Begreifen" im Sinne von Verstehen.

Für die Soziologie und speziell die Körpersoziologie ergeben sich aus dieser Forschungsrichtung neue Anstöße für die kritische Analyse einer von Körperlichkeit ,befreiten' intellektuellen Bildung und Tätigkeit ebenso wie der von jeglicher kognitiver Relevanz entbundenen körperlichen Fitness- und Optimierungsprogramme. Des Weiteren verweisen derartige Ansätze auf die Möglichkeit non-verbaler körperbezogener Interaktion und wechselseitigen Verstehens sowie auch körperbezogener sprachlich-symbolischer Verständigung jenseits kultureller Konventionen.

Die genannte Forschungsrichtung erweitert die körperliche Fundierung und Einbindung von Denken und Wissen. Der Körper bleibt dabei jedoch weitgehend „behind the scene" (Gallagher 2005, S. 141); es erfolgt keine neue Bestimmung dessen, was Erkennen und Wissen sind. Die im Folgenden genannten Ansätze richten sich hierauf.

2   Körperlichkeit von Wissen

Mit dem von dem Wissenschaftsphilosophen Polanyi eingeführten Begriff des „tacit
knowing" (in der deutschen Übersetzung „implizites Wissen") wird darauf aufmerksam gemacht, dass sich Wissen nicht auf ein symbolisch-objektivierendes explizites
Wissen beschränkt (Polanyi 1985). In den Blick gerät ein Wissen, das nicht sprachlich
beschrieben werden kann, wie beispielsweise das Erkennen eines Gesichts in einer
Menschenmasse. Dieses „praktische" Wissen unterscheidet sich von einem „intellektuellen" Wissen nicht nur in seinem Inhalt, sondern auch in seiner Struktur und
Genese. Es ist ein körperliches Wissen und solchermaßen einverleibt *(incorporated)*.
Dabei handelt es sich aber nicht nur um ehemals bewusst regulierte und nun unbewusst ablaufende sensomotorische Fertigkeiten und Bewegungsmuster. Das *tacit
knowing* entwickelt sich vielmehr unmittelbar in der körperlichen Interaktion mit der
Umwelt und bezieht sich auch auf komplexe Abläufe sowie auf ein situatives Wahrnehmen und Verstehen unterschiedlicher konkreter Situationen.

Diese Erweiterung des Verständnisses von Wissen wird in der Soziologie mit den
Konzepten des Habitus und des praktischen Sinns (Bourdieu 1987) sowie in den Praxistheorien (vgl. Reckwitz 2003) aufgegriffen und hat zu weitreichenden Neuorientierungen insbesondere in der Handlungstheorie geführt. Der Körper erscheint in
dieser Perspektive nicht mehr nur als eine physiologisch-organische Gegebenheit,
sondern als ein eigenständiges Agens, durch das menschliche Aktivitäten und sinnhafte Handlungen sowohl vollzogen als auch initiiert werden (vgl. die Beiträge zu Habitus, Praxis- und Handlungstheorie in diesem Band). Bewusstes rationales Entscheiden und Handeln finden demnach nur bei grundlegend neuartigen Anforderungen
und Konstellationen statt.

3   Leibliches Erkennen und Wissen

Mit der in der phänomenologischen Philosophie entwickelten und begründeten
Unterscheidung zwischen Körper und Leib wird die physiologisch-organische Beschaffenheit des Körpers um das leibliche Empfinden und Spüren erweitert. In den
Blick gerät ein besonderes menschliches „Zur-Welt-Sein". Richtungsweisend für eine
Neubestimmung von Erkennen und Wissen sind hier die Arbeiten der Philosophen
Maurice Merleau-Ponty in Frankreich und Hermann Schmitz in Deutschland (vgl.
den Beitrag zu Leib und Körper in diesem Band). Die sinnliche Wahrnehmung beschränkt sich demnach nicht auf eine passive Aufnahme von Sinneseindrücken und
deren verstandesmäßige Ordnung, sondern ist eine „partizipierende" Wahrnehmung
im Sinne eines Teilhabens an und Erspürens von Wirklichkeit (Merleau-Ponty 1966,
S. 251). Nicht Sinnesorgane und Gehirnfunktionen, sondern „leibliche Resonanz", die
„leibliche Kommunikation" und die „Einleibung" äußerer Gegebenheiten erweisen
sich in dieser Sicht als wesentliche Medien und Vehikel der Wahrnehmung und des

Erkennens der Umwelt (Schmitz 1994, S. 120 ff.). Auch Polanyi betont mit dem Begriff des *tacit knowing* den Prozesscharakter des Wissens im Sinne von Erkennen und verweist darauf, dass bei der Inkorporierung des Wissens der Körper gegenüber äußeren Gegebenheiten so weit ausgedehnt wird, „bis er sie einschließt und sie uns innewohnen" (Polanyi 1985, S. 24).

Die Konzepte des leiblichen Spürens und der leiblichen Kommunikation machen darauf aufmerksam, dass Eigenschaften und Verhaltensweisen der Umwelt wahrgenommen werden, die der physiologisch-sensualistischen und verstandesmäßig geleiteten Wahrnehmung nicht zugänglich sind, wie beispielsweise eine ‚drückende' Atmosphäre, ein ‚warmer' Ton, ein ‚stimmiger' Verlauf oder auch das ganzheitlich-bildhafte Erfassen einer Vielzahl einzelner Informationen und Elemente einer Situation.

Die zuvor genannten soziologischen Konzepte des Habitus und des praktischen Sinns, alltäglicher Praktiken sowie der körperbezogenen Metaphern in der sprachlichen Kommunikation sind durch die Unterscheidung zwischen Körper und Leib beeinflusst. Sie betrachten aber primär das ‚einverleibte' Wissen in seinen Wirkungen und weniger den Prozess, wie dieses Wissen in der körperlichen Interaktion mit der Umwelt entsteht. Des Weiteren wird das leibliche Spüren – wenn überhaupt – lediglich als ein prä-reflexives Erkennen betrachtet. Demgegenüber wird in der soziologischen Arbeitsforschung das im leiblichen Spüren aufscheinende besondere Erkenntnisvermögen mit dem Konzept des subjektivierenden Handelns konzeptuell und empirisch aufgegriffen und weiter fundiert (Böhle 2009). Das Körperwissen beschränkt sich in dieser Perspektive nicht mehr nur auf mehr oder weniger routinisierte alltägliche Praktiken. Es wird vielmehr gerade in ‚kritischen' Situationen bedeutsam, in denen Unbestimmtheiten und Unwägbarkeiten auftreten, bei denen objektivierendes Erkennen und Wissen an Grenzen geraten. Auch von der Kognitions- und Gehirnforschung wird in dieser Weise die Verbindung von Körper und Geist sowie von Denken und Fühlen und vor allem das Spüren als eine mögliche und notwendige Erweiterung menschlichen Erkenntnis- und Handlungsvermögens ausgewiesen (Hüther 2006, S. 73 ff.).

In einer sozialhistorischen Perspektive verweist diese Erweiterung des Verständnisses menschlichen Erkenntnisvermögens und Wissens darauf, dass im Prozess gesellschaftlicher Modernisierung und Rationalisierung der Körper nicht nur – wie Elias und Foucault zeigen – ausgegrenzt und diszipliniert wurde, sondern dass er auch als ein besonderes Medium von Erkenntnis weitgehend neutralisiert und in eine lediglich physisch-organische Gegebenheit menschlicher Existenz transformiert wird. Im hier umrissenen Verständnis des (Körper-)Wissens geht es daher – insbesondere unter Bezug auf das leibliche Spüren – nicht nur um die Überwindung der Körper-Geist-Trennung, sondern vor allem auch um eine kategoriale Neubestimmung des Körperlichen und Geistigen.

Literatur

Böhle, Fritz (2009). Weder rationale Reflexion noch präreflexive Praktik – erfahrungs-geleitet-subjektivierendes Handeln. In: Fritz Böhle & Margit Weihrich (Hrsg.), *Handeln unter Unsicherheit* (S. 203–230). Wiesbaden: VS Verlag für Sozialwissenschaften.

Bourdieu, Pierre (1987). *Sozialer Sinn. Kritik der theoretischen Vernunft.* Frankfurt a. M.: Suhrkamp.

Gallagher, Shaun (2005). *How the Body Shapes the Mind.* 1. Aufl., Oxford: Clarendon Press.

Hüther, Gerald (2006). Wie Embodiment neurobiologisch erklärt werden kann. In: Maja Storch, Benita Cantieni, Gerald Hüther und Wolfgang Tschacher (Hrsg.), *Embodiment. Die Wechselwirkung von Körper und Psyche verstehen und nutzen.* 1. Aufl. Bern: Huber, S. 73–97.

Lakoff, Georg; Johnson, Mark (1999). *Philosophy in the Flesh. The Embodied Mind and its Challenge to Western Thought.* New York: Basic Books.

Merleau-Ponty, Maurice (1966). *Phänomenologie der Wahrnehmung.* Berlin: de Gruyter.

Polanyi, Michael (1985). *Implizites Wissen.* Frankfurt: Suhrkamp.

Reckwitz, Andreas (2003). Grundelemente einer Theorie sozialer Praktiken. Eine sozial-theoretische Perspektive. *Zeitschrift für Soziologie 32,* 282–301.

Schmitz, Hermann (1994). *Neue Grundlagen der Erkenntnistheorie.* Bonn: Bouvier.

Tschacher, Wolfgang (2006). Wie Embodiment zum Thema wurde. In: Maja Storch, Benita Cantieni, Gerald Hüther & Wolfgang Tschacher (Hrsg.), *Embodiment. Die Wechselwirkung von Körper und Psyche verstehen und nutzen.* 1. Aufl. Bern: Huber, S. 11–34.

Zeitlichkeit

Bojana Kunst

Ist der Körper der Zeit unterworfen oder ist es umgekehrt? Steht der Körper in einem passiven oder aktiven Verhältnis zur Zeit? Dies sind Fragen, die die Philosophie und Geistes- und Sozialwissenschaften schon lange beschäftigen. Sie berühren auf eine ganz besondere Weise die Frage nach der Zeitlichkeit des Körpers, vor allem, wenn diese aus einer soziologischen Perspektive betrachtet wird.

1 Biologischer Körper-Rhythmus und gesellschaftliche Zeitordnung

An einem Beispiel lassen sich diese Fragen veranschaulichen. A. Roger Ekirch hat in seinem faszinierenden Werk „In der Stunde der Nacht. Eine Geschichte der Dunkelheit" (2006) beschrieben, wie der nächtliche Schlaf von Westeuropäern bis zu Beginn des industriellen Zeitalters in zwei Zeiteinheiten aufgeteilt war, unterbrochen von einer längeren Wachphase. Beide Schlafeinheiten waren in etwa gleich lang: Der *erste Schlaf* (*first sleep* im Englischen, *premier sommeil* im Französischen und *primmo sonno* im Italienischen) dauerte in der Regel bis Mitternacht. Nach etwa einer Stunde des Wachseins folgte der sogenannte *zweite Schlaf,* der sich bis in die frühen Morgenstunden hinzog. In zahlreichen vor dem 19. Jahrhundert erschienenen Handbüchern sowie in literarischen und theologischen Werken lassen sich Hinweise auf diese Praxis des unterbrochenen nächtlichen Schlafs finden. Die Zeit des Wachseins, so die Ausführungen, galt damals als besonders geeignet für meditative Tätigkeiten, für die Befriedigung ‚natürlicher' Bedürfnisse oder die Verrichtung von häuslichen Arbeiten wie etwa die Versorgung von Haustieren. Heute ist kaum mehr vorstellbar, dass ein Großteil der Bevölkerung in Europa die Nacht auf diese Art und Weise verbrachte. Wahrscheinlich ging dieses Verhalten auf jahrhundertealte Schlafmuster zurück und wandelte sich erst, als immer mehr Menschen im Zuge der Industrialisierung einen Zugang zu künstlich-technischen Lichtquellen erhielten.

Dieses Beispiel früherer Nachtaktivitäten macht deutlich, wie eng der Zusammenhang zwischen biologischen, verinnerlichten, tageszyklischen Rhythmen des Körpers und gesellschaftlicher Zeitordnung ist. Durch die Aufteilung des Tages in Arbeitszeiten und Ruhepausen beeinflussen gesellschaftliche Zeitordnungen nicht nur Schlafweisen, sondern bringen auch neue ‚natürliche' Muster hervor, das heißt, die Körper verändern allmählich ihren biologischen Schlafrhythmus. Die wohlhabenden Menschen, die sich mehr Licht in ihrem Haus leisten konnten und daher weniger von dem Körperhormon Melatonin produzierten, schliefen schon damals nur selten in Intervallen (Ekirch, 2006). Das Schlafverhalten der Armen dagegen änderte sich erst mit Einzug der industriellen Revolution und dem damit einhergehenden zeitlichen Produktivitätsregime, das sich an den Vorgaben der Fabrikuhr orientierte. Von daher überrascht es nicht, dass ab dem 19. Jahrhundert die Nacht vor allem den Künstlern, Dandies und Flaneuren gehörte, die sich gegen die Rationalisierungsbestrebungen des industriellen Zeitalters auflehnten und mithilfe von elektrischem Licht und Opium die sinnlichen und dunklen Aspekte der nächtlichen Freiheit für sich entdeckten.

Die Art und Weise, wie Menschen schlafen, ist nur ein Beispiel für das komplexe Verhältnis von Körper und Zeit. Ist der Körper lediglich zur Passivität verdammt und in die Zeit geworfen oder ist der Körper ein ‚Ort' der Zeit, der mit seinen spezifischen Rhythmen, hormonellen Prozessen und biologischen Veränderungen Zeit erzeugt? Hängt der Körper vom abstrakten Lauf der Zeit ab (wie metaphysische Klagen über die Vergänglichkeit des Lebens es nahelegen) oder kreiert und erweitert er vielmehr die Art und Weise der verschiedenen Zeitmuster und Zeitordnungen genau aufgrund seiner biologisch zeitlichen Fragilität, die der Philosoph Odo Marquard (Marquard, 2003) als die ontologische Lebenskürze beschrieben hat? Auf den ersten Blick wird der Körper durch Schlaf in einen passiven Zustand versetzt, er wird auf eine bestimmte Dauer ruhiggestellt. Schlaf ist jedoch ein temporaler Zustand, auf den der Körper nicht verzichten kann. In den Wachphasen kann der Körper sich aktiv zur Zeit verhalten, gegen sie ankämpfen, sie herausfordern, sie messen und anderweitig formen. Paradoxerweise werden Phasen des Schlafs so zunehmend als ‚verlorene Zeit' betrachtet. Von daher muss es nicht wundern, dass für Gesellschaften, in denen die Menschen an sieben Tagen der Woche 24 Stunden alles Mögliche unternehmen können und unsere Körper verschiedenen Arbeitsrhythmen, Mobilitäts- und Erreichbarkeitsanforderungen ausgesetzt sind, Schlafmangel symptomatisch ist. Für viele scheint die einzige Antwort auf diese enormen Ansprüche an ständige Aktivität und zeitliche Flexibilität das körperliche Versinken in der passiven Zeit zu sein, was häufig typischerweise in einer ‚Zivilisationskrankheit' unserer gegenwärtigen Zeit mündet: in der Depression – die mit dem Gefühl verbunden ist, seine Zeit vertan zu haben.

2   Individuelles Handeln im Umgang
mit gesellschaftlicher Zeitordnung

Die passive und aktive Beziehung des Körpers zur Zeit wird von sozialen und kulturellen Zeitpraxen und -konzeptionen beeinflusst. Sie bestimmen, wie Zeit dem Körper innewohnt oder wie der Körper der Zeit innewohnt. Jean-Paul Sartre (1956) hat
diesen zeitlichen Aspekt, dem das Subjekt (und sein Körper) immer unterworfen ist,
mit dem Konzept des „In-der-Situation-seins" erfasst. Der Mensch existiert immer
nur in einer bestimmten Situation, aber es steht ihm frei, die Bedeutung dieser Situation zu interpretieren. Sein Lebensentwurf ist in die Zukunft gerichtet, basiert aber
auf den Erfahrungen der Vergangenheit. So betrachtet, verhält sich der Mensch zur
gesellschaftlichen Zeitordnung, weil er über die Möglichkeit verfügt, zu handeln und
mit diesem Handeln auch seine Vergangenheit und damit den Lauf der Zeit zu verändern. Dennoch ist die aktive und tatsächliche Herstellung der Gegenwart, die dynamische Beziehung zur Zeit, immer in den Körper als ein Set von sozialen Praxen
und körperlichen Dispositionen eingeschrieben. Pierre Bourdieu (2006) hat darauf
aufmerksam gemacht, dass die individuelle Beziehung zur Zeit, d. h. die Freiheit, den
Zeitverlauf zu ändern, ihn infrage zu stellen, nicht die gesellschaftlichen Bedingungen von Zeitlichkeit und die vermeintlich unausweichlichen Zeichen der Zeit, die
diese auf unseren Körpern hinterlässt, ignorieren sollte.

Zeit ist nicht als etwas vorstellbar, das der Körper hat, sondern als etwas, das gemacht wird: Praxis stellt menschliche Zeit her. Um dem Verhältnis von Körper und
Zeit auf den Grund zu gehen, müssen die Widersprüche zwischen der individuellen und der gesellschaftlichen Zeitlichkeit berücksichtigt werden. Menschen können
zwar die Erfahrung teilen, über zu viel freie Zeit zu verfügen, die Bedeutung davon
hängt jedoch von den unterschiedlichen wirtschaftlichen und politischen Zeitordnungen ab, in denen sie leben. Ein gutes Beispiel hierfür ist Erwerbslosigkeit. Man
kann sie als eine Unterbrechung verstehen, als Auseinanderklaffen zwischen Erwartungen und Chancen, als Bruch zwischen der Gegenwart und dem, was noch vor
einem liegt. Wenn Menschen erwerbslos werden, können sie plötzlich „frei" über
unsere Zeit verfügen. Aber der Umstand, dass sie Zeit haben, stärkt nicht unbedingt
ihre Autonomie oder ihre Fähigkeit, die Zeit zu beeinflussen. Vielmehr ist mit dieser
„Freiheit" ein anderer Modus von sozialer Kontrolle und Disziplinierung der Körper
verbunden, den Iwor Southwood (2011) als den pausenlosen Kampf gegen die Trägheit bezeichnet hat. Überfluss an Zeit kann, so gesehen, auch zur Grundlage von Unterwerfung werden: Die Mächtigen sind es, denen es freisteht, andere auf sich warten
zu lassen.

In ihrem inzwischen fast klassisch zu nennenden Monolog *Waiting* (1972) hat
Faith Wilding, eine feministische Performance-Künstlerin, aufgezeigt, wie eine solche gesellschaftliche Verteilung von Zeit die temporalen Erfahrungen und Wahrnehmungen der Geschlechter bestimmt: In ihrem Monolog kondensiert sie das gesamte
Leben einer Frau in einen monotonen Zyklus des Wartens auf irgendetwas oder ir-

gendjemand. Unterschiede bei der Verfügungsgewalt über die eigene Zeit korrespondieren also mit gesellschaftlichen Ausgrenzungen und Ungleichgewichten (auch rassistischen) und finden ihren Ausdruck etwa in stereotypen Vorstellungen von dem Anderen als faul oder als jemand mit zu viel freier Zeit. Diese diskursiven Zeitregimes befördern die Unterwerfung unter unterschiedliche Formen gesellschaftlicher Zeitordnungen und grenzen Menschen zum Beispiel aus Wirtschaftskreisläufen aus, weil sie den zeitlichen Dynamiken von bestimmten Produktionsregimen nicht entsprechen können.

3   Die zeitliche Synchronisation der Körper

Die Zeit eines einzelnen Körpers ist zutiefst eingebettet in die soziale Zeit. Daher ist jede körperliche Präsenz ein Ergebnis der Aushandlung der widersprüchlichen und komplexen Simultaneität mit anderen Körpern. Es hat sich gezeigt, dass in der Moderne Synchronisation zum wichtigsten Organisationsprinzip bei der körperlichen Sozialisierung und der Verbreitung körperlicher Praxen geworden ist, ermöglicht durch spezifische technologische und wissenschaftliche Entwicklungen, die die Grundlagen der Gesellschaftsorganisation verändert haben. Mit der industriellen Revolution hat sich die Uhr als die maßgebliche temporale Maschine, die die gesellschaftliche Zeit des Körpers bestimmt, durchgesetzt. Damit einher ging eine bis dahin beispiellose Rationalisierung und Strukturierung der biologischen Körpermuster. Die Zeit des Körpers war überaus eng gebunden an die gesellschaftliche Organisation der Arbeitszeit und die klare Trennung zwischen Arbeit und Freizeit. Heute, im postindustriellen Zeitalter, lässt sich eine Entwicklung der Arbeitszeit beobachten, die nicht länger von der Rationalität der Uhr bestimmt wird, sondern bei der ständig neue temporale Arrangements und Möglichkeiten der Manipulation ausgetestet werden. Es kommt nicht mehr länger wie in fordistischen Produktionsstrukturen auf eine möglichst strikte Synchronisation der arbeitenden Körper mit der Maschine an, die die abstrakten rationalen Rhythmen der Maschinen internalisieren mussten. Vielmehr sind die Körper in postfordistischen Produktionsweisen nunmehr mit einer Vielfalt von temporalen Optionen konfrontiert, die das Ergebnis von Globalisierungsprozessen sind und den derzeitigen Stand der technischen und wissenschaftlichen Organisation der Arbeits- und Lebenswelt widerspiegeln. In postindustriellen Gesellschaften sind die von der Erwerbsarbeit vorgegebenen zeitlichen Modalitäten tendenziell auf alle Lebensbereiche übertragen worden (Hoffman 2011: 141). Es geht nicht länger um die Rationalisierung der Zeit des Körpers und um die Herstellung von Simultaneität in Bezug auf andere Körper, sondern um das Experimentieren mit der Zeit: Postindustrielle Körper sind ständig gefordert, die Zeit zu strecken, auszudehnen, zu verschieben, zu beschleunigen oder zu entschleunigen. Zeit wird als eine Reihe von Ablenkungen wahrgenommen, als äußerst fragmentiert und grenzenlos flexibilisiert. Das derzeitige gesellschaftliche Zeitregime verlangt, ständig über Möglichkeiten in der Zukunft nachzudenken und diese zu planen. Man ist dauernd damit beschäftigt, in die Zeit zu investieren, die noch vor einem liegt. Sich rasant entwickelnde Kommunikations- und Netzwerktechnologien bestimmen dabei zunehmend den sozialen Aushandlungsprozess in Bezug auf das körperliche Zeitregime und haben einen großen Einfluss darauf, wie Körper gesellschaftlich synchronisiert und zeitlich mobil gehalten werden. Auf diese Weise werden auch kulturelle und wirtschaftliche Formen der Dominanz gestärkt.

4   Zeit als biopolitische Machtstrategie

Diese neuen postindustriellen temporalen Dynamiken stehen im Zentrum der biopolitischen Kontrolle des Körpers, die das Subjekt dazu verpflichtet, eigenverantwortlich mit seiner Zeit umzugehen und alle möglichen Maßnahmen zur gesundheitlichen, ökonomischen und sozialen Optimierung zu ergreifen und auszuprobieren. Das ist die Zeit-Dynamik des Körpers des *homo economicus* (Foucault 2010), bei der Zeit etwas ist, in das sich investieren und mit dem sich manipulieren und spekulieren lässt. Die selbstverantwortlich über ihre Zeit verfügenden Menschen werden darauf trainiert, ihre Körper ständig zu kontrollieren und sie in Kapital zu verwandeln. Die gesellschaftliche Zeitordnung der postkapitalistischen Gesellschaft funktioniert dementsprechend paradoxerweise im Sinne einer radikalen Individualisierung von Zeit. Selbst wenn es gelänge, die körperlichen Rhythmen mit den Anforderungen an Netzwerkprozesse, an die logistische Zugänglichkeit und die globalen Mobilität zu synchronisieren bleibt die wichtige Frage: Wie gewinnt man Zeit, die für die Herbeiführung von Wandel benötigt wird ebenso wie für Solidaritätsbildungen, für alternative Formen gesellschaftlicher Aushandlung sowie für Prozesse der Imagination?

Die postindustrielle Dynamik der gesellschaftlichen Zeit erweist sich damit erneut als eine komplexe Beziehung zwischen Zeitmangel und Zeitüberfluss, die seit den 1990er Jahren vor allem zwei Haltungen beobachten lässt: eine Position, die die Zeit des Körpers ‚verlangsamen‘ will, und eine zweite Sichtweise, die Ablenkung, Fragmentierung und Beschleunigung von Zeit als Potenzial begreift und dies nicht als Machtstrategie dämonisiert. Dies ist jedoch ein weiterer Hinweis darauf, wie sehr die Zeitlichkeit des Körpers sowohl im Zentrum gegenwärtiger politischer, sozialer und ökonomischer Machtstrukturen steht als auch in den verschiedenen Formen des Widerstands dagegen.

Übersetzt aus dem Englischen von Britta Grell, ergänzt durch Gabriele Klein

Literatur

Adam, Barbara: *Time*, Polity Press, Cambridge 2004.

Bourdieu, Pierre: *The Logic of Practice*, Stanford University Press, Stanford, California 1990.

Bourdieu, Pierre: *Pascalian Meditations*, Stanford University Press, Stanford, California 2006.

Couzens Hoy, David: *The Time of Our Lives, A Critical History of Temporality*, The MIT Press, Cambridge/London 2012.

Ekirch, A. Roger: *In der Stunde der Nacht. Eine Geschichte der Dunkelheit*, Lübbe Verlagsgruppe, Bergisch-Gladbach 2006.

Hoffman, Eva: *Time*, Profile Books, London 2011.

Foucault, Michel: *The Birth of Biopolitics*, Lectures at the Collège du France, Picador, New York, 2010.

Marquard, Odo: „*Zeit und Zeitlichkeit*", *Zukunft braucht Herkunft: Philosophische Essays*, Reclam, Stuttgart 2003.

Pirani, Bianca Maria/Smith, Thomas S.: *Body and Time, Bodily Rhythms and Social Synchronism in the Digital Media Society*, Cambridge Scholars Publishing, Cambridge 2013.

Sartre, Jean-Paul: *Being and Nothingness: A Phenomenological Essay on Ontology*, Philosophical Library, New York 1956.

Southwood, Iwor: *Non-Stop Inertia*, Zero Books, Winchester/Washington D. C. 2011.

Weinrich, Harald: *Knappe Zeit: Kunst und Ökonomie des befristeten Lebens*, C. H. Beck, München 2005.

Theoretische Perspektiven

Anthropologie

Joachim Fischer

1 Philosophische Anthropologie als Theorieprogramm in körpersoziologischer Perspektive

Anthropologie als Disziplin der Moderne bewegt sich zunächst immer im Spektrum zwischen den extremen Polen der Ethologe und der Ethnologie, zwischen evolutionärer Anthropologie/biologischer Anthropologie einerseits und Kultur-/Sozialanthropologie andererseits – kurz: zwischen Darwin und Foucault. Bereits Kant hatte diesen Dualismus in seiner Anthropologie eingeführt, wenn er strikt eine „physische Anthropologie" von einer „pragmatischen Anthropologie" unterschied: „Die physiologische Menschenkenntnis geht auf die Erforschung dessen, was die Natur aus dem Menschen macht, die pragmatische auf das, was er als freihandelndes Wesen aus sich selber macht oder machen kann und soll" (Kant 1980, S. 3).

Im *philosophisch*-anthropologischen Diskurs, der sich in den 20er Jahren des 20. Jahrhunderts zeitgleich zur Existenzphilosophie, zur Kritischen Theorie der Gesellschaft und zum Neopositivismus des Wiener Kreises gründet, ist es wichtig, heuristisch scharf zwischen der *philosophischen Anthropologie* (kleingeschrieben) als einer *Disziplin* (einem Fachgebiet) und der *Philosophischen Anthropologie* als einem *Paradigma* (einem Denkansatz) zu unterscheiden. Die Disziplin philosophische Anthropologie rückt den Menschen als *Thema* in den Fokus der Philosophie und der Wissenschaften (alternativ zu Erkenntnis, Moral, Sein etc. als den bisherigen Schwerpunktthemen); das Paradigma Philosophische Anthropologie hingegen, wie es sich in den Werken von Max Scheler, Helmuth Plessner, Arnold Gehlen, Erich Rothacker, Adolf Portmann bildet, schlägt ein spezifisches *Verfahren*, einen charakteristischen Zugriff vor, um einen adäquaten Begriff der komplexen menschlichen Lebenswelt zu erreichen (Fischer 2009). Dieses spezifisch philosophisch-anthropologische *Verfahren* der Menschen-Begriffsbildung – gipfelnd in der Kategorie der „exzentrischen Positionalität" – ist es, das seit der zweiten Hälfte des 20. Jahrhunderts mit einem erheblichen Effet empirische Forschungen in den Sozial- und Kulturwissenschaften bis heute stimuliert hat.

Dieses Paradigma lässt sich nun als der Versuch begreifen, den cartesianischen, kantischen Dualismus zwischen physiologischer bzw. biologischer Anthropologie *oder* kultureller bzw. historischer Anthropologie elegant zu handhaben – ihn zu entkräften. Entscheidend bei der Operation ist, den Naturalismus/Darwinismus als modernste Aufklärung über den Menschen ebenso ernst zu nehmen wie den Kulturalismus, der den philosophisch-anthropologischen Denkpionieren in Gestalt von neukantianischem Konstruktivismus und Diltheyscher Hermeneutik vor Augen stand. In der evolutionsbiologischen Aufklärung (wider alle theologische Schöpfungstheorie) wird ja der ‚Körper' des Menschen in seiner naturalen Dynamik zum zentralen Bestandteil der modernen Theorie, während umgekehrt – gegenzügig – Diltheys hermeneutische Programmatik den sogenannten ‚Menschen' einschließlich seines Körpers als durchgängig abhängige Größe seiner durch Epochen und Kulturen *variablen* Welt- und Menschen- und Körper*bilder* – seiner Konstruktionen – aufzuklären sucht. *Philosophische Anthropologie* erfindet sich nun als originäres Paradigma, indem sie sich theorietechnisch tief auf die Natur, die lebendige Natur noch vor dem Menschen einlässt (in einer selbst verantworteten philosophischen Biologie des kontrastiven Pflanzen-/Tier-/Mensch-Vergleichs), um *dadurch* den unhintergehbaren Stellenwert der Kultur, die Funktion der Soziokultur für spezifisch menschliche Lebensführungen freizulegen.

Philosophische Anthropologie als ein solcher charakteristischer Denkansatz bildet sich in der „Kölner Konstellation" (Fischer) seit 1922 zwischen Scheler und Plessner aus und setzt sich später in den 1930er Jahren zwischen Rothacker und Gehlen und dann zwischen Gehlen und Plessner als ein rivalisierendes Kommunikationsnetz fort. In den 1940er Jahren stößt noch der Baseler Zoologe Adolf Portmann zu der Denkergruppe und wird mit seiner biologische und neurologische Forschung aufarbeitenden „basalen Anthropologie" eine zentrale Bezugsgröße des Paradigmas.

Man kann die charakteristische Argumentationsstruktur der Philosophischen Anthropologie in Variationen bei Scheler, Plessner, Gehlen und Portmann erkennen, aber gegenwärtig auch z. B. bei Michael Tomasello, in dessen kontrastiven Vergleichsforschungen zu jungen Schimpansen und Menschenkindern neuerdings eine (indirekte) Paradigma-Erneuerung vorliegt (Tomasello 2002). Am prägnantesten ist die originäre Theorietechnik in der Kategorie „exzentrische Positionalität", die Plessner (1965 [1928]) für das Komplexphänomen „Menschen im Kosmos" (Scheler 1976 [1928]) vorgeschlagen hat. Alle Dinge überhaupt befinden sich in einer „Position", nehmen eine Raum-Zeit-Stelle ein. Im Unterschied zum unbelebten Ding, das – wie der Stein oder die Wolke – mit einem scharfen oder unscharfen Rand aufhört, gehört dem „lebendigen Ding" sein Rand als „Grenze" an, über die es konstitutiv auf eine Umgebung bezogen ist. Im Unterschied zum unbelebten Stein, der bloß in einer raumzeitlichen Position ist, nennt Plessner belebte, also „grenzrealisierende Dinge" oder Organismen „Positionalitäten" – sie erhalten nämlich ihre Raum-Zeit-Position vital in einem Umfeld aufrecht. Das *lebendige* Ding entfaltet sich also in Korrelativität zu seiner je spezifischen Umwelt, gleichsam als System-Umweltverhältnis. Das le-

bendige Ding, der vitale Körper ist *sowohl physisch wie psychisch* („psychophysisch
neutral") und damit ein eigengesetzliches Phänomen, das sich als solches auch bereits an seiner Erscheinungsoberfläche, im „Ausdruck" seiner Grenzfläche zeigt; Positionalitäten zeigen per se Expressivität (Scheler) und sind in diesem gestalthaften
Erscheinen im Lichtfeld (Portmann) präsozial disponiert. Durch den kontrastiven
Pflanze/Tier/Mensch-Vergleich wird nun eine nicht-teleologische Stufentheorie des
Lebendigen rekonstruiert, die Typen des Organismus-Umwelt-Verhältnisses charakterisiert. Inspirierend war hier die Kreativitätstheorie des Lebendigen, wie sie Henri
Bergson in seinem Werk „Schöpferische Evolution" (1907) in Auseinandersetzung
mit der darwinistischen Anpassungstheorie versucht. Pflanzen nennt der philosophische Biologe Plessner „offene Positionalitäten" (dabei an die ausgestreckten Blätter
und Wurzeln denkend), alle Tiere „geschlossene Positionalitäten" (weil sie im Verhältnis zur Umwelt in eine Haut und in ein Hirn eingefaltet sind). Innerhalb dieser
„geschlossenen Positionalitäten" kennzeichnet Plessner nun die Wirbeltiere, Säuge-
tiere einschließlich der Menschenaffen als „zentrische Positionalitäten": Gemeint ist,
das es sich um auf ihre Interessen bezogene, intelligente Lebewesen mit Graden von
Bewusstsein handelt, die intentional und frontal zu ihren jeweiligen Artgenossen
eingestellt sind und mit ihnen expressiv und gestisch kommunizieren. Hier sind die
Schimpansen mit ihrem intelligenten Werkzeug- und Sozialverhalten eingeschlossen. Auch die höchst entwickelte „zentrische Positionalität" der Schimpansen lebt
aus dem natürlichen Ort der Mitte ihres Körpers, die sie nicht bemerkt. Jetzt wird
klar: mit dem Begriff „ex[/]zentrische Positionalität" soll der Bruch in der Naturgeschichte markiert werden, der den Menschen als *das* Lebewesen auftreten lässt, dass
die zentrische Einkapselung transzendiert – das deshalb auf eine Kultur angewiesen
ist und sich dem Gesehen- und Bestimmtwerden aus einer „Mitwelt" aussetzt. Entscheidend für das gesamte Verfahren ist der *kontrastive* Tier-/Mensch-Vergleich. Im
Unterschied zur Darwinschen Evolutionsbiologie, die auf die Kontinuität alles Organischen achtet und für die der Unterschied zwischen Tier und Mensch bei allen Differenzen nur ein *gradueller* der Natur sein kann, konstatieren die Philosophischen
Anthropologen auf dem Niveau des menschlichen Lebens eine Diskontinuität, einen
Bruch – einen „Abstand im Körper zum Körper" (Plessner). In diesem (Durch-)
Bruch zur „Weltoffenheit" (Scheler), deren überschießende Komplexität diese Lebewesen nun wiederum sinnhaft reduzieren müssen, um zu leben, wobei sie zur Stabilisierung jeder sinnhaften Ordnung auf den sensomotorischen Körper verwiesen bleiben – das ist die körpersoziologische Anschlussstelle.

Der Mensch ist das Lebewesen, das von Natur aus die Intentionalität der zentri-
schen Positionalität transzendiert – überschreitet –, wie auch in Tomasellos „Zeigegeste" (als Monopol menschlicher Lebewesen) konkret gezeigt wird (die die klas-
sisch-modernen Philosophischen Anthropologen so nicht in ihrer Relevanz erkannt
haben). Mit der „Zeigegeste" als menschliches Monopol lässt sich der Schlüsselbe-
griff der „exzentrischen Positionalität" für den Menschen *plastisch* erläutern. *Erstens*:
Exzentrisch ist ein neuartiges Lebewesen in der Naturgeschichte, das von seiner Po-

sition aus weg-, fortzeigen kann, sich auf etwas außerhalb seiner selbst, auf eine Sache hin überschreiten kann, indem es auf sie als dingliches Objekt zeigt. *Zweitens:* Exzentrisch meint, aus der eigenen Position sich virtuell in das Zentrum des Anderen gegenüber versetzen zu können, gleichsam intersubjektiv hinüberspazieren zu können und vom Zentrum des Anderen aus, von seinen Einstellungen und Absichten aus sehen zu können – die gezeigten gemeinsamen Sachen, aber auch sich selbst. Und *drittens* schließlich: Das eigentliche Zentrum zwischen exzentrisch positionierten Lebewesen verlagert sich an einen dritten Ort, von dem her sich diese Lebewesen verstehen, auslegen und steuern: Hegel nennt das den „objektiven Geist", Plessner die „Mitwelt" (shared world), Gehlen die „Institution", Tomasello nennt es die „shared intentionality". Die Zeigegeste dreht sich hier also gleichsam um: Die Institution der gemeinsamen Wir-Intentionalität zeigt vom dritten Ort der Sozio-Kultur her auf jedes von uns menschlichen Lebewesen, fordert ihn zur Kooperation auf, weist ihn zurecht, teilt ihn ein, ermutigt ihn.

Exzentrisch positioniert ist also das Lebewesen, das strukturell in Distanz zu seiner eigenen Körpermitte gerät, ohne sie verlassen zu können. „Positionalität" und „Exzentrizität" sind (wie bei Scheler „Leben" und „Geist") bei Plessner zwei Prinzipien, deren Aufeinanderverwiesensein den Menschen ausmacht. Dieses Lebewesen findet sich als Umschlagsverhältnis von „leibhaftem Körpersein in Körperhaben" (Plessner 1983 [1961], S. 56) vor. „*Leibhaftes Körpersein*" (bzw. „Leibsein") meint: Die Natur, der Körper hat uns – das menschliche Lebewesen ist in seiner Körperlichkeit „eine Größe der Natur, ihren Schwerkrafts- und Fallgesetzen, ihren Wachstums- und Vererbungsgesetzen [...] unterworfen, bluthaft bedingt", den „Gewalten der Triebe" ausgesetzt. (Plessner 1981 [1931], S. 225). Man darf die naturphilosophische Grundierung der Philosophischen Anthropologie, gerade bei Plessner, nicht unterschlagen – sie trägt als „Positionalität" auch die Kategorie „exzentrische Positionalität". Wegen der strukturellen, exzentrischen Distanz zur Mitte des „leibhaften Körperseins" eröffnet sich zugleich die Disposition des „*Körperhabens*", die Notwendigkeit und „Chance, sich in und mit seinem Körper zugleich zurechtzufinden": In der selbst angeeigneten Körperbeherrschung, im Haben des Körpers in der Aufrichtung, im geschickten Greifen und Gehen in der Umwelt ist das menschliche Lebewesen zur „Verdinglichung des eigenen Leibes" von ontogenetischen und stammesgeschichtlichen Anfängen her verdammt (vgl. Plessner 1983 [1961], S. 57).

Die gebrochene Struktur eines solchen Lebewesens zwischen „leibhaftem Körpersein und Körperhaben" muss tätig bewältigt werden. Plessner hat für die Situation eines so positionierten Lebewesens „anthropologische Grundgesetze" formuliert, die alle einen sozialen Index haben: „natürliche Künstlichkeit", „vermittelte Unmittelbarkeit", „utopischer Standort". Solche in sich gebrochene Lebewesen (Nietzsches „nicht festgestelltes Tier", Gehlens „Mängelwesen") müssen ihre Existenz durch künstliche Konstruktionen bewältigen, die ihnen gegenüber ein Eigengewicht gewinnen: Werkzeuge, Sprache, Institutionen. Da die Struktur der „exzentrischen Positionalität" (Plessner) sich als „extrauterines Frühjahr" (Portmann) verzeitlicht, in der Ontogenese der konstitutionell zu früh geborenen menschlichen Neuankömmlinge, legen Gesellschaften die „antriebsüberschüssigen" (Gehlen) und weltoffenen Körper (Scheler) (im Verhältnis zu sich selbst und zu anderen) fest: Die *unmittelbare* vitale Körperlichkeit ist immer schon „*vermittelt*", sie ist „beim Menschen in eine umfassenderes Gefüge [der Person, der Soziokultur] eingeschmolzen und mit der Dimension seiner Sprachfähigkeit und Abstraktionsgabe so verwoben, dass schon im normalen menschlichen Verhalten die rein vitalen Funktionen: Schlafen, Ernährung, Verdauung, Begattung, Orientierung, Schutz- und Abwehrreaktionen gegenüber den entsprechenden Funktionen auch der nächst verwandten Tier *anders stilisiert* sind." (Plessner 1983, S. 50; Kursivierung JF). Umgekehrt werden die Konstruktionen der Gesellschaften aber von der Antriebsüberschüssigkeit der menschlichen Körper getragen und überschritten, bleiben in allen ihren künstlichen Konstruktionen auf die Präsenz des naturdynamischen Körpers verwiesen. Für die „Conditio humana" (Plessner) gilt das Dreieck zwischen leibhaftem *Körpersein* (mit der evolutionär-natürlichen Expressivität), *Körperhaben* (die unhintergehbar *individuelle* Durchherrschung des eigenen Körpers) und die *Leib-Körper-Vermitteltheit* im Umweg über die je stützende Sozialität.

Philosophische Anthropologie hat sich zu einem wirkungsträchtigen Paradigma der Sozial- und Kulturwissenschaften in der zweiten Hälfte des 20. Jahrhunderts entwickelt – trotz der internen Rivalitätskommunikation zunächst zwischen Scheler und Plessner, dann Plessner und Gehlen (vgl. Fischer 2009). Lag bereits bei Scheler eine fachliche Kombination von Philosophie und Soziologie vor, so wurde diese „Soziologisierung des Wissens vom Menschen" (Rehberg) verstärkt durch den nahezu parallelen Übergang von Plessner und Gehlen zu soziologischen Lehrstühlen der neuen Bundesrepublik. Vor allem eine damals jüngere Generationen von bundesrepublikanischen Soziologen wie z. B. Helmut Schelsky, dem maßgebenden Soziologen seiner Generation (vgl. Wöhrle 2014), Hans Paul Bahrdt, Heinrich Popitz, Dieter Claessens, Friedrich Tenbruck haben aus philosophisch-anthropologischen Denkmotiven ihre „Suche nach Wirklichkeit" (Schelsky) aufgebaut und die deutsche Soziologie des 20. Jahrhunderts (v. a. der zweiten Hälfte) mitgeprägt. Auch Peter Berger und Thomas Luckmann haben in der „Gesellschaftlichen Konstruktion der Wirklichkeit" (1969) bei ihrer Rekonstruktion des sinnhaften Aufbaues der sozio-kulturellen *Lebenswelt* (Schütz) mit Plessner und Gehlen die weltoffene sinnliche *Welt des Lebendigen* zugrunde gelegt, um die vitale Ausgangsdynamik jeder sinnhaften „gesellschaftlichen Konstruktion" in den Blick zu bekommen. Und nicht nur Jürgen Habermas (1958) fand als Schüler von Erich Rothacker den Initiativpunkt für eine (sprach-) anthropologische Grundlegung einer erneuerten kritischen Theorie in der Philosophischen Anthropologie. Auch der von Schelsky geförderte Niklas Luhmann hat sich in der Formationsphase seiner „Theorie sozialer Systeme" (als sinnhafte Reduktion von Weltkomplexität) dezidiert auf dieses anthropologische Theorieprogramm bezogen: „Überhaupt trifft die hier skizzierte Theorie sozialer Systeme sich in wesentlichen Punkten mit einer anthropologischen Soziologie, welche die ‚Weltoffenheit' und die entsprechende Verunsicherung des Menschen zum Bezugspunkt von (letztlich funktionalen) Analysen macht: Siehe auch Helmuth Plessner, Conditio humana, Pfullingen 1964." – So Luhmann in seinem Schlüsselaufsatz „Soziologie als Theorie sozialer Systeme" (1967, S. 614–655).

Obwohl eine spezifisch deutsche Theoriebildung, trägt die Philosophische Anthropologie durch die deutsche Erstrezeption internationaler Denkrichtungen und ihrer Autoren (Bergson, G. H. Mead, Lévi-Strauss, Goffman) und durch die erstmalige Rückbindung deutscher Theorieemigranten (Elias, Schütz) in den deutschen Wissenschaftsraum zur Europäisierung und Internationalisierung der deutschen Soziologie bei. Eine partielle Familienähnlichkeit mit Denkmotiven des amerikanischen Pragmatismus (Dewey, Mead) wurde bereits von Scheler gesehen und dann seit den 1940er Jahren von Gehlen und Schelsky offensiv vorgetragen. Auch erste Komplementärbezüge zur Leibphänomenologie von Merleau-Ponty wurden von Plessner und F. J. J. Buytendijk erkannt. Mit ihrer starken Präsenz in der Soziologie der 1950er und 60er Jahre bildet die Philosophische Anthropologie als soziologische Theorie eine dritte Position zwischen der neomarxistischen Frankfurter Schule (Horkheimer/ Adorno) und der Kölner Schule der strukturfunktionalistisch gerahmten empirischen Sozialforschung (R. König/E. Scheuch), sowohl in der Konstitution der Soziologie als Disziplin wie hinsichtlich einer ‚intellektuellen Gründung‘ der Bundesrepublik Deutschland als moderner Gesellschaft. Kam es in der Epoche des *linguistic turn* seit den 1970er Jahren zu einer zeitweisen Körpervergessenheit in der Soziologie und damit auch zu einer abgeschwächten Präsenz des Paradigmas, so hat – trotz der von vielen Seiten vorgetragenen Anthropologie-Kritik, gerade auch neomarxistischer, neodarwinistischer und poststrukturalistischer Provenienz –, die Forschung seit zwei Jahrzehnten aus verschiedenen Gründen erneut an das Theorieprogramm der Philosophischen Anthropologie angeknüpft.

2 Empirische Treffer der Philosophischen Anthropologie in der Soziologie

Die philosophisch-anthropologisch inspirierte Soziologie hat in einer Fülle von Studien, die sich zunächst *avant la lettre,* dann explizit als Körpersoziologie lesen, verschiedene Themenfelder durchdrungen: Technik und Industriearbeit, Sport, Rollenhaftigkeit, Sexualität, Familie und Sozialisation, Gewalt und Macht, Stadt und gebaute Öffentlichkeit, symbolische Formen der Sprache, der Musik und der modernen bildenden Kunst; Weltraumfahrt, Ökologie, Roboter und Cyborgs. Leitkategorien sind „leibhaftes Körpersein" und „Körperhaben", Situation, Antriebs- und Reizüberschuss, Habitualisierung, Entlastung, Künstlichkeit, Institution, Öffentlichkeit, Rolle, Urbanität, Kompensation und Ausgleich, Distanz und Resonanz, Verkörperung. Durch anthropologische Prämissen hindurch geht es dieser Forschung nicht so sehr um ein genuin kritisches, sondern um ein sachliches Verhältnis zur krisenhaften Moderne. Insofern tritt die Philosophische Anthropologie auch gesellschaftstheoretisch auf –

als eine kritische Ausgleichs- und Kompensationstheorie der zu Radikalisierungen und Extremismen neigenden komplexen Moderne. Diese Erprobungen, die Treffer der Philosophischen Anthropologie hinsichtlich der körpergebundenen, soziokulturellen Wirklichkeitsordnung sollen im Folgenden bündig angerissen werden.

Es überrascht nicht, dass eine soziologische Theorie, die das Verhalten zum und mit dem Körper in allen Verhältnissen, gerade auch in denen der Moderne, in den Mittelpunkt rückt, *Technik und Arbeit* als zentrale Dimensionen menschlicher Vergesellschaftung behandelt. Von Natur aus imperfekte Körper, stabilisieren sie sich von archaischen Anfängen an nur durch die Erfindung von Artefakten, die als „Organersatz" (Kleider für fehlendes Fell, Waffen für fehlende Tatzen), „Organentlastung" (Wagen für das Laufwerk), „Organüberbietung" (Faustkeil als Überbietung der schlagenden Hand; Flugzeug als Überbietung der Motorik) fungieren (Gehlen 1961). Die Anthropogenese selbst ist der „Aufbruch zur artifiziellen Gesellschaft" (Popitz 1995). Inhaltlich und methodisch wegweisend für die bundesrepublikanische Soziologie nach 1945 wurde die arbeits-, maschinen- und industriesoziologische Doppelstudie über die Stahlindustrie im *heart of darkness* der Bundesrepublik Deutschland, die Heinrich Popitz und Hans Paul Bahrdt im Ruhrgebiet der 1950er Jahre unternehmen (*Technik und Industriearbeit* 1957). Gegen das Klischee von den arbeitenden Körpern als Rädchen im Getriebe dokumentieren sie in sorgfältigen Betriebsbeobachtungen der Arbeitsabläufe, wie bei den Industriearbeitern intelligent habitualisierte Körperbeherrschung am Fahren von und mit Maschinen eingefügt ist in soziale Kooperationsgefüge. Gehlens anthropologische Kategorien der menschlichen Körperbeherrschung, „Habitualisierung" und „Entlastung", sind für die Analyse leitend. Auf der Basis dieser phänomenologischen Situationsbeobachtungen und -beschreibungen zu *Technik und Industriearbeit* führen sie ausführliche Interviews mit den so in ihrer Körperarbeit ernst genommen Industriearbeitern zum ‚Gesellschaftsbild der Arbeiter', zu ihren Einstellungen und Selbsteinordnungen, aus denen sie hermeneutisch eine Typologie von Selbstverortungen der Arbeiterschaft in der Sozialstruktur ermitteln. Als dominant erweist sich in den industriellen Modernen gerade nicht eine revolutionäre Gesinnung, sondern das kollektive Selbstbewusstsein der Industriearbeiter, dass ihr habituell geschickter Körpereinsatz im Fahren von Maschinen im Gefüge der Artefakte und Kooperationen die gesamte Produktion, auch die Tätigkeiten der Angestellten – und damit die gesamte Gesellschaft – trägt und deshalb gebührende Mitberücksichtigung verlange – z. B. in Gestalt der „Mitbestimmung" bei den Arbeitsbedingungen.

Aber die körpersoziologische Reichweite der Philosophischen Anthropologie geht weit darüber hinaus. Die Aufgabe einer „Ästhesiologie des Leibes" hat Plessner insgesamt dahingehend bestimmt, „die spezifischen Konkretisierungsmodi der Verleiblichung unseres eigenen Körpers zu erkennen, eine Realisierung besonderer Art, von einerseits elementarer, andererseits kultivierbarer Bedeutung, die für kein Kulturmilieu als eine bloß biologische Angelegenheit abzutun ist." Das Feld reiche „von der schauspielerischen und tänzerischen Verkörperung bis zur verhüllend-enthüllen-

den Betonung durch Anzug und Schmuck, von den Eß- und Trinksitten bis zu den
Konzentrationstechniken der Selbstbeherrschung und Entkörperung, vom simpels-
ten Spiel bis zum spezialisierten Sport" (Plessner 1985 [1956], S. 147–155). Plessner
und sein Schüler Christian Graf von Krockow etablieren die bundesrepublikanische
Sportsoziologie, in der sie den *Sport* mit seinem aufs Spiel gesetzten, im Wettbewerb ins Spiel gebrachten Körper als Resonanz- und zugleich Kompensationsphä-
nomen der industriegesellschaftlichen Leistungsmoderne analysieren. Für die von
Technik und hochspezialisierter, bereits intellektualisierter Arbeitsteilung bestimmten industriellen, von Bürokratie und Verkehrsmobilität charakterisierten „städti-
schen Gesellschaft" bildet der Sport eine „Ausgleichsreaktion", die zugleich das ge-
sellschaftstypische Leistungsprinzip offenen Wettbewerbs spiegelt: Wo die Technik
und Berufsspezialisierung die „leibhafte, körperliche Gesamtexistenz des Menschen"
irritiert, stattet der Sport als „Resublimierung" Triebenergien in der Gestalt der Körperkultur zurück; wo die Anonymität der Industriegesellschaft das individuelle Verlangen nach öffentlichem Gesehenwerden und Anerkennung beeinträchtigt, kehrt im
sportlichen Wettbewerb das öffentliche Gesehen- und Bewundertwerden der einzelnen konkreten Person – vor allem über massenmediale Identifikation laufend – zurück; wo die Hochspezialisierung in den jeweiligen Berufen tendenziell nur für die
Spezialisten verstehbar ist, wird ‚Leistung' in der sportlichen Gewandtheit des disziplinierten körperbetonten Wettkampfes wieder allgemein nachvollziehbar. Der Sport
fungiert über den „körperlichen Wettkampf" insgesamt als ein eigener Integrations-
mechanismus der modernen abstrakten Arbeitsgesellschaft, ihr Gegenbild, das sie
zugleich – auch mit den sportlichen Tugenden des Teamgeistes, des *fair play* zwischen Sieger und Verlierer (das die entfaltete Aggressivität bindet) – in ihrer unend-
lichen Auf- und Abstiegsmobilität stützt.

Noch vor der Gesellschaftsanalytik (Technik und Industriearbeit; Sport) hat die
Philosophische Anthropologie eine Sozialtheorie generiert: eine Art *Interphäno-
menalitätstheorie von Sozialität* überhaupt, das rollenhafte Erscheinen der Akteure
voreinander im Medium der in ihrer Erscheinung, Haltung, Bewegung stilisierten
Körper. Ausgangspunkt ist, dass die exzentrische Positioniertheit für solcherart dis-
ponierte Lebewesen eine Art doppelte „Unergründlichkeit" (Plessner) im Verhältnis
zueinander mit sich bringt, eine „doppelte Kontingenz" (Luhmann), die im Verkehr,
im Umgang nach der Künstlichkeit der „Masken" und „Rollen" verlangt, durch deren „Darstellung" menschliche Lebewesen überhaupt selektiv voreinander erscheinen können, um sich in dieser Entfremdung zugleich voreinander zu verschonen
(vgl. Plessner 1983 [1961]). Als Problemlösungen für das soziale Verhältnis menschlicher Lebewesen zu- und voreinander werden „soziale Rolle" (Plessner) und „Institution" (Gehlen) ausgezeichnet. Nur im Umweg über die „Verkörperung" von Rollen
und Institutionen können sich solche instabilen, unergründlichen Lebewesen sichern
und entfalten – für sich selbst, voreinander. Nimmt man den jeweiligen Leib als ein
„Ur-Kleid" (Plessner), dann ist die philosophisch-anthropologische Sozialtheorie eine
Kleidertheorie des Menschen – artifizielle Kleider oder Masken sind die expressiv-

stilisierten Medien, durch die menschliche Lebewesen voreinander erscheinen und sich in sozialen Situationen schauspielend zu nehmen wissen – zugleich bleibt ihnen als Masken- und Rollenträger ein reservierter Spielraum hinter den Masken und Rollen. Wie kein anderer Theorieansatz haben sich die anthropologischen Soziologen in der „Rollendebatte" Anfang der 1960er Jahre engagiert, weil sie hier um ihr analytisches Instrumentarium fochten. In dieser Debatte um den begrifflichen Status des *Homo sociologicus* haben sich maßgeblich die philosophisch-anthropologisch inspirierten Soziologen beteiligt und untereinander erneut erkannt (Plessner, Popitz, Gehlen, Claessens, Schelsky, Bahrdt, Tenbruck). Die *Rollenkategorie* trägt die Spannung zwischen funktional differenzierter Gesellschaft und Theater. Mit dieser philosophisch-anthropologischen Sozialtheorie, die sich zusätzlich den symbolischen Interaktionismus z. B. von Erving Goffman anverwandelte, werden auch Pathologien des Rollenverhaltens thematisierbar (Hans Peter Dreitzel).

Moderne Philosophische Anthropologie ist zudem einer der Ansätze innerhalb der Körpersoziologie, der explizit und offensiv die Triebhaftigkeit, die besondere „Antriebsüberschüssigkeit" menschlicher Körper ins Zentrum der Vergesellschaftung rückt. Die Prominenz von Bedürfnis und Begehren, von Hunger und Konsumverlangen, von Sexualität und Eros, von Aggressivität und Gewalt, die die menschlichen Körper treiben, hat etwas damit zu tun, dass das Paradigma in seiner Formationsphase (bei Scheler und Plessner) nicht nur mit Marx und Nietzsche, sondern auch mit Freud in intensiver Auseinandersetzung stand. Helmut Schelsky schrieb in den 1950er Jahren mit *Soziologie der Sexualität* einen philosophisch-anthropologischen Klassiker, der ausdrücklich an Scheler, Plessner und Gehlen anknüpft (Schelsky 1955; vgl. Wöhrle 2014, S. 75–85). Die Sexualität mit ihrer spezifisch menschlichen Dauerbereitschaft (ohne Brunstzeiten), ihrer Plastizität, Promiskuität und Antriebsüberschüssigkeit verweist den Menschen par excellence auf „natürliche Künstlichkeit", auf eine „kulturelle Überformung" (Schelsky 1955, S. 230) dieses dynamischen Körperaspektes in den Gesellschaften. Schelsky akzentuiert die *Künstlichkeit* der sozialen Regulierung und Kontrolle der Sexualenergie, damit auch ihre kulturelle Kontingenz, wie er ausführlich im Rückgriff auf die nordamerikanische Kulturanthropologie (Malinowski, Margaret Mead) belegt. Gleichzeitig betont er die Verschiebbarkeit der instinktentsicherten sexuellen Energien auf nicht sexuelle Ziele, so dass es tendenziell zu einer Erotisierung der gesamten menschlichen Lebenswelt, von sozialen Situationen, Beziehungen, Gegenständen kommt. Besonders hebt er auf die artifizielle „Institutionalisierung und Standarisierung der Geschlechtscharaktere" ab, die kulturelle Stilisierung des Männlichen und Weiblichen, eine „soziale Superstruktur, die sich weit mehr aus den jeweiligen Gestaltungsprinzipien des jeweiligen kulturellen Gesamtgefüges als vom biologischen Unterschied der Geschlechter her ableiten lässt." Diese „soziale Differenzierung der Geschlechter" ist „immer nur zu verstehen aus dem geschichtlichen Zusammenhang des einzigartigen Werdens einer bestimmten Gesellschaftsverfassung, der eine historische Wandelbarkeit der menschlichen Sexualität einschließt." (ebd., S. 231) Schelsky behandelt schließlich das historisch variable Verhältnis von

Polygamie und Monogamie, von Monogamie und Prostitution ebenso wie die von ihm behauptete – umstrittene – latente Autoerotik der Homosexualität (ein kritischer Vorwurf, der abgewandelt in der späteren Päderastie-Debatte wiederkehren wird). Eingebaut in die anthropologische Soziologie der Sexualität werden auch die Möglichkeiten strikter „sozialer Neutralisationen der Sexualität" – das Inzestverbot als Voraussetzung der Bildung komplexer Sozialitäten durch Exogamie (Lévi-Strauss), ebenso die auf Dauer gestellte „geschlechtliche Askese" im Kontext des Umgangs mit dem Göttlichen. Unabhängig von Schelsky hat Gesa Lindemann (2011) viel später innerhalb einer anthropologischen Soziologie der Sexualität das Phänomen der „Transsexualität" im Rückgriff auf Plessners Anthropologie und Hermann Schmitz' Leibphänomenologie analysiert. Dem transsexuellen Wunsch eines ‚Mannes', eine ‚Frau' zu sein, folgt das Begehren, „den eigenen Körper nach einem chirurgischen Schnittmuster zurechtschneiden zu lassen, so dass sein Aussehen dem des gewünschten Geschlechts ähnlicher wird." (ebd., S. 142) In dieser künstlichen Koinzidenz von „leiblichem Selbst" und „Körperhaben" (Körper als „mögliches Objekt der Schneidepraxis") vollziehen Transsexuelle *reflexiv* bloß das, was sich bei „Nichttranssexuellen" quasi naiv als Sich-Einfinden in einen vorgegebenen Geschlechtskörper abspielt: Geschlecht als Resultat von Darstellungen.

Die folgenreichste körpersoziologische Aufklärung seitens der Philosophischen Anthropologie sind die Studien von Adolf Portmann, der – inspiriert durch die Theoreme von Scheler und Plessner – im sorgfältigen kontrastiven Tier-/Mensch-Vergleich beim Menschen die spezifische Phylogenese einer eigentümlichen Ontogenese beobachtete, die so genannte „normalisierte Frühgeburt" oder das *„extrauterine Frühjahr"* (Portmann 1962 [1956]). Auf Grund von Hirnvergleichsforschungen gelangt er zu der These, dass das menschliche Lebewesen konstitutionell ein Jahr zu früh zur Welt kommt. Wichtige organische Reifungsprozesse finden demzufolge beim menschlichen Neuankömmling „extra-uterin", außerhalb des Mutterleibes statt, also in einer natural riskanten, aber nun durch eine sozio-kulturelle symbolische Welt kompensierten Sphäre statt. Portmanns „extrauterines Frühjahr" ist der ontogenetische Prozessausdruck für das, was Plessners Terminus „exzentrische Positionalität" als Konstitution des Menschen kennzeichnet. Hirnentwicklung, Zeigegeste, Körperaufrichtung, Sprachentwicklung, Normativität finden somit immer schon im soziokulturellen Uterus statt. Die These vom „extrauterinen Frühjahr" der menschlichen Neuankömmlinge, der im Tiervergleich ungewöhnlichen Angewiesenheit auf langfristige Hilfe, auf das Stattfinden wesentlicher Reifungsprozesse des Körpers außerhalb hat die anthropologische Soziologie auf die Relevanz von *Familie und Sozialisation* gelenkt. Für die anthropologischen Soziologen sind Kinder in gewisser Weise die zentripetalen Größen aller Vergesellschaftungsprozesse – Gesellschaft ist als „Insulation" oder „soziales Gehäuse" als sozialer Uterus um die Neuankömmlinge herum institutionalisiert. In einer neuen Kombination der Theoreme von Scheler, Plessner, Gehlen und Portmann begründet dann Dieter Claessens, der eine Zeit lang neben Schelsky in Münster lehrt, die Familiensoziologie und die Sozialisationsforschung

(*Familie und Wertsystem* 1972 [1962]). Den Grundgedanken der eigentümlich ontogenetischen Menschwerdung nimmt er später in seiner philosophisch-anthropologischen Rekonstruktion der phylogenetischen Menschwerdung wieder auf (Claessens
1980). Er beschreibt die Verkoppelung des Mechanismus eines hinsichtlich der Kör-
peranpassung riskierten, retardierten, instinktarmen nicht-festgestellten Lebewesens
mit dem Mechanismus einer „Insulation" (Hugh Miller), eines Mediokosmos, in der
die Grenzleistung des Organismus an die neue Grenze des sozio-kulturellen Binnen-
raumes verlagert wird; diese Grenzstabilisierung einer Zwischenwelt im Kosmos mit
dem Kern des Mutter-Kind-Verhältnisses räumt der exzentrischen Positionalität den
Schon- und Entfaltungsraum ein, um die Weltoffenheit je selektiv zuzulassen, auszu-
halten und auszuleben.

Die philosophisch-anthropologischen Soziologen mussten in ihrer Fokussierung
auf das Körperverhältnis des Menschen notwendig auf die Phänomene von *Gewalt
und Macht* stoßen. Das Verhältnis des Menschen zu seinem Körper ermöglicht – weit
über bloß tierische Aggressivität hinaus –, dass er einer traumatisch tief reichenden
„Verletzungsoffenheit" unterliegt, wie er umgekehrt seinen Körper in ein gewaltge-
schultes, gestähltes Ding verwandeln kann, das in der Handlung die absichtliche
„körperliche Verletzung anderer" herbeiführt. „Der Mensch muss nie, kann aber immer gewaltsam handeln, er muss nie, kann aber immer töten [...] – jedermann. Gewalt überhaupt und Gewalt des Tötens im Besonderen ist [...] kein bloßer Betriebs-
unfall sozialer Beziehungen, keine Randerscheinung sozialer Ordnungen und nicht
lediglich ein Extremfall oder eine ultima ratio." (Popitz 1992, S. 76) Die anthroposoziologischen Überlegungen von Popitz sind über seinen Schüler Trutz v. Trotha
und den Bahrdt-Schüler Wolfgang Sofsky in der bundesrepublikanischen Gewalt-
und Machtsoziologie wirksam geworden. Der Körper überhaupt ist das zentrale
Medium des Zugriffs auf andere Menschen – gleich ob sein Bewegungsspielraum
eingeschränkt, ob ihm Schmerz zugefügt wird oder ob er mit Belohnungen für er-
wünschtes Verhalten bewegt wird. Entscheidend aber ist die spezifisch menschliche
Gewaltoption: „Gewalt ist in der Tat [...] eine Option menschlichen Handelns, die
ständig präsent ist. Die Macht zu töten und die Ohnmacht des Opfers sind latent
oder manifest Bestimmungsgründe der Struktur sozialen Zusammenlebens." (ebd.,
S. 82 f.) Popitz überführt Webers Macht- und Herrschaftsbegrifflichkeit in Mikropro-
zessanalysen der „Machtbildung" (Popitz 1992).

Die Philosophischen Anthropologen haben immer zugleich auch ein Sensorium
für die spezifischen *Ohnmachtserfahrungen* der menschlichen Lebewesen in ihren sozialen Aktionen und Konstruktionen – für das Gehabtwerden vom Körper, der Leiberfahrung der Verselbständigung der Natur im Körper. Dass Geburt, Gebären und
Geborenwerden, spätestens in den einsetzenden Wehen (wie auch immer die kulturellen Interpretationen sind), ein Widerfahrnisprozess ist, ein sich verselbstständi-
digender Körperprozess der Schwangeren, der auf das leibliche Körpersein, besser
noch auf das Anderswerden des Leibes, das ständige Leibwerden verweist, ist offensichtlich (vgl. Fischer 2011). Plessner hatte das Thema des verselbständigten leiblichen

Körperseins, das jedes souveräne Körperhaben durchkreuzt, vor allem in der Aufklärung von *Lachen und Weinen* prominent angeschlagen (Plessner 1983 [1961]). Der unaufhebbare sinnliche Körperbezug des Menschen, der schlechthin alle Sinnsysteme durchzieht, macht sich nicht zuletzt unüberhörbar und unübersehbar bemerkbar in Krisen der Sinnorientierung, die nur bei einem exzentrisch positionierten Lebewesen auftreten können. Wo unaufhebbare Mehrsinnigkeit der soziokulturellen Sinnordnung *oder* ein plötzlich erzwungener Abbruch der Sinnoperation jede erlebende oder handelnde Anschlussselektion unterbinden, in diesen Krisen des Geistes springt der von Natur aus sich verselbständigende Körper ein: Im unaufhaltsamen Gackern (Lachen) einerseits, im Schluchzen (Weinen) andererseits verfällt die Sinnorientierung an den Körper zurück, bis sich eine neue sinnhafte Anschlussmöglichkeit ergibt.

Die Philosophischen Anthropologen haben auch einschlägige Untersuchungen zu den verschiedenen *symbolischen Formen* vorgelegt – aber in einem entschieden körperbetonten Ansatz, anders als der Neukantianer Cassirer. Der wisse zwar auch, dass „der Mensch einen Körper hat, aber er mache philosophisch davon keinen Gebrauch" – so spottete Plessner. Philosophische Anthropologie hat die Körperwurzeln von Sprache, Musik und Tanz, Malerei und bildender Kunst, von Architektur im Blick. Gehlens Theorie der *Sprache* im Kapitel „Bewegung, Wahrnehmung, Sprache" (Gehlen 1950) ist dafür das Paradebeispiel, insofern er fünf Sprachwurzeln konstelliert – und damit meint er *nichtsprachliche* Wurzeln der Sprache (Anplappern der mit der Hand greifbaren Dinge, Antwort auf Wahrnehmungen durch Verhaltensbewegungen, Lust an der artikulatorischen Wiederholung, aktive virtuelle Fügung von Lautelementen [wie Klötzchen kombinieren], der Ruf oder Schrei als Herbeirufen des Anderen). Nichtsprachliche Wurzeln sind – das ist die Pointe – zugleich nichttierische Wurzeln der Sprache, weil es sich bereits um Besonderungen des Menschen im Verhältnis zu seinem Körper handelt. Genauso verfährt Tomasello, indem er die Sprache aus der spezifisch menschlichen, nichtsprachlichen Zeigegeste hervorgehen lässt – nicht die akustischen Laute (die auch die Schimpansen kennen und die für George H. Meads symbolische Interaktionstheorie so wichtig wurden), sondern die optisch-taktile Zeigegeste auf die Sache ist für ihn das Schlüsselelement der Sprachbildung. Die Zeigegeste Tomasellos ist also primär gegenüber der Lautgeste Meads das Humanspezifikum, aber natürlich geht die optisch-taktile Deixis, das Zeigen mit der Hand, in das Dicere, das akustisch-motorische Sagen ein, wird von ihm modifiziert, verwandelt in den nun sprachlichen Zeigeausdrücken, die auf den Ort in lokaldeiktischen Ausdrücken (hier, dort), auf Personen in sozialdeiktischen Ausdrücken etc. in der Verlautung verweisen. Die Vokalgeste, die die Zeigegeste des ausgestreckten Armes und der Hand lautlich inkorporiert, befreit nun die Hände für Manipulationen, entlastet die Augen, ermöglicht die Erreichbarkeit vieler in der Entfernung im unübersichtlichen Gelände. Auch Plessner hatte übrigens in *Conditio humana* die „Sprache als Überhöhung des Auge-Hand-Feldes", als eine virtuelle Höherstufung von fixierendem Blick und tastendem Griff rekonstruiert, als gleichsam „virtuelles Organ", in dem im Medium des Lautes der spezifisch menschliche Sachkontakt im Sehen und Tasten höher gelegt, auf Dauer gestellt und transportierbar wird (eben in Be-Griffen und Sprach-Bildern). Via Sprache bleiben die Kognitionen an ein *embodiment* gebunden – zugleich sind selbst die Abstraktionen der Sprache durchzogen von Metaphern, genauer von Körpermetaphern als Substrat aller abstrakten Begriffe (eben Be-Griffe für theoretische Konzepte) (Hans Blumenberg).

Plessner wie Gehlen haben immer auch ein subtiles Sensorium gerade für die *nichtsprachlichen* symbolischen Formen – wie Musik/Tanz (Plessner) und bildende Kunst (Gehlen) – entwickelt. Der konstitutive „Abstand im Körper zum Körper" (Plessner) ermöglicht diesen Lebewesen, die differenten Sinnespotentiale des lebendigen Körpers, vor allem die Sinnesmodalitäten des Gehörs und des Gesichts hinsichtlich ihrer geistigen Potentiale auszuarbeiten und immer neu auszuschöpfen. Zunächst zur Korrelation von *Musik und Tanz*: Anders als der Blick, der dem Körper-Subjekt ein Objekt gegenüber prägnant präsentiert und entlang des Blickstrahls seine ökonomisch kalkulierte Handlungsgerichtetheit auf ein in der Vorstellung vorweggenommenes Ziel (einen Gegenstand oder einen Ort) präpariert, schweben im akustischen Stimme-Gehör-Kreislauf die (gesungenen, instrumental musizierten) Töne um das Körper-Subjekt und durchdringen es zugleich mit Impulswerten, die es vor allem in der tänzerischen Ausdrucksbewegung, die sich den Tonfolgen und Rhythmen einschmiegt, zur Erfüllung zu bringen sucht (vgl. Plessner 1983 [1923]) – Tänze als ineinander verkettete, sich wiederholende Figuren von Bewegungen ohne Ziel, die eher einer Ökonomie der Verausgabung folgen.

Die *bildende Kunst* hingegen ist die nichtsprachliche Vergeistigung des Auge-Hand-Feldes. In der Bildoperation führt der Blickstrahl (des Malers, aber auch des Betrachters) von der skizzierten und gefärbten Bildfläche im Vordergrund zum gemeinten Bildgegenstand im Hintergrund, der zusätzlich mit Bedeutungen aufgeladen werden kann. Zugleich bleibt es aber eine prinzipiell alternative anthropologische Möglichkeit, die Aufmerksamkeit zur Bildfläche und ihrer Gestaltung in Farbdynamiken und Linienführungen zurückspringen zu lassen – was die moderne, gegenstandslose bildende Kunst für die Rezipienten zum Kreativitätsprogramm „kommentarbedürftiger" Bilder erhebt. Gehlen hat mit seiner Anthropologie und Soziologie der modernen bildenden Kunst (*Zeitbilder. Zur Ästhetik und Soziologie der modernen bildenden Kunst* 1960) erheblich zur soziologischen Aufklärung der gegenstandsfreien Malerei der Moderne als einem Resonanzphänomen der modernen Industriegesellschaft beigetragen.

Für eine Theorie, die lebendige Körper als „grenzrealisierende Dinge" bestimmt, Menschen als Körper, die sich artifiziell und expressiv an ihrer Oberfläche mit Kleidern bedecken, ist es vorhersehbar, dass sie auch ‚Baukörper' als dritte Haut thematisiert und die *Architektur der Gesellschaft* in ihrer Relevanz für den Außenhalt, für die Härtung einer jeweiligen Gesellschaft thematisiert. Das Schlüsselbuch zur bundesrepublikanischen Urbanität und architektonisch sensibilisierten Stadtsoziologie kam aus dem Umkreis der Philosophischen Anthropologie (Bahrdt, *Die moderne Großstadt* 1961). Gegenüber dem von Habermas historisch-kritisch rekonstruierten

Begriff einer diskursiven, aufgeklärt vernunftkommunikativen Öffentlichkeit hatte bereits Plessner Ende der 1950er Jahre Öffentlichkeit gerade in der Moderne als repräsentativen, dramaturgischen sozialen Raum der stilisiert und maskiert, notwendig entfremdet voreinander Erscheinenden veranschlagt, also statt einer Diskursivitätstheorie des Rationalen eine Urbanitätstheorie des Sozialen angeboten. Hans Paul Bahrdt, Schüler von Plessner und sein Lehrstuhlnachfolger in Göttingen, entwickelt ausgehend von Webers Unterscheidungen zur okzidentalen Stadt eine Anthropologie des baukörperlichen Verhältnisses von Öffentlichkeit und Privatheit, aus der er mit Blick auf die „moderne Großstadt" architektur- und stadtsoziologische Konsequenzen zur Sicherung von Urbanität angesichts von Krise und Kritik der Großstadt zog. Diesen Impuls verwandelt die neuere anthropologische Grundlegung der Architektursoziologie in die Theorie der „Architektur als Medium der Gesellschaft" (Delitz 2005) bzw. als „schweres Kommunikationsmedium der Gesellschaft" (Fischer 2009).

Von sozialtheoretischen Potentialen der Philosophischen Anthropologie zurück zur Gesellschaftstheorie. Hier dominiert in der Philosophischen Anthropologie insgesamt eine *Ausgleichs- und Kompensationstheorie der Moderne*, die prominent den Körper ins Aufmerksamkeitsfeld rückt. Bereits Scheler macht in seiner modernediagnostischen Schrift „Der Mensch im Weltalter des Ausgleichs" (1928) die Kunst der stabilisierten Spannung gegenläufiger Differenzierungen, Kulturen und Tendenzen zum Schlüsselthema der modernen Gesellschaft. Das wird wieder aufgenommen in den Kompensationsanalysen von Plessner (am Beispiel des Sports 1985 [1956]) und Schelsky, wird von Gehlen in den Theoremen der „kulturellen Kristallisation" bzw. der Posthistorie generalisiert und findet schließlich bei Dieter Claessens zur Formel „Das Konkrete und das Abstrakte" (Claessens 1980). Die Herausdrehung oder „Emanzipation" des „Abstrakten", der differenten sozialen Systembildungen der Moderne, die von Gehlen, Plessner und Schelsky scharf beobachtet wird, *und* die für die exzentrische Positionalität unhintergehbare Rückvermittlung des „Abstrakten" an das „Konkrete", an die Sinnlichkeit, Emotionalität, Spatialität, Situativität und „Verkörperung" des Menschen, ist darin als Daueraufgabe der Moderne selbst bestimmt. Philosophisch-anthropologisch lässt sich in der Moderne eine Reihe von ausdifferenzierten Sozialregulationen beobachten, in denen Gesellschaften den Bestand an *verschiedenen* Körperaspekten zur komplexen Ordnung der Gesellschaft ausschöpfen. Von einer Körpersoziologie her lässt sich so auch Luhmanns sozialevolutive Theorie der Moderne – die Ausdifferenzierung je eigener funktionaler sozialer Systeme wie Recht, Politik, Ökonomie, Wissenschaft, Kunst – in letzter Hinsicht als eine je systemspezifische Ausdifferenzierung von Körperaspekten erkennen – jedenfalls, wenn man sein Theorem der „symbiotischen Mechanismen" (Luhmann 1974) ernst nimmt: das ist Luhmanns *,body turn'*. Letztere stellen nämlich ihm zufolge die jeweilige Verbindung sozialer Systeme zum Organischen her, sie bilden die strukturelle Kopplung der jeweilig kommunikativ spezialisierten Sinnsysteme mit den sinnlichen Körpern der Beteiligten – mit ihrem Schmerzempfinden, dem auf Kontrollierbarkeit disponierten Sehsinn, dem nach Konsum verlangenden Geschmackssinn, der zur ekstatischen Erfahrung tendierenden Sexualität. In der Ausdifferenzierung der sozialen Sinnsysteme mit je einer gesamtgesellschaftlichen Funktion wird sozusagen die Einheit des sinnlichen Körperleibes zerstückelt, partikularisiert: Das politische und juristische System beglaubigt seine Letztentscheidungen im symbiotischen Mechanismus der physischen Gewalt – also in der Androhung von Schmerz; das ökonomische System garantiert seine über Geld gesteuerten Tauschpräferenzen in letzter Hinsicht über die Befriedigung des Konsums, ergo des Geschmacksinns; das Wissenschaftssystem beglaubigt seine Wahrheit punktuell in der optisch nachprüfbaren Wahrnehmung des Experiments; das Kunstsystem verankert seine Innovationen in der schönheits- oder neugiergereizten Faszination; das Intimsystem die idiosynkratische Kommunikation zwischen ego und alter ego im Geschlechtssinn.

Wie kein anderes körpersoziologisches Konzept hat die philosophisch-anthropologische Theorie schließlich auch modernste Leistungen, Folgen und Umbauten des menschlichen Körpers zu Untersuchungen inspiriert: die Soziologie der Kosmonautik – den Aufstieg und Ausstieg menschlicher Körper in die kosmische Vertikale –, die Soziologie der Ökologie – die massiven Spuren der Industrie- und Konsumgesellschaft in der Natur – und die Soziologie der Robotik – den Umbau des Körpers zum Cyborg. Die philosophisch-anthropologische Rekonstruktion hat die *Weltraumfahrt* als ein außerordentliches Relevanzphänomen moderner Soziokulturen sichtbar gemacht: Im weltweit medial beobachteten Raketenstart schaut die Weltgesellschaft der Antriebsüberschüssigkeit menschlicher Körper fasziniert zu, beobachtet die partielle exzentrische Ablösung der Gattung von der positionalen Erde und miterwartet eine irgendwann eintreffende Resonanz fernster – ihrerseits verkörperter – Intelligenzen, wie vielfach in der Science-Fiction vorweggenommen und vorbereitet (vgl. Fischer/Spreen 2014). Unabhängig davon und doch durch Satellitenbeobachtung damit zusammenhängend hat sich konsequent eine Anthropologie der *Ökologie* entwickelt: Die Natur des Menschen ist kraft Exzentrizität sozial, aber diese Sozialität (in ihren technischen Interventionen, ihrer Konsum-Ausscheidungen) bewirkt kraft Positionalität, durch den körperlichen Stoffwechsel notwendig unübersehbare Folgen in der Natur, in den Naturkreisläufen, von deren relativen Stabilität die exzentrische Positionalität – wie alle evolutionären Positionalitäten oder lebendigen Körper – vital abhängen (vgl. Peterson 2010). Mit der zeitgleichen partiellen Auslagerung ihrer Kompetenzen an Roboter bietet sich komplementär zum Tier-/Mensch-Vergleich der kontrastive Mensch-/Maschine-Vergleich für einen adäquaten Menschenbegriff an. Mit Plessners Körpersein/Körperhaben-Begrifflichkeit kann man zur anthroposoziologischen Theorie von „Cyborgerfahrungen" in „verschiedenen Kontexten der technologischen Optimierung des Körpers" (z. B. „erweiterte Realität" und „Prothesen") kommen – mit dem sachlichen Resultat: „Prozesse der Cyborgisierung schaffen ‚den Menschen' nicht ab", sondern sind eine „Möglichkeit humaner Selbstverwirklichung" (Spreen 2015, S. 37).

3 Relevanz der Philosophischen Anthropologie für die Körpersoziologie

Philosophische Anthropologie hat sich als ein äußerst produktives Paradigma (bei verschiedenen Autoren) in körpersoziologischer Perspektive behauptet. Das hat vor allem vier Gründe. *Erstens* stellen sich ihre konkreten Forschungen zu verschiedenen Feldern der bundesrepublikanischen Moderne, z. B. in der Industrie- und Techniksoziologie, der Sportsoziologie, der Sexual- und Familiensoziologie, der Gewalt- und Machtsoziologie, der Stadt- und Architektursoziologie, der funktionalen Differenzierung (und ihrer symbiotischen Mechanismen) auch im Nachhinein als treffende Analytiken mit Orientierungswert heraus. Überzeugend erscheint aus heutiger Sicht dabei in philosophisch-anthropologischen Untersuchungen seit Popitz/ Bahrdt und Schelsky auch von Beginn an der kombinierte Einsatz von quantitativen und qualitativen Methoden der Sozialforschung, innerhalb der letzteren noch einmal differenziert die Handhabung phänomenologischer und hermeneutischer Methoden. *Zweitens* tritt, je ausgeprägter das „biologische Zeitalter" (Christian Illies) der Moderne sich theoretische und praktische Geltung verschafft, der unikate Vorteil der Philosophischen Anthropologie hervor, als einer der wenigen Ansätze innerhalb der Sozial- und Kulturwissenschaften von Beginn an die theorietechnische Auseinandersetzung mit Grundbegriffen der Biologie, gerade auch in Unterscheidung zum naturalistischen Paradigma der Evolutionsbiologie gesucht zu haben. „Positionalität" als Grundbegriff des Organischen erscheint prägnanter als der spätere Begriff der „Autopoiesis", weil er gegenüber dem bloß aktivistischen Moment der Selbsterzeugung des Lebens das Widerfahrnismoment der tatsächlichen „Gesetztheit" in die je eigene zu leistende Grenzregulierung einfängt, die allem Lebendigen eignet – bis hin zum Menschen. *Drittens* erweisen sich die vielfältigen, sogenannten ‚cultural turns' nach dem *linguistic turn* (der mit seiner Grundannahme, die menschliche Welt sei restlos durch die sprachliche, diskursive, symbolische Ordnung konstruiert, keine Rückbindung mehr an die Körperlichkeit des Menschen im Kosmos suchte), bei genauem Hinsehen als tendenzielle „*vital turns*", als Aufmerksamkeitsverschiebungen auf die nichtsprachlichen Konstituenten der menschlichen Lebenswelt (*iconic turn, architectonic turn, material turn, emotional bzw. affective turn, spatial turn* etc.), also auf Aspekte der Welt des Lebendigen in der ‚Lebenswelt', die im Paradigma der Philosophischen Anthropologie immer schon präsent gehalten werden. Hier kreuzt sie sich in ihrem Aufklärungspotential durchaus mit Tendenzen einer dezidiert leibphilosophisch fundierten, „neophänomenologischen" Soziologie (Gugutzer 2012). *Viertens* hat die Philosophische Anthropologie mit dem Kunst-Begriff „exzentrische Positionalität" bereits in den zwanziger Jahren im Vorgriff auf das Phänomen der Weltgesellschaft im 21. Jahrhundert einen enteuropäisierten Begriff für das Phänomen ‚Mensch' vorgeschlagen, der in seiner neutralen Fassung verschiedenste Sozio-Kulturen und ihre jeweiligen Körperverhältnisse füreinander übersetzbar hält (vgl. Plessner 1982 [1931]).

Philosophische Anthropologie erweist sich als eine Theorietechnik und Theorie-sprache, die durch ihr indirektes Verfahren eine Übersetzungsagentur zwischen ver-schiedensten Empirien bzw. Disziplinen zur Verfügung stellt, damit auch zwischen existenzphilosophischen und systemtheoretischen Motiven, zwischen evolutionsbio-logischen, leibphänomenologischen und sozio-kulturalistischen Ansätzen des Kör-pers Grenzübergänge ermöglicht, ohne eine Synthese zu suggerieren. Die Stärke liegt in der durchdachten Systematik, *verschiedene* Aspekte und Empirien der menschli-chen Lebenswelt, *zwischen* denen die jeweils zuständigen Fach-Disziplinen von sich aus keine Brücken stiften können, zueinander zu vermitteln – das legitimiert auch den für Soziologen provokant erscheinenden Titel der *„Philosophie"* im Terminus „Philosophische Anthropologie" – ‚Philosophie' in einem rein operativen Sinn der theorietechnischen Vermittlung verschiedenster Empirien und ihrer Disziplinen, die von sich aus allein nicht zueinander finden können.

Philosophische Anthropologie bildet vermutlich eine bleibende Schlüsselressour-ce für die soziologische Theoriebildung zwischen den Lebenswissenschaften, den Technikwissenschaften, der Psychologie und den Kultur- und Sozialwissenschaften. Damit ist sie in der Körpersoziologie zugleich das bedeutendste Korrektiv gegenüber allen rein kulturalistischen und sozialkonstruktivistischen Ansätzen.

Literatur

Bahrdt, Hans Paul (1998 [1961]). Die moderne Großstadt. Soziologische Überlegungen zum Städtebau. Opladen: Westdeutscher Verlag.

Berger, Peter L./Thomas Luckmann (1969). Die gesellschaftliche Konstruktion der Wirk-lichkeit. Eine Theorie der Wissenssoziologie. Frankfurt a. M.: Fischer.

Claessens, Dieter (1972 [1962]). Familie und Wertsystem. Eine Studie zur zweiten sozio-kulturellen Geburt des Menschen und der Belastbarkeit der Kernfamilie. Berlin: Dun-cker und Humblot.

Claessens, Dieter (1980). Das Konkrete und das Abstrakte. Soziologische Skizzen zur An-thropologie. Frankfurt a. M.: Suhrkamp.

Delitz, Heike (2012). Gebaute Gesellschaft. Architektur als Medium der Gesellschaft. Frankfurt a. M.: Campus.

Fischer, Joachim (2009). Philosophische Anthropologie. In: Georg Kneer/Markus Schroer (Hg.), Handbuch Soziologische Theorien. Wiesbaden: Springer, S. 323–344.

Fischer, Joachim (2011). Gesellschaftskonstitution durch Geburt – Gesellschaftliche Kon-struktion der Geburt. Zur Theorietechnik einer Soziologie der Geburt. In: Paula-Irene Villa/Stephan Moebius/Barbara Thiessen (Hg.), Soziologie der Geburt. Diskur-se, Praktiken und Perspektiven. Frankfurt a. M.: Campus, S. 22–37.

Fischer, Joachim/Dierk Spreen (2014). Soziologie der Weltraumfahrt. Bielefeld: transcript.

Gehlen, Arnold (1993 [1940/1950]). Der Mensch. Seine Natur und seine Stellung in der Welt. Frankfurt a. M.: Klostermann

Gehlen, Arnold (1961). Anthropologische Forschung. Zur Selbstbegegnung und Selbstentdeckung des Menschen. Reinbek: Rowohlt.

Gugutzer, Robert (2012). Verkörperungen des Sozialen. Neophänomenologische Grundlagen und soziologische Analysen. Bielefeld: transcript.

Habermas, Jürgen (1958). Artikel: Anthropologie. In: Alwin Diemer/Ivo Frenzel (Hrsg.), Fischer-Lexikon Philosophie Mit einer Einleitung von H Plessner. Frankfurt a.M.: Fischer, S. 18–35.

Kant, Immanuel (2008). Anthropologie in pragmatischer Hinsicht, hrsg. v. K. Vorländer. Hamburg: Meiner.

Lindemann, Gesa (2011). Das paradoxe Geschlecht. Transsexualität im Spannungsfeld von Körper, Leib und Gefühl, 2. Aufl. Wiesbaden: VS Verlag.

Luhmann, Niklas (1967). Soziologie als Theorie sozialer Systeme. Kölner Zeitschrift für Soziologie und Sozialpsychologie 19, S. 615–644.

Luhmann, Niklas (1974). Symbiotische Mechanismen. In: Otthein Rammstedt (Hg): Gewaltverhältnisse und die Ohnmacht der Kritik. Frankfurt a.M.: Suhrkamp, S. 107–131.

Peterson, Keith (2010). All That We Are: Philosophical Anthropology and Ecophilosophy. In: Cosmos and History: The Journal of Natural and Social Philosophy, Vol 6, No 1, pp. 60–82.

Plessner, Helmuth (1965 [1928]). Die Stufen des Organischen und der Mensch. Einleitung in die philosophische Anthropologie. 2. Aufl. Berlin: de Gruyter.

Plessner, Helmuth (1981 [1931]). Macht und menschliche Natur. Ein Versuch zur Antrhopologie der geschichtlichen Weltansicht. In: Ders., Gesammelte Schriften, Bd. 5. Frankfurt a.M., S. 135–234.

Plessner, Helmuth (1985 [1956]). Die Funktion des Sports in der industriellen Gesellschaft. In. Ders., Gesammelte Schriften X, hrsg. v. Günter Dux, Odo Marquard u. Elisabeth Ströker. Frankfurt a.M.: Suhrkamp, S. 147–166.

Plessner, Helmuth (1983 [1961]). Die Frage nach der Conditio humana. In: Ders., Gesammelte Schriften, hrsg. v. Günter Dux/Odo Marquard/Elisabeth Ströker, Bd. VIII. Frankfurt a.M.: Suhrkamp, S. 136–217.

Popitz, Heinrich (1992 [1968]). Phänomene der Macht, 2., stark erw. Aufl. Tübingen: J.C.B. Mohr.

Popitz, Heinrich (1995). Der Aufbruch zur Artifiziellen Gesellschaft. Zur Anthropologie der Technik. Tübingen: J.C.B. Mohr.

Portmann, Adolf (1962 [1956]). Zoologie und das neue Bild des Menschen. Biologische Fragmente zu einer Lehre vom Menschen. Reinbek b. Hamburg: Rowohlt.

Scheler, Max (1976 [1928]). Die Stellung des Menschen im Kosmos. In: Ders., Späte Schriften, hrsg. v. Manfred Frings, Gesammelte Werke, Bd. 9. Bern: Francke, S. 11–71.

Schelsky, Helmut (1955). Soziologie der Sexualität. Über die Beziehungen zwischen Geschlecht, Moral und Gesellschaft. Reinbek b. Hamburg: Rowohlt.

Spreen, Dierk (2015). Upgradekultur. Der Körper in der Enhancement-Gesellschaft. Bielefeld: transcript.

Tomasello, Michael (2002). Die kulturelle Entwicklung des menschlichen Denkens. Zur Evolution der Kognition. Frankfurt a. M.: Suhrkamp.

Wöhrle, Patrick (2014). Zur Aktualität von Helmut Schelsky. Einleitung in sein Werk. Wiesbaden: Springer VS.

Cultural Studies

Udo Göttlich

1 Vorbemerkung

Trotz des einheitlichen Namens und der engen personellen Verbindung vieler ihrer Vertreter in den anglo-amerikanischen Ländern ist bis heute keinesfalls unstrittig, was unter Cultural Studies verstanden werden kann. Diese Situation hat sich gegenüber den 1980er und 1990er Jahren bis heute nicht grundlegend geändert.[1] Im Gegenteil: was herausgehoben werden kann ist, dass die Cultural Studies – nicht zuletzt als Folge des „cultural turn" zu Beginn des 21. Jahrhunderts – eine nochmals stärkere theoretische und thematische Pluralisierung erfahren haben, als es bereits gegen Ende der 1990er Jahre der Fall war. Seitdem legen zahlreiche Publikationen Zeugnis von unterschiedlichen Reaktionen auf diese Entwicklung ab (vgl. u. a. Grossberg 2010, Smith 2011, Turner 2012, Winter 2011) die bis hin zu Bemühungen zur Bewahrung einer Einheit reichen.

Das Ziel dieses Beitrags besteht nicht darin, detailliert die Folgen dieser Entwicklung für die Cultural Studies nachzuzeichnen. Dafür sind diese vielfach auch zu sehr von jeweiligen länderspezifischen Kontexten geprägt, als dass ein solcher Überblick in einem Handbuch zur Körpersoziologie die erwartete vollständige Darstellung eines Konzepts bzw. einer Theorierichtung verspricht.

In diesem Beitrag gehe ich vor allem auf die Verschränkung der marxistischen und strukturalistischen Positionierungen in der Frühphase der Cultural Studies ein. Eine Verschränkung, die für die Genese des für die Cultural Studies kennzeichnenden Interesses an Ideologien, symbolischen Repräsentationen und schließlich Diskursen im Kontext der Analyse von Kultur, Kommunikation, Medien und Macht steht. An dieser Stelle schreibt sich auch die Möglichkeit zur Analyse des Körpers im Kontext von Identitätsfragen in die Arbeit der Cultural Studies ein. Vor diesem Hintergrund werde ich auf die Bedeutung der Cultural Studies für die Analyse des Kör-

---

[1] Teile dieses Beitrags sind bereits an anderer Stelle erschienen (vgl. Göttlich 1999, 2001) und wurden für diesen Handbuchartikel aktualisiert sowie grundlegend überarbeitet.

pers im Rahmen der Kulturwissenschaften und der Körpersoziologie eingehen und den Beitrag mit einer theoretischen Einordnung abschließen.

2   Die Begründung der Cultural Studies

Als Einstieg zur Klärung der Genese des kulturtheoretischen Ansatzes der Cultural Studies bietet sich ein historischer Zugang an, der bei der der Entstehung der *New Left* in den 1950er und 1960er Jahren in Großbritannien ansetzt. Als zentrale Quelle für diese Phase kann vor allem das Werk von Raymond Williams herangezogen werden. Die Besonderheit von Williams' Werk ergibt sich an dieser Stelle aus einer Art Stellvertreterfunktion. Gegenüber den zahlreichen – in deutscher Übersetzung zudem nur vereinzelt vorliegenden – Beiträgen der unterschiedlichen Vertreter des Cultural Studies Approach zu kulturtheoretischen Problemen, erlaubt es vor allem Williams' Werk, die unterschiedlichen Einflüsse auf die frühe Theoriebildung exemplarisch im Zusammenhang zu verfolgen. Das gilt insbesondere für die Verarbeitung der postmarxistischen Einflüsse, die in der Werkphase der frühen 1970er Jahre geschieht. Diese Verarbeitung findet sich wenig später auch im Werk Stuart Halls wieder, das für die Behandlung von Fragen der Differenz und Identität richtungsweisend ist und das sich u. a. auch der Behandlung von Fragen des Körpers widmet, wenn auch auf gänzlich unterschiedliche Art und Weise als in aktuellen körpersoziologischen Zugängen. Um den Beitrag der Cultural Studies bzw. Halls zu diesem Forschungsgebiet entsprechend einordnen zu können, bildet die Behandlung des kulturalistischen und strukturalistischen Einflusses daher eine zentrale Voraussetzung.

2.1   Die Rolle des Kulturalismus vor dem „cultural turn"

Die von Raymond Williams ab Mitte der 1950er Jahre mit seinen beiden Büchern *Culture and Society* (1958) und *The Long Revolution* (1961) eingeleitete und mitgetragene kulturtheoretische Neuorientierung wurde wesentlich durch die in der unmittelbaren Nachkriegszeit aufkommenden Probleme, die sich mit dem wachsenden Einfluss der Massenmedien und der neuen Rolle und Funktion massendemokratischer Entwicklungen und Organisationen ergaben, angestoßen. Es handelt sich um Fragen zu gesellschaftlichen Entwicklungen in der britischen Nachkriegsgesellschaft, für die die konservativen, aus der englischen Tradition der Kulturdebatte herrührenden und fortwirkenden Theorieansätze gerade für die Generation junger, zunehmend aus der Arbeiterklasse stammenden „Jungakademiker" keine Erklärungskraft mehr hatten.

Ganz entscheidend steht am Beginn der Cultural Studies der Emanzipationskampf der Arbeiterklasse, der sich in einer Ablehnung des Elitekulturbegriffs ausdrückt und an dessen Stelle auf die selbstbewusste Betonung der eigenen gelebten

Kultur setzt, die auch dem als negativ bewerteten Einfluss der Massenkultur – man kann auch sagen der Kulturindustrie – als Gegenmittel entgegengesetzt wurde. Der diese Auseinandersetzung leitende Kulturbegriff findet sich am deutlichsten in Williams' Werk wieder. Denn es war seine, für die folgende Entwicklung maßgebliche begriffliche Leistung, Kultur nicht allein auf Literatur, Theater oder Malerei zu beziehen, sondern als eine ganze Lebensweise, als „a whole way of life" – im anthropologischen Sinne – einzuführen. Dieser Schritt erklärt sich vor allem aus seiner Kritik an dem konservativen Kulturverständnis, das die Populär- bzw. Massenkultur aus der Perspektive der „minority culture" kritisierte und Kultur nicht als alltägliche (Bedeutungs-)Praxis verstand. Stuart Hall fasst die zentrale Bedeutung und Rolle von Raymond Williams' The Long Revolution (1961) für die Kulturdebatte im England der 1950er und 1960er Jahre sowie für die Entwicklung des CCCS in Birmingham folgendermaßen zusammen:

> „[The Long Revolution] [...] verschob die gesamte Auseinandersetzung von einer literarisch-moralischen zu einer anthropologischen Kulturauffassung. Diese wurde unter Einbeziehung der Art und Weise mit denen Bedeutungen und Definitionen sozial und historisch konstruiert sind, als ‚gesamter Prozeß' definiert. Kunst und Literatur bildeten nurmehr eine privilegierte Form gesellschaftlicher Kommunikation." (Hall 1980, S. 19)

Williams' Stärke in dieser Zeit beruht zweifelsohne darauf, auf die Durchsetzung einer eigenständigen Perspektive für die Analyse kulturellen Wandels hingearbeitet zu haben. Es handelt sich um eine Perspektive, die Kultur mit einer ganz bestimmten Zielrichtung als zusammengehörigen Prozess begreifbar machen sollte und so die Erforschung der Alltags- und Populärkultur einleitete. Eine Erforschung der Alltagskultur, die sich nicht gegenüber einem Elitekulturbegriff zu verteidigen haben sollte oder aus einer solchen Perspektive eine Kritik der Populärkultur forcierte, sondern eine Analyse von Macht- und Herrschaftsprozessen anstrebte, die sich in der Populärkultur beobachten lassen, um die Tendenzen und Kräfte zu stärken, die auf eine Emanzipation und Selbstbestimmung der unteren Schichten mit ihrer Kultur zielen.

Konsequent hat Williams der elitären Kulturdeutung mit seinem Kulturbegriff der „culture as a whole way of life" und dem dazugehörigen Konzept der „Gemeinschaft einer Kultur" die Idee einer demokratisch partizipativen Kommunikationsgemeinschaft entgegengehalten. Die mit Blick auf diesen Entstehungszusammenhang von verschiedenen Vertretern der Cultural Studies herausgestellte anthropologische Bedeutung des Kulturbegriffs beruht neben der Konzentration auf den gesamten Kulturprozess zusätzlich auf der von Williams herausgearbeiteten Rolle der schöpferischen Aktivität und der Kommunikation für die Reproduktion menschlicher Gemeinschaft(en). Erst im Zusammenhang mit dieser, für die Theoriebildung grundlegenden Erkenntnis wird die Frage der Vermittlung des Gesellschaftsprozesses mit den einzelnen kulturellen Produkten, Kunstwerken und weiteren kulturellen Artefakten als Ausdruck einer ganzen Lebensweise wichtig. Kultur beinhaltet also nicht nur kulturelle Objekte oder bezeichnet das akkumulierte Wissen, sondern ist soziale Praxis einschließlich der Sinn und Erfahrungsebene, die symbolisch repräsentiert sind. Über diesen Zusammenhang hält Williams fest:

> „Die menschliche Gemeinschaft wächst durch die Entdeckung gemeinsamer Bedeutungen und gemeinsamer Kommunikationsmittel. [...] Kommunikation ist in der Tat ein Gemeinschaftsprozess: das Teilen gemeinsamer Bedeutungen sowie gemeinsamer Handlungen und Ziele; die Bereithaltung, Entgegennahme und der Vergleich neuer Bedeutungen führt zu Spannungen und leitet so Wachstum und Wandel ein. Es ist ungeheuer wichtig, Kommunikation als umfassenden Gesellschaftsprozeß [as a whole social process] zu verstehen." (Williams 1961, S. 38 f.)

Im direkten Anschluss an diese theoretische Ausrichtung versteht sich Williams' späterer Ansatz des kulturellen Materialismus als eine Theorie der Besonderheiten kultureller Produktion, die zur Analyse und Beschreibung gesellschaftlicher und kultureller Prozesse einen spezifischen, in der materialistischen Theoriebildung nach Williams' Auffassung vor allem in kritischer Abgrenzung zum Basis-Überbautheorem bis dahin nicht formulierbaren Beitrag leisten will, der die Materialität symbolischer Praktiken mit berücksichtigt. Die Zielsetzung des kulturellen Materialismus ist es damit, der gesellschaftlichen Kommunikation in ihrer Verknüpfung mit der materiellen Basis, eine mit der materiellen Produktion vergleichbare Rolle im Prozess der gesellschaftlichen Reproduktion zukommen zu lassen. Die dabei ebenfalls bereits mit verfolgte Thematisierung von Fragen der symbolischen kulturellen Ordnung findet sich dann auch in der für die Cultural Studies maßgeblich werdenden Strukturalismusrezeption wieder, die zu neuen theoretischen Modellen führte und bis heute in der Verbindung von Postmarxismus und Poststrukturalismus nachwirkt.

Das Hauptinteresse der Kultur- und Gesellschaftsanalyse der Cultural Studies verlagerte sich am Birminghamer CCCS mit der Rezeption des Strukturalismus dabei auf die, die kulturelle Erfahrung leitenden bzw. determinierenden semiotischen, linguistischen, textuellen (ideologischen) Strukturen. Genau an dieser Stelle der Analyse kultureller Repräsentationen von Identitäten und Differenz lässt sich deshalb auch der Beitrag der Cultural Studies für die körpersoziologische Forschung verorten. Den möglichen Beitrag der Cultural Studies zur Körpersoziologie werde ich in diesem Beitrag jedoch nicht mit der Darstellung von einzelnen Studien leisten, sondern mit der weiteren Vorstellung der übergeordneten theoretischen Perspektive, auf die die CS-Studien über Körper und Differenz bei aller Unterschiedlichkeit zurückgreifen bzw. sich abstützen. Die Darstellung von Beispielen wird sich dazu auf Halls Aufsatz *Spektakel des ‚Anderen'* (2004, engl. 1997) stützen, worauf ich weiter unten zu sprechen komme. Zunächst aber ist die für die Cultural Studies relevante strukturalistische Ausrichtung vorzustellen, worin auch der körpersoziologische Beitrag gründet und mit erschlossen werden kann.

2.2 Cultural Studies und die strukturalistische Ausrichtung

Ohne die von dem neuen strukturalistischen Paradigma ausgehende Kraft auf die Entwicklung der Cultural Studies in ihrem vollen Umfang vorausahnen zu können, hatte Stuart Hall bereits 1981 in dem Aufsatz *Cultural Studies: Two Paradigms* (vgl. auch 1999) eine kritische Bestandsaufnahme der theoretischen und methodischen Möglichkeiten mit Bezug auf die mögliche Verschränkung des kulturalistischen und strukturalistischen Paradigmas geliefert. Die theoretische Gelenkstelle, an der Hall mit dem Ziel einer Vermittlung ansetzte, hat Richard Johnson folgendermaßen charakterisiert:

> „Mitten durch die Cultural Studies verläuft eine große theoretische und methodologische Teilungslinie. Auf der einen Seite dieser Linie befinden sich diejenigen, die darauf bestehen, daß ‚Kulturen' als ganze Erscheinungen und *in situ*, vor Ort, in ihren materiellen Zusammenhängen untersucht werden müssen." […] „Auf der anderen Seite der Trennungslinie finden wir diejenigen Autoren, welche die relative Eigenständigkeit oder die tatsächliche Autonomie subjektiver Zeichensysteme betonen. Hier ist der Ansatz normalerweise strukturalistisch orientiert, aber in einer Form, die der diskursiven Konstruktion von Situationen und Subjekten den Vorrang einräumt. […] Die bevorzugte Methode besteht in der abstrakten, bisweilen ganz formalistischen Behandlung von Formen, bei der die Mechanismen der Bedeutungserzeugung in sprachlichen, narrativen oder anderen Zeichensystemen aufgedeckt werden." (Johnson 1999, S. 153 f.)

Die aus dieser *„Trennung"* resultierenden Hauptunterschiede aber auch die Schwierigkeiten für die Analyse des Kulturprozesses lassen sich exemplarisch vor allem an der Gramsci-Rezeption und der Einbindung des Hegemoniekonzepts verdeutlichen. Im strukturalistischen Paradigma erscheint Hegemonie vornehmlich als ideologisches oder diskurstheoretisches Problemfeld. Im kulturalistischen Ansatz – nun vermittelt über Gramsci – ist Hegemonie materiell, d.h. als Prozess unterschiedlicher und in Beziehung miteinander stehender kultureller Praxen konzipiert, angefangen bei der kulturellen Produktion über die Distribution bis hin zur Rezeption, wie im Kreislaufmodell von Johnson dargestellt (Johnson 1999, S. 148). Hall verfolgte in diesem Rahmen eine Verbindung der jeweiligen Theorieelemente, was sich schließlich in seinen späteren Publikationen der 1980er und 1990er Jahre zeigt, in denen er im Rückgriff auf den *„circuit of culture"* (vgl. du Gay et al. 1997), dem Kreislaufmodell kultureller Produktion und Reproduktion stärker über das Verhältnis von kulturellen Repräsentationen, Identität und Macht gearbeitet hat.

Während die kulturalistischen Ansätze – wie bereits gesagt – die Erfahrungskategorie und die materiellen Praktiken in den Vordergrund stellen, stehen in der strukturalistischen und schließlich dann in der für die späteren Cultural Studies dominanten poststrukturalistischen Perspektive ideologische, semiotische oder linguistische, d.h. überwiegend text- und diskursanalytisch zu erschließende Gegenstände und

Problemstellungen im Vordergrund. Die von Hall verfolgte theoretische Vermittlungslösung basiert auf einer aus der Komplementarität beider Positionen sich ergebenden Fusion, die schließlich im Artikulationskonzept mündet. Dieses Konzept war in den späten 1970er Jahren am CCCS nicht nur theoriearchitektonisch höchst riskant sondern auch methodisch anspruchsvoll, da nach Hall „weder der Kulturalismus noch der Strukturalismus" in ihrer damaligen Gestalt alleine dazu ausreichen, „die Kulturanalyse als ein theoretisch durchkonzipiertes Analysefeld auf den Weg zu bringen." (Hall 1981, S. 30)

In Halls Ansatz beschreibt und umschließt *Artikulation* daher jenes Korrespondenz- bzw. Vermittlungsverhältnis im (angelsächsischen) Doppelsinn von *speaking* einerseits und *jointing* oder *connecting* andererseits und bildet das theoretische Äquivalent für die Ersetzung der materialistischen Vermittlungs- bzw. Widerspiegelungsproblematik. In der jeweiligen Analyse geht es darum „[...] die Form einer Verbindung, die aus differenten Elementen – unter bestimmten Bedingungen – eine Einheit macht" aufzuschließen. Die in konkreten Analysen beobachteten Verknüpfungen sind, „[...] nicht notwendig, determiniert, absolut oder essentiell für alle Zeiten [...]." Vielmehr gilt es zu fragen: „[...] unter welchen Umständen kann eine Verbindung geschmiedet oder gemacht werden?" und wie man ihr in der Theorie begegnet (Grossberg 1996, S. 141).

In anderen Worten ausgedrückt bedeutet das: „Was in den Cultural Studies artikuliert werden kann, sind [...] groß angelegte soziale Kräfte (besonders *Produktionsweisen*) in ihrer zu einer bestimmten Zeit gegebenen besonderen Konfiguriertheit oder *Formation*, also eine Zusammensetzung, die die strukturellen Determinanten einer bestimmten Praxis, eines Textes oder eines Ereignisses darstellt" (O'Sullivan et al. 1994, S. 17). Die sich in konkreten Analysen stellende kulturtheoretische Herausforderung ist hierbei nicht bereits dadurch zu lösen, indem man ein „Phänomen" in einen Kontext einordnet. Vielmehr besteht die Herausforderung darin, jeweilige Kontexte aus der Perspektive des (materiellen) Phänomens erst zu verorten bzw. zu rekonstruieren (vgl. Slack 1996, S. 125). Damit ist die „Identität" eines Phänomens oder einer spezifischen historischen Situation *(conjuncture)* nur durch eine arbiträre Schließung durch das Artikulationskonzept bestimmbar, was letztlich auf das Zusammenspiel der modellhaften Momente von „Repräsentation, Identität, Produktion, Regulierung und Konsumtion" im sog. *„circuit of culture"* verweist. Die Problemstellung besteht in der jeweiligen Bestimmung des „Moments" für eine theoretische Schließung. D. h. der Kontext ersteht aus den dynamischen Artikulationsbeziehungen einzelner Momente und ist keine irgendwie geartete in der Außenwelt bestehende Entität, die man entweder nur als historisch (materiell) gegeben betrachten oder nur als diskursiv gegeben von einer Position aus rekonstruieren kann.

2.3   Zur „Artikulation" des Körpers in den Cultural Studies

Konkret geht es den Cultural Studies um die Durchdringung und Analyse von kulturellen Praxen und ihrer Prozessualität. Praxen, welche sich insbesondere anhand der Rekonstruktion von diskursiven Bedeutungsverschiebungen aufschließen lassen; so etwa auch anhand des Wandels kultureller Repräsentationen von Körpern, Geschlecht und Ethnie im Identitätsdiskurs. Eine alleinige Konzentration auf Diskurse würde zur Erschließung der Prozessualität im Sinne des Artikulationskonzepts an dieser Stelle daher nicht ausreichen. In der Analyse körpersoziologischer Problemstellungen geht es somit um die Betonung eines spezifischen Verständnisses des Körpers bzw. des Leibs als materielle Basis und nicht lediglich als Effekt einer kulturellen, semiotischen oder diskursiven Identitätskonstruktion, womit sich deutliche Unterschiede der Cultural Studies zu Fragen des Körpers gegenüber anderen soziologischen Theorien, insbesondere diskursanalytischer Positionen ergeben.

Auf das notwendige „materialistische" Verständnis des Körpers hat vor allem Chris Shilling (1997) mit Blick auf die Identitäts- und Repräsentationsanalysen der Cultural Studies hingewiesen (vgl. ebd., S. 81). Der symbolischen Konstruktion von Körpern und ihrer Bedeutung in sozialen Situationen ist seiner Perspektive nach ein „materieller" Kern vorgelagert, dessen Rolle und Stellung sowie Wirkung sich nicht allein im sozialkonstruktivistischen oder diskursanalytischen Sinne umfassend genug beschreiben lässt. Für Shilling fehlt in diesem Analysen die Materialität des Körpers bzw. in Worten Plessners des „Körper Seins" selbst, die nicht einfach hinter den symbolischen Zuschreibungen und Projektionen verschwindet sondern einen relevanten Kern der Identität einer Person darstellt. Vergleicht man diese Position mit sozialkonstruktivistisch grundierten Perspektiven der Körpersoziologie aber auch mit den an der Foucault'schen Diskursanalyse anschließenden Betrachtungen und Analysen des Körpers, so ergibt sich ein Reduktionismus, dem die Cultural Studies in der Behandlung von Fragen der Entstehung kultureller Identitäten mit dem Beharren auf der „Materialität" des Körpers widersprochen haben (vgl. Shilling 1997).

Detaillierter ausgeführt findet sich dieses Problem in Stuart Halls Arbeiten zur Repräsentation von Geschlecht, Ethnizität und Repräsentation. In zahlreichen Aufsätzen der frühen 1980er Jahre zeichnet er aufmerksam nach, wie dominante oder besser hegemoniale Repräsentationsweisen von Differenz und Andersheit qua kultureller Diskurse normalisiert, aber nicht stillgestellt werden können, weil auch der Körper des Anderen als wahrnehmbarer, differenter Leib den Ausgangspunkt für die Konstruktion von Unterschieden im Sinne von Andersheit bildet. Diese „Unterschiede" werden damit nicht nur diskursiv oder kulturell gesetzt sondern auch im Diskurs essentialisiert, etwa im Fall der Repräsentation des Anderen durch ethnische Stereotype.

In dem Aufsatz das *Spektakel des ‚Anderen'* (2004) stellt Hall an Beispielen des 18. und des 19. Jahrhunderts heraus, dass sich dieser Prozess aus dem Zusammenspiel unterschiedlicher Seiten der Reflexion auf den rassisierten Körper der Anderen ergibt. In diesem Licht erweist sich schließlich auch die historisch spätere Konstruktion einer „einheitlichen schwarzen Identität" im 20. Jahrhundert – etwa in der Black Power Bewegung – immer noch als Produkt wechselseitiger Zuschreibungen sowohl auf Seiten der „Kolonialisierer" als auch der „Kolonialisierten". Identitätskonstruktionen tragen immer Elemente der Reaktion auf Fremdzuschreibung bzw. der Zuschreibung von Andersheit in sich. Sie schließen an eine materielle Basis an, die aber keineswegs als natürlich oder biologisch essentialisiert begriffen werden kann, sondern erst im Diskurs essentialisiert wird. Daher ist die von Hall beobachtete Abwehr von Mythologisierungen des als different konstruierten Körpers durch die Gruppe der Betroffenen in der Black Power Bewegung ein politisches Moment der Alltagspraxis, das sich in einer anderen arbiträren Schließung äußert und dabei die Stereotype als diskursive (mächtige) Formationen umzuwerten sucht. Das Artikulationskonzept zeigt an dieser Stelle auf: a) dass „Schwarz" eine diskursiv konstruierte Kategorie durch Repräsentation darstellt und etwas Nicht-Essentielles ist, das aber auf als essentialisiert vorgestellte körperliche Wahrnehmungsunterschiede zurückgeht. Durch diesen Mechanismus erscheint die Konstruktion im sozialen Raum wie in den dazugehörenden kulturellen Praktiken schließlich b) als essentiell oder naturgegeben, wodurch sie im Alltag als unhinterfragbar angenommen wird. Erleichtert wird diese diskursive Wirkung c) nicht unwesentlich dadurch, da ein als *anders* wahrnehmbarer Körper den Ausgangspunkt für die jeweilige Zuschreibung bildet und in spezifischen historischen Momenten auch durch Machtinteressen instrumentalisierbar ist.

Ein dazu passendes Beispiel, dass die Vorgeschichte zu diesem Zusammenhang klären hilft, behandelt Hall anhand der Figur der sog. „Hottentotenvenus" im Feld populärer kolonialer Darstellung und Literatur. Hall legt am Beispiel der diskursiven Darstellung von Saartje Baartman dar, einer Südafrikanerin die 1819 aus der Kap-Region nach England gebracht wurde, wie ihr Körper im Kontext kolonialer Zurschaustellung des Anderen durch Praktiken der Fetischisierungen zur Verkörperung von Differenz wurde (Hall 2004, S. 151 f.).

> „Sowohl in London als auch in Paris wurde sie in zwei ziemlich unterschiedlichen Kreisen berühmt: in der allgemeinen Öffentlichkeit als ein populäres ‚Spektakel‘, das in Balladen, Cartoons, Illustrationen, Melodramen und Zeitungsberichten gewürdigt wurde; und unter den Naturforschern und Ethnologen, die maßen, beobachteten, zeichneten, gelehrte Abhandlungen über sie schrieben, modellierten, Wachs- und Gipsabdrücke machten, und jedes Detail ihrer Anatomie, tot und lebendig, unter die Lupe nahmen" (ebd., S. 152).

Das zu Beginn des 19. Jahrhunderts erstmals mit breiterer Wirkung auftretende Muster der Herstellung von Differenz sieht Hall dann mit Bezug auf die Körper der Anderen in der populären Kultur als vielfach reproduziert an. Das gilt insbesondere auch in der Thematisierung der Leistung schwarzer Leichtathleten und Sportler in vielen populären Mediendiskursen, die das Argument führen, demzufolge diesen schwarzen Sportlern sowohl von ihrer sportlichen aber eben auch ethnisch als unterschiedlich wahrgenommenen Körperlichkeit her nicht zu trauen sei (ebd., S. 109 ff.). Das zentrale Thema des Aufsatzes *Spektakel des 'Anderen'* setzt mit dem Beispiel des Dopings bei schwarzen Sportlern ein und verfolgt die daran anschließenden Strategien und Mechanismen der Differenzsetzung von Identität und Körper durch kulturelle Repräsentationen. Zu den Strategien und Mechanismen gehören dabei Stereotypisierungen, Mythologisierungen und Fetischisierungen, die bei der „rassisierten" Identität des anderen ansetzen und dabei immer auch den Leib als Bezugspunkt der Differenz mit betonen und einbeziehen.

3   Artikulation als kulturwissenschaftliche Theorie

Zentral für das theoretische Konzept der Artikulation – gerade auch in seiner Anwendung auf Fragen und Probleme der Körpersoziologie – ist, dass es von einem materialistischen Verständnis der Rolle und Funktion von Produktionsweisen (modes of production) ausgeht, diese aber nicht in einem orthodox-materialistischen Sinne wirksam sieht, sondern die Vermittlung über die Artikulation der fünf Momente „Repräsentation, Identität, Produktion, Regulierung und Konsumtion" im sog. „circuit of culture" verfolgt. Es geht damit also nicht um die Ableitung von Folgen, sondern um ein Verständnis von Kontexten und Formationen, in denen eine bestimmte Verbindung materieller und ideologischer oder diskursiver Gegebenheiten die (strukturalen) Bedingungen für gesellschaftliche und kulturelle Praktiken – etwa des Körpers und seiner Darstellung bilden.

Solche Formen der Repräsentation können mit ihrer Wirkung und Nachwirkung, wie die Beispiele in Halls Analysen zeigen, auch historisch hergeleitet werden, wodurch sie als *Artikulationen* bestimmter Haltungen oder Einstellungen analysiert werden, die sich z. B. in Stilen oder Stereotypen ausdrücken und auf einer bestimmten Mittelwahl beruhen. Dabei überlagern sich in einer Kultur stets neue Artikulationen von Stereotypen oder Fetischisierungen mit älteren Bildern. Die Machtbeziehungen, die in einem solchen Raum bzw. Gefüge vorliegen, lassen sich von den jeweiligen Praktiken aus artikulieren, was aber jeweils einen spezifischen perspektivischen Zuschnitt bedeutet. Artikulation ist demnach ein Modell, das eine „nicht lineare expansive Praxis der Herstellung von Verbindungen" (Grossberg 1994, S. 26) beschreibt. Es deutet auf die Möglichkeit hin, wie im Spiel der Differenzen, Bedeutungen oder Entsprechungen erst Relationen geknüpft werden müssen, die in die Interpretation eingehen.

Dieses Modell bzw. Konzept gibt eine Ahnung davon, wie Einheit und Differenz sowie Einheit in Differenz zu denken wäre. Das Artikulationskonzept kann somit als ein *pars pro toto* für die Praxis der Cultural Studies genommen werden, weil es einerseits auf die Wichtigkeit von Bedeutungsunterschieden verweist, die sich in spezifischen gesellschaftlichen bzw. medialen Situationen ergeben, und andererseits eine Selbstverpflichtung dafür enthält, wie auf sich verändernde gesellschaftliche und politische Bedingungen mit gerade auch fortgesetzten und sich fortsetzenden *theorie-politischen Verschiebungen* zu reagieren ist (Göttlich 1999, S. 63). Oder anders formuliert: Als das Charakteristikum der Cultural Studies und ihrer unterschiedlichen Formationen kann die Analyse kultureller Kontexte als die Erforschung und Kritik der Bedingungen der Möglichkeiten kultureller Selbstvergewisserung von Subjekten sowie von gesellschaftlichen Gruppen und Schichten in ihrem Alltag und ihrer kulturellen Praxis unter sich wandelnden ideologischen bzw. machtgelenkten Konstellationen gesehen werden (Göttlich; Winter 1999, S. 26).

4   Fazit

Es war hier nicht der Ort, detaillierter auf die inhaltlichen und thematischen Differenzierungen, die die Cultural Studies im Laufe ihrer Entwicklung bei unterschiedlichen Vertretern aufweisen, einzugehen und das Verhältnis zu den Kulturwissenschaften oder körpersoziologischen Ansätzen aus diesen Perspektiven zu rekonstruieren. Die überwiegende Zahl an Beispielen aus der internationalen Rezeptionsgeschichte zeigt, dass die Cultural Studies überwiegend im Rahmen von Einzeldisziplinen rezipiert wurden, womit eine transdisziplinäre Einordnung weiterhin erst an ihrem Anfang steht. Welche Perspektiven der hier dargelegt Zugang der Artikulation für die Analyse körperlicher Praktiken und körpersoziologischer Fragestellung eröffnen kann, wird sich mit Blick auf die weitere Konjunktur der Cultural Studies erweisen. Wie im anthropologischen Kulturbegriff dargelegt besteht das Anregungspotential vor allem darin, die materielle Seite kultureller Praxen nicht aus der Betrachtung auszuschließen, was im Falle des Körpers auf eine Vereinseitigung hinausliefe, wenn er ausschließlich als diskursives Objekt, Resultat und Konstrukt betrachtet und verstanden wird.

Literatur

Bromley, Roger & Göttlich, Udo & Winter, Carsten (1999) (Hrsg.), Cultural Studies. Grundlagentexte zur Einführung. Lüneburg: zu Klampen.

du Gay, Paul & Hall, Stuart et al. (1997): Doing Cultural Studies. London: Sage Publications.

Göttlich, Udo (1999): „Unterschiede durch Verschieben. Zur Theoriepolitik der Cultural Studies." In: Engelmann, Jan (Hrsg.), Die kleinen Unterschiede. Der Cultural Studies Reader (S. 49–63). Frankfurt a. M.: Campus Verlag.

Göttlich, Udo (2001): Zur Epistemologie der Cultural Studies in kulturwissenschaftlicher Absicht. In: ders. & Mikos, Lothar & Winter, Rainer (Hrsg.), Die Werkzeugkiste der Cultural Studies (S. 15–42). Bielefeld: Transcript Verlag.

Göttlich, Udo & Winter, Rainer (Hrsg.) (1999): Politik des Vergnügens. Zur Diskussion der Populärkultur in den Cultural Studies, Köln: Herbert von Halem Verlag.

Grossberg, Lawrence (1994): „Cultural Studies. Was besagt ein Name?" In: IKUS Lectures, 3, 17/18, 11–40.

Grossberg, Lawrence (1996) (ed.): „On Postmodernism and Articulation: an Interview with Stuart Hall." In: Morley, David & Chen, Kuan-Hsing (eds.): Stuart Hall. Critical Dialogues in Cultural Studies (S. 131–150). London, N. Y.: Routledge.

Grossberg, Lawrence (1999): „Zur Verortung der Populärkultur". In: Bromley, Roger & Göttlich, Udo & Winter, Carsten (Hrsg.), Cultural Studies. Grundlagentexte zur Einführung (S. 215–236). Lüneburg: zu Klampen.

Grossberg, Lawrence (2010): Cultural Studies in the Future Tense. Durkam and London: Duke University Press.

Hall, Stuart (1977): „Über die Arbeit des Centre for Contemporary Cultural Studies (Birmingham). Ein Gespräch mit H.Gustav Klaus." In: Gulliver, 2, 54–57.

Hall, Stuart (1980): „Cultural Studies and the Centre. Some Problematics and Problems." In: ders. et.al. (eds.), Culture, Media, Language (S. 15–47). London: Open University Press.

Hall, Stuart (1981): „Cultural Studies: two Paradigms." In: Bennett, Tony et al. (eds.), Culture, Ideology and the Social Process (S. 19–37). The Open University Press.

Hall, Stuart (1992): „Cultural Studies and its Theoretical Legacies." In: Grossberg, Lawrence & Nelson, Cary &Treichler Paula A. (eds.), Cultural Studies (S. 277–286). London, N. Y.: Routledge.

Hall, Stuart (1999): „Cultural Studies. Zwei Paradigmen." In: Bromley, Roger & Göttlich, Udo & Winter, Carsten (Hrsg.), Cultural Studies. Grundlagentexte zur Einführung (S. 113–138). Lüneburg: zu Klampen.

Hall, Stuart (2004): Das Spektakel des „Anderen". In: Hall, S. (Hrsg.): Ideologie, Identität, Repräsentation. Ausgewählte Schriften, Band 4. (S. 108–166). Hamburg: Argument.

Johnson, Richard (1999): „Was sind eigentlich Cultural Studies?" In: Bromley, Roger & Göttlich, Udo & Winter, Carsten (Hrsg.), Cultural Studies. Grundlagentexte zur Einführung (S. 139–188). Lüneburg: zu Klampen.

O'Sullivan, Tim et al. (1994): Key Concepts in Communication and Cultural Studies, London, N. Y.: Routledge.

Shilling, Chris (1997): The Body and Difference. In: Woodward, Kathryn (ed.), Identity and Difference (S. 63–107). London et al.

Slack, Jennifer Daryl (1996): The theory and method of articulation in cultural studies. In: Morley, David & Chen, Kuan-Hsing (eds.), „Stuart Hall. Critical Dialogues in Cultural Studies" (S. 113–129). London, N. Y.: Routledge.

Smith, Paul (ed.) (2011): The renewal of cultural studies. Philadelphia, Pa. Temple Univ. Press.

Turner, Graeme (2012): What's become of cultural studies? Los Angeles: Sage.

Williams, Raymond (1958a): Culture and Society. London: Penguin (hier cit. nach der Ausgabe von 1993).

Williams, Raymond (1961): The Long Revolution. London: Penguin.

Winter, Rainer; Hörning, Karl-Heinz (1999) (Hrsg.): Widerspenstige Kulturen. Cultural Studies als Herausforderung. Frankfurt am Main: Suhrkamp.

Winter, Rainer (2011) (Hrsg.): Die Zukunft der Cultural Studies. Bielefeld: transcript Verlag.

Diskurstheorie

Hannelore Bublitz

Einleitung: Körper-Diskurse

Körper bewegen sich an der Schwelle von Natur und Kultur. Ob subjektiv erlebbarer Leib oder distanziert zu beschreibender physikalischer Körper, am Körper scheiden sich die Geister. Die Frage ist: Was ist der Körper überhaupt? Diese Frage wird in der wissenschaftlichen Beschäftigung mit dem Körper unterschiedlich beantwortet. Soziologische und historische Zugänge zum Körper zeigen, dass Körper einem historischen Wandel unterliegen und in ihrer physischen Präsenz nicht unmittelbar zugänglich sind. Sie bilden, wie der Historiker Phillip Sarasin ausführt, keinen zeitlosen Maßstab für die Natur des Menschen. „Natur und Materie des Körpers, so wie wir sie wahrnehmen, vorstellen, repräsentieren und bearbeiten (sind) keine verlässliche Referenz mehr außerhalb des Sprechens und Handelns" (Sarasin 2001, S. 11). Selbst die elementarsten Bewegungen, die Gangart des Körpers, sind, täuschend natürlich, als kulturell eingeübte „Körper-Techniken" Kulturtechniken, also kulturell und gesellschaftlich kodierte Gebrauchsweisen des Körpers. „Jede Gesellschaft hat ihre eigenen Gewohnheiten" die sich körperlich zeigen; „die Stellung der Arme, der Hände während des Gehens, stellen eine soziale Eigenheit dar" (Mauss 1989, S. 202). Das legt den Gedanken nahe, „dass es den Körper jenseits seiner kulturellen und historischen Modellierungen gar nicht gibt" (Sarasin 2001, S. 14 f.). Diskurstheoretisch richtet sich der Blick auf den Körper als kulturelle Konstruktion, die sich mit spezifischen – sozialen – Praktiken und Subjektivierungsweisen verbindet. Aber zugleich ist der Körper in seiner kulturellen Codierung nicht bloß gesellschaftliches Konstrukt, nicht bloßer Diskurseffekt (vgl. ebd., S. 11 f.).

Unter dem Etikett ‚Diskurstheorie' ist ein Ensemble theoretischer Konzepte versammelt, das sich trotz aller Vielfalt und Differenz, wenn auch nicht umstandslos, in das heterogene Spektrum (post-)strukturalistischer Ansätze einfügt. Gemeinsam ist ihnen gewissermaßen die Abkehr von aller Metaphysik und das sprachtheoretische Paradigma, das Sprache eine konstruktive Eigenschaft zuschreibt, nämlich die, Realität(en) zu erzeugen und zu strukturieren (vgl. Bublitz 2003a, S. 23 f; Keller 2004, S. 14 f.). Die Konjunktur diskurstheoretischer Ansätze ist zum einen zweifellos auf die singuläre Position des französischen Philosophen und Historikers Michel Foucault zurückzuführen, der den Körper als historisches Objekt einer quasi physischen Präsenz des Wissens rekonstruiert, seine physische Existenz „dem Kalkül von staatlichen Apparaten" unterworfen sieht und „seine ‚Sexualität' (…) als Konstrukt eines Dispositivs, das heißt, einer spezifischen Verschränkung von Diskursen, Praktiken und Institutionen" (Sarasin 2001, S. 16) entziffert. Auch die feministische Kritik naturalisierter Kategorien hat den biologischen Körper als fraglose Natur problematisiert. Insbesondere Judith Butler hat das biologische Geschlecht als außerdiskursiven Ausgangspunkt für die kulturellen Formen von Geschlechtsidentität kritisiert und das Geschlecht als Effekt kultureller Muster und machtförmiger Formen der Vergesellschaftung betrachtet (vgl. Butler 1991; 2009). Ihre Verknüpfungen von Diskurs, Macht und (Geschlechts-)Körper erweisen sich als überaus folgenreich für körper- und geschlechtertheoretischen Fragestellungen, aber wie das auf den Körper bezogene diskurstheoretische Werk Foucaults ist auch ihre Position nicht unumstritten (vgl. dazu Bublitz 2003a; 2008a; Bublitz 2013).

In den materialreichen historischen Analysen Foucaults zum Körper und zu Praktiken der Körperdisziplinierung, zum sexuellen Begehren und zum Sexualitätsdispositiv wie zur Regulierung des Gesamtkörpers der Bevölkerung sind es Diskurse, die den Körper systematisch als Objekt des Wissens ‚fertigen', ihm durch ihren Wahrheitsanspruch den Status einer sozialen Realität verleihen und ihn durch diverse Praktiken beherrschen (vgl. Foucault 1977; 1978). Aus dem breiten Interesse, das sich vor allem im Kontext der Rezeption von Foucaults und Butlers diskurstheoretisch fundiertem Werk entwickelt hat, ist eine kontroverse Diskussion entstanden, die sich um die Frage dreht, was ein ‚Diskurs' ist und ob sich soziale Wirklichkeit, Körper und Subjekte „in Diskurse auflösen lassen" (Gugutzer 2004, S. 81). Entscheidend ist es, zu klären, welche sprachtheoretischen Voraussetzungen der Diskursbegriff macht und welche spezifische Position Foucaults Diskurstheorie einnimmt, wenn er davon ausgeht, dass Diskurse als Praktiken nicht bloß auf das Sprechen und die Sprache zurückgeführt werden können. Diskurse erscheinen hier als „theorie-praktische Komplexe" (Mersch 1999, S. 165), die in ihrer körperhaften Gestalt, aber auch in ihrem performativen, körperlichen Vollzug reale Effekte produzieren. Schließlich wird auch danach zu fragen sein, welche theoretischen Perspektiven und körpersoziologischen Effekte sich diskurstheoretisch ergeben.

1   Machtverhältnisse durchziehen das Innere des Körpers

Foucault stattet den Diskurs mit der Macht aus, Dinge zu sagen und für wirklich zu erachten und anderes, da es nicht gedacht oder gesagt werden kann, für unwirklich zu halten. Folgt man Foucaults diskurstheoretischen Ausführungen zum Körper, zum sexuellen Begehren und der Beziehung des Subjekts zu seinem Körper, so sind diese nicht selbstverständlich oder von Natur aus gegeben, sondern Diskurse stellen die

Körper als Phänomene auf spezifische, historische Weise erst her und verwerfen andere Körperkonfigurationen. Foucault macht deutlich, dass es in der modernen Gesellschaft nicht darum geht, den Körper und das sexuelle Begehren zu unterdrücken; vielmehr darum, den Körper – als ökonomisches Kräftediagramm, als Objekt disziplinierender und normalisierender Machttechniken anzureizen und ihn, über architektonisch-institutionelle Anordnungen und Geständnispraktiken, immer detaillierter bis ins Körperinnere zu durchdringen und die Bevölkerung immer globaler zu kontrollieren (vgl. Foucault 1977, S. 125 ff.). Die „diskursive Explosion" um „den Sex" (ebd. S. 27) und das Sexualitätsdispositiv haben nach Foucault seine Daseinsberechtigung darin, den gesamten Gesellschaftskörper und den ‚Organo-Körper' jedes Individuums einer Überwachung zu unterziehen, in der sich Diskurse mit pädagogischen Maßnahmen (Pädagogisierung des kindlichen Sexes), medizinischen Praktiken (die den weiblichen Körper in direkten Zusammenhang mit dem Gesellschaftskörper und seiner Reproduktion brachten), psychiatrischen Korrekturtechniken (pathologischer ‚Instinkte' wie der ‚perversen Lust') und ökonomischen Formen der Sozialisierung des Fortpflanzungsverhaltens verbinden. (vgl. Foucault 1977, S. 125–138). Alle Abweichungen werden auf körperliche, insbesondere sexuelle Ursachen zurückgeführt, allen voran auf das universelle Geheimnis, das alle kennen und das von allen geteilt wird, über das aber niemand spricht: die Masturbation; sie erscheint diskursiv als Ursache allen Übels (vgl. Foucault 2003; Bublitz 2003b S. 154 ff.). Diese Aufwertung des Körpers hängt mit der diskursiven Etablierung des „historischen Repräsentationswertes, den die ‚Kultur' des eigenen Körpers" (Foucault 1977, S. 150) für das Bürgertum darstellt, zusammen.

Auch Judith Butler sieht den Körper als Produkt von abgelagerten Diskursen, die ihn, durch wiederholten Zugriff auf Konventionen und Zitieren von (Geschlechter-) Normen als geschlechtlich markierten Körper erst herstellen. Beide Theorien gehen davon aus, dass sich in den Subjekten und ihren Körpern eine diskursive Macht materialisiert und verkörpert, die zugleich regelt, wie der Körper zu sein hat und wie Subjekte sich auf ihren Körper beziehen. Diese Machtform wirkt also primär hervorbringend, weniger repressiv, unterdrückend. Über die materialisierende Macht von Diskursen hinaus geht es hier um die Einsetzung einer Macht, die nicht von oben herab, als souveräne Macht agiert, sondern wie „ein Netz von Bio-Macht, von somatischer Macht" (Foucault 1978, S. 109), die „zwischen jedem Punkt eines gesellschaftlichen Körpers" (ebd., S. 110) verläuft, auf die Individuen und ihre Körper einwirkt. Es sind Machtverhältnisse, „die auf den Körper selbst ausgeübt" werden und in die „Tiefe der Körper materiell eindringen können" (ebd., S. 108), ohne dem Subjekt bewusst zu sein. Die Individuen sind in dieser Machtkonzeption, in der Macht wie ein Beziehungs-Netzwerk durch die Gesellschaft hindurch operiert, „der bewegliche und konkrete Boden, in dem die Macht sich verankert hat, die Bedingung der Möglichkeit, damit sie funktionieren kann" (ebd., S. 110; vgl. dazu auch Bublitz 2008c, S. 273–276).

Die Diskurstheorie rekonstruiert den Körper, ebenso wie das Subjekt, aus einem Geflecht von Zeichensystemen, Machttechnologien, diskursiven und institutionellen Praktiken. Dabei wird Macht nicht als Besitz einiger Mächtiger, nicht als System oder Struktur, als zentralisierte Regierungsmacht oder Herrschaftssystem, sondern als relationales Beziehungsgefüge von Körper zu Körper, Subjekt zu Subjekt, in den Institutionen und Produktionsapparaten zirkulierende Kraft gedacht. Der zugrunde liegende Machtbegriff kann mit der „Vielfältigkeit von Kräfteverhältnissen" (vgl. Foucault 1977, S. 113) umschrieben werden, die keinem Machtzentrum oder Machthaber zugeordnet werden können und dennoch unzählige, dynamische Strategien hervorbringen, in denen Macht zur Wirkung gelangt.

2   Sprachtheoretische Weichenstellungen – Sprache, Diskurs und Sprechakte

Die sprachtheoretische Wende, der *linguistic turn* des 20. Jahrhunderts artikuliert die Autonomie der Sprache und gibt sprachlichen Akten und Praktiken einen spezifischen Stellenwert. Sprachtheoretische Einsichten problematisieren die oft unhinterfragte Unterstellung einer sprachlichen ‚Abbildlogik' und insbesondere einer fast natürlichen Beziehung zwischen Zeichen und Bezeichnetem. Sie „bestehen auf der Kontingenz und Wandelbarkeit einzelner Bezeichnungsrelationen, die immer nur innerhalb eines systematisch strukturierten Gesamtzusammenhangs solcher Relationen Bestand haben" (Messerschmidt/Saar 2014, S. 46). Hier hat sich gegenüber traditionellen Sprachtheorien ein völlig anders aufgebautes Denken des Diskurses etabliert, das von der – unversöhnlichen – Vielfalt, der Unabgeschlossenheit und Kontingenz von Diskursen bestimmt ist und sich den eher rationalistischen Vorgaben traditioneller Konzepte kritisch gegenüberstellt. Diskurse gründen hier nicht in rationalen Strukturen, sondern, wie Dieter Mersch annimmt, in „grundlosen Ermächtigungen, die ihre Gültigkeit in den Körper der Zeit einschreiben" (Mersch 1999, S. 168). Den Diskurs tragende Kategorien sind also nicht zeitlose Kategorien, sondern „die Materialisierung dessen, was in einer Gesellschaft oder Kultur zu einer bestimmten Zeit gesagt oder gedacht wird" (Gugutzer 2004, S. 74).

Der Diskursbegriff ist nicht nur Inbegriff eines theoretischen Programms, das sich in das heterogene Spektrum (post-)strukturalistischer Theorie einfügt, sondern er bildet gewissermaßen ‚das Andere' etablierten Denkens, insofern er anthropologische und phänomenologische Annahmen über *den Menschen,* die Konzeption eines *souverän und willentlich handelnden Subjekts* oder *universelle Annahmen über das Wesen der Kultur, Gesellschaft und Geschichte* erschüttert. Rekurse auf den Diskursbegriff und darüber hinaus sprach- und diskurstheoretische Ansätze erfolgen, wenn es darum geht, die Genese und Konstitution der – sozialen – Wirklichkeit nicht einem handelnden, sinnkonstituierenden Individuum oder Subjekt, sondern anonymen, regelgeleiteten Praktiken und diskursanalytisch rekonstruierbaren Strukturmustern zuzuschreiben (vgl. Bublitz 2003a, S. 23–29). Es geht im Wesentlichen darum, „strukturierte Erfahrungsnormen zu entdecken, deren Schema sich – abgewandelt – auf verschiedenen Ebenen" (Dosse 1996, S. 228) der Gesellschaft, der Kultur und des Wissens wiederfindet.

Die Vieldeutigkeit und „Vervielfältigung des Diskursbegriffs" (Link 2008 S. 233) täuscht darüber hinweg, dass der ‚Diskurs', durch Verwerfungen und Ausschließungen charakterisiert, mehr und anderes bedeutet als intersubjektive Kommunikation oder Rede oder die Summe alles Gesagten. Trotz unterschiedlicher Gebrauchsweisen bezieht sich der Diskursbegriff in der Diskurstheorie darauf, dass es – strukturiertes – Reden über etwas gibt, das dem Diskurs nicht vorgängig und vorgegeben ist, sondern sprachlich allererst hervorgebracht wird. Es handelt sich also nicht um eine bloß sprachliche Übersetzung von realen, vorgegebenen Dingen. Ebenso wenig können Diskurse auf subjektive Absichten zurückgeführt werden, deren semiotischer Gehalt methodisch angeleitet zutage gefördert werden kann. „Diskurse prozessieren ohne den Rückbezug auf die Intention von ‚Akteuren' und ‚Subjekten' oder auf grundlegende objektive Tatbestände nach immanenten Regeln – die beschreibbar sind, ohne dass auf den ‚Sinn' oder die ‚Funktion' dieses Prozessierens Bezug genommen werden muss" (Lösch et al. 2001, S. 15). Sie sind, so verstanden, nicht lediglich Abbild einer vordiskursiven Wirklichkeit, auf der anderen Seite aber ebenso wenig Konstruktionsweisen, die nach dem Muster „es werde Licht und es ward Licht" im wörtlichen Sinne mit Worten Welten schaffen. Vielmehr handelt es sich um Aussagensysteme, die Regelhaftigkeiten aufweisen und – materielle – Effekte haben. Damit wird die gewöhnliche Unterscheidung zwischen dem Gegenstand und dem ‚bloßen' Sprechen darüber insofern unterlaufen, als Diskurse ebenso konstitutiver Teil der Wirklichkeit sind wie Artefakte, die Dinge selbst.

‚Diskurs' steht für die Eigendynamik semantischer und kultureller Prozesse, die „mit einem komplexen System von materiellen Institutionen verbunden sind und nicht losgelöst davon betrachtet werden können" (Foucault 1973, S. 150). Darin konstituieren Diskurse eine Materialität, die sich nicht auf die rein semiotischen Aspekte von Aussagen beschränkt; vielmehr verschränken sich hier Diskursives und Physisches, Semantisches und Sozio-Technisches miteinander. Diese Verschränkung verweist auf ein gemeinsames Konstitutionsgeschehen: Das Diskursive garantiert Materialität, weil es bereits eine Materialitätsform ist und umgekehrt Materialität nicht ohne eine diskursive Form denkbar ist. Die gegen alle „optik-analogen Modelle von Erkenntnis", die auf Abbild- oder Widerspiegelungsmodelle hinauslaufen, gerichtete Konzeption der Diskurse als „materielle Produktionsinstrumente diskursiver Praktiken, durch die ‚historisch-soziale Gegenstände' überhaupt erst hervorgebracht werden" (Link 2008, S. 236), zielt auf die Verschränkung von diskursiven und nicht-diskursiven Praktiken, von Diskursen und Macht; vor allem aber verweist sie auf die (Macht-)Effekte des Diskursiven selbst. Es handelt sich hierbei um eine Macht, die, körpertheoretisch gesprochen, ‚in Fleisch und Blut' übergeht. Was bedeutet, dass es scheinbar körperliche ‚Phänomene' wie den ‚fetten' oder ‚magersüchtigen' Körper oder den ‚sexy body' nur dann gibt, wenn der Körper als solcher kodiert, also sprachlich bezeichnet und produziert wird.

Die ein- und ausschließenden Regeln des Diskurses sorgen dafür, dass das ‚Andere‘, das ‚Fremde‘ oder ‚Nicht-Normale‘, Abweichende sowohl im Denken als auch in der gesellschaftlichen Praxis ausgeschlossen und verworfen oder modifiziert wird. Zugleich wird ‚das Andere‘, Abweichende aber dem diskursiv geregelten ‚Normal-Körper‘ vorausgesetzt – dann aber quasi ausgeschlossen, an den Rand der – auffälligen – Abweichungen gedrängt – und/oder normalisiert.

Das Subjekt, das Foucaults diskursanalytische Rekonstruktion von Wissensordnungen zutage fördert, ist eines, das sich im Kontext historischer Denkkonfigurationen, Praktiken und Machtverhältnisse konstituiert. François Dosse spricht von einer ‚kopernikanischen Wende‘, die Foucault vollziehe, indem er die zentrale Stellung des Menschen im modernen Wissen als illusorisch auffasst und den Humanismus als „große Perversion" (Dosse 1996, S. 481) bezeichnet (vgl. zur ‚Einreihung Foucaults in das strukturalistische Programm, zur Kritik am Humanismus „als „Mittelalter der Moderne" und zur Dezentrierung des Menschen als Subjekts des Wissens (Dosse 1996, 479–492). An die Stelle eines Subjekts, das sich, so das Versprechen des Humanismus, „scheinbar *einer* festen Erzeugungsregel und anthropologischen Grundausstattung verdankt" rückt eine Serie von Operationen, in denen der Mensch sich in seiner Subjektivierung historisch spezifischen Formen des Wissens unterwirft, die ihn niemals zu dem führen, was der Humanismus annimmt: *dem* Menschen, *dem* menschlichen Körper (vgl. Bublitz 2008b, S. 294).

Judith Butler teilt Foucaults genealogische Perspektive auf die machtförmige Konstitution des Subjekts und seines Körpers durch Geschlechter- und Körpertechnologien, erweitert sie aber um die Theorie ‚performativer Sprechakte‘. Performative Sprechakte bewirken demnach, wie Diskurse, das, was sie sagen; sie besitzen eine handlungsartige Qualität. Bezeichnen und vollziehen fallen im performativen Sprechakt zusammen. Aus der Aussage ‚es ist ein Junge‘ oder ‚es ist ein Mädchen‘ folgt, dass die Aussage Wirklichkeit wird. Butler begründet aus solchen mit institutioneller Macht ausgestatteten Aussagen (der Hebamme, Ärzte, Klinik) ein ganzes Geschlechterprogramm, das mithilfe regulierender Normen und gesellschaftlicher Praktiken dafür sorgt, dass aus dem benannten Geschlechtskörper eine subjektive, geschlechtliche Identität wird. Diskurse materialisieren sich durch performative Akte der Wiederholung und Verkörperung – und durchdringen nach Butler das Subjekt und seinen Körper als geschlechtliche Normen (vgl. dazu Butler 2009).

3 Die ‚körperhafte Gestalt‘ von Diskursen

Foucaults Diskurstheorie fügt, ebenso wie die Judith Butlers, die Materialität von Diskursen und deren Machtwirkungen dort ein, wo die Ordnung der Dinge, der Körper und Subjekte als natürliche Ordnung erscheint. Es ist die Materialität diskursiver und historischer Praktiken, die hier gegen die ‚Natur‘ des Körpers, der Subjekte, der Sexualität und des Geschlechts sowie gegen die Annahme einer ahistorischen Natur des Menschen eingesetzt werden.

Diskursive Praktiken bilden eine emergente Praxis, die ihre eigenen Formen der Verkettung und der Abfolge besitzt und selbst regelrecht *körperhafte Gestalt*, wahrnehmbare, ihnen eigene Formen annimmt (vgl. Bublitz 2003a, S. 6). Diesen Bestimmungen folgend wird Diskursen der Status von Sachen zugesprochen, die der Verfügbarkeit und dem unmittelbaren Zugriff denkender, sprechender und handelnder Subjekte entzogen bleiben. „Ans Sprachliche angelehnt, aber nicht ausschließlich darauf beschränkt, bildet der ‚Diskurs' den wichtigsten physikalischen Begriff, den Foucaults Diskurstheorie einsetzt, um zu beschreiben, was gesagt wird und was sichtbar ist. Der Diskursbegriff steht geradezu ‚emblematisch für Foucaults ‚Materialistik'" (Seitter 1996, S. 115; vgl. dazu auch Messerschmidt/Saar 2014, S. 45 ff. und Bublitz 2003a, S. 7 f.). Hier, im Diskurs, nimmt Macht materielle Dimensionen an. Dennoch sehen sich diskurstheoretische Konzepte notorisch einem Idealismusvorwurf ausgesetzt; wenn alles Diskurs ist, bleibt die Materialität der Dinge und der Körper, so scheint es, außer Betracht. Sie bilden, wie der Leib und das subjektive, leibliche Empfinden das Unverfügbare – und diskurstheoretisch eine unbeschriebene Leinwand, in die sich kulturelle Kodes einschreiben, die aber scheinbar nichts über das aussagen, worin sie sich einschreiben. Hier erscheint leibliche Materie als ihrer diskursiven Form gegenübergestellte, die sich dem Zugriff der Diskurse entzieht. Dabei werden Sprache und Diskurs als bedeutungtragendes Zeichen verabsolutiert und einer der Zeichenordnung (von Symbolen und Sprache) vorgängigen Ordnung der Dinge gegenübergestellt. Der Körper erscheint, ungeachtet seiner historischen Form(ier)ung, als Garant einer physischen Realität und Erfahrung, die sich symbolischen Bezeichnungspraxen und diskursiv angeleiteten Körperpolitiken verweigert. Gegen die Verselbstständigung konstruktiver, diskursiver Prozesse wird die Unverfügbarkeit einer körperlich-dinghaften Materialität eingesetzt; Diskurse erscheinen dann als das Außen einer eigen- und widerständigen Materialität der Dinge, der Körper und der Subjekte (vgl. Bublitz 2003a, S. 19 ff.)

Demgegenüber insistieren Foucaults diskurstheoretische Analysen darauf, dass Diskurse keineswegs immateriell, sondern immer auf der Ebene der Materialität wirksam sind. Foucault spricht vom „Materialismus des Unkörperlichen" (Foucault 1974, S. 40), dessen Materialität, wie er annimmt, gleichsam in das Denken eingelassen sei. Hier wird der Diskurs selbst in seiner Materialität als leistungsfähige Praxis behandelt, die Ergebnisse zeitigt und in der Gesellschaft etwas hervorbringt. Macht und Wissen erhalten hier eine materielle Tiefendimension, sozial eingeübten Regeln immanent, erhalten sie eine geradezu *physische Ausdehnung*. In den architektonischen Anordnungen, vor allem aber in den Körpern und Subjekten nehmen sie körperlich-physische Gestalt an. „Über Durkheim, Weber und Wittgenstein (…) geht [Foucault] hinaus, indem er am Vorgang der Einübung in soziale Regeln vor allem das physische Moment der Aufzwingung betont" (Honneth 2003, S. 24).

Judith Butler knüpft in ihren Analysen an Foucaults diskurstheoretische Arbeiten an, wenn sie davon ausgeht, dass diskursive Praktiken und Machttechnologien sich im (Geschlechts-)Körper durch wiederholte Anrufung materialisieren. Performativität ist demnach die Macht des Diskurses, durch ständige Wiederholung Wirkungen zu produzieren. Selbst das ‚biologische Geschlecht' ist demnach eine erzwungene Materialisierung gesellschaftlicher Geschlechternormen. Butler leugnet nicht den Körper in seiner materiellen Beschaffenheit und Eigenständigkeit, aber beides, Körper und Geschlecht, ist Bestandteil einer Geschichte, ohne damit aufzuhören, Körper zu sein. Ihre Materialität löst sich nicht in Diskurse auf, sondern ist vielmehr „vollständig erfüllt (…) mit abgelagerten Diskursen", die präfigurieren und beschränken, was verkörpert wird und wie der Körper erlebt wird. Butler konzediert, dass „die Materialisierung nie ganz vollendet ist, dass die Körper sich nie völlig den Normen fügen, mit denen ihre Materialisierung erzwungen wird" (Butler 1995, S. 21). Ihr diskurs- und sprachtheoretisch angelegtes Werk ist von der Vorstellung bestimmt, dass Subjekte und ihre – biologischen – Körper als geschlechtlich markierte und konnotierte Körper von einer diskursiven Macht hervorgebracht werden. Sie schließt an Foucaults Diskurstheorie an, insofern sie davon ausgeht, dass „das, was Subjekte allererst *bildet* oder *formt,* was dem Subjekt erst seine schiere Daseinsbedingung und die Richtung seines Begehrens gibt" (Butler 2001, S. 7 f.), auf diskursive Bedingungen und die materialisierende Wirkung von Diskursen zurückzuführen ist. Der Körper ist auch hier die „Wirkung einer Machtdynamik" (Butler 1995, S. 22), die Butler auf die ständige Wiederholung regulierender Normen, die von der Materie der Körper nicht zu trennen sei, zurückführt. Das „biologische Geschlecht", das, was körperlich von Natur gegeben zu sein scheint, bildet hier eine kulturelle Norm, ein „regulierendes Ideal", das die Körper in ihrer geschlechtlichen Identität nicht nur markiert, sondern sie mithilfe eines gesellschaftlichen Geschlechterapparats reguliert. Ein zentraler Aspekt ist auch hier, wie bei Foucault, die Infragestellung des Körpers als der sprachlichen Benennung und Regulierung vorgängige Naturressource. „Das ‚biologische Geschlecht' ist demnach nicht einfach etwas, was man hat oder eine statische Beschreibung dessen, was man ist: Es wird eine derjenigen Normen sein, durch die ‚man' überhaupt erst lebensfähig wird, dasjenige, was einen Körper für ein Leben im Bereich kultureller Intelligibilität qualifiziert" (ebd., S. 22). Butler reklamiert, dass das Geschlecht Teil einer den individuellen Körper und die Bevölkerung regulierenden Praxis ist und ihr nicht untergeordnet ist.

4   Der Körper als Archiv in der Historie diskursiver Wissensapparate

Die Genealogie des Körpers und seine geschlechtsspezifischen Bezeichnungspraxen werden aus historisch kontingenten Konfigurationen und Machtkonstellationen heraus rekonstruiert. Damit lösen beide Theorieansätze die ‚Dinge' aus ihrer ahistorischen, scheinbar universellen Präsenz – und auch die Körper werden diskursiv, durch sprachlich vermittelte Prozesse zu dem, was sie vorher nie waren und nie *wesentlich* sein werden. Es ist nichts vorher oder immer schon da und will bloß entdeckt werden, sondern der Körper wird durch diskursive und materielle Praktiken hervorgebracht. Er wird als diskursiv-sprachlich Artikulierbares und Erkennbares produziert – und konstituiert sich zum einen durch diskursive Konstruktionsapparate, zum anderen durch kulturelle Körperpraktiken und -techniken. Was den Körper bewegt und formt, erschließt sich einer Archäologie der kulturellen Gewohnheiten, die zunächst die diskursiven Ereignisse beschreibt und damit eine Art „fotografischen Schnappschuss zu einem bestimmten historischen Zeitpunkt" (Keller 2004, S. 48) macht.

Die Diskursgeschichte des Körpers gibt den Blick auf ein Wissens-Archiv frei, das diskursive Konstruktionsapparate und – Beschreibungen von – Körperpraktiken, Wissensformen und (Körper-)Techniken enthält. In dieses Wissens-Archiv (als allgemeinem System von Aussagen) eingeschrieben sind diskursiv hervorgebrachte Körpercodes ebenso wie spezifische, kulturelle Körperpraktiken und -techniken, die in den handelnden Subjekten inkorporiert sind und Formen des Selbstbezugs generieren. „Dieser allgemeine Körpercode bildet den Hintergrund für ganz unterschiedliche Verhaltensweisen, die jedoch allesamt nicht verständlich und erklärbar wären, wenn sie sich nicht als ein Ergebnis eines allgemein geteilten Deutungsmusters darstellten (...) Entscheidend für das Verständnis von ‚Praktiken' in der handlungstheoretischen Wissensanalyse des späten Foucault ist, daß der fragliche Wissenscode nicht auf der Ebene sich selbst reproduzierender Diskurse zu verorten ist, sondern als inkorporiert in den Akteuren erscheint, die die Praktiken hervorbringen" (Reckwitz 2000, S. 298 f., zit. n. Keller 2004, S. 51).

In der Rekonstruktion eines Korpus von Aussagen und ihrer Regeln und der – genealogischen – Analyse von Praktiken, mit denen die Subjekte und ihre Körper geformt werden, sich aber auch auf sich selbst beziehen und ihre Körper formen, werden Spuren lesbar, die die kultursomatischen Normen und Informationsmuster am Körper hinterlassen haben. Der Körper bildet gewissermaßen ein Archiv, in dem sich spezifische Konstellationen von kulturellem Wissen und Diskurs, von Wahrnehmungs- und Repräsentationsformen sowie entsprechenden Visualisierungsstrategien verschränken und materielle Gestalt annehmen; zugleich verkörpert er das Archiv der Medien, die ihn repräsentieren und (re-)konstruieren.

Die Frage, was ‚der Körper' oder ‚der Mensch' sei, ist aus dieser Sicht nicht zu beantworten. Der diskurstheoretische Zugang zum Körper macht deutlich, dass Annahmen über ‚den Körper' oder den Menschen' ebenso wie die Annahme eines natürlichen Körpers auf historisch erzeugten Denkmustern beruht – und auch die Materialität des Körpers eine Geschichte hat, in die Ausschlüsse und Grenzziehungen eingeschrieben sind. Gegen die Annahme großer Machtzentren und -apparate, aber auch gegen die Annahme großer Ideologien gewendet, richtet sich der diskursanalytische Blick auf das Funktionieren der Macht, dorthin, wo sich „wirksame Instrumente der Bildung und Akkumulation von Wissen, Beobachtungsmethoden,

Aufzeichnungstechniken, Untersuchungs- und Forschungsverfahren und Verifikationsapparate" (Foucault 1999, S. 43) bilden.

Dabei richtet sich der Fokus auf die Analytik einer Macht, die ohne Anwendung physischer Gewalt oder Repression das Subjekt und seinen Körper machtförmigen Anordnungen, Prozeduren und Operationen unterwirft. Der Körper, scheinbar biologisches Substrat von Subjekten, ist diskurstheoretisch unbestreitbar der Ort, an dem sich diskursive Ereignisse, Machttechniken und Geschichte verschränken. Von zentraler Bedeutung sind die Auswirkungen von Macht-Wissenskomplexen, übersubjektiven Wissensordnungen, die sich über ein ganzes Bündel von Beziehungen zwischen Redepraktiken, Beobachtungs- und Wahrnehmungstechniken sowie institutionell-architektonischen und technischen Anordnungen im Subjekt zu spezifischen Körperpraktiken verbinden. Damit verliert ‚der Körper', ebenso wie ‚der Mensch', seine Funktion als überhistorische Referenz und biologisches Substrat; er ist nicht bloße, unverfügbare Natur, die es als ‚Urgestein' archäologisch lediglich freizulegen gilt oder die von sich aus zu uns spricht. Es gibt keine authentische Erfahrung und Unmittelbarkeit des Körpers jenseits kultureller Repräsentation(sformen) und kultureller Kodes; vielmehr ist der Körper, wie der Historiker Philipp Sarasin im Anschluss an Foucaults diskurstheoretisch angeleitete Analysen annimmt, „immer schon der Ort der Geschichte" (Sarasin 1999, S. 440). Wie eine Unmittelbarkeit des Körpers vordiskursiv oder jenseits der Diskurse zu denken wäre, bleibt, so Sarasin, offen. Als „ein scheinbares Zeichen der Natur, tatsächlich aber gänzlich kulturell" (Dosse 1996, S. 57) steht der Körper im Zentrum der Gesellschaft. Eingeschrieben ins kulturelle Archiv dessen, was gedacht und gesagt werden kann (und was historisch, zu einer bestimmten Zeit nicht gedacht und gesagt werden kann) verkörpert er gewissermaßen die kulturellen Dispositionen und Muster, die in der Gesellschaft einflussreich sind. Der Körper ist, so Sarasin, „ohne das ‚methodische System der Zeichen' nicht zu denken und ohne Sprache und deren performative Wiederholung in der Praxis des Sprechens und Handelns gibt es auch kein Subjekt" (Sarasin 1999, S. 446). Er ist nicht anders denn als immer schon diskursiv „kartographierter" und gesprochener Körper zu haben. Dabei ist die historische Kodierung des Körpers nicht nur eine Form seiner historischen Repräsentation, sondern, so Sarasin, zugleich die Methode seiner Konstruktion; sie bewirkt die „Produktion wirklicher Körper" (Sarasin 1999, S. 440).

Eingebunden in eine Wechselbeziehung von Körperbild und Körperbildung zeigt sich der Körper als Effekt von Bezeichnungspraxen, Diskursen, individuellen und institutionellen Praktiken (der Vermessung, der Hygiene, der Pflege und ästhetischen Darstellung). Dabei entsteht der Körper von Subjekten, nicht ‚des Menschen', die sich im permanenten Selbstbezug ihres Körpers – und ihrer Identität – versichern. Die körperliche Selbstrepräsentation wird zum Fundament letzter Gewissheiten, der Körper zum Material, an dem sich Subjektivierung mithilfe eines Unterscheidungsrasters – von Abweichung und Norm – vollzieht; Subjektbildung ist unweigerlich an den Körper gebunden. Im Zusammenspiel disziplinierender Körperpraktiken, regulierender Technologien und – ästhetischer – Formen der Selbstpräsentation bildet sich ein dichtes Gewebe von Körper- und Selbstpraktiken heraus, das Körper und Subjekte in ihrer Materialität als soziokulturelle hervorbringt.

Der ‚moderne Körper' ist ein Produkt von Techniken und Technologien, die ihn bestimmten Anordnungen, Ausdrucks- und Darstellungsformen unterwerfen, ihn mittels disziplinärer Kontrolltechniken und eines hierarchisch angeordneten Blickregimes institutionell – in Schule und Fabrik – einschließen und ihn als ‚gelehrigen Körper' (Foucault 1976) einem unabhängig von den konkreten Individuen quasi automatisch operierenden Machtmechanismus einfügen. Derart einer Kräfteökonomie eingegliedert, die ihn in einer optimalen räumlich-architektonischen Anordnung und einem zeitlichen Raster optimal nutzbar macht, wird der Körper der gesamten Bevölkerung schließlich einer Regulierung unterworfen, die auf die Optimierung des Lebens der Masse der gesamten Bevölkerung abzielt.

Foucault spricht zunächst von Disziplinartechniken, die den Körper des Individuums, seine Bewegungen, Gesten und Haltungen bis ins kleinste Detail zerlegen, ihn bis in die „Automatik seiner Gewohnheiten" (Foucault 1976, S. 173) kontrollieren und ihn zu einem effektiven, produktiven Körper formen. Diese Körpermodellierung ist, folgt man den materialen, historischen Diskursanalysen Foucaults, eine Wirkung von Macht, einer Macht, die weniger als Gesetzesmacht, sondern als Anreiz – einer Steigerung der Kräfte – funktioniert und einen produktiven Körper hervorbringt (vgl. dazu Foucault 1976, s. auch Gugutzer 2004, S. 59–66). In einem weiteren Schritt bildet sich eine den gesamten Bevölkerungskörper regulierende (Lebens-)Technologie heraus; auch sie folgt einer Steigerungslogik, die den Körper in ein Normalitätsspektrum positioniert und ihn empirischen Normalisierungs- und Optimierungsvorgaben unterwirft. Es handelt sich hierbei um eine (Sicherheits-)Technologie, die die Zufallsereignisse, die in der Masse der Bevölkerung auftreten können, zu kontrollieren sucht, es geht aber auch darum, die Reproduktion der Bevölkerung zu garantieren und die Bevölkerungszahl hinsichtlich der gesellschaftlichen Erfordernisse zu optimieren (vgl. dazu Foucault 1977).

5 Theoretische Perspektiven auf die körpersoziologische Forschung und Theoriebildung

Folgt man Foucaults diskurstheoretischem Ansatz, dann ist der Körper ein historisch gewordener, diskursiv konstruierter und durch soziale und individuelle Praxen konstituierter Körper. Dieser Ansatz macht deutlich, dass der vermeintlich natürliche Körper historisch hervorgebracht und sowohl in seiner Form als auch in seinen Praxen jeweils kulturell hervorgebracht und kodiert ist. Wie er epochen- und kulturspezifisch kodiert ist und welche Rolle er in Kultur und Gesellschaft spielt, lässt sich jeweils diskursanalytisch rekonstruieren. Die Vorstellungen über den Körper sind, folgt man Foucault, in strategische Machtkämpfe der Wissenschaft und der Gesellschaft eingebettet, in denen sich entscheidet, welche Körpermodelle sich gesellschaftlich durchsetzen. Der moderne Körper konstituiert sich im doppelten Sinne disziplinär: zum einen durch wissenschaftliche Disziplinen (der Biologie, der Medizin, der Psychiatrie und, so erstaunlich es klingen mag, der Informatik), die ein spezifisches Wissen vom Körper produzieren, zum anderen durch Techniken und Technologien der Selbstdisziplin und Körpermodifikation. Diskurstheoretisch ist der Körper eine Materialisierung von historischen Diskursen und Macht; Körperpraktiken wären, so gesehen, immer auch Machtpraktiken. Foucault ging davon aus, dass die Macht das Innere des Körpers durchzieht, ja, dass der Körper – und im Übrigen auch sein Geschlecht, die Sexualität – eine wichtige Schaltstelle, ein Scharnier der Macht sei. Denn in ihm verbinden sich Diskurse über Ökonomie, Produktivität und Leistungseffizienz mit Diskursen über die Bevölkerung und deren Geburtenrate, Gesundheitsfür- und -vorsorge. Der Körper erscheint diskurstheoretisch zweifellos als zentrales Scharnier von Gesellschaft und Geschichte – er bildet den Fokus kulturspezifischer ‚Gangarten' ebenso wie den einer in modernen Gesellschaften offenbar omnipräsenten „Mikrophysik der Macht", die nicht ‚von oben herab' regiert, wie souveräne (Gesetzes-)Macht, sondern qua (Selbst-)Disziplin(ierung) und Selbstsorge, über die ‚natürliche' Wachsamkeit gegenüber extremen Anomalien und Selbstadjustierung von Individuen in Normalitätsspektren.

Körpersoziologisch interessant und relevant ist der diskurstheoretische Ansatz aber nicht nur, weil hier der Körper gewissermaßen als zentrales ‚Organ' eines gesellschaftlich institutionalisierten und in individuellen Handlungsvollzügen durchgesetzten Disziplinar-, Geschlechter- und Normalisierungsapparats, also genuin soziologischer Prozesse der sozialen Normierung und sozialen Kontrolle, sondern darüber hinaus auch als agierender Körper und aktiver Produzent von Gesellschaft präsentiert wird (vgl. Gugutzer 2004).

Der unterworfene, ‚gelehrige' Körper wird hier ebenso wie der sich selbst performativ als ‚normal' oder ‚abweichend' präsentierende Körper geradezu zum Prinzip, dem das Soziale unterliegt. Er verallgemeinert sich in seinen performativen Praktiken gewissermaßen zum gesellschaftlichen Akteur. „Der menschliche Körper ist *Produkt von Gesellschaft* insofern, als die Umgangsweisen mit dem Körper, das Wissen und die Bilder von ihm sowie das Spüren des Körpers von gesellschaftlichen Strukturen, Werten und Normen, Technologien und Ideensystemen geprägt sind. *Produzent von Gesellschaft* ist der menschliche Körper dergestalt, dass soziales Zusammenleben und soziale Ordnung entscheidend von der Körperlichkeit sozial handelnder Individuen beeinflusst sind" (Gugutzer 2004, S. 6).

Der Körper *konstituiert* und *verkörpert* das Soziale. Als kulturtypisch geformter wie auch ästhetisch inszenierter und stilisierter Körper repräsentiert er gesellschaftliche Kodes, aber in der Archäologie kultureller Gewohnheiten, in disziplinierten und routinierten Handlungen formt er seinerseits die Gesellschaft und (de)stabilisiert die soziale Ordnung. Gesellschaftliches Handeln ist in der Formung des Körpers durch die Verinnerlichung gesellschaftlicher Anforderungen, unterhalb der Schwelle des Bewusstseins, in der routinisierten subjektiven ‚Nachkonstruktion' der sozialen Ordnung im Inneren der Subjekte, ein körperliches Handeln; in den Bewegungen und Haltungen des Körpers verkörpert sich Soziales, das Subjekte befähigt, sich – nicht zuletzt auch körperlich – in sozialen Situationen und Feldern angemessen zu verhalten.

In Foucaults diskurstheoretischem Modell ist der Körper zunächst Element einer ordnenden Regulierung des Individuums und der Bevölkerung, aber auch Teil einer Dynamik, die, an normalisierenden Vermessungen und statistischen Daten der Gesamtbevölkerung ausgerichtet, diese (Norm(alität)) zugleich selbst empirisch konstituiert und fortwährend verändert. Sog. Kurvenlandschaften und Normalverteilungen werden von sozial handelnden Individuen körperlich produziert und in – auf den Menschen als körperliches Lebewesen ausgerichteten – Körperpraktiken und Selbsttechnologien umgemünzt.

Foucaults diskurstheoretische Arbeiten zu Körper, Sexualität und Geschlecht haben eine entscheidende Bedeutung für eine Körpersoziologie, die den Blick zugleich auf die Bedeutung des Körperlichen für die Struktur des Sozialen richtet. Die historische Rekonstruktion von Körpertechnologien verweist nicht nur auf die konstruktive Seite von Wissen, Kultur und Gesellschaft, sie gibt auch Hinweise auf die Transformation gesellschaftlicher Prozesse und darin involvierte Körperkonzepte. Zudem verweist sie auf die machtstrategische Bedeutung des Körpers und seine zentrale Rolle in Geschichte und Gesellschaft (vgl. dazu auch Foucault 1977; Sarasin 2001). Sie bildet die entscheidende historische und kulturelle Voraussetzung für die Materialität des Körpers. Eigenleibliche Erfahrungen realer Körper, widerständige Körperpraktiken und subjektive Empfindungen mit dem und über den – eigenen – Körper finden im Rahmen machtstrategischer Komplexe – Dispositive – statt. Deshalb trügt der Schein, wenn es scheint, als fehle im diskurstheoretischen Ansatz der reale Körper selbst. Die Frage nach der Lebendigkeit der Körper ist für eine soziologische Perspektive aus diskurstheoretischer Sicht nicht wesentlich. Diskurse, die Aussagen *über den Körper* machen, bringen im körperlichen Vollzug den realen Körper historisch und kulturspezifisch hervor, auch, wenn er sich gegen sozial eingeforderte Standards richtet. Es handelt sich hier immer um sozial kontrollierte Widerstände, ‚Abweichungen' und Widerstandsbewegungen. Der Zugang zu den realen Körpern und zu Körpererfahrungen mit widerständigen Körperpraxen kann nicht unvermittelt, außer- oder vordiskursiv erfolgen. Der reale Körper ist vielmehr durchdrungen von kulturellen Zwängen, die sich im Rahmen von Vergesellschaftungsprozessen in Gewohnheiten, habituelle körperliche Haltungen und Selbstzwänge umformen. Diese sind diskursiv verfasst und werden verkörpert. Zugleich führt der reale Körper gewissermaßen ein ‚Eigenleben', das irreduzibel ist auf die Diskurse und das Soziale, sondern sich gewissermaßen zwischen dem Diskursiven und dem Körperlich-Materiellen findet. Butler verweist darauf, dass es eine Differenz gibt zwischen dem diskursiv erzeugten gesellschaftlichen Apparat, der das Geschlecht des Körpers und seine Identität reguliert, und den verschiedenen somatischen und psychischen Dimensionen des Körperlichen; vor allem aber macht sie deutlich, dass es schwierig ist zu bestimmen, wo das Biologische, das Psychische, das Diskursive, das Soziale anfangen und aufhören" (Butler 2009, S. 298), und sie verweist darauf, dass sich diese Dimensionen niemals gänzlich ineinander überführen lassen, aber auch nicht endgültig voneinander abgesetzt sind (vgl. ebd., S. 299). In der Reklamation einer diskursiv unverfügbaren Materialität des Körpers, des lebendigen Leibs und der (eigen)leiblichen Erfahrung wird, wenn sie nicht auf den ontologischen Status des diskursiv eingesetzten Körpers abzielt, auf jene Metaphysik rekurriert, die Butler und Foucault diskurstheoretisch außer Kraft setzen. Allerdings ist es vorstellbar, dass Körpererfahrungen sprachlos machen und dort, wo die symbolischen Kodes eine Lücke hinterlassen, ihren Ort haben. Aber auch das ist eine diskursive Position; denn der sprachlose Körper kann nicht – selbst zu uns – sprechen.

Literatur

Bublitz, Hannelore (2003a). *Diskurs*. Bielefeld: Transkript.

Bublitz, Hannelore (2003b). Diskurs und Habitus. Zentrale Kategorien zur Herstellung gesellschaftlicher Normalität. In: Jürgen Link, Thomas Loer & Hartmut Neuendorff (Hrsg.). *,Normalität' im Diskursnetz soziologischer Begriffe* (S. 151–162). Heidelberg: Synchron.

Bublitz, Hannelore (2008a). Soziologie. In: Clemens Kammler, Rolf Parr & Ulrich Johannes Schneider (Hrsg.): *Foucault-Handbuch. Leben – Werk – Wirkung* (S. 385–395). Stuttgart: Metzler.

Bublitz, Hannelore (2008b). Subjekt. In: Clemens Kammler/Rolf Parr/Ulrich Johannes Schneider (Hrsg.): *Foucault-Handbuch. Leben – Werk – Wirkung* (S. 293–296). Stuttgart: Metzler.

Bublitz, Hannelore (2008c). Macht. In: Clemens Kammler, Rolf Parr & Ulrich Johannes Schneider (Hrsg.): *Foucault-Handbuch. Leben – Werk – Wirkung* (S. 273–276). Stuttgart: Metzler.

Bublitz, Hannelore (2013). *Judith Butler zur Einführung*. 4. ergänzte Auflage. Hamburg: Junius.

Butler, Judith (1991). *Das Unbehagen der Geschlechter*. Frankfurt am Main: Suhrkamp.

Butler, Judith (1995). *Körper von Gewicht. Die diskursiven Grenzen des Geschlechts*. Frankfurt am Main: Suhrkamp.

Butler, Judith (2001). *Psyche der Macht. Das Subjekt der Unterwerfung*. Frankfurt am Main: Suhrkamp.

Butler, Judith (2009). Die Macht der Geschlechternormen und die Grenzen des Menschlichen. Frankfurt am Main: Suhrkamp.

Dosse, Francois (1996). *Geschichte des Strukturalismus. Bd. 1: Das Feld des Zeichens, 1945–1966*. Hamburg: Junius.

Foucault, Michel (1973). *Archäologie des Wissens*. Frankfurt am Main: Suhrkamp.

Foucault, Michel (1974). *Die Ordnung des Diskurses*. München: Hanser.

Foucault, Michel (1976). *Überwachen und Strafen. Die Geburt des Gefängnisses.* Frankfurt am Main: Suhrkamp.

Foucault, Michel (1977). *Der Wille zum Wissen. Sexualität und Wahrheit. Bd. 1.* **Frankfurt am Main: Suhrkamp.**

Foucault, Michel (1978). *Dispositive der Macht. Über Sexualität, Wissen und Wahrheit.* Berlin: Merve.

Foucault, Michel (1999). *In Verteidigung der Gesellschaft.* Frankfurt am Main: Suhrkamp.

Foucault, Michel (2003). *Die Anormalen.* Frankfurt am Main: Suhrkamp.

Gugutzer, Robert (2004). *Soziologie des Körpers.* **Bielefeld: Transkript.**

Honneth, Axel (Hrsg.). (2003). Foucault und die Humanwissenschaften. Zwischenbilanz einer Rezeption. In: *Michel Foucault. Zwischenbilanz einer Rezeption* (S. 15–26). Frankfurt am Main: Suhrkamp.

Keller, Reiner (2004). *Diskursforschung. Eine Einführung für SozialwissenschaftlerInnen.* **Opladen. Leske&Budrich.**

Link, Jürgen (2008). Diskurs. In: Clemens Kammler, Rolf Parr & Ulrich Johannes Schneider (Hrsg.): *Foucault-Handbuch. Leben – Werk – Wirkung* (S. 233–236). Stuttgart: Metzler.

Lösch, Andreas, Schrage, Dominik, Spreen, Dierk & Stauff, Markus (Hrsg.). (2001): *Technologien als Diskurse. Konstruktionen von Wissen, Medien und Körpern.* Heidelberg: Synchron Verlag.

Mauss, Marcel (1989). *Soziologie und Anthropologie. Bd. 2.* München: Fischer.

Mersch, Dieter (1999). Anders denken. In: Hannelore Bublitz, Andrea D. Bührmann, Christine Hanke & Andrea Seier (Hrsg.), *Das Wuchern der Diskurse. Perspektiven der Diskursanalyse Foucaults.* Frankfurt am Main, S. 162–176.

Messerschmidt, Reinhardt & Saar, Martin (2014). Diskurs und Philosophie. In: Johannes Angermüller, Martin Nonhoff, Eva Herschinger, Felicitas Masgilchrist, Martin Reisigl, Juliette Wedl, Daniel Wrana & Alexander Ziem (Hrsg.), *Diskursforschung. Ein interdisziplinäres Handbuch Bd. 1 Theorien, Methoden und Kontroversen* (S. 42–55). Bielefeld: Transcript.

Reckwitz, Andreas (2000). *Die Transformation der Kulturtheorien.* Weilerswist: Velbrück.

Sarasin, Philipp (1999). Mapping the body. Körpergeschichte zwischen Konstruktivismus, Politik und Erfahrung. In: *Historische Anthropologie 7/3,* S. 437–451.

Sarasin, Philipp (2001). *Reizbare Maschinen. Eine Geschichte des Körpers 1765–1914.* Frankfurt am Main: Suhrkamp.

Seitter, Walter (1996). *Das Spektrum der Genealogie.* Bodenheim: Philo Verlag.

Feministische Theorie

Paula-Irene Villa

Feministische Perspektiven, seien diese politisch-praktisch oder akademisch-theoretisch, haben wesentlich zur Thematisierung des Körperlichen in der Soziologie *überhaupt* beigetragen. Die Bezeichnung ‚feministische Theorie(n)' ist jedoch – wie letztlich jede Theoriechiffre – umstritten. Becker-Schmidt/Knapp (2000) folgend, wird hier feministische Theorie verstanden als ausgesprochen heterogene Reflexions- und Forschungskonstellation, die sich explizit kritisch zum etablierten Kanon der institutionalisierten akademischen Disziplinen positioniert. Kritisch meint dabei insbesondere macht- und herrschaftsanalytisch. Feministische Theorien untersuchen demnach – in eher weiter und komplexer denn allzu enger oder simpler Bezugnahme auf (real-)politische Forderungen – die Normalisierungs-, Exklusions-/Inklusions- und Sichtbarkeitslogiken im Feld der Wissenschaften und sie formulieren unter Umständen entsprechende normative Interventionen (z. B. Erweiterung des Kanons). Im deutschsprachigen Raum werden die Bezeichnungen ‚feministische Theorien', ‚Gender Studies', ‚Geschlechterforschung' (und Weitere) deutlicher voneinander abgegrenzt als etwa im englischsprachigen Raum.

Mit dem Anspruch der frühen – dezidiert feministischen – Frauenforschung in den späten 1970er Jahren, das bis dahin Übersehene und für trivial erachtete, wie z. B. die Hausarbeit zu beforschen, geriet nicht zuletzt auch die körperliche Dimension der sozialen Welt in den Blick der Sozial- und Geisteswissenschaften. Wenn, wie Barbara Duden rückblickend bilanziert, „fast alle Forderungen der Frauenbewegung [...] sich auf Körperliches [konzentrierten]" (2010, S. 602), so haben auch feministische Theorien Körperliches prominent thematisiert. Dies hat wesentlich damit zu tun, dass zunächst der feministische Aktivismus, rasch dann auch die sich daraus herausbildende Frauenforschung bzw. feministische Theorie die naturhafte Ontologie der Geschlechterdifferenz kritisch hinterfragt und analysiert haben. Denn diese Ontologie, die ‚Natur der Geschlechterdifferenz' hatte, so die zunächst politische und dann akademische Analyse, wesentlichen Anteil an der Ungleichheit zwischen den Geschlechtern, an der Exklusion von Frauen aus zentralen Bereichen der (modernen) Gesellschaft und an ihrer Abwertung in kultureller Hinsicht. Darüber hinaus habe, so verschiedene Strömungen der feministischen Theorie, die naive Annahme eines universalen, ahistorischen und nicht-sozialen Geschlechtskörpers gravierende empirische und theoretische Mängel.

1   Naturkritik und Rekorporalisierung – Der politische Rahmen

Sofern sich die feministische Theoretisierung von Körper, Geschlecht (und Sexualität) überwiegend zunächst aus dem politischen Kontext der zweiten Frauenbewegung entwickelte, stellte sie die *Natur* des ‚kleinen Unterschieds‘ in Frage – zumindest als naiv gedachte Natur jenseits sozialer Praxen und Verhältnisse, als ahistorische und nicht auch kulturell konstituierte Natur. Der Verweis auf die Naturtatsache der geschlechtlichen Differenz wurde im Rahmen der zweiten Frauenbewegung zum Politikum, zum Skandalon *moderner* Gesellschaften, die trotz des Versprechens universaler Gleichheit und Freiheit faktisch mindestens die Hälfte der Menschheit von genau dieser Gleichheit und Freiheit aufgrund eines als natürlich angenommenen Unvermögens zur Vernunft ausschloss (vgl. zusammenfassend Holland-Cunz 2003, 116–138). Letztlich gilt diese Logik des ‚Othering‘ für alle Gruppen und Personen, die in der europäischen (Kolonial-)Geschichte und insbes. in der Moderne als nicht zur Vernunft fähige ‚Andere‘ deklariert wurden, wie die post-colonial studies kritisch analysieren, aber bereits de Beauvoir (1961, insbes. S. 11 ff.) skizzierte.

So ist tatsächlich die Kritik an und der Kampf gegen die ‚Biologie-ist-Schicksal‘-Annahme das Leitmotiv der feministischen Strömungen im Kontext der zweiten Frauenbewegung. Dies schloss Themen wie etwa Geburt und Reproduktion, (sexualisierte) Gewalt, Erwerbsarbeit, Familie und Partnerschaften, Gesundheit, Sexualität oder Ästhetik ein, insofern in letztlich allen geschlechterpolitisch relevanten Themen immer auch die ‚Natur der Frauen (und Männer)‘ – der so genannte ‚kleine Unterschied‘ (Alice Schwarzer) – eine konstitutive Rolle spielt(e). Der Verweis auf Naturtatsachen diente letztlich, ob in entsprechender Absicht formuliert oder nicht, der Immunisierung vergeschlechtlichter Praxen, Institutionen, Personen oder Strukturen gegenüber sozialem Wandel. Es ist trivial dies zu betonen, aber gleichwohl zentral: Wenn in diesen politischen, intellektuellen Auseinandersetzungen und dann auch Theoretisierungen von Biologie, Natur oder (natürlicher) Tatsache die Rede war bzw. noch ist, dann verweist dies immer und zwingend auf Aspekte des *Körpers*. Natur ist Körper und Körper ist Natur, so das hegemoniale Deutungsmuster der Moderne (wie der Beitrag noch entlang entsprechender Studien und Argumente zeigen wird). Anders als im Alltagswissen auch weiterhin angenommen, zeigt der forschende Blick, dass das, was genau ‚Körper‘ heißt, wenn von der Natur der Geschlechterdifferenz die Rede ist, außerordentlich variabel und uneindeutig ist. Aus diesem normativen Horizont speist sich die Dekonstruktion und Infragestellung, die „De-Ontologisierung" des ‚Körpers‘ (Villa 2013).

Gewissermaßen als Kehrseite dieser Einsicht – als Insistieren auf den ‚Körper‘ nämlich – haben feministische Artikulationen im akademischen wie aktivistischen

Kontext den Körper in die politischen und dann auch akademischen Debatten ‚reimportiert'. Denn die Natur/Kultur-Dichotomie, die die Moderne nachhaltig kennzeichnet und die sich insbes. in der europäischen Aufklärungsphilosophie findet (kritisch u. a. Doyé/Heinz/Kuster 2002) hat den Körper, genauer: die körperleibliche Dimension sozialer Existenz aus dem Mainstream der Wissenschaften sowie aus dem Selbstverständnis der Öffentlichkeit gedrängt. Die Verengung des idealtypischen modernen Subjekts auf seine (sic!) Vernunft hat zu einer ideologischen Verleugnung der somatischen Verfasstheit des Lebendigen (List 2001), des Menschlichen und des Sozialen – sowie, logischerweise, der Vernunft selbst – geführt: „The body became the unspoken of Western abstract theory" (Shildrick/Price 1999, S. 2). An der Kritik dieser Verdrängung – und an der Anknüpfung an die wenigen Ausnahmen der Sozialtheorie (Leibphänomenologie!) sowie an der empirischen Sozialforschung – hat sich das gesamte Feld der Körpersoziologie überhaupt konstituiert. Im Kontext feministischer Artikulationen kam der Körper durch die Thematisierung bis dahin übersehener oder bewusst dethematisierter ‚Nichtigkeiten' und ‚Trivialitäten' in Forschung und Politik in den Blick: Hausarbeit, Privatheit, Affekte, Beziehungen und Kinder. Die Thematisierung von ‚Frauenleben' und der damit verbundenen, als spezifische (nämlich weibliche) angenommene Erfahrungen schlossen ausdrücklich die körperlichen sowie affektiven Dimensionen mit ein (so z. B. Beck-Gernsheim 1983).

Verbunden war damit auch eine grundsätzliche Kritik an Wissenschaft als Teil androzentrischer bzw. patriarchaler Herrschaft, die ihrerseits faktisch die Erfahrungen und Perspektiven männlicher Eliten zum universalen, ‚objektiven' Allgemeinen erklärte (vgl. aus der Fülle an Literatur Crasnow et al 2015). Wie Shildrick und Price (1999, S. 4 f.) betonen, hat z. B. die Frauengesundheitsbewegung mit ihren institutionen- und wissenschaftskritischen Interventionen den Weg mitbereitet für die dann auch akademisch wirksame kritische Forderung nach einer Erweiterung und Reformulierung des Wissens selbst, gerade auch im Hinblick auf den (weiblichen bzw. geschlechtlichen) Körper als unhintergehbare Basis des Weltbezuges und der Erkenntnis. Subjektive Erfahrungen, leibliches Erleben, der eigene Körper als individuelle ‚Wahrheit' der Wahrnehmung sollten, so eine feministische Forderung, die Basis auch akademischen Wissens werden – zumindest aber als relevante, legitime und wissensgenerierende Wirklichkeit von Experten/Expertinnen und nicht zuletzt von den Akteuren/Akteurinnen selbst anerkannt werden.

Im deutschsprachigen Raum sind die Arbeiten der feministischen Historikerin, Soziologin und Journalistin Barbara Duden für die Betonung der Eigenlogik und Relevanz des (weiblichen) Körpers exemplarisch: Ausgehend von ihren wegweisenden historischen Arbeiten, in denen sie z. B. für die Mitte des 18. Jahrhunderts das leibliche Erleben von Frauen und deren medizinische Aneignung durch Landärzte rekonstruierte (Duden 1987) – und damit das Feld der ‚Körpergeschichte' bzw. Körpersoziologie überhaupt im deutschsprachigen Raum eröffnete – kritisiert(e) B. Duden immer wieder – den Unterschied zwischen ‚akademisch' und ‚aktivistisch' unterlaufend – die körperleibliche Entfremdung der Frauen von ihren eigenen Erfahrungen durch falsche (begriffliche, technische und theoretische) Verobjektivierungen. Als „Entkörperung" (Duden 1993) hat B. Duden die Dynamiken der Technisierung und Expertisierung bezeichnet, die sich in der Moderne zwischen dem Selbst (der Frauen) und den leiblichen Empfindungen schieben.

In spezifischer Weise hatte und hat nach wie vor das feministische Insistieren auf die Präsenz des Körpers in Wissenschaft und politischer Praxis diesen in die Debatte gebracht, wenn auch in widersprüchlicher und umkämpfter Weise – denn was und wie genau die körperliche Existenz ‚als Frauen' (bzw. als Geschlecht) einen Unterschied macht und was genau mit dem ‚Körper' gemeint sein könnte, das war nie unumstritten. Dies lässt sich nachvollziehen an den verschiedenen, nicht selten miteinander in Konflikt stehenden Positionen zum Körper bzw. zu Körperpraxen der zweiten Frauenbewegung (vgl. für den deutschsprachigen Raum Lenz 2008). Deutlich wird dies an allen – nachfolgend skizzierten – Varianten feministischer Theoretisierung des Körpers der Geschlechterdifferenz: In mindestens historischer, praxeologischer, diskursanalytischer und queerer – sowie immer auch realpolitischer – Perspektive wird der (Geschlechts-)Körper uneindeutig(er) als er gemeinhin scheint.

Zum Beispiel: Simone de Beauvoir

Die Schwierigkeit, den Körper feministisch zu thematisieren, lässt sich auch nachvollziehen an der ambivalenten, womöglich widersprüchlichen Haltung zwischen Essentialisierung und De-Naturalisierung, die sich im Werk von Simone de Beauvoir findet. In ihrem hinsichtlich seiner Bedeutung für feministische Theorie und Politik kaum zu überschätzenden Werk ‚Das andere Geschlecht' (frz. Orig. 1949, dt. 1951 ff.) legt die Autorin – Philosophin und Romancier – den Grundstein für das, was sich nachfolgend als ‚sozialkonstruktivistische' Perspektive auf die Geschlechterdifferenz entwickeln sollte: Frauen und Männer bzw. Männlichkeit und Weiblichkeit sind demnach nicht unveränderlich gegebene Wesenheiten, Essenzen oder Tatsachen, sondern sind Produkte sozialer, historisch sedimentierter (Herrschafts-)Praxen und komplexer gesellschaftlicher Verhältnisse (vgl. de Beauvoir 1961). Ausführlich rekonstruiert und diskutiert de Beauvoir die genuin menschliche ‚Herstellung' von Weiblichkeit im Rahmen spezifischer gesellschaftlicher Konstellationen und kommt dabei bekanntermaßen zu dem Schluss: „Man kommt nicht als Frau zur Welt, man wird es" (de Beauvoir 1961, S. 433). Dies gilt, liest man das Buch der Autorin genau, ‚irgendwie' auch für den Körper bzw. für die biologischen, morphologischen und somatischen Aspekte der Geschlechtlichkeit – ‚irgendwie' aber auch nicht. Das Werk ist durchzogen von widersprüchlichen Annahmen und Aussagen hinsichtlich des Körpers, der von de Beauvoir zum Teil als plastisch und als ebenso ‚zivilisatorisch' geformt betrachtet wird wie die immateriellen Dimensionen der Geschlechterdifferenz (‚Weiblichkeit'/Frau oder Mann), z. B. als Rollen, Fähigkeiten oder Lebensentwürfe: In ihrer Auseinandersetzung mit den „biologischen Voraussetzungen" der Geschlechterungleichheit (ebd., S. 31–77), die interessanterweise unter dem nur bedingt affirmativ gemeinten Oberbegriff „Schicksal" steht (wie auch die Psychoanalyse und der „historische Materialismus"), wendet sich die Autorin immer wieder gegen schicksalhafte Zementierungen von Geschlechtlichkeit auf der Grundlage biologisch-körperlicher Essenzen. „Man kann das Phänomen der Fortpflanzung als ontologisch begründet betrachten. Hier aber muss man haltmachen; die Arterhaltung muss nicht notwendig die Geschlechtertrennung zur Folge haben" (ebd., S. 37) formuliert sie etwa. De Beauvoir argumentiert immer wieder, dass es „sehr schwierig [sei], von dem Begriff ‚Weibchen' eine allgemeingültige Definition zu geben" (ebd., S. 48) und dass er, wiewohl es biologisch-physiologische „Fakten" der Geschlechterdifferenz bei allen Lebewesen gäbe (ebd., S. 74), diese jedoch für den Menschen „an sich keine Bedeutung [haben]" (ebd.). Der Körper nämlich, so de Beauvoir weiter, sei von der praktischen menschlichen Erfahrung und seiner sozialen Existenz aus zu verstehen – die Biologie sei dann „rein theoretisch" (ebd.), da diese sich faktisch nie an und für sich materialisiere in der faktischen menschlichen Existenz (vgl. auch ebd., S. 77).

So weit, so konstruktivistisch. Andererseits jedoch essentialisiert und naturalisiert de Beauvoir vielfach körperliche Praxen und Erfahrungen zur – tatsächlich schicksalshaften – Grundlage der Geschlechterdifferenz. Dies betrifft vor allem jene Aspekte, die mit Pubertät, Schwangerschaft, Gebären und Stillen zusammenhängen: Während ‚der Mann' (die Autorin formuliert durchgängig in heute eigentümlich anmutenden Singularisierungen) beschrieben wird als sich gradlinig entwickelnd und auch körperlich mit-sich-selbst-identisch, so zeichnet de Beauvoir das Bild ‚der Frau' als sich zyklisch entwickelndes, sich selbst durch hormonelle Umschwünge immer wieder entfremdetes, in der unwägbaren Eigenlogik von Schwangerschaft und Stillen gefangenes Wesen (ebd., S. 62 ff.): „Das auffallendste Ergebnis unserer Forschung aber ist: von allen weiblichen Säugetieren ist die Frau dasjenige, das am meisten sich selber entfremdet wird und diese Entfremdung am leidenschaftlichsten fühlt" (ebd., S. 70). Diese Entfremdung führt de Beauvoir auf körperliche Vorgänge und Tatsachen zurück (Hormonzyklen, Schwangerschaft usw.), die gewissermaßen an und für sich stattfinden. ‚Entfremdung' ist aber nun im Kontext der existenzialistischen Philosophie, die von de Beauvoir und Sartre wesentlich formuliert wurde, das Gegenteil einer transzendenten, das heißt geglückten oder auch moralisch vertretbaren, freien Existenz. Mit dieser Bewertung geht bei de Beauvoir immer auch der Appell einher, diese Entfremdung bzw. körperlich bedingte Immanenz in ihren (moralisch richtigen) Gegenpol – die Transzendenz – zu überführen. Dass dies nicht für alle Menschen gleichermaßen möglich oder erreichbar ist, sondern nach Geschlecht systematisch ungleich, dies liegt für de Beauvoir wesentlich an den sozialen, historisch gewordenen Zwängen und Ideologien; davon handelt letztlich das gesamte Buch und das ist auch dessen dezidiert feministischer Impetus. De Beauvoir leitet vor diesem Hintergrund eine individuelle Verantwortung einer jeden Person, auch einer jeden Frau ab, aus dem eigenen Leben eine moralisch vertretbare – möglichst maximal transzendente – Existenz zu gestalten.

Insgesamt kommt sie zu einer womöglich widersprüchlichen, mindestens aber ambivalenten Einschätzung, die lange symptomatisch für die feministische Theoretisierung des Körpers bleiben sollte:

> „[Die] biologischen Voraussetzungen sind von größter Wichtigkeit. Sie spielen in der Geschichte der Frau eine beherrschende Rolle, sie sind ein wesentliches Element ihrer Situation: bei allen künftigen Betrachtungen werden wir uns darauf beziehen müssen. Denn da der Körper das Instrument ist, mit dem wir die Welt wahrnehmen, stellt sich die Welt ganz anders dar, je nachdem sie mit diesem oder jenem Körper wahrgenommen wird. [...] Was wir aber ablehnen, ist die Idee, dass sie an sich ein unausweichliches Geschick darstellen. Sie genügen nicht, um eine Hierarchie der Geschlechter zu begründen; sie erklären nicht, weshalb die Frau das Andere ist; sie verdammen sie nicht dazu, für immer diese untergeordnete Rolle zu spielen." (de Beauvoir 1961, S. 70 f.)

In dieser Passage wird deutlich, wie de Beauvoir einerseits die *an sich* vergeschlechtlichten biologisch-körperlichen Bedingungen des Weltbezugs betont, andererseits aber das Biologische vom Geschlechterverhältnis als sozialer Struktur trennt – oder besser: trennen möchte. Das ist aus heutiger Perspektive unterkomplex, allerdings sollte nicht unterschätzt werden, welche produktive Bedeutung diese Formulierung hatte. Sie ermöglichte eine systematische, politisch außerordentlich relevante Entkopplung von Körper einerseits und sozial relevanter Geschlechtlichkeit im Sinne von Fähigkeiten und Rechten andererseits. De Beauvoir ermutigte nicht zuletzt konkrete Frauen, bis dahin für natürlich gehaltene Rollen- und Fähigkeitenzuschreibungen zu hinterfragen bzw. im Sinne der Transzendenz zu überwinden – wie sich an den durchaus anti-essentialistischen Texten einer Alice Schwarzer in (West-) Deutschland der 1970er und 1980er nachvollziehen, aber auch weit darüber hinaus an den vielfältigen Infragestellungen bis dahin hegemonialer körperbezogener Weiblichkeitsnormen nachvollziehen lässt (vgl. Lenz 2008 für den deutschen Kontext). Symptomatisch ist an den Ausführungen von de Beauvoir die Gleichzeitigkeit von Zurückweisung ‚biologischer' oder ‚natürlicher' Begründungen sozialer oder psychologischer Dimensionen von Geschlechtlichkeit einerseits – und ihre Reifizierung bzw. unreflektierte Apriori-Setzung als geschlechtlich-körperliche Essenzen andererseits (vgl. kritisch Butler 1991, S. 24 ff.). Dabei gehen Letztere (zunächst, d. h. bei de Beauvoir) tatsächlich weit über punktuelle oder isolierbare physiologische Fakten hinaus: Sie sind vielmehr eigentlich komplexe, historisch und kulturell ausgesprochen variable somatische Prozesse, die sicherlich nicht ‚die Frau' oder ‚den Mann' definieren, z. B. Schwangerschaft, Hormone, Erektion, Stillen.

Sex/Gender-Unterscheidung

Diese Ambivalenz oder auch zunächst empirisch, politisch wie theoretisch produktive, dem Alltagsverständnis von Geschlecht als zugleich unveränderliche biologische Tatsache *und* variable soziale Konstruktion folgende Vorstellung, spiegelt sich in der Sex/Gender-Unterscheidung, die die Geschlechterforschung lange prägen sollte. Die Differenzierung von *sex* als dem ‚natürlichen‘, konkret biologischem Geschlecht (z. B. als Anatomie oder genetische Grundlage) einerseits und *gender* als soziale, kulturelle, historisch spezifische Konstruktionspraxis andererseits wurde zunächst in der Psychologie bzw. Psychoanalyse entwickelt (vgl. Stoller 1968), dann zum prägenden Paradigma der feministischen Theorien der 1970er und 1980er Jahre (vgl. Mikkola 2012). Die Unterscheidung zwischen sex und gender nahm das politische Anliegen auf, die angenommene Kausalität zwischen ‚Biologie‘ und ‚Kultur/Sozialität‘ zu unterbrechen. Schematisch formuliert, ließe sich die die Moderne prägende Ideologie einer direkt und unverändert aus der Biologie (als Synonym für ‚Natur‘) folgenden sozialen Geschlechtlichkeit (z. B. als Rolle, Trieb oder Fähigkeiten) folgendermaßen darstellen:

$$Sex \rightarrow Gender$$

Diese ‚Biologie-ist-Schicksal‘-Annahme wird durch die sex/gender-Unterscheidung und deren schematischer Trennung zwischen einem natürlichen Geschlecht und einem sozialen Geschlecht außer Kraft gesetzt:

$$Sex \mid Gender$$

Das Kernargument ist hier, wie bei de Beauvoir, dass es biologische – ‚natürliche‘ – Elemente der Geschlechtlichkeit gibt, dass diese (jedoch, so der politische Impetus) die soziale Dimension von Geschlechtlichkeit nicht determinieren. Das soziale Geschlecht – gender – ist demnach kein eins-zu-eins Abbild des biologisch-natürlichen Geschlechts – sex –, sondern allenfalls eine ‚Überformung‘ oder ‚Ausgestaltung‘, die ihrerseits vieldimensional und komplex geschieht. Kurzum: Gender ist nicht auf Sex reduzierbar oder rückführbar. Dieses Argument war im Kontext der feministischen Theorien wie der Frauen-, dann bzw. und Geschlechterforschung außerordentlich produktiv. Die wesentlich sozial-, kultur- und geisteswissenschaftlich gerahmte feministische Theorie konnte sich so der (vermeintlich) ausschließlich sozialen bzw. kulturellen Dimensionen von Geschlechtlichkeit widmen. Gleichzeitig würde, so die Hoffnung zahlreicher Autorinnen, die genuine „Körperlichkeit von Frauen" (Fox Keller 1999, S. 42) weiterhin präsent gehalten.

Wie sich bald herausstellte, birgt jedoch die sex/gender-Unterscheidung erhebliche Probleme in epistemologischer, empirischer, politischer und theoretisch-konzeptueller Hinsicht (vgl. u. a. Becker-Schmidt/Knapp 2000, S. 63–72; Butler 1991, S. 15–

24 und 56 ff.). Bündig zunächst zusammengefasst, liegt das Hauptproblem der sex/gender-Unterscheidung in der epistemologisch naiv anmutenden Annahme, ‚Biologie‘ und ‚Kultur/Soziales‘ ließen sich klar unterscheiden. Des Weiteren, und damit eng zusammenhängend, führt die sex/gender-Unterscheidung einen Biologismus fort, der – wie eben die vielen feministischen Kritiken nachdrücklich formulieren – für die Ungleichheit und Ungleichwertigkeit von ‚Frauen‘ (bzw. all derjenigen, die als ‚Andere‘ des hegemonial männlichen Subjekts gedeutet werden) in der Moderne verantwortlich ist.

Die zunächst politisch herausgeforderte Körper-Natur der Geschlechterdifferenz wurde in der sich entwickelnden Frauenforschung bzw. feministischen Theorie vielfach konzeptuell auf Begriffe gebracht, historisch und kulturvergleichend untersucht, empirisch sozialforschend beschrieben, in seinen gleichermaßen ökonomischen wie kulturellen Dimensionen ausgeleuchtet.

2   Naturalisierungskritik I: Die Geschlechterdifferenz als historischer Prozess der Verwissenschaftlichung

Zu den Leitperspektiven der sich akademisch entwickelnden feministischen Theorie und frühen Frauen- bzw. Geschlechterforschung zählte, im deutschsprachigen wie internationalen Raum, die Geschichtswissenschaft. Dies hat z. T. kontingente Gründe, erklärt sich aber wesentlich aus der Möglichkeit, durch historische Rekonstruktionen die Gegenwart als *Gewordenheit* zu plausibilisieren. Das heißt, die Gegenwart wird als im Allgemeinen gestaltbare und veränderbare Konstruktion fokussiert und im Besonderen als genuin soziale, also von menschlicher Praxis hervorgebrachte verobjektivierte Struktur. Für die Auseinandersetzung mit der körperlichen Dimension des Sozialen als ‚Natur‘ hat dies eine besondere analytische Sprengkraft: Feministische Theorie bzw. die Frauen- und Geschlechterforschung setzt bei der Betrachtung dieser Natur eine in epistemologischer Hinsicht dezidiert sozial-konstruktivistische Brille auf, auch wenn dies zunächst nicht ausdrücklich so bezeichnet wird. Standen in den 1970er und frühen 1980er Jahren insbesondere die Geschichte der Frauenarbeit und der Lebensweisen von Frauen im Mittelpunkt der sich ausbildenden Frauen- und Geschlechterforschung, so rückte bald – ab den 1980er Jahren – die Geschlechterdifferenz selbst in den Fokus der forschenden feministischen Aufmerksamkeit. Dies geschah einerseits durch eine kritische Auseinandersetzung mit gesellschaftlich relevanten Deutungen und Semantiken – mit der Ebene des Sozialen also, die man im Anschluss an Foucault inzwischen ‚Diskurs‘ nennt. Andererseits, damit zusammenhängend, machten sich feministische Wissenschaftlerinnen an kritische Rekonstruktionen und Analysen des immanent naturwissenschaftlichen Wissens zur Geschlechterdifferenz bzw. zum Geschlechtskörper der Moderne.

Im ersteren Sinne analysierte z. B. Karin Hausen (1976) den spezifisch modernen bürgerlichen Diskurs der ‚Geschlechtscharaktere‘, der sich insbes. im 19. Jahrhundert als wirkmächtige Deutung zur Geschlechterdifferenz durchsetzte und der seinerseits eng auf körperlich-naturale Annahmen aufsattelte: Im Begriff des ‚Geschlechtscharakter' sollte, so Hausen (1976, S. 363), „die Natur bzw. das Wesen von Mann und Frau erfasst werden". Hausen kommt in ihrer Untersuchung der Quellen aus dem langen 19. Jahrhundert zu dem Schluss:

> „Die variationsreichen Aussagen über ‚Geschlechtscharaktere' erweisen sich als ein Gemisch aus Biologie, Bestimmung und Wesen und zielen darauf ab, die ‚naturgegebenen', wenngleich in ihrer Art durch Bildung zu vervollkommnenden Gattungsmerkmale von Mann und Frau festzulegen." (Hausen 1976, S. 367) „Der Geschlechtscharakter wird als eine Kombination von Biologie und Bestimmung aus der Natur abgeleitet und zugleich als Wesensmerkmal in das Innere der Menschen verlegt." (ebd., S. 369 f.)

Hierbei wurde vielfach die körperliche Natur bemüht, um diese Geschlechtscharaktere zu definieren, vor allem hinsichtlich ‚der Frau'. Denn diese gilt als *Geschlecht*, im Vergleich zum Manne, der als Mensch gilt, wie u. a. de Beauvoir ausführlich rekonstruiert: „Physis und Psyche der Frau werden primär nach dem Fortpflanzungs- bzw. Gattungszweck [...] bestimmt" (ebd., S. 369). Als zentrales Element der naturhaften, an körperliche Aspekte gebundenen Annahme der Geschlechtlichkeit, hier der Weiblichkeit, gilt die *Mütterlichkeit*.

Die definitorische Konzentration auf Mütterlichkeit bzw. – biologischer – auf Gebärfähigkeit als Kern der Weiblichkeit wird auch überdeutlich in den Texten der deutschsprachigen ‚Gelehrten', die sich ca. 1896/1897 auf Anfrage eines Kollegen (Arthur Kirchhoff) zur Frage der „Befähigung der Frau zum wissenschaftlichen Studium und Berufe" äußern (Kirchhoff 1897). Ca. 100 mehr oder weniger bekannte, akademisch höchst arrivierte und/oder in der schulischen Ausbildung erfahrene Männer äußern sich jeweils mit kurzen Texten zu eben der genannten Frage. Und wiewohl eine knappe Mehrheit unter ihnen die gestellte Frage positiv beantwortet, so ist besonders interessant, dass sich alle Autoren argumentativ wesentlich auf die körperlichen ‚Sachverhalte' des Geschlechts beziehen, um die Frage zu erörtern, ob Frauen geistig in der Lage seien, akademisch zu denken oder zu arbeiten. Wie die Kulturwissenschaftlerin Christina von Braun in ihrer historisch perspektivierten Auseinandersetzung feststellt, geht es den Gelehrten weniger um das Denken der Frauen – es geht vielmehr durchgängig um ihren „Unterleib":

> „Allen Aussagen gemeinsam ist die Tatsache, dass nie vom weiblichen Kopf, sondern immer nur vom Unterleib der Frau die Rede ist, so als sei es der Uterus, mit dem Frauen denken, rechnen und forschen. Genau das dachten auch viele Wissenschaftler und Mediziner, allen voran der berühmte Rudolf von Virchow, der verkündete: ‚Alles, was wir an dem wahren Weibe Weibliches bewundern und verehren, ist nur eine Dependenz der Eierstöcke'." (von Braun 2000, S. 3)

Genauer also, nehmen diese Gelehrten das Denken der Frauen als direkten Ausdruck ihrer Eierstöcke, Gebärmütter oder sonstiger als natürliche körperliche Essenz angenommener Insignien des Geschlechts.

Mit diesen Insignien, d. h. mit der ‚biologischen‘ Geschlechterdifferenz selber hat sich ab den späten 1980ern die historisch orientierte Wissenschaftsforschung in feministischer Perspektive befasst: Feministische (Natur-)Wissenschaftlerinnen wie Londa Schiebinger, Evelyn Foxkeller, Helen Longino, Ruth Hubbard, Ludmilla Jordanova, Anne Fausto-Sterling, Donna Haraway, Emily Martin, Sandra Harding, Ruth Blaffer Hrdy und Weitere, die sich heute dem Feld der STS (Science and Technology Studies) zurechnen lassen, haben die ‚biologische Tatsache‘ der Geschlechterdifferenz als körperliche Ontologie der Moderne kritisch untersucht (für eine einführende Übersicht vgl. Shildrick/Price 1999, insbes. S. 15–49 und S. 143–214). Sie kommen in ihren kritischen Auseinandersetzungen mit dem immanent naturwissenschaftlichen Wissen durchgängig zu der Einsicht, dass „die Vermittlung zwischen Daten und Hypothesen immer von gewissen Grundannahmen hergestellt wird, [...] in einer männlich dominierten Umgebung also androzentrische Annahmen" (Longino 1996, S. 292). Allgemeiner gesprochen: Jedwede Tatsache, jedwede Aussage über die Natur, jedweder Fakt ist immer und zwingend, wenn auch in komplexer Weise, eine gesellschaftlich geprägte *Aussage* – und kein neutrales, direktes ‚Abbild‘ einer an sich gegebenen Natur. Oder, in den Worten der feministischen Wissenschaftsphilosophin Sandra Harding: „Naturwissenschaft [stellt] einen gesellschaftlichen Prozess dar" (Harding 1986, S. 88). Besonders eindrücklich gezeigt haben dies etwa die Studien von Thomas Laqueur (dt. 1992) zur Geschichte der Anatomie, von Londa Schiebinger (dt. 1995) zur Geschichte der Taxonomie und Evolutionsbiologie sowie von Claudia Honegger zur „Ordnung der Geschlechter" als Prozess der Verwissenschaftlichung von ‚Anthropologie‘ und ‚Gynäkologie‘ (1992).

In diesen Arbeiten wird an konkreten ‚Tatsachen‘ des Geschlechtskörpers deutlich, wie sehr dieser immer auch das – immer vorläufige – Resultat komplexer sozialer Praxen ist, die sich ihrerseits in sozialen Strukturen vollziehen: „Die positive Legende der bloßen Naturauslegung [in der Moderne; d. V.] hat wesentlich an jenem Gestrüpp an Theorien, Fiktionen und Projektionen mitgewirkt, in dem wir noch immer gefangen und befangen sind", so C. Honegger (1992, S. IX) programmatisch im Vorwort zu ihrer Studie, die sich mit der „Verwissenschaftlichung" (ebd., S. 107 ff.) der Geschlechterdifferenz zwischen 1750 und 1850 befasst. Die Autorin rekonstruiert entlang naturwissenschaftlicher und philosophischer Texte der genannten Periode, wie ab dem Ende des 18. Jahrhunderts Natur und Kultur ideologisch einerseits geschieden, faktisch aber dadurch verwoben werden, dass naturwissenschaftliches Wissen zwar kulturell geprägt ist, genau dies aber zunehmend unsichtbar und unaussprechbar wird: „[D]as argumentative Konglomerat [aus Natur und Kultur oder Physiologie und Soziologie; d. V.] des physiologischen Sexismus wurde trotz seines Geburtsfehlers zum alles dominierenden Muster" (Honegger 1992, S. 164). Seitdem, d. h. seit der frühen Neuzeit, dem Beginn der Moderne inkl. ihrer Inthronisierung der Naturwissenschaften als Weltdeutung und ‚Wahrheit' „wird der Geschlechtsunterschied auch unter der Haut gesucht und gefunden" (ebd., S. 179). Gefunden wird der Unterschied, so Honegger, u. a. in der Gynäkologie, die sich als „weibliche Sonderanthropologie" (ebd., S. 126–199) abgrenzt von der allgemeinen ‚Anthropologie'. Dabei wird der Mann zum Mensch, die Frau zum Geschlecht. Wie Laqueur (1992) in seiner Studie zeigt, wird der Geschlechtsunterschied auch in den Genitalien zunehmend ‚gefunden'. Seine Rekonstruktion des anatomischen Wissens von der Antike bis in das 20. Jahrhundert hinein macht deutlich: „daß so ziemlich alles, was man über das Geschlecht des Leibes (sex) aussagen möchte – man mag unter Geschlecht verstehen, was man will –, immer schon etwas aussagt über das Geschlecht im soziokulturellen Raum (gender)" (Laqueur 1992, S. 24 f.; die deutsche Übersetzung ist an dieser Stelle etwas unglücklich, da bei Laqueur keineswegs der Leib im phänomenologischen Sinne gemeint ist; vielmehr verwendet er die Unterscheidung von sex und gender im oben skizzierten Sinne). Seine Geschichte der Anatomie zeigt, was feministische (Wissenschafts-)Forschung zum Geschlechtskörper generell deutlich macht: „Die Wissenschaft erforscht nicht einfach, sondern schafft selbst den Unterschied, […] denjenigen der Frau vom Manne (nicht jedoch – […] – des Mannes von der Frau)" (ebd., S. 31). Nach Anthropologie/Gynäkologie und Anatomie sei als letztes Beispiel für die historisch perspektivierte feministische Analyse des Geschlechtskörpers auf die Arbeiten der feministischen Biologin Anne Fausto-Sterling (2000) verwiesen. In ihrer Auseinandersetzung mit der Geschichte der ‚Sexualhormone' kommt sie zum Schluss:

> „As hormone researchers took each step toward isolation, measurement, and naming, they made scientific decisions that continue to affect our ideas about male and female bodies. Those judgments, understood as ‚the biological truth about chemical sex', were, however, based on preexisting cultural ideas about gender. But the process of arriving at these decisions was neither obvious nor free from conflict. Indeed, by looking at how scientists struggled to reconcile experimental data with what they felt certain to be true about gender difference, we can learn more about how hormones acquired sex." (Fausto-Sterling 2000, S. 177)

Anders formuliert: Gender prägt Sex, wenngleich in komplexer und durchaus konfligierender Weise. Historische, wissenschaftssoziologische Arbeiten zeigen nachdrücklich, wie einerseits variabel die vermeintlich objektive Verortung des Geschlechts im Körper ist (Hormone, Gebärmutter, Gene, Synapsen, Genitalien, Eierstöcke usw.) und wie sehr, andererseits, diese ‚Tatsachen' kulturelle Konstruktionen sind.

Gender ⇸ Sex

3   Naturalisierungskritik II: Differenz und Natur als Diskurs –
Der Körper als Text?

Diese Perspektive wurde in der feministischen Theorie der 1990er Jahre radikalisiert. Dies meint hier, dass nunmehr nicht nur spezifische wissenschaftliche Diskurse bzw. (natur-)wissenschaftliches Wissen als prägend für die Wahrnehmung des (Geschlechts-)Körpers betrachtet wurden, sondern ‚Diskurse‘ überhaupt. Exemplarisch für diese Perspektivenerweiterung steht das Oeuvre der feministischen Philosophin und Intellektuellen Judith Butler, die gemeinhin als Protagonistin eines ‚linguistic turn‘ der feministischen und Gender Theorie gilt, wobei erneut zu betonen ist, dass zwischen feministischer und Gender Theorie eine Schnittmenge besteht, beides jedoch verschiedene Felder sind).

Ausgehend von den feministischen und queeren Auseinandersetzungen um die Kategorie ‚Frau(en)‘ in den USA der 1980er Jahre, entwickelt Butler eine radikal dekonstruktivistische Kritik an ontologischen Vorstellungen einer geschlechtlichen Identität, die sich – so ihre Analysen – am bzw. im Körper finden ließe. Ihr Ausgangspunkt sind also dezidiert (inner-)feministische Auseinandersetzungen, die sie theoretisch produktiv wendet. Butler knüpft an das Grundproblem an, das die feministischen Artikulationen seit ihrer Existenz begleitet: Die Annahme eines gegebenen weiblichen Subjekts. „Die feministische Theorie ist zum größten Teil davon ausgegangen, dass eine vorgegebene Identität existiert, die durch die Kategorie ‚Frau(en)‘ bezeichnet wird" (Butler 1991, S. 15), so beginnt das wohl einflussreichste Buch von Butler, „Das Unbehagen der Geschlechter" (US-amerikanisches Original 1990 ‚Gender Trouble‘). Aber, so Butler weiter, diese Annahme ist empirisch falsch und auch theoretisch nicht begründbar. Sie reflektiert eine „fundamentalistische Legende" (ebd., S. 18) der Naturhaftigkeit des Geschlechtskörpers, ist so eine „ontologische Konstruktion" (ebd., S. 21). Empirisch wird diese Konstruktion – insbes. entlang ihrer Brüchigkeit – besonders sichtbar an den vielen Kritiken, die sich an impliziten Essentialisierungen von Weiblichkeit (bzw. Geschlecht) in der feministischen Politik richten: Women of Color, lesbische Frauen, ‚behinderte‘ Frauen oder transgender und queere Frauen haben im Rahmen der zweiten Frauenbewegung, des ‚second wave‘, in zunehmend sichtbarer Weise die Annahme herausgefordert, es gäbe eine wesenhafte, kontextunabhängige, unveränderliche, alle Frauen gleichermaßen konstituierende Essenz des Weiblichen, die ihrerseits im Körperlichen läge (vgl. Butler 1991, S. 15–21, zahlreiche Beiträge in Shildrick/Price 1999 und für eine überblicksartige Darstellung Hieber/Villa 2007, Kap. 2 und 3). Für Butler ist diese Kritik kein Defizit der feministischen Praxis und Politik, das es zu überwinden oder zu lösen gälte. Vielmehr ist es ihr Ziel, auch in theoretischer Hinsicht „eine radikale Kritik zu entfalten, die die feministische Theorie vom Zwang befreit, einen einzigen, unvergänglichen Grund zu konstruieren" (Butler 1991, S. 21).

Mit dieser Stoßrichtung entfaltet Butler ihre post-strukturalistische, diskurstheoretische, d.h. maßgeblich an Foucault orientierte, Dekonstruktion (Derrida) einer

‚metaphysischen Substanz' (Butler 1991, S. 36 ff.) des Geschlechts, des ‚anatomischen Geschlechts' nämlich. In ihrer kritischen Auseinandersetzung mit dem sex/gender-System (ebd., S. 22 ff.) stellt Butler fest, dass „möglicherweise das Geschlecht (sex) immer schon Geschlechtsidentität (gender) gewesen ist" (ebd., S. 24). Dem setzt Butler eine Lesart des Geschlechtskörpers entgegen, die davon ausgeht, dass die zwei miteinander verwobenen, überaus realitätsmächtigen Diskurse der Heteronormativität einerseits und der Zweigeschlechtlichkeit andererseits die somatisch-körperliche ‚Essenz' performativ produzieren. In dieser andauernden, d. h. niemals abgeschlossenen performativen Produktion wird die eigentlich diskursiv-gesellschaftliche Konstruktion ‚naturalisiert': die soziale Herkunft der körperlichen Geschlechterdifferenz wird verschleiert. Den Modus dieser Dynamik nennt Butler ‚Materialisierung', er wird von ihr unter Bezugnahme auf Lacan und andere insbes. psychoanalytisch als beständige Herausbildung einer spezifischen Morphologie verstanden (vgl. Butler 1995, S. 101 ff.): Dabei geht es darum zu verstehen, wie „Körper dahin gelangen, eine Morphe anzunehmen" (ebd., S. 101) und zwar durch individuell wirksame – aber nicht individuell gesteuerte – Prozesse der Aneignung subjektrelevanter Körpernormen, die ihrerseits wesentlicher Teil von Diskursen sind. Körper werden dabei, so Butler, diskursiv (damit auch und vor allem durch sprachlich verfasste Wissensformen) ‚konfiguriert' – und zwar immer schon. In einem epistemologischen und praktischen Sinne, so Butler, sind Körper *immer schon* diskursiv konfiguriert, Körper sind immer schon „irgendeine Version […] irgendeine Ausformung" (ebd., S. 33). Oder, anders gesagt: Es gibt keinerlei körperliche Materialität „außerhalb der Sprache" (ebd., S. 99).

Zugleich aber, so betont diese diskurstheoretische Perspektive, ist performative Materialisierung als Prozess zwingend fragil und enthält systematisch die Möglichkeit praktischen Eigensinns. Das heißt, Diskurse und Körpernormen determinieren ‚den' Körper nicht in einem starken Sinne. Vielmehr weist Butler darauf hin, dass Materialität „ein Ort" sei (ebd., S. 77), ein Möglichkeitsraum:

> „Während es jene Feministinnen gibt, die argumentieren würden, dass Frauen ihren Körpern von Grund auf entfremdet werden, wenn sie die biologische Basis ihrer Besonderheit in Frage stellen, würde ich deutlich machen, dass dieses ‚Infragestellen' durchaus ein Weg zu einer Rückkehr zum Körper sein kann, dem Körper als gelebten Ort der Möglichkeit, dem Körper als einem Ort für eine Reihe sich kulturell erweiternder Möglichkeiten." (Butler 1995, S. 11)

Butler argumentiert hier keineswegs rein theoretisch, sondern verortet in komplexen Erfahrungen politisch relevanter, z. T. subkultureller Praxen von embodiment, etwa in queeren, transgender, drag oder transsexuellen Konstellationen.

4   Ausblick: Differenz(en) als post-essentialistische Materialität

Die diskurstheoretische, post-strukturalistische Dekonstruktion des ‚(Geschlechts-) Körpers' war in den 1990er Jahren im Kontext feministischer Theorie und in der Ge- schlechterforschung außerordentlich umstritten (vgl. die Beiträge in feministische studien 1993). Vielfach wurde der Vorwurf formuliert, der Körper löse sich in Text auf, feministische Theorie mutiere zur ‚Diskursontologie', die nicht willens sei, die materielle Eigenlogik des Körperlichen ernst zu nehmen. Demgegenüber formulier- ten andere, dass jegliche Annahme einer körperlichen Eigenlogik zwingend essen- tialisierende Naturalisierungen reproduziert, die theoretisch unhaltbar und politisch falsch sowie empirisch inadäquat seien. An dieser Debatte zeigt sich, wie bereits im Falle de Beauvoirs, wie schmal der Grat ist, den der Geschlechtskörper gehen muss – zwischen den Abgründen einer Befreiung vom und einer Befreiung des Körpers.

Vermittelnde Positionen, die das dualistische Denken und Forschen (zwischen ent- weder Natur- oder Kulturontologie) überwinden wollen, hat es im Kontext feministi- scher Theorien immer wieder gegeben: Hierzu gehören insbes. – kritisch anknüpfend an den disziplinären Mainstream der Philosophie und Sozialtheorie – leibphäno- menologische Herangehensweisen, die die materielle Eigenlogik des Körpers im leiblichen Erleben und Spüren verorten (vgl. u. a. Landweer 2002) und darin eine post-essentialistische – da gestaltbare, radikal subjektiv-biographische und immer kontextspezifische – Materialität begründen: Eine Materialität, die sich der bewuss- ten und situativen Verfügbarkeit entzieht, die also eine eigenlogische Verobjektivie- rung und Trägheit entwickelt. Zu den (ihrem Selbstverständnis nach) ‚vermittelnden' Positionen im feministischen Spektrum gehören aber auch trans- oder posthuma- nistische Perspektiven (vgl. Barad 2003 und Braidotti 2013). Schon seit den 1980ern hat sich ein wichtiger, zugleich besonders kontrovers diskutierter Strang der feminis- tischen Theoretisierung des Körpers herausgebildet, der sich (zunächst unter dem Namen ‚Technoscience', nunmehr als ‚STS' – Science and Technology Studies – ab- zeichnet; vgl. Schmitz/Höppner 2014) besonders exemplarisch mit den Schriften von Donna Haraway verbindet (vgl. Haraway 1990). Haraway sucht nach Möglichkeiten, sich einen theoretisch stimmigen Reim auf die ‚Unfassbarkeit' (oder auch ontologi- sche ‚Uneigentlichkeit') des Geschlechtskörpers zu machen, ohne den tradierten dua- listischen Denkmustern zu folgen, die auch – und wesentlich – anthropozentrische Verengungen transportieren. Haraway geht es dabei darum, den Körper im Konkre- ten und die ‚Natur' im Allgemeinen in einem feministischen Sinne neu zu denken – nämlich als eine sozial-kulturelle Konstruktion mit eigenem Gewicht, an der wesent- lich auch Wissenschaft beteiligt ist. Vor diesem Hintergrund fordert Haraway, darin B. Duden nicht unähnlich, dazu auf, feministische Forschung als Politik zu betreiben und dabei den feministischen Aktivismus nicht von der Forschung auszuschließen. Aktuelle Diskussionen um den ‚new materialism' (Barad 2003, Hinton/van der Tuin 2014) knüpfen an diese Visionen an, indem sie versuchen, Technologie, Natur, Kör- per, Kultur, Medien, Praxis und Materie, Sprache/Diskurs und biologische Tatsachen, sex und gender (usw.) in eins zu denken, oder doch zumindest ihre spezifischen Ko-Konstruktionen zu analysieren. Ob und wie dies gelingen kann – und auch: ob dies zwingend ‚feministisch' ist – das wird die andauernde Diskussion zeigen. Sicher ist nur, dass die feministischen Theoretisierungen (im Plural!) des (Geschlechts-)Körpers weiterhin besonders produktive Irritationen im körpersoziologischen Feld bleiben werden.

Literatur

Barad, Karen (2003): Posthumanist Performativity: Toward an Understanding of How Matter Comes to Matter. *Signs* 28, 3, 801–831.

Beck-Gernsheim, Elisabeth (1983): Vom ‚Dasein für andere' zum Anspruch auf ein Stück ‚eigenes Leben': Individualisierungsprozesse im weiblichen Lebenszusammenhang. *Soziale Welt*, Heft 34, 307–340.

Becker-Schmidt, Regina & Knapp, Gudrun-Axeli (2000): *Feministische Theorien. Zur Einführung.* Hamburg: Junius.

Braidotti, Rosi (2013): *The Posthuman.* Cambridge: Polity Press.

Butler, Judith (1991): *Das Unbehagen der Geschlechter.* Frankfurt/M.: Suhrkamp.

Butler, Judith (1995): *Körper von Gewicht.* Frankfurt/M.: Suhrkamp.

Crasnow, Sharon, Wylie, Alison, Bauchspies, Wenda K. & Potter, Elizabeth (2015). Feminist Perspectives on Science. In: Edward N. Zalta (Hrsg.), *The Stanford Encyclopedia of Philosophy* (Summer 2015 Edition), http://plato.stanford.edu/archives/sum2015/entries/feminist-science; (letzter Zugriff am 20.05.2015).

de Beauvoir, Simone (1961; dt. 1951, frz. Original 1949): *Das andere Geschlecht. Sitte und Sexus der Frau.* München/Zürich: Droemersche Verlagsanstalt.

Doyé, Sabine, Heinz, Marion & Kuster, Friederike (Hrsg.) (2002): *Philosophische Geschlechtertheorien. Ausgewählte Texte von der Antike bis zur Gegenwart.* Stuttgart: Philipp Reclam jr.

Duden, Barbara (1987): *Geschichte unter der Haut. Ein Eisenacher Arzt und seine Patientinnen um 1730.* Stuttgart: Klett-Cotta.

Duden, Barbara (1993): Die Frau ohne Unterleib: Zu Judith Butlers Entkörperung. Ein Zeitdokument. *feministische studien* 11, 2, 24–33.

Duden, Barbara (2010): Frauen-,Körper': Erfahrungen und Diskurs. In: Ruth Becker & Beate Kortendiek (Hrsg.): *Handbuch Frauen- und Geschlechterforschung. Theorie, Methoden, Empirie* (S. 601–615). Wiesbaden: Springer VS. 3. Auflage.

Fausto-Sterling, Anne (2000): *Sexing the Body. Gender Politics and the Construction of Sexuality.* New York: Basic Books.

feministische studien (1993): Kritik der Kategorie ‚Geschlecht', Heft 2/1993.

Fox Keller, Evelyn (1999): Feminismus, Wissenschaft und Postmoderne. In: Elvira Scheich (Hrsg.), *Vermittelte Weiblichkeit. Feministische Wissenschafts- und Gesellschaftstheorie* (S. 39–56). Hamburg: Hamburger Edition.

Haraway, Donna J. (1990): *Simians, Cyborgs, and Women: The Reinvention of Nature*. New York: Routledge.

Harding, Sandra (1986): *Feministische Wissenschaftstheorie. Zum Verhältnis von Wissenschaft und sozialem Geschlecht*. Hamburg: Argument.

Hausen, Karin (1976): Die Polarisierung der „Geschlechtercharaktere" – eine Spiegelung der Dissoziation von Erwerbs- und Familienleben. In: Werner Conze (Hrsg.), *Sozialgeschichte der Familie in der Neuzeit Europas* (S. 363–393). Stuttgart: Enke.

Hieber, Lutz & Villa, Paula-Irene (2007): *Images von Gewicht. Soziale Bewegungen, Queer Theory und Kunst in den USA*. Bielefeld: transcript.

Hinton, Peta & van der Tuin, Iris (Hrsg.) (2014): Feminist Matters: The Politics of New Materialism. Special Issue von Women. *A Cultural Review* 25, 1.

Holland-Cunz, Barbara (2003): *Die alte neue Frauenfrage*. Frankfurt/M.: Suhrkamp.

Honegger, Claudia (1992): *Die Ordnung der Geschlechter. Die Wissenschaften vom Menschen und vom Weib*. Frankfurt/M. u. New York: Campus.

Kirchhoff, Arthur (Hg.) (1897): *Gutachten hervorragender Universitätsprofessoren, Frauenlehrer und Schriftsteller über die Befähigung der Frau zum wissenschaftlichen Studium und Berufe*. Berlin: Steinitz; https://archive.org/details/dieakademischefo2kircgoog; (letzter Zugriff am 23. Mai 2015).

Landweer, Hilge (2002): Konstruktion und begrenzte Verfügbarkeit des Körpers. In: Annette Barkhaus & Anne Fleig (Hrsg.), *Grenzverläufe. Der Körper als Schnittstelle* (S. 47–64), München: Fink.

Laqueur, Thomas (1992): *Auf den Leib geschrieben. Die Inszenierung der Geschlechter von der Antike bis Freud*. Frankfurt/M. u. New York: Campus.

Lenz, Ilse (2008): *Die Neue Frauenbewegung in Deutschland. Abschied vom kleinen Unterschied. Eine Quellensammlung*. Wiesbaden: VS Springer.

List, Elisabeth (2001): *Grenzen der Verfügbarkeit. Die Technik, das Subjekt und das Lebendige*. Wien: Passagen.

Longino, Helen (1996): Natur anders sehen: Zur Bedeutung der Geschlechterdifferenz. In: Elvira Scheich (Hrsg.), *Vermittelte Weiblichkeit: feministische Wissenschafts- und Gesellschaftstheorie* (S. 292–310). Hamburg: Hamburger Edition.

Mikkola, Marie (2012): Feminist Perspectives on Sex and Gender. In: Edward N. Zalta (Hrsg.), *The Stanford Encyclopedia of Philosophy* (Fall 2012 Edition); http://plato.stanford.edu/archives/fall2012/entries/feminism-gender/; (letzter Zugriff am 23.05.2015).

Schiebinger, Londa (1995): *Am Busen der Natur. Erkenntnis und Geschlecht in den Anfängen der Wissenschaft*. Stuttgart: Klett-Cotta

Schmitz, Sigrid & Höppner, Grit (Hrsg.) (2014): *Gendered Neurocultures. Feminist and Queer Perspectives on Current Brain Discourses*. Wien: Zaglossus.

Shildrick, Margrit & Price, Janet (1999): Openings on the Body. A Critical Introduction. In: dies. (Hrsg.), *Feminist Theory and the Body. A Reader* (S. 1–14). New York et al.: Routledge.

Stoller, Robert J. (1968): *Sex and Gender: The Development of Femininity and Masculinity*. New York: Aronson.

Villa, Paula-Irene (2013): Rohstoffisierung. Zur De-Ontologisierung des Geschlechtskörpers. In: René John, Jana Rückert-John & Elena Esposito (Hrsg.), *Ontologien der Moderne* (S. 225–240). Wiesbaden: VS Springer.

von Braun, Christina (2000): *Frauen im Spiegel der Medien.* Einführungsvortrag Expo 2000. Online unter http://www.christinavonbraun.de/_pdf/medien; (letzter Zugriff am 23.05.2015).

Figurationssoziologie

Jan Haut

1 Grundzüge der Gesellschaftstheorie von Norbert Elias

Der von Norbert Elias (1897–1990) entwickelte Ansatz ist je nach Rezeption als Zivilisationstheorie, Prozess- oder Figurationssoziologie bezeichnet worden (vgl. Treibel 2008, Atkinson 2012). Damit sind drei zentrale Begriffe benannt, anhand derer sich die Grundzüge des Elias'schen Denkens darstellen lassen und die relevant für die körpersoziologische Forschung sind (weitere zentrale Begriffe sind insbesondere in der prägnanten Einführung von Hammer 1997, erläutert): Die Bezeichnung Figurations-Soziologie, welche sich ab den 1970er Jahren etablierte (vgl. Korte 2013, S. 209 ff.), verweist auf die generelle Verflochtenheit von Menschen in interdependenten Beziehungen, die weder auf subjektive Absichten noch auf subjektlose Strukturen reduziert werden können. Mit der Bezeichnung Prozess-Soziologie wird die Auffassung betont, Gesellschaft nicht als einen statischen Zustand, sondern als immer in Entwicklungen befindlich zu verstehen. Beide Termini eignen sich mithin zur Abgrenzung der Elias'schen Perspektive sowohl gegenüber struktur- als auch akteurstheoretischen Ansätzen. Was es heißt, Gesellschaft als Prozess- bzw. Figurationsgeschehen zu analysieren, wird hingegen am besten anhand des Gegenstands deutlich, bei dessen Untersuchung die theoretische Perspektive erarbeitet wurde: dem Prozess der Zivilisation.

Die Entwicklung der *Zivilisation* hat Elias in seinem erstmals 1939 erschienenen, aber erst mit der Studentenbewegung und im Rahmen einer Neuauflage 1969 breiter rezipierten Hauptwerk (Elias 1977a, 1977b) untersucht. Im ersten Band (Elias 1977a) stellt Elias eine Untersuchung vor, die auch für die körpersoziologische Forschung wegweisend wurde. Er analysiert anhand von europäischen Benimmbüchern und Manierenschriften aus dem 13.–18. Jahrhundert die „Wandlungen des Verhaltens der weltlichen Oberschichten des Abendlandes". Vom Benehmen bei Tisch über das Schnäuzen, Spucken oder Urinieren bis hin zu einzelnen Gesten und Bewegungen (z.B. wie man richtig zu sitzen oder auf einem Bein zu stehen habe; ebd., S. 65 ff.) entwickeln sich die Verhaltensweisen demnach in eine bestimmte Richtung: Anstelle eines relativ unkontrollierten, impulsiven Umgangs mit Trieben und Affekten tritt – zunächst in höheren Schichten, dann in immer weiteren Teilen der Bevölkerung – sukzessive ein stärker kontrolliertes, weniger spontanes Verhalten. Maßgeblich dafür ist Elias zufolge primär nicht etwa die historische (Wieder-)Entdeckung der Vernunft, z. B. im Sinne naturwissenschaftlicher Einsichten in die gesundheitlichen Wirkungen der Hygiene, sondern zuallererst die „Motivierung aus gesellschaftlicher Rücksicht" (ebd., S. 216). Wer seine Triebregungen und körperlichen Bedürfnisse nicht zu kontrollieren weiß, läuft Gefahr, als unzivilisiert zu gelten. Was zur Einhaltung der Standards anhält, ist mithin vor allem die Angst vor *Scham* und *Peinlichkeit* (ebd., S. 181 ff.; vgl. Elias 1977b, S. 397 ff.). In der individuellen Entwicklung wird das entsprechende Verhalten zunächst durch Strafe und Tadel (respektive Belohnung und Lob) anerzogen, bei Erwachsenen wird es zunehmend internalisiert und erscheint als natürlich (Elias 1977a, S. 173 ff.) – aus *Fremdzwängen* werden *Selbstzwänge*. Diese Tendenz zum stärkeren Selbstzwang bleibt aber nicht auf bestimmte Kreise beschränkt (etwa im Sinne eines „standesgemäßen" Benehmens), sondern breitet sich sukzessive aus, Standards werden allgemein verbindlicher. So ist es für adlige Herrschaften lange nicht anstößig, sich vor niedriger stehenden Personen nackt zu zeigen, erst im Laufe der Zeit wird daraus ein peinlicher, allgemeiner Verstoß (ebd., S. 186 ff.). Solche „Wandlungen des Verhaltens" zeigen für Elias aber immer auch „Wandlungen der Gesellschaft" an, erstere bleiben ohne Berücksichtigung der letzteren unverständlich. Noch deutlicher als an der Scham wird dies an den „Wandlungen der Angriffslust" (ebd., S. 263 ff.): Auch die Freude am Kämpfen und auch am Töten ist noch in mittelalterlichen Gesellschaften keineswegs verfemt, auch sie wird erst über die Jahrhunderte eingehegt und gebändigt. Was früher am ungehemmten Ausleben aggressiver Impulse hinderte, war die unmittelbare Bedrohung durch einen überlegenen Gegner. Statt durch einen solchen Fremdzwang werden Aggressionen nach und nach stärker durch Selbstzwänge kontrolliert, zwischen Affekt und Verhalten schiebt sich die Rücksicht auf *langfristige* Folgen. Aggressive Übergriffe werden zunehmend der Selbstkontrolle unterworfen, wenn man tatsächlich eine spätere Strafe fürchten muss, d. h. mit Etablierung eines effektiven Gewaltmonopols (Elias 1977b, S. 143 ff.). An diesen Zusammenhängen von Fremd- und Selbstkontrollen zeigt sich für Elias die – auch analytische – Untrennbarkeit von individueller und gesellschaftlicher, von Mikro- und Makroebene (vgl. Treibel 2008, S. 58 ff.). „*Psychogenese*" und „*Soziogenese*" sind Aspekte desselben zivilisatorischen Prozesses (Elias 1977a, S. 278 f.), der Wandel der Charakterstrukturen und individuellen Verhaltensweisen muss zusammen mit dem Wandel des gesellschaftlichen Aufbaus untersucht werden. Letzteres steht im Mittelpunkt des zweiten Bandes (Elias 1977b): Dort zeichnet Elias insbesondere anhand Frankreichs (im Vergleich zu England und Deutschland) nach, wie sich von den Anfängen des Mittelalters bis ins 17. Jahrhundert aus kleineren Gebieten der ‚absolutistische' Staat mit effektivem Gewalt- und Steuermonopol bildet, in dem der König die größten Machtchancen auf sich vereinigen kann (ebd., S. 222 ff.; vgl. Treibel 2008, S. 55 ff.). Kleinere Territorialherren können ihre Macht nicht mehr einfach durch das Schwert sichern, sondern müssen sich bei Hofe durch Klugheit, Intrige und Prestige der Gunst des Königs versichern, aus Kriegern werden „Höflinge" (ebd., S. 351 ff.; Elias 1983). In dieser *höfischen Gesellschaft* werden zuerst die kontrollierteren Verhaltensstandards gesetzt. Sie können jedoch in weitere Kreise der Bevölkerung diffundieren, weil die Wege in Machtpositionen und die gute Gesellschaft z. T. auch dem aufstrebenden Bürgertum offen stehen (anders als etwa in Deutschland zu dieser Zeit), das sie adaptiert und mit eigenen Verhaltensformen verbindet (Elias 1977b, S. 405 ff.). So wird aus ‚höflichem' Verhalten – in dem Maße, wie sich Machtchancen angleichen, ehemals höhere zunehmend auch von niedrigeren Schichten partiell abhängiger werden (*„funktionale Demokratisierung"*) – ein allgemein verbindlicherer gesellschaftlicher Standard, eben der der *Zivilisation* (zusammenfassend vgl. den „Entwurf zu einer Theorie der Zivilisation", Elias 1977b, S. 312 ff.).

Es geht Elias aber nicht darum, im Sinne einer vermeintlich von der Soziologie zu trennenden Geschichte eine ‚vergangene' Epoche darzustellen (zur Kritik dieser Trennung der Disziplinen vgl. Elias 1983, S. 9 ff.). Vielmehr interessiert er sich für die „Ordnung des Wandels" (Treibel 2008, S. 15 f.; vgl. Elias 1977b, S. 314 ff.), die von ihm untersuchten Entwicklungen sind zugleich empirisches Material für seine Theorie sozialer *Prozesse*. Solche Prozesse sind weder vollständig determiniert noch völlig chaotisch; sie haben weder eindeutigen Anfang noch eindeutiges Ende; sie haben eine relativ autonome und durchaus umkehrbare, aber gerichtete Entwicklung (vgl. Treibel 2008, S. 87 ff.). Diese lässt sich nicht einfach auf die Absichten der planenden ‚Vernunft' zurückführen – „es gibt nicht eigentlich eine ‚Ratio'" (Elias 1977b, S. 378) – sondern „es gibt allenfalls eine ‚Rationalisierung'" (ebd.), die weitsichtige Planung und intentionales Handeln wahrscheinlicher macht. Statt einer plötzlichen ‚Aufklärung' ist das ‚vernünftiger Werden' eine ebenso langfristige, über mehrere Generationen dauernde Entwicklung wie andere Verhaltensstandards und Gewohnheiten: Soziale Prozesse vollziehen sich nach Elias „unendlich langsam" (Elias 1977a, S. 144). Sie sind nicht, wie es manche Arten der Geschichtsschreibung suggerieren, das Ergebnis (vermeintlich) großer Taten (vermeintlich) großer Männer (Elias 1977b, S. 37 ff.). Noch die herausragendsten Individuen, die aufgrund ihrer Führungsqualitäten, Kreativität oder ‚Genialität' die Geschichte ‚gemacht' zu haben scheinen, sind ihrerseits Resultat von Prozessen, von sich wandelnden gesellschaftlichen Beziehungen und Machtchancen.

Auf diese Zusammenhänge, sich wandelnde Verflechtungen oder *Interdependenzketten,* die Menschen miteinander bilden, zielt der Begriff der *Figurationen.* Gegenüber einer „Zustandssoziologie" (siehe insbesondere die Kritik an der Systemtheorie Parsons'; Elias 1977a, S. XIV ff.; allgemein zur Einordnung und Abgrenzung im Theorienspektrum siehe Treibel 2008, S. 28 ff.; speziell zum Verhältnis zu Marx und Freud siehe Klein 2006, S. 191 ff.) soll damit angezeigt werden, dass sich gesellschaftliche ‚Strukturen' im steten Wandel langfristiger Prozesse befinden: Den Staat, die Familie oder den Sport gab es schon früher, ihre Bedeutung für das Verhalten der Menschen kann jedoch eine andere gewesen sein als heute oder in Zukunft. Zugleich ist damit aber auch gemeint, dass es immer Menschen sind, die ‚Strukturen' bilden, diese selbst sind nicht zu handelnden Subjekten zu reifizieren (Treibel 2008, S. 69 ff.). Umgekehrt, das sollte schon anhand der beschriebenen Geschichtsauffassung deutlich geworden sein, wendet sich Elias mit dem Figurationsbegriff auch gegen handlungstheoretische Ansätze, die soziales Verhalten allein auf subjektive Intentionen zurückzuführen suchen. Menschen bleiben demnach stets – auch dort, wo die Soziologie noch gar keine ‚Strukturen' entdeckt hat – an andere gebunden. Im Unterschied zum Begriff der ‚Interaktion', der punktuellen Austausch ansonsten voneinander getrennter Individuen suggeriert, sollen „Figurationen" auf diese grundsätzlich gegebene Verflochtenheit verweisen. Für Elias kommen *Menschen* immer nur *im Plural* vor (Elias 1977a, S. LIII ff.).

Das Elias'sche Theoriekonzept beschränkt sich nicht auf das Nachzeichnen historischer Zivilisationsprozesse. Es ist von Beginn an auch darauf ausgelegt, zur Klärung grundlegender soziologische Probleme wie eben dem sozialen Wandel oder dem Verhältnis von Individuum und Gesellschaft beizutragen (vgl. Hammer 1997, S. 41 ff.). Neben späteren Arbeiten, die diese Probleme detaillierter behandeln (vgl. expl. Elias 2001a), können als weitere zentrale Forschungsinteressen von Elias seine Symboltheorie und Wissenssoziologie sowie das Konzept der *Menschenwissenschaft* genannt werden (expl. Elias 2001b, vgl. Treibel 2008, S. 24 ff., Hammer 1997, S. 50 ff.). Für eine Aufzählung aller Themengebiete, zu denen er – z. T. grundlegende – Arbeiten vorgelegt hat, fehlt es hier an Raum (z. B. die Zeit, das Sterben und den Tod, die Emotionen, Kunst, Sport und Freizeit, um wenigstens doch einige zu nennen …). Ebenso kann zur Rezeption und Fortführung des Ansatzes nur auf einschlägige Einführungen (Hammer 1997, Treibel 2008, Atkinson 2012) verwiesen werden.

Zuweilen wurde Elias als Apologet der westlichen Zivilisation dargestellt, als Vertreter einer einseitig ethnozentristischen oder kolonialistischen Perspektive (vgl. Hammer 1997, S. 56 ff.). Insbesondere Duerr (1988 ff.) hat vielfältiges historisches Material zusammengetragen, das ein hohes Maß an Scham, Affektkontrolle etc. auch schon in mittelalterlichen oder außereuropäischen Gesellschaften belegen und damit ein kontinuierliche Zivilisierung widerlegen soll. Dem kann entgegnet werden, dass Elias keine einmalige Geschichte des Fortschritts erzählt, sondern ein gesellschaftstheoretisches Modell entwirft, in dem die Entwicklung der Zivilisation zwar an komplexe Voraussetzungen geknüpft ist, aber ohne Zweifel auch in früheren (z. B. im antiken Griechenland, vgl. Elias/Dunning 2006, S. 239 ff.) und auch außereuropäischen Gesellschaften möglich war und ist. Ebenfalls auf das Verhältnis von Geschichtlichkeit und Aktualität zielt die Frage, inwieweit anhand der höfischen Ständegesellschaft entwickelte Thesen auf die moderne bürgerliche Gesellschaft übertragbar seien (vgl. Hammer 1997, S. 60 f.) – und auch diese erweist sich als unpassend, wenn man Elias' Werke zu ‚aktuelleren' Problemen, z. B. zum Verhältnis von Arbeit und Freizeit (Elias/Dunning 2006, S. 121 ff.) kennt. Schwerer wiegt hingegen der Einwand, dass die Theorie zwar die Grundtendenz der Zivilisation erkannt, zu gegenläufigen Prozessen aber vergleichsweise wenig beizutragen habe, insbesondere die Barbarei der Weltkriege und Massenvernichtungen im 20. Jahrhundert betreffend (z. B. Turner 2003, S. 103 ff., vgl. Treibel 2008, S. 64 ff.). Daneben gibt es, bei einem derart umfangreichen Werk nahezu selbstverständlich, zahlreiche weitere Kritikpunkte wie die (vermeintliche) Vernachlässigung des Einflusses der Religion (Turner 2003, S. 96 ff.) oder die Bedeutung von Geschlechterverhältnissen (vgl. Klein/Liebsch 1997).

2   Das Körperliche aus Figurationsperspektive

„Elias had larger theoretical fish to fry than ‚the body' per se" (Atkinson 2012, S. 49) – keine seiner Veröffentlichungen widmet sich explizit dem Thema Körper. Im Nachlass von Norbert Elias (vgl. Haut 2013) – zugänglich im Deutschen Literaturarchiv, Marbach – liegt allerdings ein unveröffentlichtes Manuskript *Zivilisatorische Wandlungen der Einstellung zum Körper* vor (Elias 1981), das für einen für den 27.3.81 geplanten Vortrag an der FU Berlin im Rahmen des Seminars zur „Wiederkehr des Körpers" (Kamper/Wulf 1982) vorgesehen war, der dann aber doch nicht stattfinden konnte (nach Informationen des Verfassers aus gesundheitlichen Gründen).

Trotz des Fehlens einschlägiger Veröffentlichungen gilt Elias als ein Klassiker der Körpersoziologie (Gugutzer 2004, S. 50 ff.), spielen doch fraglos körperliche Aspekte eine zentrale Rolle in seinen Arbeiten (Shilling 2012, S. 161). So gibt es eigentlich keine ausformulierte Eliasianische Theorie des Körpers, das Körperliche ist aber nicht aus der Theorie wegzudenken. „Dort wo Sozialwissenschaft als Menschenwissenschaft betrieben werden soll (...) [findet] der Körper selbstverständlich Berücksichtigung" (Schroer 2005, S. 12).

Körperkontrolle und Langsicht

Wenn Zivilisation eine spezifische Wandlung menschlichen Verhaltens meint, eine verstärkte Kontrolle der eigenen Triebregungen, dann geht es dabei notwendig um den Körper. So sind die Manieren, die im Prozess der Zivilisation (Elias 1977a) und in der höfischen Gesellschaft (Elias 1983) behandelt werden, letztlich auch Formen des Umgangs mit dem Körper. Zahlreiche Anweisungen aus den untersuchten Benimmbüchern zielen explizit auf Haltung, Bewegung oder Ausdruck: „Der Edelmann soll nicht rennen, wie ein Lakai, und er soll nicht langsam gehen, wie Frauen oder Bräute" (zitiert nach Elias 1977a, S. 98). „Weit aufgerissene Augen sind ein Zeichen von Stupidität, zu starren ein Zeichen von Trägheit, allzu scharf blicken zum Zorn geneigte und beredt ist der Blick des Schamlosen" (ebd., S. 69). Es geht also darum, gewisse Standards zu wahren, sich ‚im Griff' zu haben, weil andere aus diesem Verhalten Rückschlüsse auf die Person ziehen. Damit ist auch eine symbolische Funktion des Körpers angesprochen, Kontrolle über ihn ist Ausweis der Zugehörigkeit zu bestimmten Gruppen. Insbesondere in der höfischen Gesellschaft, in der die Statuskämpfe ein Höchstmaß an Selbstkontrolle, eine vollständig „abgemessene Haltung" erfordern, wird diese distinktive Funktion deutlich (Elias 1977a, S. 18 ff., vgl. Shilling 2012, S. 168 ff.). Diese ist für Elias in der bürgerlichen Gesellschaft nicht mehr ganz so zentral, verschwindet aber auch dort nie ganz: In dem Maße, wie sich das zivilisierte Verhalten von einem standesgemäßen zu einem allgemein verbindlichen wandelt, verliert es auch an distinktiver Qualität. So wäre der Unterschied von adligem und bäuerlichem Körpergebrauch mit Elias als *Kontrast,* die unterschiedlichen Verwendungsweisen (etwa verschiedener Klassen) mit dem Körper in der bürgerlichen Gesellschaft jedoch lediglich als *Spielarten* eines gleichen Standards zu verstehen (vgl. Elias 1977a, S. 342 ff., Elias 1977b, S. 409 ff.). Zugleich kommt darin ein spezifisches Körperverständnis zum Ausdruck: Er erscheint als Instrument, als ein separiertes Objekt, das es zu kontrollieren gilt.

Der sich im Zuge zivilisatorischer Prozesse verstärkende Zwang zum Selbstzwang heißt zunächst mal: Unterdrückung spontaner, körperlicher Reaktionen. Die „individuellen Selbstkontrollen, etwa das ‚rationale Denken' oder das ‚moralische Gewissen', schieben sich nun stärker und fester gebaut als je zuvor zwischen Trieb- und Gefühlsimpulse auf der einen Seite, die Skelettmuskeln auf der anderen Seite und hindern die ersteren mit größerer Strenge daran, die letzteren, das Handeln direkt, also ohne Zulassung durch diese Kontrollapparaturen zu steuern" (Elias 1977a, S. LXI; vgl. auch Elias/Dunning 2003, S. 203 ff.). Wenn Impulsen nicht unmittelbar nachgegeben wird, kann sich die *Langsicht* entwickeln, das Verhalten kann also längerfristiger geplant werden – und in Gesellschaften mit komplexeren Verflechtungen (längeren Interdependenzketten) muss es das auch. Es vergrößern sich somit die Möglichkeiten, sich ein Stück weit vom eigenen Körper zu ‚distanzieren', seine Verwendung wird zusehends *rationalisiert* (vgl. Elias 1977b, S. 369 ff.). „Ein zivilisierter Körper ist in diesem Sinne ein durch bewusste Denkakte modifizierter Umgang mit körperlichen Bedürfnissen" (Gugutzer 2004, S. 56).

Sinne und Sublimierung

Ein derart modifizierter Umgang mit dem Körper lässt diesen selbst aber auch nicht unverändert. „Verschiedenartig modelliert wird im Lauf der Geschichte und entsprechend dem Geflecht von Abhängigkeiten, das durch ein Menschenleben hingeht, auch die ‚Physis' des Einzelnen in unauflösbarem Zusammenhang mit dem, was wir ‚Psyche' nennen" (Elias 1977b, S. 378). Zwar bleiben die grundlegenden biologischen Dispositionen des Menschen weitgehend unverändert, ihre Kontrolle und Verwendungsweise kann sich jedoch mit den gesellschaftlichen Entwicklungen und je nach veränderten Anforderungen an den Einzelnen wandeln. „Changes in individual bodies and social figurations are integrally related" (Shilling 2012, S. 182). Wenn sich etwa in der höfischen Gesellschaft das wechselseitige Taxieren der kleinsten Gesten, die „Kunst der Menschenbeobachtung" entwickelt (Elias 1983, S. 159 ff.), dann ist der Begriff des Beobachtens nicht nur metaphorisch gemeint, sondern dann meint das tatsächlich eine Veränderung des Sehens. Das menschliche Auge ist dasselbe geblieben, es wird nun jedoch anders eingesetzt.

Die Bedeutung der Sinne für den zivilisierten Körper ist überdies zentral. So kommt insbesondere dem Auge bei der Sublimierung von Triebregungen in eine ,zivilisierte' Form eine entscheidende Funktion zu. Die unmittelbare Befriedigung körperlicher Bedürfnisse kann zunehmend durch eine mittelbare ersetzt werden: die *Augenlust* (vgl. Klein 1992, S. 78 ff.). „Mit der stärkeren und allseitigeren Beschränkung der Körperbewegungen wächst die Bedeutung des Sehens (…). Gliederfreuden werden mehr und mehr durch Gebote und Verbote eingehegt und auf wenige Bezirke des Lebens beschränkt." (Elias 2001a, S. 162) Diese Zusammenhänge hat Elias insbesondere in seinen, z. T. gemeinsam mit Eric Dunning verfassten Beiträgen zu Sport und Freizeit diskutiert (Elias/Dunning 2003).

In seinen Arbeiten zur Soziogenese des Sports (vgl. Haut 2013) zeigt Elias zunächst – im Vergleich mit den körperlichen Wettkämpfen der Antike – einen veränderten Umgang mit Aggressionen und Gewalt (Elias/Dunning 2003, S. 239 ff.). Detailliertere Regelwerke sollen vor allem die Körper der Beteiligten schützen, die mit der Etablierung staatlicher Gewaltmonopole einhergehende Pazifizierung schlägt sich auch hier nieder. Aggressionen können jedoch nicht einfach ,verboten' werden, sie sind weiterhin als Impulse vorhanden und müssen unter Kontrolle gebracht werden – aus Konflikten *zwischen* Körpern werden also Konflikte *innerhalb* des Körpers (Shilling, 2012, S. 17 f.). Der Sport, wie er sich ab dem 18. Jahrhundert in England entwickelte, bot eine Möglichkeit, den Umgang mit diesen Konflikten zu erproben, Aggressionen im Einklang mit zivilisatorischen Standards zu modellieren. Die Lust am Kämpfen – und durchaus auch am Verletzen oder Töten eines Gegners – wird in sublimierter Form befriedigt, aus „Angriffslust" wird „Augenlust": Am Beispiel der englischen Fuchsjagd, bei der die Gentlemen den Hunden nur noch bei der Jagd zusehen (und sie züchten), statt die Beute eigenhändig zu töten und zu verspeisen, zeigt sich dies besonders eindrücklich (Elias/Dunning, S. 290 ff.). Auch wenn im Zusammenhang mit der zivilisatorischen Gewissensbildung die Lust an der Gewalt insgesamt zurückgeht, so sind die entsprechenden Impulse jedoch nicht einfach aus den Körpern gegenwärtiger Menschen verschwunden. Für Elias sind Aggressionen und „Angriffslust" Teil der menschlichen Triebstruktur. Der Sport, aber auch andere Freizeitbereiche („mimetische Aktivitäten"; ebd., S. 121 ff.) bieten gerade in zivilisierteren Gesellschaften eine Gelegenheit, diese Regungen in einer kontrollierten Form auszuleben (Elias 1977a, S. 280 ff., vgl. auch Maguire 2011, S. 928 f.).

Körper-Geist-Dualismus und Homo Clausus

Damit sollte ebenso deutlich sein, dass es Elias nicht nur um eine Art episodischer Dokumentation der Formierung des zivilisierten Körpers geht. Vielmehr ist die historische Genese des zivilisierten Körpers zugleich eine theoretische Grundlage, die weitreichende Implikationen für das Verständnis zeitgenössischer Menschen hat, und zwar sowohl im Sinne eines Selbst-Verständnisses der Individuen als auch im Sinne des soziologischen Verständnisses ihres Handelns. Mit zunehmender Dämpfung der Triebe wird Verhalten rationalisiert und psychologisiert, d. h. es wird einerseits tatsächlich stärker kontrolliert, andererseits wird es auch zunehmend auf die ‚Psyche' der Menschen zurückgeführt (Elias 1977b, 369 ff.). Bestimmte Prozesse, vorrangig das Denken und Beobachten, die letztlich eigentlich doch Funktionen des Körpers sind, werden sukzessive zu ‚Verstand' oder ‚Geist' substanzialisiert und als vom Rest des ‚Körpers' getrennt aufgefasst, „von denen der eine gleichsam im Inneren des anderen hauste wie der Kern in der Pflaume" (Elias 2001a, S. 149). Diese Auffassung zeigt sich gleichsam in der eigentümlichen Form, in der die logische und vor allem auch räumliche Beziehung von ‚Körper' und ‚Geist' alltagssprachlich thematisiert und definiert wird: Ersterer gilt dabei als etwas Stoffliches, auch räumlich Ausgedehntes, letzterer hingegen als quasi Immaterielles, das zwar im Körper zu verorten, aber doch davon verschieden sein soll (ebd., S. 154 f.). Vom ‚eigenen Körper' wird selbstverständlich wie von einem separierten Objekt gesprochen, vom eigenen Gesicht, Kopf oder Gehirn hingegen nicht mit der gleichen Distanz. Letztere scheinen jene Teile zu sein, in denen das Denken, der Verstand, die ‚Psyche' zu verorten ist – also das, was den Menschen in seinem individuellen Handeln ausmachen soll (ebd., S. 252 ff., vgl. auch Elias 2006, S. 377 ff.).

Diese dualistische Auffassung von ‚Körper' und ‚Geist' ist zugleich Ausdruck eines bestimmten Verhältnisses der Individuen zu sich selbst und zu anderen Menschen: „Der Akt der Detachierung im Beobachten und Denken verdichtete sich im Erleben der Menschen zur Vorstellung eines universellen Detachiertseins des Einzelmenschen" (Elias 2001a, S. 148). Mit der zunehmenden Distanz zum eigenen Körper und der wachsenden Bedeutung der Fremd- und Selbstbeobachtung entwickelt sich auch eine Wahrnehmung von sich selbst als einzelnem, von der Welt und anderen Menschen separiertem Individuum, als *„homo clausus"* (Elias 1977a, S. LX ff.). Dieses Selbst- und Menschenbild ist also, um es mit einem von Elias nicht genutzten Begriff zu sagen, Ideologie im Sinne einer falschen, aber sich aufdrängenden Vorstellung von der Wirklichkeit. Diese schlägt sich jedoch nicht nur in der alltäglichen Wahrnehmung der Menschen nieder, sondern sie prägt auch Wissenschaft und Erkenntnistheorie (Elias 2001a, S. 145 ff.). Dass sich etwa Descartes im eigenen Denken seiner selbst vergewisserte („cogito ergo sum"), ist symptomatischer Ausdruck des homo clausus: „Man erlebte sich selbst als geschlossenes System" (ebd., S. 155). So erscheinen großen Teilen der Philosophie und Sozialwissenschaften die Menschen als „denkende Statuen" (ebd., S. 130 ff.); so als hätten sie zwar einen Geist, der über das ihm Äußerliche nachdenken kann, der aber zu seinem Gegenüber unvermittelt bleibt, weil er *physisch* nicht am Leben teilnimmt.

‚Natur' und ‚Kultur'

Diesem individualistischen Menschenbild setzt Elias eine Auffassung entgegen, die sich nicht mit dem bloßen Hinweis begnügt, der Einzelne sei ja ohnehin immer ein gesellschaftliches Wesen. Er will darüber hinaus den Nachweis führen, dass Individualität und Gesellschaftlichkeit auch mit ‚natürlichen' körperlichen Voraussetzungen zusammenhängen: Um die Spezifik menschlicher Gesellschaften zu verstehen, braucht es den Rekurs auf *biologische und physiologische Dispositionen*. Dass meint bei Elias selbstverständlich nicht, wie in manchen soziobiologischen Ansätzen, menschliches als quasi-tierisches Verhalten erklären zu wollen und damit Unterschiede zwischen biologischer Evolution und gesellschaftlicher Entwicklung zu verwischen. Im Vergleich zu Tieren sieht er beim Menschen „Struktureigentümlichkeiten, die eine evolutionäre Innovation darstellen" (Elias 2001a, S. 255). ‚Kulturelle' Wesen sind sie nicht trotz, sondern wegen dieser spezifischen ‚Natur': „Menschen sind biologisch in der Lage, ihr soziales Leben zu ändern. Kraft ihrer evolutionären Ausstattung können sie sich gesellschaftlich entwickeln" (Elias 2001b, S. 59). Dies zeige sich vor allem in der Sprache: der menschliche Sprachapparat sei biologisch dafür ausgelegt, vielfältige Lautmuster hervorbringen zu können – welche konkrete Sprache dann aber ausgeprägt wird, sei eben nicht gattungsspezifisch, sondern gesellschaftlich bedingt (ebd., S. 11 f.). Darin komme das besondere Zusammenspiel von ‚Natur' und ‚Kultur' zum Ausdruck, das vor allem auf zwei Besonderheiten verweise: erstens sei es bei den Menschen erstmals in der Evolution der Fall, dass *erlerntes* ein Übergewicht gegenüber *ungelerntem Verhalten* bekommen habe; zweitens zeige sich, dass der Mensch im Gegensatz zum Tier nicht nur lernen kann, sondern *lernen muss*, wenn er unter seinesgleichen leben will (Elias 2006, S. 359 ff.). Diese Unterschiede würden von den Naturwissenschaften, die Mensch und Tier gleichsetzen, zumeist ignoriert – während umgekehrt in den Gesellschaftswissenschaften häufig das Natürliche im Menschen ausgeblendet würde (Elias 2006, S. 353 ff.). Genau diesen vermeintlichen Gegensatz will Elias mit dem Konzept der *Menschenwissenschaft* auflösen, die ihren Gegenstand „in the round" (Maguire 2011, S. 927) betrachten soll (Elias 2001b, S. 13 ff.). Das schließt eben mit ein, keine Verabsolutierung des ‚Geistes' vorzunehmen und das ‚Körperliche' selbstverständlich zu berücksichtigen.

Während diese Berücksichtigung körperlicher Aspekte des Menschen in diversen Arbeiten deutlich wird, ist der einzige explizite Beitrag von Elias zur Körpersoziologie ein unveröffentlichtes Vortragsmanuskript. Es fasst einige zentrale Gedanken des Elias'schen Körperverständnisses nochmals zusammen und präzisiert sie weiter. Wie in einigen Passagen der oben vorgestellten Veröffentlichungen (vgl. Elias 2001a, S. 130 ff.; Elias 2001b, S. 70 ff.; Elias 2006, S. 353 ff.) kritisiert Elias hier die dualistische Auffassung von ‚Körper und Geist' und ihre Reproduktion in den Wissenschaften. Seine lakonische, aber durchaus berechtigte Eingangsfrage lautet, ob man „sich etwas Merkwürdigeres vorstellen" könne als *Geistes*wissenschaften (Elias 1981, S. 1). Schon der Begriff lasse auf eine dualistische Perspektive schließen, die seiner eigenen Sicht auf Menschen als zugleich biologische und soziale Prozesse durchlaufende, entgegenstehe. Als Annäherung zur Verständigung ließe sich notfalls formulieren, dass bei ihm Trieb- und Affektregungen eher körperliche, ihre Kontrolle durch Gewissen und Verstand eher geistige Aspekte markieren. So sei beispielsweise Hunger ein komplexer physiologischer Prozess, bei dem Signale von den Muskeln bzw. vom Magen ans Gehirn gehen, welches dann Steuerungsimpulse zur Handhabung setze, etwa „Essen gehen" oder „keine Zeit" (ebd., S. 9 f.). Die Rede vom ‚Körper' wäre daher schon Ausdruck einer reduktionistischen Begriffsbildung, da sie verdecke, „dass das, was wir Körper nennen, einen Prozess durchläuft" (ebd., S. 11). Und die Schwierigkeit liege darin, dass bei diesen Prozessen keineswegs so eindeutig sei, inwiefern sie ‚körperliche' oder ‚geistige' sind, weil im Grunde eine Kombination aus unbewusstem Verhalten und bewusstem Handeln vorliege. Der biologische „Rahmenprozess, der völlig automatisch ist und sich selbst steuert, enthält Ebenen oder Schichten, die weniger automatisch sind (…) [und] nicht auf einem vorgegebenem biologischen Mechanismus, sondern auf der durch lernen vollzogenen Absorption von Wissen beruhen" (ebd., S. 12). So laufe z. B. die Atmung in der Regel weitgehend automatisch ab, könne aber durchaus reguliert werden, wie etwa beim Sprechen oder Singen. Prozesse ließen sich demnach hinsichtlich ihrer „relativen Rigidität" bzw. ihrer „relativen Plastizität" unterscheiden (ebd., S. 16 f.). Auf Durst müsse eher rigide reagiert werden, auf Hunger hingegen weniger, und der Geschlechtstrieb sei noch flexibler zu handhaben. Man könne also sagen: ‚Vernunft', ‚Geist' usw. „beziehen sich auf die bei weitem flexibelsten und in höchstem Maße durch Erfahrung programmierten Formen der Selbststeuerung. Unter ‚Körper' versteht man auf der anderen Seite gewöhnlich die besonders rigiden Formen der Selbststeuerung des Organismus." Beides seien also im Grunde nur „zwei verschiedene Perspektiven auf sich selbst": zum einen die, in welcher der ‚Geist' als „befehlender Kapitän" erscheint, dem das Instrument ‚Körper' folge leistet; zum anderen die, in dem der ‚Körper' ein selbsttätiger Prozess ist, der eben nicht vollständig durch den ‚Geist' zu kommandieren ist (ebd., S. 17 ff.).

3   Mehr als ‚Körpergeschichte'

Gugutzer hat als Aufgaben der Körpersoziologie skizziert, ihren Gegenstand aus diversen Perspektiven in den Blick zu nehmen: sowohl als Produkt als auch als Produzent von Gesellschaft, als Gelenk zwischen Struktur und Handlung, sowie im historischen Wandel und Kulturvergleich; und schließlich die Frage zu stellen, was der Körper eigentlich sei (Gugutzer 2004, S. 140 ff.). Schon aus den bisherigen Ausführungen sollte deutlich geworden sein, dass Elias Ansatzpunkte zur Bearbeitung fast aller der benannten Aufgaben bietet. Dennoch wird er zumeist in die Abteilung „historische Soziologie" einsortiert (ebd., S. 50 ff.), was einer Interpretation als Theoretiker der Vergangenheit Vorschub zu leisten scheint. Hatte Bette noch in der Formierungsphase einer deutschsprachigen Körpersoziologie vorhergesagt bzw. gefordert:

„welche Usancen und Vorgehensweisen auch immer die theoretischen Perspektiven einer Analyse des Verhältnisses von Körper und Gesellschaft beeinflussen werden, das umfangreiche Werk von *Norbert Elias* wird zu berücksichtigen sein" (Bette 1989, S. 13) – dann hat sich das nur insofern bewahrheitet, als dass immer wieder Elias' Klassikerstatus aufgrund seiner Arbeiten zum historischen Wandel des Körpers betont wird. Als Ansatz für die körpersoziologische Forschung spielt seine Theorie jedoch aktuell – mit Ausnahme der Arbeiten von Gabriele Klein (1992 u. a.)– allenfalls eine marginale Rolle, zumindest im deutschsprachigen Raum (Ähnliches gilt für die Rezeption in der Sportsoziologie, wo der Ansatz fast ausschließlich in den Arbeiten von Michael Krüger (1996 u. a.) verfolgt wird; vgl. Haut 2013). International wird der Ansatz insbesondere in der Sportsoziologie (vgl. Maguire 2011), aber auch in der Körpersoziologie weiterhin diskutiert und fortgeführt (vgl. Atkinson 2012, S. 55 ff.; Howson 2013, S. 90 ff.).

Hier wird die These vertreten, dass diese relativ geringe Bedeutung der Theorie nicht nur an zufälligen Konjunkturen liegt, sondern dass sie durch eine spezifische, verkürzte Lesart als überholt erscheint. Ist man etwa der Auffassung, der Zivilisationsprozess lasse sich „insgesamt als eine Geschichte der sukzessiven Verdrängung des Körpers verstehen" (Schroer 2005, S. 12), dann dürfte Elias angesichts der aktuell häufig diagnostizierten Omnipräsenz des Körpers tatsächlich kaum als naheliegender Ansatz erscheinen. Allerdings hat eine solche Interpretation, wie sie auch in der Rede von der Zivilisierung des Körpers als „unaufhaltsamem Abstraktionsprozess", von seiner Degradierung zum „stummen Diener" oder in der Spekulation über „Verschwinden und endgültige Irrelevanz des Körpers" (Kamper/Wulf 1982, S. 12 ff.) zum Ausdruck kommt, höchstens oberflächlich mit Elias' Theorie zu tun. Es handelt sich allenfalls um eine „Überdrehung Elias'scher Theoriestücke" (Bette 1989, S. 14).

An der Diskussion um die „Wiederkehr des Körpers" (Kamper/Wulf 1982) fand Elias – das legt zumindest das Manuskript zum geplanten Vortrag nahe – die Intention, die wissenschaftliche Verabsolutierung des ‚Geistes' zu korrigieren, durchaus begrüßenswert. Allerdings sah er bereits in der plakativen Formulierung die Gefahr gegeben, den Dualismus im Denken fortzuschreiben statt ihn – wie von ihm selbst beabsichtigt – theoretisch aufzuheben (Elias 1981, S. 2 f.). Denn natürlich war in Elias' Perspektive der Körper niemals völlig „verdrängt" oder „verschwunden". Er wird zwar der allgemeinen Tendenz nach im Zuge zivilisatorischer Prozesse stärker kontrolliert, aber das allein sagt noch nicht alles über seinen gesellschaftlichen Stellenwert. Einerseits gab und gibt es zu den sich verstärkenden Kontrollen stets auch Gegenbewegungen und ‚Refugien', in denen der Körper noch stets präsent ist. Andererseits kann gerade auch die Zivilisierung des Körpers Bedingung dafür sein, dass er, statt verdrängt zu werden, im gesellschaftlichen Fokus steht.

Informalisierung und Freiräume

So wurde bezweifelt, dass die von Elias beschriebene Formalisierung des Verhaltens höfischer Oberschichten noch als maßgeblich für die bürgerliche Gesellschaft gelten könne. Schließlich sei im Kapitalismus die direkte, körperliche gesellschaftliche Interaktion von geringerer Bedeutung als in der höfischen Gesellschaft. In der Arbeitswelt bestehe zwar eine stärkere Kontrolle, dafür gäbe es aber auch mehr Freiraum im Privaten (Shilling 2012, S. 182 ff.). Diese durchaus treffend skizzierten Unterschiede von höfischer und bürgerlicher Gesellschaft sieht Elias selbst allerdings auch: Die Manieren seien in der europäischen Zivilisation nie wieder so wichtig gewesen wie in der höfischen Gesellschaft, weil sie dort für die Verteilungskämpfe um Status und Prestige von entscheidender Bedeutung waren. Demgegenüber rückten Fragen von Geschmack und Stil in der bürgerlichen Gesellschaft mit ihren längeren Interdependenzketten zunehmend ins Private, wo auch ein gelockerter Umgang mit dem Körper möglich ist (Elias 1977b, S. 416 ff.).

Die Entwicklung des Zivilisationsprozesses lässt sich also nicht auf die einfache Formel ‚immer mehr Kontrolle‘ bringen, sondern sie bringt je nach gesellschaftlichen Verflechtungsmustern auch Gegenbewegungen hervor. Dazu gehören sowohl jüngere zivilisationskritische Bewegungen und „Natürlichkeitsvorstellungen", wie sie etwa Bette (1989, S. 33 ff., S. 156 ff.) beschreibt, aber auch schon die deutsche Romantik Anfang des 19. Jahrhunderts, in der das Bürgertum gegen die als Zwänge empfundene Formalisierung, Abgemessenheit und Oberflächlichkeit auf Tugenden wie Natürlichkeit, Gefühl und Innerlichkeit pochte (Elias 1977a, S. 17 ff.). Solche Gegenbewegungen betreffen selbstverständlich auch und gerade den Umgang mit dem Körper. So zeigt z. B. Klein (1992) an der Geschichte des Tanzes, dass es dort immer wieder Wellen der Formalisierung und Informalisierung gab. Die europäische Zivilisationsgeschichte kenne „mehrere historische Phasen, in denen die Menschen ihre Körperlichkeit gegen die gesellschaftlich normierten und formalisierten Verhaltensmuster einfordern" (Klein 1992, S. 11). Diese Gegentendenzen müssen aber nicht per se den herrschenden zivilisatorischen Standard in Frage stellen, sondern sie sind häufig ein Spiel mit den Konventionen, eine Abweichung, die in begrenztem Ausmaß geduldet wird. „Wir tolerieren die Nackten in den Freibädern und die sexuellen Absonderlichkeiten, die in Talkshows öffentlich breitgetreten werden, weil wir sicher sein können, dass dies nicht zum Zusammenbruch des historisch erreichten Niveaus zivilisierten Verhaltens führen wird" (Gugutzer 2004, S. 59).

Neben solchen punktuellen Gegenbewegungen bietet gerade die stärker differenzierte, bürgerliche Gesellschaft eigens Refugien, deren Zweck vor allem die Lockerung zivilisatorischer Kontrollen und die (Ersatz-)Befriedigung ansonsten unterdrückter Triebregungen ist. Nicht zufällig hat sich Elias daher umfänglich mit der *Freizeit* und dort speziell auch mit dem Sport und der Kunst auseinandergesetzt (bereits Elias 1977b, S. 330 f.; v. a. Elias/Dunning 2003). Diese „mimetischen Aktivitäten" sind Gelegenheiten, Emotionen (v. a. Spannung) zu generieren und auszuleben, die aus Arbeitswelt und Alltag zumeist verbannt sind – wie es in der englischen Fassung am prägnantesten formuliert ist: „controlled decontrolling of emotional controls" (vgl. Elias/Dunning 2003, S. 121 ff.). Der Sport bietet neben dieser emotionalen Komponente auch die Möglichkeit, die sonst verdrängten „Gliederfreuden" (Elias 2001a, S. 162) zu erleben. Der Körper kann in einer Weise eingesetzt werden, die außerhalb dieser Figuration oft nicht akzeptabel ist (Kampfsportarten zum Beispiel lockern das Gewalttabu ein Stück weit: was hier akzeptabel ist, wäre im Alltag ‚unzivilisiert' oder gar strafrechtlich relevant). Gerade hier wird deutlich, dass die Menschen sich im Zuge zivilisatorischer Prozesse nicht einfach nur immer stärker kontrollieren, sondern dass sie je nach Kontext ihre Emotionen und ihren Körper mal mehr und mal weniger stark kontrollieren bzw. auch gezielt die Kontrolle verlieren.

Wenn sich nun seit einiger Zeit der Sport in Richtung weniger Regulierung und Kontrolle entwickelt, in neuen Sportformen (Stichworte Trend-, Fun-, Outdoor-, Straßen-, Risiko-, Extremsport usw.) mehr Raum für Spontaneität, Experimentieren und Inszenieren gesucht wird, und zugleich auch der Körper aus der sportlichen ‚Sonderwelt' wieder stärker in den Alltag kommt – dann sind das keine Argumente gegen die Zivilisationstheorie, sondern Fragen, die sich in diesem Rahmen adressieren lassen. So stellt z. B. Bette durchaus treffend fest, Affektdämpfung und Körperdistanzierung würden heute als Coolness inszeniert (Bette 1989, S. 132 ff.). Dies bedeute also nicht nur „Internalisierung von Außenzwängen", sondern auch „Externalisierung zivilisatorischer ‚Errungenschaften' am Körper" (ebd., S. 135). Bette irrt allerdings in der Annahme, dass das über Elias hinausgehe – denn das Inszenieren und Darstellen von ‚Zivilisiertheit' am und mit dem Körper hatte dieser eben schon in der höfischen Gesellschaft gesehen (z. B. Elias 1977a, S. 75 ff.). Vielmehr könnte man, angesichts von Tendenzen zu einer stärkeren Präsenz und Inszenierung des Körpers auch im Alltag, die Frage stellen, welche soziogenetischen Entwicklungen sie begünstigt haben. Eine Verschiebung der Grenzen von Arbeit und Freizeit – und somit von mehr oder weniger kontrollierten, mehr oder weniger körperlichen Handlungsbereichen – wäre eine These; eine andere wären Abgrenzungsbemühungen seitens gesellschaftlicher Gruppen, die ihren Status gefährdet sehen. Gerade in diesem Bereich der distinktiven körperlichen Praxis, dürfte der Rekurs auf die Überlegungen zur höfischen Gesellschaft auch für aktuelle Entwicklungen ertragreich sein. Sowohl ein detaillierter Abgleich mit Bourdieus Thesen zur Distinktion als auch eine Präzisierung der These von der „Verringerung der Kontraste, Vergrößerung der Spielarten" (Elias, 1977b, 338 ff.) stehen jedoch, speziell was körperliche Aspekte betrifft, noch aus (vgl. Maguire 2011, S. 928 ff.).

Das Scharnier

„Over the course of the past 40 years, sociologists in particular have frequently re-
duced Elias's analysis to its sociohistorical aspects, allowing for a continuate under-
valuing of his emphasis on biology and psychology in the Civilising Process and else-
where" (Atkinson 2012, S. 55). Das größte, durch die ‚historistische' Rezeption noch
weitgehend unerschlossene Potenzial des figurationssoziologischen Ansatzes für die
Körpersoziologie dürfte darin liegen, dass Elias nicht bei der Feststellung zunehmender sozialer Kontrolle über das Natürliche und Körperliche stehen bleibt, sondern
biologische und psychologische Aspekte in Verknüpfung mit den sozialen Aspekten menschlichen Verhaltens bei ihm Berücksichtigung finden. Wo immer es um
vermeintliche Gegensätze, wie von Körper und Geist, von Natur und Kultur geht,
interessiert Elias daran nicht das Trennende, sondern das Vermittelnde, die Frage
nach dem „Scharnier" („the hinge"), nach dem, „was den Menschen als Körper damit verbindet, was an ihm für unkörperlich gehalten wird" (Elias 2006, S. 354). So
hat er, lange bevor (Körper-)Soziologen in jüngerer Zeit den Gedanken hegten, die
Hirnforschung zu rezipieren oder physiologische Grundlagen menschlichen Handelns zu studieren, biologische und psychologische Aspekte in seinem „menschen-
wissenschaftlichen" Ansatz berücksichtigt. Wenn etwa aus dieser Perspektive über
Emotionen gesprochen wird (vgl. Elias 2006), dann sind diese nicht nur Dinge, die
sich primär in den Köpfen der Menschen abspielen würden, sondern dann werden
sie als physiologische Tatbestände ernst genommen. Die Spannung, die in mimetischen Aktivitäten wie dem Sport erlebt werden kann, ist keine rein ‚geistige' Erfahrung, sondern eine bei der ganz konkret der Organismus erregt wird (Elias/Dunning
2003, S. 139 ff., S. 198 ff.). Damit wird die Aufhebung der Trennung von Körper und
Geist nicht nur postuliert, sondern es werden Wege aufgezeigt, wie die Verknüpfung
‚geistiger' und ‚körperlicher' Aspekte theoretisch geleistet werden kann. Aus figurationssoziologischer Perspektive muss man daher den Körper weder konstruktivistisch noch naturalistisch reduzieren, sondern kann ihn zugleich als kulturellen und
natürlichen Körper verstehen (Atkinson 2012, S. 53 ff., vgl. Shilling 2012, S. 161 ff.).

4   Offene Fragen

Auch wenn mit dieser nicht-reduktionistischen Interpretation manche Einwände gegen die figurationssoziologische Perspektive zurückgewiesen werden konnten, bleiben selbstredend dennoch einige Probleme und offene Fragen bestehen. Eine Frage,
die hier (schon aufgrund mangelnder biologischer Kenntnisse des Verfassers) nicht
geklärt werden kann, ist die, ob Elias die ‚symbolische Emanzipation' des Menschen,
die Einzigartigkeit der Gattung gegenüber Tieren überschätzt (Shilling 2012, S. 182 ff.)
und welche Implikationen das für die körpersoziologischen Aspekte der Theorie hätte. Stattgegeben werden kann der Kritik, dass Fragen nach den Geschlechterverhält-

nissen in Elias' Werk insgesamt eine nebensächliche Rolle spielen, womit ein zentraler Themenbereich der Körpersoziologie sicher unterbelichtet ist (vgl. diverse Beiträge in Klein/Liebsch 1997). Schließlich bleibt als zentrales Problem des Ansatzes – und dies ist vielleicht der Punkt, in dem die Figurationssoziologie am meisten von körpersoziologischen Theoriediskursen profitieren könnte – die Frage nach dem Stellenwert von (körperlicher) Subjektivität. Diesbzgl. wurde kritisiert, dass Sozialisation aus Elias' Perspektive letztlich nur aus Konditionierungsprozessen bestehe. Er habe einen „behaviouristischen Sozialisationsbegriff", bei dem kaum erkennbar sei, was ihn von der „Züchtigung von Tieren unterscheide" (Klein 2006, S. 196). Die Affekte müssen, in einer Art Wiederholung des kollektiven Zivilisationsprozesses, gemäß den gesellschaftlichen Standards kontrolliert werden (Elias 2001b, S. 60 ff.). Trotzdem erscheinen den Einzelnen ihre Affektstandards als individuelle, denn es wird „von den meisten Aufwachsenden relativ frühzeitig vergessen oder verdrängt, daß ihre Scham und Peinlichkeitsgefühle, ihre Lust- und Unlustempfindungen durch Druck und Zwang von außen modelliert und auf einen bestimmten Standard gebracht wurden." (Elias 1977a, S. 173) Selbststeuerung findet also maßgeblich durch den Organismus oder „durch Erfahrung programmiert" statt (Elias 1981, S. 17). Somit gäbe es, in Freudscher Terminologie ausgedrückt, nur ein Es und ein Über-Ich, aber kein Ich, bzw. würde das Ich mit dem Über-Ich zusammenfallen (Klein 2006, S. 193 ff., vgl. Hammer 1997, S. 59 f.). Das Individuum sei bei Elias daher „ein durchweg durch die jeweilige Figurationsordnung entstandenes Produkt, das ohne Rest in den gesellschaftlichen Verhältnissen aufgeht" (Klein 2006, S. 192).

Zweifellos kann man Elias also nicht als Vertreter eines emphatischen Subjektbegriffs bezeichnen, dennoch ist seine Perspektive für das Problem der Subjektivität aufschlussreicher, als es die Kritik nahelegt. Denn zumindest kann er präzisieren, wo die Grenzen für Subjektivität liegen. Daraus wäre im Umkehrschluss zu folgern, inwieweit damit individuelle Spielräume entstehen können: Die sozialen Zwänge – zunächst die äußeren, dann die von Gewissen und Scham – die sich zwischen den affektiven Impuls und das Verhalten schieben, eröffnen durch die zivilisatorische Distanzierung der Triebe überhaupt erst die Möglichkeit zu selbstgesteuertem Handeln und rationalem Kalkül. … Wie, wozu und vor allem von welcher Art Subjekt diese Spielräume dann ausgestaltet werden, welche Bedeutung Individualität und Kreativität zukommt – das sind in der Tat offene Fragen, mit denen sich Elias kaum befasst hat. Gerade in dieser Hinsicht erscheint der Körper – in seiner Scharnierfunktion zwischen natürlichen und sozialen Prägungen – ein lohnender Gegenstand für die weitere Ausarbeitung und Präzisierung der figurationssoziologischen Perspektive (vgl. Atkinson 2012, S. 55).

Literatur

Atkinson, Michael (2012). Norbert Elias and the Body. In Bryan S. Turner (Hrsg.), *Routledge Handbook of Body Studies* (S. 49–61). London u. a.: Routledge.

Bette, Karl-Heinrich (1989). *Körperspuren. Zur Semantik und Paradoxie moderner Körperlichkeit.* Berlin, New York: De Gruyter.

Duerr, Hans-Peter (1988 ff.). *Der Mythos vom Zivilisationsprozeß.* 5 Bände. Frankfurt: Suhrkamp.

Elias, Norbert (1977a). *Über den Prozeß der Zivilisation. Soziogenetische und psychogenetische Untersuchungen. Erster Band: Wandlungen des Verhaltens in den weltlichen Oberschichten des Abendlandes.* 4. Aufl. Frankfurt: Suhrkamp.

Elias, Norbert (1977b). *Über den Prozeß der Zivilisation. Soziogenetische und psychogenetische Untersuchungen. Zweiter Band: Wandlungen der Gesellschaft. Entwurf zu einer Theorie der Zivilisation.* 4. Aufl. Frankfurt: Suhrkamp.

Elias, Norbert (1981). *Zivilisatorische Wandlungen der Einstellung zum Körper.* Unveröffentlichtes Manuskript zu einem für den 27. 3. 81 geplanten Vortrag an der FU Berlin. Deutsches Literaturarchiv, Marbach, Signatur A: Elias MISC-D-IV.

Elias, Norbert (1983). *Die höfische Gesellschaft. Untersuchungen zur Soziologie des Königtums und der höfischen Aristokratie.* Frankfurt: Suhrkamp.

Elias, Norbert (2001a). *Die Gesellschaft der Individuen.* Frankfurt: Suhrkamp.

Elias, Norbert (2001b). *Symboltheorie.* Frankfurt: Suhrkamp.

Elias, Norbert (2006). Über Menschen und ihre Emotionen: Ein Beitrag zur Evolution der Gesellschaft. In ders., *Aufsätze und andere Schriften III* (S. 351–384). Frankfurt: Suhrkamp.

Elias, Norbert & Dunning, Eric (2003). *Sport und Spannung im Prozeß der Zivilisation.* Frankfurt: Suhrkamp.

Gugutzer, Robert (2004). *Soziologie des Körpers.* Bielefeld: Transcript.

Hammer, Heike (1997). Figuration, Zivilisation und Geschlecht. Eine Einführung in die Soziologie von Norbert Elias. In Gabriele Klein & Katharina Liebsch (Hrsg.), *Zivilisierung des weiblichen Ich* (S. 39–76). Frankfurt: Suhrkamp.

Haut, Jan (2013). Norbert Elias' unvollendete Sozialgeschichte des Sports. Überlegungen anhand unveröffentlichter Archivmaterialien. *SportZeiten 13,* 45–67.

Howson, Alexandra (2013). *The Body in Society: an Introduction.* Oxford: Polity.

Kamper, Dietmar & Wulf, Christoph (1982). Die Parabel der Wiederkehr – zur Einführung. In dies. (Hrsg.), *Die Wiederkehr des Körpers* (S. 9–22). Frankfurt: Suhrkamp.

Klein, Gabriele (1992). *FrauenKörperTanz. Eine Zivilisationsgeschichte des Tanzes.* Weinheim, Berlin: Beltz.

Klein, Gabriele (2006). Zugerichtet, kontrolliert und abhängig. Das Subjekt in der Figurationssoziologie. In Heiner Keupp & Joachim Hohl (Hrsg.), *Subjektdiskurse im gesellschaftlichen Wandel* (S. 187–204). Bielefeld: Transcript.

Klein, Gabriele & Liebsch, Katharina (Hrsg.) (1997). *Zivilisierung des weiblichen Ich.* Frankfurt: Suhrkamp.

Korte, Hermann (2013). *Über Norbert Elias: Das Werden eines Menschenwissenschaftlers.* 3.Aufl. Wiesbaden: Springer VS.

Krüger, Michael (1996). *Körperkultur und Nationsbildung: Die Geschichte des Turnens in der Reichsgründungsära – eine Detailstudie über die Deutschen.* Schorndorf: Hofmann.

Maguire, Joseph (2011). Body matters: theories of the body and the study of sport cultures. *Sport in Society 14,* 927–936.

Schroer, Markus (2005). Zur Soziologie des Körpers. In ders. (Hrsg.), *Soziologie des Körpers* (S. 7–47). Frankfurt: Suhrkamp.

Shilling, Chris (2012). *The Body and Social Theory.* 7.Auflage. London et al.: Sage.

Treibel, Annette (2008). *Die Soziologie von Norbert Elias. Eine Einführung in ihre Geschichte, Systematik und Perspektiven.* Wiesbaden: VS.

Turner, Bryan S. (2003). Warrior Charisma and the Spiritualization of Violence. *Body & Society 9,* 93–108.

Handlungstheorie

Michael Meuser

1 Einleitung

Anfang der 1990er Jahre hatte Hans Joas darauf hingewiesen, dass diejenigen soziologischen Handlungstheorien, die den Typus des rationalen Handelns ins Zentrum ihrer Analysen rücken, eine dreifache Unterstellung vornehmen: „Sie unterstellen den Handelnden erstens als fähig zum zielgerichteten Handeln, zweitens als seinen Körper beherrschend, drittens als autonom gegenüber seinen Mitmenschen und seiner Umwelt" (Joas 1992, S. 217). Joas kritisiert die Vernachlässigung des Körpers in der Mehrzahl der soziologischen Handlungstheorien und spricht in diesem Zusammenhang von einer „Art theoretischer Prüderie" (ebd., S. 245). Eine Überwindung dieser „Prüderie" im Sinne einer körpersoziologischen Fundierung der Theorie sozialen Handelns führt zu einem revidierten, nicht teleologischen Verständnis von Intentionalität, zu einem nicht instrumentalistisch begrenzten Verständnis des Verhältnisses des handelnden Subjekts zu seinem Körper und zu einem Akteursverständnis, das die Eingebundenheit des Handelnden in eine das individuelle Handeln erst ermöglichende, körperlich fundierte Intersubjektivität betont.

In den knapp 25 Jahren, die seit der Kritik von Joas vergangen sind, hat sich im Zuge der erfolgreichen Entwicklung und Etablierung einer Soziologie des Körpers auch die handlungstheoretische Diskussion der Dimension des Körperlichen zugewandt – nicht zuletzt bedingt durch die Konkurrenz, die ihr durch die, den Körper zentral fokussierende, Praxistheorie erwachsen ist. Im Zuge dessen hat eine auf die Dimension des Körperlichen fokussierte Re-Lektüre ‚klassischer' handlungstheoretischer Entwürfe (von Schütz über Mead bis zu Goffman) stattgefunden. Im Folgenden wird zunächst der Thematisierung des Körpers in diesen ‚klassischen' Entwürfen nachgegangen. Anschließend wird die Diskussion über das Verhältnis von Handlung und Struktur aufgegriffen und gezeigt, dass die Berücksichtigung der körperlichen Dimension von entscheidender Bedeutung für die Überwindung von Dualismen wie Handlung und Struktur ist. Abschließend wird mit Bezug auf zentrale handlungstheoretische Konzepte und Fragestellungen diskutiert, welche Konsequenzen die Berücksichtigung des Körpers für die Handlungstheorie hat. Der Beitrag konzentriert sich auf die soziologischen handlungstheoretischen Entwürfe, in denen der Körper thematisch ist. Handlungstheorien, in denen dies nicht der Fall ist (wie z. B. Rational Choice, die Rollentheorie oder Parsons' voluntaristische Handlungstheorie), bleiben unberücksichtigt.

Vorab ist allerdings zu klären, welches Verständnis von Handlungstheorie diesem Beitrag zugrunde liegt. Dies ist vor dem Hintergrund der erwähnten Konkurrenz durch die Praxistheorie erforderlich. Zwischen Handlungstheorie und Praxistheorie gibt es Überschneidungen. Bestimmte Ansätze, z. B. die Ethnomethodologie, Giddens' Theorie der Strukturierung oder Bourdieus Konzept des Habitus, werden sowohl in Einführungen zur Handlungstheorie als auch in solchen zur Praxistheorie behandelt. Es ist hier nicht der Ort, das Verhältnis der beiden Theoriestränge zu diskutieren. Als ein entscheidendes Merkmal von Handlungstheorien ist festzuhalten, dass der Fokus auf menschlichen Subjekten ,aus Fleisch und Blut' und den von ihnen vollzogenen Handlungen liegt (vgl. Knoblauch 2014, S. 43) – sei es, dass diese als Resultat bewusster Intentionen konzipiert werden (Weber, Schütz), sei es, dass *practical accomplishments* im Zentrum der Betrachtung stehen (Ethnomethodologie) –, während in manchen praxistheoretischen Entwürfen, z. B. der Akteur-Netzwerk-Theorie, auch Dinge oder technische Artefakte (wie das Navigationsgerät) als handelnde Akteure begriffen werden (vgl. Reichertz 2014, S. 100).

2   ,Körperspuren' in soziologischen Handlungstheorien

Der von Joas monierte rationalistische Bias lässt sich auf den die soziologische Handlungstheorie in hohem Maße prägenden Handlungsbegriff Max Webers zurückführen. Handeln, in Abgrenzung zu Verhalten, liegt diesem Verständnis zufolge dann vor, wenn der Handelnde sein Handeln mit einem subjektiven Sinn verbindet. Dieser Sinn muss nicht, wie unten etwa mit Bezug auf Bourdieu und Merleau-Ponty erläutert wird, als bewusst verfolgte Intention konzipiert werden; und mit der Unterscheidung von vier Typen sozialen Handelns (zweckrational, wertrational, affektuell und traditional) wird dies auch in den Weberschen Grundbegriffen ersichtlich. Weber sieht durchaus, dass das Handeln oft, wenn nicht überwiegend, nicht dem Idealtypus des zweckrationalen Handelns entspricht: „Absolute Zweckrationalität des Handelns ist aber auch nur ein im wesentlichen konstruktiver Grenzfall." (Weber 1972, S. 13). Indem er aber diesen Typus zur analytischen Leitkategorie macht, zu der die anderen Handlungstypen ins Verhältnis gesetzt werden, indem er für die typenbildende Betrachtung u. a. „alle irrationalen, affektuell bedingten, Sinnzusammenhänge des Sichverhaltens" als „,Ablenkungen' von einem rein zweckrationalen Verlauf" (ebd., S. 2) begreift, kann *auf der konzeptionellen Ebene* die körperliche Dimension des Handelns nicht in den Blick gelangen. Weber ist sich bewusst, dass das „reale Handeln […] in der großen Masse seiner Fälle in dumpfer Halbbewußtheit oder Unbewußtheit seines ,gemeinten Sinns'" verläuft (ebd., S. 10), dass der Handelnde ihn mehr fühle, als dass er ihn wüsste und überwiegend „triebhaft oder gewohnheitsmäßig" handele (ebd.), und macht klar, dass dies bei der soziologischen Analyse der Realität berücksichtigt werden muss. Die analytische Favorisierung des zweckrationalen Handelns als Leitkategorie verhindert aber, dass das Unbewusste, Triebhafte, Gewohnheitsmäßige, dem auch das Körperliche zugerechnet werden kann, einen systematischen Ort im grundbegrifflichen Instrumentarium hat. Der Körper, von dem bei Weber nicht die Rede ist, wäre vermutlich eines der „Daten", „mit denen zu rechnen ist" (ebd., S. 3), z. B. als Bedingung, Hemmung oder Förderung des verstehbaren Handelns (vgl. ebd., S. 6).

2.1 Alfred Schütz: Der Körper als Mittler zwischen Ich und Außenwelt

Eine über ein Verständnis als Rahmenbedingung des Handelns hinausgehende Thematisierung des Körpers findet sich in den Arbeiten von Alfred Schütz. Schütz (1971, S. 242) definiert Handeln als ein „Verhalten, das voraus-geplant ist, d. h. auf einem vorgefaßten Entwurf beruht". Dieser Entwurf, durch den das Handeln seinen Sinn erhält, ist eine geistige Leistung; die Umsetzung des Entwurfs, von Schütz als in die Außenwelt gerichtetes „Wirken" bezeichnet, erfolgt allerdings vermittels des Körpers. Der Körper ist „Mittler" zwischen dem Ich und der Außenwelt (Schütz 1981, S. 92). Der „entworfene Tatbestand" muss „durch Körperbewegungen" hervorgebracht werden (Schütz 1971, S. 243). Die Welt des Wirkens ist für die „natürliche Einstellung" – i. e. eine das Alltagshandeln kennzeichnende Zuwendung zur (physikalischen wie sozialen) Außenwelt, die jeden Zweifel an der Existenz dieser Welt, so wie sie dem Handelnden erscheint, ausklammert – „zuvörderst nicht ein Gegenstand des Denkens, sondern ein zu beherrschender Raum" (ebd., S. 261). Die Beherrschung des Raums ist fundamental auf Körperbewegungen angewiesen, sie vollzieht sich durch diese. Auch die Erfahrung des Außen selbst ist durch Körperbewegungen vermittelt: „Daß es ein Außen gibt, wird mir erst dadurch erlebbar, daß es mir gelingt, diese Grenzen des Leibes zu verändern, d. h. mich zu bewegen." (Schütz 1981, S. 165)

Körperbewegungen sind für Schütz in mehrfacher Hinsicht von zentraler Bedeutung für soziales Handeln in der Wirklichkeit des Alltags, die als Bereich der primordialen Welterfahrung allen anderen Wirklichkeiten vorgeordnet ist. Die Welt in aktueller Reichweite, in der Wirken möglich ist, ist eine um den Körper des Handelnden zentrierte Welt. Er ist der „Nullpunkt meines Koordinatensystems" sowohl in räumlicher als auch in zeitlicher Hinsicht. „In Bezug auf meinen Leib ordne ich die Dinge meiner Umwelt in die Kategorien von Rechts und Links, von Vorn und Hinten, von Oben und Unten, von Nah und Fern usw. an." (ebd., S. 255) Und auch Vergangenheit und Zukunft sind von hier aus bestimmt. In der Welt aktueller Reichweite kann der Handelnde Dinge sehen und handhaben, körperlich manipulieren. Die Welt in aktueller Reichweite ist insofern unauflöslich an den Körper des Handelnden gebunden, als jede Veränderung der Position des Körpers eine Veränderung dessen zur Folge hat, was in aktueller Reichweite ist. Potentiell ändert sich mit jeder Körperbewegung der Nullpunkt des Koordinatensystems.

Körperbewegungen sind des Weiteren Basis für Intersubjektivität bzw. das Verstehen von alter. Dessen Körperbewegungen sind für ego ein „Ausdrucksfeld [...], das die Gedanken des Anderen anzeigt" (ebd., S. 252) und vice versa. Die Bedeutung, die Schütz dem Körper für das Verstehen des Anderen beimisst, ist allerdings nicht im Sinne dessen zu verstehen, was Merleau-Ponty (1966, S. 220) als „Interkorporalität" bezeichnet, ein Verstehen des Anderen durch den Leib (s. u.). Zwar gehöre, so Schütz, der Körper des anderen zu meiner Welt, als Teil der Welt in aktueller Reichweite, gleichwohl bleibe „mir die Welt des Anderen fremd." Denn trotz der Möglichkeit, aufeinander einzugehen, beobachtete ich „nur das Außen des Körpers des Anderen [...], während ich meinen eigenen Leib von innen erfahre". Die „radikale Wirklichkeit des Anderen" bleibe den Handelnden wechselseitig verschlossen (Schütz 1971, S. 166). Intersubjektivität ist bei Schütz egologisch konzipiert. Die Deutung, die ego hinsichtlich des Verhaltens von alter vornimmt, kann prinzipiell nicht mit dessen Eigendeutung zusammen fallen. Bekanntlich beschreibt Schütz (1971, S. 12 ff., 364 ff.) die „Reziprozität der Perspektiven" als eine Idealisierungsleistung der Akteure.

Körperbewegungen sind die Basis für wechselseitiges Verstehen. Dies zeigt sich auch daran, dass Schütz, freilich nebenbei und ohne dies näher zu erläutern, bemerkt, „Gesten, Sprache, Schrift usw. [seien] auf Körperbewegungen gegründet" (ebd., S. 250) – ein Aspekt, der bei Mead von zentraler Bedeutung ist (s. u.). Ein unmittelbares, vorreflexives Verstehen durch den Körper scheint für Schütz allerdings nicht denkbar zu sein. Eine solche Sichtweise ist der Schützschen Sozialtheorie, die bei aller kritischen Auseinandersetzung mit der Weberschen Handlungstheorie an diese anknüpft, gewissermaßen systematisch dadurch verstellt, dass Schütz Sinn als eine post hoc reflexiv erbrachte Leistung begreift, die in der nachträglichen bewussten Hinwendung des Subjektes auf ein bereits vollzogenes Handeln besteht – bzw. in dem Entwurf der „modo futuri exacti" als abgelaufen projizierten bzw. „phantasierten" Handlung (vgl. ebd., S. 23, 246). Indem die Schützsche Analyse der Sinnkonstitution vom reflektierenden Ich ausgeht – und nicht vom handelnden Ich, wie dies bei Mead der Fall ist (s. u.) –, kann die dem reflexiven Zugriff entzogene „innere Erfahrung unserer Körperbewegungen" (ebd., S. 249) nicht als eine sinnhafte konzipiert werden.

Schütz' Analyse der Körperbewegungen überwindet den Cartesianischen Dualismus nicht. Zwar bemerkt Schütz in der posthum publizierten Frühschrift „Theorie der Lebensformen" (Schütz 1981), in der er sich in einem umfangreichen Kapitel ausführlich mit dem Stellenwert des Körpers im sozialen Handeln befasst: „Nicht von einem cogito ergibt sich das esse." (ebd., S. 148) Damit relativiert er die von Descartes behauptete konstitutive Bedeutung des Geistes, setzt dessen Vorrang aber nicht außer Kraft. Über die eigene Existenz sei dem Handelnden „im Grunde genommen nichts bewußt". Er wisse zwar, dass er atme und „mit unmittelbarer Evidenz" lebe. „Ob dieses Leben, dieses vivere, auch tatsächlich ein modus essendi ist", erfahre der Handelnde „erst auf dem Umweg über ein cogito" (ebd.). Schütz begreift den Körper zwar als „Träger des *handelnden* Ich" (ebd., S. 92), der Bewegungsablauf sei aber „nur in der gedächtnisbegabten Dauer erlebbar" (ebd., S. 175), d. h. in der reflexiven Zuwendung auf die vollzogene bzw. „entwordene" Bewegung (vgl. ebd., S. 193). Leben und Denken werden nicht als Einheit verstanden. Das Handeln selbst ist in seinem Vollzug nicht sinnhaft. Erkennen und Handeln fallen auseinander.

Obwohl Schütz die Bedeutung des Körpers im sozialen Handeln sieht, kann man nicht sagen, dass die Dimension des Körpers von fundamentaler Bedeutung für seine Handlungstheorie ist. Körperbewegungen ermöglichen sinnhaftes Handeln, sind aber nicht selbst sinnhaft. Sinnhaft wird das Handeln erst in der nachträglichen reflexiven Zuwendung auf die vollzogene Handlung. Schütz konzipiert Sinn von einem denkenden Ich her und kann dem Körper daher nur eine Mittlerfunktion zuweisen. Einen anderen Stellenwert erhält der Körper, wenn der Ausgangspunkt der Analyse das handelnde Ich ist, dessen Handeln zudem nur als ein Miteinander-Handeln, also in seiner intersubjektiven Verwobenheit mit dem Handeln anderer, begriffen werden kann (vgl. Bergmann/Hoffmann 1985, S. 107 ff.).

2.2   George Herbert Mead: Handelnde Organismen

Ein für die soziologische Handlungstheorie in gleicher Weise wie Schütz bedeutsamer Klassiker, George Herbert Mead, stellt das handelnde Ich in den Mittelpunkt. In Meads Beschreibung sozialen Handelns sind geistige Prozesse im handelnden Organismus verankert. Mead weist dem Organismus eine „Mittlerrolle zwischen Natur und Geist" zu, seine Untersuchung könne „die natürlichen Prozesse aufzeigen, die beim Entstehen derjenigen Eigenschaften der Dinge, die man als geistig anzusehen hat, in ihm ablaufen" (Mead 1987, S. 89). Der handelnde, mit der sozialen wie der natürlichen Umwelt im Austausch stehende Organismus ist die Grundeinheit der Meadschen Sozialtheorie.

Mead entfaltet einen Sinnbegriff, der Sinn in sozialer Kooperation fundiert und einen vorreflexiven Modus der Sinnkonstitution nicht nur kennt, sondern diesen als vorrangig bzw. grundlegend begreift. „Der Mechanismus der menschlichen Gesellschaft besteht darin, daß leibliche Individuen sich durch Manipulation mit physischen Dingen bei ihren kooperativen Handlungen gegenseitig unterstützen oder stören." (Mead 1987, S. 218) Sinn, Bedeutung, Bewusstsein sind für Mead keine Qualitäten des (einsamen) Individuums, sie entstehen in sozialen, kooperativen Handlungsvollzügen. Mentale Prozesse müssen in handlungstheoretischen Kategorien analysiert werden.

„Geistiges Verhalten kann nicht auf nicht-geistiges Verhalten *reduziert* werden, doch können geistiges Verhalten und geistige Phänomene durch nicht-geistiges Verhalten und nicht-geistige Phänomene *erklärt* werden: daß sie nämlich aus diesen erwachsen, aus Komplikationen in diesen resultieren." (Mead 1975, S. 49; Herv.: MM)

In einem im Nachlass vorgefundenen Manuskript mit dem Titel „Körper und Geist" (Mead 1987, S. 88–184) befasst Mead sich ausführlich mit deren Verhältnis zueinander. Er tut dies aus der Perspektive des Pragmatismus. Die körperliche Kontakterfahrung stellt sich ihm als Basis der Erkenntnis dar. Zwar könnten wir im Allgemeinen sehen, „was wir fühlen, aber das Sehen ist nur eine Aufforderung zur Handhabung" (ebd., S. 97). Dinge seien „real, wenn sie wirklich oder potentiell durch Kontakt erfahren werden" (ebd., S. 95). Kontakt und Manipulation bezeichnet Mead als die entscheidenden Reaktionsformen des menschlichen Organismus gegenüber den Objekten der Umwelt, sie sind für die Realitätserfahrung bedeutsamer als die visuelle, auditive und olfaktorische Wahrnehmung. Mead betrachtet den Körper weder als einen Störfaktor, dessen Impulse und Leidenschaften das Denken beeinträchtigen, noch sieht er einen Gegensatz von Körper und Geist. Geistige Prozesse sind Phasen des Verhaltens, „Fragmente des komplexen Verhaltens des Individuums in und gegenüber seiner Umwelt" (ebd., S. 104).

Körper und Geist als Einheit begreifend wendet Mead sich gegen ein ‚entkörpertes' Verständnis von Intelligenz, welches diese als etwas rein Geistiges auffasst. Intelligenz ist eine angemessene Reaktion eines – nicht nur menschlichen – Lebewesens auf seine Umwelt (vgl. ebd., S. 138). Dieses Verständnis von Intelligenz entspricht Meads Auffassung von der „funktionale[n] Natur des Geistes" (ebd., S. 124). Auch impliziert soziales Handeln nicht notwendig Geist. Mead exemplifiziert diese These am Beispiel der Bewegungen von Personen in einer Menschenmasse. „Bei einem solchen Verhalten pflegt das Individuum seine eigenen sozialen Reaktionen, sofern daran keine Reflexion beteiligt ist, nicht im Geist anzusiedeln." (ebd., S. 138) Die Mechanismen einer solchen rein körpergebundenen Handlungsteuerung kann mit Goffmans Begriff der „leibgebundenen Kundgabe" genauer beschrieben werden (s. u.).

Die körperliche Fundierung des sozialen Handelns lässt sich bei Mead insbesondere anhand seiner Theorie der Entstehung symbolisch vermittelter Interaktion auf der Basis einer Kommunikation von Gesten verfolgen. In der Unterscheidung von Gesten und signifikanten Symbolen kommt den Gesten eine fundierende Bedeutung zu. Symbolisch vermittelte Kommunikation entwickelt sich aus einem Austausch von Gesten. Es ist kein Zufall, dass er als Ausgangspunkt der Analyse menschlicher Sprache die gesten-gesteuerte Kommunikation von Tieren wählt. Auf den ersten Seiten von „Geist, Identität und Gesellschaft" findet sich das folgende Beispiel: „Feindselige Hunde bedienen sich einer solchen Gestensprache. Sie umkreisen einander, jaulen und schnappen, warten auf eine Möglichkeit zum Angriff. Das ist ein Prozeß, aus dem sich Sprache entwickeln könnte". (Mead 1975, S. 53) Eine Geste bezeichnet einen Teil einer Handlung, in dem die gesamte Handlung repräsentiert ist. Sie ist das Fragment der folgenden Handlung. Für das andere Lebewesen, an das die Geste gerichtet ist, stellt diese einen Reiz dar, der es unmittelbar reagieren lässt. Gesten sind „Anfänge gesellschaftlicher Handlungen" (ebd., S. 82). Als solche sind sie auf einer vorreflexiven Ebene bedeutungsvoll. Die Bedeutung einer Geste liegt aber nicht in der Geste selbst, sondern in den Handlungen, die sie hervorruft. „Der Mechanismus des Sinnes ist also in der gesellschaftlichen Handlung vor dem Auftreten des Bewußtseins des Sinnes gegeben. Die Handlung oder anpassende Reaktion des zweiten Organismus gibt der Geste des ersten Organismus ihren jeweiligen Sinn" (ebd., S. 117).

Hier wird deutlich, in welcher Weise Mead (1987, S. 135) den Körper als „Mechanismus der Erkenntnis" versteht und dass er Sinn in der Interaktion handelnder Organismen fundiert. Diese Fundierung von Sinn und Bedeutung bleibt auch in symbolisch vermittelter Interaktion bestehen. Die Bedeutung eines signifikanten Symbols, z. B. eine sprachlichen Äußerung, besteht in der Handlung, die auf der Basis des Symbols zustande kommt; nun aber nicht mehr wie bei der Geste erst in der ausgeführten, sondern bereits in der antizipierten Handlung. Auch hier geht es um kooperative Handlungen, die von körperlichen Subjekten ausgeführt werden. Der Bezug zum Körper ist in der symbolvermittelten Interaktion nicht aufgehoben.

2.3 Erving Goffman: Interaktionsordnung und körperliche Kopräsenz

Der Stellenwert des Körpers in sozialer Interaktion ist ein zentrales Thema in den Schriften Erving Goffmans. Sein dramatologischer Ansatz stellt die Bedeutung des Körpers für die vielfältigen Inszenierungen, die Menschen beständig vornehmen, deutlich heraus. Die Darstellung des Selbst, *impression management,* Stigmakontrolle, die gesamte Dramaturgie des alltäglichen Handelns basieren auf dem Management des Körpers in Raum und Zeit. Der Körper markiert ferner die „Territorien des Selbst" (Goffman 1982, S. 54 ff.). Wenn Goffman von Territorien spricht, dann meint er dies nicht metaphorisch. Territorien sind korporale Phänomene. Verletzungen der territorialen Grenzen durch andere werden als Übergriffe auf den eigenen Körper wahrgenommen, etwa wenn, wie in einer vollen Straßenbahn, übliche Distanzregeln nicht eingehalten werden (können). Die Mittel und Formen der territorialen Verletzung, die Goffman beschreibt, sind größtenteils körperbezogene: vom Anstarren über Berührungen und die „Einmischung" durch Laute bis zu Körperausscheidungen (vgl. Goffman 1982, S. 74 ff.).

Für eine körpersoziologisch fundierte Handlungstheorie sind insbesondere Goffmans Ausführungen zur „Interaktionsordnung" bedeutsam, dem letzten von ihm selbst veröffentlichten Text (Goffman 1994). Dieser auf seiner Ansprache als Präsident der American Sociological Association basierende Aufsatz beinhaltet, wenn man so will, Goffmans ‚Vermächtnis' an die soziologische Community. Er betont, es sei sein Anliegen, Anerkennung für die soziologische Relevanz einer mikroanalytischen Analyse der Sphäre der unmittelbaren Interaktion zu finden. In dieser hat der Körper einen zentralen Stellenwert. Man kann diesen Aufsatz als eine Ausarbeitung der Meadschen These lesen, der gesellschaftliche Mechanismus beruhe darauf, dass körperliche Subjekte in kooperativen Handlungen aufeinander bezogen sind.

Die Interaktionsordnung gründet auf körperlicher Kopräsenz. „Soziale Interaktion im engeren Sinne geschieht einzig in sozialen Situationen, d. h. in Umwelten, in denen zwei oder mehr Individuen körperlich anwesend sind, und zwar so, daß sie aufeinander reagieren können." (ebd., S. 55). An einer sozialen Situation könne man nur teilnehmen, wenn man den „Körper und seine dazugehörige Ausstattung" einbringt (ebd., S. 60). Eine soziale Situation ist eine Umwelt („environment") von Möglichkeiten wechselseitiger Beobachtung, in der ein Individuum sich selbst den „nackten Sinnen" aller anderen, die ko-präsent sind, zugänglich sieht (vgl. Goffman 1972, S. 63). Verbal vermittelte Kommunikation ist nicht das zentrale Merkmal der Interaktionsordnung. Die face-to-face-Interaktion hat, so Goffman, ihre eigene Struktur, und deren Charakter sei nicht „intrinsisch linguistisch" (ebd., S. 66). Dem sprachlichen Austausch kommt eher eine sekundäre, stützende Funktion zu. Er „dient dazu, Hindernisse der Handlungsabstimmung aus dem Weg zu räumen". (Goffman 1994, S. 71) Goffman geht es nicht darum, Geistiges und Körperliches gegeneinander auszuspielen, vielmehr betont er die Verwobenheit der kognitiven und der körperlichen Dimension des Handelns: „Gefühle, Stimmungen, Wissen, Körperstellungen und Muskelbewegungen sind im sozialen Handeln *innig* miteinander verknüpft (ebd., S. 57; Herv.: MM). Wie Mead weist Goffman auf Ähnlichkeiten zwischen menschlicher und tierischer Sozialität hin.

Das Thema der Interaktionsordnung beschäftigt Goffman nicht nur in dem gleichnamigen Aufsatz. Es durchzieht sein gesamtes Werk. In einer früheren Arbeit hat er, am Beispiel der von Fußgängern zur Vermeidung von Unfällen verwendeten Techniken, nuancenreich analysiert, welche Bedeutung der „leibgebundenen Kundgabe" und dem ständigen Abtasten des Geschehens mit den Augen (Goffman 1982, S. 26 ff.) für das Gelingen sozialer Interaktion zukommt. Soziale Situationen sind durch eine „folgenschwere Offensichtlichkeit" (Goffman 1994, S. 58) gekennzeichnet, und das, was man sieht, sind die Körper der Mit-Handelnden. Mittels leibgebundener Kundgabe gibt das Individuum den anderen Informationen, „die anders nicht zur Verfügung gestellt werden könnten" (Goffman 1982, S. 32). Diese Informationen machen seine Handlungen vorhersehbar, Informationen z. B. darüber, welche Richtung es einschlagen wird, mit welcher Geschwindigkeit es gehen wird, wie entschlossen es ist, seinen Kurs einzuhalten. Die leibgebundene Kundgabe kann, muss aber nicht bewusst erfolgen. Im Regelfall des Routinehandelns gibt das Individuum die Informationen, indem es sich – in bestimmter, sozial geformter Weise – bewegt. Es vollzieht damit eine „Intentionskundgabe" (ebd., S. 33). Die qua leibgebundener Kundgabe zum Ausdruck gebrachte präreflexive Intention kann von den anderen erfasst werden, weil das körperliche Verhalten im Prozess der Sozialisation eine soziale Standardisierung erfährt (vgl. Goffman 1994, S. 59). Standardisierung und Routinisierung machen den Körper ‚lesbar'. Körperexpressionen sind, so Goffman (1982, S. 192) nicht „etwas besonders Individualistisches". Zur Lesbarkeit des Körpers gehört auch, dass er über soziale Zugehörigkeiten – Goffman nennt Alter, Geschlecht, Klasse und ethnische Zugehörigkeit – Auskunft gibt (vgl. Goffman 1994, S. 12).

Kommt es zu einer Störung des Routineablaufes oder wird eine solche antizipiert, kann die leibgebundene Kundgabe auch bewusst erfolgen. In einem solchen Fall wird

das inkorporierte Wissen über (situations-)angemessene Bewegungen reflexiv aktiviert und zur gezielten Steuerung der eigenen leibgebundenen Expressionen genutzt.
Aber auch in diesem Fall werden die Informationen korporal vermittelt.

Der leibgebundenen Kundgabe korrespondiert das Abtasten mit den Augen. Damit nimmt das Individuum Informationen über das Verhalten der anderen auf. Goffman bezeichnet dies als „einfache Leibeskontrolle" (Goffman 1982, S. 34). Leibgebundene Kundgabe und visuelles Abtasten des Geschehens sind wechselseitig ineinander
verschränkt. Wie jene ist auch dieses bzw. ist der auf diese Weise bewerkstelligte In-
formationsaustausch in der Regel keine Angelegenheit, an der das reflexive Bewusstsein beteiligt ist. Die Geordnetheit der Interaktion basiert vielmehr ganz entscheidend auf dem problemlosen vorreflexiven Austausch körperlicher Informationen.
Die Formierung einer Schlange (vor einem Schalter, an der Fleischtheke im Super-
markt) verdeutlicht dies exemplarisch.

2.4   Harold Garfinkel: Verkörperte *accounting practices*

In ethnomethodologischer Begrifflichkeit lassen sich der vorreflexive Austausch körperlicher Informationen und die damit vollzogene Herstellung geordneter Interaktion als *accounting practices* beschreiben. Wegen des starken Einflusses der Konversationsanalyse auf die Entwicklung und Rezeption der Ethnomethodologie werden
accounting practices zumeist als ein sprachliches Phänomen verstanden. Zumindest
bei Harold Garfinkel ist dieser Begriff aber weiter gefasst. Die Ethnomethodologie
richtet den Fokus auf die (‚lokale') Herstellung von Ordnung in situ. Am Beispiel des
Anstehens in einer Schlange zeigt Garfinkel (2002, S. 245 ff.), wie Ordnung in verkörperten *accounting practices* hergestellt wird. Ähnlich wie Goffman auf die Offensichtlichkeit sozialer Situationen hinweist, betont Garfinkel (ebd., S. 245), die „autoch-
thonous order properties of social facts" seien „observable in obvious places". Sie
seien für jeden beobachtbar und würden wahrgenommen, blieben aber unbeachtet
(„seen but unnoticed"). Die Beispiele, die Garfinkel anführt (sich in den Verkehrsfluss einer Autobahn einfädeln, in einer Masse von Fußgängern eine Straße über-
queren, Anstehen in einer Schlange vor einem Schalter), zeigen, dass es (auch) um
körpergebundene *accounting practices* geht. Die Formulierung „seen but unnoticed"
verweist darauf, dass es sich um präreflexive Praktiken handelt, in denen Ordnung sowohl her- als auch dargestellt wird (so das doppelte Verständnis von *accounting practices* in der Ethnomethodologie). In einer Schlange stellen die Wartenden eine Ordnung her, indem sie ihre Körper in einer bestimmten Weise im Raum positionieren:
in einer Reihenfolge, die Anspruchsrechte dokumentiert; in einer Linie, die seitliche
Ränder markiert; in einer bestimmten, nicht zu geringen und auch nicht zu großen
Distanz innerhalb der Reihe, die sowohl eine Verletzung der „Territorien des Selbst"
der Anderen als auch Unklarheiten darüber vermeidet, wo die Schlange endet. Die
Körper stellen durch die Art ihrer Anordnung eine lokale Ordnung her. Die aufein-

ander bezogenen Körperbewegungen sind *accounting practices*. „In each line the par-
ties are exhibiting the existence of an order of service in no other way than in wit-
nessable orderliness of the order of service" (ebd., S. 252). Die Ethnomethodologie
versteht „sinnkonstitutive Operationen [...] als fundamental körperliche Operationen" (Woermann 2011, S. 126). Da sie wegen ihrer Konzentration auf beobachtbare
Praktiken zu den Praxistheorien rechnet (vgl. ebd. und den Beitrag von Schmidt in
diesem Band), wird dieser Ansatz hier nicht weiter vertieft.

3   Handlung und Struktur: Anthony Giddens und Pierre Bourdieu

Für eine analytische Perspektive, die wie die Ethnomethodologie allein auf die lokale Herstellung sozialer Ordnung gerichtet ist, stellt sich die Frage des Verhältnisses von Handlung und Struktur nicht. Goffman (1994, S. 83) hingegen formuliert die
Frage, wie die Interaktionsordnung und Sozialstruktur miteinander verbunden sind.
Er sieht ein Verhältnis „einer nicht determinierten Beziehung zueinander", die er als
„lose Koppelung" bezeichnet (ebd., S. 85). Systematisch haben diese Frage Anthony
Giddens in seiner Theorie der Strukturierung und Pierre Bourdieu mit seinem Habituskonzept behandelt. Beide zeigen, dass auch bei der Vermittlung von Handlung
und Struktur der Körper einen zentralen Stellenwert hat.

Strukturen und Handlungen sind Giddens zufolge rekursiv aufeinander bezogen,
weshalb er den Begriff der „Dualität von Struktur" (Giddens 1988, S. 77) verwendet.
Struktur ist den Aktivitäten der Handelnden, „in der Form von Erinnerungsspuren
und als in sozialen Praktiken verwirklicht, [...] ‚inwendig'" (ebd., S. 77 f.). Diese Praktiken sind in hohem Maße verkörperte Praktiken. Zwar sind die Strukturen nicht unabhängig vom Wissen der Akteure. Giddens' Unterscheidung eines diskursiven und
eines praktischen Bewusstseins (vgl. ebd., S. 36 f., 91 ff.) verweist aber darauf, dass
Wissen nicht nur in einem kognitiven Sinne zu verstehen ist. Dem von Schütz geprägten Begriff des Wissensvorrats zieht er gleichsam einen körpersoziologischen Boden
ein, wenn er das meiste darin versammelte Wissen als ein praktisches Wissen und
als „das in Begegnungen inkorporierte *gemeinsame Wissen*" beschreibt (ebd., S. 55).

Die Dualität der Struktur findet ihren Ausdruck vor allem in Handlungsrouti-
nen (vgl. ebd., S. 336). Giddens (ebd., S. 36) bezeichnet „Routinisierung" als einen für
die Theorie der Strukturierung grundlegenden Begriff. In den Routinen des Alltags
fänden soziale Systeme ihren Ausdruck, wobei dem menschlichen Körper eine „vermittelnde Rolle" zukomme (ebd., S. 89). Routinisierung werde „in erster Linie vom
praktischen Bewußtsein getragen" (ebd., S. 37). Routinen verschafften ein Gefühl der
Seinsgewissheit, sie seien mit der „Sicherheit der Körperbeherrschung" verbunden
(ebd., S. 115).

Zwar bezeichnet Giddens gesellschaftliche Praktiken als das „zentrale Forschungsfeld der Sozialwissenschaften", womit er sich sowohl gegen einen „Imperialismus des
Subjekts" als auch einen „Imperialismus des gesellschaftlichen Objekts" wendet (ebd.,

S. 52), gleichwohl sind seine Ausführungen insbesondere durch eine Integration der hermeneutischen Perspektive in die Theorie der Strukturierung (vgl. ebd., S. 53) für die Handlungstheorie relevant. „Ein menschliches Wesen zu sein, heißt, ein zweckgerichtet Handelnder zu sein." (ebd., S. 53) Allerdings plädiert Giddens für einen vorsichtigen Umgang mit Begriffen wie Zweck, Intention oder Motiv. Diese Begriffe sind in einer nicht-voluntaristischen Weise zu verstehen. Er bezeichnet den Körper als „‚Ort' des handelnden Selbst" (ebd., S. 89).

Systematischer ist diese Perspektive bei Bourdieu entfaltet. Er spricht vom Körper als „reale[n] Akteur" (Bourdieu 2001, S. 171) und von „körperliche[r] Erkenntnis" (ebd., S. 165). In Bourdieus Theorie hat der Körper einen zentralen Stellenwert, sein Konzept des Habitus lässt sich als eine Wissenssoziologie des Körpers verstehen. Mit diesem Konzept versucht Bourdieu zu erklären, wie sich die Zugehörigkeit zu einer sozialen Lage in einem – strukturell begrenzten, aber nicht determinierten – Möglichkeitsraum von Deutungs- und Orientierungsmustern sowie Handlungspraktiken niederschlägt. Habitus ist ein sowohl für die Sozialstrukturanalyse als auch für die Handlungstheorie relevantes Konzept. Hier interessiert die handlungstheoretische Dimension.

In Abgrenzung zu strukturalistisch-deterministischen Ansätzen gibt Bourdieu mit dem Begriff des Habitus, so sein Anspruch, „dem Akteur eine generierende und einigende, konstruierende und einteilende Macht zurück" und betont gleichzeitig, dass die Fähigkeit, „die soziale Wirklichkeit zu schaffen, nicht die eines transzendentalen Subjekts, sondern die eines sozial geschaffenen Körpers" ist (ebd., S. 175). Der Körper bildet, in Gestalt des Habitus, Dispositionen aus, die von den Strukturen des sozialen Raums geprägt und auf diese hin orientiert sind. Indem der Körper in dieser Weise sozial geformt wird, findet ein Lernen durch den Körper statt. Es ist ein ‚gelehriger' Körper, welcher der Welt *im aktiven Eingreifen* Sinn verleiht (vgl. ebd., S. 181). Der Habitus ermöglicht es dem Akteur, sich durch ein „praktische[s], quasi körperliche[s] Antizipieren" (ebd., S. 178) an wechselnde Handlungszusammenhänge anzupassen. Verstehen und Handeln sind nicht, wie bei Schütz, zwei voneinander getrennte Phasen des Bezugs des Handelnden auf seine Welt, sie ereignen sich uno actu. Verstehen basiert nicht auf einer analytischen Leistung, es ist kein bewusstes Entschlüsseln von Bedeutungen, sondern ein praktisches Verstehen, „eine ein praktisches Erfassen der Welt sichernde *körperliche Erkenntnis*" (ebd., S. 174). Im praktischen Verstehen ist die Welt unmittelbar den Sinnen zugänglich. Ähnlich wie Giddens grenzt sich Bourdieu von einem voluntaristischen Verständnis von Intentionalität ab. Den Habitus kennzeichnet eine in einer bestimmten körperlichen Haltung wurzelnde „praktische, nicht thetische Intentionalität", „eine aktive, konstruktive, körperliche Spannung auf eine unmittelbar bevorstehende Zukunft" (ebd., S. 184).

Nimmt man die strukturtheoretische und die handlungstheoretische Bestimmung des Habituskonzepts gemeinsam in den Blick, eröffnet sich ein Verständnis von Intersubjektivität, das diese in den vorreflexiven Schemata des Habitus begründet sieht. Der Orientierungssinn, als den Bourdieu den Habitus beschreibt, ist kein je individueller. Der Habitus verweist auf eine spezifische, von anderen geteilte Soziallage, deren Strukturen sich in den inkorporierten Schemata des Habitus niederschlagen. Die sozial erzeugt Isomorphie der Habitus macht „die von ihnen erzeugten Praktiken wechselseitig verstehbar" und „aufeinander abgestimmt" (Bourdieu 1993, S. 108). Weil und insoweit „die Habitusformen dieselbe Geschichte verkörpern" (ebd.), können die Akteure, die dieselben Habitusschemata inkorporiert haben, einander wechselseitig auf einer vorreflexiven Ebene, auf der „Basis eines *impliziten Einverständnisses*" (Bourdieu 2001, S. 186), praktisch verstehen.

Bourdieus Verständnis von Intentionalität und Intersubjektivität weist deutliche Bezüge zur Leibphilosophie von Maurice Merleau-Ponty (1966) auf. Dieser fundiert, wie Mead, Bewusstsein in den Akten des praktischen Einwirkens auf die Welt. „Das Bewußtsein ist ursprünglich nicht ein ‚Ich denke zu ...', sondern ein ‚Ich kann'" (ebd., S. 166), es ist „Sein beim Ding durch das Mittel des Leibes" (ebd., S. 167 f.). Merleau-Ponty entwickelt ein Konzept einer vorreflexiven Intentionalität, einer „Intentionalität des Leibes" (ebd., S. 165), und eröffnet mit dem Konzept der „Interkorporalität" ein Verständnis von Intersubjektivität, das den Körper als nicht hintergehbare Grundlage wechselseitigen Verstehens bestimmt. „Durch meinen Leib verstehe ich den Anderen, so wie ich auch durch meinen Leib die ‚Dinge' wahrnehme." (ebd., S. 220). Der eigene und der fremde Leib werden als Teile einer einzigen Interkorporalität beschrieben.

4   Schlussfolgerungen für die Handlungstheorie und offene Fragen

Die Berücksichtigung der körperlichen Dimension des Handelns hat, wie verschiedentlich bereits angedeutet wurde, weitreichende Konsequenzen für handlungstheoretische Konzepte und Fragestellungen. Sie hat eine Revision zentraler handlungstheoretischer Annahmen zur Folge. Dies soll abschließend mit Bezug sowohl auf die zuvor vorgestellten Ansätze als auch auf neuere Diskussionen in der soziologischen Handlungstheorie entlang grundlegender Fragestellungen zumindest angerissen werden.

Die Revision betrifft zuvörderst die Frage nach der Zielgerichtetheit des Handelns und damit zusammenhängend nach der Autonomie des Handelnden. Rationalistische Handlungsmodelle setzen beides voraus. Eine Abkehr von einem teleologischen Handlungsverständnis impliziert nicht, die Vorstellung einer Zielorientierung des Handelns aufzugeben, heißt aber, ein Verständnis von Intentionalität zu entwickeln, das über kognitive Prozesse hinausgeht (vgl. Joas 1992, S. 218 ff.). Merleau-Pontys Konzept der leiblichen Intentionalität weist in diese Richtung. Eine soziologische Ausrichtung erfährt es in Bourdieus Habitusbegriff. Im Verständnis des Habitus als strukturierte und strukturierende Struktur wird deutlich, dass die präreflexive, körperliche Intentionalität eine bestimmte, sozial geformte Richtung aufweist, jedoch nicht den Charakter einer bewussten Zielsetzung hat. Es ist eine den Akteuren eigene, doch keineswegs frei verfügbare Intentionalität. Als habituell geprägte Intentionalität ist sie zudem nicht individualistisch, sondern aufgrund von Habitusähnlichkeit als weitgehend intersubjektiv geteilt zu verstehen. Bourdieu (2001, S. 185 f.) spricht von der „tiefinneren Verwachsenheit des sozialisierten Körpers mit dem sozialen Körper, der ihn geschaffen hat und mit dem er eins ist". Darin gründet auch die Möglichkeit eines unmittelbaren, praktischen wechselseitigen Verstehens.

Entgegen einem rationalistischen Verständnis der Ziel-Mittel-Relation betont Joas (1992, S. 227) die relative Unbestimmtheit von Handlungszielen. Diese „werden erst durch die Entscheidung über zu verwendende Mittel spezifiziert", sie bilden sich im Handlungsvollzug heraus (vgl. auch Böhle 2009, S. 211). Joas geht von einer wechselseitigen Bezogenheit von Handlungsziel und Situation aus. Ohne „vage *Zieldispositionen*" (ebd., S. 236) gäbe es für den Handelnden keine Situation. Als Ort der Zieldispositionen identifiziert Joas den menschlichen Körper. In diesem Verständnis der Ziel-Mittel-Relation hat Intentionalität den Charakter einer „selbstreflexive[n] Steuerung laufenden Verhaltens" (ebd.). Freilich handelt es sich hierbei um eine handlungspraktische Reflexivität, nicht um Reflexion. Diese wird erst dann erforderlich, wenn die präreflexive Handlungssteuerung unterbrochen wird (vgl. ebd., S. 238). Nur dann geht das Erkennen dem Handeln voraus. Ansonsten, d. h. im Regelfall, sind Erkennen und Handeln nicht voneinander getrennt (vgl. Böhle 2009, S. 211). Fritz Böhle (ebd., S. 215) verweist in diesem Zusammenhang auf die Bedeutung der – in Handlungstheorie und Körpersoziologie weitgehend vernachlässigten – Wahrnehmung durch leibliches Spüren (zur Bedeutung des Spürens vgl. auch Gugutzer 2012). Dieses Spüren sei allerdings nicht als präreflexiv in dem Sinne zu verstehen, dass mentale Prozesse ausgeschaltet sind.

Weder Routinehandeln noch kreatives Handeln lässt sich im Rahmen des Zweck-Mittel-Schemas erklären (vgl. Joas 1992, S. 230). Wie Giddens betont, ist die Selbstgewissheit bzw. Handlungssicherheit, die Routinen vermitteln, ohne eine Berücksichtigung des Körpers nicht zu verstehen (s. o.). Routinen sind mit der „Sicherheit der Körperbeherrschung" (Giddens 1988, S. 115) verbunden, sie sind Teil des Körperwissens. Sie haben einen zentralen Anteil an der gesellschaftlichen Konstruktion von Wirklichkeit. Insbesondere verdankt sich die Persistenz von Wirklichkeitskonstruktionen der Einschreibung von Routinen in den Körper. Routinen sind allerdings nicht nur hinsichtlich der ihr innewohnenden Beharrungskräfte zu betrachten, sie schränken nicht nur ein, sondern ermöglichen auch, da sie den Handelnden entlasten, die Entstehung von Neuem. (vgl. Joas/Knöbl 2004, S. 409).

In der Schützschen Handlungstheorie hat die Kategorie des Wissens einen zentralen Stellenwert. Handlungsentwürfe gründen, so Schütz (1971, S, 23), auf dem zum Zeitpunkt der Handlung verfügbaren Wissen. Dem im Alltag „naiv Dahinlebenden" ist, so Schütz, sein Wissensvorrat in der Regel fraglos gegeben (ebd., S. 157 f.), auch und vor allem deswegen, weil er kein rein individueller, sondern ein sozial abgeleiteter ist und „sozial gebilligtes Wissen" (ebd., S. 401 f.) enthält. Gleichwohl begreift

Schütz den Wissensvorrat als „Ergebnis synthetischer Bewußtseinsleistungen" (ebd., S. 169). In der in der Schützschen Tradition stehenden Hermeneutischen Wissenssoziologie wird der Wissensbegriff um die Dimension des Körperlichen erweitert. Die synthetisierende Speicherung von Erfahrungen im Wissensvorrat wird auch als Ablagerung im Körper beschrieben (vgl. Knoblauch 2005, S. 103). Praktisch erworbenes, in den Körper eingeschriebenes und in ihm gespeichertes Wissen, begrifflich als *„implizite[s], unausgesprochene[s]* Körperwissen" (ebd., S. 100) im Sinne eines Wissens des Körpers gefasst, wird als *eine* Grundlage des Handelns verstanden (vgl. Reichertz 2014, S. 104). Körperlichkeit und Bewusstsein gelten gleichermaßen als konstitutiv für die menschliche Gesellschaft (vgl. Knoblauch 2005, S. 98). Damit transzendiert die Hermeneutische Wissenssoziologie das „mentalistische Wissenskonzept" (Alkemeyer 2016, S. 479), das einen Großteil soziologischer Handlungstheorien kennzeichnet, behauptet aber keinen Vorrang des „schweigsame[n]" Körperwissens (ebd.) vor dem expliziten Wissen des „diskursiven Bewusstsein[s]" (Giddens), wie dies beispielsweise Mead, Bourdieu oder Merleau-Ponty tun. Dezidiert grenzt sich die Hermeneutische Wissenssoziologie von einem praxistheoretischen Verständnis des Körpers ab. Ihr Gegenstand ist nicht, so Jo Reichertz (2014, S. 116), der Körper, der etwas bewirkt, sondern „die leiblich-geistige Einheit, die sinnhaft handelt". Im Unterschied zu bestimmten Varianten der Praxistheorie hält sie am Subjektbegriff fest. Handlungstheorie kann sich demnach nicht auf die Beobachtung von Praktiken begrenzen, der Sinn des Handelns erschließt sich nur durch eine Rekonstruktion der – allerdings nicht mehr kognitivistisch verkürzt konzipierten, sondern um die Dimension des Körperlichen erweiterten – Intentionalität der handelnden Subjekte (vgl. ebd.; Knoblauch 2014, S. 39). Eine Diskussion der methodologischen Implikationen eines solchen Verständnis von Intentionalität steht allerdings noch weitgehend aus (vgl. Gugutzer 2012, S. 83 ff. und den Beitrag von Gugutzer in Band 2).

Eine in dieser Weise vorgenommene körpersoziologische Fundierung der Handlungstheorie hat Konsequenzen für die Konzeption des Individuums und dessen Handlungsautonomie. Die für die Moderne typische Vorstellung eines „sich allein bestimmend [sic!] wollenden, später auch Einzigartigkeit beanspruchenden Individuums" (Knoblauch 2014, S. 38) steht zur Disposition. Ebenfalls eine Konzentration auf den, wie auch immer bestimmten, subjektiv gemeinten Sinn. Zwar konzipiert auch eine körpersoziologisch fundierte Handlungstheorie den Sinn des Handelns nicht subjektfrei, sonst wäre sie keine Handlungstheorie, eine Engführung auf den subjektiv gemeinten Sinn ist jedoch problematisch. Im Anschluss an Bourdieus Verständnis des Körpers als „realer Akteur" (s. o.) lässt sich ein Akteursmodell begründen, das den Handelnden als jemanden begreift, der sowohl in der Lage als auch gezwungen ist, die Welt, in der er handelt, situationssensibel zu interpretieren, der dies aber in einer habituell geprägten präreflexiven Weise tut. Leibliche Intentionalität, Interkorporalität und Habitus bedingen eine sozial geformte und intersubjektiv geteilte Gerichtetheit auf die soziale Situation, an der der subjektiv gemeinte Sinn teilhat, die aber nicht in diesem aufgeht.

Der Sinn, den es in soziologischer Rekonstruktion zu entschlüsseln gilt, ist nicht (nur) der subjektiv gemeinte, sondern und vor allem der, mit Karl Mannheim gesprochen, dokumentarische Sinngehalt, in dem sich die Zugehörigkeit zu einem kollektiv geteilten konjunktiven Erfahrungsraum ausdrückt (vgl. Meuser 2013). Die habituell fundierte Konjunktion der handelnden Subjekte, die ein wechselseitiges intuitives Verstehen ermöglicht, ist in entscheidendem Maße über die Inkorporierung von Strukturen vermittelt. Dies macht die „leibgebundenen Kundgaben" (Goffman) für die Handelnden wechselseitig ‚lesbar'.

Für die Weiterentwicklung einer körpersoziologischen Handlungstheorie stellt sich eine Reihe von bislang nur ansatzweise diskutierten Fragen, die abschließend kurz angesprochen werden sollen. Angesichts der Zentralität des Wissensbegriffs in der Handlungstheorie, in der an Schütz anschließenden wie etwa auch bei Giddens, steht eine Präzisierung des Begriffs des Körperwissens an. Gabriele Klein (2014, S. 80) plädiert dafür, Körperwissen als „Bewegungswissen" zu konzipieren, im Sinne eines Wissen[s] in und über körperliche Aktivitäten" und „Bewegungsordnungen" (ebd., S. 81). Mit dem Fokus auf Bewegungen grenzt sie sich von einem statischen Verständnis des Körpers ab. Mit dieser ‚Dynamisierung' des Körpers ist möglicherweise eine Schnittstelle von Handlungs- und Praxistheorie aufgezeigt. Bewegungen sind zum einen beobachtbare Handlungspraktiken, der Begriff des Wissens verweist zum anderen auf handelnde Subjekte.

Weitgehend ungeklärt ist, wie das Wissen in den Körper kommt. Eine körpersoziologische Handlungstheorie kommt ohne eine Sozialisationstheorie des Körpers nicht aus. Goffman (1994, S. 93) zufolge stellt die Sozialisation sicher, dass die Informationen über die Zugehörigkeit zu Statuskategorien wie Geschlecht oder Klasse, die mittels leibgebundener Kundgabe gegeben werden, angemessen wahrgenommen werden. Er führt diesen Aspekt aber nicht weiter aus. Da Körperwissen nicht kognitiv zu verstehen ist, ist es evident, dass explizite Unterrichtung und Unterweisung, also Erziehung im engeren Sinne, wenn überhaupt, dann nur eine randständige Bedeutung haben. Eingelassen in die alltägliche Praxis und mit dieser weitgehend identisch erfolgt die Aneignung von Körperwissen in einem praktischen, vorreflexiven Lernen. Der Sport bietet hier ein vielfältiges Anschauungsmaterial (vgl. den Beitrag von Liebsch in Bd. 2). Das macht es schwierig, diese Art von Sozialisation, die sich mit Bourdieu (1993, S. 138) als Strukturübung bezeichnen lässt, als abgegrenzten Untersuchungsgegenstand zu fixieren. Von großer Bedeutung dürfte die mimetische Aneignung von Praktiken sein.

Eine zentrale Frage einer körpersoziologischen Handlungstheorie bzw. einer Handlungstheorie des Körpers ist, wie die vorreflexive leibliche Intentionalität des agierenden Körpers begrifflich zu fassen ist. Robert Gugutzer (2012) betont vor dem Hintergrund der Unterscheidung von Körper und Leib bzw. von Körper-Haben und Leib-Sein die *„Dualität von Leib und Körper"* (ebd., S. 42) sowie den *„leiblichen Eigensinn"* (ebd., S. 53). Eigensinnig-leibliches Handeln kann sozialen Erwartungen sowohl ent- als auch widersprechen. Bourdieus Konzept des Habitus steht für eine den Erwartungen entsprechende vorreflexive leibliche Intentionalität. In diesem Sinne lässt sich verstehen, dass Bourdieu (1993, S. 104) den Habitus als eine „Erfinderkunst" bezeichnet, mit der „relativ unvorhersehbare Praktiken von dennoch begrenzter Verschiedenheit erzeugt werden können". Eine den Erwartungen widersprechende Eigensinnigkeit zeigt sich mit Joas (1992) sowohl als „passive Intentionalität" (ebd., S. 247) als auch als „sinnhafte[r] Verlust der Intentionalität" (ebd., S. 249). Die Betonung der Eigensinnigkeit verweist auf ein nicht-aktivistisches Verständnis von Handeln, das dem des Körpers als beherrschbares Instrument entgegengesetzt ist. In der Eigensinnigkeit sieht Gugutzer (ebd., S. 55) das Potential der Kreativität von Handeln und der Transformation sozialer Ordnung enthalten.

Eine Handlungstheorie, die in Abgrenzung zu rationalistischen Handlungsmodellen den Körper und den Leib in den Mittelpunkt der Betrachtung rückt und Sinnhaftigkeit, Wissen, Intentionalität auch als körperlich-leibliche Phänomene begreift, kann keine egologische, vom Bewusstsein ausgehende Konstitutionsanalyse der Handlung verfolgen, wie dies prototypisch die Handlungstheorie von Alfred Schütz tut. Sie betreibt vielmehr eine pragmatische, vom in intersubjektive Bezüge unauflöslich eingelassenen Handeln ausgehende Analyse, wie sie in Meads Fokus auf „praktische Intersubjektivität" (Joas/Knöbl 2004, S. 704) grundgelegt, in Goffmans Konzept der Kopräsenz fortgeführt und in Bourdieus, an Merleau-Pontys Konzept der Interkorporalität anschließenden Begriff des Habitus sowohl handlungs- als auch strukturtheoretisch gewendet ist. Es ist gerade die Berücksichtigung der körperlichen Dimension, die, wie auch bei Giddens deutlich wird, die Handlungstheorie in die Lage versetzt, einen Beitrag zu einer Überwindung des Dualismus von Handlung und Struktur sowie des damit verbundenen von Mikro- und Makrosoziologie zu leisten.

Literatur

Alkemeyer, Thomas (2016). Verkörperte Soziologie – Soziologie der Verkörperung. Ordnungsbildung als Körper-Praxis. *Soziologische Revue*, 38, 470–502.

Bergmann, Werner & Hoffmann, Gisbert (1985). G. H. Mead und die Tradition der Phänomenologie. In: Hans Joas (Hrsg.), *Das Problem der Intersubjektivität. Neuere Beiträge zum Werk George Herbert Meads* (S. 93–130). Frankfurt a. M.: Suhrkamp.

Böhle, Fritz (2009). Weder rationale Reflexion noch präreflexive Praktik – erfahrungsgeleitet-subjektivierendes Handeln. In: Ders. & Margit Weihrich (Hrsg.), *Handeln unter Unsicherheit* (S. 203–228). Wiesbaden: VS Verlag.

Bourdieu, Pierre (1993). *Sozialer Sinn. Kritik der theoretischen Vernunft.* Frankfurt a. M.: Suhrkamp.

Bourdieu, Pierre (2001). *Meditationen. Zur Kritik der scholastischen Vernunft.* Frankfurt a. M.: Suhrkamp.

Garfinkel, Harold (2002). *Ethnomethodology's Program. Working Out Durkheim's Aphorism.* Oxford: Rowman & Littlefield.

Giddens, Anthony (1988). *Die Konstitution der Gesellschaft. Grundzüge einer Theorie der Strukturierung.* Frankfurt a. M./New York: Campus.

Goffman, Erving (1972). The Neglected Situation. In: Pier Paolo Giglioli (Hrsg.), *Language in Social Context* (S. 61–66). Harmondsworth: Penguin.

Goffman, Erving (1982). *Das Individuum im öffentlichen Austausch.* Frankfurt a. M.: Suhrkamp.

Goffman, Erving (1994). Die Interaktionsordnung. In: Ders., *Interaktion und Geschlecht* (S. 50–104). Frankfurt a. M./New York: Campus.

Gugutzer, Robert (2012). *Verkörperung des Sozialen. Neophänomenologische Grundlagen und soziologische Analysen.* Bielefeld: transcript.

Joas, Hans (1992). *Die Kreativität des Handelns.* Frankfurt a. M.: Suhrkamp.

Joas, Hans & Knöbl, Wolfgang (2004). *Sozialtheorie.* Frankfurt a. M.: Suhrkamp.

Klein, Gabriele (2014). Kulturelle Übersetzungen und soziale Rahmungen von Bewegungswissen. In: Cornelia Behnke, Diana Lengersdorf & Sylka Scholz (Hrsg.), *Wissen – Methode – Geschlecht: Erfassen des fraglos Gegebenen* (S. 79–89). Wiesbaden: Springer VS.

Knoblauch, Hubert (2005). Kulturkörper. Die Bedeutung des Körpers in der sozialkonstruktivistischen Wissenssoziologie. In: Markus Schroer (Hrsg.), *Soziologie des Körpers* (S. 92–113). Frankfurt a. M.: Suhrkamp.

Knoblauch, Hubert (2014). Das Subjekt des kommunikativen Handelns. In: Angelika Poferl & Norbert Schröer (Hrsg.), *Wer oder was handelt? Zum Subjektverständnis der hermeneutischen Wissenssoziologie* (S. 37–49). Wiesbaden: Springer VS.

Mead, George Herbert (1975). *Geist, Identität und Gesellschaft aus der Sicht des Sozialbehaviorismus.* Frankfurt a. M.: Suhrkamp.

Mead, George Herbert (1987). *Gesammelte Aufsätze.* Bd. 2. Frankfurt a. M.: Suhrkamp.

Merleau-Ponty, Maurice (1966). *Phänomenologie der Wahrnehmung.* Berlin: De Gruyter.

Meuser, Michael (2013). Repräsentation sozialer Strukturen im Wissen. Dokumentarische Methode und Habitusrekonstruktion. In: Ralf Bohnsack, Iris Nentwig-Gesemann & Arnd-Michael Nohl (Hrsg.), *Die dokumentarische Methode und ihre Forschungspraxis. Grundlagen qualitativer Sozialforschung* (S. 223–240). 3. Aufl., Wiesbaden: Springer VS 2013.

Reichertz, Jo (2014). Von Menschen und Dingen. Wer handelt hier eigentlich? In: Angelika Poferl & Norbert Schröer (Hrsg.), *Wer oder was handelt? Zum Subjektverständnis der hermeneutischen Wissenssoziologie* (S. 95–120). Wiesbaden: Springer VS.

Schütz, Alfred (1971). *Gesammelte Aufsätze.* Bd. 1. Den Haag: Nijhoff.

Schütz, Alfred (1981). *Theorie der Lebensformen.* Frankfurt a. M.: Suhrkamp.

Weber, Max (1972). *Wirtschaft und Gesellschaft.* 5. Aufl. Tübingen: J. C. B. Mohr.

Woermann, Niklas (2011). „The phenomenon exhibits its staff as a population" – Die reflexive Akteurskonzeption der Ethnomethodologie. In: Nico Lüdtke & Hironori Matsuzaki (Hrsg.), *Akteur – Individuum – Subjekt. Fragen zur ‚Personalität' und ‚Sozialität'* (S. 117–148). Wiesbaden: VS Verlag.

Interaktionstheorie

Michael R. Müller und Jürgen Raab

1 Vorbemerkung

„Der Körper: so haben wir ihn erfunden. Wer sonst in der Welt kennt ihn?" konstatiert Jean-Luc Nancy gleich zu Beginn seines philosophischen *Corpus* und drückt damit die in den Geistes-, Kultur- und Sozialwissenschaften inzwischen geteilte Grundeinsicht aus, der zufolge der menschliche Körper nicht als natürliche oder ursprüngliche Substanz angenommen werden kann, sondern das stets besondere und immer nur vorläufige ‚Produkt' von Prozessen und Verhältnissen ist: von historischen Entwicklungen und sozialen Interaktionen (Nancy 2003, S. 10). Dieser Einsicht folgend, kommen sozialwissenschaftliche Interaktionstheorien ohne die Berücksichtigung des Verhältnisses des Menschen zu seinem Körper genauso wenig aus, wie umgekehrt die Soziologie des Körpers auf den Einbezug interaktionstheoretischer Überlegungen verzichten kann. Den ‚klassischen' Ausgangsort für das in diesem Beitrag verfolgte wissenssoziologische Zusammendenken von Körper, Geschichte und Interaktion markiert denn auch Georg Simmel, wenn er in seinen „Grundfragen der Soziologie" wiederholt vom „Leben der Gesellschaft" spricht und sich damit eine grammatikalische Mehrdeutigkeit mit durchaus systematischen Charakter leistet. Denn zum einen bezeichnet Simmels Wendung das Leben gesellschaftlicher „Gebilde", die Entstehung also, die Wandlung oder die Auflösung von sozialen Institutionen wie Familie, Verband, Kirche, Staat. Zum anderen meint das „Leben der Gesellschaft" jene alltäglichen Interaktionen – all die konkreten sozialen „Wechselwirkungen zwischen Individuen" (Simmel 1984, S. 12) –, in denen sich soziale Institutionen als überindividuelle Organisationsformen oder gesellschaftliche Ordnungs- und Symbolsysteme überhaupt erst herausbilden und verfestigen, aus- und umgestalten können.

Die Dynamik, die Elastizität und Labilität des gesellschaftlichen Lebens lässt sich indes nicht nur bis auf die Ebene der Wechselwirkungen zwischen Individuen zurückverfolgen. Angelegt ist diese Dynamik bereits in der leiblichen Disposition des Menschen, d.h. in der prinzipiellen Offenheit und Formbarkeit des menschlichen Selbst-, Welt- und Fremdverhältnisses. Aus dem Umstand, dass Menschen prinzipiell jedwedem Vollzug und jedweder Äußerung ihres Lebens als ihre eigenen Zuschauer beiwohnen und als ihre eigenen Beobachter gegenübertreten können, folgt, dass sie den *Leib,* der sie *sind,* potentiell auch als handelnden, sprechenden und interagierenden *Körper* ‚vor sich' *haben:* als Instrument und Medium, mit der Chance zur symbolischen Überformung und zur reflexiven (Selbst-)Distanzierung. Die von Simmel beschriebenen Wechselwirkungen zwischen Individuen sind daher mitnichten Kommunikationen zwischen prästabilen Monaden. Soziologisch hat man es vielmehr mit Sozialpartnern zu tun, deren Interaktionen immer wieder neue symbolische Formen und immer wieder andere soziale Institutionen hervorbringen – begleitet von je typischen kommunikativen Problemen und von ebenso typischen Techniken der Bearbeitung und vorläufigen Bewältigung eben dieser Schwierigkeiten. Dabei ist die Herstellung und Absicherung von Reziprozität, mithin also das Fremdverstehen und die Synchronisation von Umweltwahrnehmungen und Situationsdeutungen, eine grundlegende, universale und damit gleichsam die ‚normale Schwierigkeit' schlechthin.

Weil die wechselseitige körperliche Präsenz von Interaktionspartnern sowohl ontogenetisch als auch phylogenetisch von zentraler Bedeutung für die kommunikative Bearbeitung solcher Verständigungs- und Kooperationsprobleme ist, behandeln wir im Folgenden zunächst die Konstellation der *Face-to-face-Situation* und rücken damit die interaktive Bedeutung des Körpers und der Leib-Umfeld-Relation für das Fremdverstehen und für die Gewährleistung von Reziprozität in den Vordergrund (Kapitel 2). Darauf aufbauend wenden wir uns dem Menschen als Darsteller seiner selbst und dem Körper als Medium der sozialen Person zu. Dabei skizzieren wir unter der Überschrift *Verkörperung* (Kapitel 3) nicht etwa eine Theorie der expressiven Abbildhaftigkeit eines ‚Außen' und ‚Innen', sondern die vielfältigen Mechanismen und darstellerischen Techniken sowie die expressiven Ordnungen und öffentlichen Arenen von alltäglichen Selbstdarstellungen. Anschließend und ausblickend thematisieren wir einige grundlegende Aspekte der zunehmenden *Medialisierung* von gesellschaftlichen Interaktionsprozessen und Interaktionsordnungen. Gerade weil die Face-to-face-Situation von interaktionstheoretisch zentraler Bedeutung ist, stellt die voranschreitende medial-technische und digitale Durchdringung von gesellschaftlichen Austauschprozessen und Sozialbeziehungen ein vor allem auch interaktionstheoretisch zu diskutierendes und zu erforschendes Desiderat der Körpersoziologie dar (Kapitel 4).

2   Die Face-to-face-Situation

Das prominenteste Kennzeichen von sozialen Wechselwirkungen in Face-to-face-Situationen ist die körperliche Kopräsenz. Denn am gleichen Ort und zur selben Zeit körperlich Anwesende können einander sehen, hören, riechen, fühlen und, wenn sie wollen, auch schmecken. Im Erscheinen und Wahrnehmen der Körper – des eigenen wie derjenigen der anderen – vollzieht sich das synästhetische Mit- und Zusammenwirken aller Sinnesorgane, damit die Verflechtung und Multivalenz von höchst unterschiedlichen, nicht unbedingt widerspruchsfreien Zeichenebenen, Zeichenformationen und Darstellungsmitteln (Körperhaltung, Gestik, Mimik, Sprache, Prosodie, Kleidung, Schmuck, Emblematik, Kosmetik usw.), sowie eine Vielzahl daraus hervorgehender Deutungsebenen und Interpretationsverfahren. Indem die Interaktionspartner Zeichen und Darstellungsmittel wählen, betonen und aufeinander abstimmen oder vernachlässigen und vermeiden, orientieren sie sich in ihrem Ausdrucksverhalten wechselseitig aneinander und versuchen Einfluss zu nehmen auf das dauerhafte Wechselspiel von Selbstdeutung und Fremddeutung als den Voraussetzungen jeglichen sozialen Handelns und der Identitätsbildung. Dabei erweckt die Face-to-face-Situation wie keine andere den Eindruck der unmittelbaren Evidenz des sozialen Gegenübers, seines Fühlens, Wollens und Denkens, seiner Handlungen, Haltungen und Eigenschaften. Sie eröffnet damit in besonderer Weise den wechselseitigen Zugang zueinander und bildet die Grundlage des Fremdverstehens. Aus dem Umstand nämlich, dass „die Anonymität der Typisierungen, mit deren Hilfe ich Mitmenschen in Vis-à-vis-Situationen erfasse, ständig mit vielfältigen, lebendigen Symptomen ‚aufgefüllt' wird, in denen sich ein leibhaftiger Mensch anzeigt" (Berger/ Luckmann 1996, S. 35), resultiert ein allmähliches ‚Aufheben' – die Bestätigung und Verfestigung, Korrektur oder Ablösung – eben dieser Typisierungen hin zur Individualisierung oder ‚Authentifizierung' einer Person, schließlich zur Vorstellung der intimen Kenntnis ihrer ‚Eigentlichkeit' bis hin zur Illusion ihres vollständigen Verstehens (siehe unten, Abschnitt 2.2).

2.1   Leib-Umfeld-Relationen als Basis des Fremdverstehens

Das interaktive Fundament, auf dem jedwedes praktische Fremdverstehen aufruht, erarbeiten Frederik Buytendijk und Helmuth Plessner (1980) in ihrem Aufsatz zur *Deutung des mimischen Ausdrucks*. Grundsätzlich verweigern sich die Autoren jedweder Semiologie, die bereits im Ansatz, also konstitutionsanalytisch, zwischen einem sinnlich gegebenen ‚Außen' (Körper) und einem korrespondierenden ‚Innen' (Geist) unterscheidet und die dementsprechend das sinnliche, körperlich-mediale ‚Außen' a priori als zeichenhaften Ausdruck eines inneren Erlebens, Denkens oder Fühlens auffasst. Stattdessen gehen sie in streng phänomenologischer Manier von der leiblichen Gegebenheit des sozialen Gegenübers aus. Dieser sei nicht nur als Zeichenträger und damit als körperlich-mediale Gegebenheit aufzufassen, sondern zuallererst als lebendiger Leib, der sich in variablen Bewegungsabfolgen und Haltungen auf seine Umgebung bezieht und dessen Verhalten bereits aus diesen Bezugnahmen verständlich wird. Diesen Umstand offenbart bereits die tierische Lebensform, denn „der Hund mit vorgestrecktem am Boden gehaltenen Kopf, der unruhig hin und her läuft, bald hier, bald dort plötzlich stehenbleibt, schnüffelt, dann wieder zu seinem Ausgangsort zurückkehrt, hastig, stark in Absätzen den Bewegungsfluss akzentuiert, bietet uns das typische Bild des Suchens" (ebenda, S. 79). Dabei macht die gesamte dynamische Beziehungsform zwischen Leib und Umgebung das sich darbietende Verhalten als Suchen verständlich. Denn dem „Verständnisdrang" ist zunächst Genüge getan, wenn in die „sich abwechselnden [Körper-]Haltungen [und Bewegungen] Zusammenhang kommt und die Einheit der Situation zwischen dem betrachteten Leib und seiner Umgebung" (ebenda, S. 123) kenntlich wird. Zwar sind damit weder Empathie noch Zeichenverwendung ausgeschlossen. Doch entsprechende Rückschlüsse auf subjektive Erlebensqualitäten oder Intentionen werden erst durch ein morphologisches Grundverständnis des Verhaltens von Anderen möglich; und erst auf einer solchen Basis können Verhaltensweisen als sinnhafte Ausdrucksformen isoliert und gedeutet, instrumentalisiert und kommunikativ gezielt reproduziert werden.

Innerhalb des morphologischen Anschauungsfeldes, das die Variabilität von Leib-Umwelt-Relationen ebenso umfasst wie das gestalthafte Zusammenspiel von akustischen Entäußerungen, Bewegungen, Haltungen, physiologischen Zuständen und Oberflächenbeschaffenheiten des Körpers, ist das menschliche Gesicht von besonderer Bedeutung für das Interaktionsgeschehen. Es war vor allem Georg Simmel, der darauf aufmerksam machte, dass in Prozessen des Fremdverstehens neben Gestik und Körperhaltung die „unmittelbaren ästhetischen Qualitäten des Gesichts" eine im wahrsten Sinne herausragende Rolle spielen (Simmel 1995, Bd. 7, S. 36). Weil Simmel die eigentliche Leistung des Sinnverstehens darin erkennt, dass es „die Vielheit der Weltelemente in sich zu Einheiten formt", und weil, „je enger die Teile eines Zusammenhanges aufeinander hinweisen, je mehr lebendige Wechselwirkung ihr Außereinander in gegenseitige Abhängigkeit überführt, desto geisterfüllter das Ganze erscheint", ist für ihn der menschliche Körper das primäre Deutungsobjekt im Fremdverstehen. Denn am Körper erfahren die Ausdrucksmöglichkeiten eines Individuums ihre höchste Verdichtung, stehen die einzelnen Ausdruckselemente doch in engster ‚lebendiger Wechselwirkung' zueinander. Innerhalb des körperlichen Ausdrucksensembles aber „besitzt das Gesicht das äußerste Maß dieser inneren Einheit", denn nur in ihm fügt sich „eine so große Mannigfaltigkeit der Formen und Flächen in eine so unbedingte Einheit des Sinnes" zusammen (ebenda, S. 36 f.). Indirekt beantwortet Simmel mit dem Argument der hohen zeichenhaften Dichte und Relation die auch von ihm nur unbefriedigend behandelte Frage, warum wir gerade dem Blick in die Augen des Anderen – dem *Coup d'œil* (Sartre) – eine so große Bedeutung in der Fremderfahrung beimessen, weshalb sich also gerade „im Auge die Leistung des Gesichts, die Seele zu spiegeln, aufgipfelt" (ebenda, S. 40 f.).

2.2 Bedingungen von Reziprozität

Wie keine andere Sinnesmodalität ist das Auge in konkreten Interaktionssituationen zugleich Wahrnehmungsorgan und Deutungsobjekt und damit „Grenz- und Vermittlungsfläche des Eigenen gegen das Andere" (Plessner 2003, Bd. VII, S. 250 f.). Es ist das einzige menschliche Sinnesorgan, das sich im Abtastungs- und Beobachtungs-

vorgang selbst unaufhörlich bewegt, dabei unmittelbar, mit hoher Geschwindigkeit
und Varietät, auf die von ihm erfassten Reize sowie auf die durch die anderen Sinne
vermittelten Empfindungen reagiert, das in diese Abläufe sogar sein näheres Umfeld
wie Lider, Augenbrauen, Backen, Stirn usw. einbezieht und damit das Gesicht in Bewegung hält. Die in Face-to-face-Interaktionen nicht zuletzt durch die Verhaltensre-
geln von Ehrerbietung und Benehmen (Goffman 1971) eingeforderte wechselseitige
Zuwendung des unverdeckten Gesichts sowie das Aufnehmen und Halten von Blick-
kontakten legen es geradezu darauf an, sowohl die mit den Wahrnehmungsprozessen
einhergehenden Regungen im Blick der anderen und ihre darin wenigstens für mich
sich spiegelnden Reaktionen auf meine Person und mein Verhalten zu verfolgen und
mit Deutungen zu belegen – worauf die soziale Typisierung sogar eines ‚ausdrucks-
losen‘ oder ‚unbewegten‘ Blickes hinweist –, wie auch sich selbst im Augen-Blick dem
Lesen und deutenden Verstehen der anderen zu öffnen. Der Blickkontakt der Interaktionspartner, die Synchronbewegungen ihrer Augen, bewirken ebenso wie andere
Gleichschaltungen von Bewegungen, Handlungen und Handlungselementen (Hän-
deschütteln, Händehalten, Umarmungen, Tanzen, Küssen etc.) eine Erfahrung der
Reduktion, wenn nicht gar der Aufhebung von Distanz und Differenz bis hin zum
Eindruck der Verschmelzung und Gleichwerdung. Aus der Erfahrung körperlicher
Nähe oder gar von Berührungen und der Abstimmung und Kongruenz der Bewegungen sowie dem Einsatz aller Sinne, vor allem auch der Nahsinne, resultiert die
wechselseitige Unterstellung von Unmittelbarkeit und Evidenz der Interaktionspartner, gegebenenfalls bis hin zur Selbsttäuschung des Allesverstehens in der Fremderfahrung.

Reziprozitätsunterstellungen umfassen indes nicht nur die (partielle) wechselseitige Teilhabe am Lebenslauf und Erlebnisablauf des jeweils Anderen, sondern auch
die gemeinsame Erfahrung einer geteilten Außenwelt. Hier sind es nicht allein Blick-
kontakte, die Reziprozität stiften, als vielmehr Abstimmungen von Blickrichtungen
und damit die Synchronisation der Aufmerksamkeit der Interaktionspartner für bestimmte Umweltgegebenheiten durch Fingerzeige, Körperzuwendungen, indexikalische Ausrufe wie ‚hier‘, ‚da‘, ‚dort‘, ‚gestern‘, ‚heute‘, ‚ich‘, ‚du‘, ‚er‘ etc. sowie mittels
anderer deiktischer Formen und Praktiken (Bühler 1965). So folgen bereits einjährige
Kinder den Zeigegesten von Bezugspersonen und verwenden selbst den Zeigefinger,
um die Blickrichtung und die Aufmerksamkeit anderer zu steuern. Dergestalt lernen
die Interaktionspartner mit dem Initiieren und Beobachten von Aufmerksamkeitszuwendungen auch die Intentionen des je Anderen zu deuten, so dass gemeinsame
Aufmerksamkeitsrahmen und – in Verknüpfung mit komplexen Prozessen der Se-
miose – geteilte Wissenshintergründe entstehen können. Solch körpersprachlich aktualisierte Aufmerksamkeitsrahmen und Wissenshintergründe können all das umfassen, was für eine jeweilige Interaktion bedeutsam ist, was also „jeder Beteiligte als
relevant einschätzt und wovon er weiß, dass der andere es ebenfalls als relevant einschätzt – und weiß, dass der andere das auch weiß usw. usw., potentiell ad infinitum“
(Tomasello 2011, S. 86).

In den körperlichen Zuwendungsformen der Face-to-Face-Situation, insbesondere im Blickkontakt und in den durch Zeigehandlungen synchronisierten Blickrichtungen und Aufmerksamkeitszuwendungen, manifestiert sich Reziprozität als kommunikative Praxis – auch wenn die *tatsächliche* Vertauschbarkeit der Standpunkte von Interaktionspartnern und die *vollständige* Kongruenz ihrer Relevanzsysteme eine Unterstellung bleiben muss. Mit anderen Worten, die „Generalthesis der Reziprozität der Perspektiven" (Schütz 2010, S. 340 ff.) ist nicht nur ein theoretisches Konstrukt, sondern ein praktisches soziales Problem, auf das Interaktionspartner regelmäßig mit der körperlichen Synchronisation von Umweltorientierungen und Erwartungserwartungen reagieren.

2.3   Metaphorik der Unmittelbarkeit

Die Vorstellung, dass Face-to-face-Situationen mit ihrem Mit- und Gegeneinander der körperlich Anwesenden, den phylogenetischen und ontogenetischen Urtypus aller gesellschaftlichen Interaktion darstellen, ist von kaum bestreitbarer entwicklungsgeschichtlicher Plausibilität (Berger/Luckmann 1996, S. 31–36; Luhmann 1984, S. 216–225). Aber auch wenn die entwicklungsgeschichtliche Herleitung und das Charakteristikum der körperlichen Kopräsenz es geradezu darauf anlegen, den Face-to-face-Situationen einen ausgezeichneten Stellenwert im menschlichen Zusammenleben zuschreiben, ist die Face-to-face-Situation zunächst einmal – der Begriff zeigt es an – eine komplexe soziale *Situation* (siehe unten, Kapitel 3). *Die* Face-to-face-Situation, von der Berger und Luckmann als dem „Prototyp aller gesellschaftlichen Interaktion" sprechen (1996, S. 31), kann es daher allenfalls als theoretisches Modell geben. Denn empirisch finden sich vom Liebesakt bis zur Fensterrede unterschiedlichste Ausprägungen, und je nach Situation und situativer Rahmung, je nach bevorzugten Sinnes- und Sinnqualitäten, je nach sozial regulierter Nähe, Distanz und Dauer des Zusammenseins können körperliche Präsenz und Kopräsenz höchst Unterschiedliches bedeuten. Nicht anders ist es um den von Alfred Schütz vorgeschlagenen Terminus der „reinen Wir-Beziehung" bestellt. Wie Berger und Luckmann reserviert Schütz seinen theoretisch-formalen Begriff zunächst für sozialen Beziehungen, die sich durch die körperlich direkte und konkrete Zuwendungsform von Angesicht zu Angesicht auszeichnen, betont aber sogleich die für das sinnhafte Verstehen elementare Zeitlichkeit, weil Interaktionspartner die Körperbewegungen, die Gesten und die Gesichtsausdrücke der Anderen in ihrer physiognomischen Bedeutung, „d. h. als Symptome für [...] Gedanken" beobachten und somit in „lebendiger Gegenwart" am „schrittweisen Aufbau der Gedanken des anderen" teilhaben (Schütz 2010, S. 346).

Der Begriff der „reinen Wir-Beziehung", der auf Interaktionen unter Intimpartnern ebenso Anwendung findet wie auf Begegnungen zwischen Fremden, ist jedoch insofern rein theoretisch-formal, als auch die *reine* Wir-Beziehungen empirisch nicht existiert. Vielmehr nähert sich die theoretische, begrifflich reine Form dem empiri-

schen Leben nur an, wenn sie die durch die Interaktionspartner in körperlicher Kopräsenz aktualisierten und verfeinerten wechselseitigen Auffassungen und Typisierungen idealtypisch erfasst (Schütz/Luckmann 2003, S. 102). Kurz, in der Direktheit
und Konkretheit des als Face-to-Face-Situation oder als reine Wir-Beziehung begrif-
fenen Interaktionsgeschehens, erweist sich, dass menschliche Sozialität dem anthropologischen Grundgesetz und logischen Paradox der „vermittelten Unmittelbarkeit"
unterliegt (Plessner 2003, Bd. IV, S. 404 ff.). Vor diesem Hintergrund ist sich auch
Goffman der theoretischen Metaphorik vom ‚Hier-und-jetzt' und der ‚Unmittelbarkeit' sehr wohl bewusst, denn „spricht man von der ‚gegenwärtigen' Situation […],
so gestattet das dem Leser und dem Verfasser, sich in der Vorstellung zu wiegen, sie
wüssten genau […] womit sie sich beschäftigen. Der Zeitraum [jedoch], der ‚gegenwärtig' ist (und das Raumstück, das dem ‚hier' entspricht), kann offenbar bei verschiedenen Gelegenheiten und für verschiedene Beteiligte sehr verschieden sein"
(1977, S. 17 f.). Goffmans Insistieren auf die soziologische Relevanz der unmittelbaren
Interaktionsgeschehen ist konsequenterweise auch keinerlei Authentizitätsannahme
geschuldet, sondern dem Versuch, soziologische Analysen von der Stereotypie kate-
gorialer Begriffe wie Öffentlichkeit, Privatheit, Anonymität, Intimität etc. freizuhal-
ten und den analytischen Blick auf die Mikrostrukturen sozialer Interaktion und deren Dynamik zu lenken. Die Relevanz der Körper und der körperlichen Kopräsenz
für menschliche Interaktionsbeziehungen wäre dementsprechend durch naturalisti-
sche Annahmen theoretisch nur unzureichend erfasst. Sehr viel mehr – und auch hier
schließt Goffman an Simmel an – begründet sich die Bedeutung der Körperlichkeit
für das Interaktionsgeschehen aus der Symptomfülle und damit aus dem Deutungs-
zwang des menschlichen Ausdrucks ebenso, wie aus dem Reziprozität und Verstehen
stiftenden körperlichen Antwortverhalten der Interaktionspartner.

3   Verkörperung

Sozialwissenschaftliche Interaktionstheorien kommen ohne die Berücksichtigung des
Verhältnisses des Menschen zu seinem Körper nicht aus. Ihre diesbezüglich wichtigs-
ten grundlagentheoretischen Anknüpfungspunkte finden sie in den philosophischen
Reflexionen vor allem von Søren Kierkegaard, Edmund Husserl, Helmuth Plessner,
Maurice Merleau-Ponty und Bernhard Waldenfels. Bei aller Unterschiedlichkeit im
Detail eint die Positionen ihre Frontstellung gegen jenen Gegensatz von Geist und
Körper, der in Platons dualistischer Wirklichkeitsauffassung seinen Ausgang nimmt
und in René Descartes Unterscheidung von denkender (res cogitans) und ausgedehn-
ter Substanz (res extensa) seine berühmte Steigerung erfährt. Zwar übernehmen die
Autoren den von Platon bis Descartes reichenden Gedanken von der prinzipiellen
Gebrochenheit des Menschen zu sich selbst. Doch entgegen der vermeintlich trennscharfen und eindeutigen Zwiespältigkeit denken sie Geist und Körper zusehends als
dialektisches Beziehungsgefüge und Spannungsverhältnis.

3.1 Leibkörperliche Disposition

Bereits für Kierkegaard ist Geist „ein Verhältnis, das sich zu sich selbst verhält" (2002, S. 13) und der für unsere Argumentation zentrale Plessner wird die komplexe Struktur der *conditio humana* als „exzentrische Position" beschreiben: „Der Mensch *ist* immer zugleich Leib (Kopf, Rumpf, Extremitäten mit allem, was darin steckt) [...] und *hat* diesen Leib als diesen Körper" (Plessner 2003, Bd. VII, S. 238). In dieser Perspektive erscheint der menschliche Körper nicht mehr als bloße Hülle, die einen von ihr ablösbaren Kern gleich einer festen Schale umschließt, sondern ist als Leib, in Gesicht und Haltung, Gang und Gestik unmittelbare und plastische Ausprägung eines Innenlebens. Bei schwer kontrollierbaren physischen Regungen wie Schmerz, Müdigkeit und Erschöpfung, Hunger und Durst, bei sexueller Stimulanz oder im Lachen und Weinen bricht diese „ungeheuerliche Selbstverständlichkeit" (Karl L. Popper) auf und unser Körper tritt uns als von der Natur Auferlegtes und dabei gelegentlich Störendes entgegen: als etwas Fremdes, mit dem wir als Leib aber dennoch zusammenfallen. Für diese Verschränkung von Leib und Körper konstatierte Husserl noch durchaus ein Bedeutungsgefälle zwischen dem Körper als materiellen ‚Gegenstand' und dem ihm erfahrungs- und erkenntnispraktisch ‚vorausgesetzten' Leib. Denn letzterer ist als „somatologische Wahrnehmung [...] für mich als fungierendes Ich das an sich Erste, und das Auffassen, das ‚Wahrnehmen' meines Leibes als physisches Ding ein Zweites" (Husserl 1973, S. 61).

Merleau-Ponty wird Husserls Sichtweise vom Leib als „Nullpunkt der Orientierung" übernehmen (Husserl 1969, S. 127), sie aber dahingehend präzisieren, dass der Leib zwar einerseits als „Erkenntnisorganismus" ein primäres Wissen hervorbringt, das aller Analyse, Distanz und Differenz vorausliegt (Merleau-Ponty 1966, S. 273); dass aber andererseits und zugleich ein unaufhebbares Beziehungsgeflecht zwischen organischen, individuellen und gesellschaftlichen Gegebenheiten besteht: „Ich bin gegeben – das besagt, je schon finde ich mich situiert und engagiert in einer physischen und sozialen Welt; ich bin mir selbst gegeben – das besagt, dass mir diese Situation nie verborgen ist, niemals mich umgibt nach einer Art fremden Notwendigkeit, ich niemals in sie wirklich eingeschlossen bin wie ein Gegenstand in eine Büchse." Daher ist „meine Freiheit, mein fundamentales Vermögen, Subjekt all meiner Erfahrungen zu sein, [...] von meinem Sein-in-der-Welt nicht verschieden. Es ist für mich mein Geschick, frei zu sein, mich auf nichts von alledem, was ich erlebe, je reduzieren zu können, hinsichtlich jeglicher faktischen Situation die Fähigkeit des Abstands zu behalten" (ebenda, S. 412).

Radikal gedacht wird die Doppelperspektivität von *Leib-sein* und *Körper-haben* jedoch bei Plessner. Seine philosophische Anthropologie rückt ab von der Vorstellung vom Leib als unmittelbar gegebener und geschlossener, einheitlicher und eigentlicher Substanz. Sie entzaubert damit die Ideen einer letztverfügbaren Zuflucht und eines Hortes der Kontinuität und Authentizität als „utopischen Standort" (Plessner 2003, Bd. IV, S. 419 ff.). Da wir weder nur unseren Körper haben, noch nur unser

Leib sein können, Leib und Körper also nur im Zusammenspiel einer „vermittelten Unmittelbarkeit" zu haben sind (ebenda, S. 404 ff.), gibt es einen nicht aufkündbaren Fremdbezug im Selbstbezug: „Ich bin auf mich bezogen, aber indem ich immer auch schon auf Anderes und Andere aus bin", womit ein basal instabiles Sein im Dazwischen von Eigen- und Fremderfahrung beschrieben ist, in dem die menschliche Disposition zur jeglichen Inter-Subjektivität und Inter-Aktion gründet (Waldenfels 2000, S. 284).

Weil sich der Mensch in seinem Fühlen, Denken und Handeln selbst wahrnimmt, also auch sein Erleben erlebt, sich beim Ausdruck zuschaut und zuhört, diesem Ausdruck aber zugleich misstraut, ver-körpert er sich in sozialen Situationen körperlicher Kopräsenz. Wir stellen uns dar und geben uns mithin eine Form, die unsere körperliche Direktheit, die wir mit dem Tier teilen, mildert, die also unsere Unmittelbarkeit dämpft und unsere Eindeutigkeit umhüllt – die uns aber zugleich eine scharf konturierte Gestalt und damit größtmögliche soziale Aufmerksamkeit und Sichtbarkeit verleiht sowie Anerkennung und Prestige verspricht. Die Fähigkeit des „Sich-von-sich-Unterscheidens" schließt die Möglichkeit ein, eine „künstliche Einheit" zu schaffen und zum „Menschendarsteller" zu werden: zum Schau- und Rollenspieler (Plessner 2003, Bd. VII, S. 416 f.). Bei Plessner heißt die Dreigestalt von Körper-Sein, Körper-Haben und Kultur denn auch nicht zufällig Person (ebenda, S. 82 ff.). Denn Masken (lat. *persona*) sind ebenso wie Posen, Kleidung oder Schmuck und die sozialen Verkehrs- und Präsentationsweisen des Taktes und Respekts, des Rituals und der Diplomatie jene kulturellen symbolischen Kommunikationsformen, die in der Unmittelbarkeit körperlicher Kopräsenz vermitteln, indem sie beides in einem leisten: sie enthüllen und verhüllen zugleich und pendeln so die Antagonismen von Eitelkeit und Scham, Zeigen und Verbergen, Entfaltung und Verletzlichkeit. So erzeugen und bewahren die kulturellen symbolischen Formen – sowohl für die Darstellung eines Menschen wie auch in deren Deutung durch andere – selbst in nächster Nähe ein Moment der Distanz: einen Raum der Freiheit und der Möglichkeiten, der über das hier und jetzt Präsente und Aktuelle hinausweist und mit dem sich sowohl die Präsentation als auch die Deutung eines Handelnden der Feststellung und Abschließbarkeit entziehen, so dass das Geheimnis der „ideellen Sphäre" (Simmel 1992, Bd. 11, S. 396) und mit ihm die „Heiligkeit der Person" geschützt bleiben (Goffman 1971: 39 f.).

3.2 Soziale Körperschaft

Der in Face-to-face-Situationen dauerpräsente und potentiell allen Sinnen zugängliche Körper erzeugt, trägt und vermittelt jene wahrnehmbaren äußeren Zeichen, über die wir auf die uns nur vermittelt gegebenen Befindlichkeiten, Motive und Bewusstseinsinhalte von anderen schließen. Denn hätten „wir direkt Einsicht [...] in die Seelen unserer Partner, wären wir nicht auf die Wahrnehmung ihres Leibes angewiesen" (Hahn/Jacob 1994, S. 153). In Face-to-face-Situationen richten die Interaktionspartner ihr Verhalten jedoch nicht ausschließlich an den in der aktuellen Wahrnehmung sich formenden Eindrücken aus, sondern gleichfalls an den bei den anderen angenommenen, innerlich repräsentierten Bildentwürfen und Bilderfolgen ihrer selbst. Sie mitvergegenwärtigen jene Eindrücke, Erwartungen und Einschätzungen, bei denen sie davon ausgehen, dass die anderen sie bereits von ihnen haben, in der Situation bekommen und aus ihr mitnehmen (werden), um sie in die darauf folgenden Interaktionen wieder einzubringen. Diese Vorweg- und Hinzuannahmen tragen wesentlich zu der Notwendigkeit bei, ein die sich wechselnden sozialen Situationen überdauerndes Selbstbild, ein *Image,* zu entwickeln und zu stabilisieren, das es in den eigenen Augen und in denen der anderen aufrechtzuerhalten gilt (vgl. Goffman 1971). Aber die Ausbildung und das Inszenieren, das Präsentieren und Aufdauerstellen eines Images – jener besonderen und gut konturierten, einheitlichen sozialen Gestalt, die man letztlich nicht ist, sondern nur als Bild von und für sich hat, und ebenso für andere entwirft – ist etwas Brüchiges, dem in „the presentation of self in the everyday life" (Goffman 1959) der Beigeschmack des Vorläufigen, Ungewissen und Gefährdeten anhaftet. Denn zum einen geschieht die Arbeit am Image – „the facework" (ebenda) – weder auf einen Schlag, noch ein für alle mal: als Interaktionsprodukt ist es vielmehr das immer nur vorläufige Ergebnis situativer Bewährungen im Streben nach sozialer Anerkennung. Zum anderen ist das „Image eines Menschen etwas Heiliges" (Goffman 1971, S. 38 ff.) und somit nicht nur eines von vielen Elementen einer expressiven Ordnung der sozialen Interaktion in individualisierten Gesellschaften, sondern eine zentrale Ausdrucksform der Selbstdeutung im öffentlichen Austausch von Bild- und Selbstbildpräsentationen. Deshalb pflegen und schützen die Handelnden ihr Image mit besonderer symbolischer und ritueller Sorgfalt. Ist es nämlich bedroht oder wird die es tragende expressive Ordnung angezweifelt, dann kratzt dies nicht einfach an der Oberfläche einer Maske *(persona),* sondern ein soziales Schutzschild wird zerstört und die „ideelle Sphäre" seines Trägers verletzt (Simmel 1992, S. 396).

Goffmans Analysen der Interaktionsordnung, jener ritualisierten Verkehrsregeln in Situationen körperlicher Kopräsenz, richten sich auf die Beschreibung der strategischen und überwiegend kooperativen Techniken des Eindrucksmanagements, mit denen das störanfällige Image vor Verletzungen bewahrt wird. Und auch bei dem Problem, den durch die *Rituale* der Interaktionsordnung sich öffnenden Raum von Gestaltungsmöglichkeiten zu füllen, bleiben die Handelnden nicht auf sich allein gestellt. Vielmehr suchen und finden sie die ihre Subjektivität überbrückende ‚Lösung' in einer die Selbst- und Fremdwahrnehmung strukturierenden, interpretationsanleitenden und orientierungsgebenden sozialen Sinnfigur: im das sozial eingeforderte Ausdrucksverhalten überhöhenden *Stil.* Die Ausdrucksmittel und Darstellungsformen von Posen, Moden und Szenen führen mit ihren ästhetischen Beigaben bereits akzeptierte oder nach sozialer Akzeptanz strebende Körperstandards vor Augen, an denen sich der Umgang mit Objekten genauso orientieren kann, wie die Wahl und Ausgestaltung von Symbolen und Handlungsweisen. So verleiht die vorkonfektionierte ‚Stangenware' den Körpern jene soziale Form und Gestalt über die sich die Handelnden füreinander sichtbar lesbar und erträglich machen, und erlaubt damit jene „Entlastung und Verhüllung des Persönlichen, die das Wesen des Stils ist" (Simmel 1993, Bd. 8, S. 382). Denn in Stilen amalgieren „Körper, Körperbemalung und Kleidung [...] zu einem ganzheitlichen Verweisungszusammenhang [...]. Das erst durch Kleidung und Körperbemalung mögliche Wechselspiel von Verhüllung und Entblößung, von ornamental unterstützter Exhibition und Verschleierung verweist auf Aktivitäten, die darauf abzielen, die Grenzen zwischen Körper und Kleidung zu verwischen, die menschliche Ausdrucksgestalt über den Körper hinaus zu erweitern und umgekehrt dem Körperausdruck durch Kleidung und Ornament ‚Gestalt' zu geben" (Soeffner 2004, S. 193).

3.3   Zeigen und Verbergen

Doch trotz aller das Deuten und Verstehen anleitenden Masken und Posen, ritualisierten Verkehrsregeln und ästhetischen Stilvorgaben, und trotz der fortwährenden Spiegelungen und ständigen Kontrollen und Korrekturen unserer Images am Verhalten unserer Interaktionspartner – wir können niemals sicher sein, ob diejenigen Bildentwürfe, denen wir nachstreben und in der Selbstdarstellung umzusetzen versuchen, auch mit den von den anderen wahrgenommenen und konstruierten Bildern übereinstimmen. Eine „wesensmäßige Unsicherheit" (Plessner 2003, Bd. V, S. 79), so zu wirken, wie wir sind oder gar wie wir sein wollen, überschattet unser Streben nach Eindeutigkeit. In der Tatsache, „dass man an sein Image fixiert ist und leicht für einen selbst oder andere ungünstige Informationen mitgeteilt werden können", begründet sich denn auch, dass „man die Teilnahme an jeder Interaktion als Verpflichtung empfindet" (Goffman 1971, S. 11). Da sich in Face-to-face-Situationen jeder Ausdruck und jedes Eindrucksmanagement über die Körper vollzieht, haben die ‚ungünstigen Informationen' am Körper auch ihre erste, natürliche Quelle. Weil wir den Körper des anderen als untrüglichen Informanten für Botschaften nehmen, die diese Person selbst gerade nicht verbreiten möchte, entspringen aus der wenngleich begrenzten Undomestizierbarkeit des Körpers, die das ‚Innere', ‚Eigentliche' und ‚Wahre' einer Person enthüllenden und damit sozial besonders relevanten Deutungen. In ihrem Bemühen um die Erlangung und Wiederholung von sozialer Anerkennung versuchen die Handelnden deshalb eine geschlossene, festumrissene Gestalt vorzuführen und zu bewahren. Mit ihr zielen sie auf eine die wechselnden Zeiten und Anforderungen überdauernde, eindeutige Deutung. Doch zugleich erträgt das moderne Individuum keine endgültige Definition und wehrt sich gegen das vereinheitlichende Bild, denn „ein treffendes Urteil trifft uns, verletzt uns ebenso sehr als ein falsches. Getroffen sehen wir uns, im eigenen oder im fremden Blick, vereinseitigt und festgelegt" (Plessner 2003, Bd. V, S. 63). Helmuth Plessner beschreibt diese beiden Neigungen – das Streben nach Enthüllung und Offenlegung, nach dem Herstellen von Eindeutigkeit und Durchsichtigkeit einerseits, und das ebenso starke, jedoch in die entgegen gesetzte Richtung weisende Streben nach Abstandnahme und Verdeckung, Abdunkelung und Verfremdung, mit dem wir uns der fixierenden Deutung und Darstellung verweigern und entziehen, andererseits – als „Realitätstendenz" und „Illusionstendenz" (ebenda).

Aber nicht nur die Selbstdarstellung, auch die Deutungen der Darstellungen anderer sind von diesen beiden antagonistischen Strebungen durchzogen. „Die Realitätstendenz, die wissen will, wie der Mensch eigentlich ist", hebt darauf ab, den anderen zu enthüllen, ihn allansichtig und durchsichtig zu machen, sich ihm zu nähern und ihn zu ‚begreifen'. Ist die Tendenz aber zu stark und unvermittelt, „verfahren wir wie das Kind mit der Puppe", das den Zauber bricht und zu tief danach bohrt, „was in den Dingen, in den Menschen, in all dem Aufregenden dieser fabelhaften Welt steckt", so laufen wir Gefahr, dabei nicht mehr ans Licht zu befördern als „atomisiertes Sägemehl" (Plessner 2003, Bd. V, S. 67). Detaillierung und Individualisierung schließen sich gegenseitig aus: Je mehr wir in die Details einer Persönlichkeit vordringen, desto mehr stoßen wir auf Durchschnittliches und Allzumenschliches, auf Züge, die wir auch bei anderen finden – und nicht zuletzt bei uns selbst. Deshalb verlieren in allzu großer Nähe „die Gestalten den Glanz, die Farbe und das Aroma wie eine Frucht, die man zu intensiv angefasst hat", wovor abermals – nur aus anderer Richtung – die Illusionstendenz schützt, indem sie „scheu vor dem Geheimnis uns fernhält" (ebenda, S. 67, 85). Nur in diesem Zwischenreich aus Nähe und Distanz, das die Interaktionspartner als „Arbeitskonsensus" für die soziale Situation kooperativ herstellen und aufrechterhalten (Goffman 1971, S. 17), entfalten sich die „Reize der seelischen Ferne" einer Person (Plessner 2003, Bd. V, S. 84).

4   Der Körper als Medium der technischen Medien

Das in einer nie letztgültig ausgleichbaren Bewegung schwebende Verhältnis aus Realitätstendenz und Illusionstendenz wird in der unmittelbaren Gegenwart der Handelnden über ihre körpergebundenen Inszenierungsleistungen und interpretativen Zuschreibungen interaktiv ausbalanciert. Aus dem im Arbeitskonsensus der Interaktionspartner hergestellten Zwischenreich von Nähe und Ferne einerseits sowie dem Aufgehen in der Reproduktion des historisch Vorgefundenen und sozial Überlieferten und der Bewahrung von Einmaligkeit vor dem Hintergrund historischer Faktizität andererseits, entspringt die „nach Antastung strebende[n] Unantastbarkeit" einer Person (Plessner 2003, Bd. IV, S. 84). So wird im intersubjektiv geteilten, unwiederholbaren Hier und Jetzt der Interaktionssituation jene besondere Erfahrung möglich, die Walter Benjamin als „sonderbares Gespinst von Raum und Zeit: einmalige Erscheinung einer Ferne, so nah sie sein mag" beschreibt: die *Aura* (Benjamin 2000, S. 57).

4.1 Erweiterungen des Testierbaren

Benjamin exemplifiziert die Aura in seinen bekannten Definitionen anhand einer Naturerfahrung und erörtert ihren Verlust am Kunstwerk, das aus seiner Einmaligkeit und seiner ursprünglich rituell-kultischen Verwendung herauslöst und der massenhaften technischen Reproduktion und Vermittlung zugeführt wird. Die technische Reproduktion verändert die Funktion, die Wahrnehmung und die Erfahrung des Kunstwerks, die dann nicht mehr in ihrem „Kultwert", sondern im bloßen „Ausstellungswert" liegen. „Die Entschälung des Gegenstandes aus der Hülle, die Zertrümmerung der Aura" (Benjamin 2000, S. 15) erkennt Benjamin aber gleichfalls dort, wo menschliche Selbstdarstellung und soziale Wahrnehmung von der Unmittelbarkeit der Face-to-face-Situation in die medial Vermittlung und in die technische Kommunikation übergehen. Denn mit seinem Erscheinen in den technischen Medien kommt der Mensch „zum ersten Mal [...] in die Lage zwar mit seiner gesamten lebendigen Person, aber unter Verzicht auf deren Aura wirken zu müssen. Denn die Aura ist an sein Hier und Jetzt gebunden" (ebenda, S. 25).

Den zunehmenden Verfall der Aura führt Benjamin auf die gesteigerte Realitätstendenz des modernen Menschen zurück, der darauf aus ist, „die Dinge sich räumlich und menschlich näher zu bringen", ihnen mit den Möglichkeiten der technischen Medien „aus nächster Nähe im Bild, vielmehr im Abbild, in der Reproduktion, habhaft zu werden" (Benjamin 2000, S. 15). Die Positionierungen und Bewegungen der Kameras, die Kadrierungen und Großaufnahmen, vor allem aber der Schnitt und die Montage, isolieren und verknüpfen, verlangsamen und beschleunigen ausgewählte Haltungen und Bewegungsmomente. Sie fixieren, vergrößern und betonen die flüchtigen und versteckten Details der Physiognomie, des Verhaltens und des Outfits einer Person und unterwerfen sie „optischen Tests" (ebenda, S. 24). So nehmen sie beurteilend Stellung zu den freiwilligen und unfreiwilligen Momenten im Körperausdruck des Menschen und bringen für das mediale Publikum „völlig neue Strukturbildungen zum Vorschein" (ebenda, S. 36).

Die für die Wahrnehmung von Personen konstitutive „Erweiterung des Feldes des Testierbaren" (Benjamin 2000, S. 24, Fn. 17) bleibt nicht auf die technischen Medien beschränkt, sondern veranlasst die Handelnden auch im nicht-medialen Alltag zu gesteigerten Selbstspiegelungen und Selbstbeobachtungen, und führt zur Ausbildung neuartiger Routinen und Institutionen der Selbstthematisierung, Imagebildung und Identitätsgenerierung. Im Rahmen solcher Routinen und Institutionen treten massenmediale Idealbildproduktionen in Wechselwirkung sowohl mit bildmedialen Vorrichtungen und Formaten der optischen Spiegelung der eigenen Person (Spiegel, Foto- und Videokameras, Vorher-Nachher-Aufnahmen, videographischen Bewegungsstudien) als auch mit unterschiedlichsten Techniken der Körpergestaltung. Sei es im ,Lehrbetrieb' einschlägiger Fernsehformate, in den institutionalisierten Gefügen von Image-Seminaren oder Bewerbungs-Workshops, unter der Anleitung von Ratgeberliteraturen oder Lifestyle-Zeitschriften, in den Spiegelarrangements der Fit-

ness-Studios oder in den Routinen häuslicher Körperpflege und Körperoptimierung –
stets erfahren sich die Handelnden im Abgleich mit jenem defizitären Anderen, die
sie selbst sind einerseits, und mit jenem massenmedialen idealisierten, generalisierten Anderen, die sie werden wollen andererseits; und sie bewähren sich im Dazwischen der bildmedialen Angleichung des ersteren an letzteren. Strukturell sichtbar
wird in solcherlei Selbstformung die Neigung, auch gegenüber sich selbst eine den
bildmedialen Sehgewohnheiten nachgebildete Einstellung einzunehmen. So tritt in
sich modernisierenden Gesellschaften an die Stelle polythetischer, räumlich, zeitlich
und sozial-biographisch differenzierter Auffassungsperspektiven mehr und mehr das
Testat sich abgleichender medialer Körperbilder, und an die Stelle der Individuation
durch Vergesellschaftung die textil, kosmetisch, sportiv, diätetisch, chirurgisch, be-
leuchtungs- und schnitttechnisch oder wie auch immer bewerkstelligte solitäre Reproduktion medial-technisch vermittelter Images. Dabei verengt sich nicht nur das
Spektrum menschlicher Selbstverkörperung auf die vornehmlich optisch-visuelle
Gestaltung des je nach aktueller Medien- und Bildtechnik verfügbaren Körpermate-
rials. Es bedeutet zudem einen grundlegenden Unterschied, ob sich die Selbstbezü-
ge über die Anonymität der optisch-technischen Spiegel von Bildmedien vermitteln
oder ob sich in Face-to-face-Situationen über die an die körperliche Kopräsenz der
Interaktionspartner gebundenen ‚soziale Spiegel‘ ein „looking-glass self“ (Charles H.
Cooley) herausbildet.

Eine mögliche Entwicklung solcher Medialisierungsprozesse steht in unmittelba-
rem Zusammenhang mit Medientechniken, wie sie vor allem unter dem Marken-
namen *Google-Glas* bekannt geworden sind. Die gleich einer Brille oder als Kon-
taktlinsen auf den Augen dauerhaft tragbaren Displays sollen – so die Visionen der
Entwickler – nicht nur fotografische oder filmische Aufzeichnungen erlauben, die
sofort digital kommuniziert werden können, sondern zudem das Einspielen von jeglichen aus dem Internet abrufbaren Informationen, Kommunikationsinhalten und
Wissensbeständen, auch und vor allem über ansichtige Objekte und Personen in
das aktuelle Sichtfeld. Ungeachtet aller datenschutzrechtlichen Vorbehalte gegenüber solch einer *augumented reality* hätten diese medial-digitalen Zurüstungen – deren Zeit die gewerblichen Hersteller aufgrund mangelnder sozialer Akzeptanz noch
nicht gekommen sehen – weitreichende Rückwirkungen auf die von uns dargelegten Bedingungen, Abläufe und Effekte von sozialen Interaktionen. Dabei ist nicht
allein an die Chance ein Gegenüber ‚festzustellen‘ zu denken, die es der Flüchtigkeit
und Einmaligkeit seines Hier und Jetzt entheben, und als gesteigerte *Realitätstendenz*
(Plessner) sein *Image* (Goffman) verletzen respektive seine *Aura* (Benjamin) zerstören kann. Zugleich würden die mit entsprechenden Displays versorgten Interaktionspartner ihr Verhalten und ihre Selbstbildentwürfe nicht mehr nur im Ensemble des
unmittelbaren Ausdrucksverhaltens eines Gegenübers, in seinen Augenbewegungen,
in Mimik, Gestik und Körperhaltung spiegeln, um sie zu überprüfen und zu korrigieren, sondern in den die Feinheiten dieser Details technisch überlagernden und
künstlich anreichernden digitalen Medienspiegeln.

4.2   Neue Symbiosen des Ausdrucks

Gesellschaften, in der immer mehr soziale Wirklichkeit durch die Medien hergestellt, dargestellt und vermittelt werden, können den Verlust der Einmaligkeit ihrer Darsteller und die Aufhebung der sie schützenden Distanz nicht in allen Bereichen des Sozialen hinnehmen. Vielmehr versuchen die Handelnden das soziale Akzeptanz generierende Verhältnis aus Nähe und Distanz, Einmaligkeit und Reproduktion dort in eine Balance zu bringen, wo sie die technisch-medialen Gegebenheiten und ihre vielfältigen Möglichkeiten für optimierte Selbstdarstellungen einsetzen. Hierzu müssen sie ihre Körperbilder den Bedingungen und Erfordernissen der visuellen Aufzeichnungen nicht nur angleichen, sondern können mit der weiteren Entwicklung und Verbreitung insbesondere von digitalen Aufzeichnungs-, Nachbearbeitungs- und Simulationstechniken auch gänzlich neue Strukturbildungen entwerfen, die sie auf wiederum digitalen Wegen der allgemeinen Wahrnehmung, Deutung und Bewertung zuführen. Vor allem durch die sogenannten ‚sozialen Medien' und ihre unterschiedlichen Möglichkeiten der Vernetzung, Gestaltung und Archivierung von Texten, Bildern und Redezugwechseln ergibt sich für Handelnde auch historisch neuartige Situationen der Selbstdarstellung. Denn mit den ‚sozialen Medien' und ihren digitalen Inhalten erweitert sich das „Zeigfeld" (Bühler 1965) der Sozialkommunikation um einen äußeren medialen Horizont, der sowohl durch mobile Displaytechnologien als auch über entsprechende Diskursgewohnheiten alltagspräsent wird. Auch wenn die Folgen dieser Entwicklung für die Struktur und den Begriff sozialer Interaktion noch kaum erforscht sind, so ist hier gleichwohl ein bemerkenswerter medialer Umbau der Mikroökologie sozialer Situationen und damit der Bedingungen und Möglichkeiten der Vergesellschaftung insgesamt zu konstatieren.

In historischer Perspektive zeigen sich die neuen Wechselwirkungen zwischen Darstellern und visuellen Medien indes schon relativ früh: Bereits das Dandytum des neunzehnten Jahrhunderts nutzte ähnlich wie die ihm in dieser Hinsicht nachfolgenden ‚Medienstars' des zwanzigsten Jahrhunderts moderne Bildtechniken und Bildverbreitungstechnologien als Medien gesellschaftlicher Selbstbehauptung. Damit einher geht bis heute nicht selten die Hoffnung, sozialer Rang und gesellschaftliches Ansehen ließen sich weitgehend unabhängig von ökonomischen, stratifikatorischen und moralisch wirkmächtigen gesellschaftlichen Konstruktionen wie Werk, Bildung, Schicht, Milieu, Biographie etc. allein durch die fortgesetzte Stilisierung der körperlichen Erscheinung methodisch rational erlangen oder sichern.

Generell aber gilt: Wo medial sozialisierte Handelnde mit den jüngsten technischen Innovationen und Apparaturen die mediale Aufzeichnungen, Nachbearbeitung und Verbreitung selbst in den Griff nehmen und im sozialen Alltag für ihre Selbst(bild)konstruktionen einsetzen, da gehen Darstellung, Körper und Medium neue Symbiosen des Ausdrucks ein, werden neue Formen des Selbst- und Fremdverstehens möglich, und es stellen sich neue Wahrnehmungsanordnungen und neue Deutungsanforderungen sowohl für das Verstehen im Alltag wie auch für die sozialwissenschaftliche Ausdeutung. Mit Blick auf die zusehends an gesellschaftlicher Bedeutung gewinnenden medialen Handlungs- und Kommunikationsprodukte, in denen Körper, technische Artefakte, Autorschaften und Selbstdarstellungen über und in Bildern zu „synthetischen Situationen" verschmelzen (Knorr Cetina 2009), gilt es empirisch zu untersuchen und zu beschreiben, wie die sich selbst in und mit dem technischen Medium Inszenierenden ihre Images über den authentifizierenden Einsatz digitaler und vor allem visueller Techniken nicht nur sozial zu bewähren versuchen, sondern, wie sie diese für die Anschlusskommunikation in medialen, außermedialen und ‚hybridmedialen' Interaktionssituationen durch fortlaufende ästhetische Anreicherungen und Überbietungen performativ in ein neues, virtuelles ‚Hier und Jetzt' überführen und damit – vorläufig – auf Dauer stellen.

5   Resümee und Ausblick

Als erster und letzter Ort der Natur, des Ich und des Sozialen bleibt der menschliche Körper in Bewegung. Die in der *conditio humana* begründete konstitutive Gleichgewichtslosigkeit des Menschen setzt die anthropologische Disposition zur Ausbildung einer ‚zweiten Natur': den entlastenden, ‚befreienden' und zugleich stabilisierenden Institutionen der Kultur. Doch die von anderen übernommenen und/oder selbstgeschaffenen Ordnungskonstruktionen bewirken einen labilen, weil vergänglichen Gleichgewichtszustand: sie „gerinnen zu Gestalten eigenen Gewichts" und werden, indem sie „den Individuen gegenüber etwas wie eine Selbstmacht gewinnen" und ihn dann in seinen Möglichkeiten und Freiheiten beschneiden (Gehlen 1986, S. 104), zu einer Belastung, was zu einer erneuten, nach Ausgleich strebende Unruhelage führt. Die nur im Sprung von Augenblick zu Augenblick punktuell „geeinte Zwienatur" (Goethe: Faust) hat die Balance ihres von Natur aus instabilen Gleichgewichts zur fortwährenden Aufgabe: sie muß ihre „natürliche Künstlichkeit" (Plessner 2003, Bd. IV, S. 383–396) stets dadurch neu vollziehen, daß sie die ‚eigenen' Symbolsysteme, Sinnstrukturen und Deutungsmuster entsprechend der durch sie selbst in Bewegung gehaltenen Verhältnisse aufbricht und verändert oder abwirft und ersetzt. Jede ‚Feststellung' des menschlichen Körpers ist eine künstliche und nur bis auf Weiteres gültige.

Die technische Dauerpräsenz und mediale Dauerverfügbarkeit moderner Individuen mit ihrer voranschreitenden und dabei sich selbst dokumentierenden Medialisierung von Körpern und Selbstbildern in und für Interaktionsprozesse eröffnen dem sozialwissenschaftlichen Blick neue Horizonte und Perspektiven auf das Verhältnis von Körper, Handeln und Wissen in sich modernisierenden und medialisierenden Gesellschaften. Denn die zunehmende Durchdringung und Überformung der Interaktionsgeschehen durch die technischen Medien, mit ihrer weder in professionalisierten Arbeitskontexten noch im sozialen Alltag wegzudenkenden Kooperation von Körpern und Medien, machen es zusehends schwierig, analytisch scharf zwischen

Körper und Medien zu trennen. Daher kann es nicht mehr, wie noch in prominenten Medientheorien der 1990er Jahre darum gehen, die Körper vor der medialisierten Welt schützen zu wollen. Gefordert ist vielmehr beide in ihrer Komplexität als unterschiedliche (leib-)körperliche und (körperlich-)mediale Konstellationen analytisch zu erfassen. In dieser Perspektive versprechen die digitalen, insbesondere visuellen Aufzeichnungstechniken zur sozialwissenschaftlichen Datenproduktion, vor allem aber die methodologisch wie methodisch noch immer zu diskutierenden und zu erarbeitenden Analyseverfahren für medial produzierte oder eingefangene Selbstinszenierungen Aufschluß zu geben, über die Ausbildung, die Vermittlung und die Konkurrenz von sich wandelnden gesellschaftlichen Sinnentwürfen. Damit stellen sie Einblicke in die Prozesse des Erprobens, Einschleifens und Verfestigens, aber auch des Veränderns und Ablösens von ästhetischen Darstellungs- und Kommunikationsformen in Aussicht, die wiederum Erkenntnisse versprechen, über mögliche Rückwirkungen der medial-technischen Konstruktionen sowohl auf das Regelwerk der Interaktionsordnung, wie auch auf das unlöslich an den Körper gebundene menschliche Wahrnehmen, Darstellen und Deuten, Wissen und Handeln.

Literatur

Benjamin, Walter (2000/1935–1936). Das Kunstwerk im Zeitalter seinen technischen Reproduzierbarkeit. In: ders., *Das Kunstwerk im Zeitalter seinen technischen Reproduzierbarkeit. Drei Studien zur Kunstsoziologie* (S. 7–44). Frankfurt a. M.: Suhrkamp.

Berger, Peter L. & Luckmann, Thomas (1996/1966). *Die gesellschaftliche Konstruktion der Wirklichkeit. Eine Theorie der Wissenssoziologie.* **Frankfurt a. M.: Fischer.**

Bühler, Karl (1965/1934). *Sprachtheorie. Die Darstellungsfunktion der Sprache,* Stuttgart: Gustav Fischer.

Buytendijk, Frederik & Plessner, Helmuth (1980/1925). Die Deutung des mimischen Ausdrucks. Ein Beitrag zur Lehre vom Bewußtsein des anderen Ichs. In: Helmuth Plessner, *Gesammelte Schriften VII* (S. 67–129), Frankfurt a. M.: Suhrkamp.

Gehlen, Arnold (1986). Mensch und Institutionen. In: ders., *Anthropologische und sozialpsychologische Untersuchungen* (S. 101–111). Reinbek b. Hamburg: Rowohlt.

Goffman, Erving (1959). *The Presentation of Self in the Everyday Life.* Chicago: Anchor Books.

Goffman, Erving (1971/1967). *Interaktionsrituale. Über Verhalten in direkter Kommunikation.* **Frankfurt a. M.: Suhrkamp.**

Goffman, Erving (1977/1974). *Rahmen-Analyse. Ein Versuch über die Organisation von Alltagserfahrung.* Frankfurt a. M.: Suhrkamp.

Hahn, Alois & Jacob, Rüdiger (1994). Der Körper als soziales Bedeutungssystem. In: Fuchs, Peter & Göbel, Andreas (Hrsg.), *Der Mensch – das Medium der Gesellschaft?* (S. 146–188). Frankfurt a. M.: Suhrkamp.

Husserl, Edmund (1969/1912–1928). *Ideen zu einer reinen Phänomenologie und phänomenologischen Philosophie II. Phänomenologische Untersuchungen zur Konstitution. Husserliana Bd. IV.* Den Haag: Martinus Nijhoff.

Husserl, Edmund (1973). *Zur Phänomenologie der Intersubjektivität. Texte aus dem Nachlass. Zweiter Teil: 1921–1928. Husserliana Bd. XIV.* Den Haag: Martinus Nijhoff.

Kierkegaard, Søren (2002/1849). *Die Krankheit zum Tode.* Hamburg: Europäische Verlagsanstalt.

Knorr Cetina, Karin (2009). The Synthetic Situation: Interactionism for a Global World. *Symbolic Interaction 32,* 1, 61–87.

Luhmann, Niklas (1984). *Soziale Systeme. Grundriß einer allgemeinen Theorie.* Frankfurt a. M.: Suhrkamp

Merleau-Ponty, Maurice (1966). *Phänomenologie der Wahrnehmung.* Berlin & Boston: Walter de Gruyter.

Nancy, Jean-Luc (2003). *Corpus.* Berlin: Diaphanes.

Plessner, Helmuth (2003). *Gesammelte Schriften IV–VIII.* Hrsg. von Günter Dux, Odo Marquard und Elisabeth Ströker. Frankfurt a. M.: Suhrkamp.

Schütz, Alfred (2010/1953): Wissenschaftliche Interpretation und Alltagsverständnis menschlichen Handelns. In: ders., *Alfred Schütz Werkausgabe Bd. IV.* (S. 329–399). Konstanz: UVK.

Schütz, Alfred & Luckmann, Thomas (2003/1973). *Strukturen der Lebenswelt.* Konstanz: UVK.

Simmel (1984/1917). *Grundfragen der Soziologie. Individuum und Gesellschaft.* Berlin & Boston: Walter de Gruyter.

Simmel, Georg (1989–2012). *Gesamtausgabe in 24 Bänden.* Hrsg. von Otthein Rammstedt. Frankfurt a. M.: Suhrkamp.

Soeffner, Hans-Georg (2004). *Auslegung des Alltags – Der Alltag der Auslegung.* Konstanz: UVK.

Tomasello, Michael (2011). *Die Ursprünge der menschlichen Kommunikation.* Frankfurt a. M.: Suhrkamp.

Waldenfels, Bernhard (2000). *Das leibliche Selbst. Vorlesungen zur Phänomenologie des Leibes.* Frankfurt a. M.: Suhrkamp.

Kritische Theorie

Thorsten Benkel

> „Überall dort, wo Bewußtsein verstümmelt ist, wird
> es in unfreier, zur Gewalttat neigender Gestalt auf
> den Körper und die Sphäre des Körperlichen zurück-
> geworfen."
> (Adorno, *Gesammelte Schriften* [= GS] 10.2, S. 680)

1 Körperabstinenz?

Das mehr als 560 Seiten umfassende „Adorno-Handbuch" (Klein et al. 2011) aus dem
Jahr 2011 greift, mehr als hundert Jahre nach seiner Geburt, in 55 Beiträgen Leben und
künstlerisches Schaffen, vor allem aber das sozialphilosophische Werk des Gewür-
digten – um nicht sagen zu müssen: des ‚Thematisierten' – auf. Damit ignoriert es in
vollen Zügen, was Adorno selbst über die „lexikalische[] Vernunft" notiert hat: Dass
nämlich Nachschlagewerke, trotz hilfreicher Unterstützung beim intellektuellen Tag-
werk, letztlich am Werk einzelner Autoren eine ungünstige „Vergegenständlichung"
betreiben, die festschreibt und damit unflexibel macht (GS 11, S. 352). Ob der Bruch
mit dieser Direktive zum Nutzen oder Nachteil Adornos ist, kann dahingestellt bleiben (vgl. dazu auch Honneth 2006, S. 11). Wer an seiner Biografie, an den musikalischen Bezugspunkten, am literarisch-sprachlichen Kontext und insbesondere an seinem Gesellschaftsverständnis und seiner philosophischen Perspektive interessiert ist,
wird jedenfalls vom Adorno-Handbuch nicht enttäuscht. Die Nachwirkungen dieses
wohl prominentesten Vertreters der kritischen Theorie, der die ‚Frankfurter Schule' auf prägende und prägnante Weise nach außen vertreten hat – und dieses Außen
meint keineswegs nur die Innensphäre der akademische Welt –, lassen sich weltweit
rekonstruieren, und mittlerweile (inhaltlich betrachtet, mit einer gewissen Konsequenz) sind die Gedankenwelten von Adorno, Horkheimer und ihren Mitstreitern
sogar auf der anderen Seite der Erdkugel angekommen (vgl. Benkel 2009). Auch beinahe ein halbes Jahrhundert nach dem Einschnitt, den Adornos Tod bewirkt hat, ist
die Anschlussfähigkeit der kritischen Theorie hinsichtlich relevanter gesellschaftli-

cher Entwicklungen und zumal angesichts der Fortschreibung sozialphilosophischer Problembewältigungs- und Problemgenerierungstraditionen schwerlich zu leugnen.

Ebenfalls nicht zu leugnen sind die Stimmen aus unterschiedlichen Stoßrichtungen, die das Ende der kritischen Theorie apostrophieren, herbei wünschen oder rückblickend auch schon bedauern. Bereits die Frequenz der Totsagungen, die die kritische Theorie er- bzw. überlebt hat, verleihen ihr inmitten des die gegenwärtige Soziologie wie Philosophie kennzeichnenden multiparadigmatischen Nebeneinanders von Konzepten, Ideen, Vorschlägen und Dogmen eine Ausnahmestellung. Adorno hat das Todesphänomen, weitgehend losgelöst vom physiologischen Kontext und eher verstanden als teleologisches Thema, passend immer schon als eine Zumutung verstanden, die jegliche Gegenwehr rechtfertigt; desto mehr, je unwahrscheinlicher die Überwindung des Problems zu sein schien (vgl. GS 6). Dass die kritische Theorie zwischen attestierter Bedeutungslosigkeit und ständig wiederkehrender Rückgriffe auf ihre Kernprinzipien oszilliert und sich somit gewissermaßen im Graubereich zwischen Lebendigkeit und Sterbezustand positioniert, ist theorieimmanent kein allzu überraschendes Schicksal. Schon in der *Dialektik der Aufklärung*, der Gründungsurkunde jenes Programms, das erst mit zunehmender Verdichtung als Theorie, und zwar als kritische, ja als *die* kritische schlechthin deklariert wurde, finden sich skeptische Einschätzungen über seine Durchschlagskraft: Eine an einen „eingebildete[n] Zeuge[n]" gerichtete Flaschenpost sei das Werk (GS 3, S. 294), sinngemäß also bestimmt für eine unsichere Reise mit ziemlich sicherem Wellengang. Ob die Botschaft überhaupt an einen Zielpunkt führt, bleibt hier noch unklar – denn unter welchen Umständen und wann die Irrfahrt endet, ist eine Frage, deren Antwort vom Standpunkt des Beobachters abhängt. Wer auf die kritische Theorie (zurück-)schaut, bilanziert so gesehen die Geschichte von Entkorkungen auf einer Reise, die möglicherweise noch andauert. Fraglos beweist die kritische Theorie bei akuten Auseinandersetzungen noch immer ihr Referenzpotenzial; sie ist „ansprechbar" im Rahmen von Überlegungen zur Finanzkrise, zur Globalisierung oder auch hinsichtlich der Fragen, die andere/neuere Theoriekonzepte aufwerfen (Ritsert 2014; Hawel/ Blanke 2012; Reckwitz 2008).

Doch wie steht es um die Rolle des *Körpers* in der kritischen Theorie? Wer im akribischen Register des erwähnten Handbuchs nach Schlagworten sucht, welche die Anschlussfähigkeit zu den Themen und Methoden der sozialwissenschaftlichen Körperforschung nachweisen, wird schlecht entlohnt. Das Lemma ‚Körper' kommt nicht vor, und die einige Zeilen tiefer ansetzende Recherche nach dem ‚Leib' führt im Sachregister lediglich zum Eintrag für ‚Leid'. Dabei hat es doch in der *Dialektik der Aufklärung (DdA)* ein Fragment mit dem verheißungsvollen Titel „Interesse am Körper" gegeben (GS 3, S. 265 ff.). Das „Verhältnis zum Körper" wird darin als ein verstümmeltes, weil durch zwanghafte Zugriffe zu Zwecken des Arbeitens eingeschränktes vorgestellt. Die „Hassliebe gegen den Körper" floriere, weil eine Kultur sich etabliert habe, die die Körperausstattung nur unter den Bedingungen einer produktiven Instrumentalisierung als anerkennenswert proklamiert. Die Vorherrschaft

des Denkens über ‚sachliches' Schaffen wird dabei geleugnet: „Erst Kultur kennt den
Körper als Ding, das man besitzen kann, erst in ihr hat er sich vom Geist, dem Inbegriff der Macht und des Kommandos, als der Gegenstand, das tote Ding, ‚corpus', unterschieden", schreiben Horkheimer und Adorno (GS 3, S. 266; vgl. zu diesem Komplex den Abschnitt über „Die Revolte der Natur" bei Horkheimer 1997, S. 93 ff.). Die
unter anderem von René Descartes angestoßenen, die philosophische Moderne be-
flügelnden Überlegungen zum Leib-Seele-Dualismus, die dann später beispielsweise bei Helmuth Plessner oder, von Adorno an anderer Stelle zitiert (vgl. GS 5, S. 149),
bei Edmund Husserl in Auseinandersetzungen mit dem Unterschied von Körper und
Leib ihr Echo hinterlässt, ist dem Resümee in der *DdA* zufolge so gut wie hinfällig:
„Der Körper ist nicht wieder zurückzuverwandeln in den Leib. Er bleibt die Leiche,
auch wenn er noch so sehr ertüchtigt wird." (GS 3, S. 267) Die „totalitäre[] Propa-
ganda" weiß diesen Umstand für sich einzusetzen, indem sie den Körper messbar
und damit zum Leistungsobjekt macht, etwa im Zusammenhang mit Sport oder mit
Gesundhalteparolen. Zur Bandbreite solcher Interessen am Körper gehört auch die
scheinbare Kehre, die an die Stelle der arbeitenden die modellierte Physis rückt. Im
Rampenlicht stehen dabei mögliche oder tatsächliche Errungenschaften körperlichen
Leistungsvermögens, die prima facie nicht ökonomischer Verwertungslogik folgen,
sondern einem ‚kultivierten Sinn' wie ein Selbstzweck zugeschlagen werden können:
„Man kann vom Körper nicht loskommen und preist ihn, wo man ihn nicht schlagen
darf." (GS 3, S. 268 f.)
   Deutlicher als auf den knapp fünf Druckseiten dieses Fragmentes haben sich die
Autoren der *DdA* selten zum Körper geäußert, und was hier in kompakter Form an-
geprangert wird, ist im Wesentlichen eine Zuspitzung der als zeitgenössisch-allgegen-
wärtig durchschauten Gesellschaftsprobleme auf dem Areal des Leiblichen. In seiner permanenten Präsenz ist der Körper für jedes *Subjekt* zwangsläufig eben auch
ein *Objekt,* an das die Dialektik der Aufklärung mit je spezifischen, schon in der Bi-
bel, bei Luther und Calvin, bei Machiavelli und Nietzsche (allesamt zitierte Quellen)
aufgeführten Methoden andockt. Aus dem Œuvre Horkheimers und Adornos ragt
dieser kurze Beitrag, wenigstens an der Rezeption gemessen, nicht heraus, vielleicht
gerade deshalb nicht, weil darin der Körper als die physiologische Zielscheibe einer
allgemein unheilvollen Tendenz beschrieben wird und die Krise als solche größeres
Gewicht hat als die Begutachtung ihrer Symptome. Der Leib steht, von diesem Exkurs abgesehen, ansonsten gewissermaßen in der Wüste. Hinter dieser Abgrenzung
könnte (auch) stehen, dass die Körperausstattung jenseits der Fabrik- und Sporthal-
len, neben den Weizen- und den Schlachtfeldern, wo jeweils die Praxis dominiert,
damals durchaus als philosophisches (passives, theoretisiertes) Thema bereits existierte bzw. weiter entwickelt wurde (etwa in Henri Bergsons *Materie und Gedächtnis* von 1896 oder in Maurice Merleau-Pontys *Phänomenologie der Wahrnehmung,*
1945). Dies erfolgte allerdings am Leitfaden traditionellen Philosophierens und somit ohne Anschlussmöglichkeit für die Gesellschaftskritik Frankfurter Prägung, die
schließlich nicht für selbstzweckhaftes Erkenntnissuchen, sondern für Sensibilität

gegenüber den real existierenden Widersprüchen und für die Verbindung, ja Versöhnung des Denkens mit realistischen Veränderungsimpulsen plädierte (vgl. ausführlich Horkheimer 1974).

Von heute aus ist die recht deutliche Distanz der kritischen Theorie gegenüber dem Körper, und damit auch gegenüber dem Emanzipationspotenzial, das sich aus einer körpersoziologischen Perspektive ergeben könnte (zugegeben: lange, bevor ‚Körpersoziologie' die Weihe eines innerdisziplinären Schlagwortes erhielt), sachlich unbegründet. Explizit wird sie denn auch nirgends legitimiert; wo keine Frage, da keine Antwort. Sollte dadurch die Fixierung aufs Körperliche, und somit auf das durchaus Spürbare und Messbare, qua Nichtbeachtung abgewertet werden, weil sich dabei die Physis grob-materialistisch – sei es auch nur temporär – vor das Geistige stellt? Soll implizit gesagt werden, der Körper müsse als Aggregat mehrfacher Zumutungen innerhalb der „verwalteten Welt" gelten (Schönheits-, Jugend-, Leistungs- und Durchhaltewahn kommen einem auch heute in den Sinn) und könne folglich ob seiner durchschlagenden Verdinglichung nur mehr nebensächliches Interesse wecken? Steht, anders gesagt, der Körper unter Positivismusverdacht? Man kann aber auch anders fragen: Ist nicht der Leib des Menschen immerzu Vexierpunkt bzw. Angriffsfläche bei Auseinandersetzung mit dem scheinbar objektiv-materiell Gegebenen, woraus sich Fragen und Lösungen herausschälen bezüglich dessen, was das Gesellschaftsleben ausmacht (oder ausmachen soll, darf und muss)? Zeigen nicht die Verflechtungen des Körpers zwischen Gesellschaftsstruktur und physischer Subjektrepräsentation zahlreich, dass die Leiblichkeit ebenso sehr Produkt wie Produzent sozialer Verhältnisse ist (vgl. Gugutzer 2010)? Wo anders soll die Sozialphilosophie starten, wenn nicht bei der leiblichen Unmittelbarkeit, von der sich die zarten ebenso wie die brachialen Theoriegebärden auch beim noch so raffinierten rhetorischen Fluchtversuch nicht abtrennen lassen, weil das körperliche Sein und die geistige Verfassung nun einmal siamesische Zwillinge sind?

Vom „musikalischen Körper" ist in Adornos zu Lebzeiten veröffentlichten Schriften tatsächlich häufiger die Rede als vom Personenkörper, und nicht einmal das metaphorische Bild vom „Gesellschaftskörper", das ab dem 19. Jahrhundert zunehmend strapaziert wird, um bei aller Ausdifferenzierung der Gemeinschaftsidee doch eine ganzheitlich Hülle zuzuweisen, kann quantitativ dagegen halten. Wenn doch einmal vom Körper die Rede ist, lässt Adorno ihn gerne im Gewand des gelehrten Zitats auftreten. Von Comte bis Beckett reicht die Liste der Fremdverweise, und um keine Missverständnisse aufkommen zu lassen: auch dabei steht der Körper fast nie im Fokus, sondern ist, bei schwankender Gewichtung, fast immer Nebenthema und fast nie Hauptsache. Nachfolgend sollen die Fundstellen, die aus dem Steinbruch der kritischen Stellen heraus gebrochen werden konnten, einer Prüfung auf ihre körpersoziologische Verwertbarkeit hin unterzogen werden. Im Zentrum steht dabei Adorno, weil kein anderer Name so nachhaltig und auch so repräsentativ für die Frankfurter Schule steht. Soweit überschaubar, ragen die Körperbezüge bei Adorno gegenüber jenen anderen Generationen der ‚ersten Generation' wie Max Horkheimer, Herbert

Marcuse, Friedrich Pollock u. a. auch quantitativ heraus, zumindest wenn der Fokus soziologisch oder wenigstens sozialphilosophisch justiert ist (im Gegensatz zu der mehr sozialpsychologischen Orientierung etwa bei Erich Fromm). Spätere Autoren, die der kritischen Theorie gemeinhin zugerechnet werden – empathische Zugehörigkeitsbekenntnisse sind hier indes nicht zu holen –, haben sich, wie etwa bei Jürgen Habermas, der den ‚Klassikern' noch persönlich verbunden war, oder bei Axel Honneth ersichtlich ist, selten mit dem Körper befasst, allemal nicht vordergründig. Am Beispiel Adorno hingegen lässt sich, so die leitende Annahme hinter dem vorliegenden Beitrag, die seltsame Körperferne einer ansonsten nicht gerade auf Abstinenz zum Konkreten beharrenden Theorierichtung am anschaulichsten diskutieren.

2   Naturverfallenheit

Mit der *DdA* intensivieren sich ab den 1940er Jahren die Nachforschungen Theodor W. Adornos (1903–1969) und Max Horkheimers (1895–1973) hinsichtlich der verhängnisvollen Gegenüberstellung von Natur und Kultur, als deren zeitgeistgerechter Ausweg die kapitalistische Gesellschaft den freiwilligen Selbstständigkeitsverlust des Individuums propagierte. Die ungeahnten Höhen der Weltbeherrschung durch Aufklärung fallen in Wahrheit, lautet die Generalthese, zurück ins Mythologische. Den Fängen der ihn überwältigenden Natur soll der Alltagsmensch vermeintlich dadurch entkommen können, dass er die Kulturindustrie als rationales Ventil adaptiert und wie einen Schutzmantel begreift, der Rückfälle oder Vorstöße in die unheimliche Sphäre autonomer Freiheit zu verhüten weiß. Fortschrittsgläubigkeit und Aufklärungsvertrauen überdecken, so die pessimistische Diagnose, dass auf diese Weise wahre Humanität blockiert wird.

Mit den „philosophischen Fragmenten", wie die *DdA* zunächst im Haupt- und später im Untertitel hieß, endet „im Zeichen triumphalen Unheils" (GS 3, S. 19), d. h. im Angesicht der Barbarei des Dritten Reiches, vor welcher die Autoren über Umwege in die Vereinigten Staaten flohen, eine Phase eher traditionellen akademischen Philosophierens. Im Falle Adornos beinhaltete dies vor allem Auseinandersetzungen mit Ästhetik und mit den Werken Edmund Husserls bzw. Søren Kierkegaards, aber auch Beschäftigungen mit der Psychoanalyse. Ein näherer Blick enthüllt, dass in diesem Frühwerk schon deutliche Spuren des Späteren auffindbar sind. Horkheimer befasste sich zu dieser Zeit insbesondere mit der Philosophie Immanuel Kants. Mit dem Aufstieg des Nationalsozialismus war der geisteswissenschaftliche ‚Normalbetrieb', der für manche immer noch möglich schien, eben darum endgültig verdächtig geworden. Die Frage, was vor dem Hintergrund des politischen Geschehens als gesellschaftlicher Fortschritt, ja als Fortschreibung eines ominösen Siegeszuges von Vernunft und Aufklärung überhaupt noch gelten könne, war für Horkheimer und Adorno nur mehr negativ zu beantworten. „Die Geschichte der Zivilisation" sei im Kern die „Geschichte der Entsagung" (GS 3, S. 73), welche dialektisch mit Beherrschungsfantasien auch und gerade gegenüber demjenigen einhergeht, was als ‚Natur des Menschen' kolportiert wird: „Die Menschen distanzieren denkend sich von Natur, um sie so vor sich hinzustellen, wie sie zu beherrschen ist." (ebd., S. 56) Dass durch rationale Denkarbeit das Naturhafte auf nüchtern-tauschwertige Niveaus herunter gebrochen wird, haben Plädoyers, die Körperabstinenz als Konzept der Ordnungsgewährleistung propagiert haben, immer schon betont; der Körper und sein Leistungspotenzial können verkauft, verbessert, repariert und auf Märkten angeboten werden, sie sind außerhalb dieser Inanspruchnahmen und der Machteffekte, die daraus entstehen, jedoch nahezu inexistent. Eine wahrhaft beherrschte Natur ist demnach eine, die gezähmt genug ist, um als Korrektiv aufklärerischer Herrschaftsansprüche zu versagen. Selbst etwas verführerisch leicht als ‚naturgegeben' Deutbares wie der Körper wird auf diese Weise zum Fabrikationsobjekt, an dem Modellierungsarbeiten nottun – derweil zugleich die Sorge nicht beseitigt werden kann, die Natur könne, unter welchen Umständen auch immer, doch durchbrechen und gegenüber den Überwältigungsansprüchen triumphieren. Solche Befürchtungen lassen sich ebenso sehr gegen die bedrohlich unter der Oberfläche lauernden ‚Triebnatur' des Menschen in Anschlag bringen, wie gegen Naturkonzepte, die auf einen harmonischen Umgang mit der physischen Ausstattung jenseits von Scham und kultureller Repression abzielen. Zu konstatieren, wie es anders sein könnte, wenn es nicht wäre wie es ist, steht angesichts der Dialektik der Aufklärung nun aber selbst schon unter Ideologieverdacht, weil auch der „ehrlichste Reformer" durch die Adaption der etablierten Kategorien dazu verdammt ist, „die Macht des Bestehenden […], die er brechen möchte", zu verstärken (ebd., S. 15).

Die Aporien der Vernunft, der Betrug durch Massenkommunikation und die Genese des antisemitischen Kalküls sind zentrale Abschnitte der *DdA*. Noch am stärksten auf den Körper beziehen lassen sich, neben dem bereits genannten Fragment, diejenigen Kapitel, in denen zwei scheinbar konträre literarische Vorbilder auf ihre Verwurzelung mit der abendländischen Kulturgeschichte hin überprüft werden. Sowohl im Handlungsverlauf von Homers *Ilias* wie auch in Schriften des Marquis de Sade finden Horkheimer und Adorno Elemente, die als Beweisstücke fungieren können für den Zustand eines üblicherweise unhinterfragt als „aufgeklärt" deklarierten Zeitalters. Odysseus' Irrfahrt von Troja nach Ithaka, eines der ältesten Textzeugnisse der Menschheitsgeschichte (und für Horkheimer gar die Keimzelle aller Anthropologie; Wiggershaus 1986, S. 368), beschreibt den „Weg des leibhaftig gegenüber der Naturgewalt unendlich schwachen und im Selbstbewußtsein erst sich bildenden Selbst durch die Mythen" (GS 3, S. 64). Zur Selbstbildung gehört, dass Odysseus sich in einer der bekanntesten Passagen an den Mast seines Schiffes binden lässt, um den verführerischen Stimmen der Sirenen zu lauschen. Ihr Gesang hat eine hypnotische Wirkung, weshalb Seeleute, die ihn vernehmen, sofort zu ihnen eilen wollen, tatsächlich aber in gefährliche Strömungen gelangen, Schiffbruch erleiden und ertrinken. Damit zugleich das rationale Arbeitsziel, das Fortkommen von Schiff und Mannschaft, ohne Gefährdung erfolgen kann, müssen Odysseus' Untergebene sich die Ohren mit Wachs zustopfen. So können sie ohne Verirrung weiter rudern, während Odysseus die Regression – den Rückfall in eine vorrationale, vom Impetus subjektiver Triebe bestimmte Haltung – zumindest unter den Bedingung einer Art ‚aufgeklärter Selbstkontrolle‘ genießen kann. Sinnliche Reize lassen sich nicht rationalisieren, ohne ihre Qualität zu verlieren, und eine überindividuell-industrielle Verwertbarkeit scheidet ob der zwangsläufigen Ernüchterungseffekte, die dabei entstehen, aus; deshalb ist das nur durch Inszenierungsmittel erlangte ‚Zurück zur Natur‘ gleichermaßen verführerisch wie luxuriös. Odysseus „wirft sich weg […], um sich zu gewinnen" (ebd., S. 65) – er kann es sich leisten, das streng genommen Überflüssige zu erleben, das nicht zu seinem Schicksal gehören muss, aber soll. Er taucht in den Mythos ein, den seine Ruderer mehr oder minder achtlos hinter sich lassen, weil er sie dazu angeleitet hat, der Verlockung (die eine psychische wie auch physische ist) zu widerstehen. Das Symptom ist überzeitgemäß: Den Massen werde, so Horkheimer und Adorno, suggeriert, dass die Gewalt der Mythen besiegt und eine Regression, die ungesteuerte Körpererfahrungen bietet, obsolet sei – mit der Konsequenz, dass „die Unfähigkeit, mit eigenen Ohren Ungehörtes hören, Unergriffenes mit eigenen Händen tasten zu können", zur eigentlichen Regression wird (ebd., S. 54). Die Abkehr vom Mythologischen wird, als Zugewinn an das Naturbeherrschungswissen, selbst zum Mythos und zum Fetisch, und somit gewinnt „Naturverfallenheit" (ebd., S. 15) einen doppeldeutigen Sinn: So sehr man der Natur zu ‚verfallen‘ droht, so sehr verfällt sie durch die Dialektik des Aufklärungsdenkens selber.

Die Befreiung aus der mythologischen Welt ebnet den Weg für die normativen Qualitäten des aufgeklärten Agierens: „Das Selbst, das nach der methodischen Ausmerzung aller natürlichen Spuren als mythologischer weder Körper noch Blut noch Seele und sogar natürliches Ich mehr sein sollte, bildete zum transzendentalen oder logischen Subjekt sublimiert den Bezugspunkt der Vernunft, der gesetzgebenden Instanz des Handelns." (ebd., S. 46) Selbst das exzessive Ausdehnen und das Überschreiten körperlicher Leistungs- und Empfindungsfähigkeiten, wie sie im Werk des Marquis des Sade bildgewaltig beschrieben sind, dürfen als Konsequenz der Konjunktur von Vermessung und Versachlichung gelten – denn nicht unbändiger Trieb, sondern berechneter Orgiasmus bestimmt die Szenerie: „Die Menschen gewinnen das rationale, kalkulierende Verhältnis zum eigenen Geschlecht, das in Juliettes aufgeklärtem Kreise als alte Weisheit längst verkündet wurde. Geist und Körper werden in Wirklichkeit getrennt, wie jene Libertins als die indiskreten Bürger gefordert hatten." (GS 3, S. 128) Die Kultur der etablierten Liebes- und Gattungsrituale wird in den Geschichten, die de Sade um seine Figuren (Juliette, Justine und andere) rankt, nicht schlichtweg als Zähmung und Tarnung ‚wahrer‘, insbesondere leiblicher Begierden dargestellt. Just durch die Fortführung der kulturellen Bemächtigung des Körpers sind spezifische Reize in Form betont ‚unnatürlicher‘ sexueller Raffinessen erst möglich. Horkheimer und Adorno greifen an dieser Stelle zurück in die Antike und zitieren Lukrez, der „den Hintergründen des Lebens" mithilfe einer „kaltblütigen Analyse" nachspürt – mit dem Ergebnis, dass die Liebe ein körpergebundenes Geschehen ist: „es ist der Körper allein, den ich liebe, und es ist der Körper allein, den ich be-

klage", so der antike Dichter. Darauf folgt von Horkheimer, der das Kapitel zu de
Sade hauptsächlich verantwortet hat (Adorno war dagegen der Autor der *Odysseus*-
Auslegung) der Kommentar, dass diese „Einsicht in die Dissoziation der Liebe das
Werk des Fortschritts [ist]" (nach GS 3, S. 130). Zumindest lässt sich die Überlegung,
dass der Körper dem Gefühl vorgeordnet ist, mit seiner buchstäblichen ‚Verarbeitung'
im Zuge des Kapitalismus reibungslos verknüpfen. Das sichtbar Geleistete bestimmt
demgemäß die Produktivität des Menschen, und sein sichtbarer Körper ist das Medium dieser Leistung. Die erotischen Transgressionen des Marquis de Sade, so sehr
sie auch fiktionale Utopie und eben nicht didaktischer Entwurf sind, können es sich
erlauben, das Primat ‚handgreiflicher' Spuren zu feiern: am Ende wartet mit der gezielten Vernichtung die ultimative Rationalisierung des Körpers auf diejenigen seiner
Figuren, die nicht den Fortschrittsgeist ihres Autors atmen.

Selbst da, wo der wackelige Brückenlauf zwischen Natur(beherrschung) und
Kultur(usurpation) nicht so blutig endet, wie es sich bei de Sade als letzte Drehung
des Eskalationsschraube aufzudrängen scheint, und selbst wenn die Unterwerfungs-
bedrohung gar nicht mehr offen im Raum steht, ist Freiheit nicht verwirklicht. Als
ein weiterer Referenzautor fungiert diesbezüglich Alexis de Tocqueville, von dem ein
Befund aus dem 19. Jahrhundert als zeitgemäß für die Gegenwart der *DdA* erachtet
wird: „Die Analyse, die Tocqueville vor hundert Jahren gab, hat sich mittlerweile ganz
bewahrheitet. Unterm privaten Kulturmonopol läßt in der Tat ‚die Tyrannei den Körper frei und geht geradewegs auf die Seele los. Der Herrscher sagt dort nicht mehr: du
sollst denken wie ich oder sterben. Er sagt: es steht dir frei, nicht zu denken wie ich,
dein Leben, deine Güter, alles soll dir bleiben, aber von diesem Tage an bist du ein
Fremdling unter uns.'" (nach GS 3, S. 155) Wie immer man den eigenen Körper oder
die eigene Seele einsetzt: die Verantwortung, sich jenseits von Autonomieinteressen
an fremden Maßstäben zu orientieren, ist selbst Kulturgut geworden, eingekleidet in
die wärmenden Parolen wohlmeinend Verstehender. Solche Monopolisten des ‚richtigen' Lebens sind Odysseus und de Sade allemal, und angesichts permanent aktueller
Befunde über gesellschaftliche Bedrohungen durch Autonomieinteressen (siehe – für
die heutige Gegenwart – der Sterbehilfediskurs in Europa, der Abtreibungsdiskurs
in den Vereinigten Staaten, die Vogelfreiheit Homosexueller in manchen Regionen
der Dritten Welt, usw.) bleibt Tocqueville, der durch den Mund von Horkheimer und
Adorno spricht, mit diesen Worten *up to date*.

Bei de Sade ist essentiell, dass der überdrehte Sexus nicht mehr als fremd, sondern
als prinzipiell adaptierbar propagiert wird; zu welchem Erfolg, ist nur anhand einer
philosophischen Fabel des Autors zu erfahren, nicht aufgrund empirischer Umset-
zungen. Weder Skandalisierung, noch Moralkritik im Stile Helmut Schelskys (siehe dessen wenige Jahre nach der *DdA* erschienene *Soziologie der Sexualität*; Schelsky
1983) stehen im Mittelpunkt von Horkheimers und Adornos Beschäftigung mit Sexualität, wohl aber die Instrumentalisierung der Lust zu quasi-ökonomischen Zwecken. Der Exzess, der vor lauter überbordender Begierde schon wieder planvoll eingerichtet werden muss, kann nicht mehr als unverfälschter, ideologiefreier Gewinn

des im Leib geborgenen Bewusstseins abgebucht werden: „Geist und Körper werden in Wirklichkeit getrennt" (GS 3, S. 128). Die Dimension des außerhalb von Verwertungsinteressen stehendes Lustgefühls zweier sich körperlich Liebender wird als positive Kontrastfolie insbesondere von Adorno indes hier und da erwähnt. Vor allem in seinen späten Jahren hat er sich mit sporadischen Äußerungen als liberaler Beobachter sexueller Entfaltungsinteressen entpuppt (sein deutlichstes Statement in diesem Kontext ist der Beitrag *Sexualtabus und Recht heute,* 1963 verfasst für die progressive Aufsatzsammlung „Sexualität und Verbrechen"; GS 10.2, S. 533 f.). Derweil Adorno selbst für pornografische Literatur (in seinem Werteverständnis fallen darunter wohl vor allem Romantexte und Vergleichbares) ob ihrer pädagogischen Wirkung (!) ein gutes Wort übrig hat, hat Horkheimer im hohen Alter die Anti-Baby-Pille kritisiert, da sie geeignet sei, die Komplexität von Sozialbeziehungen auszudünnen: Durch die Pille werde Sexualität zum weniger überlegten, weniger wertgeschätzten Freizeitvergnügen (Horkheimer 1970). Diese Positionen sind keineswegs widersprüchlich, sondern derselben Programmatik verpflichtet. Zu dieser Agenda gehört auch die Kritik an der paradoxen Bereitschaft der Rezipienten kulturindustrieller Angebote, sich subtilen Diktaten zu unterwerfen, die wesentlich mehr nehmen, als sie geben. Horkheimer und Adorno prangern im Anhang zu dem berühmten Kapitel „Kulturindustrie" der *DdA,* einer (ursprünglich unpublizierten) Fortsetzung mit dem Titel *Das Schema der Massenkultur,* die „Freiwilligkeit des Dienstes" an, „den das Individuum dem eigenen Körper noch einmal abzwingt. In der Freiheit über diesen bestätigt es sich dadurch, daß es das Unrecht, das ihm selber vom gesellschaftlichen Zwange widerfuhr, an den Sklaven Körper weitergibt." (GS 3, S. 328) Deutlich werde diese Einschreibung von Unterdrückung nicht nur im Kontext der Sexualität, sondern insbesondere beim Sport. Die „Rolle des Sports" im Zusammenhang mit dem „verquere[n] und pathogene[n] Verhältnis zum Körper" ist für Adorno eine doppeldeutige: Polemisch in die Nähe „kaum kontrollierter körperlicher Gewalt" gerückt, wird die Etikette von „fair play, Ritterlichkeit, Rücksicht auf den Schwächeren […] in manchen seiner Arten und Verfahrensweisen [durch] Aggression, Roheit und Sadismus" überrannt, zumal von denjenigen, die sich gar nicht sportlich engagieren, sondern „Anstrengung und Disziplin des Sports" meiden, um der „archaische[n] Neigung zur Gewalt" und ihren „verdrückt sadistischen Zügen" stattdessen durch die Brutalität des Brüllens, Beleidigens und mitunter auch der Verletzung Ausdruck zu verleihen (GS 10.2, S. 680 f.).

Gender-Sensibilitäten fallen bei all dem übrigens kaum ins Gewicht, wodurch eine Linie aus der *DdA* subtil fortgesetzt wird. Dort sind die Frauen Opfer oder Kollaborateure, verführerisch sind sie allenfalls unter den Ausnahmebedingungen einer mythologisch verzauberten Welt; andere Rollenmuster kommen fast nicht vor (vgl. Geyer-Ryan/Lethen 1987, S. 43). Die oft erzählte und oft gehörte Anekdote über das ‚Busen-Attentat' – eine Reihe von Studentinnen umringte im April 1969 Adorno *oben ohne,* als er am Katheter zur Vorlesung ansetzte, und düpierte den Professor vor seiner Studentenschaft – wird bisweilen als aktionistische Antwort auf das Defizit der kritischen Theorie verstanden, im Hinblick auf die Geschlechterbeziehungen die Zeichen der Zeit korrekt gedeutet zu haben. Es erscheint plausibel, dass Adorno sich anlässlich dieser Episode mit einem regressiven Moment konfrontiert gesehen hat: Gerade er, der weder Reaktionär noch prüde war, sollte durch die plakative Konfrontation mit nackten Frauenbusen bloßgestellt werden. Die Geste ist schwerlich anders zu deuten denn als Instrumentalisierung des Scharniers von Körper und Begierde zugunsten eines irgendwie ‚politischen' motivierten Aktionismus. Das Signal, das bei Adorno ankam, war wohl nicht forcierte Empörung, sondern inszenierte Entfremdung.

In den „Reflexionen aus dem beschädigten Leben", die Adorno in den 1940er in drei Stationen unter dem Titel *Minima Moralia* niederlegte, steht eine andere Systematik im Vordergrund als in der *DdA*. Der Text besteht aus aphoristischen Notizen über Alltagsbegebenheiten und aus scharfen Beobachtungen der Lücken, Fehlstellen und Fragezeichen in routinierten Lebensabläufen. Adorno spitzt pointiert zu und spickt seine Notizen mit Querverweisen auf die Kulturgeschichte. Wo von Medizin, Krankheit, Alter, Jugend, Lust und Frust des Daseins die Rede ist, wäre auch der Körper zu vermuten, und eine *Minima Moralia* der Gegenwart wäre spätestens nach dem *body turn* (vgl. Gugutzer 2006) in den Sozial- und Kulturwissenschaften fraglos mit einem reichhaltigen Anschauungsgebiet gesegnet. Adorno jedoch hat in seinen *Reflexionen* nur für implizite Referenzen Platz, also für Kontexte, in denen der Körper eher unausgesprochen eine Rolle spielt. Er lässt ihn zwar die Angst verspüren, dass die „Lebensquote" in der Gesellschaft vielleicht schon aufgebraucht sei (GS 4, S. 188 f.), ansonsten aber sind auch diese unter den offiziellen Publikationen wohl privatesten Texte Adornos so eingerichtet, als stünde zwischen Gedanke und Niederschrift nicht einmal die Hand, die die Feder führt.

3   Körper und Kulturkritik

Zu den zentralen Beiträgen der ‚ersten Generation' der kritischen Theorie zum Körper in der Gegenwartskultur muss auch Herbert Marcuses Beitrag gezählt werden, der im Dickicht von „Triebstruktur und Gesellschaft" (1990) die Befremdung von Körper und Bewusstsein anprangert. In einer Welt, in der das Leistungs- vor dem Lustprinzip steht, seien es der Arbeits- und der Leistungszwang, die zur Unterdrückung jeglichen Freiheitspotenzials führen, nach dem im Physischen und Psychischen eigentlich gestrebt werden müsste. Würde die entfremdende Arbeit nicht mehr, quasi *desexualisierend*, die Libido überdecken und erlahmen lassen, dann wäre ein zwangloser Umgang mit dem Körper möglich, und dann könnten sich Sexualität, Arbeit, Denken usw. homogen verbinden. Marcuse versucht, die Begrenzung des körperlichen Potenzials am Beispiel der Genitalien zu verdeutlichen: In der abendländischen Kultur gelten sie als Zentrum der Lust, was aber das Resultat einer spezifischen Sozialordnung sei, die damit ein bloß eingeschränktes körperliches Erleben und Empfinden als ‚Natur' defi-

niert. Dabei würde ein versöhnendes Aufeinandertreffen von „Eros and Civilization"
(so 1955 der Originaltitel des Buches) Freiheit und Lustgewinn für den ganzen Körper
versprechen – anstelle seines, politisch und ideologisch zu überwindenden, bloßen
„Gebrauch[s] als Arbeitsinstrument" (ebd. S. 52 f.).

Marcuses kulturkritische Betrachtung – die mitunter eine Kultur der Verdrängung von Kultur impliziert – fügt sich, wenn auch nicht in jedem inhaltlichen Detail,
so doch hinsichtlich der Stoßrichtung mit Adornos kulturkritischen Schriften zusammen. Ein berühmtes Zitat, das Adorno in seinen diesbezüglichen Abhandlungen
aufgreift, könnte, wäre es nicht einem völlig anderen, immerhin gleichsam den Zeit-
geist (von 1902!) monierenden Kontext entnommen, dem Frankfurter Körperpessi-
mismus wie ein Zwilling zur Seite stehen. Hugo von Hofmannsthal lässt seinen *Lord
Chandos* in einem, wie Adorno kommentiert, „lebensphilosophisch verdorben[en]"
Tonfall seine Gemütslage rezitieren: „Ich empfand ein unerklärliches Unbehagen, die
Worte ‚Geist', ‚Seele' oder ‚Körper' nur auszusprechen. [...] Die abstrakten Worte, deren sich doch die Zunge naturgemäß bedienen muß, um irgendwelches Urteil an den
Tag zu geben, zerfielen mir im Munde wie modrige Pilze." (nach GS 10.1, S. 212) Das
Abstrakte nicht *nur,* aber eben *auch* des Körpers, schiebt Wort und Welt weit auseinander und splittet damit Erfahrungsformen in unterschiedliche Intensitätsgrade
auf. Den Gefühlswelten, die Hofmannsthal evoziert (mitsamt der Atelieratmosphä-
re, die Stefan George pflegte, der in demselben Text thematisiert wird), weiß Adorno
sich fern – die Bruchstelle zwischen etwas unbestechlich Bestehendem und der Rekonstruktion dieser Tatsächlichkeit im Rahmen eines de-objektivierenden, weil kritischen Nachvollzugs hingegen ist ihm geläufig. Einem solchen Schema lassen sich
auch Adornos Betrachtungen über *Funktionalismus heute* zumindest an der Stelle zuweisen, an der er Le Corbusiers architektonisches Werk – letztlich das Errichten eines
physikalischen ‚Körpers' zur alltäglichen ‚Verwendung' durch menschlicher Leiber –
zu diesen nicht in Beziehung zu setzen vermag: „Unmöglich, die mächtige Phanta-
sieleistung Corbusiers zu umschreiben mit jenen Relationen der Architektur zum
menschlichen Körper, auf die er literarisch sich bezog. Offenbar gibt es in den Materialien und Formen, die der Künstler empfängt und mit denen er arbeitet, so wenig sie noch sinnhaft sind, trotz allem etwas, was mehr ist als Material und Form."
(GS 10.1, S. 387) Der Verlust des Sinnhaften, in der *DdA* einschlägig gerade wegen
der manipulativen Versuche, ihn durch Surrogate aufzuhalten oder zu kompensieren, wird in moderner Architektur im wahrsten Sinne des Wortes ‚eingebaut' und ge-
rinnt zum funktionalen Aspekt schöpferischer (kunsthandwerklicher, oder doch eher
ästhetischer?) Arbeit. Körper tauchen als ‚Elemente' auf, weil der Gebrauchswert es
diktiert, aber zur Versöhnung zwischen dem Stoff des Architekten und dem Leib-
gewebe der Menschen in ihren sozialen Situationen bedarf es vieler Übersetzungs-
schritte (vgl. dazu auch Sennett 1997). Ob sie auf repressive oder befreiende Weise verfolgt werden, ist der entscheidende Unterschied zwischen einem Körperrekurs,
der dinglich bleibt, und einem, der die Körper als materielle Stellvertreter humaner
Bedürfnisartikulation zu begreifen vermag.

Selbst die Musik, der Adorno als Interpret, Komponist und Theoretiker besonders nahe stand, beherbergt noch Versachlichungs- und damit Verdinglichungsgefahren für den Körper. Igor Strawinsky, der im Stile eines ‚Schulenstreits' gerne als Antipode von Arnold Schönberg apostrophiert wird, also als ‚kunstideologischer' Gegenspieler des von Adorno verehrten Erfinders der Zwölftonmusik, betreibe eine „desexualisierte Beziehung seiner Musik zum Körper. Dieser selbst wird von ihr als Mittel, als exakt reagierendes Ding behandelt; sie hält ihn an zu Höchstleistungen, wie sie im Raubspiel und im Wettkampf der Stämme des Sacre drastisch auf die Bühne kommen." Auch von „Kommandogewalt, die den Körper […] zum Unmöglichen trainiert", ist die Rede (GS 12, S. 159). Adorno spielt auf Strawinskys Ballett *Le Sacre du Printemps* an, das bei seiner Uraufführung 1913 in Paris einen Theaterskandal verursachte, weil darin das rhythmische Element gegenüber dem harmonischen in ungewohnter Weise im Vordergrund stand. Der explizite Rekurs auf ‚primitive Zeiten' – laut Libretto wird eine Jungfrau von einem archaischen ‚Naturvolk' geopfert – tat sein Übriges. Das avancierte Bühnenspektakel spiegelt in Adornos Augen wieder, was andernorts Arbeits(selbst)zwang und sportliche Übermotivation durchexerzieren: die Herabstufung des Körpers zur Maschine. Dadurch vollzieht sich im postindustriellen Zeitalter fast schon so etwas wie eine Wiederkehr verschollener Erfahrungen, denn durch solche Musik entsteht mitunter „eine Art Ersatzsphäre der physischen Motorik", die dem Menschen einst „real durch die Maschinen entzogen wurden" – sodass „qualvoll ungebundene Bewegungsenergie" nach einem Ausgleich sucht (GS 14, S. 231). Doch solche Maschinenträume sind, insbesondere als Begleitstück organisierter Kunstevents, für Adorno alles andere als Selbstverwirklichung: An den Schaltern der körperlichen ‚Geräte' stehen andere, die das Geschaffene, das Leisten und die Mühen mithilfe von Stech- oder Stoppuhr bewerten, bezahlen – oder bestrafen.

Dem Körper, den die Zumutungen des Kapitalismus malträtieren, stehen jene Körper gegenüber, die nicht mehr verwertet werden können. Beide finden ihren Niederschlag in der Kunst, letztere beispielsweise in den Schauspielen Samuel Becketts. Der surrealistische Ansatz des irischen Nobelpreisträgers, den Adorno schätzte und dem er seine – Fragment gebliebene – *Ästhetische Theorie* widmen wollte, wirkt dort, wo Versehrte und Halbtote die Bühne bevölkern, beinahe naturalistisch: „Recht funktionierende Körper haben sie alle nicht mehr, die Alten bestehen nur noch aus Rümpfen, die Beine haben sie übrigens nicht bei der Katastrophe sondern offenbar bei einem privaten Unfall mit dem Tandem in den Ardennen, ‚am Ausgang von Sedan' 44 verloren, wo regelmäßig eine Armee die andere zu vernichten pflegt; man soll sich nicht einbilden, gar so viel hätte sich geändert." (GS 11, S. 310). Funktionsuntüchtig sind hier nicht alleine die Körper, sondern erst recht der Geist; zwischen unbeseelter und beseelter Physis zu unterscheiden, macht in Becketts fiktionalen Welten kaum mehr Sinn. *Lulu*, die Protagonistin von Frank Wedekinds gleichnamigem Bühnenstück, ist in realistischere Farben getaucht; Adorno tritt sie in Alban Bergs Vertonung des Stoffes als Oper sogar als „absoluter Körper" entgegen, als „imago des fessellosen Glücks", bei der „im Blick ihrer ‚großen Kinderaugen' Seele erst sich bildet" (GS 13,

S. 484). Die bitter-ironische Konsequenz ist, dass dieser Vorrang des Körperlichen Lulu mit doppelter Tragik einholt: Sie muss sich, nach allerlei Schicksalswendungen, schließlich als Prostituierte verdingen. Derart auf den Warencharakter ihres Leibes reduziert, ist Lulu nun wieder „absoluter Körper"; und wenn am Schluss Jack the Ripper ihr letzter Kunde ist, vollzieht sich diese Reduktion mit tödlicher Konsequenz.

In seinen musiktheoretischen Schriften schneidet Adorno den Körperbegriff regelmäßig von der Zwiespaltposition zwischen Dinglichkeit und Geistigkeit zugunsten der schon erwähnten Lust an der Metapher ab – aber dieser Eindruck mag täuschen. Wenigstens quantitativ wäre es gerecht, in diesen Bänden der Gesamtausgabe (die posthum edierten Vorlesungen nicht mitgezählt) den Hauptteil des hinterlassenen Werkes zu vermuten. Diesen Weg ist die Adorno-Exegetik nicht mitgegangen; manch erhellender Querverweis von der ästhetischen zur sozialphilosophischen Dimension bleibt so unterbeleuchtet. Hinsichtlich seiner Skepsis gegenüber der Linie, die Geist und Körper trennt, findet sich hier der Hinweis, der todesnahe Arnold Schönberg habe seine „letzten Stücke [...] seinem wahrhaft vom Geist am Leben gehaltenen Körper abgetrotzt." (GS 18, S. 322) Geht es um Schönberg (und mehr noch um Berg, Adornos Kompositionslehrer), trifft das kritische Urteil auf die unverhohlene Wertstellung eines Autors, der in der verstörenden Irritation atonaler Musik eine gesellschaftliche Aufrüttelung zu finden hoffte. Kein Wunder, dass Schönberg attestiert bekommt, sein Geist sei der wahre Motor nicht nur seiner Tätigkeit, sondern seines Lebens: das Hinwerfen der Noten auf das Linienblatt, wiewohl obligatorisches Handeln des Komponistenkörpers, spielt keine Rolle. Der Körper scheint sich unterm Strich also als Faktor von und in Lebenswelten zu entpuppen, die von der Rücknahme des Geistigen bedroht sind. Tatsächlich aber will Adorno wohl nicht sagen, dass die Inanspruchnahme des Körpers als Werkzeug (und auch als Fassade) pauschal unbeachtlich ist: „zum schlechthin Anderen des Körpers" solle der Geist nicht gemacht werden, weil dies eben doch „im Widerspruch zu seinem immanent Somatischen", und damit konträr zu einer, hier nun ausdrücklich eingestandenen, „Dignität des Körperlichen" stehe (GS 6, S. 194). Gleichwohl: Dass am Ende der Tod die ‚Substanz zum Handeln' raubt, steht außer Frage. „Was der Tod gesellschaftlich Gerichteten antut, ist biologisch zu antezipieren an geliebten Menschen hohen Alters; ihr Körper nicht nur sondern ihr Ich, alles, wodurch sie als Menschen sich bestimmten, zerbröckelt ohne Krankheit und gewalttätigen Eingriff." (GS 6, S. 364)

4   Ambivalenz

Im Begriffsarsenal der kritischen Theorie nimmt das „Nicht-Identische" eine zentrale Position ein (siehe etwa GS 3, S. 31; GS 6, S. 110; GS 8, S. 315). Der Terminus lässt sich auf die anfangs erwähnte, fehlende Deckungsgleichheit zwischen Beschreibung und Wirklichkeit münzen; aber auch die relative Körperferne der Frankfurter Schule gewinnt im Lichte des Nicht-Identischen Kontur. Nicht-identisch ist, was sich nicht in bündigen Berechnungen abschließend und umfassend feststellen lässt, was also fluide und ergebnisoffen bleibt, was versteckt gehalten wird und/oder Irritationsimpulse auslöst. In der Körpersoziologie besetzt der menschliche Leib in diesem Sinne durchaus nicht-identische Positionen, denn längst schon gibt es keine einheitlichen Körperkonzeptionen mehr, die Habitus, Geschlecht, Ästhetik, Anfälligkeit, Historizität usw. des Körpers – oder richtiger: der als Körperreferenz eingesetzten Bezugspunkte in der Gesellschaft – verbindlich einfassen können. Von dieser Pluralität verschiedenartiger Ausgangsstellungen (mitsamt der Vielfalt an methodischen und auch theoretischen Behandlungswerkzeugen) ist in den Schriften der klassischen kritischen Theorie, und insbesondere bei Adorno, wenig zu sehen. Die ,Diskursivität' des Körpers musste erst noch ge- oder erfunden werden, bevor die sukzessive Ausfransung der einstmals trennscharfen terminologischen Positionen durch körpersoziologische Nachforschungen erfolgen konnte. (Auch die Nachfolger der Theorietradition, etwa der bereits erwähnte Jürgen Habermas, haben das Hervortreten des Körpers in den und für die Sozialwissenschaften wenig gewürdigt; aber von einem „Nicht-Identischen" war da schon kaum mehr die Rede.)

Was bleibt? Wofür kann sich die kritische Theorie heute noch anbieten, zumal im körpersoziologischen Kontext? Da längst unübersichtlich geworden ist, wer heute überhaupt kritische Theorie als konzeptionelles Etikett angeheftet bekommen soll, darf oder will, sind auch die konkreten Rückbezüge auf die „Frankfurter Schule" nur selten so stringent, dass sie ganz und gar kritische Theorie, und nicht auch zu den Cultural Studies, der Genderforschung, dem Neo-Marxismus, den postkolonialen Analysen usw. zugehörig sind. Diese Auffächerung kann allerdings auch fruchtbar sein, um vitalisierende Impulse zu liefern, und sie kann weiterhin dazu beitragen, die Anschlussfähigkeit der kritischen Theorie für die Gegenwart zu unterstreichen. Dies allerdings müsste um den Preis einer Revision bzw. Ausweitung der implizierten körperbezogenen Setzungen bewerkstelligt werden. Geht es um die Gebrauchs- und Tauschwertigkeit des Leibes, um das Geschlechterverhältnis, um die gesellschaftliche Rolle des Sports, aber auch um zeitgenössische Merkmale von Körperkrisen und -routinen oder um Tendenzen entkörperlichter Kommunikation, wäre von heute aus gesehen auch ein empirisch unterfütterter Erkenntnisgewinn ein sinnvolles Korrektiv der stark theoriefixierten Frankfurter Schule – und dies nicht nur hinsichtlich der sozialen Rolle der Körperlichkeit. Konkret bezogen auf Fragen der Körperautonomie bietet sich die Analyse der vermeintlichen Natürlichkeit von Körperhandeln und Körperleistungen nach wie vor als kritisches Raster an. Wie viel verdrängte Rationalität den sporttreibenden Körper insgeheim mit dem werktätigen verbindet, ist immer noch eine berechtigte Frage, zumal angesichts gegenwärtiger Überschneidungen der Felder Arbeit und Freizeit unter dem gemeinsamen Nenner des (zeitvernichtenden) Leisten-Müssens oder -Wollens. Auch die Überlegung, dass Körperlichkeit nicht ,von Natur aus', sondern im Zugriff kultureller Setzungen verdinglicht wird, könnte etwa bei der Evaluation von sozialer Ungleichheit einerseits in globalisierter und andererseits in lokaler Perspektive von Bedeutung sein: Wie sehr man arbeitet, um den Körper ‚leben zu lassen‘, oder lebt, um den Körper nur mehr ‚arbeitend zu machen‘, ist schließlich auch für eine (kritische) Körpersoziologie von Interesse. Die Verwertungslogik am Körper, mithin: am *Inkorportierten* des Körpers unter kapitalismuskritischen Gesichtspunkten zu erforschen, wäre ein Vorhaben ganz im Sinne der kritischen Theorie; genauso wie es zeitgenössische Untersuchungen an den Ausprägungen der Dialektik der Naturbeherrschung sind. Nach wie vor, vielleicht sogar stärker denn je, stellt sich nämlich die Frage, ob die ‚Natur des *Körpers*‘ beherrscht wird (etwa durch gezielte chirurgische Eingriffe jenseits medizinischer Notwendigkeit) oder ob die ‚*Natur* des Körpers‘ infolge entsprechender Vollmachten an Substanzen verliert, welche in anderen Rahmungen als wertvoll gelten. In eine ähnliche Richtung lenken Anschlussoptionen, die von der Idee des ‚Fortschritts durch Dissoziation‘ ausgehen: Mag der umfassend ‚eingerichtete‘, durch Verzierung plakativ individualisierte, durch Leistungsaufwand ‚modellierte‘ Körper im Sinne kursierender Schönheits- und Idealmaße zwar wie perfekt und somit zeitgemäß wirken, so bilden sich dabei andererseits normative Muster und Zwänge, bei denen ein ‚richtiges‘ und ein ‚falsches‘ Körperbild gegengerechnet werden. Der Warencharakter des Körpers wird nicht zuletzt an Diskursen wie der Debatte um Organspende virulent, aber auch im Zusammenhang mit Fragen der Selbstbemächtigung: Ist der Körper ‚Besitz‘, der autonom verwaltet wird/werden darf, oder ist er, wenigstens im Ausnahmefall, kollektiven Interessen unterworfen? (Man denke an Diskussionen um das Recht auf Gewaltanwendung zum Zweck der Wahrung ‚höherer Rechtsgüter‘.) Nicht zuletzt könnte die Befruchtung durch alternative Theoriekonzepte erfolgsversprechend sein – etwa in Richtung von Michel Foucaults Auseinandersetzung mit der Disziplinarmacht am und im Körper (vgl. Dews 1989, S. 89 ff.). Pierre Bourdieus Habitus-Konzept mit seiner Schwerpunktsetzung auf den Körper und mit seinem Abarbeiten an der fiktiven Opposition zwischen Subjektivität und Objektivität bietet sich gleichsam an, zumal Bourdieu bekanntlich den Körper häufig thematisiert und sich dabei einer Art kritischen Theorie eigenen Zuschnitts bedient hat. Eine Idee wie das „Regime der Selbstformung", die bei Zygmunt Bauman verwendet wird (1997, S. 185), könnte ebenfalls – in beide Richtungen – als potenzieller körpersoziologischer Anschluss fungieren (siehe dazu Bonß 2008, 49 ff., wo Adornos Beschäftigung mit „Pseudo-Individualisierung" betont wird). Damit ist die Bandbreite der Anschlussmöglichkeiten bei weitem noch nicht erschöpft.

Der Dirigent und Komponist Michael Gielen war kein direkter Adorno-Schüler, ihm aber doch in Freundschaft verbunden. Anlässlich der Verleihung des Adorno-Preises der Stadt Frankfurt, der Gielen 1986 zugestanden wurde, hielt er in seiner Preisrede fest, „daß [Adorno] trotz aller Intellektualität sich immer eine sinnliche Dimension bewahrte, die nicht in der Philosophie aufgeht, sondern deren Grundlage ausmacht. Sein Denken bezieht sich immer noch auf diese unverzichtbare Grundlage, den Leib, den Sexus." (Gielen 1997, S. 205). Auch anderswo ist zu lesen, dass Adorno, wie oben angedeutet, „gegen die identitätsphilosophische Schlichtung des Subjekt-Objekt-Verhältnisses das somatische Moment aller Erfahrung durch

Erkenntnis" betont habe (Thyen 1989, S. 219). Erkenntnis dank der ‚Empirizität', welche die Leiberfahrung vermittelt, versetzt, verallgemeinert gesprochen, den Körper eben doch in die Situation, Grundierung von (Sozial-)Philosophie zu sein. Das ist nicht nur im trivial-materialistischen Sinne wahr, sondern vielleicht doch eine *hidden agenda,* auf der Späteres und Tieferes aufbaut, selbst wenn der physiologische Ursprung des Gedankens dabei verschleiert bleibt. Geht es in der kritischen Theorie um den Körper – oder eben ausdrücklich nicht –, muss Ambivalenz mitgedacht werden. Dazu soll noch einmal das zu Anfang behandelte Fragment über *Interesse am Körper* zitiert werden: „In der abendländischen, wahrscheinlich in jeder Zivilisation ist das Körperliche tabuiert, *Gegenstand von Anziehung und Widerwillen.*" (GS 3, S. 267; Hervorhebung T. B.) Und in seinen zu Lebzeiten unveröffentlichten *Traumprotokollen* spricht Adorno gar vom Empfinden, „ganz körperlos", und doch da zu sein (Adorno 2005, S. 71). Dieser zwiespältige Rang der Physis ist, in ausgeräumter Form, in seinem ganzen Werk vorhanden.

Literatur

Adorno, Theodor W. (1970–1986). *Gesammelte Schriften* (= GS) in zwanzig Bänden. Hrsg. von Rolf Tiedemann unter Mitarbeit von Gretel Adorno, Susan Buck-Morss und Klaus Schultz. Frankfurt am Main: Suhrkamp.

Adorno, Theodor W. (2005). *Traumprotokolle.* Frankfurt am Main: Suhrkamp.

Bauman, Zygmunt (1997). *Flaneure, Spieler und Touristen.* Hamburg: Hamburger Edition.

Benkel, Thorsten (2009). Ästhetische Verweigerung. Motive der Kunsttheorie Theodor W. Adornos. In: Iwo Amelung & Anett Dippner (Hrsg.), *Kritische Verhältnisse. Die Rezeption der Frankfurter Schule in China* (S. 353–366). Frankfurt am Main/New York: Campus.

Bergson, Henri (2014). *Materie und Gedächtnis. Eine Abhandlung über die Beziehung von Körper und Geist.* Hamburg: Meiner.

Bonß, Wolfgang (2008). *Wie weiter mit Theodor W. Adorno?* Hamburg: Hamburger Edition.

Dews, Peter (1989). Foucault und die Dialektik der Aufklärung. In: Harry Kunneman & Hent de Vries (Hrsg.), *Die Aktualität der ‚Dialektik der Aufklärung'* (S. 88–113). Frankfurt am Main/New York: Campus.

Geyer-Ryan, Helga & Lethen, Helmut (1987). Von der Dialektik der Gewalt zur Dialektik der Aufklärung. Eine Re-Vision der *Odyssee.* In: Willem van Reijen & Gunzelin Schmid Noerr (Hrsg.), *Vierzig Jahre Flaschenpost. ‚Dialektik der Aufklärung' 1947 bis 1987* (S. 41–72). Frankfurt am Main: Fischer.

Gielen, Michael (1997). Ein getreuer Korrepetitor. In: Paul Fiebig (Hrsg.): *Michael Gielen. Dirigent, Komponist, Zeitgenosse* (S. 200–218). Stuttgart/Weimar: Metzler.

Gugutzer, Robert (Hg.) (2006). *Body Turn. Perspektiven der Soziologie des Körpers und des Sports.* Bielefeld: Transcript.

Gugutzer, Robert (2010). *Soziologie des Körpers*. Bielefeld: Transcript.

Hawel, Marcus & Blanke, Moritz (Hrsg.) (2012). *Kritische Theorie der Krise*. Berlin: Dietz.

Honneth, Axel (Hrsg.) (2006). *Schlüsseltexte der Kritischen Theorie*. Wiesbaden: Springer VS.

Horkheimer, Max (1970). *Die Sehnsucht nach dem ganz Anderen*. Hamburg: Furche.

Horkheimer, Max (1974). *Traditionelle und kritische Theorie*. Frankfurt am Main: Fischer.

Horkheimer, Max (1997). *Zur Kritik der instrumentellen Vernunft*. Frankfurt am Main: Fischer.

Klein, Richard, Kreuzer, Johann & Müller-Doohm Stefan (Hrsg.) (2011). *Adorno-Handbuch. Leben, Werk, Wirkung*. Darmstadt: Wissenschaftliche Buchgesellschaft.

Marcuse, Herbert (1990). *Triebstruktur und Gesellschaft*. Frankfurt am Main: Suhrkamp.

Merleau-Ponty, Maurice (1974). *Phänomenologie der Wahrnehmung*. Berlin: de Gruyter.

Reckwitz, Andreas (2008). Kritische Gesellschaftstheorie heute. Zum Verhältnis von Poststrukturalismus und Kritischer Theorie. In: ders., *Unscharfe Grenzen. Perspektiven der Kultursoziologie* (S. 283–299), Bielefeld: Transcript.

Ritsert, Jürgen (2014). *Themen und Thesen kritischer Gesellschaftstheorie*. Weinheim: Juventa.

Schelsky, Helmut (1983). *Soziologie der Sexualität. Über die Beziehung zwischen Geschlecht, Moral und Gesellschaft*. Reinbek: Rowohlt.

Sennett, Richard (1997). *Fleisch und Stein. Der Körper und die Stadt in der westlichen Zivilisation*. Frankfurt am Main: Suhrkamp.

Thyen, Anke (1989). *Negative Dialektik und Erfahrung. Zur Rationalität des Nichtidentischen bei Adorno*. Frankfurt am Main: Suhrkamp.

Wiggershaus, Rolf (1986). *Die Frankfurter Schule. Geschichte, theoretische Entwicklung, politische Bedeutung*. München/Wien: Hanser.

Modernisierungstheorie

York Kautt und Herbert Willems

Einleitung

Dass die Soziologie von der ‚Moderne' und der ‚modernen Gesellschaft' spricht, ist zunächst nur ein Indiz dafür, dass die Gesellschaft über ein Geschichtsverständnis verfügt, mit dem sie sich selbst als modern beschreibt (vgl. Luhmann 1997, S. 102). Gleichwohl bestehen in modernisierungstheoretischen Debatten der Gegenwart Konzepte, die das Moderne in einem globalen Vergleichsrahmen und von spezifischen (normativen) Vorstellungen ausgehend als Maßstab (modern, Moderne) und Steigerungsformel (Modernisierung) zum Einsatz bringen. Der modernen Gesellschaft werden dann bestimmte (positive) Eigenschaften zugeschrieben, die in einzelnen Weltregionen noch erreicht werden müssen. Entwicklungen, die ein Mehr an Demokratie, Wohlstand, sozialer Mobilität oder Gleichheit implizieren, lassen sich mit dieser Perspektive als Modernisierungsprozesse verstehen. Die Entwicklungshilfe kapitalistischer Wohlstandsstaaten ist z. B. Teil eines dementsprechenden Modernisierungsprojektes.

Für eine Soziologie des Körpers ist dieser Zweig der Modernisierungsforschung jedoch weniger ergiebig als solche soziologische Theoreme, die gravierende *Entwicklungsdynamiken* und *Transformationsprozesse* als Modernisierung fassen und im Blick auf diese einen Beitrag zur Beschreibung und Erklärung der (Welt-)Gesellschaft, und d. h. nicht zuletzt: zur Analyse der Gegenwartsgesellschaft, leisten wollen. Modernisierung meint in dieser Perspektive soziokulturellen Wandel, wobei die Identifizierung der Triebkräfte dieses Wandels im historischen Vergleich dazu dient, Phasen der Modernisierung zu fassen und Gesellschaften als mehr oder weniger modern zu relationieren. Dabei besteht in den neueren Debatten Einigkeit darüber, dass Modernisierungsprozesse nicht als kontinuierliche Entwicklungen rekonstruiert werden können, die von bestimmbaren geographischen und kulturellen Zentren ausgehen und sich von dort aus linear in eine bestimmte Richtung entwickeln. Konsens besteht vielmehr darin, dass von einer Vielfalt der Modernen auszugehen ist. Insbesondere Eisenstadt hat früh in kulturvergleichender Perspektive darauf hingewiesen, dass im Blick auf die Vielgestaltigkeit, Heterogenität und Verflechtung unterschiedlichster Entwicklungen von „multiple modernities" zu sprechen sei (vgl. Eisenstadt 2000). Ohnehin gehen auf Kultur ausgerichtete Gesellschaftsbeschreibungen stärker auf Distanz zu modernisierungstheoretischen Darstellungen, so dass sich Kulturtheorien und Modernisierungstheorien geradezu als komplementäre Ansätze der Erklärung soziokulturellen Wandels kontrastieren lassen (vgl. z. B. Bohnacker und Reckwitz 2007).

Umso mehr kommt es hier auf den Hinweis an, dass mit der Identifizierung von funktionaler Differenzierung, Globalisierung, Zivilisierung und Mediatisierung als Modernisierungsphänomene keineswegs die Annahme *einer* Moderne bzw. von *einem* Prozess der Modernisierung verbunden wird. Auch die Frage, inwiefern diese Prozesse genealogisch auf bestimmte Zentren – z. B. Europa – zurückgeführt werden können, kann hier durchaus offen bleiben. Gleichwohl ist empirisch evident, dass die genannten Prozesse sehr wohl Modernisierungsdynamiken in verschiedenen Weltregionen bedingen und vorantreiben. Wie die folgenden Überlegungen skizzieren, implizieren die dazugehörigen Konzepte modernisierungstheoretische Argumente, mit denen die Soziologie des Körpers einen grundlegenden Wandel von Körpervorstellungen, Körper-Praktiken und Körper-Kulturen zu (re-)konstruieren vermag.

1 Differenzierung

1.1 Identität und Selbstmanagement

Von zentraler Bedeutung für das moderne Körperverständnis ist der Sachverhalt, dass der Körper als Medium der *individuellen* Selbst- und Fremd-Identifizierung fungiert. Hinsichtlich der Frage, warum ‚Identität' zu einem relevanten Thema für die Individuen der modernen Gesellschaft wird, gibt es in den Sozialwissenschaften bei aller Heterogenität der verschiedenen Argumentationslinien einen weitgehenden Konsens in Bezug auf ein grundlegendes Erklärungsmuster. Dieses reflektiert Prozesse der Rationalisierung und funktionalen Differenzierung als Entstehungsbedingungen von Prozessen der Individualisierung. Schon Dilthey stellte fest, dass sich Individuen, indem sie in den themenorientierten „Kultursystemen" als Funktionsträger nachgefragt werden, in der Umwelt der Systeme als Identitäten in neuer Weise formieren müssen. War bei Durkheim oder – wenngleich ganz anders akzentuiert – auch bei Marx das Problem, dass die verschiedenen Gruppen nur einen Ausschnitt der gesamtgesellschaftlichen Realität repräsentieren konnten, macht Dilthey deutlich, dass das Individuum sehr wohl in alle Sphären der Gesamtgesellschaft eingelassen ist, aber jeweils nur in für es selbst partiellen Engagements, z. B. als Zahler, Liebhaber, Glaubender oder Gläubiger, Patient oder Arzt. Wenig später betont Weber die ‚Funktionalisierung' von Lebensbereichen, indem er neben und mit dem okzidentalen Rationalismus die Separierung von „Wertsphären" als wesentliche Momente der modernen Gesellschaft beschreibt. Noch deutlicher als Dilthey, Weber oder auch

Durkheim, der mit der „Arbeitsteilung" die moderne Gesellschaft entstehen sieht, rekonstruiert dann insbesondere Luhmann Prozesse sozialer Differenzierung – die für
ihn maßgeblich Prozesse funktionaler Differenzierung sind – als Modernisierungsprozesse. Entsprechend ist die moderne Gesellschaft für Luhmann die funktional differenzierte Gesellschaft (Luhmann 1997, S. 743). Während die theoretische Begründung des Theorems funktionaler Differenzierung hier ebenso wenig entfaltet werden
kann wie die dazugehörigen historischen Herleitungen, ist umso mehr auf die körperbezogenen Folgen dieser Entwicklung hinzuweisen. Sie ergeben sich daraus, dass
Menschen – und mit ihnen ihre Körper – in eine sozialstrukturelle Außenstellung geraten, die für Individuen in mehrfacher Hinsicht folgenreich ist: Schon auf der Ebene moderner Organisationen, die quer zu den verschiedenen Funktionssystemen
stehen, kann man von spezifisch modernen, normativen Modellen des Körperverhaltens sprechen, die mit Vorstellungen rationalen Verhaltens einhergehen. Auch in
der Teilhabe an den Funktionssystemen müssen die Akteure ihr Körperhandeln auf
die jeweiligen, funktional differenzierten, Kontexte einstellen. Mit den Themenorien-
tierungen und Selektionslogiken von Systemen wie Wirtschaft, Politik und Recht,
Wissenschaft, Massenmedien, Bildung oder Kunst gehen korporale Verhaltenserwartungen einher, die Individuen bewältigen müssen, wenn sie in den jeweiligen Umgebungen (erfolgreich) agieren wollen.

Zudem bringt die stetige ‚Interaktion' von Individuen mit Funktionssystemen
neue Mentalitäten und Vertrauensverhältnisse hervor – sowohl Luhmann als auch
Giddens sprechen vom „Systemvertrauen", das moderne Menschen entwickeln müssen. Hierin kann man gerade dann ein Symptom der Moderne erkennen, wenn man
Giddens' These zustimmt, dass Systemvertrauen in der Moderne Personenvertrauen
ersetzt – mit Konsequenzen für zwischenmenschliche Beziehungen und deren Körperbezug. So muss um Vertrauen in andere Personen mehr denn je gerungen werden, wozu korporale Authentizitätsperformances ebenso gehören wie emotionale
Selbstoffenbarungen (vgl. Giddens 1995, S. 152). In diese Stoßrichtung argumentieren
auch Berger (Berger et al. 1975) und Sennett (1986). Während Berger von einer Über-
institutionalisierung der Öffentlichkeit und einer damit einhergehenden Unterinsti-
tutionalisierung von Privatheit in der Moderne spricht, sieht Sennett im Zuge der
Anonymisierungstendenzen moderner Lebenswirklichkeiten (Großstädte u. a.) eine
Kultur der Selbstthematisierung bis hin zur „Tyrannei der Intimität" entstehen, die er
als Kompensationsreaktion auf die Deregulierung des öffentlichen Lebens und dazu-
gehöriger Vergemeinschaftungsformen interpretiert.

Weiterhin ist nicht zu übersehen, dass nicht nur die Kommunikation *mit* Körpern,
sondern auch die Kommunikation *über* Körper in der funktional differenzierten und
insofern modernen Gesellschaft neue Züge annimmt. So stehen die Thematisierungen des Körpers in Systemen zu deren Selektivität in Beziehung – der menschliche
Körper wird – z. B. als bildliche Darstellung – in der Medizin ganz anders thematisiert als in der Kunst, der Werbung oder der massenmedialen Unterhaltung. Prozesse funktionaler Differenzierung führen in Richtung Moderne also auch zu einer

Entwicklung unterschiedlicher *Körpersemantiken,* die in mündlicher, schriftlicher oder audiovisueller Form ausdifferenziert werden und fraglos mit dem soziokulturellen Wandel von *lebenswirklichen Körperpraktiken* und (Alltags-)Vorstellungen vom Körper in Beziehung stehen. Man denke nur an die seit der Neuzeit entwickelten Naturwissenschaften, die unser heutiges Körperverständnis in verschiedenen Lebensbereichen entscheidend mitbedingen (Ernährung, Sexualität, Alter, Krankheit/ Gesundheit u. a.).

Nicht zuletzt geht die (Modernisierungs-)Theorie funktionaler Differenzierung von einer neuen, spezifisch modernen Identitätsarbeit des Menschen aus, für die der Körper als Medium der Selbstgestaltung von eminent wichtiger Bedeutung ist. Weil sich Menschen in Funktionssystemen nicht mehr als komplexe Entitäten thematisieren können, sondern in ihrem Handeln von diesen nur als ‚funktionalisierte‘ Teilnehmer nachgefragt werden (z. B. als Zahlende, Gläubige, Lernende, Forschende, Kunstschaffende), so das Argument, sind sie zu einer neuen Selbstsorge aufgefordert, die die verschiedenen Partialidentitäten integriert und sich auf die darüber hinausgehenden Ansprüche in Sachen individueller und kollektiver Identität richtet. Zeitdiagnosen wie diejenigen von der „Multioptionsgesellschaft" (Gross 1994), dem „Identitätsbastler" (Hitzler/Honer 1994), dem „unternehmerischen Selbst" (Bröckling 2007) oder auch Theoreme wie dasjenige vom „Kreativsubjekt" (Reckwitz 2012) können zu Modernisierungsentwicklungen sozialer (funktionaler) Differenzierung in Beziehung gesetzt werden (zu dem Zusammenhang von „Identität und Moderne" siehe ausführlich die Beiträge in Willems/Hahn 1999).

Bemerkenswert ist im Zusammenhang der modernen ‚Kultivierung‘ des Körpers nicht zuletzt ein spezifischer Bedeutungsverlust der Familie. Indem die Familie in der funktional differenzierten Gesellschaft die soziale Platzierung von Individuen erheblich weniger verbindlich reguliert als in ‚vormodernen‘ Gesellschaften, werden Menschen nolens volens zu stetigen Identitätsarbeitern. Der Körper in seinen verschiedenen Ausdrucksmodi spielt hier eine wichtige Rolle: Instrumentell bearbeitbar und mit dem jeweiligen Individuum stets verknüpft, ist er ein naheliegender Identitätsgenerator: Kleidung, Gebärden, Sprechweisen und andere Darstellungsressourcen können, ja müssen nunmehr zur Gestaltung des je eigenen Selbst genutzt werden. Schon Simmel konstatiert, dass Prozesse sozialer Differenzierung moderne Subjekte nicht nur in ein (vorübergehendes) Identitäts-Problem, sondern in dauerhafte Identitäts-Krisen führen, insofern sie die moderne Spannung des gleichzeitigen Strebens nach Individualität (individueller Identität) und Gemeinschaft (kollektiver Identität) verstärkt in Eigenregie betreiben müssen und dabei körperbezogene Selbstschematisierungen, wie etwa solche im Feld der (Kleider-)Mode, wichtige Handlungskontexte darstellen (vgl. Simmel 1905).

1.2   Reflexivität, Verunsicherung und Vergleich

Eine weitere Folgeerscheinung sozialer Differenzierung ist die Forcierung von Reflexivität als einem stetigen ‚Begleiter' verschiedenster sozialer Prozesse. Autoren
wie Giddens oder Luhmann halten Reflexivität, (Selbst-)Beobachtung und (Selbst-)
Beschreibung gar für die wichtigsten Kennzeichen der Moderne (vgl. Giddens 1995,
S. 54 f.; Luhmann 1997, S. 1142). Dass die ausdifferenzierten Funktionslogiken einzelner Gesellschaftsbereiche Verhaltensein- und -anpassungen erforderlich machen, ist
dabei nur ein Hintergrund dafür, dass modernen Subjekten – auch hinsichtlich ihres Körperverhaltens – eine stetige Reflexionsarbeit abverlangt wird. Ein anderer besteht wiederum in der sozialstrukturellen Außenstellung moderner Individuen: Gerade weil traditionelle Institutionen wie die Familie, Brauchtum oder Religion an
normativer und kollektivierender Kraft verloren haben – Giddens (1995) und Beck
(1996) sprechen diesbezüglich von Entbettung („Disembedding") und Enttraditio-
nalisierung – kommt es zu einer dauerhaften Entstabilisierung der Lebensverhältnis-
se, zu einer Dynamisierung des Verhältnisses von Wissen und Nichtwissen, die Reflexivität in Gang setzt und in Gang hält. Die bereits erwähnten wissenschaftlichen
Körpermodelle, aber auch diejenigen der „Kulturindustrie" (Adorno) oder der „Realität der Massenmedien" (Luhmann 1996) implizieren also nicht nur stabilisierende
Orientierungswerte (z. B. in puncto Körperhandeln), sondern Vergleichsmöglichkei-
ten, die eine Verunsicherung und eine Steigerung von Reflexivität in verschiedenen
Lebensbereichen mit sich bringen.

Die Dislozierung von Körperthematisierungen durch die verschiedensten Kommunikationsmedien (Schrift, technische Bildmedien, Computer) leistet der Reflexivität der Moderne weiterhin starken Vorschub, denn sie macht die verschiedensten
Körperbilder auch jenseits der Kommunikation unter Anwesenden in sozialen Situationen verfügbar. Die reflexive Arbeit am eigenen Körper wird daher unvermeidlich
von verschiedensten Modellen, d. h. im Vergleich von und in Bezug auf medial vermittelte Körpersemantiken, gebildet – die Körperkulturen der Kunst, des Designs,
der Werbung und der Unterhaltungskultur gehören zu einem omnipräsenten Refle-
xionshorizont von Körperlichkeiten.

1.3   Modernisierung, Alter(n) und Sinngebung

Modernisierungsprozesse wirken sich weiterhin auf Vorstellungen und Praktiken
vom Alter und vom Altern und damit zugleich auf die Körperkulturen der Gesellschaft aus. So führen Entwicklungen in der Landwirtschaft, der Technik, der Medizin, der Wirtschaft und anderen Bereichen seit dem 19. Jahrhundert zu einem deut-
lichen Anstieg der durchschnittlichen Lebenserwartung. Erst jetzt wird ein langes
Leben gewöhnlich, so dass der Einzelne vom Erreichen eines höheren Lebensalters
als dem erwartbaren Normalfall ausgeht und in der Gesellschaft soziale Modelle des

Alters erarbeitet werden. Die „Institutionalisierung des Lebenslaufs" (Kohli 1985) ist dementsprechend eine Modernisierungsfolge. Bemerkenswerterweise kommt der Lebensphase der Jugend dabei eine besondere Bedeutung zu – mit Implikationen für die Bedeutung der Körpers in allen Altersphasen. Während die Entgegensetzung von Alt und Jung in den Alterssemantiken eine lange Tradition hat, zeichnet sich in jüngerer Vergangenheit ein Wandel dieser Polarisierung ab, die mit den erwähnten Modernisierungsentwicklungen in Beziehung steht. Zwei Ebenen sind entscheidend: Zum einen der Aufstieg des Wertes ‚Jugendlichkeit' zu einem umfassenden Positiv- wert, der neben und mit körperlichen Attributen Charaktereigenschaften wie Fri- sche, Schönheit, Flexibilität, Ausdauer, Fitness, Dynamik oder erotische Attraktivität identifiziert. Zum anderen das Entstehen von Jugendkulturen, die sich u. a. in spezi- fischen Körperkulturen manifestieren (Mode, Sprechweisen, Gebärden, Bewegungs- bzw. Sportstile u. a.).

Zur Frage nach der Entstehung von Jugendkulturen stammt eine prominente, mo- dernisierungstheoretisch gelagerte Argumentation von Tenbruck (1965). Weil die Fa- milie in der modernen Gesellschaft keine Sozialisationsinstanz mehr sein kann, die Menschen umfassend in die Gesellschaft hineinsozialisiert und enkulturalisiert, so Tenbruck, bedarf die Gesellschaft neuer Mechanismen und Institutionen, die diese Funktion übernehmen. Jugendkulturen bilden sich zu diesem Zweck als ein Morato- rium, eine ausgedehnte Spielwiese hin zum Erwachsenendasein, auf der verschiede- ne Identitätsentwürfe, Rollenmuster usw. erprobt werden können. So kommt es mit der Ausdifferenzierung von Jugendkulturen zu einem neuen Kultursegment, dem für die Altersklasse der Erwachsenen und Alten insofern eine Vorbildfunktion zukommt, als in der komplexen und dynamischen Gesellschaft Menschen auch jenseits des Ju- gendalters mehr denn je zu immer neuen Anpassungsleistungen an sich ändernde Umgebungen gezwungen sind. So ist es erklärlich, dass Jugendlichkeit in einem all- gemeinen Sinne von Flexibilität, Dynamik oder Spontaneität zu einem zentralen Po- sitivwert wird, während die Absenz eben jener Werte nun forciert als Problem er- scheint. Dabei ist erkennbar, dass sich in der jüngeren Vergangenheit (den letzten Jahrzehnten) dieser Wunsch und der ‚Jugendlichkeitskomplex' überhaupt offenbar noch deutlich verstärkt und differenziert hat. Nicht wenige Bereiche der zeitgenössi- schen Körpersemantiken und Körperpraktiken sind vom Positivwert ‚Jugendlichkeit' maßgeblich geprägt – man denke nur an die Bereiche Sport und Fitness, Wellness, Ernährung/Diätetik, plastische Chirurgie, Kosmetik oder Mode. Und es ist kaum zu übersehen, dass Alter(n) explizit oder implizit zunehmend als Gegenmotiv ausge- staltet wird bzw. Alt-Werden als bedauerlicher Degenerationsprozess und Alt-Sein als Stigma und Elend für das ‚betroffene' Individuum erscheint. Die neueren Ten- denzen, den Wert Jugendlichkeit auf ältere und alte Menschen zu projizieren (z. B. in der Werbung oder der massenmedialen Unterhaltung), ist hierfür ein Symptom un- ter anderen.

2   Medien und Mediatisierung

In den Kultur-, Medien- und Geschichtswissenschaften werden technische Entwicklungen des Öfteren als zentrale Bedingungen und Antriebskräfte von Modernisierungsprozessen beschrieben. Indem sich die Soziologie nach wie vor Durkheims Diktum verpflichtet fühlt, dass das Soziale mit dem Sozialen zu erklären und eben hierin die fachwissenschaftliche Identität zu sehen ist, bleiben soziologische Studien mit vergleichbaren Perspektiven bislang die Ausnahme. Eine solche ist die Luhmannsche Gesellschaftstheorie. Sie identifiziert Kommunikationsmedien nicht nur als Faktoren und Generatoren des Sozialen (Kommunikation), sondern auch als Hintergrund der soziokulturellen Evolution. Die Differenzierung verschiedenster Sinnbestände (von der Religion über die Kunst und die Wissenschaft bis hin zu den Themen der Alltagskultur) durch Schrift und vor allem später durch den Buchdruck, so Luhmann, führt zum Aufbrechen gesellschaftsübergreifender Kosmologien und zu individualisierten (Medien-)Biographien der Individuen, womit zugleich neue Prozesse der (Selbst-)Reflexion und (Selbst-)Sozialisation begründet werden (vgl. Luhmann 1997, S. 291–302). Dass die sinnhafte (soziale) Konstruktion des Körpers in diese Entwicklung eingeschlossen ist, zeigen die mannigfaltig ausdifferenzierten Körperkulturen der Gegenwartsgesellschaft mehr denn je – von einer (z. B. religiös basierten) Kosmologie des Körpers kann keine Rede mehr sein, wenngleich spezifische normative Modelle (z. B. ‚Fitness‘) bestimmender als andere sind.

Ein weiteres, die Sozialität des Körpers und entsprechend die Soziologie des Körpers betreffendes Argument entfaltet Luhmann in seiner Theorie der „symbolisch generalisierten Kommunikationsmedien" (Luhmann 1974). Weil Kommunikationsmedien wie die Schrift, der Buchdruck oder die elektronischen Medien das mit ihnen Mitgeteilte nicht dem sozialen Zustimmungsdruck aussetzen, dem Akteure im Falle der Kommunikation unter Anwesenden unterliegen, nimmt die Ablehnungswahrscheinlichkeit des (medial) Kommunizierten im Vergleich zu mündlichen Kommunikationsformen drastisch zu. Daraus folgt, dass medial kommunizierte Sinnvorschläge durch sich selbst überzeugen müssen. Die Omnipräsenz von Körperthematisierungen in medialen Kommunikationen deutet darauf hin, dass eben hierin, im Körperbezug, ein wichtiger Mechanismus zu sehen ist, mit dem unter anonymisierten Medienbedingungen Aufmerksamkeit, Interesse und Akzeptanz gesteigert wird.

Bemerkenswert ist nicht zuletzt die herausgehobene Bedeutung, die den technischen *Bildmedien* hinsichtlich des soziokulturellen Wandels von Körperkulturen zukommt. Neben und mit der Reproduzierbarkeit ist es der indexikalische Zeichencharakter, der diese Bilder radikal von manuellen Darstellungen (Zeichnung, Malerei, Lithografie u. a.) unterscheidet. Anders als etwa Zeichnungen oder Gemälde verweisen fotografische (filmische) Körperdarstellungen weniger auf den Bildautor, sondern auf die Identität des Portraitierten, wobei der ‚tote Blick‘ der Technik die Physiognomie bis ins kleinste Detail festhält. So kommt es zu einer radikalen Betonung von sichtbaren Oberflächen als Medien der Identifizierung von Individuen, wobei der

Körper als potentielles Ausdrucksmedium von Tiefen-Eigenschaften fungiert. Wie die Sozialgeschichte der Fotografie im 19. Jahrhundert verdeutlicht, gehen mit dieser Entwicklung zahlreiche soziale Probleme einher. Die Ansprüche an das ‚Gutaussehen‘ im Rahmen fotografischer Darstellungen ist eines davon. Die professionelle Foto-überarbeitung, die sich in der zweiten Hälfte des 19. Jahrhunderts zu einem bedeutsamen Gewerbe entwickelt, stellt sich hierauf ebenso ein wie andere Inszenierungsstrategien (Posen, Staffagen u. a.) (vgl. Kautt 2008, insb. S. 33–59). Und ebenso deutlich wird, dass sich im 19. Jahrhundert ein „Kult des Selbst" (Goffman 1981) Bahn bricht, der sich als eine Arbeit am Bild bruchlos bis in die aktuelle „Selfie"-Kultur fortsetzt, die Tag für Tag milliardenfach in den computerisierten Medien Form gewinnt. Aber auch jenseits der Selbstdarstellungsformen entwickeln sich mit den technischen Bildmedien neue Körperkulturen: Im Bereich des Sports, der Unterhaltung, der Erotik oder auch der Politik kommt es mit dem beginnenden 20. Jahrhundert zu einer Ausdifferenzierung von Körper-Bildern bzw. Bild-Körper-Kulturen, in denen technische Bilder qua Indexikalität auf ‚reale‘ Körper, ‚reale‘ Kontexte und ‚reale Realität‘ verweisen (vgl. Kautt 2012, 2013). Wenngleich die technischen Bildmedien althergebrachte Ausdrucksmodi und symbolische Ordnungen des Körpers tradieren, bedeuten sie also zugleich eine modernisierungswirksame Zäsur, die bis in die computerisierte Gesellschaft hineinwirkt. Historisch neuartige Identitäts-Schematisierungen und Semantiken wie „Image" (Kautt 2008) und Zeitdiagnosen wie diejenigen von der „Theatralisierung der Gesellschaft" (Willems 2009) und der „Inszenierungsgesellschaft" (Willems/Jurga 1998) verweisen auf einen soziokulturellen Wandel, der maßgeblich durch bildbasierte Mediatisierungsprozesse bedingt ist.

Ohnehin ist nicht zu übersehen, dass die Technisierung der Lebenswelt Vorstellungen vom Körper und von Körperpraktiken massiv verändert hat und weiterhin verändern wird. Die Omnipräsenz „virtueller" Realitäten durch computerisierte Medien (z. B. Smartphones), der Umgang mit Augmented-Reality-Systemen (z. B. „google glasses"), Bildtelefonie und die Vergewöhnlichung der Interaktion mit Dingen über Touch-Screens sind dabei nur einige Beispiele für einen maßgeblich durch Medienentwicklungen bedingten Wandel von körperlichen Wahrnehmungen, Körperpraktiken, Verhaltensvorstellungen und von Vorstellungen vom Körper, die unter anderem auf die Kommunikation *über* Körper einwirken.

3   Zivilisierung

Mit seiner Zivilisationstheorie liefert Norbert Elias eine historisch-soziologische Geschichte des Körpers sowie so etwas wie den Ansatz einer allgemeinen Körpertheorie, die auch eine Körpersozialisationstheorie einschließt. In der Geschichte der Soziologie ist die Eliassche Zivilisationstheorie die erste Theorie, die den Namen einer allgemeinen Körpertheorie verdient und zugleich das Fundament für die Weiterbildung einer allgemeinen (synthetischen) Körpertheorie liefert.

Eine modernisierungstheoretische Perspektive bietet das Konzept der Zivilisation insofern, als der Prozess der (Körper-)Zivilisation Elias zufolge in eine bestimmte körperdistanzierende (den Körper und vom Körper distanzierende) Richtung verläuft. Der historisch stärker werdende „Zwang zum Selbstzwang" (Elias) erzeugt, so die Zentralthese, letztlich einen tendenziell selbstbeherrschten und beherrschbaren Körper, einen gewissermaßen denaturierten, entkörperlichten Körper mit korrespondenten Dispositionen des Bewusstseins, der Lebensführung, der Semantik, der Diskursivität (Kultur) usw. In gewissen Maßen emanzipiert sich damit sozusagen ‚die Gesellschaft' und zugleich das (körperliche und verkörperte) Individuum vom Körper, der zwar nicht völlig ‚stillgelegt', aber immer stärker reguliert, kanalisiert, disponibilisiert und ‚kultiviert' wird.

Zivilisation bedeutet also nicht, dass der Körper oder auch nur irgendein Körperaspekt ‚verschwindet' oder dass der Körper an Bedeutung oder Bedeutsamkeit verliert. Der Körper war, ist und bleibt vielmehr eine Ur- und Zentraltatsache der menschlichen Gesellschaft und des menschlichen Lebens, die sich im Prozess der Zivilisation nur entwickelt und wandelt, ohne je das ‚Tier im Menschen', dessen Vor- und Nachgeschichte überwunden zu haben und überwinden zu können.

Dieses ‚Tier' wird aber, so lassen sich Elias' diesbezügliche Untersuchungen systematisierend zusammenfassen, in mehreren wesentlichen Hinsichten, die den Körper betreffen, ein prinzipiell/strukturell anderes Wesen als alle seine Vorgänger bzw. seine nächsten Verwandten:

Erstens werden seine (körperlichen) Regungen, Triebe und Affekte tendenziell „gedämpft" (Elias). Als Gattung und als Individuum (im Lebenslauf und Sozialisationsprozess) wird der Mensch zunehmend ‚leidenschaftsloser', zurückhaltender, ‚zahmer'. Es ändert sich die Struktur des psychischen Haushaltes, die Trieb- und Affektstruktur in Verbindung mit einem Habitus der Moral (Über-Ich) und der Selbststeuerung.

Zweitens und zugleich bildet sich der Körper als ein vielseitiger *symbolischer* Habitus, Ordnungsrahmen und Ordnungsfaktor, nämlich als ein gesellschafts- und schichtspezifischer Habitus der Rahmung (Rahmenkörper), der Stigmata und der Rituale/Ritualisierungen. Hier liegt eine zentrale Parallele zwischen Elias und Bourdieu einerseits und Elias und Goffman andererseits. Im Zivilisierungsprozess schreiben sich die (interaktions-)rituellen Kodes des Benehmens, des Anstands, der Geschlechteretikette usw. gleichsam in die (Gesellschafts-, Schicht-)Körper ein, die sie als fungierende Habitus sozusagen verlebendigen, zum Ausdruck bringen, sozial verwirklichen.

Drittens: Auf der Basis seiner habituellen (Trieb- und Affekt-)Gedämpftheit und seiner Qualität als ‚Automat' der Selbstbeherrschung fungiert der Körper als ein dem Handelnden und für Handlungen verfügbares performatives, rituelles und strategisches Ausdrucksmittel, als eine Art Instrument von (Selbst-)Darstellungen, (Selbst-)Inszenierungen und (Selbst-)Performanzen/Performances. Zivilisierung bedeutet also auch körpersymbolische Komplexitätssteigerung/Kontingenzsteigerung und Subjektivierung. An dieser Stelle berührt sich die Eliassche ‚Körpersoziologie‘ am stärksten mit der Goffmans, die aber durchaus auch einen ausgeprägten Sinn für die nicht-subjektive, nicht-intendierte, unwillkürliche Zeichenhaftigkeit/Symbolizität des Körpers hat.

Viertens: Parallel zu diesen zivilisatorischen Entwicklungen/Transformationen der Körper als solchen (Entwicklungen von Körpern, in Körpern und an Körpern) vollzieht sich die (Körper-)Zivilisierung als ein *räumlicher* bzw. sozialräumlicher Prozess der informationellen und symbolischen (Sinn-, Wissens-, Geheimnis-)Ordnung – als *Regionalisierung* von Körper-Praxis. Bestimmte Körperreaktionen und Befriedigungen von Körperbedürfnissen bzw. Triebbefriedigungen sowie ‚Behandlungen‘ und ‚Herrichtungen‘ des (Öffentlichkeits-)Körpers werden, einem Vorrücken von Scham- und Peinlichkeitsgrenzen entsprechend, historisch zunehmend „hinter Kulissen" verlegt (Elias 1980). Zivilisation impliziert m. a. W. nicht nur eine spezifische Um- und Durchformung der Körper, sondern auch – und im Zusammenhang damit – eine spezifische Um- und Durchformung des ganzen sozialen Lebens im Sinne einer – immer auch und gerade die Körper betreffenden – Differenzierung von Öffentlichkeit einerseits und Privatheit und Intimität andererseits. In Anlehnung an Goffman (vgl. 1969; 1981) könnte man von bestimmten strukturellen und zu strukturierenden Verhältnissen zwischen „Vorder-" und „Hinterbühnen" oder von einer Art „parallelen Organisation" der sozialen Körper-Wirklichkeit und Körper-Praxis sprechen, die einen zivilisatorischen Charakter hat und habituelle Zivilisiertheit voraussetzt.

Im Blick auf die jüngere Gesellschaftsgeschichte fällt in diesem Zusammenhang natürlich eine mindestens punktuell umgekehrte, gegenläufige Tendenz auf. Bestimmte körperliche oder körpernahe Verhaltensweisen bis hin zu erotischen Aktivitäten bzw. Befriedigungen von erotischen Körperbedürfnissen werden, einem scheinbaren Zurückrücken von Scham- und Peinlichkeitsgrenzen entsprechend, zunehmend *nicht* „hinter Kulissen" verlegt, sondern (wieder) gerade auf die ‚Bühnen‘ und ins Licht des gesellschaftlichen Lebens gebracht, seien dies öffentliche Interaktionsbühnen oder Medienbühnen. Besonders auffällig ist die massen- und spezialmediale *Inszenierung* der hier gemeinten Korporalitätsformen.

3.1　(Habitus-)Zivilisierung und (Habitus-)Globalisierung

Als eine Theorie, die sich nie nur, aber immer auch auf den Körper(-habitus) bezieht, ist die Eliassche Zivilisationstheorie schließlich auch eine Globalisierungstheorie, die sich in den Gesamtzusammenhang der globalisierungstheoretischen Diskurse stellen lässt und als vielfältig anschlussfähig erweist.

Versteht man unter Globalisierung – in einem durchaus figurationssoziologischen Sinne – einen Prozess der „Intensivierung weltweiter sozialer Beziehungen" (Giddens 1995, S.: 85), ist schnell ersichtlich, dass hiermit modernisierungswirksame Entwicklungsdynamiken einhergehen. So ist evident, dass Kommunikationsmedien hinsichtlich der zunehmenden weltweiten Verflechtungen/Vernetzungen eine zentrale Rolle spielen – mit all den Konsequenzen, die kommunikative Vernetzungen in verschiedenen Gesellschaftsbereichen (Wirtschaft, Kunst, Populärkultur, individuelle Netzwerke u. a.) mit sich bringen.

Die (medien-)technische Evolution ist natürlich nur eine Randbedingung der Globalisierung. Aus figurationssoziologischer Perspektive geht es dabei im Kern um besonders substantielle Verflechtungsprozesse. Dazu gehört ein Weltweitwerden sozialer *Felder*, wobei die Entwicklungslogik der *Wirtschaft* für Globalisierungsprozesse auch in kultureller Hinsicht fraglos von besonderer Bedeutung ist. Auf einer noch grundlegenderen, gleichsam themen- bzw. feldunabhängigen Ebene ergibt sich Globalisierung durch den Komplexitätszuwachs von *Interdependenzen* zwischen Individuen. Norbert Elias' These vom Zivilisationsprozess setzt hier an. Indem das prinzipielle Eingebundensein von Individuen in Interdependenzgeflechte („Figurationen") durch verschiedene (Modernisierungs-)Entwicklungen forciert wird, so Elias, kommt es neben und mit körperlichen Selbstdisziplinierungen zu einem Vorrücken von Scham- und Peinlichkeitsgrenzen, ja zu einer umfassenden Selbstzivilisierung in verschiedenen Verhaltensdimensionen. Das Argument der Zivilisationstheorie lautet: Im reflexiven Blick auf die Abhängigkeitsbeziehungen zu anderen tendieren Individuen zu einer Selbstkontrolle, die das Abweichen von Verhaltenserwartungen unwahrscheinlicher werden lässt, so dass zugleich die Wahrscheinlichkeit gesteigert werden kann, die Akzeptanz oder Gunst der anderen (und insbesondere der jeweils mächtigeren) Figurationsteilnehmer nicht zu verlieren.

In der globalen Moderne, in der Medienverflechtungen mit globalen sozialen Verflechtungen einhergehen – man denke nur an die Milliarden von Menschen inkludierenden „social media" – gewinnt diese figurationstheoretische Perspektive an Relevanz. Gerade im Blick auf ihr sozialtheoretisches Fundament (Figuration) lässt sich Elias' Zivilisationstheorie als allgemeine Kultur- und Globalisierungstheorie lesen – auch als Theorie eines ‚globalen Habitus'.

Indem die Zivilisationstheorie den Körper als den maßgeblichen ‚Schauplatz' von Zivilisationsprozessen thematisiert, ist sie für die Soziologie des Körpers gerade auch im Kontext der Reflexion von Modernisierungs- und Globalisierungsprozessen von besonderer Relevanz. Das gilt umso mehr, als der Zivilisationsprozess im Sinne eines Wandels der Persönlichkeitsstruktur von Subjekten einhergeht mit einem soziokulturellen Wandel, in dem symbolische Ordnungen (Semantiken) und gesellschaftliche Institutionen als Instanzen der Zivilisierung in Erscheinung treten. Die feudalen, auf die Kontrolle von Subjekten setzenden Regimes, wie sie Elias im Blick auf die höfische Gesellschaft oder Foucault im Blick auf die Geburt des Gefängnisses beschreiben, sind dabei Ausgangspunkte eines komplexer werden Geflechts von Machtbeziehungen („polyzentrische Macht"), in denen zivilisierte (sich selbst kontrollierende) Subjekte zunehmend vorausgesetzt werden. Hinzu kommt, dass Modernisierungserscheinungen wie die marktförmig organisierte „Kulturindustrie" Zivilisierungstendenzen aufgreifen und verstärken.

Ein deutliches und wichtiges Beispiel hierfür bilden die von ‚westlicher' Kultur dominierten Körper-Inszenierungen der Werbung bzw. Global-Werbung (etwa für Produkte der Körperpflege oder Hygiene), die weltweit in den Alltagswirklichkeiten omnipräsent sind. Nicht zuletzt durch eine ‚Statistik der Bilder' fungiert die Werbung als eine Art verstärkender Spiegel habitueller Kollektivsymboliken wie auch als Medium eines modernen „Panoptismus" (Foucault), der Rezipienten motiviert, drängt oder zwingt, sich selbst (ihre Körper) im Lichte der Körperbilder der Werbung zu beobachten, zu reflektieren und auch zu ‚behandeln'. Für die hier angestellten Überlegungen ist dabei weniger relevant, ob Elias' These eines Zivilisationsfortschritts zutrifft. Entscheidend ist vielmehr die mit dem ‚Sickermodell' entworfene evolutionäre/historische Bewegungslogik der Kultur, d. h. die sachlich weit über die von Elias fokussierte Sphäre der körperlichen Selbstkontrollen hinausgehende Gleichzeitigkeit von gleichsam gepolter kultureller Vereinheitlichung und Differenzierung.

3.2   Individualisierung und Korporalisierung: Homo clausus und (im) Körper

Zu den empirischen Hinsichten oder Ebenen, um die es hier geht, gehören auch Aspekte von Individualität und Individualisierung, die in ganz besonderen Zusammenhängen mit Aspekten des Körpers/Leibes stehen. Dass Elias/die Figurationssoziologie auch diese Zusammenhänge systematisch im Sinn und im Auge hat, ist trotz aller zeitweiligen Elias-Euphorie bis heute insgesamt wenig gesehen worden, jedenfalls viel weniger als seine Zivilisationstheorie des Körpers, die allerdings überwiegend auch einseitig als Theorie der körperlichen *Selbstbeherrschung* verstanden wurde.

Die (Sozial-)Geschichte der Bedeutung, Deutung und Umdeutung des Körpers wird von Elias bereits in seinen frühen Zivilisationsstudien nicht nur als Zivilisationsgeschichte, sondern auch als Individualisierungsgeschichte gesehen und geschrieben. Diese wirft im Zusammenhang mit der Zivilisationstheorie, die in Teilen auch eine Individualisierungstheorie ist, ein eigenes (figurations-)soziologisches Licht auf die Realitäten des Körpers und eröffnet zugleich einen theoretischen und analytischen Horizont, innerhalb dessen ‚körpersoziologisch' relevante Vergleiche und Verknüpfungen mit benachbarten Individualisierungs- und Individualitätstheorien möglich sind.

Wie Elias ihn beschreibt, führt der Prozess der Zivilisation als Prozess der Zivilisation *des Körpers* zu einer bestimmten Verfassung des Individuums und zu einem bestimmten Selbstbewusstsein *als Körper*. Es geht hierbei zunächst um eine körperliche Habitusbildung, durch die das Individuum als Bewusstsein, als bewusstes ‚Ich' in Distanz zu seinem Körper/Leib, seiner ‚inneren Umwelt' gerät und zugleich in Distanz zu seiner sozialen, ‚äußeren Umwelt', die ihm dann überhaupt erst als solche erscheint. So gesehen entwickelt sich im kollektiven und individuellen Zivilisationsprozess Individualität und Individualitätsbewusstsein durch psychische Strukturbildungen, insbesondere durch die Implikation bestimmter Distanzen und Distanzierungen. Dieses Verständnis führt direkt zum Eliasschen (Individualisierungs-)Begriff des „homo clausus" als Begriff für das typische Selbstbewusstsein und Selbsterleben des modernen Individuums: ‚Man' fühlt sich, so die Eliassche Vorstellung und Darstellung, im historischen Individualisierungs-/Modernisierungsprozess zunehmend als ‚verschlossenes System', eingesperrt – auch oder vor allem – im ‚Gefängnis' des eigenen Körpers. Dementsprechend wird dann auch verständlich, dass und inwiefern der Körper als ‚Medium' der Selbstüberwindung des homo clausus fungiert, erlebt und (semantisch) reflektiert wird. (Körper-)Therapiekultur oder Pornographie sind oder liefern entsprechende (Heils-)Versprechen und Wegbeschreibungen.

Diese Befindlichkeit und dieses Befinden, mit dem die Semantisierung, Praktizierung und Inszenierung des Körpers als Identitätskern, als (wahre) ‚Natur', ‚tiefste Wahrheit' und ‚Organ der Wahrheit' etc. einhergeht, hat auch mit den Entwicklungstendenzen zu tun, von denen oben bereits die Rede war: strukturelle und kulturelle (Sinn-)Differenzierungen des Körpers, innere und äußere Mobilisierungen, Dynamisierungen und Flexibilisierungen sowie nicht zuletzt eine allseitige ‚Veroberflächlichung', ‚Ästhetisierung', Virtualisierung und Instrumentalisierung des Körpers, insbesondere ein Streben nach „körperlicher Perfektion" (Meuser 2000: 213) und eine Verwendung des Körpers als eine universal-praktische dramaturgische Ressource. Alle diese Entwicklungen tragen auch zum (Selbst-)Bewusstsein des homo clausus oder als homo clausus bei.

Einigen sozialwissenschaftlichen Beobachtern erscheint der Körper in Anbetracht sozio-kultureller *Desintegration* als eine Art Gegenhalt in der ‚Gesellschaft der Individuen'. Wenn mit dem rapide fortschreitenden sozio-kulturellen (Struktur-)Wandel (der Modernisierung) die Schwierigkeit des Individuums wächst, die eigenen und die fremden Rollen und biographischen Abschnitte als Momente ‚substantieller', einheitlicher und d. h. stabiler Ganzheiten zu denken, dann liegt es nahe, den ‚empirischen', den materiellen, den sichtbaren, fassbaren und (relativ) konstanten Körper als (Selbst-)Identifizierungsmöglichkeit anzusehen oder aufzuwerten. Denn: „Der Körper signalisiert Unmittelbarkeit, permanentes Vorhandensein, Gegenwärtigkeit. An ihm können Wirkungen bewirkt und konkrete, selbstinitiierte Kausalketten zumindest in einem mittleren Bereich erfahren werden" (Bette 1987, S. 607). In differenzierter, flüchtiger, disparater und unübersichtlicher werdenden sozialen Zusammenhängen, Welten und Zeichenwelten scheint der Körper m. a. W. eine Art Konstante zu bilden, eine „tiefe", weil materielle „Wahrheit" (Meuser 2000, S. 213), derer man sich auf der Suche nach Realität, Orientierung, Authentizität und Gewissheit als eines „„letzten Rettungsankers"" (Meuser 2000, S. 220) bedient. Neben und mit den genannten Modernisierungsentwicklungen forciert der weitgehende Bedeutungsverlust der Religionen (Säkularisierung als Dimension funktionaler Differenzierung) eine Dynamik in Richtung Körpersubstantialismus bis hin zu Spielarten, die sich der Diagnose „Körperkult als Diesseitsreligion" (Gugutzer 2012) zuordnen lassen.

Mit dem Zurückgehen und Zusammenschrumpfen individuellen Seins auf körperliches Sein und Dasein und überhaupt mit dem komplexen Prozess der ‚Modernisierung' des Körpers bzw. seiner sozialen/kulturellen Aufwertung und Umwertung hängen allerdings auch gegenläufige Prozesse zusammen: der Körper wird – eben wegen seiner Auf- und Umwertung – auf eigene und neue Weisen zum Angst- und Furchtgrund, zum Aufgaben-, Investitions-, Problem- und Unsicherheitskörper, der entsprechend beschäftigt, Energie, Aufmerksamkeit und andere Ressourcen absorbiert.

3.3 Informalisierung, (Re-)Formalisierung und neue Moral(isierung) des Körpers

Bestimmte Entwicklungen moderner ,Körper-Kulturen' und ,Körper-Kultivierungen', insbesondere Wandlungen, die sich etwa nach der Mitte des vorigen Jahrhunderts bzw. nach dem Ende des zweiten Weltkriegs vollzogen oder verstärkt vollzogen haben, also in den Jahrzehnten nach der Fertigstellung der Eliasschen Zivilisationstheorie im Jahr 1939, sind ebenso offensichtlich wie signifikant.

Mindestens in der ,Zivilisation', die die *westliche* genannt wird, hat es in dem genannten Zeitraum in Bezug auf diverse Aspekte des Körpers/Leibes systematische und massive Verschiebungen in der Moral und in der Mentalität jedermanns gegeben. Das schließt korporale Verhaltens- und Umgangsformen/Interaktionsformen ebenso ein wie die Befriedigung von ,Bedürfnissen' bzw. ,Trieben'.

Auf der Ebene der ,Interaktionsordnung', im zwischenmenschlichen Umgang, in der alltäglichen ,Selbstdarstellung' gab und gibt es offensichtlich eine gewisse Tendenz zur korporalen ,Liberalisierung', eine Idealisierung und ein Lob der (Körper-) Zwanglosigkeit und Lockerheit, dem eine gewisse Lockerung der den Körper/Leib betreffenden Sitten entspricht – von der lockeren/gelockerten Haartracht, über die lockere/gelockerte Kleidung bis zu lockeren/gelockerten Tischmanieren. Man kann hier mit Elias von einer Informalisierung sprechen, also von einem Prozess der Lockerung zivilisatorischer Erscheinungs- und Verhaltensstandards, die sich über längere historische Zeitstrecken entwickelt haben. Diese Lockerung (wie andere Formen von Informalisierung) kann, muss aber nicht ,Dezivilisierung' bedeuten, sondern kann umgekehrt auf zivilisatorische Steigerungen von Subjektivität bzw. Souveränität verweisen. Gleichzeitig sind in diesem Zusammenhang aber auch gewisse *Formalisierungen* zu konstatieren, Entwicklungen und Forcierungen von korporalen Erscheinungs- und Verhaltensstandards, die einen *moralischen/moralisierten* Charakter haben.

Eine ähnliche Bivalenz oder Ambivalenz zeigt sich auch auf der zivilisatorisch und zivilisationstheoretisch zentralen Ebene der (Körper-),Bedürfnisse' bzw. (Körper-),Lüste'. Hier sind jedenfalls, Informalisierungsprozessen entsprechend, Prozesse der ,Emanzipation' offensichtlich und dominant. Statt Befriedigungsverzicht/Triebverzicht, Befriedigungsaufschub, ,Sublimation' und „Langsicht" (Elias), statt An-sich-Halten und Selbstbeherrschung wird zunehmend (auch) das Gegenteil davon zum Wert erklärt und hoch geschätzt – bis hin zur Entwicklung einer Art von (Selbst-)

Entfaltungs- und (Selbst-)Befriedigungsimperativ, der heutzutage überall vorzuherrschen scheint. Er betrifft längst nicht nur (aber natürlich auch und hauptsächlich) erotische und sexuelle Gratifikationen, sondern im Prinzip alles, was potentiell ‚Spaß macht‘ oder als ‚Unlust‘/‚Missvergnügen‘ vermieden werden kann. Überdeutlich ist damit auch eine Disqualifikation jeglicher moralisch (nicht nur religiös/christlich) begründeter ‚Askese‘ und ‚Leibfeindlichkeit‘, ja jeglichen (moralischen) Systems auf den Leib/Körper bezogener Untersagung und Versagung. Stattdessen hat sich scheinbar eine vielseitige moralisch-normative und faktische Toleranz und ‚Freundlichkeit‘ in Bezug auf den Körper/Leib generalisiert. Insbesondere kann man von einer (neuen) Körper-Moral der *Selbstverwirklichung,* d. h. Selbstverwirklichung als Körperverwirklichung, sprechen. Worum es hier geht, ist also keine oder jedenfalls nicht nur eine Art von zivilisatorischer Regression, sondern auch oder eher eine zivilisatorische Progression im Sinne einer körperlichen/leiblichen Bedürfniskultivierung in normativer, moralischer und semantischer wie in lebenspraktischer Hinsicht.

Diese mehr oder weniger offensichtlichen Entwicklungen werden auch in vielen ‚Zeitdiagnosen‘ wahrgenommen, die zum Teil sozialtheoretisch ganz unterschiedlich ausgerichtet sind. So konstatiert Gerhard Schulze (1997) einen Wandel von einem Arbeits- und (d. h.) Verzichtsmenschen zu einem (konsumistischen) Genussmenschen, der seinen Lebenssinn als Erlebnissinn (eine Art Konsumsinn) konstruiert. Und Bourdieu spricht in ähnlicher Deutungsrichtung von einer „Pflicht zum Genuß" (1982, S. 576), die nicht nur die Sphäre der materiellen Konsumgüter, sondern im Prinzip alle Befriedigungsoptionen umfasst.

Die hier angesprochenen Entwicklungen und die darauf bezogenen (Zeit-)‚Diagnosen‘ widersprechen also entgegen erstem Anschein weder zwingend der Eliasschen Zivilisationstheorie noch ihrer Perspektive oder ihren figurationssoziologischen Kategorien.

Unter dem (Eliasschen) Gesichtspunkt der Zivilisierung, der den Aspekt der *Dezivilisierung* durchaus einschließt, scheint entscheidend, dass die neue Moral(isierung) des Körpers auf eine doppelte Dimensionierung von Kontrolle und Selbstkontrolle verweist: auf der einen Seite wird der Körper durch eine mit Informalisierungsprozessen verbundene ‚Entspannungspolitik‘ der Gratifikation domestiziert, die ihn nicht nur befriedigt, sediert/beruhigt und absorbiert, sondern zugleich auch in *zivilisierende* Figurationen und Kulturen, insbesondere solche kommerzieller Art, einspannt. Der Verzicht auf sozial (strukturell) unnötige (Selbst-)Kontrollen und (Trieb-)Befriedigungsverzichte steigert, wenn man der Psychoanalyse folgt, tendenziell die psychische Gesundheit und (damit) Selbstkontrolle und bedeutet insofern eine Rationalisierung und daher Ökonomisierung der Lebensführung und der psychischen Haushaltsführung. Auf der anderen Seite wird der von sozialen (moralischen) Kontrollen und Restriktionen hochgradig befreite, freigesetzte und zugängliche, zugänglich gemachte Körper vielfältiger, intensiver und unverdächtiger denn je zivilisatorisch beeinflusst und differenziert durchdrungen. Unter den Vorzeichen von Gesundheit, Selbstverwirklichung und Glück ist sein ‚Besitzer‘ (‚Ich‘) historisch zunehmend scheinbar sachlichen, wissenschaftlichen und/oder technischen Institutionen, Instanzen und Mechanismen der Kontrolle und Beeinflussung unterworfen, ohne das Bewusstsein der Unterwerfung zu haben. Vielmehr ist ‚man' jedenfalls heutzutage mit (Selbst-)Kontrollzielen selbst im höchsten Maße daran interessiert, den (eigenen) Körper zu durchdringen und durchdringen zu lassen sowie ihn in eine erfolgversprechende Verfassung und Form zu bringen.

4   Schlussbemerkungen

Konzepte, die im Sinne der hier vorgestellten Argumentationslinien spezifische Triebkräfte soziokulturellen Wandels als Modernisierung fassen, sind gerade in den jüngeren Debatten vielfach kritisiert worden. Einige der zentralen Einwände – die auch für eine Soziologie des Körpers von Bedeutung sind – seien im Folgenden genannt.

1. *Der Mehrwert des Modernisierungsbegriffs.* Identifiziert man Prozesse wie etwa soziale Differenzierung, Mediatisierung, Globalisierung oder Zivilisierung als Modernisierungsentwicklungen, stellt sich die Frage, worin der Mehrwert des Modernisierungsbegriffs über die genannten ‚-ierungen' hinaus besteht. Dies gilt umso mehr, als in die Liste der Modernisierungsentwicklungen bei Bedarf weitere Begriffe eingefügt werden können, so z. B. Bürokratisierung, Urbanisierung, Säkularisierung oder Rationalisierung. Eine mögliche Antwort lautet: Modernisierung fungiert als ein komplexitätsreduzierender Klammerbegriff für verschiedene Triebkräfte gesellschaftlicher Entwicklung, der formelhaft eingesetzt werden kann, ohne dass im Einzelnen angegeben werden müsste, welche der jeweiligen Prozesse und Prozessbeziehungen man meint. So gesehen kann man dem Begriff einen praktischen Nutzen attestieren, der in Kontexten legitim erscheint, in denen es nicht auf eine genauere Spezifikation von Beschreibungen und Erklärungen soziokulturellen Wandels ankommt. In umgekehrter Blickrichtung heißt das: Wo es auf größere Genauigkeit ankommt, helfen die Formeln ‚Moderne' und ‚Modernisierung' kaum weiter.

2. *Theorieimmanente Probleme der Modernisierungstheorie.* Die Kritik an der Modernisierungstheorie zielt weiterhin auf Annahmen und Argumente, die sich vor dem Hintergrund neuerer Forschung als nicht mehr tragfähig erweisen. Thorsten Bohnacker und Andreas Reckwitz etwa attestieren dem „modernisierungstheoretischen Narrativ", irrtümlicherweise a) Kultur lediglich als eine Art Überbau sozialer Strukturen zu verstehen, b) von der grundsätzlichen Unterscheidbarkeit von vormodernen (einfachen, traditionellen) und modernen (funktional differenzierten) Gesellschaften auszugehen, c) sich Modernisierung als einheitlichen und linearen Prozess vorzustellen und d) ‚Rationalität' und ‚Rationalisierung' als Kernelement von Modernisierung aufzufassen (vgl. hierzu Bonacker/Reckwitz (2007, S. 9–14).

3. *Die gesellschaftliche Positionalität der Modernisierungstheorie.* Nicht zuletzt wird problematisiert, dass sich Modernisierungskonzepte selbst einer jeweiligen zeithistorischen Konstellation sowie einer gesellschaftlichen Positionalität ihrer Autoren verdanken. Die bisherigen Modernisierungserzählungen erscheinen in dieser Perspektive weitgehend als Resultat der ,westlichen' (europäischen, nordamerikanischen) Gesellschaften und deren spezifischen Interessen und Problemlagen. So können trotz der weitgehenden Akzeptanz der These der „multiple modernities" (Eisenstadt) Beschreibungen wie die der „Moderne im interkulturellen Diskurs" (Schelkshorn/Abdeljelil 2012), der polyzentrischen „globalen Moderne" (Schmidt 2014) oder der „multiplen postkolonialen Modernen" (Boatcă/Spohn 2010) als weiter zu erschließende Forschungsdesiderata betrachtet werden.

Vor dem Hintergrund dieser Aspekte und Problematiken ist verständlich, dass dem Versuch einer sachlichen Bestimmung des ,Modernen' und von ,Modernisierung' in der Soziologie mit Skepsis begegnet wird und die Modernisierungstheorie nach einer Blütezeit an Bedeutung verloren hat. Einigkeit besteht lediglich darin, dass zu den wesentlichen Kennzeichen der Moderne die *Unsicherheit* der Verhältnisse sowie die *Reflexion* auf Unsicherheit, Instabilität, Unüberschaubarkeit, Hybridität und Komplexität gehören (vgl. z. B. Wagner 1999).

Die Soziologie des Körpers nun wird sich mit dieser Beobachtung nicht zufrieden geben können – zumindest dann nicht, wenn sie ,Modernisierung' als Terminus der (Re-)Konstruktion des soziokulturellen Wandels von Körperpraktiken und Körpersemantiken nutzen will. Folgt sie jedoch dem Konzept der Modernisierung, ist sie dazu aufgerufen, die Kritik an der Modernisierungstheorie in sich aufzunehmen. Dabei kann sie im Rahmen zeitdiagnostischer, diachroner und prozesssoziologischer Untersuchungen zeigen, inwiefern sich modernisierungstheoretische Annahmen überzeugend auf ihren empirischen Gegenstand projizieren lassen bzw. unter umgekehrten methodischen und methodologischen Vorzeichen: inwiefern die empirische Analyse der Sozialität des Körpers modernisierungstheoretische Argumentationslinien plausibilisiert.

Gerade dann, wenn sie Prozesse wie funktionale Differenzierung, Globalisierung, Zivilisierung oder Mediatisierung als Modernisierung fasst, muss die Soziologie des Körpers darum bemüht sein, eben diese Entwicklungen in ihren Relationen zueinander sowie in Relation zu weiteren sozialen Prozessen zu denken. Insofern sind modernisierungstheoretische Überlegungen eine Herausforderung für die Soziologie des Körpers wie umgekehrt die Soziologie des Körpers mit ihrer Gegenstandsorientierung ein Testfall für die Modernisierungstheorie ist, an dem u. a. die erwähnten Grenzen modernisierungstheoretischer Erzählungen reflektiert werden können. Die weit verbreitete Fitness-Körperkultur bis hin zum aktuellen – und vermutlich wichtiger werdenden – Trend des Selbst- und Fremd-Trackings physischer Vorgänge mag die Komplexität der hier gemeinten Fragestellungen beispielhaft vor Augen führen. Die Fitness-Kultur wird von einem Beziehungsgeflecht getragen, in dem Zivilisierungsprozesse mit technologischen Entwicklungen (computerisierte Medien und deren Vernetzung, Big Data u. a.) ebenso zusammenwirken wie Dynamiken der Globalisierung und der sozialen Differenzierung, so dass eine möglichst vollständige soziologische Erklärung die verschiedensten Prozesse berücksichtigen müsste.

Die Soziologie des Körpers kann also danach fragen, inwiefern der Körper ein Beispiel für „entangled modernities" (Therborn 2003) ist und welche Prozesse in dem jeweiligen Beziehungsgefüge relevanter sind als andere. Und nicht zuletzt kann sie in den unübersichtlichen und tiefen Gewässern der Moderne einen bewährten soziologischen Anker auswerfen, indem sie ihren Blick auf die Beobachtung von Beobachtern einstellt. Sie strebt dann nicht nach der Beschreibung, dem Verstehen und der Erklärung der Moderne selbst, sondern nach der soziologischen Aufklärung dessen, was innerhalb der Gesellschaft als Moderne, Modernität und Modernisierung thematisiert und reflektiert wird. Sie rekonstruiert dann Moderne und Modernisierung als eine Semantik, als eine Imagination, die sich in Formen der Praxis ebenso zu artikulieren vermag wie in bildlichen Darstellungen oder Texten verschiedenster Gattungen (Unterhaltung, Wissenschaft, Kunst u. a.). Dass die aktuellen Körpersemantiken für solche Perspektiven zahlreiche Anlässe bieten ist deutlich und könnte durch zukünftige körpersoziologische Untersuchungen an der Schnittstelle von Körper- und Modernisierungssoziologie noch deutlicher gemacht werden.

Literatur

Beck, Ulrich (1996). Wissen oder Nicht-Wissen? Zwei Perspektiven „reflexiver Modernisierung". In: Ulrich Beck, Anthony Giddens & Scott Lash (Hrsg.), *Reflexive Modernisierung. Eine Kontroverse*. Frankfurt am Main: Suhrkamp.

Berger, Peter L., Berger, Brigitte & Kellner, Hansfried (1975). *Das Unbehagen in der Modernität*. Frankfurt am Main: Campus (Orig.: The Homeless Mind, 1973).

Bette, Karl-Heinrich (1987). Wo ist der Körper? In: Baecker, Dirk (Hrsg.), *Theorie als Passion. Niklas Luhmann zum 60. Geburtstag* (S. 600–629) Frankfurt am Main: Suhrkamp.

Boatcă, Manuela & Spohn, Wilfried (2010). *Globale, multiple und postkoloniale Modernen*. München, Rainer Hampp Verlag.

Bonacker, Thorsten & Reckwitz, Andreas (2007). Das Problem der Moderne: Modernisierungstheorien und Kulturtheorien. In: Thorsten Bonacker & Andreas Reckwitz (Hrsg.), *Kulturen der Moderne: soziologische Perspektiven der Gegenwart*. Frankfurt am Main: Campus, S. 7–18.

Bourdieu, Pierre (1982). *Die feinen Unterschiede. Kritik der gesellschaftlichen Urteilskraft*. Frankfurt am Main: Suhrkamp.

Bröckling, Ulrich (2007). *Das unternehmerische Selbst. Soziologie einer Subjektivierungsform*. Frankfurt am Main: Suhrkamp.

Eisenstadt, Shmuel N. (2000). *Die Vielfalt der Moderne*. Weilerswist: Velbrück.

Elias, Norbert (1980). *Über den Prozess der Zivilisation. Soziogenetische und psychogenetische Untersuchungen. Band: 2 Wandlungen der Gesellschaft. Entwurf zu einer Theorie der Zivilisation.* 7. Aufl. Frankfurt am Main: Suhrkamp.

Giddens, Anthony (1995). *Konsequenzen der Moderne,* Frankfurt am Main: Suhrkamp (Orig.: The Consequences of Modernity, 1990).

Goffman, Erving (1969). *Wir alle spielen Theater. Die Selbstdarstellung im Alltag.* München: Piper Verlag.

Goffman, Erving (1981). *Geschlecht und Werbung.* Frankfurt am Main: Suhrkamp.

Gross, Peter (1994). *Die Multioptionsgesellschaft.* Frankfurt am Main: Suhrkamp.

Gugutzer, Robert (2012). Die Sakralisierung des Profanen. Der Körperkult als Diesseitsreligion. In: Robert Gugutzer & Moritz Böttcher (Hrsg.), *Körper, Sport und Religion. Zur Soziologie religiöser Verkörperungen* (S. 285–308). Wiesbaden: VS-Verlag.

Hitzler, Ronald & Honer, Anne (1994): Bastelexistenz. In: Ulrich Beck & Elisabeth Beck-Gernsheim (Hrsg.). *Riskante Freiheiten. Individualisierung in modernen Gesellschaften* (S. 307–315).Frankfurt am Main: Suhrkamp. S. 307–315.

Kautt, York (2008). *Image. Zur Genealogie eines Kommunikationscodes der Massenmedien.* Bielefeld: transcript.

Kautt, York (2012). Pornografie für alle: Zum (Un-)Anständigen allgemeiner Medienkulturen am Beispiel der Werbung. In: Martina Schuegraf & Angela Tillmann (Hrsg), *Pornografisierung von Gesellschaft* (S. 79–88). Konstanz: UVK.

Kautt, York (2013). Profifußball und Nationalität im Netz der Bilder – Theoretische Perspektiven und exemplarische Analyse der EM 2012 im Spiegel deutscher und englischer Printmedien In: Kristian Naglo & Anthony Waine (Hrsg.), *Fußballkulturen England-Deutschland; Football Cultures England-Germany* (S. 193–214), Wiesbaden: VS.

Kohli, Martin (1985). Die Institutionalisierung des Lebenslaufs: Historische Befunde und theoretische Argumente. *Kölner Zeitschrift für Soziologie und Sozialpsychologie 37 (1),* 1–20.

Luhmann, Niklas (1974). Einführende Bemerkungen zu einer Theorie symbolisch generalisierter Kommunikationsmedien. *Zeitschrift für Soziologie 3 (3),* 236–255.

Luhmann, Niklas (1996). *Die Realität der Massenmedien.* Wiesbaden: Westdeutscher Verlag.

Luhmann, Niklas (1997). *Die Gesellschaft der Gesellschaft.* Frankfurt am Main: Suhrkamp.

Meuser, Michael (2000). Dekonstruierte Männlichkeit und die körperliche (Wieder-)Aneignung des Geschlechts. In: Cornelia Koppetsch (Hrsg.), *Körper und Status. Zur Soziologie der Attraktivität* (S. 211–236). Konstanz: UVK.

Reckwitz, Andreas (2012). *Die Erfindung der Kreativität: Zum Prozess gesellschaftlicher Ästhetisierung.* Frankfurt am Main: Suhrkamp.

Schelkshorn, Hans & Abdeljelil Ben Jameleddine (Hrsg.) (2012). *Die Moderne im interkulturellen Diskurs. Perspektiven aus dem arabischen, lateinamerikanischen und europäischen Denken.* Weilerswist: Velbrück.

Schmidt, Volker (2014). *Global Modernity. A Conceptual Sketch.* Basingstoke: Palgrave.

Schulze, Gerhard (1997). *Die Erlebnisgesellschaft. Kultursoziologie der Gegenwart*. 7. Aufl. Frankfurt am Main/New York: Campus.

Sennett, Richard (1986). *Verfall und Ende des öffentlichen Lebens. Die Tyrannei der Intimität*. Frankfurt: Fischer.

Simmel, Georg (1995, zuerst 1905). Philosophie der Mode. In: Ders., *Gesamtausgabe*, Bd. 10, hrsg. v. Otthein Rammstedt (S. 7–39). Frankfurt am Main: Suhrkamp.

Tenbruck, Friedrich (1965). *Jugend und Gesellschaft, Soziologische Perspektiven*, 2. Aufl. Freiburg: Rombach.

Therborn, Göran (2003). Entangled Modernities. *European Journal of Social Theory August 2003 6*, 293–305.

Wagner, Peter (1999). *Soziologie der Moderne*. Frankfurt am Main: Campus.

Willems, Herbert (Hrsg.) (2009). *Theatralisierung der Gesellschaft, (2. Bd.)* Wiesbaden: VS.

Willems, Herbert & Hahn, Alois (Hrsg.) (1999). *Identität und Moderne*. Frankfurt am Main: Suhrkamp.

Willems, Herbert & Jurga, Martin (Hrsg.) (1998). *Inszenierungsgesellschaft*. Opladen: Westdeutscher Verlag

Phänomenologie

Nick Crossley

Der Körper wurde in der Phänomenologie erstmals im Spätwerk von Husserl behandelt (1973, 1983), insbesondere im zweiten Band seiner „Ideen" und in „Erfahrung und Urteil". Die Thematik wurde dann von Vertretern des Existenzialismus wie Sartre (1969) und Beauvoir (1988), aber vor allem von Merleau-Ponty (1962) aufgegriffen, die sich alle auf Husserl und Heidegger bezogen. In „Sein und Zeit" (1962) hatte Heidegger ebenfalls einen stärker körperbezogenen und lebensweltlichen Ansatz der Phänomenologie vertreten. Im Folgenden beschreibe ich diese Hinwendung zur Körperlichkeit und stelle deren Bedeutung für die Soziologie heraus, wobei meine besondere Aufmerksamkeit Merleau-Ponty gilt. Im Allgemeinen wird er – zumindest in der Soziologie und Philosophie im englischsprachigen Raum – als der wichtigste Denker des Körpers [im deutschsprachigen Wissenschaftsraum ist zumeist von „Leib" die Rede; Anm. d. Hrsg.] in der phänomenologischen Tradition betrachtet.

Im ersten Teil dieses Aufsatzes geht es vor allem um die implizite und vorreflexive Mitwirkung des Körpers am menschlichen Handeln; das heißt, um den weitgehend vernachlässigten Beitrag, den der Körper bei der Reproduktion sozialen Handelns und gesellschaftlicher Strukturen leistet. Nachdem ich einen Einblick in diesbezügliche phänomenologische und existenzialistische Ansätze gegeben habe, erörtere ich das Verhältnis von Körper, Bewusstsein und Handeln sowie die zentrale Bedeutung der Gewohnheit und stelle einige mögliche soziologische Implikationen dieser Überlegungen vor. Im zweiten Teil wende ich mich dann der Frage zu, wie ein explizites Bewusstsein des Körpers entsteht und was dies in Bezug auf *race* und insbesondere Genderfragen bedeutet.

1 Die Verkörperung des Bewusstseins

Zentraler Ausgangspunkt phänomenologischer Überlegungen zum Körper ist der Hang sowohl in den Naturwissenschaften als auch in der Philosophie, diesen von außen zu erfassen, als einen Gegenstand von Erfahrung. Als Descartes (1969) seine Theorie zum Leib-Seele-Dualismus entwickelte und auf die Eigenschaften von Geist und Körper einging, beschrieb er Körper, wie sie einem äußeren Beobachter erscheinen. Er behauptete, Körper nähmen Raum ein. Man könne sie in verschiedene Teile zerlegen, sie berühren etc. Wie Husserl (1970) in seinem Buch „Die Krise der europäischen Wissenschaften und die transzendentale Phänomenologie" herausgearbeitet hat, beruht diese Beschreibung auf der wissenschaftlichen Definition von „Materie", die Galilei einige Jahre zuvor formuliert hatte. Dies sei deswegen problematisch, so Husserl, weil Descartes' „Mediationen" vorgaben, radikale philosophische Reflexionen zu sein, die allen Glauben infrage stellten und nur dem vertrauten, was Descartes in seiner unmittelbaren Erfahrung als unanzweifelbar festgestellt hatte. Darüber hinaus sollten sie eine philosophische Begründung der Naturwissenschaften leisten. Mit seinem impliziten Bezug auf Galilei gab Descartes die von ihm selbst empfohlene Methodik auf und verließ sich bei seinem Versuch, die Naturwissenschaften philosophisch zu begründen, auf naturwissenschaftliche Vorstellungen, womit seine Argumentation zirkulär wurde.

Was aus meiner Sicht noch schwerer wiegt, ist, dass mit Descartes' Reduzierung „des Körpers" auf seine von außen wahrnehmbaren Eigenschaften der unhintergehbare körperliche Charakter menschlicher Erfahrungen ignoriert wird. Der Körper ist nicht lediglich ein Gegenstand der Wahrnehmung. Unsere Wahrnehmung selbst ist eine körperliche Erfahrung. Wir sehen mit unseren Augen, berühren mit unseren Händen, hören mit unseren Ohren etc. Das Bewusstsein ist eine sinnliche, eine körperliche Erfahrung: eine Struktur von Empfindungen.

In unserer Alltagswahrnehmung gerät dieser Aspekt schnell in Vergessenheit. Dabei ist körperliche Wahrnehmung, phänomenologisch gesprochen, immer „intentional", das heißt, sie ist immer die Erfahrung von etwas anderem als dem Selbst. Sehen zum Beispiel beinhaltet körperliche Empfindungen, aber das sehende Subjekt ist sich dieser Empfindungen als solcher nicht bewusst. Vielmehr erkennt es durch diese Empfindungen Gegenstände jenseits seiner bloßen physischen Existenz. Ich habe in diesem Augenblick Empfindungen, aber ich bin mir ihrer nicht bewusst. Ich nehme visuell einen Computerbildschirm wahr. Das Körperliche und Sinnliche dieser Erfahrung kommt in der Regel nur in Extremsituationen zum Vorschein: etwa dann, wenn grelles Licht meine Augen schmerzt, laute Geräusche meinen Ohren wehtun oder wenn Gestank oder schlechter Geschmack Übelkeit verursachen. Drew Leder (1990) nennt solche Erfahrungen von der Norm abweichende Erscheinungen *(dys-appearances)* des Körpers. Die körperhafte Grundlage der bewussten Subjektivität zeigt sich uns erst dann, meint Leder, wenn unsere körperlich-intentionale Beziehung zur Welt zusammenbricht oder infrage gestellt wird. Ich werde auf diesen Punkt später noch einmal zurückkommen.

Husserl kritisiert an Descartes' Beschreibung des Körpers nicht nur, dass dieser bestimmte Aspekte vernachlässigt hat. Vielmehr hält er dessen strikte Trennung zwischen Geist und Körper als zwei verschiedene „Substanzen" für grundsätzlich falsch. Descartes begründet diese Unterscheidung in seinen philosophischen Meditationen unter anderem mit der Beobachtung, er könne die Existenz seines Körpers anzweifeln, aber nicht seine Existenz als ein denkendes und bewusstes Wesen. Daraus schlussfolgert er, sein Körper sei abgrenzbar von seinem grundlegenden Wesen und weniger wichtig als sein Bewusstsein (oder sein Geist). Sein Geist ist sein Wesen. Er ist sein Geist. Dagegen ist sein Körper ein lediglich zufälliges Anhängsel.

Im Anschluss an die oben skizzierte Kritik zweifelt Husserl diese Vorstellung an. Seiner Ansicht nach kann Descartes nur deswegen die Existenz seines Körpers infrage stellen, weil er ihn durch die Brille der Galilei'schen Definition der wahrnehmbaren Materie betrachtet. Hätte sich Descartes dagegen an das von ihm selbst entwickelte radikale philosophische Programm und an das Unwiderlegbare seines eigenen Erfahrungsstroms gehalten, dann wäre er nicht zu dieser Unterscheidung zwischen seinem Körper und seinem Geist gelangt. Dann hätte er, wie Husserl in seinem Buch „Erfahrung und Urteil" die unhintergehbare körperliche Form seiner Bewusstseinserfahrungen entdeckt.

2 Existenzialismus und die materielle Welt

Phänomenologische Philosophie, wie sie Husserl vorschwebte, dient der Erkundung des intentionalen Bewusstseins und „der Welt", wie sie im Bewusstsein erscheint. Die Kritik am Leib-Seele-Dualismus bereichert diesen Ansatz, weil damit der unhintergehbar körperliche Charakter intentionaler Erfahrungen herausgestellt wird und in den Vordergrund phänomenologischer Reflexionen rückt. Die von Heidegger, Sartre, Beauvoir und insbesondere von Merleau-Ponty begründete existenzialistische Philosophie ist für dieses Vorhaben noch wichtiger, weil von ihr sowohl der Begriff der Intentionalität als auch der Status „der Welt" im phänomenologischen Projekt neu bestimmt wurden.

Husserls Phänomenologie „klammert" bekanntermaßen die Frage der Wirklichkeit der Welt, auf die unser Bewusstsein gerichtet ist, „aus", weil er der Ansicht ist, sie so besser erfassen zu können. In erneut kritischer Abgrenzung zu Descartes, diesmal in einer Studie, die die einzelnen Schritte der „Meditationen" rekonstruiert, hinterfragt Husserl (1990) das philosophische Streben nach einem Beweis einer Welt jenseits unserer Bewusstseins. Er zweifelt nicht deren Existenz an (vielmehr behauptete er, es sei sinnlos, diese anzuzweifeln), aber er ist der Auffassung, jeder anzuführende Beweis könne nur unseren Bewusstseinserfahrungen entstammen, womit letzten Endes der ursprüngliche Zweck des Beweises verfehlt würde. Wir könnten per Definition nicht wissen, was jenseits des Bereichs unserer Erfahrungen liegt. Für Merleau-Ponty dagegen war die erste und wichtigste Lehre aus dem Versuch, auf den Beweis der Realität der Welt jenseits unserer Erfahrungen völlig zu verzichten, dass dies unmöglich ist. Er stellte fest: „Überall sprühen die Funken der Transzendenz." In diesem Zusammenhang erhält die phänomenologische Einklammerung eine neue Bedeutung. Die Analyse unseres verkörperten Gerichtetseins auf die Welt wird als Mittel betrachtet, die vielfältigen Fäden, die uns mit der Welt verbinden, offenzulegen. Wir

„geben unseren Glauben an die Welt auf", um unsere Verbindung zu ihr besser erfassen zu können und um zu verstehen, was Merleau-Ponty in Anlehnung an Heidegger (1962) das „Zur-Welt-Sein" genannt hat. Hat Husserl in seiner Phänomenologie noch eine Erklärung des intentionalen Charakters der Welt im (verkörperten) Bewusstsein angestrebt, geht es dem Existenzialismus um eine Erklärung unserer sinnlichen und praktischen Verbindung zur Welt sowie um unser Beteiligtsein an der Welt (siehe weiter unten): um das „In-der-Welt-Sein".

Diese Verschiebung ist für die Soziologie auf mehreren Ebenen von Relevanz. Für die hier verfolgten Zwecke konzentriere ich mich auf die Bedeutung, die sie für neuere „relationale" Tendenzen in der Disziplin hat, soziale Phänomene als Beziehungsstrukturen oder Netzwerke zu begreifen. Der letzte Satz von Merleau-Pontys Buch „Die Phänomenologie der Wahrnehmung" lautet: „Der Mensch ist nichts als die Verknüpfung von Verhältnissen, und sie nur sind es, die für die Menschen zählen" (1962, S. 456; dt. 1966, S. 518). Seine Erneuerung des Begriffs Intentionalität stützt diese Behauptung, indem sie deutlich macht, dass verkörpertes Bewusstsein nicht als Substanz verstanden werden sollte (wie Descartes es für den Geist getan hat), sondern vielmehr als ein verkörpertes Verhältnis zu einer uns transzendierenden Welt. Merleau-Pontys „Subjekt" oder sein „sozialer Akteur" ist nicht das klassische körperlose, weltfremde Subjekt der Philosophie, sondern vielmehr ein irreduzibles leibliches Wesen, das auf die Welt zuallererst über seine Körperlichkeit bezogen ist, und verkörpertes Bewusstsein ist eine Beziehung. Die gesellschaftlichen und intersubjektiven Beziehungen und Verhältnisse, die uns miteinander verbinden, erhalten bei Merleau-Ponty, der sie umfassend untersucht hat, eine besondere Bedeutung, worauf ich später noch näher eingehen werde.

3   Praktisches Sein und Intentionalität

Unsere körperliche Verbindung zur Welt und unser Gerichtetsein auf die Welt beschränken sich nicht auf unsere in dieser neuen existenzialistisch-phänomenologischen Sichtweise eng gefassten sinnlichen Erfahrungen. Wir sind mit der Welt über unser Handeln in ihr und über unsere Beeinflussung dieser Welt verbunden, also durch Praxis. Die Welt bietet mir einen Rahmen für verschiedene Tätigkeiten, die ich ausübe und bis zu einem gewissen Grad steuere und beherrsche, manchmal ohne jegliches Nachdenken über mein Tun oder die Gegenstände, die ich dabei benutze (eine Situation, die Heidegger [1962] mit dem Begriff des „Zuhandenseins" der Welt eingefangen hat). Unsere Wahrnehmung und unser körperliches Handeln, so das Ergebnis phänomenologischer Betrachtungen, durchdringen sich wechselseitig.

Wie der Sport wahrscheinlich am eindrücklichsten zeigt, kann unser Wahrnehmungsvermögen auch ohne die Vermittlung reflexiven Denkens – nach cartesianischer Auffassung die Essenz menschlicher Subjektivität – sinnvolles und intelligentes Verhalten hervorbringen. Wenn sich beim Fußball einem Spieler die Möglichkeit zum

Angriff bietet, bleibt ihm keine Zeit, darüber nachzudenken, wie er sich verhalten soll. Nachdem er die Chance erkannt hat, muss er unmittelbar und taktisch angemessen darauf reagieren, ohne dass dem reflektierende Überlegungen oder Beratungen vorausgegangen sind. Darüber hinaus wird Wahrnehmung, zumindest in erster Instanz, von bestimmten Aktivitäten und den durch sie hervorgerufenen Interessen beeinflusst. Die Wahrnehmung von Fußball-Spielern zum Beispiel ist durch das Spielen geprägt. Sie sehen keine neutralen Objekte, sondern vielmehr „Torchancen", „Lücken in der Verteidigung", eine „Passgelegenheit" etc. Sie nehmen das wahr, was Gibson später „Affordanzen" (Angebote) zum Handeln genannt hat. Wichtig ist, dass dieses praktisch-wahrnehmende Handeln auch auf symbolische Systeme abgestimmt ist. So können die weißen Linien, die das Fußball-Feld begrenzen, beispielsweise zu „Kraftlinien" (Merleau-Ponty 1965, S. 168) werden, die sich auf die Spieler auswirken – und das unabhängig von ihren materiellen Eigenschaften. Das Spielfeld wird von diesen Linien wie von hohen Mauern eingerahmt, sodass die Spieler bestrebt sind, den Ball auf „dieser" Seite zu halten. Sie tun so, als würden sie direkt an einer Felsklippe spielen.

Merleau-Ponty, der sich sowohl auf Husserl als auch auf Heidegger beruft, schließt aus solchen Überlegungen, dass das Wesen der menschlichen Existenz praktisch ist; also nicht Descartes' „Ich denke", sondern das von Husserl vorgeschlagene: „Ich kann." Aber selbst diese Formulierung trifft es nicht ganz, zumindest dann nicht, wenn das „Ich" in irgendeiner Weise in Verbindung gebracht wird mit dem reflexiven Subjekt der klassischen Philosophie. Reflexives Bewusstsein und Selbstbewusstsein sind für Merleau-Ponty nicht ursprünglich. Sie entstehen auf der Grundlage eines vorangegangenen und vorreflexiven körperlichen Umgangs mit der Welt, nicht zuletzt mit anderen Menschen und Kulturen (insbesondere Sprachen). Merleau-Ponty zufolge führt vor allem unsere erworbene körperliche Fähigkeit, die sprachlichen Mittel in der Rede zu nutzen, dazu, dass sich reflexives Denken und Selbsterkenntnis des denkenden Subjekts entwickeln, die Descartes für ursprünglich hielt.

Die Aneignung von Selbstbewusstsein und der Umgang mit Sprache und Kultur wären jedoch nicht möglich, wenn es keine vorreflexive oder implizite Form der Selbstbeherrschung und Selbsterkenntnis gäbe: Die rechte Hand muss wissen, was die linke Hand tut, sowohl im wörtlichen als auch in einem eher metaphorischen Sinne. Dies ist auch eine Konsequenz von Bildung und fortgeschrittener Erfahrung, doch für Merleau-Ponty ist der menschliche Körper keine Tabula rasa. Die sich herausbildenden Eigenschaften eines Menschen, das, was aus dem menschlichen Organismus infolge des Umgangs mit anderen Menschen in der Gesellschaft wird, werden von bereits bei der Geburt vorhandenen niederstufigeren biologischen Strukturen zumindest potenziert. Ein Beleg hierfür ist die große Variabilität bei ganz vielen Arten sowie der Umstand, dass die meisten anderen Lebewesen nur ganz rudimentäre Formen von Kultur hervorbringen können. Um mit verschiedenen sozialen Erfahrungen (inklusive Disziplinierungs- und Zwangsmaßnahmen zur Formung des Körpers) umgehen und um aus ihnen lernen zu können, bedarf der Körper eines gewissen Maßes an vorgegebener Organisierung, aus der sich dann höhere, für den sozialisierten Körper charakteristische Organisationsformen entwickeln können.

Entscheidend ist für diese Organisierung das „Körperschema", ein von Merleau-Ponty geprägter Begriff, der die Vorstellungen des Menschen von seinem eigenen Körper bezeichnet. Diese sind im Wesentlichen und sicherlich zumindest anfänglich noch vorreflexiv, kommen jedoch bei recht vielen alltäglichen Verrichtungen zum Tragen. So können wir uns zum Beispiel ohne größere Probleme einen Weg durch Menschenmassen bahnen und uns dabei durch kleinste Lücken zwängen. Dies verweist auf ein hohes Maß an Körpergefühl, darauf, dass wir in der Lage sind, unsere Geschwindigkeit, Geschicklichkeit und Größe richtig einzuschätzen. Durch welche Lücken wir durchpassen und durch welche nicht, erkennen wir meist auf einen Blick. Bei vielen Routinehandlungen und -bewegungen kommt zudem ein Wissen um die Anordnung und Funktionsweise unserer Gliedmaßen zum Ausdruck. Wenn ein Körperteil ausfällt, mobilisieren wir automatisch ein anderes, um das untauglich gewordene zu ersetzen. Kurzum: Wir verfügen über eine ausgeprägte Körperkoordinierung, wobei diese ohne die Intervention des reflexiven Bewusstseins funktioniert.

Man könnte das Konzept des Körperschemas ausweiten, um damit auch die verschiedenen Technologien zu erfassen, die unseren Handlungsspielraum erweitern und optimieren. Autofahrer zum Beispiel haben in der Regel ein recht gutes Gefühl für die Größe und das Beschleunigungspotenzial ihres Wagens und wissen intuitiv, wie sie sich beim Einfahren in einen Kreisverkehr verhalten müssen, wie groß die Lücke im Verkehrsfluss sein muss, um sich gefahrlos einfädeln zu können. Die Bedeutung solches Erfahrungswissens zeigt sich etwa dann, wenn wir mit einem fremden Auto unterwegs sind und dabei dessen Beschleunigungspotenzial überschätzen, was schnell zu einem Unfall führen kann. Merleau-Ponty nennt ein weiteres interessantes Beispiel für dieses Phänomen: die Nutzung eines Stocks durch eine blinde Person. Der oder die Blinde, so seine Argumentation, nimmt den Stock überhaupt nicht wahr. Sie „intendieren" den Stock nicht, sondern nehmen mit dem Stock eher ihre Umwelt wahr. Er erweitert ihre Wahrnehmungsfähigkeit und wird Bestandteil ihres grundlegenden Wahrnehmungsapparats. Mit diesem Beispiel nahm Merleau-Ponty eine Reihe wichtiger Debatten in der gegenwärtigen Soziologie über Technologienutzung und das Verhältnis von Technik und Mensch vorweg.

Mit seinem Begriff des Körperschemas beabsichtigte Merleau-Ponty – ähnlich wie mit seiner Beschreibung der körperlichen Grundlage aller Wahrnehmung – zu verdeutlichen, wie der Körper als eine implizite, allerdings grundlegende Hintergrundstruktur für unser Alltagshandeln und unsere Alltagserfahrungen fungiert. Müssten wir ständig über die Aktivitäten und Bewegungen unseres Körpers nachdenken und diese gezielt koordinieren, wären wir überwältigt von der Komplexität selbst einfachster Aufgaben. Wir müssen jedoch nicht darüber nachdenken und wir können in der Regel auch nicht erklären, wie grundlegende körperliche Aktivitäten vonstattengehen. Wie hebt man seinen Arm? Was muss man tun, um ihn anzuheben? Wir machen es einfach, und häufig sind wir uns nicht einmal darüber im Klaren, dass

wir etwas Bestimmtes tun. Unserer Erfahrung nach ist unser Körper etwas Selbst-
verständliches, eine Hintergrundstruktur, die es uns ermöglicht, an bestimmten Ereignissen teilzunehmen und bestimmte Dinge zu erledigen. Eine Ausweitung erfährt
diese Struktur zudem durch die Gewohnheit.

4 Gewohnheit, Strukturierung, verkörpertes Wissen und Verstehen

Im Gegensatz zu vielen anderen Lebenswesen in unserer Umgebung, so Merleau-
Ponty, verfügen wir über nur relativ wenige angeborene Verhaltensinstinkte. Stattdessen haben wir das körperliche Vermögen und die Fähigkeit, zum einen neue
„Verhaltensstrukturen" zu entwickeln, mit denen wir Situationen, in denen wir uns
wiederfinden, bewältigen und dabei unsere Interessen verfolgen können. Zum anderen gelingt es uns, diese Strukturen derart zu konservieren, dass sie in Zukunft
in ähnlichen Situationen mehr oder weniger automatisch abgerufen werden können.
Merleau-Ponty (1962) verwendet hierfür den Begriff „Gewohnheit" (Husserl nutzt
den Begriff „Habitus"). Es sollte jedoch hervorgehoben werden, dass sich dieser Begriff von Gewohnheit sehr stark von behavoristischen Vorstellungen (Gewohnheit als
ein bedingter Reflex) unterscheidet, die zu Zeiten von Merleau-Pontys Schaffen sehr
einflussreich waren. Merleau-Ponty unternimmt in seinem ersten Buch „Struktur
des Verhaltens" eine ausführliche Kritik am Behavorismus, und diese Kritik ist auch
eine der Grundlagen seines bekannteren Werks „Die Phänomenologie der Wahrnehmung", einschließlich des Begriffs Gewohnheit, den er in diesem Buch vorstellt.

Während Verhaltensforscher Gewohnheiten als mechanische Kausalverbindun-
gen zwischen sehr spezifischen Reizen und Reaktionen betrachten, versteht Merleau-
Ponty unter Gewohnheiten Formen sinnvollen und zweckmäßigen Verhaltens, die
auf „Verstehen" und „Wissen" beruhen. Er stellt fest: Wie Menschen auf „Reize" reagieren, hängt vom Umfeld ab, in dem diese auftauchen, und nicht zuletzt davon,
womit jemand zum entsprechenden Zeitpunkt gerade beschäftigt ist, von seinen Absichten und Interessen. Ferner ist die Reaktion immer auf die Besonderheit einer
jeden Situation zugeschnitten und niemals nur eine rein mechanische Wiederholung einer festgelegten Verhaltensschablone. Die meisten menschlichen Gewohnheiten sind erworbene Kompetenzen, um mit alltäglichen Situationen umgehen zu
können. Sie beinhalten eine bestimmte Form des körperlichen Wissens und Verstehens. Die Akteure sind in der Lage, bestimmte Handlungen durchzuführen und bestimmte Aufgaben zu bewältigen („Ich kann"), wobei sie sich auf Wissen und Prinzipien stützen, die sie in vielen Fällen nicht reflektieren und artikulieren können.
Eine Schreibkraft etwa wird beim Tippen automatisch, ohne groß darüber nachdenken zu müssen, die richtigen Tasten drücken. Das Wissen darüber, wo die richtigen
Buchstabentasten zu finden sind, steckt sozusagen in ihren Fingerspitzen. Trotzdem
wäre sie wahrscheinlich nicht dazu imstande, Auskunft über die Tastaturbelegung

zu geben. Ihr Wissen ist eher praktischer als diskursiver oder reflexiver Natur. Ähnlich verhält es sich mit Sprache. Die meisten Menschen werden spontan dazu in der Lage sein, sich in ihrer Muttersprache grammatikalisch richtig auszudrücken. Sie haben ein praktisches Verständnis der Grammatikregeln, aber sie können diese Regeln nicht benennen.

Es gibt hier eine offensichtliche Überschneidung sowohl mit Bourdieus Überlegungen zum Habitus als auch mit Giddens Strukturationstheorie. Obwohl Merleau-Ponty nie eine vollständige Gesellschaftstheorie entwickelt hat, sprechen die verschiedenen Entwürfe einer solchen Theorie, die sich in seinen Werken zur politischen Philosophie und zur Geschichtsphilosophie sowie in anderen Aufsatzsammlungen erkennen lassen, für einen solchen Vergleich. Seine „Gewohnheiten" sind wichtige generative Mechanismen, die zur Konstituierung von Handlungen beitragen, sowohl in reflexiven als auch in vorreflexiven Formen (sie sind Formen der Kompetenz, die etwas ermöglichen), und zur Konstituierung umfassender sozialer Strukturen, die durch sich wiederholende Muster der menschlichen Interaktion reproduziert werden. Darüber hinaus erkennt er an, dass viele solcher Gewohnheiten durch das Mitwirken an dauerhaften gesellschaftlichen Situationen und durch die Interaktionen (und Gewohnheiten) anderer strukturiert werden.

Für Merleau-Ponty ist Sprache hierfür ein Paradebeispiel, zumindest in seinem philosophischen Spätwerk. Sprache ist eine soziale Gegebenheit, sie ist uns äußerlich, wie es Durkheim für gesellschaftliche Gegebenheiten im Allgemeinen behauptet hat. Die englische Sprache existierte, bevor ich geboren wurde, und sie wird weiter existieren, nachdem ich gestorben bin. Darüber hinaus hat die Aneignung von Sprache durch meine Beteiligung an ihr – durch Sprechen, Schreiben und Lesen in der Gesellschaft von anderen, die diese Sprache beherrschen – eine nachhaltig verändernde Wirkung auf mich. Die englische Sprache existiert, weil und insoweit sie in bestimmten Gemeinschaften gesprochen, geschrieben und gelesen wird. Sie muss kontinuierlich durch menschliche Interaktion reproduziert werden.

In seinen späteren Schriften scheint Merleau-Ponty dieses linguistische Beispiel als ein Modell zu betrachten, um allgemeiner über gesellschaftliche Strukturen nachzudenken. Hier nimmt er Überlegungen der Strukturalisten vorweg und zeigt ein ähnlich großes Interesse wie diese an dem Werk von Saussure. Interessant ist, dass in Merleau-Pontys Interpretation von Saussure Sprechen und die historische Dimension von Sprache eine besondere Bedeutung erhalten. Sprachen existieren primär durch ihre Nutzung beim Sprechen und entwickeln sich als eine Folge von „kohärenter Deformierung" bei der Verwendung im Laufe der Zeit immer weiter. Außerdem betont er die körperlichen Aspekte von Sprache. Sprechen bedeutet die Nutzung des Körpers. Sprache sind Laute, die in der Kehle gebildet werden und die mit den Ohren gehört werden. Beim Schreiben geht es um Zeichen und Markierungen, die (üblicherweise) mit der Hand vorgenommen und mit den Augen wahrgenommen werden. Auch wenn es trivial klingen mag: Es gibt keine Sprache ohne den Körper. Der Grund, warum dies immer wieder vergessen wird, hat nach Ansicht von Merleau-Ponty damit zu tun, dass in der Philosophie dem Körper tendenziell zu wenig Aufmerksamkeit geschenkt und seine Bedeutung unterschätzt wurde. Ähnliches ließe sich auch für die Soziologie sagen.

Zusammenfassend lässt sich festhalten: Diese Überlegungen von Merleau-Ponty haben vieles vorweggenommen, was später Giddens und Bourdieu aufgegriffen und in ihren jeweiligen Theorien (Strukturationstheorie und Theorie der Praxis) ausgeführt haben. Verkörpertes Verhalten ist strukturiert durch die soziale Welt und durch die Teilhabe an ihr. Daraus resultieren Gewohnheiten, die darüber, dass sie weiteres verkörpertes Verhalten lenken und steuern, die Strukturen der sozialen Welt reproduzieren, das heißt die Strukturen, die vom Körper aus Gewohnheit zuvor inkorporiert worden sind. Somit befinden wir uns in „einer Art von Kreislauf mit der sozio-historischen Welt" (Merleau-Ponty 1964, S. 123).

5 Natur, Kultur und Fleisch

Merleau-Pontys strukturationistische Betrachtungen richten sich, auch wenn er dies nicht näher ausführt, gegen die Dualität von Natur und Kultur. Diese Haltung resultiert zum Teil aus seiner weiter oben dargelegten Überzeugung, die Aneignung von kulturellen Gewohnheiten (inklusive des Sprachgebrauchs) basiere auf der vorgängigen körperlichen Fähigkeit des Verstehens, der Innovation und der Bewahrung. Kultur kann es nur für Wesen geben, die selbst in der Lage sind, Kultur zu erzeugen und diese zu begreifen und zu verinnerlichen, wenn sie damit konfrontiert sind. Merleau-Ponty scheint aber noch weitergehen und nahelegen zu wollen, Kultur sei nichts weiter als eine Manifestierung der Formbarkeit von Natur. Es gehöre zur Natur menschlicher Organismen, „Verhaltensstrukturen" zu entwickeln und diese nach und nach zu verändern. Wir formen uns selbst, genauso wie wir andere Elemente der materiellen Welt um uns herum formen und umformen.

In seinem posthum veröffentlichten Buch „Das Sichtbare und das Unsichtbare" greift Merleau-Ponty dieses Argument wieder auf und baut es weiter aus. Hier stellt er den Begriff „Natur" grundsätzlich infrage und behauptet eine grundlegende Einheit des Seins (er nennt sie „Fleisch"), die den Dualismen, die das westliche Denken prägen, zugrunde liegen und sie gewissermaßen unterminieren. „Geist" und „Körper", „Natur" und „Kultur", „Subjekt" und „Objekt" und nicht zu vergessen Galileis „Materie" sind alles Konstrukte, die Momente dieses grundlegenden Seins einfangen und in gewisser Hinsicht hilfreich sein können. Es gilt jedoch, was Gilbert Ryle (1949) gerade für das Begriffspaar Geist und Körper herausgestellt hat: Wenn wir punktuelle Differenzen mit substanziellen Differenzen verwechseln, dann führen uns solche partiellen Konstrukte in die Irre. Für Merleau-Ponty sind alle Dualismen nichts anderes als „Windungen" eines einzigen Fleisches.

6   Einige soziologische Beispiele

Mit seiner Theoretisierung des „Fleisches" verlässt Merleau-Ponty den Rahmen der
Phänomenologie, wie sie gewöhnlich verstanden wird, und überschreitet wohl auch
die Grenzen der Soziologie. Allerdings bietet seine Leibphänomenologie eine Reihe von Anknüpfungspunkten für soziologische Fragestellungen und Forschungsvor-
haben.

David Sudnow (1993) etwa stützt sich in seiner ethno-methodologischen Studie
über das Erlernen von Jazz-Improvisationen am Klavier beispielweise sehr stark auf
Merleau-Ponty (und auch auf Heidegger). In der Improvisation kommen wichtige
Elemente allgemeinen sozialen Verhaltens, wie es von Merleau-Ponty verstanden
wird, zum Tragen: relative Spontaneität, Unmittelbarkeit und Unberechenbarkeit.
Selbst die improvisierenden Künstler sind manchmal überrascht von der Richtung,
die sie beim Musizieren einschlagen. Hinzu kommt: Jede echte Improvisation ist in
gewisser Weise einzigartig. Und doch lassen sich auch hier Gesetzmäßigkeiten feststellen, die der Improvisation Struktur verleihen und bestimmte musikalische Konventionen berücksichtigen (wenn auch in unterschiedlichem Maße), sodass sie als
Musik und Kulturleistung erkennbar bleibt und nicht als irgendein Krach wahrgenommen wird. Obwohl es Ähnlichkeiten zu anderen Formen sozialen Handelns
gibt, lässt sich Improvisieren nur recht schwer erlernen. Sudnows Studie verfolgt die
Schwierigkeiten und Enttäuschungen bei den Bemühungen, sich diese Fähigkeit anzueignen, und zeigt, wie Merleau-Pontys theoretische Überlegungen zum Körper
weitergedacht und für empirische Untersuchungen zum Erwerb körperlichen Wissens genutzt werden können.

Improvisation ist in der Regel nur etwas für Solisten. Dagegen richtet sich der soziologische Blick häufiger auf das Ganze, das heißt, auf kollektives Handeln und kollektives Leben. Die soziale Welt resultiert aus der Interaktion verschiedener Akteure. Merleau-Pontys Ausführungen zu verkörperter Tätigkeit und deren habituellen
Verankerungen tragen dem Rechnung. Das verschafft seinem Werk einen Vorteil gegenüber anderen Autoren, die in vielen Punkten mit ihm übereinstimmen. So weist
etwa die Arbeit von Marcel Mauss (1979) über „Techniken des Körpers" einige inter-
essante Überschneidungen mit Merleau-Pontys Erörterungen zur Gewohnheit auf.
Mauss geht noch stärker als Merleau-Ponty auf die historischen und kulturübergrei-
fenden Variationen bei den „Nutzungen des Körpers" ein, was deren gesellschaftliche
Bedingtheit verdeutlicht. Mauss' Darstellung wirkt in mancher Hinsicht allerdings
mechanisch, weil er manches übersehen hat. So vernachlässigt er, dass spezifische
Körpertechniken eine Reaktion auf gesellschaftliche Dynamiken sind und ständig
an diese angepasst werden müssen. Unabhängig von dem jeweiligen Zweck, den bestimmte Akteure verfolgen, müssen sie ihr eigenes Handeln immer auf das Handeln
anderer in ihrem Milieu abstimmen und dabei häufig mit diesen kooperieren. Wenn
wir „Körpertechniken" verstehen wollen, sollten wir uns dessen bewusst sein. Merleau-Pontys Arbeit zeichnet sich dadurch aus, dass sie diesen Zusammenhang berücksichtigt.

Dies illustriert mein eigener Rückgriff auf Merleau-Ponty in einer Studie, die sich mit dem „Absolvieren" eines Zirkeltrainings befasst (Crossley 2004). Die erfolgreiche Teilnahme an einem solchen Zirkeltraining und das gemeinsame „Absolvieren" eines solchen Kurses setzen körperliches Wissen aufseiten der Teilnehmenden voraus, wie die manchmal komisch anmutenden Anstrengungen von neu Hinzugekommenen recht schön veranschaulichen. Unter anderem müssen die Teilnehmenden eine Reihe von Übungstechniken beherrschen. Ein solcher Kurs verlangt zudem, die Körpertechniken in Abstimmung mit den anderen Teilnehmern auszuführen und Regeln der sozialen Verträglichkeit einzuhalten. Hierzu gehört unter anderem die Anforderung, mehrere Dinge auf einmal zu tun und die Techniken spontan anzupassen, etwa um Unterhaltungen zu ermöglichen oder Zusammenstöße zu vermeiden. Merleau-Ponty zufolge hat körperliche Tätigkeit niemals nur einen instrumentellen Charakter, sondern immer auch kommunikative und soziale Aspekte, die mit seinem theoretischen Ansatz erfasst werden können.

Musizieren und Zirkeltraining sind ganz offenkundig körperliche Tätigkeiten. Das macht sie zu bevorzugten Untersuchungsobjekten einer Körpersoziologie. Aus der Sicht Merleau-Pontys und jeder sich auf ihn berufenden Soziologie ist jedoch jegliches gesellschaftliches Leben auf körperliche Vermittlungen, die in einschlägigen Studien genauer erforscht worden sind, angewiesen. Daher ist die von Merleau-Ponty eingenommene Perspektive auf den Körper ganz fundamental. Das heißt, die Arbeit einer Buchhalterin ist nicht weniger körperlich als die Aktivitäten eines Bodybuilders im Sportstudio – selbst wenn der körperliche Einsatz des Letzteren wesentlich dramatischer ist.

Was außerdem nicht vergessen werden sollte: Merleau-Ponty fordert uns dazu auf, über das, was ansonsten als die Parameter einer Soziologie des Körpers betrachtet wird, hinauszudenken. Während sich viele Arbeiten in diesem Feld auf die Art und Weise konzentrieren, wie „der Körper" als ein passives Objekt von der Gesellschaft geformt und in dieser repräsentiert wird, ist in Merleau-Pontys Begriff der „verkörperten Tätigkeit" Repräsentation und Gesellschaft bereits mitgedacht. Dem sollten wir mehr Aufmerksamkeit und weitere Analysen widmen. Es geht nicht darum zu leugnen, dass der Körper auf vielfältige Weise von „der Gesellschaft" geformt wird. Die Herausforderung besteht vielmehr darin, sich von „der Gesellschaft" als einem Abstraktum zu lösen und die konkreten gegenständlichen Bedingungen zu untersuchen, unter denen Körper auf besondere Art und Weise geprägt werden.

7 Der „dys-appearing body"

Eine der Schlussfolgerungen aus Merleau-Pontys Überlegungen lautet: Wir schenken dem Körper sowohl im Verhältnis zum Selbst als auch zum Anderen zu wenig Beachtung. Die körperliche Grundlage all unseres Handelns ist so habituell, dass wir die meiste Zeit überhaupt keine Notiz davon nehmen. Die Ausführungen zum menschlichen Körper sind aber nur ein Teil der phänomenologischen Erzählung. Es gibt Situationen, in denen „der abwesende Körper", wie Drew Leder (1990) es nennt, ins Blickfeld rückt. Betrachten wir zunächst einen Grenzfall, nämlich Krankheit.

Wenn wir krank werden, so Leder, tritt unser zuvor abwesender Körper in Erscheinung, und zwar durch Funktionsstörungen: Der Körper „dys-appears" [nicht zu übersetzendes Wortspiel aus „disappear" = Verschwinden, „dysfunctional" = dysfunktional und „appear" = Erscheinen; Anm. der Hrsg]. Wir fühlen uns krank oder fühlen Schmerzen oder wir entdecken die körperliche Grundlage unserer normalen Lebenswelt durch unsere Unfähigkeit, das zu tun, was wir normalerweise ohne bewusste Anstrengung und Wahrnehmung tun würden. Bei weniger schlimmen Fällen von Schmerzen oder Erkrankungen bleibt unsere körperliche Erfahrung intentional und „der Körper" darin eher implizit. Wenn wir etwa einen heißen Kessel anfassen, ist unsere Erfahrung in der Regel immer noch die von einem heißen Gegenstand. Unsere Erfahrung ist auf ein Ding jenseits von uns gerichtet. Ähnlich verhält es sich mit der Übelkeit, die von einer stark riechenden Toilette ausgelöst wird. Dieses Gefühl verbindet uns immer noch mit der äußeren Welt, wir erfahren die schlecht riechende Toilette. Mit einer Intensitätssteigerung kann jedoch das Gefühl einhergehen, von den Schmerzen oder der Übelkeit derart überwältigt oder gar verschlungen zu werden, dass wir mit nichts anderem mehr jenseits unserer eigenen körperlichen Grenzen verbunden sind. Wir nehmen einfach nur noch Schmerz oder Krankheit wahr und ziehen uns aus der Welt zurück, wobei unser (bewusstes) Verhältnis zu ihr und unsere Kontrolle über sie mehr und mehr verlorenzugehen drohen. Unsere Selbst- und Weltwahrnehmung beginnt sich aufzulösen.

Solche Erkenntnisse sind ganz offensichtlich für soziologische Ansätze relevant, die sich mit Fragen von Gesundheit und Krankheit befassen, insbesondere für Soziologen, die den Einfluss von Krankheiten und die Reaktionen darauf (sowohl individuell als auch kollektiv) untersuchen wollen. Sie können ebenfalls von Bedeutung sein für Studien, die sich mit dem Prozess des Alterns beschäftigten, vor allem für solche, die herausfinden wollen, welche Anpassungen ältere Sportler vollbringen müssen, wenn sie erst einmal den Zenit ihres Leistungsvermögens überschritten haben.

Ein anderes Beispiel, das Iris Young (1998) untersucht hat, ist das des Schwangerseins. Eine Schwangerschaft verändert die körperliche Gestalt und das Gewicht einer Frau grundlegend. Wie Young beobachtet hat, finden diese Veränderungen derart schnell statt, dass dadurch das Körperschema aus dem Gleichgewicht geraten und die Körperlichkeit zum Problem werden kann. Eine Schwangere zwängt sich irgendwo hinein, obwohl sie dort nicht mehr hineinpasst; sie gerät ins Straucheln, weil sie kein richtiges Gefühl mehr für ihr Gewicht und ihren Körperumfang hat; sie schätzt die Geschwindigkeit ihrer Bewegungen falsch sein, weil sie nicht mehr so schnell vorwärtskommt wie vor ihrer Schwangerschaft.

Diese Beobachtungen bestätigen eine Reihe von Thesen, die Young an anderer Stelle noch eindringlicher formuliert hat, genauso wie andere feministische Phänomenologinnen (zum Beispiel Beauvoir): Merleau-Ponty (wie auch Sartre) setzen in ihren Analysen implizit ein männliches Subjekt voraus und vernachlässigen damit den geschlechtsspezifischen Aspekt von Körperlichkeit und verkörperten Tätigkeiten. Ich werde auf diesen Punkt zurückkommen. Zuvor ist es jedoch notwendig, noch kurz auf das Verhältnis von Körper und Intersubjektivität beziehungsweise „Zwischenleiblichkeit", auf die sich Merleau-Ponty hin und wieder bezieht, einzugehen.

8 Zwischenleiblichkeit und reflexive Verkörperung

Merleau-Ponty zufolge ist die der sozialen Welt zugrundeliegende Intersubjektivität genauso wie praktisches Handeln verkörpert. Sie ist zwischenleiblich. Als verkörperte Wesen sind wir sowohl „wahrnehmbar" (wir können gesehen, gehört, berührt etc. werden) als auch wahrnehmend (wir sehen, hören, berühren etc.). Diese Dualität liegt jedem sozialen Leben zugrunde, weil dies die Art und Weise ist, wie wir als Erstes füreinander existieren. Die Basis unserer grundlegendsten sozialen Beziehungen ist gegenseitiges leibliches Aufeinander-Gerichtet-Sein.

Damit ist jedoch nicht gesagt, dass wir für andere über unsere Körper als bloße Objekte existieren, reduziert auf unsere sinnlich wahrnehmbaren Eigenschaften. In einer seiner Erörterungen, in der Merleau-Ponty die phänomenologische Kritik an Descartes' „äußerlichen" Blick auf den Körper (siehe dazu oben) fortführt, hält er fest, dass der Körper des anderen nicht als erstes als ein Objekt oder gar als Körper wahrgenommen wird. Der andere agiert, und durch sein Handeln kommuniziert er mit mir, sei es direkt über Gesten und Sprache, sei es indirekt, indem ich sein Handeln „lese". Sein Handeln hat eine Bedeutung für mich und ruft eine Reaktion bei mir hervor, oftmals noch bevor ich darüber nachdenken kann. Ich reagiere auf eine freundliche Geste, noch bevor ich den anderen überhaupt bewusst registriert habe. Ich nehme einen Körper nicht einfach wahr. Ich trete auf kommunikative Weise mit ihm in ein Verhältnis.

Die Situation lässt sich mit dem Lesen eines Buches vergleichen. Die Seiten eines Buches sind materielle Gegenstände voller physischer Zeichen, aber solange diese nicht unverständlich oder in irgendeiner Weise ungewöhnlich sind, nehme ich sie nicht als solche wahr. Ich sehe über sie hinweg und registriere eher inhaltliche Aussagen als die physischen Zeichen. Ich bin zu sehr von dem Inhalt beansprucht, um das Buch wahrzunehmen. So verhält es sich auch mit anderen Menschen. Ich sehe nicht den Körper als solchen. Ich nehme eher das wahr, was sein Handeln mir gegenüber kommuniziert. Der andere ist kein Gegenstand der Betrachtung, zumindest nicht beim ersten Zusammentreffen. Ich verhalte mich ihm gegenüber nicht wie ein Subjekt einem Objekt gegenüber. Vielmehr lassen wir uns beide aufeinander ein. Der Charakter dieses Umgangs wird in dem Maße differenzierter, wie wir uns die „signifikanten Symbole" (Mead 1967) unserer Gemeinschaft, nicht zuletzt die Sprache, aneignen. Nach Merleau-Ponty scheinen selbst Kleinkinder eine grundlegende Form der Intersubjektivität an den Tag zu legen, eine Einschätzung, die viele zeitgenössische Psychologen teilen.

Merleau-Pontys hat all dies vor dem Hintergrund eines gänzlich anderen Zugangs zu Beziehungen zwischen dem Selbst und dem Anderen formuliert, nämlich dem Werk von Sartre (1969). Sartre vertrat die Ansicht, dass sich die Subjekte immer gegenseitig objektivieren und versuchen, die anderen dem eigenen Plan und dem eigenen Verlangen zu unterwerfen. Dementsprechend sind die Beziehungen zu den anderen zwangsläufig entfremdet, wie insbesondere Sartres Überlegungen zum „Blick" nahezulegen scheinen. Genauso wie Merleau-Ponty ist Sartre davon überzeugt, ein Großteil menschlichen Handelns erfolge ohne explizites Bewusstsein seines Selbst. Wir beziehen uns auf unsere Ziele, nicht auf unser Selbst. Wenn wir die Präsenz anderer wahrnehmen und genauer: deren Bewusstsein von uns, ändert sich dies jedoch, so Sartre. Wir werden uns unseres Selbst extrem bewusst, fühlen uns „gefangen in dem Blick" der anderen. Wir haben das Gefühl, ihre Augen bohrten sich in uns hinein und unsere Handlungen gehörten nicht länger uns. Der andere nimmt Besitz von uns, verzehrt unsere Pläne in seinem Blick; zumindest tut er das, solange wir nicht dazu imstande sind, den Spieß umzudrehen und den anderen zu beherrschen. Menschliche Beziehungen, so schon die Erkenntnis von Hegel, sind motiviert durch den „Kampf um Anerkennung", der am Ende nur so entschieden werden kann, dass die eine Partei zum „Herrn" und die andere zum „Sklaven" wird.

Darüber hinaus ist für Sartre von Bedeutung, dass das Gefühl, „im Blick des anderen gefangen zu sein", dazu führen kann, Handlungen zu blockieren, nicht nur weil Menschen aus Angst davor, was andere denken mögen, eventuell zögern, sich auf eine bestimmte Weise zu verhalten. Auch extremes Selbstbewusstsein kann die Leichtigkeit unterminieren, die nach Sartre, aber auch nach Merleau-Ponty typisch ist für körperliche Tätigkeiten, wenn sie ungehindert stattfinden können. Wenn wir uns unserer selbst bewusst werden und über unsere Bewegungen nachdenken, werden der vorreflexive Fluss und die Leichtigkeit dieser Bewegungen unterbrochen. Sie werden unbeholfen und schwerfällig.

Merleau-Ponty vertritt die Ansicht, dass es solche von Sartre beschriebenen Situationen durchaus geben kann, stellt jedoch dessen Darstellung infrage. Sein erster Einwand ist, dass die oben geschilderte Auffassung von den kommunizierenden Körpern ursprünglich sei und dass die von Sartre beschriebene Entfremdung nur dann eintrete, wenn eine Seite sich weigere zu kommunizieren, sich aus der Verbindung löse und den anderen verdingliche. Er fügt hinzu, dass diese Verdinglichung sowie die Weigerung zu kommunizieren ebenfalls kommuniziert würden, wenn auch eher unabsichtlich. Das aus „dem Blick" resultierende Unbehagen und die von ihm ausgelöste Angst resultieren nach Merleau-Ponty zumindest teilweise aus dem Umstand, dass „der Blick" an die Stelle von normalen kommunikativen Beziehungen tritt, die eine Seite nicht länger eingehen will.

Merleau-Ponty greift den Gedanken von Sartre auf, dass der „Kampf um Leben und Tod" ursprünglich sei. Allerdings kommt er zu dem Schluss: Das Bewusstsein des Selbst und des anderen, das Teil dieses Szenarios ist, fehlt bei Kindern. Dieses Bewusstsein werde allein durch (soziale) Erfahrung angeeignet und entsteht auf der Grundlage einer ursprünglicheren kommunikativen Situation, die er in seiner eigenen Theorie beschreibt. Kleinkinder haben weder einen entwickelten Sinn ihres Selbst noch einen entwickelten Sinn für die anderen als bewusste Wesen. Sie interagieren sinnvoll miteinander, aber unterstellen den anderen kein Bewusstsein. Außerdem entstehen Selbstbewusstsein und ein Bewusstsein von den anderen (als bewussten Wesen) zusammen als Elemente einer einzigen Struktur. Ein Selbstbewusstsein zu entwickeln bedeutet, ein Bewusstsein von sich als einem möglichen Objekt von Erfahrung zu erlangen; und das ist umgekehrt nur möglich, wenn man erkennt, dass andere voneinander unterscheidbare Perspektiven auf die Welt einnehmen.

Merleau-Ponty bietet in seinem Werk verschiedene Erklärungen dafür an, wie dies geschieht. Wichtig ist jedoch, dass in allen Fällen, die er anführt, die Herausbildung von Selbstbewusstsein (und eines Bewusstseins von den anderen als bewusste und selbstbewusste Wesen) eine neue Form des Körperbewusstseins nach sich zieht. Der körperliche Akteur wird sich seiner selbst bewusst als Körper und vergegenständlicht sich bis zu einem gewissen Grad durch seinen Körper.

> Für mich selber bin ich weder „eifersüchtig" noch „neugierig", weder „buckelig" [...] Man verwundert sich bisweilen, wie Kranke oder Invalide sich selbst zu ertragen vermögen. Aber für sie selber sind sie eben nicht invalid oder dem Tode nahe [...] wenn ein Greis sich über sein Alter, ein Invalide sich über seine Invalidität beklagt, so ist ihnen das nur möglich, sofern sie sich mit anderen vergleichen oder sich selber mit den Augen der anderen sehen (Merleau-Ponty 1962; S. 434; dt. 1966; S. 493).

Der erste Punkt in diesem Absatz bezieht sich auf Merleau-Pontys bereits erörterte Beobachtung: Wir nehmen nicht unsere Körper als solche wahr, sondern eher die Welt über unsere Körper. Mein Körper ist in erster Instanz kein Gegenstand meiner Erfahrung oder Wahrnehmung. Das ist ein Grund dafür, warum wir uns selbst nicht – ich borge hier den etwas problematischen Begriff von Merleau-Ponty – als „buckelig" begreifen. Ich kann mich nur dann in solch einer Weise wahrnehmen, wenn ich zuvor gelernt habe, mich als Gegenstand von Wahrnehmung anzusehen. Und ich kann das in gewisser Weise nur unter der Voraussetzung, dass ich lerne, den „Blick des anderen auf mich" einzunehmen. In dem Lernprozess, die „Perspektive des anderen einzunehmen", eröffnet sich uns die Gelegenheit einer Perspektive auf uns selbst. Wir werden für uns zu Objekten von Erfahrung. Das ist die Grundlage, auf der sich reflexive Körperentwürfe herausbilden können. Sie ist jedoch auch die Ursache für auf Körper bezogene Ängste und Hassgefühle, vor allem dann, wenn jemand seinen Körper als unzulänglich empfindet.

Es gibt jedoch eine weitere Voraussetzung dafür, dass ich mich als buckelig oder alt wahrnehme oder erfahre: der Vergleich mit anderen. Für Merleau-Ponty ist an der Erfahrung einer körperlichen Einschränkung (es sei denn, sie ist schmerzhaft) nichts

Inhärentes. Sie führt beim beeinträchtigten Individuum nicht automatisch dazu, dass es sich als solches wahrnimmt. Die Erfahrung der Welt, die mir über meinen Körper vermittelt wird, ist alles, was ich kenne, und daher kann sie mir nicht als anders oder mangelhaft erscheinen. Sie wird erst als solche angesehen, wenn man sie mit einer anderen Erfahrung vergleicht. Im Falle des Alterns ist das womöglich ein Vergleich zwischen der Vergangenheit und der Gegenwart. Ich fühle mich heute alt, weil ich nicht mehr dazu in der Lage bin, Dinge zu tun, die ich früher einmal tun konnte. Bei denjenigen, die von Geburt an eine Behinderung haben, ist es der Vergleich mit anderen, die nicht in der gleichen Weise beeinträchtigt sind. Ich erfahre meinen eigenen Körper als abweichend, weil ich ihn mit anderen vergleiche, die zum Beispiel gesünder und kräftiger sind.

9   Rasse, Geschlecht und Differenz

Auf die gleiche Weise können Körper als „vergeschlechtlicht" oder „rassifiziert" erfahren werden. Körper fühlen sich unmittelbar weder männlich noch weiblich, weder schwarz noch weiß an. Diese Kennzeichnungen ergeben erst Sinn, wenn ich sie einander entgegensetze. Ich kann nicht wissen, wie es ist, ein Mann zu sein, weil ich nicht weiß, wie es ist, kein Mann zu sein, und daher weiß ich auch nicht, ob irgendeine meiner Erfahrungen typisch „männlich" ist. Sartre hat in seinem Buch „Der Antisemit und der Jude" (Sartre 1948) genauso wie Fanon (1986) in „Schwarze Haut, weiße Masken" darauf hingewiesen, das „Rassenunterschiede" sich nur in gelebten Erfahrungen manifestieren, wenn Personen von anderen als unterschiedlich bezeichnet und deswegen diskriminiert werden. Sie werden selbst zu „Juden" oder „Schwarzen", weil sie erkennen, dass es das ist, wie sie von anderen wahrgenommen werden. Selbstverständlich können sie sich gegen die in diesen Kategorisierungen enthaltenen negativen Beurteilungen zur Wehr setzen, aber es ist schwierig, sich dieser Identität ganz zu entziehen, wenn sie im eigenen sozialen Umfeld weit verbreitet ist.

Diese Identifizierung kann sich auch auf die anderen, zuvor thematisierten Elemente der Körperlichkeit auswirken. Fanon etwa behauptet, der schwarze Mann fühle sich, vor allem in Gegenwart des weißen Mannes, in seinem Körper derart unwohl, dass dadurch seine Bewegungen gehemmt würden. Er fühle sich so auffällig, wie von Sartre in seiner Darstellung „des Blicks" geschildert. In ähnlicher Weise hat Iris Young (1980) in ihrem Aufsatz „Throwing Like A Girl" („Werfen wie ein Mädchen", dt. 1993) die verschiedenen Varianten aufgezeigt, in denen die körperliche Grundlage weiblichen Handelns in der Gesellschaft durch ein patriarchales Umfeld negativ beeinflusst wird. Die von Sartre und Merleau-Ponty beschriebene Erfahrung der Körperlichkeit sei, so Young, eine spezifische männliche Erfahrung, die die Einschränkungen, denen weibliches Verhalten unterliege, nicht berücksichtige. Simone de Beauvoir hat in „The Second Sex" (1988) diesen Punkt herausgestellt, indem sie besonders auf biologische Unterschiede wie die Gebärfähigkeit von Frauen verwies. Young beruft sich auf

Beauvoir, legt den Schwerpunkt jedoch auf Differenzen gesellschaftlichen Ursprungs. Frauen bewegen sich anders als Frauen, stellt sie fest, zumindest stellte sie das in den 1970er Jahren fest. Ein Mann zum Beispiel bewege sich normalerweise in Richtung Ball, wenn er diesen fangen will, während eine Frau tendenziell stehenbleibe und darauf warte, dass dieser sie trifft. Er übernehme die Kontrolle über seine äußere Umgebung, sie bleibe passiv und erlaube dem Umfeld, auf sie einzuwirken. Ein weiteres Beispiel: Während ein Mann in der Regel seinen ganzen Körper einsetzt, wenn er einen schweren Gegenstand anhebt oder einen Ball wirft, nutzt eine Frau dazu häufig nur ein einziges Körperteil. Sie hebt oder bewegt nur ihren Arm und nutzt – anders als die meisten Männer – weder Rücken noch Schultern oder Beine. Aus der Sicht von Young macht dies die Körper von Frauen tendenziell ungelenker und schränkt ihre körperliche Handlungsfähigkeit erheblich ein. Darüber hinaus steht dies im Gegensatz zu dem von Merleau-Ponty gezeichneten Bild von verkörpertem Handeln: Bei Frauen ist der Körper nie ganz so „abwesend", wie von ihm beschrieben.

Dabei handelt es sich jedoch nicht um einen biologisch begründeten Unterschied. Frauen wird von Kindheit an ein bestimmtes weibliches Verhalten in Bezug auf den Körper beigebracht, um ihr „Sittsamkeit" zu bewahren. Außerdem nehmen sie ihren Körper als verletzlich und schutzlos gegenüber unerwünschten Berührungen und Blicken wahr. Das hat seine eigene zügelnde Wirkung. Eine Frau fühlt sich unwohl in ihrem eigenen Körper, und das schränkt ihre Bewegungsfreiheit ein. Das bringt auch Formen körperlichen Verhaltens hervor, die vor ungewollter Aufmerksamkeit schützen sollen. Sie tendiert zu wenig ausgreifenden Bewegungen, verbirgt einzelne Körperteile, um eine ungewollte Zurschaustellung ihres Körpers zu verhindern und ihn vor männlichen Blicken und Übergriffen zu schützen. Weibliches körperliches Verhalten unterscheidet sich vom männlichen, es wirkt schwerfälliger, weil das Erreichen eines unmittelbaren Ziels beeinträchtigt wird durch die Notwendigkeit, sich gegen unerwünschte männliche Aufmerksamkeit zu schützen, sowohl visuell als auch taktisch. Es ist beeinflusst durch die in der westlichen Kultur übliche Praxis, Frauen zu Objekten zu degradieren.

Dies relativiert Merleau-Pontys Darstellung verkörperten Handelns, nach der sich die Menschen frei bewegen und Kontrolle über ihre unmittelbare Umgebung ausüben. Darüber hinaus legt es nahe, dass die Verdinglichung des anderen endemischer ist als von dieser Theorie angenommen und auch einen Geschlechteraspekt hat (Fanon hat auf den Prozess der Rassifizierung hingewiesen). Weibliche Körper werden zu Objekten gemacht, als visuelle Objekte konsumiert und auf dieser Grundlage beurteilt. Darüber hinaus, darauf spielt Merleau-Ponty im obigen Zitat an, wird diese äußere Perspektive auf den weiblichen Körper häufig von Frauen selbst verinnerlicht. Da sie wissen, dass sie auf diese Weise wahrgenommen und beurteilt werden, lassen sie sich häufig bewusst darauf ein, ihre Körper als Objekt körperlicher Begierde zu betrachten und zu verwalten.

Sandra Lee Bartky (1990) führt diesen Gedanken weiter aus in einem Aufsatz, der phänomenologische Erkenntnisse mit feministischen Überlegungen und Foucaults

Theorie zusammenbringt. Sie behauptet, Frauen würden ihr Erscheinungsbild einer ständigen Überwachung und Kontrolle unterwerfen, ihren Körper an normativen Idealen messen und alles Mögliche unternehmen, um ihren Körper mit diesen Normen in Übereinstimmung zu bringen.

Youngs und Bartkys Einschätzungen stammen aus den späten 1970er Jahren beziehungsweise aus den frühen 1980er Jahren. Die gesellschaftliche Situation mag sich seitdem in mancherlei Hinsicht geändert haben – allerdings ist Geschlechtergerechtigkeit immer noch ein unerreichtes und fernes Ziel. Unabhängig davon, wie akkurat ihre empirischen Beschreibungen in Bezug auf die gegenwärtige Gesellschaft sind: Sie sind wichtig, weil sie den phänomenologischen Blick öffnen für die Bedeutung von Differenz. Außerdem machen sie deutlich, wie der insbesondere von Merleau-Ponty beschriebene „lebendige Körper" gesellschaftlich verstrickt und Ergebnis historischer Bedingungen ist, die ihn modifizieren. Auf diese Weise ermöglichen sie es, den „Körper" aus der Phänomenologie in den Bereich der Soziologie zu überführen.

10   Fazit

Die Phänomenologie ermöglicht einen spezifischen Blick auf den menschlichen Körper, indem sie gesellschaftliche Akteure mit ihrem Körper identifiziert und Verkörperung als Grundlage bewusster Erfahrung und bewussten Handelns begreift. In Vorwegnahme der Untersuchungen von Bourdieu hat insbesondere Merleau-Ponty sich mit der Frage befasst, wie Aspekte sozialer Strukturen im Körper in Form von Gewohnheiten „gespeichert" und wie sie dann durch habituelle Tätigkeiten reproduziert werden. Vieles davon läuft implizit und unbemerkt von den sozialen Akteuren ab, obwohl die Phänomenologie auch danach fragt, wie Menschen ein körperliches Selbstbewusstsein erlangen und wie Körper durch Erfahrung entlang der Linien von Geschlecht und Rasse unterschieden werden.

Mit all dem bietet die Phänomenologie einen hervorragenden Ausgangspunkt, von dem aus soziologisch über den Körper nachgedacht werden kann. Dabei handelt es sich jedoch nur um einen Ausgangspunkt, der unweigerlich nur bestimmte Aspekte des Körpers beleuchtet und andere vernachlässigt. Mit dem Fokus auf den lebendigen Körper [dt. Leib] wird beispielsweise dem, was Merleau-Ponty die „objektive Seite" des Körpers – gefangen in der Biologie – genannt hat, zwangsläufig weniger Bedeutung zugemessen. Damit geht tendenziell auch eine Vernachlässigung der historischen Prozesse einher, in die Körper verstrickt sind und von denen sie geformt werden. Wir sollten uns dieser Beschränkungen bewusst sein, wenn wir uns auf die phänomenologische Sichtweise einlassen.

Literatur

Bartky, Sandra Lee (1990). *Femininity and Domination: Studies in the Phenomenology of Oppression.* London: Routledge.

Beauvoir, Simone de (1988). *The Second Sex.* London: Picador

Crossley, Nick (2001). *The Social Body: Habit, Identity and Desire.* London: Sage.

Crossley, Nick (2004). The Circuit Trainer's Habitus: Reflexive Body Techniques and the Sociality of the Workout, *Body and Society 10(1)*, 37–69.

Descartes, Rene (1969). *Discourse on Method and the Meditations.* Harmondsworth: Penguin.

Fanon, Franz (1986). *Black Skin, White Masks.* London: Pluto.

Heidegger, Martin (1962). *Being and Time.* Oxford: Blackwell (dt. Sein und Zeit [1927], Tübingen: Niemeyer 1963).

Husserl, Edmund (1970). *The Crisis of the European Sciences and Transcendental Phenomenology.* Evanston: Northwestern University Press (dt. Die Krisis der europäischen Wissenschaften und die transzendentale Phänomenologie [Husserliana VI], Den Haag: Nijhoff 1976).

Husserl, Edmund (1973). *Experience and Judgement.* Evanston: Northwestern University Press (dt. Erfahrung und Urteil. Untersuchungen zur Genealogie der Logik, Hamburg: Meiner 1972).

Husserl, Edmund (1983). *Ideas II.* the Hague: Martinus Nijhoff (dt. Ideen zu einer reinen Phänomenologie und phänomenologischen Philosophie. Zweites Buch: Phänomenologische Untersuchungen zur Konstitution [Husserliana IV], Den Haag: Nijhus 1971).

Husserl, Edmund (1990). *Cartesian Meditations.* Netherlands: Kluwer Academic Publishers (dt. Cartesianische Mediationen und Pariser Vorträge [Husserliana I], Den Haag Nijhus 1973).

Leder, Drew (1990). *The Absent Body.* Chicago: Chicago University Press.

Mauss, Marcel (1979). *Techniques of the Body, in Sociology and Psychology.* London: RKP.

Mead, George Herbert (1967). *Mind, Self and Society.* Chicago: Chicago University Press.

Merleau-Ponty, Maurice (1962). *The Phenomenology of Perception.* London: Routledge (dt. Phänomenologie der Wahrnehmung, Berlin/New York: de Gruyter 1966).

Merleau-Ponty, Maurice (1965). *The Structure of Behavior.* London: Methuen (dt. Die Struktur des Verhaltens, Berlin/New York: de Gruyter 1976).

Ryle, Gilbert (1949). *The Concept of Mind.* Harmondsworth: Penguin.

Sartre, Jean-Paul (1948). *Anti-Semite and Jew.* New York: Schocken.

Sartre, Jean-Paul (1969). *Being and Nothingness.* London: Routledge.

Sudnow, David (1993). *Ways of the Hand.* Cambridge: MIT.

Young, Iris Marion (1980). Throwing Like a Girl, *Human Studies 3*, 137–156 (dt. Werfen wie ein Mädchen. In: Deutsche Zeitschrift für Philosophie 41. H. 4, 707–725)

Young, Iris Marion (1998). Pregnant Embodiment, In: Donn Welton (Hrsg.) *Body and Flesh* (S. 274–285). Oxford: Blackwell.

Praxistheorie

Robert Schmidt

„Praxistheorien" haben in den Sozial- und Kulturwissenschaften in den letzten Jahrzehnten zunehmend an Bedeutung gewonnen. Der Begriff „Praxistheorie" (und seine Synonyme „Praxeologie" und „Praxissoziologie") bezeichnen keine einheitliche Theorie, sondern ein neues und heterogenes Feld familienähnlicher analytischer Ansätze, Erkenntnisstile und theoretischer Vokabulare, das durch unscharfe Grenzen gekennzeichnet ist. Praxistheoretische Zugänge werden über die Disziplingrenzen hinweg vor allem in der (Sozial-)Philosophie, der Soziologie, der Sozialanthropologie sowie in den Medien-, Kommunikations-, und Geschichtswissenschaften rezipiert und weiterentwickelt. Die Analyse der verschiedenen Dimensionen der Körperlichkeit des Sozialen bildet einen Schwerpunkt praxeologischer Zugänge.

Im Folgenden werden zunächst die wichtigsten Theorietraditionen, Forschungsprogramme und Theorieprojekte sowie die entscheidenden praxeologischen Kernkonzepte und Neuorientierungen skizziert. Im Anschluss wird dann die Bedeutung der Praxistheorie für die Körpersoziologie dargestellt und es wird auf Grenzen und Desiderate der praxistheoretischen Strömung hingewiesen.

1 Theorieentwicklung, Varianten

Zentrale Argumentationslinien praxeologischer Vokabulare leiten sich aus sozialphilosophischen Theorietraditionen her. In der Geschichte des Begriffs „Praxis" in der europäischen Philosophie markiert Aristoteles' bis heute einflussreiche Unterscheidung zwischen „Praxis" als einer auf vernünftige Lebensgestaltung ausgerichteten Tätigkeit und „Poiesis" als einem Bewirken, Herstellen und Hervorbringen, dessen Zweck im Hergestellten liegt, den Ausgangspunkt. Karl Marx betont in seinem Verständnis von Praxis als sinnliche, menschliche, gegenständliche und revolutionäre Tätigkeit v. a. ihre zugleich welterzeugenden und transformativen Qualitäten. An Marx' Praxisbegriff schließen – vermittelt über die Tätigkeitstheorie Lew Semjonowitsch Wygotskis – die in der jüngeren praxistheoretischen Strömung als *Communities-of-Practice-Approach* bekannt gewordenen Arbeiten zum Verstehen, Erkennen und Lernen in alltäglichen Kontexten an (Lave/Wenger 1991). Neben Martin Heideggers Hermeneutik des In-der-Welt-Seins und dem Erfahrungsbegriff des Pragmatismus, wie er etwa von John Dewey entwickelt wurde bildet schließlich die Spätphilosophie Ludwig Wittgensteins einen weiteren wichtigen Bezugspunkt (Schatzki 1996). Wittgensteins in seinem Sprachspielkonzept und in seinen Überlegungen zum Regelfolgen entwickeltes Praxisverständnis fundiert und problematisiert zugleich auch den Status sozialwissenschaftlicher Erklärungen. Auf Wittgensteins Praxisverständnis und dessen erkenntniskritische Funktion beziehen sich von Pierre Bourdieu und Anthony Giddens bis zu Harold Garfinkel und Theodore Schatzki alle wichtigen praxeologischen Werke, Vokabulare und Erkenntnisstile der neueren Diskussion.

Die neuere praxistheoretische Strömung beginnt in den Sozialwissenschaften mit den Arbeiten von Bourdieu (1976) und Giddens (1984). Insbesondere Bourdieu arbeitet eine für die Praxistheorie richtungsweisende „praxeologische Erkenntnisweise" (Bourdieu 1976, S. 147) aus, die er durch die theoretische Reflexion seiner frühen ethnologischen Studien in Algerien entwickelt. Einen Schwerpunkt der Praxistheorien von Bourdieu und Giddens bilden die Bemühungen, in den Sozialwissenschaften vorherrschende Dichotomien (Handlung vs. Struktur, Mikro- vs. Makroebene, Subjekt vs. Objekt, Geist vs. Körper) zu überwinden. Zu dieser initialen Phase in der Entwicklung der Praxeologie werden darüber hinaus auch Foucaults Analysen von diskursiven Formationen, Macht-Wissens-Komplexen und gouvernementalen Selbstpraktiken in seinen verschiedenen Werkphasen gerechnet.

Wichtige Impulse für die Herausbildung der praxistheoretischen Strömung kommen seit den 1980er Jahren aus den Gender Studies (West/Zimmerman 1987), der Wissenschaftsforschung (Pickering 1992) sowie den Workplace Studies (Suchman 1987) und den Organization Studies (Nicolini 2013). In diesen empirischen Forschungsfeldern spielt neben interaktionsanalytischen Ansätzen insbesondere die von Garfinkel entwickelte Ethnomethodologie eine entscheidende Rolle, für die dieser zwischenzeitlich auch die alternative Bezeichnung „neo-praxiology" (Garfinkel 1974, S. 16) vorgeschlagen hatte.

Mit Blick auf diese empirischen und methodologischen Zugänge lassen sich die praxeologischen Orientierungen als empirische Erkenntnis- und Forschungsstile charakterisieren, die schließlich programmatisch ausformuliert und als *Practice Turn in Contemporary Theory* (Schatzki et al. 2001) weithin wahrgenommen und diskutiert werden. Zugleich tragen aber auch die weit ausgreifenden Systematisierungen der verschiedenen theoretischen Ansätze (Reckwitz 2003) zu einer stärkeren konzeptionellen Integration und erhöhten Sichtbarkeit des Feldes bei. Die heterogenen Zugänge werden von nun an immer häufiger als „Praxistheorie" bezeichnet und debattiert.

Zu den wichtigsten Varianten gegenwärtiger praxeologischer Forschungsprogramme und Theorieprojekte gehören theoretische Systematisierungen und Präzisierungen (Schäfer 2013), epistemologische und methodologische Ausarbeitungen (Schmidt 2012; Shove et al. 2012) sowie konzeptionelle Vertiefungen einzelner bedeutsamer sozialer Praktiken und Praktiken-Bündel, wie jener des Prüfens und Kritisierens (Boltanski 2010) oder der Subjektivierung (Alkemeyer et al. 2013). Darüber hinaus wird die Analyse der Situativität (Hirschauer 2014), der Materialität (Kalthoff et al. 2016), der Reflexivität (Reckwitz 2009) und anderer zentraler Dimensionen von Praktiken vorangetrieben.

2 Kernpunkte soziologischer Praxistheorien

Praxeologische Ansätze sind darum bemüht, soziale Ordnungsbildungen zu entschlüsseln. Eine trotz z. T. beträchtlicher Divergenzen grundlegende Gemeinsamkeit praxeologischer Vokabulare besteht darin, dass sie zur Bearbeitung dieser sozialwissenschaftlichen Grundfrage nicht Bewusstseinsformen, Ideen, Werte, Normen, Kommunikation oder Zeichen- und Symbolsysteme, sondern soziale Praktiken in ihrer prozessualen Vollzugswirklichkeit, Situiertheit und Situativität, ihrer materialen Verankerung in Artefakten und Körpern und in ihrer Abhängigkeit von einem gemeinsam geteilten praktischen Können und impliziten kulturellen Wissen in den Mittelpunkt stellen.

Praxeologien gehen von den Aktivitäten, Handlungen und gekonnten Auf- und Ausführungen der Teilnehmer*innen sozialer Praktiken aus. Sie fragen, *wie genau* etwas getan wird. Dabei verstehen sie Handlungen aber nicht als individuelle intentionale Akte, sondern als Bestandteile der übergreifenden Gepflogenheiten, Auf- und Ausführungsmuster und Sinnzusammenhänge sozialer Praktiken, die wiederum im Kontext von Kultur- und Lebensformen verortet werden. Die praxeologischen Zugänge nehmen also eine kulturanalytische Perspektive ein und folgen einer prozessorientierten Grundidee: Sie fokussieren das Sinnhaft-Symbolische kultureller Wissensordnungen als gemeinsam geteiltes praktisches Verstehen und Können, das im fortlaufenden Vollzug sozialer Praktiken zum Ausdruck kommt und wirksam wird.

Praxeologien lassen sich als selbstreflexive Erkenntnisstile charakterisieren. Sie orientieren sich an Wittgensteins Vorstellung einer therapeutischen Funktion der Philosophie und suchen Auswege aus wissenschaftlichen Selbstmissverständnissen, Scheinproblemen und epistemologischen Hindernissen. Sie sollen überwunden werden, indem die Sozial- und Kulturwissenschaften in ihren oft unzureichend reflektierten Beziehungen zu ihren Gegenständen die Ursache vieler dieser Probleme erkennen lernen.

Praxistheorien zielen auf eine Neukonzeptualisierung des Verhältnisses von Theorie und Empirie. Dabei schwanken die verschiedenen Zugänge zwischen einer – z. B. für die Ethnomethodologie typischen – Theorieabstinenz, Versuchen zur Entwicklung eines reflexiven theoretischen Vokabulars, das die Kritik der theoretischen Vernunft (Bourdieu 1987) systematisch berücksichtigt und Konzeptionen, die die Verschränkungen zwischen Theorie und Empirie methodologisch neu veranschlagen: Theorien werden – etwa im Anschluss an die ethnografische Wissenschaftsforschung – als Ensembles theoretischer Praktiken empirisiert. Zugleich wird eine explizit theoretische empirische Forschung angestrebt. (vgl. Kalthoff et al. 2008; Schmidt 2012, S. 28–50). Die empirische Offenheit der Praktiken-Konzepte gilt als einer ihrer wichtigsten Vorzüge.

Zu den entscheidenden praxistheoretischen Neuorientierungen zählen konzeptionelle Reformulierungen der Begriffe „Struktur" und „handelndes Subjekt", durch die die Dichotomie zwischen *structure* und *agency* unterlaufen wird. So beschreibt Giddens (1984) soziale Strukturen als regelmäßige, empirisch beobachtbare, über Zeit und Raum hinweg stabilisierte Praxiszusammenhänge, die Handeln zugleich einschränken und ermöglichen. An dieses praxeologische Strukturverständnis schließen Dezentrierungen des handelnden Subjekts an. Die Praxeologien verschieben die Perspektive vom handelnden Subjekt und seinem privaten mentalen Innenleben auf die Beobachtung und Analyse öffentlicher Vollzüge ‚gekonnter' und gemeinsam geteilter sozialer Praktiken. ‚Das Subjekt' wird aus dem Zentrum der analytischen Aufmerksamkeit geschoben, weil es in dieser zentralen Position die analytische Sicht auf kollektive Bedeutungsstrukturen, implizite Wissensordnungen, öffentliche Sinnmuster und auf die Vollzugslogiken sozialer Praktiken versperrt (vgl. Bourdieu 1987, S. 79–96).

3   Praktiken und Körper

Praxeologische Zugänge sind materialistisch ausgerichtet. Sie erarbeiten Neuperspektivierungen, die die Materialität und Körperlichkeit sozialer Prozesse fokussieren und Sozialität als eine Pluralität beschreiben, die sich aus Netzwerken von Artefakten und Körpern bildet. Handelnde werden als körperlich befähigte und agierende Teilnehmer*innen konzipiert und soziale Praktiken werden als ein Zusammenspiel von geübten Körpern, gegenständlichen Artefakten, natürlichen Dingen sowie soziomateriellen und technischen Infrastrukturen entschlüsselt.

In Abgrenzung zu phänomenologischen Leibphilosophien interessieren sich Praxeologien nicht für das Wahrnehmen und Erleben ‚des Körpers' oder die Eigenlogik und Widerständigkeit ‚des Leibes'. Sie grenzen sich von solchen anthropologisierenden und abstrakten Setzungen ab und fokussieren stattdessen die Beteiligungen von Körpern und Körperbewegungen an praktischen Vollzügen. Dabei weisen sie darauf hin, dass soziale Praktiken nicht erst durch Motive, Pläne oder Intentionen ausgelöst werden, sondern immer schon laufen und nicht zuletzt von befähigten Körpern *(skilled bodies)* aufrechterhalten werden.

Unter diesem Blickwinkel rücken sie das gesamte sozial relevante körperliche Können, Verstehen, Handeln, Ausdrücken, Darstellen und Verhalten in den Mittelpunkt. Darüber hinaus werden Körper auch als Artefakte und Produkte von z. B. sportlichen, gesundheitlichen, medizinischen, chirurgischen, pädagogischen, gesundheitlichen und anderen körpermodellierenden Praktiken untersucht und hinsichtlich der

Beiträge analysiert, die sie als „gelehrige Körper" (Foucault 1976, S. 173–219) für die Stabilisierung von Praktiken leisten.

Indem sie die Körperlichkeit sozialer Praktiken akzentuieren, grenzen sich praxeologische Vokabulare kritisch von mentalistischen soziologischen Handlungstheorien ab. Während diese Handeln als eine soziale Erscheinung verstehen, die durch ein mentales Handlungszentrum in den Köpfen von Akteuren ausgelöst und von Körpern lediglich ausgeführt wird, relativieren Praxeologien diese Zentralstellung des Mentalen und verschieben die Aufmerksamkeit auf das beobachtbare Tun, die öffentlichen körperlichen Aktivitäten und Könnensformen.

Mit Bezug auf Wittgensteins Mentalismuskritik wird das Mentale aber nicht einfach ausgeblendet, sondern als ein entscheidender Bestandteil von Praktiken konzeptualisiert. Praxeologien gehen davon aus, dass sich mentale Vorgänge und Zustände in Bewegungen, Haltungen, Gesten und im körperlichen Verhalten praktisch manifestieren, dass sie von den Teilnehmer*innen in Interaktionen beobachtet, registriert und ratifiziert werden und dass mentale Aspekte zudem in Gestalt von Verstehensprozessen und einer ,teleo-affektiven' Ausrichtung auf das, worauf es ankommt, Praktiken entscheidend mitorganisieren (Schatzki 1996). Mentale Phänomene fungieren also nicht als eigenständige Entitäten, sondern als notwendige Bestandteile expressiven und intelligiblen sozialen Verhaltens.

Davon ausgehend lässt sich der spezifische praxistheoretische Fokus auf die Körperlichkeit des Sozialen präziser angeben: Praxistheorien rücken die expressiven, sinnhaften, gekonnten Körperbewegungen praktisch befähigter Teilnehmer*innen in den Mittelpunkt. Sie richten ihr analytisches Interesse auf die praktikenspezifischen Kompetenz- und Aktivitätsmodi *(bodily doings)* sozialisierter Körper, deren Verstehen und Können sowie auf die im Zusammenspiel von Körpern beobachtbaren Koordinations-, Orientierungs-, und Abstimmungsfähigkeiten.

In der Konzeptualisierung körperlicher Könnens- und Wissensformen in Praktiken beziehen Praxistheorien die klassischen Ansätze zum *knowing how* von Gilbert Ryle (1969) sowie zum *tacit knowledge* von Michael Polanyi (1985) mit ein. Betont wird in diesem Zusammenhang, dass implizite körperliche Könnens- und Wissensformen von der Ausführung der entsprechenden Praktiken nicht zu trennen und nicht ohne weiteres – oder gar nicht – reflexiv verfügbar sind: Obwohl Fahrradfahrer*innen Fahrrad fahren können, können sie selten angeben, wie genau Fahrradfahren eigentlich gemacht wird. Sie sind nicht in der Lage, dem Fahrradfahren-Können zugrundeliegende Regeln zu spezifizieren.

Wenn Praktiken als „skillful performances von kompetenten Körpern" (Reckwitz 2003, S. 290) verstanden werden können, dann gilt dies nicht nur für sportliche, musikalische, sexuelle oder handwerkliche Praktiken, sondern auch beispielsweise für das Schreiben theoretischer Texte oder für das Programmieren. Auch hier ist ein praktisches, d. h. in den jeweiligen Praktiken verkörpertes Wissen entscheidend. Es wird von den beteiligten schreibenden oder programmierenden Körpern getragen und umfasst neben individuellen körperlichen Kniffen, Tricks und Geschicklichkeiten zugleich auch ein gemeinsam geteiltes körperliches Gespür für angemessene wie unpassende Vorgehensweisen. Praxeologische Analysen versuchen entsprechend, gerade auch in vermeintlich ‚geistigen' Tätigkeiten eine entscheidende Beteiligung von Körpern, Körperbewegungen, körperlichem Verstehen und Können zu zeigen.

Einen weiteren zentralen Begriff zur Beschreibung praktisch-körperlicher Könnens- und Wissensformen bildet das Konzept des *sens pratique* (Bourdieu 1987), das eine „generativ-kreative Verstehensfähigkeit" (Bourdieu/Wacquant 1996, S. 42), einen körperlichen Sinn sowie eine körperlich-praktische Antizipationsfähigkeit in den jeweils gespielten sozialen Spielen bezeichnet. Diese Konzeption inkorporierten sozialen Sinns unterscheidet sich sowohl von subjektiven (z. B. phänomenologischen) als auch von objektiven (z. B. systemtheoretischen oder strukturalistischen) sozialtheoretischen Sinnkonzeptionen.

Ausgehend von der skizzierten Grundannahme der Expressivität körperlichen Verhaltens in sozialen Praktiken besteht eine enge Verbindung zwischen den praxeologischen Körperkonzeptionen und Goffmans (1959) Interaktionsanalysen körperlicher Darstellungen. Praxistheorien gehen wie Goffman davon aus, dass den an praktischen Vollzügen beteiligten Körpern eine Zeigequalität zukommt – dies wird z. B. an den performativen alltäglichen Darstellungen von Geschlecht herausgearbeitet (West/Zimmerman 1987).

Körper stellen dar, prozessieren Zeichen und demonstrieren praktikenspezifische Kompetenz oder Inkompetenz. Für die Teilnehmer*innen und Beobachter*innen von Praktiken präsentieren die beteiligten Körper in ihrer visuellen Erscheinung manifesten Sinn. Diese präsentatorische Seite unterstreicht zugleich die für soziale Praktiken konstitutive Öffentlichkeit und Beobachtbarkeit. Im Vergleich mit praxeologischen Perspektiven wird jedoch auch deutlich, dass sich Goffmans Analysen weitgehend auf die visuell vermittelten Kommunikationsbeiträge von Körpern beschränken und die körperlich-praktischen Verstehens- und Könnensformen unberücksichtigt bleiben.

Die in den Praxeologien fokussierten kompetenten Körper bilden nicht nur eine Voraussetzung, sondern zugleich auch die Resultate des Vollzugs sozialer Praktiken. Entsprechend gehen Praxeologien davon aus, dass sozialen Praktiken eine die Körper sozialisierende Funktion zukommt. Praktiken eignen sich in dieser Sicht fortlaufend Körper an (während gleichzeitig fortlaufend andere ausscheiden), bringen ihnen praktisches *knowing how* bei und machen sie allmählich zu kompetenten Mitspieler*innen. Diese Einsozialisierung vollzieht sich oft als weitgehend stumme und mimetische Weitergabe und Übernahme entsprechender Mitspielkompetenzen. Spielen und vom Spiel involviert werden gelten dann als nicht voneinander trennbare Aspekte derselben praktischen Vollzugslogik (Schmidt 2012, S. 204–225).

Entsprechende Analysen der Körper als Träger und Verankerungen von sozialen Praktiken bilden einen der Kernpunkte der praxeologischen Körpersoziologie. Ein Schwerpunkt dieser Forschungsrichtung liegt auf der Analyse der körperlichen Bildungsprozesse von Habitus sowie der Prozesse der Weitergabe und Inkorporierung von Dispositionen. So nimmt Bourdieu zwar an, dass sich diese Prozesse insbesondere über alltägliche mimetische Sozialisations- und Lernvorgänge „von Praxis zu Praxis", d. h. zwischen Körpern vollziehen, „ohne den Weg über Diskurs oder Bewusstsein zu nehmen" (Bourdieu 1987, S. 136). Empirisch bleiben solche stummen, körperlichen Weitergaben aber ein noch wenig erschlossenes Desiderat praxeologischer Forschungen.

4 Stärken, Grenzen und Desiderate

Die Vielfalt und Heterogenität der verschiedenen Zugänge, ihr Bezug auf unterschiedliche Theorietraditionen und nicht zuletzt die Offenheit des Praktiken-Konzeptes für empirische Analyse- und Beschreibungsmöglichkeiten bilden nicht nur wichtige Voraussetzungen für das innovative Potential der Praxistheorien, sie markieren zugleich auch den provisorischen und explorativen Status dieser sozialtheoretischen und kulturanalytischen Strömung. Die Forschungsdiskussion hat auf Unschärfen und Einseitigkeiten hingewiesen und eine Reihe von Fragen und Problemen aufgeworfen, deren Bearbeitung für die weitere Entwicklung der praxistheoretischen Perspektive entscheidend sein wird. Zu den zentralen Problemstellungen gehören zum einen epistemologische Fragen nach dem (ontologischen oder methodologischen) Status des Begriffs „soziale Praktiken" und zum anderen Fragen der Stabilität, des Wandels und des Scheiterns von Praktiken.

Neben realistischen Sichtweisen, die soziale Praktiken als empirische Gegebenheiten verstehen, existieren Zugänge, die sich darum bemühen, soziale Praktiken als zugleich Grundelemente und Basis*konzepte* zur Erfassung des sozialen Lebens zu spezifizieren. Sie arbeiten daran, die Praxistheorien zu einem ontologischen Theorietyp auszubauen (vgl. Schatzki 2016). Solche Perspektivierungen stehen in einem produktiven Spannungsverhältnis zu stärker methodologisch-analytischen Orientierungen (Garfinkel 1967; Hirschauer 2004; Schmidt 2012). Diese verstehen das Konzept sozialer Praktiken als eine erkenntnisleitende Fiktion, die dazu dient, soziale Phänomene zu praxeologisieren, um sie in ihrer prozessualen Hervorbringung in fortlaufenden Praktiken auf neue Weise verständlich zu machen. Für die Körpersoziologie sind diese Orientierungen v. a. deshalb bedeutsam, weil sie entsprechend auch ‚den Körper' nicht einfach als ein in Praktiken empirisch Gegebenes, sondern als eine entscheidende analytische Kategorie der empirischen praxeologischen Analyse, d. h. als „Untersuchungsinstrument und Vektor der Erkenntnis" (Wacquant 2003, S. 270) betrachten.

In der Forschungsdiskussion wird häufig bemerkt, dass Praxeologien bisher v. a. überzeugende Analysen gelingender sozialer Ordnungsbildungen und ihrer Verstetigungen vorlegt haben. Dagegen werden scheiternde Praktiken, brüchige Ordnungen und dynamische Veränderungen von Praktiken viel seltener untersucht, weil – und solange – Praxistheorien Routine und Kontinuität als konstitutive Aspekte von Praktiken konzeptualisieren. Es erscheint daher produktiver und zugleich empirisch realistischer, die Regelmäßigkeit und Gleichförmigkeit von Praktiken nicht als Grundmerkmale, sondern als von Fall zu Fall empirisch vorfindbare Eigenschaften der prozessualen Vollzugswirklichkeit sozialer Praktiken und ihrer Verkettungen zu fassen und zu beschreiben.

Für weiterführende Ausarbeitungen dieser prozessualen Vollzugswirklichkeit sozialer Praktiken und für die Dynamisierung der praxeologischen Perspektive sind v. a. die folgenden drei Ansätze innerhalb der praxeologischen Strömung bedeutsam: Die performativitätstheoretischen Vokabulare im Anschluss an Judith Butler stellen die Instabilität der Wiederholung und die stets gegebenen Möglichkeiten der Verschiebung in den praktischen Vollzügen heraus (Schäfer 2013, S. 195–250). Die Soziologie der Kritik im Anschluss an Luc Boltanski sensibilisiert die praxeologischen Ansätze für allgegenwärtige und fortlaufende Prüfungen und Realitätstests, in denen praktische Routinen und Gepflogenheiten unterminiert und fraglich werden. Schließlich bringen situationsanalytische Zugänge im Anschluss an Erving Goffman die situative Eigenlogik, Ungewissheit und Ereignishaftigkeit praktischer Vollzüge gegen reproduktionstheoretische Vereinseitigungen ins Spiel (Hirschauer 2014). Die Weiterentwicklung der Praxistheorien orientiert sich entsprechend an den (noch genauer zu erschließenden) Schnittfeldern zwischen praxeologischen und interaktionsanalytischen Zugängen und an einer systematischen Berücksichtigung der Logik des Situativen.

Für die Körpersoziologie ergeben sich aus diesen situationalistischen Erweiterungen der praxeologischen Perspektive zum einen z. B. empirische Fragestellungen nach der (Tele-)Präsenz der Körper in medial vermittelten Kommunikationspraktiken und „synthetischen" Interaktionssituationen. Zum anderen schließen hier affekt- und emotionssoziologische Perspektiven an: Die verschiedenen Situationen, Orte und Räume praktischer Vollzüge können als situative körperliche An- und Versammlungen, Zusammenkünfte und *encounters* beschrieben werden, in denen im Zusammenspiel zwischen materiellen Artefakten, Architekturen und Körpern je besondere Atmosphären und affektive Intensitäten entstehen. Praxeologisch lassen sich solche Affektivitätsphänomene als kulturell-materiell-körperliche Hybride entschlüsseln. Weitere Desiderate der Praxeologie, die nicht zuletzt auch durch den Einbezug körpersoziologischer Forschungen erschlossen werden können, bestehen in Bezug auf detaillierte Untersuchungen von in Praktiken hergestellten Körper-Artefakt-Synthesen, in Bezug auf Fragen nach den spezifischen Leistungen und Qualitäten des Körperlichen in sozialen Praktiken sowie nach dem Körper als Gegenstand von Praktiken, d. h. nach seiner spezifischen Materialität, seinen praktischen Materialisierungen und seinem Artefakt-Charakter.

Literatur

Alkemeyer, Thomas, Budde, Gunilla & Freist, Dagmar (Hrsg.) (2013). *Selbst-Bildungen. Soziale und kulturelle Praktiken der Subjektivierung.* Bielefeld: Transcript.

Boltanski, Luc (2010). *Soziologie und Sozialkritik. Frankfurter Adorno-Vorlesungen 2008.* Berlin: Suhrkamp.

Bourdieu, Pierre (1976). *Entwurf einer Theorie der Praxis auf der ethnologischen Grundlage der kabylischen Gesellschaft.* Frankfurt a. M.: Suhrkamp.

Bourdieu, Pierre (1987). *Sozialer Sinn. Kritik der theoretischen Vernunft.* Frankfurt a. M.: Suhrkamp.

Bourdieu, Pierre & Wacquant, Loïc (1996). *Reflexive Anthropologie.* Frankfurt a. M.: Suhrkamp.

Foucault, Michel (1976). *Überwachen und Strafen. Die Geburt des Gefängnisses.* Frankfurt a. M.: Suhrkamp.

Garfinkel, Harold (1967). *Studies in Ethnomethodology.* Englewood Cliffs, NJ: Prentice Hall.

Garfinkel, Harold (1974). The origins of the term ethnomethodology. In: Roy Turner (Hrsg.), *Ethnomethodology. Selected Readings* (S. 15–18). Harmondsworth: Penguin.

Giddens, Anthony (1984). *The Constitution of Society. Outline of the Theory of Structuration.* Cambridge: Polity Press.

Goffman, Erving (1959). *The Presentation of Self in Everyday Life.* New York, NY: Double Day.

Hirschauer, Stefan (2004). Praktiken und ihre Körper. Über materielle Partizipanden des Tuns. In: Karl H. Hörning & Julia Reuter (Hrsg.), *Doing Culture. Neue Positionen zum Verhältnis von Kultur und sozialer Praxis* (S. 73–91). Bielefeld: Transcript.

Hirschauer, Stefan (2014). Intersituativität. Teleinteraktionen und Koaktivität jenseits von Mikro und Makro. *Zeitschrift für Soziologie (Sonderheft Interaktion, Organisation und Gesellschaft),* 109–133.

Kalthoff, Herbert, Hirschauer, Stefan & Lindemann, Gesa (Hrsg.) (2008). *Theoretische Empirie. Zur Relevanz qualitativer Forschung.* Frankfurt am Main: Suhrkamp.

Kalthoff, Herbert, Cress, Torsten & Röhl, Tobias (Hrsg.) (2016). *Materialität. Herausforderungen für die Sozial- und Kulturwissenschaften.* Paderborn: Fink.

Lave, Jean & Wenger, Etienne (1991). *Situated Learning. Legitimate Peripheral Participation.* Cambridge: Cambridge University Press.

Nicolini, Davide (2013). *Practice Theory, Work and Organization. An Introduction.* Oxford: Oxford University Press.

Pickering, Andrew (1992). *Science as Practice and Culture.* Chicago, IL: University of Chicago Press.

Polanyi, Michael (1985). *Implizites Wissen.* Frankfurt a. M.: Suhrkamp.

Reckwitz, Andreas (2003). Grundelemente einer Theorie sozialer Praktiken. Eine sozialtheoretische Perspektive. *Zeitschrift für Soziologie 32(4),* 282–301.

Reckwitz, Andreas (2009). Praktiken der Reflexivität. Eine kulturtheoretische Perspektive auf hochmodernes Handeln. In: Fritz Böhle & Margit Weihrich (Hrsg.), *Handeln unter Unsicherheit* (S. 169–182). Wiesbaden: VS.

Ryle, Gilbert (1969). *Der Begriff des Geistes*. Stuttgart: Reclam.

Schäfer, Hilmar (2013). *Die Instabilität der Praxis. Reproduktion und Transformation des Sozialen in der Praxistheorie*. Weilerswist: Velbrück.

Schatzki, Theodore R. (1996). *Social Practices. A Wittgensteinian Approach to Human Activity and the Social*. Cambridge: Cambridge University Press.

Schatzki, Theodore R. (2016). Practice Theory as Flat Ontology. In: Hilmar Schäfer (Hrsg.), *Praxistheorie. Ein Forschungsprogramm*. Bielefeld: Transcript. Im Druck.

Schatzki, Theodore R., Knorr-Cetina, Karin & Savigny, Eike von (Hrsg.) (2001). *The Practice Turn in Contemporary Theory*. London: Routledge.

Schmidt, Robert (2012). *Soziologie der Praktiken. Konzeptionelle Studien und empirische Analysen*. Berlin: Suhrkamp.

Shove, Elisabeth, Pantzar, Mika & Watson, Matt (2012). *The Dynamics of Social Practices. Everyday Life and how it Changes*. London: Sage.

Suchman, Lucy (1987). *Plans and Situated Actions. The Problem of Human-Machine Communication*. Cambridge: Cambridge University Press.

Wacquant, Loïc (2003). *Leben für den Ring. Boxen im amerikanischen Ghetto*. Konstanz: UVK.

West, Candace & Zimmerman, Don (1987). Doing Gender. *Gender and Society 2*, 125–151.

Strukturierungstheorie

Chris Shilling und Philip A. Mellor

1 Einleitung

Der Begriff der Strukturierungstheorie dient zur Bezeichnung diverser programmatischer Ansätze in der Soziologie, die auf traditionelle philosophische Letztgewissheiten verzichten wollen und stattdessen beanspruchen, theoretisch fundierte Analysen von sozialen Verhaltensmustern und Beziehungen vorzulegen, wie sie für zeitgenössische und frühere Gesellschaften charakteristisch sind. Auch das Werk von Pierre Bourdieu, das gelegentlich mit der historisch filigran ausgearbeiteten Prozess- und Figurationssoziologie von Norbert Elias in Verbindung gebracht wurde, rechnen viele dem strukturierungstheoretischen Denkansatz zu. Derjenige jedoch, der die Strukturierungstheorie am deutlichsten ausformuliert und mit dem größten Selbstbewusstsein vertreten hat, ist Anthony Giddens. Dieser Beitrag ist vor allem seiner Arbeit gewidmet.

Mit dem Begriff Strukturierungstheorie beschreibt Giddens seine in den letzten Jahrzehnten des 20. Jahrhunderts vorgenommenen Anstrengungen, das Verhältnis von Struktur und Handeln grundlegend neu zu bestimmen. Seine neue Sichtweise darauf, wie in der Epoche der Spätmoderne beim individuellen menschlichen Handeln Zwang und Ermöglichung ineinandergreifen, hat zudem eine Reihe von politischen Implikationen, die seine in sozialdemokratischen Kreisen in Großbritannien, Kontinentaleuropa und auch in den USA viel beachteten politischen Ideen von einem „Dritten Weg" (Giddens 1998, 2000) beeinflusst haben (vgl. Stones 2005). Was jedoch noch in Gänze herausgearbeitet werden muss, ist die Bedeutung, die ein spezifisches Verständnis von Verkörperung für Giddens' Überlegungen hat. Denn nicht zuletzt von der für die Strukturierungstheorie maßgeblichen Vorstellung von Verkörperung – die auf neocartesiansiche Begriffe zurückgreift und beherrscht ist von der Idee eines zunehmend reflexiven Geistes in der Spätmoderne, der den form- und manipulierbaren Körper im Kontext einer abstrakten und ‚führungslosen' Ära zu steuern und verwalten hat – hängt es ab, inwieweit dieser Ansatz und das mit ihm assoziierte politische Programm überhaupt tragfähig sind.

Wir gehen in diesem Aufsatz der Frage nach, wie Giddens mit seiner Strukturierungstheorie und den entsprechenden Analysen zur Spätmoderne sowie zur Politik des Dritten Weges einen spezifischen Körper-Geist-Dualismus in unser Verständnis von sozialem Handeln einführt. Man könnte diesen Dualismus einfach als einen Rückschritt abtun, der nur die Fehler der cartesianischen Philosophie wiederholt, aber unsere These ist, dass Giddens' Ansatz weiterhin einen nützlichen Kommentar zur *zeitgenössischen* phänomenologischen Erfahrung der Verkörperung darstellt. Das von traditionellen Bindungen, wie sie in Gemeinschaften (dt. im Original) bestehen, befreite Individuum muss zum einen die zunehmend alles durchdringenden „Expertensysteme" überwachen und zum anderen mit wechselseitigen Beziehungen umgehen, die weit über Situationen physischer Kopräsenz hinausreichen. Und schließlich sieht es sich von verschiedenen Seiten dem Druck ausgesetzt, einen deliberativen Ansatz in der Auseinandersetzung mit dem kulturell Anderen zu verfolgen. Diese für spätmoderne Gesellschaften kennzeichnenden Bedingungen und Anforderungen, rasch wandelnde „Regeln und Ressourcen" zu verstehen und sich anzueignen, verlangen nach einem „praktischen Bewusstsein" (im Sinne eines vordiskursiven Wissens, von John Dewey anoetisches Wissen genannt, das gewohnheitsmäßigem Handeln zugrunde liegt und auf das sich Menschen in ihrem Alltag stützen). Ein solches praktisches Bewusstsein wird immer mehr erweitert und ersetzt durch Prozesse bewusster Abwägungen, die mit der Erfahrung, „im Kopf zu leben", verbunden sind (vgl. Giddens 1984; siehe auch Garrison 2015).

Wenn wir daran festhalten wollen, dass es immer noch möglich ist, spätmoderne Gesellschaften *unterschiedlich* zu erfahren und *unterschiedlich* auf diese zu reagieren, dann ist der Giddens' Begriff der Reflexivität zugrundeliegende Körper-Geist-Dualismus allerdings schlecht geeignet, um sich auf die verkörperten und sinnlichen Grundlagen dieser Pluralität einzulassen. Anders als der prozesshaft verstandene und historisch nuancierte Begriff „Habitus" bei Elias oder die substanziellen Überlegungen Bourdieus zum gleichen Begriff gibt uns dieser dualistische Ansatz keine Mittel an die Hand, um herauszufinden, wie unterschiedliche kulturelle Techniken und Routinen immer noch die Gedanken und Ansichten der Menschen prägen. Man kann damit auch nicht die Quellen von Macht und Autorität erfassen, die die körperlichen Kontexte formen, in denen Reflexivität stattfindet. So zeigen etwa gegenwärtige Entwicklungen im Bereich der Biopolitik, die parallel zu politischen Ansätzen des Dritten Weges aufgekommen sind und diese, so könnte argumentiert werden, sogar verdrängt haben, dass staatliche Instanzen inzwischen danach trachten, über Methoden der medizinischen Selbstüberwachung die Ausrichtung von zur Erkenntnis fähigen verkörperten Subjekten zu kontrollieren (vgl. Mellor & Shilling 2014). Es ergibt sich also die Frage, ob die für Giddens' Vorstellung von verkörpertem Handeln so maßgebliche menschliche Fähigkeit des Abwägens, des Einschätzens und der Reflexion wiederum von ‚sozialen Fakten' geprägt ist, die die Gedanken, das Begehren und das Handeln verkörperter Subjekte *dominieren.*

Nachdem wir das der Strukturierungstheorie zugrunde liegende Modell der körperlichen Identität und des verkörperten Handelns vorgestellt haben, werden wir auf

Giddens' Analyse spätmoderner Gesellschaften eingehen sowie darauf, wie in dieser ein beträchtlicher Zuwachs reflexiver Kompetenzen der verkörperten Subjekte vorausgesetzt wird. War der Körper früher durch die Parameter der Natur eingeschränkt, wird er heute durch Wissenschaft und Technologie kolonisiert und ist, ausgerichtet an den jeweiligen kognitiven Intentionen und Entwürfen des Besitzers, zur Umgestaltung freigegeben. Der Körper stellt heute nicht länger eine biologisch strukturierte *Grenze* für das Handeln dar, sondern ist zunehmend zum *strukturierenden* Medium des Handelns geworden, das nur noch gezügelt wird durch 1) die Narrative, die eine Person über sich erzählen kann, 2) das Bedürfnis von Menschen, sich gegenüber Bedrohungen ihrer ontologischen Sicherheit zu verteidigen, und 3) die anhaltende Existenz des Todes.

Diese strukturationistische Vorstellung von reflexiver Verkörperung ist reizvoll für all diejenigen, die glauben, dass nur noch wenig außerhalb des inneren Referenzsystems der Moderne Bestand hat, aber sie hat auch ihre Schwächen. Dass diese gerade in den von Giddens' strukturierungstheoretisch geprägten politischen Texten zum Dritten Weg zum Tragen kommen, entbehrt nicht einer gewissen Ironie. Die Defizite seines Konzepts reflexiver Verkörperung zeigen sich nämlich vor allem dann, wenn die eigentlichen Dilemmata und Probleme in den sozialen und physischen Kontexten betrachtet werden, von denen die Menschen abhängig sind. Wir schlussfolgern daraus: Obwohl die Strukturierungstheorie die Wirkmächtigkeit von Reflexivität systematisch überschätzt und den Einfluss körperlicher Sinnlichkeit und Hinfälligkeit systematisch unterschätzt (ein Problem, das in ihrem Versuch kulminiert, sich mit Moral im spätmodernen Zeitalter auseinanderzusetzen), übt die von ihr vollzogene ‚Fusion' von Struktur und Handeln nach wie vor einen erheblichen Einfluss auf soziologische Theorieansätze aus.

2   Die Rekonzeptionalisierung von Struktur und verkörpertem Handeln

Unter den Begriff Strukturierungstheorie werden verschiedene Ansätze gefasst, die die in konventionellen Darstellungen des Verhältnisses von Struktur und Handeln vorgenommenen Grenzziehungen schwächen oder auflösen wollen (vgl. Parker 2000), er wird aber am häufigsten mit der äußerst einflussreichen Programmatik gleichen Namens von Giddens assoziiert. Dessen Strukturierungstheorie ist das Ergebnis seiner eingehenden Beschäftigung mit verschiedenen Sozialtheorien der Vergangenheit. In seinem Frühwerk ging es Giddens darum, eine Überbetonung des Subjektivismus und Voluntarismus interpretativer und hermeneutischer Denktraditionen sowie den Objektivismus und Funktionalismus von (post-)strukturalistischen Ansätzen zu überwinden. Stattdessen sprach Giddens (1984, S. xx, 25–29) von einem Dualismus, der das Verhältnis von Struktur und menschlichem Handeln präge sowie das Handeln steuere und unterstütze. Nur über diese Dualität könnten sich über Zeit und

Raum ,ausdehnende' Systeme von Individuen erhalten und in Situationen physischer Kopräsenz integriert werden. Die Menschen stützten sich dabei auf strukturelle „Regeln und Ressourcen" und reproduzierten diese, um ihre eigenen Absichten und Ziele zu verfolgen (vgl. ebd., S. 21, 258, 377).

Ein wesentlicher Aspekt dieser Neufassung des Verhältnisses von Struktur und Handeln ist der grundsätzliche Stellenwert, der dabei dem Körper beigemessen wird. Giddens hat schon frühzeitig einen Beitrag zur wissenschaftlichen Auseinandersetzung mit dem Körper geleistet. Die „eigentlichen Grundlagen" der Strukturierungstheorie sind nämlich nach eigener Auskunft „Phänomene", die in „der Positionierung des Körpers in Raum und Zeit, [der] Natur von Interaktion in Situationen von Kopräsenz" und in der Verbindung zwischen diesen Faktoren und der Erläuterung von strukturellen Regeln und Ressourcen zu finden sind (ebd., S. 142). Trotzdem weist Giddens in seinen ausdrücklich theoretischen Schriften dem Körper einen überwiegend restringierenden Einfluss in Bezug auf das menschliche Handeln und die Reproduktion von Strukturen zu (vgl. Turner 1992, S. 87). Der Fokus liegt hier auf der Frage, wie die physische Gestalt und die sinnliche Kompetenz des Organismus „den Wahrnehmungs- und Bewegungsmöglichkeiten des menschlichen Akteurs strikte Beschränkungen" auferlegen, ihn daran hindern, „an mehr als einer Aufgabe auf einmal zu partizipieren" und uns zu einer begrenzten Lebensdauer verdammen (Giddens 1984, S. 111).

Die Betonung biologischer Zwänge zeigt sich des Weiteren in Giddens' (ebd., S. 5–8) Stratifikationsmodell des verkörperten Handelns. Während er einräumt, dass menschliche Handlungen unterschiedlich motiviert sein können und in Bezug auf ihre Wirkungen reflektiert werden, hebt er zugleich hervor, sie seien auch unbewusst durch die Notwendigkeit beeinflusst, das Gefühl einer *„ontologischen Sicherheit"* aufrechtzuerhalten. Mit ontologischer Sicherheit ist ein grundlegendes psychologisches Vertrauens- und Sicherheitssystem des verkörperten Subjekts gemeint, das es dem Selbst ermöglicht, Existenzängste und Argwohn zu ,verdrängen', um nicht von den vielen Eventualitäten des Lebens und den von ihm ausgehenden Gefahren überwältigt zu werden (ebd., S. 50, 75). Auch die frühkindliche Erfahrung der Beständigkeit körperlicher Zuwendung und Aufmerksamkeit vonseiten der Eltern trägt zu unserem Grundvertrauen bei, dass Dinge und Personen von Dauer sind und die sinnlich wahrgenommene Welt wirklich so ist, wie sie erscheint.

Diese physischen und psychologischen Einschränkungen sind nicht unwesentlich für die wichtige Rolle, die praktisches Bewusstsein und Gewohnheiten für das soziale Handeln haben. Es ist ganz offenkundig, dass habituelles Verhalten in traditionellen Gesellschaften aufgrund der annähernden Gleichwertigkeit von sozialer/interpersonaler Integration und systemischer/gesellschaftlicher Integration besonders weit verbreitet und auch erfolgreich war. Die Strukturierungstheorie aber hält Gewohnheiten für genauso relevant für das moderne Zeitalter (ebd., S. 85). Das ist besonders augenfällig in Giddens' Bezugnahme auf die Ausführungen von Goffman (ebd., S. 68–82). Dabei erläutert er, wie die restringierenden Eigenschaften des Körpers auch in der Moderne weiterhin einen regulierenden Einfluss auf das „Räumliche" von Begegnungen ausüben, auf die „Handhabung von Kehrtwendungen" und „die Verankerung im praktischen Bewusstsein" von leicht zu wiederholenden „Interaktionskompetenzen", die die tatsächliche und virtuelle Identität eines Menschen stabilisieren. Giddens erläutert hier die „erhebliche Bedeutung" dieser „habituellen Routinisierung körperlicher Begegnungen" für das Verhältnis von Interaktionen und „sozialer Reproduktion" und daher für die vermeintliche „Starrheit" von Institutionen (ebd., S. 72, 86, 125).

Die Betonung von verkörpertem Zwang in der Strukturierungstheorie mag angemessen und theoretisch aufschlussreich sein sowohl für traditionelle Gemeinschaften als auch für wesentliche Aspekte moderner Gesellschaften, wie sie Mitte des 20. Jahrhunderts existierten. Allerdings haben seitdem die das Tempo des gesellschaftlichen Wandels revolutionierenden technologischen Entwicklungen und Globalisierungsprozesse diesen Ansatz vor beträchtliche Herausforderungen gestellt. In seinem Versuch, sich diesen Herausforderungen zu stellen, übertrug Giddens (1991) die wichtigsten Prinzipien der Strukturierungstheorie auf diese neuen dynamischen, die Spätmoderne kennzeichnenden Prozesse und beschrieb die stattfindenden Transformationen mit den Kriterien und Fähigkeiten menschlicher Verkörperung.

3   Die Spätmoderne und der reflexive Körper

Wird der Körper in der Strukturierungstheorie vor allem noch als etwas Einschränkendes begriffen, obwohl er die Dualität der Struktur unterstützt (indem er soziales Handeln erleichtert und zugleich Menschen prädisponiert, routiniert auf bestehende Regeln und Ressourcen zurückzugreifen), beschreibt Giddens in seinen Ausführungen zur Spätmoderne, die eine Weiterentwicklung seines theoretischen Ansatzes darstellen, wie der Körper einem Wandel unterliegt (vgl. Giddens 1990, 1991, 1994). Die mit der gegenwärtigen globalisierten Welt einhergehenden strukturellen Regeln und Ressourcen sind demnach von einer Dynamik gekennzeichnet, die sowohl den Körper als auch die Gesellschaft *einem radikalen Wandel* aussetzen. Die Menschen stehen vor der zunehmend schwierigen Aufgabe, ihre Identität und ein grundlegendes Vertrauens- und Sicherheitsgefühl zu bewahren in einer Welt, die Gegenstand permanenter Veränderung ist.

Giddens (1990, S. 1, 3, 18, 27) stellt zunächst einen Zusammenhang her zwischen der Dynamik der Spätmoderne und der Ausbreitung wissenschaftlich informierter „Expertensysteme", „technologischer Errungenschaften" und „professioneller Expertise". All dies beschleunige den Prozess der „Abkopplung" von Raum und konkreten Orten, etwa dadurch, dass Beziehungen zwischen „abwesenden" Anderen gefördert werden. Zugleich verfügen diese Expertensysteme über die Macht, natürliche, materielle und soziale Phänomene zu kolonisieren und zu (re-)organisieren. Indem sie diesen Wandel vorantreiben, bewirken diese Expertensysteme sowohl eine *intensive*

Transformation menschlicher Kompetenzen als auch eine *extensive Transformation* der äußeren Umgebungen, in denen die Menschen leben. Diese Entwicklungen verändern tiefgreifend den Charakter und den Stellenwert biologischer Körperlichkeit und Reflexivität für das verkörperte Subjekt.

Die *intensive* Transformation des verkörperten Subjekts resultiert aus dem Umstand, dass der Körper „immer weniger ein äußerlich Vorgegebenes" ist, je mehr er in das moderne Expertensystem inkorporiert und dadurch „in die reflexive Organisation sozialen Lebens hineingezogen" wird (Giddens 1991, S. 7, 98). Die damit verbundenen Folgen sind weitreichend. Giddens (ebd., S. 7, 98, 102, 224) schreibt: Stellte der Körper in traditionellen Gesellschaften noch „einen Aspekt von Natur dar, gesteuert von Prozessen, die nur bedingt Gegenstand menschlicher Intervention waren", ist unser „Fleisch" heute vollständig durchdring- und manipulierbar geworden. Wir „sind verantwortlich für die Gestaltung unserer eigenen Körper geworden". Vorangetrieben wird dies noch durch rapide Fortschritte in der Transplantations- und Reproduktionsmedizin sowie in der kosmetischen Chirurgie, durch DNA-Replikationen und Neuerungen bei den „Cybertechnologien". All das versetzt uns immer mehr in die Lage, unser körperliches Selbst zu kontrollieren und zu reproduzieren. Das, was Giddens als „Körperregime" (ebd., S. 201) bezeichnet hat, ist nicht länger das „Terrain religiöser Idealisten", sondern hat sich derart ausgeweitet, dass davon „heute alle betroffen sind".

Im Zuge der *extensiven* Transformationen der äußeren Umgebung, in der die Menschen wohnen, erzeugt der mit dem Bedeutungszuwachs von Expertensystemen verbundene rasante gesellschaftliche Wandel eine Situation, die gekennzeichnet ist von einer weit verbreiteten „Störanfälligkeit der meisten Aspekte sozialen Handelns und ihrer materiellen Beziehungen zur Natur sowie von der *Notwendigkeit zur ständigen Revision* angesichts immer neuer Informationen und neuen Wissens" (Giddens 1990, S. 38, 1991, S. 20; Hervorhebung d. A.). Vor diesem Hintergrund ist das reflexive Bewusstsein, das so entscheidend für die von den intensiven Transformationen des verkörperten Subjekts vorangetriebenen Veränderungen des Körpers ist, immer mehr mit Zweifeln erfüllt. Ergebnisse wissenschaftlicher Forschung oder gesellschaftliche Autoritäten zu Diätfragen oder Themen wie Lebensmittelsicherheit, Sex, Fitness, Gesundheit etc. werden nicht länger einfach nur hingenommen und akzeptiert, sondern regelmäßig einer kritischen Prüfung unterzogen. Immer häufiger stoßen sie auch auf Ablehnung. Für Giddens (1991, S. 21) gibt es in der Tat einen wesentlichen Zusammenhang zwischen der Spätmoderne und radikalem Zweifel. Der Zweifel wird nicht nur durch die permanente Infragestellung „etablierten Wissens" genährt, sondern auch dadurch, dass Wissenschaft und Technik keine Lösungen anzubieten haben für die wesentlichen Risiken, mit denen Menschen, Gesellschaften und der Planet Erde heute konfrontiert sind (vgl. Giddens 2009). Ein Problem des radikalen Zweifels ist jedoch, dass er das Grundvertrauen eines Menschen in sein verkörpertes Selbst und die ihn umgebende Welt zerstören kann – und dieses Vertrauen ist eine wesentliche Voraussetzung dafür, um am gesellschaftlichen Leben teilhaben und funktionieren zu können.

Die Konsequenzen dieser internen und externen Transformationen liegen auf der Hand: Den Wohlhabenden stellt der wissenschaftliche Fortschritt Instrumente zur Verfügung, mit der sie eine bis dato beispiellose Kontrolle über ihre Körper ausüben können. Zugleich ist eine der möglichen destruktiven Auswirkungen dieser Reflexivität, dass damit grundlegende Zweifel hinsichtlich unseres Wissens geschürt werden, *was* Körper eigentlich sind und *wie* wir sie beherrschen sollen. Max Weber hatte bereits auf die möglichen irrationalen Konsequenzen rationalen Handelns hingewiesen. Während also die Wissenschaft größere Eingriffe in den Körper ermöglicht, hat sie zugleich eine destablisierende Wirkung, weil wir nicht länger sicher sein können, was ‚natürlich‘ an unserem Körper ist, und über keine eindeutigen moralischen Kriterien verfügen, um entscheiden zu können, inwiefern man es Wissenschaft und Technik überhaupt erlauben sollte, den Körper umzugestalten. Diese Unsicherheit wird noch durch den Umstand verstärkt, dass der Tod trotz der von selbstreferentiellen Systemen der Moderne ausgeübten Kontrolle „der große außen verbleibende Faktor menschlicher Existenz" bleibt, der „Nullpunkt" jenseits diskursiver Kontrolle, an dem Menschen die Herrschaft über ihr verkörpertes Selbst verlieren (Giddens 1991, S. 162, 203). Giddens zufolge ist dies eine erhebliche Herausforderung für die ontologische Sicherheit von Menschen: Wenn die äußere Welt Gegenstand rasanter Veränderungen wird und diese unser Wissen von dieser Welt infrage stellen, dann gerät auch die Gewissheit, die wir zuvor in Bezug auf unsere körperlichen Grenzen oder unsere körperliche Identität verspürt haben mögen, in Zweifel. Denn die Werte und Ressourcen, die diese Gewissheit zuvor gestützt haben, sind anachronistisch geworden, und der Tod entzieht sich weiterhin „einer Lösung".

Anstatt dazu beizutragen, dass Empfindungen, Sinnlichkeiten und Gebrechen des Körpers ernster genommen und als eine *positive* Grundlage des individuellen Selbstbewusstseins betrachtet werden, vergrößert die vermeintliche Form- und Manipulierbarkeit unserer organischen Körperlichkeit in der Spätmoderne nur die Bedeutung *reflexiv organisierter Narrative,* die ein Individuum sich und anderen über seine eigene Identität erzählen kann. In einer Darstellung, in der das durch die Macht des Denkens definierte cartesianische Subjekt sehr präsent ist, gerät die verkörperte Selbstidentität zu einem „reflexiven Vorhaben", das „die Menschen dazu zwingt, verschiedene Lebensstile und Optionen", die ihnen nun im Zuge der Globalisierung zur Verfügung stehen, „gegeneinander abzuwägen und zwischen ihnen zu wählen" (ebd., S. 5). War Identität zuvor noch ein stabiler Kern, hervorgegangen aus der Gemeinschaft, so ist sie im Laufe der Moderne zu einer *deliberativen Angelegenheit* geworden. Giddens führt dazu aus: „Selbstidentität ist keine spezifische Eigenschaft oder eine Reihe von Eigenschaften, die ein Mensch besitzt. Selbst ist, wie sich ein Mensch mit Bezugnahme auf seine Biographie versteht" (ebd., S. 53). Identität findet sich also weder in einer Reihe von Körpertechniken noch im verkörperten Habitus, sie bedarf vielmehr der „Fähigkeit, eine bestimmte Erzählung vom Selbst auf Dauer zu stellen" (ebd., S. 544). Giddens verwendet in diesem Zusammenhang den Begriff „Lebensstil", um zu veranschaulichen, wie Menschen in der Spätmoderne nach einem sinnvollen und ontologisch sicheren Selbstgefühl streben. Je mehr Tradition als sichere Grundlage des Selbstgefühls an Bedeutung verliert, desto wichtiger wird das Abwägen und Aushandeln von Lebensstilen und die Bedeutung, die Menschen diesem Abwägen beimessen.

Giddens' Konzept der reflexiven Verkörperung hat sich in mehrfacher Hinsicht als nützlich erwiesen. So liegt es einer Reihe von Untersuchungen zu bewussten „Körperprojekten" oder „reflexiven Körpertechniken" zugrunde, die in der Fachliteratur schon seit Längerem diskutiert werden (vgl. Shilling 1993; Crossley 2006). In seinen Arbeiten zu Körperentwürfen hat sich Shilling sowohl auf Weber als auch auf Giddens bezogen: Er versteht hier den Körper als das Vehikel, mithilfe dessen Menschen in der Moderne gezielt rationale Entwürfe des Selbst verfolgen (Shilling 2012). Crossley (2006) dagegen hat sich mit den von Giddens aufgeworfenen Fragen und Themen in seinen ausführlichen Überlegungen zu „Techniken des Körpers" von Marcel Mauss auseinandergesetzt.

Darüber hinaus gibt es inzwischen viele empirische Arbeiten, die darauf verweisen, dass Giddens' Anliegen auch heute noch aktuell sind. Ein Beispiel hierfür sind Untersuchungen, die sich auf Berichte von Frauen stützen, die Schönheitsoperationen an sich haben vornehmen lassen. Hier wird unter anderem hervorgehoben, wie der Entscheidung, den Körper umzugestalten, häufig längere Abwägungsprozesse vorausgegangen sind, mit der Absicht, bestimmte Vorstellungen von Selbstidentität zu stärken (Davis 1995; Gimlin 2012). Eine ältere Studie von Gimlin (2002) untermauert dies. Sie zitiert Frauen, für die allein das Einlassen auf Regime der Körperveränderung die Möglichkeit eröffnet hat, sich an Diskursen zur Selbstidentität zu beteiligen und sich mit entsprechenden normativen „Regeln" von Weiblichkeit zu befassen. Eine derartige Forschung hilft zu erkennen, dass der Körper tatsächlich ein wichtiges Element in der formbaren Dualität von Struktur darstellt, wie sie kennzeichnend für spätmoderne Gesellschaften ist. Obwohl man sich damit bestimmten Steuerungsversuchen und Körpernormen (in Bezug auf Umfang, Gewicht, Auftreten etc.) unterwirft und diese reproduziert, bieten kosmetische Operationen oder auch die Beteiligung an einer Weight-Watchers-Gruppe dem Individuum die Chance, sich eigene Ziele zu setzen und diese zu verfolgen, sich in Bezug auf sich selbst besser zu fühlen und das Ansehen unter Kollegen und Freunden zu steigern, da diese solche Schritte in der Regel als bewundernswerte Akte der Selbstoptimierung würdigen. Scheinbar nur auf den Körper bezogen, illustrieren diese Beispiele auch, wie spätmoderne Gesellschaften einen reflexiven und deliberativen Ansatz zur Steuerung des verkörperten Selbst befürworten und befördern. Ein solcher Ansatz vermittelt das Gefühl, eher ‚im Kopf zu leben' als mit dem Körper zu fühlen.

Diese Narrative der körperlichen Identität sind deswegen so wichtig, weil sie das Selbstwertgefühl von Menschen steigern, aber auch, weil sie diese vor *Scham* bewahren können. Einerseits mag die Form- und Manipulierbarkeit, die mit der Idee reflexiver Verkörperung einhergeht, die Gefahren körperlicher Stigmatisierungen, die Goffman als moralisch verwerflich kritisiert hat, minimieren. Anderseits macht uns die Anforderung, unseren Körper permanent zu kontrollieren, schutzlos gegenüber der Erfahrung von Scham, nämlich dann, wenn es uns nicht gelingt, unsere körperliche Performance mit unseren Narrativen der Selbstidentität in Einklang zu bringen. Scham ist eines der wenigen Gefühle, mit denen sich Giddens näher befasst hat. Es ist *nicht* deswegen bedeutsam, weil es unverzüglich vom sinnlichen Körper als Reaktion auf persönliches Verschulden hervorgerufen wird, sondern weil es der reflexiven Erkenntnis des Unvermögens, eine stimmige Biographie durchzuhalten, *folgt* (vgl. Giddens 1991, S. 65). Für Giddens (1991) sind Handlungen dann ein Ausdruck von Kohärenz, wenn sie mit den *Identitätsnarrativen*, mit denen sich Menschen zu sich selbst und zu anderen in Beziehung setzen, übereinstimmen.

4 Reflexivität und der intime Körper

Giddens hat die Schlüsselkategorie seiner Überlegungen zur Spätmoderne, die Kategorie des reflexiven Körpers, in seinen Schriften, die sich mit der Veränderung intimer persönlicher Beziehungen befassen, weiterentwickelt. Traditionell wurden die biologischen Eigenschaften des Körpers als Grundlage der Beziehungssysteme zwischen Mann und Frau betrachtet, in denen die „Gefühle" der einzelnen Menschen sogenannten Geschenkbeziehungen, das heißt ökonomischen und politischen Anforderungen, untergeordnet waren (vgl. Rubin 1975). Giddens zufolge ist mit dem modernen Strukturwandel der Intimität nicht nur eine Emanzipation des Menschen von den früher ganz offenkundigen fleischlichen Restringierungen ihrer geschlechtlichen Körper möglich geworden, sondern auch eine Befreiung vom „Hemmschuh" patriarchaler Liebes- und Familienideologien. Giddens widmet diesen Entwicklungen eine eigene Untersuchung, in der unter Anwendung der Prinzipien der Strukturierungstheorie der Wandel der Intimität – als Resultat der Inkorporierung der persönlichen Sphäre in die reflexive Organisation des sozialen Lebens – nachgezeichnet wird (vgl. Giddens 1992).

Vor diesem Hintergrund beschreibt Giddens, wie Intimbeziehungen nun in eine neue Phase eingetreten sind, weil auch sie immer mehr zum Gegenstand von Abwägungen werden, die um ihre intrinsischen Belohnungen kreisen. Zum einen unterliegt diese Art von „reinen Beziehungen" der Gefahr, immer dann beendet zu werden, wenn „sie einem der beiden Parteien nicht mehr genügend Befriedigung bringt", zum anderen sind „Gleichheit und ein emotionales Geben und Nehmen" sowie die „Selbstoffenbarung" zur Voraussetzung für eine „aktive und wechselseitige Liebe" geworden (ebd., S. 1, 58, 62). Die Entwicklung der Liebe folgt nun immer mehr jener der Intimität. Sie entwickelt sich in dem Maße, wie jeder der Partner dazu bereit ist, vor dem anderen die eigenen Empfindungen und Bedürfnisse zu offenbaren und sich ihm gegenüber verletzbar zu machen" (Giddens 1992, S. 62).

Giddens, darauf haben Jary und Jary (1995, S. 147) hingewiesen, begreift hier Intimität als eine Angelegenheit von emotionaler *Kommunikation* mit sich selbst und dem Gegenüber unter der Bedingung von Gleichheit. Reflexivität scheint die zentrale Grundlage dieser monadischen und dyadischen Beziehungen zu sein, in denen es keinen Platz mehr für starke körperliche Leidenschaften und die Macht physischer Anziehungskraft zu geben scheint, die Menschen zueinander finden lassen. Beziehungen, die auf dem basieren, was Bataille als Erotizismus bezeichnet hat, kann Giddens (1992, S. 143–147) nur dadurch als legitim anerkennen und billigen, indem er sie als prototypisch für die Demokratisierung von sexuellen Beziehungen darstellt. Die reflexive Modalität der Verkörperung, die den Kern von Giddens' strukturtheoretischen Überlegungen zur Spätmoderne ausmacht, hat einen derartigen Stellenwert erlangt, dass bei diesen Formen der Intimität physische Prozesse und starke Gefühle nur noch als bedeutsam wahrgenommen werden können, wenn sie zuvor durch *deliberative* Prozesse gefiltert worden sind. Das setzt voraus, dass in diesen „reinen Beziehungen" die Individualität der Partner bewahrt bleibt: Entscheidend sind „klare Grenzziehungen". Und im Unterschied zum Erotizismus, der durch die Prinzipien Kontinuität und Auslöschung gekennzeichnet ist, kann reflexive Intimität nur dadurch aufrechterhalten werden, dass die Partner „sich nicht von dem anderen absorbieren lassen, aber die Charakterzüge der/des anderen kennen und die eigenen der/dem anderen offenbaren" (ebd., S. 94).

5 Ver- und entkörperte Politik in der Strukturierungstheorie

Giddens hat die meisten Aspekte seiner Strukturierungstheorie in den letzten Jahren nicht weiter ausgeführt. Das politische Programm eines Dritten Weges, das er Mitte der 1990er Jahre verkündete und seitdem vertrat, war jedoch stark beeinflusst von deren Grundannahmen. Im Zentrum steht die Vision einer „dialogischen Demokratie", die auf einer Vermittlung der Dualität von Strukturen durch Reden und Reflexivität basiert. Die von Giddens ausformulierte Agenda eines Dritten Weges, mit der er eine Modernisierung sozialdemokratischen Denkens beabsichtigte, hatte großen Einfluss auf die von Tony Blair geführte Labour-Regierung, aber auch auf führende Politiker in der Europäischen Union und auf den damaligen US-Präsidenten Bill Clinton (vgl. Bryant/Jary 2001). Giddens beginnt seine Überlegungen zum Dritten Weg mit der Frage, welcher Raum politischem Handeln in der Spätmoderne überhaupt noch zur Verfügung steht. Spätestens wenn er die Probleme erläutert, die eine Politik des Dritten Weges adressieren muss, werden die Limitierungen seines Konzepts der reflexiven Verkörperung deutlich.

In Bezug auf die Möglichkeiten von Politik erklärt Giddens (1990, S. 144), dass abstrakte Systeme enormen Einfluss auf die Organisierung von Zeit und Raum ausüben, diese aber nicht einfach „in die Lebenswelt implantiert sind", sondern vermittelt sind durch verkörperte Menschen, die sich technische Expertise „als Teil ihres routinierten Umgangs mit [diesen] Systemen" wieder angeeignet haben. In anderen Worten: Die in die Dualität der Struktur involvierten Prozesse ermöglichen es Menschen weiterhin, in die Welt um sie herum einzugreifen und diese zu verändern. Allerdings, so fügt Giddens hinzu, ist es bei diesen Interventionen im politischen Raum nicht mehr sinnvoll, sich auf konventionelle rechtskonservative oder sozialdemokratische Antworten und Ansätze zu stützen. Dies hängt für ihn zum Teil mit den veralteten Vorstellungen von verkörperten Identitäten zusammen, auf denen diese beruhen: Bei den Konservativen sieht er ein unüberbrückbares Spannungsverhältnis zwischen den puritanischen Verteidigern traditioneller Familienwerte auf der einen Seite und den Vorstellungen eines nutzenmaximierenden *homo oeconomicus* auf der anderen Seite; bei den Sozialdemokraten das Problem, dass deren Konzept des Wohlfahrtsstaats auf einer geschlechtlichen Arbeitsteilung beruht und den Frauen die Aufgabe der biologischen Reproduktion und der Hausarbeit zuweist. Ein weiterer Grund, den er nennt, sind die grundlegenden Veränderungen in unserem Verhältnis als Individuen und im Verhältnis der gesamten Menschheit zur gesellschaftlichen Entwicklung. Unser heutiges Leben findet in „einer Welt von hergestellter Unsicherheit" statt, deren „Risiken sich eindeutig von denen vergangener Phasen, in denen sich moderne Institutionen herausgebildet haben, unterscheiden" (Giddens 1994, S. 78).

Wir legen im Folgenden den Schwerpunkt auf vier Schlüsselprobleme der Gegenwart, die Giddens in seiner Dritten-Weg-Agenda angesprochen hat, weil wir der Auffassung sind, dass sich an ihnen jeweils recht gut die Grenzen seiner für sein Werk so zentralen Kategorie der reflexiven Verkörperung aufzeigen lassen. Zunächst einmal sind Giddens' Versuche (1998, 2000), einen politischen Raum zu identifizieren, in denen Vorstellungen von einem guten Leben konzipiert und zusammengeführt werden können, infrage gestellt worden. Unter anderen hat Agamben (1998) dagegen stark gemacht, dass Politik heute aus der Kontrolle des „bloßen Lebens" besteht und dass gegenwärtige Herrschaftssysteme über die Fähigkeit verfügen, menschliche Reflexivität zu steuern und zu kontrollieren. Das zeige sich insbesondere ganz aktuell bei der Biopolitik. Hier strebten Machtinstanzen danach, die produktiven Potenzialitäten der „Menschheit und der Einzelnen als einen einfachen Leib" zu verwalten (ebd., S. 3, 111). Rose (2007, S. 116, 134) sieht hier ein Verschiebung hin zu einer Art „biologischer Bürgerschaft", wobei die Menschen vonseiten der Wissenschaft, der Gesundheitsdienste und Versicherungsgesellschaften diszipliniert und dazu angehalten würden, sich selbst auf der Grundlage eines immer größer werdenden, aber zunehmend unsicheren Wissens über genetische Risiken zu überwachen. Rose kommt zu dem Schluss, dass wir im Kontext der von diesen Entwicklungen vorangetriebenen „somatischen Individualität" zu Subjekten geworden sind, die „sich zum Teil in der Sprache der Biomedizin erfahren und artikulieren, sich selbst danach beurteilen und auch danach handeln" (ebd., S. 26; vgl. hierzu auch Rose & Abi-Rached 2013, S. 22, 56). Biomedizinische und neurowissenschaftliche Diskurse haben dieser Sichtweise zufolge inzwischen einen derart großen Einfluss darauf, wie wir uns selbst wahrnehmen und einschätzen, dass sie unsere reflexiven Kompetenzen empfindlich einschränken. Wir beziehen und stützen uns zunehmend nur noch auf Regeln und Ressourcen, die mit den Vorstellungen *eines von oben autorisierten Modells* biopolitischer Bürgerschaft übereinstimmen. Es wirkt hier immer noch eine Dualität, da sich die Menschen weiterhin auf bestimmte Modalitäten der Selbstverwaltung berufen und diese damit reproduzieren. Dennoch werden die von biomedizinischen Überlegungen beeinflussten Aktivitäten und Regimes, an denen wir inzwischen alle beteiligt sind, zunehmend von wichtigen sozialen Institutionen zusammengehalten, die jenseits der Kontrolle derjenigen existieren, die in ihrem Alltag von diesen überwacht werden. Damit sind Zweifel angebracht, inwieweit die Dualität der Struktur, wie sie kennzeichnend ist für die gegenwärtige Politik, unterstützend sein kann für die *eigenen* Projekte und Entwürfe von Individuen (vgl. Mouzelis 1989).

Wir müssen nicht mit jedem Aspekt dieser biopolitischen Perspektive übereinstimmen, um zu erkennen, dass Giddens' theoretischer Ansatz das Ausmaß unterschätzt, in dem Autoritäten die Grundlagen beeinflussen können, unter denen verkörperte Reflexivität tatsächlich stattfindet. Hieran anschließend lässt sich ein zweiter Kritikpunkt formulieren, der mit Giddens' Priorisierung von Bildung als einem Mittel zur Förderung politischen Engagements zusammenhängt. Giddens (2000, S. 165) betont, dass in einer Welt, die heute eher durch menschliche Entscheidungen zusammengehalten wird als durch Natur oder Traditionen, den Herausforderungen der „Wissensökonomie" damit begegnet werden sollte, dass man die Aufgabe „der Bildung ganz nach vorne rückt". Doch dieser Anspruch, Wissen und Reflexivität auszuweiten, steht in einem gewissen Widerspruch zu seiner früheren Einsicht, dass Bildung vermittelt ist und häufig abgelehnt wird als Resultat der durch die Klassenverhältnisse bedingten, kulturell geformten körperlichen *Gewohnheiten* von Menschen (vgl. Giddens 1984, S. 289–309). Da Giddens' Ausführungen zum Dritten Weg keine Strategien benennen, wie solche klassenbedingten Einstellungen verändert werden könnten, fällt es schwer, sich vorzustellen, wie die von ihm so hervorgehobene Bildung die erhofften Wirkungen erzielen soll. Bildung in ihren institutionellen Formen, aber auch weiter gefasst in ihren Alltagsformen beinhaltet nicht nur eine Pädagogik des Geistes, sondern auch eine *Körperpädagogik,* in der kulturelle Einflüsse zum Tragen kommen und mit der die Sinne und Sinnlichkeiten geformt werden, genauso wie das Wissen und die Überzeugungen derjenigen, die dieser Pädagogik unterliegen (vgl. Shilling/Mellor 2012). Ob spezifische kulturelle Körperpädagogiken das Bildungskonzept, auf das sich Giddens in seinem Programm des Dritten Wegs so emphatisch bezieht, eher fördern oder unterminieren, ist eine offene Frage, etwas, was untersucht werden sollte, aber nicht vorausgesetzt werden kann.

Das dritte Problem, das sich in Giddens' Agenda zeigt, hat mit dem Vertrauen zu tun, das eine zentrale Bedingung für den Ausbau einer „dialogischen Demokratie" darstellt, aber zusehends erheblichen Bedrohungen ausgesetzt ist. Mit seinem eindeutigen Votum für dieses demokratische Modell stellt Giddens (1991) nicht nur das reflexive Bewusstsein über andere eher habituelle oder affekthafte Umgangsformen mit Problemen und Konflikten, es wird sogar hervorgehoben und in Opposition gesetzt zu fundamentalen Überzeugungen, nach denen es keine verhandelbaren *Wahrheiten* gibt.

Fundamentalismus wird am häufigsten mit der Ausbreitung islamistischer und anderer religiöser Gruppen in Verbindung gebracht und deren Glauben an letzte Wahrheiten, der sich gegenüber jeglichen Diskussionen, Anfechtungen oder Reformvorschlägen als immun erweist. Giddens (1992, 1994) jedoch assoziiert damit jeglichen Anspruch auf Wahrheit und Macht, der nicht dialogisch gerechtfertigt werden kann (einschließlich des Machtanspruchs von Männern über Frauen). In einer globalisierten und von Diversität gekennzeichneten Welt, in der Rechte umkämpft sind und sozialer Wandel endemisch geworden ist, ist die Öffnung des Selbst gegenüber anderen ein wesentlicher Teil des Lernprozesses, um konstruktiv mit und in der Differenz leben zu können. Das aktive Vertrauen, das dafür benötigt wird, ist in Giddens' Worten „der Feind des Fundamentalismus, insofern es sich durch Differenz herausgebildet hat" (Giddens 1994, S. 129). Leider und konträr zu Giddens' Analyse scheint die Anziehungskraft von autoritären und identitären Bewegungen, die auf kulturelle und religiöse Homogenität setzen, ungebrochen zu sein. Man muss kein Anhänger der These vom „Zusammenprall der Zivilisationen" (Huntington) sein, um zu realisieren, dass der reflexive Umgang von Menschen mit Differenz nicht notwendigerweise auf Schlichtung und eine Kompromisshaltung hinausläuft, sondern dass Menschen verschiedene, nicht verhandelbare Formen letzter Wahrheiten vertreten und dem Projekt einer dialogischen Demokratie feindselig gegenüberstehen können; dass sie sich bewusst für Umgangsformen entscheiden, die Gewalt, terroristische Akte und Angriffe gegenüber denjenigen einschließen, die es wagen, gegenteilige Sichtweisen zu vertreten.

Das vierte größere Problem, das wir in Giddens' Aufruf, Politik neu zu konstituieren, ausmachen, hat mit Störungen der Natur und dem gesellschaftlichen Umgang damit zu tun, was er in seiner Analyse der politischen Maßnahmen zur Bekämpfung des Klimawandels adressiert. Die von Giddens (2009, S. 2) hier beschriebene paradoxe Situation lässt sich folgendermaßen zusammenfassen: Da die Bedrohungen durch die globale Erwärmung für viele Menschen noch nicht wirklich greifbar sind, führt dies zu Inaktivität und zu einer Haltung des Abwartens. Das Warten darauf, dass mehr Menschen sich davon betroffen fühlen, führt irgendwann eine Situation herbei, in der es dann zu spät ist für wirksame Gegenmaßnahmen. In einer solchen Lage helfen auch die vielen vorliegenden, sich zum Teil widersprechenden Informationen zum Klimawandel wenig wie auch nicht der „Informationsüberfluss", vor dem wir heute stehen, weil die „Zahl der schwerwiegenden Risiken", die „die sozialisierte Natur" mit sich bringt, extrem zugenommen hat, darunter die Bedrohungen durch die Atomenergie, das Verschwinden der Ackerkrume und die Verschmutzung unserer Wasserressourcen (Giddens 1990, S. 127). Giddens' Analyse des politischen Umgangs mit dem Klimawandel hätte uns hilfreiche soziologische Erkenntnisse zu einem außerordentlich wichtigen Thema liefern können, zumal sie illustriert, wie sich die Dualität der Struktur über die Zeit erstreckt (die Gesetzmäßigkeiten und Zwänge der Umwelt manifestieren sich am deutlichsten in Krisenzeiten). Allerdings wird an kaum einer anderen Stelle so deutlich wie hier, wie sehr Giddens zur Überbewertung des Prinzips der Reflexivität neigt, zulasten anderer Bedürfnisse, Kompetenzen und Einschränkungen verkörperter Subjekte. Giddens (2009, S. 9) räumt ein, dass die Menschen vom „Zeitalter der Schrecken" (Booker/North 2007) überfordert sind, erkennt aber nicht an, dass es genau diese Umstände sind, unter denen die reflexiven Fähigkeiten der meisten Menschen versagen, weil sie nicht dazu in der Lage sind, mit der „beängstigenden" Zahl von „schwerwiegenden Risiken", die „die sozialisierte Natur" mit sich bringt, fertig zu werden (Giddens 2009, S. 127).

Vor diesem Hintergrund bräuchte es politische Maßnahmen, die Anreizsysteme verändern, um damit den viel zu hohen Energieverbrauch zu senken; Maßnahmen, die auf bestimmte fixierte Ergebnisse abzielen, unabhängig von den Verfahren der dialogischen Demokratie und deren Kapazitäten. Wie Giddens (ebd., S. 206) selbst festgestellt hat: In einer Situation, in der die Regierung der USA schon dazu übergegangen ist, „angesichts der bereits vom Klimawandel angerichteten Schäden" ihre Politik an dem weltweiten „Kampf um Energieressourcen" auszurichten, ist es entscheidend für die Staatenwelt, einen Rahmen zu schaffen, in dem nicht nur die Interessen von energiehungrigen Individuen und Nationen Berücksichtigung finden, sondern auch die Bedürfnisse der globalen Umwelt. Giddens hätte selbst zu dieser Schlussfolgerung kommen können, über seine eigenen reflexiven Betrachtungen oder über die von anderen, aber das Ergebnis seiner Abwägungen, eine bestimmte Form der Reflexivität gegenüber anderen Formen und Aktivitäten zu priorisieren, scheint eine zutreffendere Analyse der Politik im Verhältnis zum Klimawandel verhindert zu haben.

6   Bewertung und Einfluss der Strukturierungstheorie

Giddens' Strukturierungstheorie stellt den Körper in das Zentrum eines ambitionierten Versuchs, die Grundlagen der Soziologie und der Sozialwissenschaften durch die Überwindung dualistischer Konzeptionen von Struktur und Handeln neu zu bestimmen. Während ihm damit eine Neudefinition von gesellschaftlichen Strukturen (bei Giddens Regeln und Ressourcen) als vermittelnde Instanzen und als Ergebnis von menschlichem Handeln gelingt, bleibt seine Subjektkonzeption weiterhin dem Geist-Körper-Dualismus verhaftet. Die Strukturierungstheorie betrachtet soziale Akteure im Wesentlichen als Geist und Bewusstsein, die zufällig Körper bewohnen. Betonte Giddens (1984) in seinen eher formaltheoretischen Texten noch die Restriktionen und Zwänge des Körpers, stellt er diesen in seinen späteren Analysen zur Spätmoderne als höchst form- und manipulierbar dar. Demnach bieten die die gegenwärtigen Gesellschaften kolonisierenden Mächte den Menschen aus historischer Sicht bis dato ungeahnte Möglichkeiten, in einem Reich bewusster Reflexivität „zu leben", wobei der Körper in die reflexive Organisierung des sozialen Lebens insofern einbezogen wird, als dass er immer mehr im Einklang mit individuellen Narrativen der Selbstidentität (um-)gestaltet werden kann.

Nachdem wir mit Bezugnahme auf Giddens' Werk, einschließlich seiner Publikationen zum Dritten Weg, die Probleme der so verstandenen reflexiven Verkörperung herausgearbeitet haben, wollen wir zum Schluss noch einige der weiterreichenden, von ihm aufgeworfenen theoretischen Fragen sowie den anhaltenden Einfluss seiner Überlegungen thematisieren. Zum ersten Punkt: Mit seinem Fokus auf Reflexivität hat Giddens kognitives Denken in einer Art und Weise konzipiert, die den Theorien der „Wissensgesellschaft" entspricht und in gewisser Weise die Erfahrungen von vielen Menschen mit dem rapiden Wandel moderner Gesellschaften widerspiegelt. Allerdings schränkt das Ausmaß, in dem hier die Sinne und die Sinnlichkeit von Menschen marginalisiert werden, unser Verständnis davon ein, wie verkörperte Subjekte mit Strukturen in Beziehung treten. Das ist deswegen so, weil damit ignoriert wird, inwieweit Menschen sich auf Regeln und Ressourcen stützen und diese reproduzieren, je nachdem, ob sie sich mit diesen „Strukturen" wohlfühlen, sie sinnlich als unangenehm und störend wahrnehmen oder gar als etwas empfinden, das dringend verändert werden muss. Das haben schon länger diejenigen erkannt, die sich intensiver mit Jugendkulturen beschäftigten oder zum Beispiel untersucht haben, wie der Körper selbst gegen die Anforderungen von Diäten sowie gegen strikte Fitnessregime rebellieren kann. Was Rodaway (1994) „sinnliche Geografien" des sozialen Lebens genannt hat, beeinflusst nicht unbeträchtlich die Erfahrungen von Menschen und ihre Reaktionen auf soziale Strukturen. Diese können in die Art von routinierten und reproduktiven Verhaltensweisen überführt werden, die für Giddens' Idee von der Dualität der Struktur so relevant sind, oder es kann passieren, dass sie sich von den „Strukturen" als etwas, das einer Änderung bedarf, distanzieren. Bei Giddens hingegen dringen sinnlich wahrgenommene Ankündigungen etwa von Sterblichkeit oder tief greifende Ängste und Sorgen nur in Krisenmomenten in das soziale Leben ein, nur in besonderen ‚schicksalshaften Momenten', in denen das Gefühl der ontologischen Sicherheit von Menschen bedroht erscheint.

Zweitens unterschätzt der der Giddenschen Rekonzeptualisierung von Struktur und Handeln zugrunde liegende Geist-Körper-Dualismus die Bedeutung körperlicher Gebrechlichkeit und Hinfälligkeit. Bei Giddens wird der menschliche Körper in spätmodernen Gesellschaften mithilfe von Expertensystemen aus der Sphäre der Natur, in der er verwundbar ist, in die kontrollierte und sichere Sphäre der Kultur überführt. Zwar drängt sich die Natur immer wieder in das soziale Leben hinein, aber meist nur in gewisse Grenzbereiche wie die von Geburt und von Tod, die dem öffentlichen Blick weitgehend entzogen sind und in der Regel von Experten gemanagt werden, oder dann, wenn die katastrophalen Folgen der Klimakrise nicht mehr länger zu übersehen sind. Damit wird vernachlässigt, dass im Zuge der Evolution des Körpers schon immer sowohl biologische als auch soziale Prozesse ineinandergriffen; Prozesse, die zur Stärkung menschlicher Fähigkeiten beitragen können, aber auch dafür sorgen, dass verkörperte Individuen unter Krankheiten und Verfall leiden. Das heißt, es werden mit dieser Sichtweise Aspekte zu wenig beachtet, die im weitesten Sinne mit Gebrechen und Dysfunktionalitäten zu tun haben. Dagegen betonen andere

Autoren, dass sich der Körper in einem ständigen Status der dys-*appearance* (Leder 1991) befindet, sich in die Planungen der Menschen einmischt und diese durchkreuzt. Irgendwann sind wir alle einmal im Leben davon betroffen (Schmerz und Krankheit sind nicht auf einige wenige Menschen beschränkt), aber dies gilt natürlich besonders für alle chronisch Kranken und Behinderten, denen die Vorstellung, der Körper sei ausreichend formbar, um ihn reflexiver Kontrolle zugänglich zu machen, wahrscheinlich pervers erscheinen muss.

Drittens zeigen sich die Beschränkungen des Geist-Körper-Dualismus von Giddens auch im Verhältnis zu Fragen von Moral, wie sie in der Soziologie verhandelt werden. Giddens behauptet, in modernen Gesellschaften sei das Expertentum zum Ersatz für Moral geworden. Während große Bereiche des Alltagslebens ein „kalkulierbares" Umfeld des Handelns darstellten, seien die „meisten Routinen, die solche Sicherheit gewährleisten, bedeutungslos" (Giddens 1991, S. 169; 1992, S. 202). Es gibt zwischen dieser Position und Zygmunt Baumans Einschätzung von der Moderne und ihres moralischen Niedergangs Überschneidungen, aber Baumans Überzeugung, dass unser „ursprüngliches" moralisches Gewissen, das uns vorschreibt, „für die anderen da zu sein", in der modernen Welt erneuert wird, steht in einem Gegensatz zu Giddens' Argument, für die „Rückkehr unterdrückter" moralischer Fragen sei das Versagen der prozessualen Rationalität, unsere soziale und natürliche Umwelt ausreichend zu kontrollieren und zu ordnen, verantwortlich (vgl. Giddens 1991, S. 185). Das hiermit verbundene Problem, auf das Giddens in seiner Analyse des politischen Umgangs mit dem Klimawandel gestoßen ist, lautet: Die Menschen nehmen ein solches Versagen wahrscheinlich erst dann wahr, wenn es bereits zu spät ist, etwas gegen die Folgen zu unternehmen. Doch ohne die Anerkennung von nichtrationalen, verkörperten Grundlagen, auf denen Gesellschaften eine moralische Orientierung für die Lösung von sie konfrontierenden Problemen und Dilemmata ausbilden können, bleibt Giddens nichts anderes übrig, als die Verantwortung für politisches Handeln wieder dem Staat zuzuschreiben (siehe Giddens 2009).

Selbst wenn die Strukturierungstheorie, wie wir hier ausgeführt haben, einige Schwächen aufweist, sind ihre analytischen Bemühungen, die soziale Welt in den Körper zu importieren und verkörpertes Handeln in die soziale Welt zu exportieren, immer noch sehr einflussreich, gerade was das sich ständig weiter entwickelnde Feld der Körperstudien anbelangt. Shilling (1999) hat versucht, diese Schwächen zu überwinden und die Strukturierungstheorie zu erweitern, indem er Giddens' Körpervorstellung mithilfe des von Goffman stammenden und von ihm überarbeiteten Konzepts der „Interaktionsordnung" weiterentwickelt und mit seinem Fokus auf *Verkörperung* jeglichen Geist-Körper-Dualismus vermieden hat (Shilling 2015). Mellor und Shilling (2014) sind darüber hinaus in einer Studie der Frage nachgegangen, inwieweit die zunehmende Sichtbarkeit von gegensätzlichen und miteinander konkurrierenden Modalitäten des Heiligen einen neuen Ansatz zum Verständnis von Verkörperung erfordert, der auf die reflexive Einsetzung körperlicher Gewohnheiten fokussiert. Ansonsten ist festzuhalten: Obwohl die durch die von „Actor Network Theory" (ANT) inspirierten Ansätze zur Erforschung von Verkörperung dem Giddenschen Fokus auf Reflexivität radikal entgegengesetzt sind, teilen sie mit ihrer Sichtweise auf den Körper, den sie als ‚vielfach' verwoben mit unterschiedlichsten Technologien, medizinischem Wissen und normativen Techniken beschreiben, doch das Anliegen der Strukturierungstheorie, der „Dualität" von scheinbar unzusammenhängenden Phänomenen nachzuspüren. Andere Strömungen des „neuen Materialismus", die in den Sozial- und Kulturwissenschaften wieder eine größere Rolle spielen, haben ebenfalls diese Dualität oder dieses Verwobensein erkannt und hervorgehoben. Der „emotional turn" hat zum Beispiel eine Reihe von Arbeiten hervorgebracht, die sich der komplexen Aufgabe gestellt haben, verkörpertes Handeln in „Gefühlsströmen" zu verorten, die ihren Stempel in unserem Nervensystem hinterlassen können, womit Fragen von Handeln und Macht zusammengeführt werden. In diesen und anderen verwandten theoretischen Ansätzen werden die Formbarkeit und die Kontrollierbarkeit des Körpers in spätmodernen Gesellschaften immer stärker betont.

Solche Entwicklungen sind nicht unproblematisch. Sie werfen verschiedene Fragen auf, die auch in Bezug auf Giddens' Werk relevant bleiben: Fragen nach der Ausrichtung gesellschaftlichen Wandels über einen längeren Zeitraum hinweg, nach dem Spezifischen des Menschseins sowie nach der Interaktion von verkörperten Subjekten und der Interaktion mit dem Milieu, in dem sie leben. Die Themen und Fragestellungen, mit denen sie ringen, können als Beweis für die anhaltende Bedeutung der Strukturierungstheorie und ihrer theoretischen Vorläufer betrachtet werden.

Literatur

Agamben, Giorgio (2008). *Homo Sacer: Sovereign Power and Bare Life*. Palo Alto, CA.: Stanford University Press.

Archer, Margret (2000). *Being Human. The Problem of Agency*. Cambridge: Cambridge University Press.

Booker, Christopher & North, Richard (2007). *Scared to Death*. London: Continuum.

Bryant, David & Jary, David (2001). Anthony Giddens. A global social theorist In: Christopher G. A. Bryant & David Jary (Hrsg.), *The Contemporary Giddens. Social Theory in a Globalizing Age* (S. 3–39). Basingstoke: Palgrave.

Coole, Diana & Frost, Samantha (Hrsg.) (2010). *New Materialisms*. Durham, NC: Duke University Press.

Crossley, Nick (2006). *Reflexive Embodiment in Contemporary Society*. London: Open University Press.

Garrison, Jim (2015). Dewey's Aesthetics of Body-Mind Functioning. In: Alfonsina Scarinzi (Hrsg), *Aesthetics and the Embodied Mind: Beyond Art Theory and the Cartesian Mind-Body Dichotomy* (S. 39–53). Dordrecht: Springer.

Davis, Kathy (1995). *Reshaping the Female Body*. London: Routledge.

Giddens, Anthony (1984). *The Constitution of Society*. Oxford: Polity.

Giddens, Anthony (1990). *The Consequences of Modernity*. Oxford: Polity.

Giddens, Anthony (1991). *Modernity and Self-Identity*. Oxford: Polity.

Giddens, Anthony (1992). *The Transformation of Intimacy*. Oxford: Polity.

Giddens, Anthony (1994). *Beyond Left and Right. The Future of Radical Politics*. Oxford: Polity.

Giddens, Anthony (1998). *The Third Way. The Renewal of Social Democracy*. Oxford: Polity Press.

Giddens, Anthony (2000). *The Third Way and its Critics*. Oxford: Polity Press.

Giddens, Anthony (2002). *Where Now for New Labour?* Fabian Society. Polity.

Giddens, Anthony (2009). *The Politics of Climate Change*. Cambridge: Polity.

Gimlin, Debra (2002). *Body Work. Beauty and Self-Image in American Culture*. Berkeley: California University Press.

Gimlin, Debra (2012). *Cosmetic Surgery Narratives*. London: Palgrave Macmillan.

Jary, David & Jary, Julia (1995). The transformation of Anthony Giddens. In: *Theory, Culture & Society, 12 (2)*, 141–60.

Leder, Drew (1991). *The Absent Body*. Chicago: Chicago University Press.

Mellor, Phil A. & Shilling, Chris (2014). *Sociology of the Sacred: Religion, Embodiment and Social Change*. London: Sage.

Mol, Annemarie (2003). *The Body Multiple: Ontology in Medical Practice*. Durham, NC: Duke University Press.

Mouzelis, Nicos (1989). Restructuring structuration theory. In: *The Sociological Review, 37 (4)*, 613–645.

Parker, John (2000). *Structuration*. London: Open University Press.

Rodaway, Paul (1994). *Sensuous Geographies*. London: Routledge.

Rose, Nikolas (2007). *The Politics of Life Itself*. Princeton, NJ.: Princeton University Press.

Rose, Nikolas & Abi-Rached, Joelle M. (2013). *Neuro*. Princeton, NJ.: Princeton University Press.

Rubin, Gayle (1975). The traffic in women. In: Rayna R. Reiter (Hrsg.), *Toward an Anthology of Women*. New York: Monthly Review Press.

Shilling, Chris (1993). *The Body and Social Theory*. London: Sage.

Shilling, Chris (1999). Towards an embodied understanding of the structure/agency relationship. In: *British Journal of Sociology, 50 (4)*, 543–562.

Shilling, Chris (2012) *The Body and Social Theory, 3rd Edition*. London: Sage/TCS.

Shilling, Chris (2015). *Body. A Very Short Introduction*. Oxford: Oxford University Press.

Shilling, Chris & Mellor, Phil A. (2012). Die Verkörperung der Religionssoziologie. Körperpädagogik und der religiöse Habitus. In: Robert Gugutzer & Moritz Böttcher (Hrsg.), *Körper, Sport und Religion. Zur Soziologie religiöser Verkörperungen* (S. 97–122). Wiesbaden: Springer VS.

Stones, Rob (2005). *Structuration Theory*. Basingstoke: Palgrave Macmillan.

Turner, Bryan S. (1992). *Regulating Bodies*. London: Routledge.

Systemtheorie

Sven Lewandowski

1 Einleitung

Die Neuere Systemtheorie ist von Haus aus keine Körpersoziologie, sondern – aufgrund ihrer zentralen Axiome und Paradigmen – eine explizit körperdistanzierte Theorie. Für eine Soziologie des Körpers kann sie aber einerseits – sofern sie sich als Theorie der modernen Gesellschaft versteht – ein Korrektiv allzu ‚körperfreudiger‘, die Strukturen bzw. die Differenzierungsform der modernen Gesellschaft mitunter vernachlässigender Theoreme bilden, während sie sich andererseits auch und gerade auf dem Feld der Körpersoziologie an ihren Anspruch messen (lassen) muss, alles Soziale analysieren zu können. Da die Körper(soziologie)ferne der Systemtheorie (bislang) die Etablierung einer systemtheoretischen Körpersoziologie blockiert hat, können die folgenden Ausführungen dem klassischen Muster eines Forschungsüberblicks nur bedingt folgen; sie versuchen sich stattdessen an einem Problemaufriss, der eher als Prolegomenon zu einer systemtheoretischen Körpersoziologie denn als ihre Darstellung zu verstehen ist.

2 Körper als Umwelt der Gesellschaft

Die zentrale Annahme der Neueren Systemtheorie besagt, dass es Systeme gibt, die sich von Umwelten unterscheiden. Luhmann (1984 und passim) differenziert grundlegend zwischen psychischen und sozialen Systemen. Während psychische Systeme aus einem rekursiven Netzwerk von Gedanken und Wahrnehmungen bestehen, bestehen soziale Systeme *ausschließlich* aus rekursiv vernetzten Kommunikationen. Unter Kommunikation versteht Luhmann eine Synthese der drei Selektionen Information, Mitteilung und Verstehen, wobei er den Begriff des Verstehens *rein formal* als Unterscheidung zwischen Information und Mitteilung fasst (es geht mithin nicht um das Verstehen *des Inhalts* einer Information). Immer, wenn zwischen Information und Mitteilung unterschieden, also verstanden wird, kommt Kommunikation zustande.

Aufgrund ihrer unterschiedlichen Operationsweisen – hier Gedanken und Wahrnehmung, dort Kommunikation – sind psychische und soziale Systeme unhintergehbar füreinander Umwelt, sodass die Annahme, die Gesellschaft bestehe aus Menschen, zurückgewiesen werden muss. Gleichwohl sind psychische und soziale Systeme strukturell gekoppelt. Strukturelle Kopplung meint, dass Systeme auf Bedingungen bzw. Systeme in ihrer Umwelt angewiesen sind, ohne diese kontrollieren zu können (Luhmann 1997, S. 92 ff., 776 ff.). (Aus-)Differenzierung von Systemen impliziert folglich nicht allein Unabhängigkeiten, sondern eine gleichzeitige Steigerung von Unabhängigkeit und Abhängigkeit in speziellen Hinsichten.

Da psychische wie soziale Systeme sinnprozessierende Systeme sind, unterscheiden sie sich scharf von Körpern, für die dies nicht gilt (vgl. zum auf die Differenz von Aktualität und Potentialität abhebenden systemtheoretischen Sinnbegriff: Luhmann 1984, S. 92 ff., wobei Luhmann davon ausgeht, „daß in aller Sinnerfahrung zunächst eine *Differenz* vorliegt, nämlich die Differenz zwischen *aktual Gegebenem* und aufgrund dieser Gegebenheit *Möglichem*" [ebd., S. 111, Herv. im Original]. Sinn impliziert mithin eine Selektion vor einem Hintergrund anderer Möglichkeiten und eröffnet zugleich einen Verweisungsüberschuss auf weitere [noch] nicht aktualisierte Möglichkeiten). Wenngleich strukturelle Kopplungen psychischer Systeme mit Körpern ebenso unbestreitbar sind wie die Angewiesenheit sozialer Systeme auf körperliche und psychische Systeme *in ihrer Umwelt*, so ist der menschliche Körper, weil er nicht im Medium Sinn prozessiert, dem Bewusstsein fremder als jedes andere Bewusstsein (so Hahn 1990, S. 387 f.). Da Körper zwar biologische bzw. organische, aber *keine sinnprozessierenden* Systeme sind, handelt es sich bei ihren Operationen weder um Elemente psychischer noch sozialer Systeme. Folglich lässt sich über den Körper zunächst und vor allem festhalten: „Was der menschliche Körper für sich selbst ist, wissen wir nicht." (Luhmann 1984, S. 332)

Eine nochmals radikalisierte (und hoch abstrakt formulierte) systemtheoretische Körperkonzeption vertritt Peter Fuchs (2005), indem er betont, dass der „Körper des Menschen [...] *beobachteter* Körper" und „schlicht nichts anderes als seine Beobachtung [ist]." (Fuchs 2005, S. 50, Herv. im Original) Wenngleich seine Beobachtung sinnförmig erfolge, sei der Körper selbst nicht sinnförmig. Der beobachtete Körper „ist *sozial designierter* Körper, und er ist nichts jenseits der Designation." (ebd., S. 49, Herv. im Original). Der Körper tauche folglich weder in sozialen noch in psychischen Systemen „als er selbst auf, als das externe Körperding, von dem jemand Kunde haben könnte, sondern als Projektion, die im Falle sinnbasierter Operationen die Form von Sinn annimmt, die Form also der *verweisenden Selektion*." (ebd., S. 56, Herv. im Original)

Aus der Perspektive psychischer wie sozialer Systeme ist der Körper mithin ein System in ihrer *Umwelt*, auf das sie keinen direkten Zugriff haben und an dessen Operationsweise sie nicht direkt anschließen können. Luhmanns bekanntes Diktum, dass die Gesellschaft *nicht* aus Menschen (sondern aus Kommunikationen) besteht, betrifft also auch menschliche Körper. Umgekehrt lässt sich formulieren, dass Kör-

per kein Element ihrer sozialen und/oder psychischen Umwelt sind, was strukturelle Kopplungen jedoch nicht ausschließt – die strukturelle Kopplung von psychischen und sozialen Systemen „engagiert auch den lebenden Körper der Beteiligten"
(Luhmann 1997, S. 378).

Für eine systemtheoretisch informierte Soziologie des Körpers sind folglich drei
Systeme respektive System*typen*, die jeweils füreinander Umwelt sind, von Bedeutung: soziale Systeme, psychische Systeme und Körper.

3 Körper in der Systemtheorie

Im Kontext der Neueren Systemtheorie werden Körper und Körperlichkeit an drei
Stellen relevant: (1) Als symbiotische Mechanismen symbolisch generalisierter Kommunikationsmedien, (2) im Kontext der modernen Distanzierung von Kommunikation und Interaktion sowie der Differenzierung von Interaktion, Organisation und
Gesellschaft, und schließlich (3) im Rahmen der Ausbildung moderner körperprozessierender Sozialsysteme.

Ein zentraler Beitrag der Systemtheorie zu einer Soziologie des Körpers besteht
schließlich in der Analyse des Zusammenhangs zwischen der zeitgenössischen Gleichzeitigkeit von Körperdistanzierung *und* Körperaufwertung sowie in der These, dass
sich die moderne Gesellschaft *nicht* von einem Körperparadigma her analysieren lässt.

3.1 Symbiotische Mechanismen

Soziale Systeme entstehen durch die rekursive Verknüpfung von Kommunikationen.
Da Sprache jedoch Ja/Nein-codiert ist und somit Annahme und Ablehnung einer
Kommunikationsofferte gleich wahrscheinlich sind, sind Zusatzeinrichtungen zur
Sprache erforderlich, um die Übertragung von Selektionsleistungen von Ego auf Alter hinreichend wahrscheinlich zu machen. Als derartige Zusatzeinrichtungen zur
Sprache fungieren symbolisch generalisierte Kommunikations- bzw. Erfolgsmedien
wie Wahrheit, Geld, Macht und Liebe (vgl. Luhmann 1997, S. 316 ff.). Symbolisch generalisierte Kommunikationsmedien erbringen mittels *symbiotischer Mechanismen*
Ordnungsleistungen im Verhältnis sozialer Systeme zu ihrer körperlichen Umwelt,
indem sie auf menschliche Körper in unterschiedlicher Weise zugreifen, d. h. unterschiedliche symbiotische Mechanismen nutzen. Umgekehrt sind die Ordnungsleistungen symbolisch generalisierter Kommunikationsmedien an eine Kontrolle
körperlicher Äußerungen gebunden. So kann etwa das symbolisch generalisierte
Kommunikationsmedium Macht das Auftreten von unkontrollierter Gewalt ebenso
wenig ignorieren wie das Medium (wissenschaftliche) Wahrheit abweichende Wahrnehmungen oder das Medium Liebe (unkontrollierte) Sexualität. Symbiotische Mechanismen bzw. symbiotische Symbole (so Luhmanns spätere Bezeichnung) regeln

„den Bezug [sozialer Systeme – S. L.] zur organischen ‚Infrastruktur'. [...] Sie selbst sind
aber keine organischen Mechanismen [...], sondern [...] Einrichtungen des sozialen Systems, die es diesem ermöglichen, organische Ressourcen zu aktivieren und zu dirigieren
sowie Störungen aus dem organischen Bereich in sozial behandelbare Form zu bringen."
(Luhmann 1974, S. 264) Sie „ordnen die Art und Weise, in der Kommunikation sich durch
Körperlichkeit irritieren läßt [...]. Eine Differenzierung der symbolisch generalisierten
Medien legt eine entsprechende Differenzierung der im Medienbereich verwendeten symbiotischen Symbole nahe; denn die Bezugnahmen auf Körperlichkeit werden in einem jeweils hochspezifizierten Sinne erforderlich, während im übrigen außer Betracht bleiben
kann, daß Menschen körperlich beteiligt sind." (Luhmann 1997, S. 378)

Eine umstandslose Identifikation von symbiotischen Mechanismen mit der körperlichen Umwelt sozialer Systeme würde mithin Luhmanns Konzeption falsch verstehen: Symbiotische Mechanismen sind *nicht* körperliche Äußerungen, sondern Einrichtungen sozialer Systeme. Ein „Zusammenhang[.] von symbolisch generalisierten
Kommunikationsmedien und organischer Sphäre" ergibt sich jedoch insofern, als
„organische Prozesse [...] durch geeignete Symbole *konditioniert* werden [können],
indem der Symbol-Code die Bedingungen definiert, unter denen sie relevant sein sollen." (Luhmann 1974, S. 266, Herv. im Original) Es ist also die Kommunikation, die
entscheidet, welche Ereignisse in ihrer (körperlichen) Umwelt für sie relevant werden. Somit stellt sich die Frage, „in welchem Sinne [...] die Komplexität des Körperseins und Körperverhaltens im sozialen System zur Ordnung eigener Zusammenhänge in Anspruch genommen" wird (Luhmann 1984, S. 332).

Im Falle symbiotischer Mechanismen gehe „es um Aspekte von Körperlichkeit, die
für einzelne Funktionssysteme der Gesellschaft von besonderer Wichtigkeit sind – sei
es als Störung, sei es als Grundlage der Ausdifferenzierung." (ebd., S. 337) Jede Form
der Bildung sozialer Systeme müsse berücksichtigen, dass „Menschen in körperlicher Existenz zusammenleben", woraus folgt, dass „alle großen Funktionsbereiche ihr
Verhältnis zum Körper regulieren müssen und daß mit Ausdifferenzierung besonderer symbolisch generalisierter Kommunikationsmedien dieses Verhältnis durch eine
besondere Symbolisierung, eben die symbiotischen Mechanismen, genauer und spezifischer auf die Funktion zugeschnitten werden muß" (ebd., S. 338). Mit der Ausdifferenzierung symbolisch generalisierter Kommunikationsmedien geht mithin eine
Differenzierung symbiotischer Mechanismen einher (vgl. Luhmann 1974, S. 268), die
gleichsam eine „Sicherheitsfunktion" erfüllten: „als Basis für Steigerungsleistungen
[im Hinblick auf höhere und mithin riskantere Generalisierung sozialer Systeme –
S. L.] ist die Möglichkeit des Rückgriffs auf das organische Substrat unentbehrlich"
(ebd., S. 274). Die moderne Gesellschaft verfüge jedoch mit formalen Organisationen
über ein funktionales Äquivalent zum Rückgriff auf organische Substrate (vgl. auch
Peter Fuchs' [2005, S. 68] Frage nach funktionalen Äquivalenten zum Körper). Im
„organischen Bereich [liegen] gar nicht mehr die letzten Sicherheitsgrundlagen [...].
Deren Sicherstellung erfordert heute vielmehr Organisation. [...]. Hinter den organi-

schen Prozessen, die gesellschaftlich funktionalisiert worden sind, tauchen wiederum Sozialsysteme besonderen Typs auf, nämlich funktionsspezifisch organisierte Sozialsysteme" wie beispielsweise Polizei, Militär, „die organisierte Erzeugung und Erhaltung von Bedürfnissen", Forschungsorganisationen sowie „die Absicherung sexueller Beziehungen durch die pharmazeutische Industrie" (ebd., S. 274 f.) Luhmann (1974, S. 277) fasst zusammen, dass

> „sinnhafte Erlebnisverarbeitung und Kommunikation ihr physisch-organisches Substrat als Wirklichkeit nicht ignorieren, sondern nur modalisieren können [...]; und daß dem zufolge evolutionär variable Symbolstrukturen", eben symbiotische Mechanismen „ausgebildet werden, die das Nichtignorierbare selektiv behandeln, um Interferenzen zu entschärfen, um den unspezifischen Charakter organischer Vorgaben und ihre Kompatibilität mit hochgeneralisierten Symbol-Codes zu gewährleisten, und um organische Gegebenheiten zugleich in der spezifischen Funktion von Sicherheitsgrundlagen zu verwenden."

3.2 Distanzierung von Körper und Gesellschaft

Mit Luhmann (1984) lassen sich drei Ebenen der Bildung sozialer Systeme unterscheiden: (1) Interaktionssysteme, die auf der wechselseitig wahrnehmbaren (körperlichen) Anwesenheit von Personen beruhen (vgl. auch Kieserlings [1999] Definition von Interaktion als „Kommunikation unter Anwesenden"), (2) Organisationssysteme, deren basaler Operationsmodus die Kommunikation von Entscheidungen ist (Luhmann 1997, S. 830 ff.) und (3) Gesellschaft bzw. – im Falle der modernen Gesellschaft – Funktionssysteme.

Für eine Soziologie des Körpers ist insbesondere die Evolution von Verbreitungsmedien (Schrift, Buchdruck usw.) bedeutsam, insofern sie es erlauben, Kommunikation von der Bindung an Interaktion abzulösen, also körperfern zu kommunizieren. Neben die weiterhin mögliche Kommunikation unter *Anwesenden* tritt dank den Verbreitungsmedien die Möglichkeit der Kommunikation unter *Abwesenden,* die für die zentralen Funktionssysteme der modernen Gesellschaft charakteristisch ist.

Die Emanzipation der Kommunikation von der Bedingung der körperlichen Anwesenheit schneidet zugleich die Möglichkeit wechselseitiger Beobachtbarkeit ab und entlastet die Kommunikation so von dem für Interaktionen typischen Konsensdruck. Während Kommunikation unter Anwesenden die *Äußerung* von Dissens (insbesondere in moralisch relevanten bzw. heiklen Fragen) inhibiert bzw. demotiviert, wirkt schriftliche Kommunikation desinhibierend. Im Allgemeinen scheint es – wie bereits ein Blick in Diskussionsforen im Internet illustriert – leichter zu fallen, gegenüber Abwesenden Dissens zu kommunizieren, den man gegenüber Anwesenden nicht unbedingt in der gleichen Weise wiederholen würde.

Mit der Ablösbarkeit von der Bedingung körperlicher Anwesenheit (und Beobachtbarkeit) wird die Kommunikation zugleich auch von jenen Irritationsquellen – Gestik, Mimik, Gähnen – entlastet, die sich der Wahrnehmung aufdrängen und von denen in Interaktionen, wie nicht zuletzt Goffman zeigt, mit teils erheblichen Aufwand abstrahiert werden muss, um die Interaktion fortführen zu können.

Unabhängig von den Vor- und Nachteilen der Kommunikation unter Anwesenden, die den Körper der Beteiligten in besonderer Weise engagiert, ist für die moderne Gesellschaft die Ablösung der Kommunikation von der Bedingung der Anwesenheit und mithin auch von körperlichen Referenzen charakteristisch. Die Mehrzahl der für die Reproduktion der funktional differenzierten Struktur der modernen Gesellschaft zentralen Kommunikationen findet nicht als face-to-face-Interaktion statt, sondern realisiert sich als Kommunikation *unter Abwesenden*, bei der Körperlichkeit *keine* zentrale Rolle spielt (an diesem Sachverhalt ändert auch der ebenso gern vorgebrachte wie triviale Einwand nichts, dass es verkörperte Menschen sind, die Texte lesen und schreiben). Dies gilt bereits auf der Ebene von Organisationen, in denen zwar unbestreitbar Interaktionen stattfinden, deren Autopoiesis – die rekursive Verknüpfung von Entscheidungen – jedoch charakteristischerweise in schriftlicher Form, insbesondere mittels Aktenführung, erfolgt. Auch in Organisationen ist Interaktion mithin nur eine mögliche Form der Kommunikation *unter anderen*. Wenngleich Organisationen – wie auch andere soziale Systeme – ihre körperliche Umwelt beobachten und kontrollieren müssen, so ist weder Kommunikation unter Anwesenden noch gar Körperkommunikation für moderne Organisationen charakteristisch.

Die Distanzierung von Kommunikation und Interaktion wird schließlich durch die Funktionssysteme der modernen Gesellschaft auf die Spitze getrieben (zur Differenzierung von Interaktion und Gesellschaft, vgl. Luhmann 1984, S. 551 ff.). Zwar kann auch funktionssystemische Kommunikation durchaus als Kommunikation unter Anwesenden praktiziert werden kann; typisch sind jedoch interaktionsferne und körperfreie Kommunikationen. Trotz regelmäßiger Tagungen findet beispielsweise wissenschaftliche Kommunikation weniger als Interaktion unter Anwesenden als medial vermittelt statt. Analoges lässt sich – von wenigen Ausnahmen wie Erziehung, Medizin, Sport und Sexualität abgesehen – in allen und zumal den zentralen Funktionsbereichen der modernen Gesellschaft beobachten.

Die durch die Evolution von Verbreitungsmedien erzeugte Distanzierung von Gesellschaft (Kommunikation) und Interaktion (Kommunikation unter Anwesenden) schlägt sich, so lässt sich zusammenfassen, einerseits in der Ausdifferenzierung dreier Ebenen der Systembildung (Interaktions-, Organisations- und Funktionssysteme) nieder und impliziert andererseits eine Distanzierung des Sozialen von seiner körperlichen Umwelt. Die These einer Entkopplung von Kommunikation und Interaktion betont, dass Kommunikation unter Abwesenden nicht lediglich eine Möglichkeit ist, die neben die Kommunikation unter Anwesenden getreten ist, sondern dass Kommunikation unter Abwesenden ein zentrales strukturbildendes Merkmal der modernen Gesellschaft ist – ohne zu implizieren, dass Interaktionen bedeutungslos würden oder im Abnehmen begriffen seien.

3.3 Körperprozessierende Sozialsysteme

Die Körperdistanzierung der modernen Gesellschaft und ihrer Funktionssysteme eröffnet sozialen Systemen evolutionäre Chancen, die sich explizit auf die *kommunikative* Behandlung des menschlichen Körpers kaprizieren, also eine Art *„body-processing"*
betreiben (bereits Luhmann (1984, S. 334) betont, dass sich Körperlichkeit „als eine
besondere Bedingung, Chance, Ressource sozialer Systembildung ausdifferenzieren"
ließe). Mit Karl-Heinrich Bette (vgl. unten) lässt sich formulieren, dass die moderne
Gesellschaft mittels Körperaufwertung *in spezifischen Hinsichten* auf ihre *allgemeine*
Körperverdrängung reagiert und so eine paradoxe Gleichzeitigkeit von Körperverdrängung und Körperaufwertung realisiert. Freilich ist zwischen Körper*thematisierung* und Körper*kommunikation* und mithin zwischen Selbsreferenz und Fremdre-
ferenz zu unterscheiden. Soziale Systeme operieren insofern basal selbstreferenziell,
als sie (spezifische) Kommunikationen rekursiv verknüpfen; in fremdreferentieller
Form beziehen sie sich hingegen *thematisch* auf ihre (soziale wie nicht-soziale) Umwelt, ohne freilich die Differenz zu dieser überwinden zu können.

Freilich ist nicht nur Kommunikation *über* Körper möglich, sondern die Kommunikation kann sich auch des Körpers sowohl als Verbreitungs- wie auch als Erfolgs-
Medium bedienen. In diesem Fall wollen wir von ‚Körperkommunikation' sprechen,
ohne zu implizieren, dass der Körper selbst kommunizieren könne (da Kommunikationen sinnprozessierende Operationen sind, Körper jedoch keine sinnprozessierenden Systeme sind, können – wie oben ausgeführt – Körper nicht selbst kommunizieren). Als *Verbreitungsmedium* kann Körperlichkeit in ähnlicher Weise wie Schrift,
Buchdruck oder Bilder Verwendung finden. Als *Erfolgsmedium* fungiert Körperlichkeit analog zu symbolisch generalisierten Kommunikationsmedien, *insofern* die Verwendung des Körpers – unter bestimmten Bedingungen – die Wahrscheinlichkeit der
Annahme einer Kommunikationsofferte zu steigern vermag. In beiden Fälle bleibt
Körperkommunikation freilich an die Bedingung der Anwesenheit gebunden.

Zu beachten ist schließlich, dass weder von einer zunehmenden (fremdreferen-
tiellen) Thematisierung und Nutzung des Körpers noch von seiner verstärkten Verwendung als Kommunikationsmedium umstandslos auf eine *allgemeine* gesellschaftliche bzw. gesellschaftsstrukturelle Aufwertung des Körpers noch gar auf einen Bruch
mit der körperdistanzierenden Differenzierungsform der modernen Gesellschaft geschlossen werden kann.

Die auffällige Tatsache, dass die moderne Gesellschaft kein einheitliches „Kör-
persystem" ausdifferenziert hat, das die Behandlung ihrer körperlichen Umwelt in
ähnlicher Weise monopolisiert wie etwa das Wissenschaftssystem die Genese wissenschaftlicher Wahrheit oder das Rechtssystem die Unterscheidung von Recht und
Unrecht, korrespondiert mit dem Befund, dass die ausdifferenzierten symbolisch generalisierten Kommunikationsmedien ebenso wie die modernen Funktionssysteme
selbst in jenen Fällen, in denen sich einzelne von ihnen auf die Behandlung von Körpern spezialisieren, einen je besonderen Körperbezug aufweisen: Obwohl der Körper

als „ein lebendes biologisches System" und „als kompakte Einheit (…) generell vorauszusetzen" sei, werde er, so Bette (2005, S. 54 f.) „unter Funktionsgesichtspunkten in seiner biologischen Ganzheit extrem verschieden wahrgenommen, rekonstruiert und nachgefragt." Der polykontexturalen Struktur der funktional differenzierten Gesellschaft entspricht somit ein polykontexturaler Körper, der „in einer mehrfach gebrochenen Perspektive" vorkommt: „*Der Körper muß erst in die Sondersprache der jeweiligen Funktionsbereiche übersetzt werden, bevor er dort als Thema relevant werden darf.*" (ebd., S. 56, Herv. im Original) Die Folge sei eine „*differentielle[.], nämlich funktionsspezifische[.] Instrumentalisierung des Körpers*", sodass von „einer Autonomie des Körpers jenseits der Gesellschaft (…) keine Rede sein" könne (ebd., S. 57; Herv. im Original).

Der Zugriff der Systeme der modernen Gesellschaft auf ihre körperliche Umwelt erfolgt mithin in fragmentierender Weise, wie die Analyse prominenter körperbezogener Systeme verdeutlicht: Der Körper des Sportssystems gleicht nicht dem des medizinischen Systems, während sich beide ebenso vom Körper des Sexualitätssystems wie von jenen Körperlichkeiten unterscheiden, auf die sich das System der Massenmedien oder das Erziehungssystem beziehen, die wiederum nicht den Körperkonzepten des Kunstsystems gleichen. Mit der Ausdifferenzierung von Funktionssystemen geht also auch eine Ausdifferenzierung der für sie relevanten Bezugnahme(n) auf ihre (nicht nur) körperliche Umwelt einher. Der Zugriff körperferner wie ‚körpernaher' bzw. körperprozessierender (Funktions-)Systeme auf den menschlichen Körper erfolgt auf selektive Weise, sodass man nicht vom Körper der Gesellschaft, sondern allenfalls von *den* Körper*n* der Gesellschaft sprechen kann. Im Gegensatz zu früheren Gesellschaften kennt die moderne Gesellschaft weder einen einheitlichen Körperbezug noch eine Form repräsentativer Körperlichkeit wie sie etwa in der Gestalt des Körpers des Monarchen für stratifizierte Gesellschaften charakteristisch ist.

Wie andere Funktionssysteme spezifizieren auch körperorientierte Funktionssysteme ihren Bezug zu ihren sozialen, psychischen, körperlichen und materiellen Umwelten gemäß ihrer je eigenen binären Codierung: Das System der Krankenbehandlung differenziert mittels eigener Kriterien zwischen gesunden und kranken Personen bzw. Körpern, die es nach systemeigenen Programmen behandelt (vgl. Luhmann 1990). In ähnlicher Weise unterwirft das Sportsystem Körper seiner Leitunterscheidung Sieg/Niederlage und behandelt sie ebenfalls nach entsprechenden Programmen (vgl. Bette 1999a, 2010). Analog differenziert das Sexualitätssystem zwischen Begehren und Befriedigung bzw. zwischen begehrenswerten und nicht-begehrenswerten Körpern (vgl. Lewandowski 2004). Die Körperthematisierung bzw. -inszenierung in den Massenmedien und in der Kunst folgt wiederum den Logiken des Systems der Massenmedien bzw. des Kunstsystems. In keinem der genannten körperorientierten Systeme tritt also der menschliche Körper als Ganzheit auf, sondern er wird jeweils nach systemspezifischen Kriterien genutzt, inszeniert und zugeschnitten (zudem muss jeder selektive Zugriff auf Körperlichkeit andere mögliche Referenzen auf Körperliches ausschließen: Man denke etwa an Desexualisierungsstrategien bei ärztlichen Untersuchungen (wie auch den umgekehrten Fall)). In keinem Falle wird jedoch die Differenz zwischen somatischen und sozialen Systemen durchbrochen.

Gleichwohl sind Funktionssysteme, die Körper lediglich thematisieren, von körperprozessierenden Funktionssystemen zu unterscheiden, die ihre Operationen auf ihre körperliche Umwelt ausrichten und – mittels je systemspezifischer Programme – auf diese einzuwirken suchen, ohne freilich den Körper schlechthin bzw. in ganzheitlicher Weise inkludieren zu können. Durch Einwirkungen auf die körperliche Umwelt – etwa mittels Training – wird die Grenze zwischen sozialen und somatischen Systemen jedoch nicht überschritten, sondern es werden lediglich spezifische strukturelle Kopplungen hergestellt bzw. verfestigt (für die Herstellung derartiger struktureller Kopplungen zwischen sozialen Systemen und ihrer körperlichen Umwelt ist freilich der ‚Umweg‘ über die strukturellen Kopplungen zwischen sozialen und psychischen Systemen einerseits und zwischen psychischen Systemen und Körpern andererseits von zentraler Bedeutung).

4 Körperkommunikation

„Nur die Kommunikation kann kommunizieren" (Luhmann 1988, S. 37), nicht Körper oder psychische Systeme. Wohl aber kann sich die Kommunikation verschiedener Medien, der Sprache wie der Schrift, aber ebenso auch des Körpers bedienen, *sofern* anhand von Körpern zwischen Information und Mitteilung unterschieden werden kann. Immer wenn Körper als *Medien* der Kommunikation in Anspruch genommen werden, also Selektionsleistungen mittels Körpern übertragen werden, lässt sich von *Körperkommunikation* sprechen – sofern man im Auge behält, dass damit *nicht* gesagt ist, dass es der Körper selbst ist, der kommuniziert.

Von sprachlicher Kommunikation unterscheidet sich Kommunikation im Medium Körperlichkeit dadurch, dass der Körper im Unterschied zu Sprache wie Schrift kein reines Zeichensystem ist. Während Sprache wie Schrift *aufgrund ihrer Künstlichkeit* nicht nur die Aufmerksamkeit psychischer Systeme in besonderer Weise fesseln – man denke an die Schwierigkeit, gesprochene Sprache im Unterschied zu Geräuschen zu überhören und Schrift nicht als Schrift, sondern beispielsweise nur als Ornament wahrzunehmen –, sondern zugleich eine Unterscheidung zwischen Information und Mitteilung derart forcieren, dass sie Kommunikation sowohl explizieren als auch in spezifischer Weise engführen, ist dies Körperkommunikation nicht möglich, da Körper nicht in ihrer Funktion als Medium der Kommunikation aufgehen (damit der Körper als Medium der Kommunikation Verwendung finden kann, ist vielmehr ein Abblenden anderer körperlicher Aspekte notwendig). Die Verwendung des Körpers als Medium der Kommunikation muss folglich in besonderer Weise gegen den Zerfall bzw. ein Kollabieren in reine (wechselseitige) Wahrnehmung einerseits und ein Aufgehen in (rein) sprachliche Kommunikation anderseits stabilisiert werden.

Zwar lässt sich mittels der Beobachtung von Körpern Information generieren; während sich aber im Falle sprachlicher Äußerungen die Mitteilung hinreichend deutlich ausflaggt, muss, wer eine körperliche Äußerung als Mitteilung beobachten will, dem anderen eine Mitteilungsabsicht zuschreiben, die dieser leicht bestreiten kann, sodass Körperkommunikation vergleichsweise diffus bleibt. Ebenso wie es leicht möglich ist, am Körper *nicht* zwischen Information und Mitteilung zu unterscheiden, so schwer ist es – mit anderen Worten – gleiches im Falle von Sprache oder Schrift *nicht* zu tun. Zu beobachten ist also eine Art Umkehrung der Attributionslogik: Während schriftliche wie sprachliche Äußerungen Ego in kaum bestreitbarer Weise als intendierte respektive kommunikative Handlung zugerechnet werden, gilt dies für körperliche Äußerungen nur bedingt, für bloße körperliche Anwesenheit hingegen – selbst wenn sie als informativ beobachtet wird – nur in seltenen Fällen, da Anwesenheit dazu zwingt, den eigenen Körper der Wahrnehmung durch andere auszusetzen. Da die Zurechnung von wahrnehmbaren körperlichen Eigenschaften (Form, Haarfarbe etc.), körperlichen Zurichtungen (Kleidung, Haarschnitt usw.) und Körperbewegungen bzw. -gesten als Mitteilungen unsicher und leicht bestreitbar ist, entscheidet sich von Fall zu Fall und in vergleichbar unsicherer Weise als bei Verwendung von Sprache oder Schrift, ob an die Beobachtung von Körpern *sozial erfolgreich* angeschlossen, *d. h. in anschlussfähiger Weise* zwischen Information und Mitteilung unterschieden werden kann: Wer spricht oder schreibt, markiert sich als Mitteilender; wer in Begleitung seines Körpers erscheint, hingegen nicht (zwangsläufig). Deutlich wird letzteres nicht zuletzt am Beispiel vestimentärer Kommunikation (vgl. Bohn 2000). Ob das Tragen eines bestimmten Kleidungsstücks als kommunikativer Akt bzw. als Mitteilung (wenn ja, von was?) *gemeint* ist bzw. erfolgreich zugerechnet werden kann, ist wesentlich offener als im Falle einer sprachlichen Äußerung. Zu betonen ist hier insbesondere die Differenz der Informationskomponente einerseits und der Mitteilungskomponente andererseits. Selbst wenn (erfolgreich) unterstellt wird, dass mit dem Tragen eines Kleidungsstücks, dem Einnehmen einer Pose, einer Geste oder einem Gesichtsausdruck *etwas* gemeint wurde, also eine Mitteilung intendiert wurde, besagt dies noch nichts über die Informationskomponente dieser Mitteilung. Da Körperkommunikation im Gegensatz zu sprachlicher Kommunikation in geringerem Maße kodifiziert ist, ist sie *sowohl* im Hinblick auf die Informations- *als auch* die Mitteilungskomponente mit höheren Freiheitsgraden ausgestattet.

Körperkommunikation ist also diffus, da sich an Körpern zwar Informationen ablesen lassen, diese aber nicht – oder nur unter sehr spezifischen Bedingungen – mit ausreichender Sicherheit als Mitteilung so zurechnen lassen, dass sich an die Unterscheidung von Information und Mitteilung kommunikativ sicher anschließen lässt. Im Gegensatz zu symbolisch generalisierten Kommunikationsmedien *senkt* die Verwendung des Körpers als Kommunikationsmedium also die Wahrscheinlichkeit *gelingender* Kommunikation – es sei denn, der Einsatz des Körpers als Medium der Kommunikation wird in spezifischer Weise gerahmt.

Körperkommunikation gewinnt jedoch – aufgrund der ob ihres diffusen Charakters leicht möglichen Bestreitbarkeit von Intentionalität – in Situationen an Attraktivität, in denen eine Engführung der Kommunikation und ein Zusteuern auf die für sprachliche Kommunikation(sofferten) typische Ja/Nein-Bifurkation vermieden bzw. relativ lange offen bleiben soll, ob und inwiefern Kommunikation intendiert ist, also *sozial erfolgreich oder zumindest Erfolg versprechend* eine Mitteilungsabsicht unterstellt werden kann (man denke etwa an Flirts oder andere Formen riskanter bzw. (zunächst) versuchsweiser Kommunikation). Körperkommunikation erlaubt also jene Negationsmöglichkeiten zu vermeiden bzw. abzublenden, die Ja/Nein-codierte Sprache entstehen lässt. So analysiert etwa Luhmann (1996, S. 86 f.) am Beispiel von (Werbe-)Ästhetik, wie Formen visueller Kommunikation der Ja/Nein-Bifurkation der Sprache ausweichen, indem ,schöne Form' Ablehnungsmöglichkeiten negiert.

Wenngleich sich Körperkommunikation in bestimmten Situationen – etwa der versuchsweisen Beziehungsanbahnung – als besonders attraktiv erweist, so erschwert die ihr inhärente Diffusität zugleich die Ausbildung höher generalisierter und zeitlich stabiler sozialer Systeme, da sich einerseits Kommunikation *allein* auf körperlicher Basis nur schwer (thematisch) engführen und generalisieren lässt und Körperkommunikation andererseits an (wechselseitige) Wahrnehmbarkeit gebunden bleibt. Zudem ist der Körper – gerade für die Wahrnehmung – immer auch mehr und anderes als ein Kommunikationsmedium und lenkt mithin die Aufmerksamkeit des Bewusstseins von der Kommunikation ab, während Sprache und Schrift Aufmerksamkeit ungleich stärker auf Kommunikation (= Unterscheidung von Information und Mitteilung!) engführen. Daher auch die Notwendigkeit, symbolisch generalisierte Kommunikationsmedien bzw. symbiotische Mechanismen zur Kontrolle von Körpern und zum selektiven Zugriff auf Körper einzusetzen, da anderenfalls keine Bildung höher generalisierter Systeme möglich ist.

Exkurs: Bewegungen als Kommunikation?

Dass Körper imstande sind, gleichsam unter Umgehung des Bewusstseins, wechselseitig aufeinander zu reagieren, scheint die Möglichkeit zu eröffnen, dass Körper *miteinander* kommunizieren und zu implizieren, dass sich auf rein körperlicher Basis eine emergente Ebene des Sozialen ausdifferenzieren lässt, die *nicht* auf sinnhafte Weise prozessiert, sondern eine eigene Autopoiesis auf Basis einer rekursiven Verknüpfung von Körper*bewegungen* realisiert. Ein derartiges, an die Bedingung wechselseitiger Wahrnehmbarkeit, also an Anwesenheit und Interaktion gebundenes System unterschiede sich von ,klassischen' sozialen Systemen dadurch, dass es *nicht kommunikativ* verfasst ist und von eigentümlich prekärem Status ist: Mit Kieserling (1999, S. 145 f.) ließe sich von „präkommunikativer Sozialität" sprechen, die auf „reflexiver Wahrnehmung" beruht und „mit besonderen Ansprüchen an Körperbezug und auf Kosten von Kommunikation intensiviert" werde. An Beispielen „wie Sport oder Tanz, Nahkampf oder Sexualität" lasse sich zeigen, dass „Kommunikation [...] nur ein[springt], wenn die über Wahrnehmung laufende Direktabstimmung des Körperverhaltens versagt [...]." Kommunikation werde in diesen Fällen „so stark marginalisiert, daß ihre Intervention geradezu als Störung erfahren werden kann [...]." (ebd., S. 146). Kieserling betont auch, dass es sich „bei reinen Formen dieses Typs [...] nicht mehr um Interaktionssysteme im Sinne des hier [i. e. von ihm – S. L.] vorgeschlagenen Begriffs" (ebd.), also um *Kommunikation* unter Anwesenden, handle.

Einen Versuch, Systembildung auf Ebene von Bewegungen zu analysieren, unternimmt auch Bernd Schulze, indem er an die Unterscheidung von Medium und Form anknüpfend argumentiert, dass „die Formbildung durch Körperbewegungen [...] einen Basisprozess von Bewegungssituationen" darstelle, „aus denen durch Komplexitätsaufbau und interne Differenzierung Sportartensysteme werden [...]." (Schulze 2006, S. 81) Zwar sei Bewegung nicht lediglich Kommunikation, sondern „die Kommunikation durch Bewegung" müsse „durch das Potenzial zur Formbildung, die Selektivität des Bewegungsgeschehens, die Systembildung und Beobachtung durch Bewegung" ergänzt werden (ebd., S. 85) In Sport*arten* übernähmen „Körperbewegungen [...] die Rolle von Kommunikation als Letztelemente von Interaktionssystemen." (ebd.) Freilich deutet Schulze Körperbewegungen als „von psychischen Systemen gesteuert und von sozialen Systemen in dieser Weise als Handlung beobachtet und interpretiert" (ebd.), sodass der Körper gleichsam als ein Medium psychischer Systeme zu fungieren scheint. „Als nonverbale Kommunikation bilden", so Schulze (ebd., S. 88) weiter, „die Körperbewegungen [im Sport – S. L.] einen Teil des Interaktionssystems des Wettkampfs, aber auch des sozialen Systems der Sportart. Gleichzeitig bilden die Bewegungsformen die Elemente von autopoietischen Bewegungssystemen." So schlössen beispielsweise in einem Fußballspiel bis zur Unterbrechung oder Beendigung des Spiels „Körperbewegungen an Körperbewegungen" an. Kommunikationen könnten hingegen „das Bewegungssystem nur irritieren, nicht aber an die Stelle von Bewegungen treten." (ebd.)

Wenngleich Schulzes Ansatz, Körperbewegungen als Elemente autopoietischer Systembildung zu verstehen, für die Differenzierung von Sportarten plausibel erscheint, bleibt offen, inwieweit er sich für weiter gefasste körpersoziologische Untersuchungen und insbesondere für Fälle fruchtbar machen lässt, in denen Bewegungen in geringerem Maße als im Sport durch kodifizierte Regeln enggeführt werden. Zu klären wäre nicht zuletzt auch, ob es sich bei „Bewegungssystemen" um Kommunikation oder doch lediglich um „präreflexive Sozialität" (Kieserling 1999, S. 145 f.) handelt.

5   Körperverdrängung und Körperaufwertung

Unter den Systemtheoretikern, die sich mit körpersoziologischen Fragen befassen, ragt der Sportsoziologe Karl-Heinrich Bette – insbesondere mit seiner Habilitationsschrift *Körperspuren. Zur Semantik und Paradoxie moderner Körperlichkeit* (1989, überarbeitete Neuauflage 2005), der Aufsatzsammlung *Systemtheorie und Sport* (1999a) sowie seinem Beitrag *Wo ist der Körper?* in der Festschrift zu Niklas Luhmanns 60. Geburtstag (1987) – hervor. Die moderne Gesellschaft realisiere, so Bettes zentrale These, eine „*gleichzeitige[.] Steigerung von Körperverdrängung und Körperaufwertung*" (Bette 1987, S. 600, Herv. im Original), die sich ihrer funktionalen Differenzierungsform verdanke, da diese erlaube, Widersprüchliches zugleich zu steigern, indem sie es auf verschiedene Systeme ‚verteile'. Prozesse der Aufwertung des Körpers – als Thema wie als Medium der Kommunikation – versteht Bette dabei als *gesellschaftliche* Reaktion auf jene Körperverdrängung, die daraus resultiere, dass die modernen Funktionssysteme auf einer „Institutionalisierung von Indifferenz gegenüber dem Körper als Instanz und Garant von Kommunikationen" beruhten (ebd., S. 602). Der zeitgenössische ‚Körperboom' ist insofern *kein* Indikator für einen grundlegenden *strukturellen* Wandel der modernen Gesellschaft, als er weder die Differenzierungslogik der modernen Gesellschaft aufhebe, noch die Körperdistanzierung ihrer primären Funktionsbereiche tangiert: „Entkörperlichung kann durch Verkörperlichung nicht aus der Welt geschafft werden." (Bette 2005, S. 47) Jedoch differenziert die moderne Gesellschaft, etwa mit dem Sportsystem oder dem Gesundheitssystem, Funktionsbereiche und Sonderprogramme aus, in denen Körperlichkeit *auf spezifische Weise* behandelt wird. Die gesellschaftliche Körperdistanzierung bildet dabei eine Bedingung der Möglichkeit der Ausdifferenzierung spezifischer körperorientierter Sozialsysteme.

Im Zuge der Herausbildung der modernen Gesellschaft sei es „sowohl gegenüber Person und Körper als auch gegenüber der Natur […] zu einer Institutionalisierung von Indifferenz gekommen", die in einer „ernsthaften Bedrohung von Körperlichkeit" resultiere (ebd., S. 31 f.), die in einer gesellschaftlich induzierten Überlastung niederschlage, „in Form von Entfremdungserscheinungen, Streßerfahrungen oder psychischen Krankheiten virulent" werde und „im Sinne einer *Rache des Körpers an der Gesellschaft in die Gesellschaft* zurückstrahlen" könnte. Zwar biete der Körper sozialen Systemen eine „Außenstütze"; diese könne aber auch „kollabieren": „Gerade weil der Körper über Interpenetrationsverhältnisse und symbiotische Mechanismen bedeutsam ist, stellen sich Konsequenzen ein, wenn er verdrängt, unsensibel überfordert oder durch gesellschaftliche Innovationen in seiner Motorik ruhig gestellt wird." (ebd., S. 32) Insbesondere in Form von Schmerz und Krankheit könne der Körper auf die Gesellschaft einwirken, da diese Kommunikation stimulierten, „wo eigentlich keine Kommunikation möglich ist, nämlich vom Körper an die Gesellschaft einerseits und vom Körper an das Bewußtsein andererseits" (ebd., S. 33). So bildeten die „somatischen, psychischen, sozialen und ökologischen Kosten der Modernisierung" zugleich „wichtige Bedingungen der Möglichkeit für die sozio-evolutionäre Chance von Sozialbereichen […], die ein *body-processing* unter Sonderaspekten betreiben" (ebd., Herv. im Original).

Überforderungen durch die moderne Gesellschaft führt Bette auch auf Veränderungen im „Verhältnis von Gesellschaftsstruktur und Zeitbewußtsein" zurück. Dabei bedürfe „es der Vermittlung des Körpers, um die aus dieser Relation resultierende potentielle Gefährdung des Subjekts zu verringern." (Bette 1987, S. 605) Bette greift hier auf Luhmanns Beobachtung zurück, dass die moderne Gesellschaft ihre zunehmende Komplexität temporalisiere, also aktuell nicht (gleichzeitig) realisierbare Möglichkeiten in die Zukunft auslagere, und folgert, dass unter diesen Bedingungen „die Ausdifferenzierung von Sozialbereichen [wahrscheinlicher wird], die die Gegenwart als Verweilstadium zwischen Vergangenheit und Zukunft aufwerten" (ebd.). Der Rückgriff auf den Körper werde also dadurch attraktiv, dass er Gegenwart(serleben) verspreche und „Sinnhaftigkeit selbst dann noch signalisiert, wenn andere Formationen keinen überzeugenden Sinn mehr zu Verfügung stellen können" (Bette 2005, S. 37). Da „körperorientierte Sozialsysteme [...] eine gesteigerte Inanspruchnahme der Gegenwart" (Bette 1987, S. 607) ermöglichten, seien „körperbezogene Kommunikationen [...] als Versuche der Vermeidung von Diskrepanzerfahrungen zu werten, mit denen das ins Prekäre und Pathogene abgedriftete Verhältnis von Individuum und Gesellschaft restabilisiert werden soll." (ebd., S. 606). Die „Wiederkehr" des Körpers ist in Bettes Perspektive also sowohl eine Reaktion auf die Körperdistanzierung der modernen Gesellschaft als auch eine notwendige Bedingung der Stabilisierung der Struktur der modernen Gesellschaft.

Einwirkungen auf den Körper – wie etwa durch Training – helfen, so Bette (2005, S. 37), „die Indifferenzschwelle des Bewußtseins gegenüber der eigenen Körperumwelt zu überspringen und eine Vergleichzeitigung von Bewußtsein und Körper in der Jetzt-Zeit gezielt herzustellen." Vor diesem Hintergrund stelle der „Rückgriff auf die körperliche Nahwelt [...] einen Fluchtpunkt" dar, „der Konkretheit, Gegenwärtigkeit und Authentizität als erreichbare und herstellbare Erfahrungskategorien erscheinen" lasse (ebd.). Ein zentraler Vorteil des Rückgriffs auf den Körper sei darin zu sehen, dass dieser im Gegensatz zu modernen Identitäten „nicht erst symbolisch als Einheit hergestellt und stabilisiert werden muß [...], sondern als eine kompakte, in sich geschlossene biologische Ganzheit bereits vorhanden" sei (ebd., S. 37) – mit Blick auf Peter Fuchs' Ausführungen (2005) muss man anfügen: wohl vor allem als Phantasma. Zugleich sei der Körper „zu einem wichtigen Symbol für eine noch kontrollierbare Wirklichkeit geworden", da an ihm „Zeichen gesetzt und Spuren hinterlassen werden" können: „Am Körper können Menschen nicht nur auf sich selbst einwirken, sondern auch – indem sie sich sozial sichtbar machen – ostentativ auf Gesellschaft reagieren." (Bette 2005, S. 37 f.) Im Gegensatz zur abstrakten Gesellschaft erlaubten Einwirkungen auf den Körper „selbstinitiierte Kausalketten zu erleben" und „Kausalitätserfahrungen in einem mittleren Bereich" zu sammeln (ebd., S. 38, ähnlich: 1987, S. 607). Gleichwohl sei der Körper keine natürliche, sondern „eine gesellschaftlich mitbeeinflusste Größe" (Bette 2005, S. 39).

Den zeitgenössischen Körperboom versucht Bette durch eine Deutung des Körpers als „Fluchtpunkt" zu erklären (Bette 2005, S. 67 ff., vgl. auch 1999b), „an dem sich Sinn in unterschiedlicher Form kondensieren kann." (Bette 1987, S. 610) Der Körper wird insofern attraktiv, als er *psychischen Systemen* Gegenwärtigkeit, Eindeutigkeit, Sicherheit und nicht zuletzt *spürbare* Sinnhaftigkeit angesichts rapiden sozialen Wandels *verspricht*. „Im Meer der Kontingenzen, Widersprüche, Parzellierungen und Komplexitäten übernehmen selbstgemachte Körpererfahrungen die Aufgabe, Abstraktionen und Körperdistanzierung zu kontern" (Bette 2005, S. 257). Diese Form der Sinnsuche im Nichtsinnhaften imponiert insofern, als sie in Auseinandersetzung mit *Materialitäten* und gerade nicht auf kommunikative Weise stattfindet, beispielsweise indem Menschen auf ihre Körper durch Sport, Bewegung, Diäten o. Ä. einwirken oder sich und ihren Körper teils extremen Umweltbedingungen aussetzen (etwa Wüsten durchwandern oder Berge besteigen, vgl. Bette 2004, 2005, S. 250). Derartige Einwirkungen auf dem Körper scheinen dadurch attraktiv zu werden, dass sie dem psychischen System – auf Grundlage seiner strukturellen Kopplung mit dem Körper – Evidenzerlebnisse zu verschaffen vermögen, die die moderne Gesellschaft selbst nicht zu bieten vermag. (Mit Peter Fuchs [2005] lässt sich hinzufügen, dass derartige Evidenzerlebnisse auch insofern attraktiv werden, als sie dem psychischen System eine Einheit vorspiegeln bzw. es eine Einheitlichkeit erfahren lassen, die in modernen Gesellschaft so nicht gegeben ist).

Indem das psychische System durch Einwirkungen auf seine körperliche Umwelt so sehr von (Körper-)Wahrnehmungen überflutet wird, dass bewusstes Denken, also der Anschluss von Gedanken an Gedanken, verunmöglicht und die Autopoiesis des psychischen Systems gezwungen wird, primär über (Körper-)Wahrnehmungen zu prozessieren, entstehen *psychische* Evidenzerlebnisse, die häufig als identitätsversichernder ,flow' erlebt werden, die das (moderne) Bewusstsein qua Gedanken nicht zu erzeugen vermag. Paradox bleibt freilich, dass gerade jene eigentlich inkommunikablen Evidenzerlebnisse, die im und mittels des Nichtsinnhaften und jenseits der Kommunikation erzielt wurden, in die Sphäre des Sinnhaften wie des Kommunikativen eingespeist werden müssen, damit sie als identitätskonstruierende Elemente wirksam werden können. Anders formuliert: Die Sinngewinnung im Nichtsinnhaften ist auf die Verwertung der nichtsinnhaften Evidenzerlebnisse im Medium Sinn angewiesen – also auf Bewusstseinssysteme und/oder soziale Systeme. – Freilich ist die Annahme, der Körper werde gesellschaftlich attraktiv, weil der Rückgriff auf Körperlichkeit *psychisch* attraktiv sei bzw. werde, etwas kurzschlüssig (vgl. zur Frage nach den *kommunikativen* Vorteilen der Verwendung des Körpers als Medium der Kommunikation – im Unterschied zur *psychischen* Attraktivität von körperinduzierten Evidenzerlebnissen – den obigen Abschnitt über Körperkommunikation).

Die zeitgenössische Körperaufwertung sei eine „Reaktion auf die Folgen der Moderne", die auf den Körper zurückgreife, „um die gestiegene Indifferenz der Gesellschaft zu ihrer personalen Umwelt durch gezieltes body-processing gegenzubalancieren" (Bette 2005, S. 163) und auf diese Weise zugleich eine „Sicherheits- und Erlebnisgrundlage" anzustreben, „die entwickelte Industriegesellschaften aufgrund der Abstraktheit ihrer Kommunikation immer weniger überzeugend bereitstellen können." (ebd., S. 164) Freilich sei für die „Körperaufwertung in komplexen Gesellschaften nicht die Einseitigkeit, sondern die Pluralität heterogener Angebote" charakteristisch (ebd., S. 163) Zu körperorientierten Sozialbereichen, die auf die Körperdistanzierung der modernen Gesellschaft reagieren, sind insbesondere der Sport (Bette 1999a, 2005, 2010 und passim), aber auch Medizin (Luhmann 1990) und Sexualität (Lewandowski 2004) zu zählen. Gemeinsam ist diesen Sozialbereichen aber, dass sie ,den' Körper nicht schlechthin, sondern in jeweils spezifischen Hinsichten behandeln: Der Körper der Medizin unterscheidet sich vom Körper des Sports ebenso wie vom sexuellen Körper. Es handelt sich mithin *nicht* um eine „Wiederkehr" eines ganzheitlichen Körpers, sondern Körperlichkeit wird nach je systemspezifischen Gesichtspunkten in den jeweiligen Sozialbereichen ,behandelt'. In der je systemspezifischen Körperbehandlung findet folglich keine Aufhebung, sondern eine Reproduktion der polykontexturalen Ordnung der modernen Gesellschaft statt. Was als Körpersteigerung erscheint, ist also, gerade weil die Körpersteigerung hochselektiv anstatt ganzheitlich geschieht und zudem der Differenzierungsform der Gesellschaft folgt, keine Aufhebung der modernen Körperdistanzierung.

Sozialsysteme, die „auf ein people- und body-processing spezialisiert sind", sind zudem mit dem Problem konfrontiert, dass sie nicht wie andere (Funktions-)Systeme ein „Symbolmedium" ausdifferenzieren und monopolisieren können: „Wo Sozialsysteme sich explizit auf den Umweltfaktor Mensch ausrichten und damit Greifbares, Konkretes und Lebendiges in den Vordergrund stellen, können sich keine hochabstrakten Steuerungsmedien bilden." (Bette 2005, S. 215)

6   Fazit

Die obigen Ausführungen haben gezeigt, dass eine ausgearbeitete Körpersoziologie auf systemtheoretischer Grundlage bislang allenfalls in Ansätzen vorliegt. Gleichwohl lassen sich systemtheoretische Ansätze und Konzepte für körpersoziologische Fragestellungen fruchtbar machen, aber auch die Grenzen des Versuchs erkennen, die moderne Gesellschaft ausgehend von einem körpersoziologischen Paradigma zu analysieren bzw. die Körpersoziologie als Allgemeine Soziologie zu konzipieren (man denke etwa an Gugutzers (2004, S. 159) ,Vision' mittels einer „verkörperte[n] Soziologie [...] die klassische soziologische Frage nach dem Verhältnis von Gesellschaft und Individuum in die Frage nach dem Verhältnis von Gesellschaft und Körper" zu übersetzen). So sind vor allem die analytische *wie* faktische Differenzierung von Interaktion, Organisation und Gesellschaft als drei Ebenen der Bildung sozialer Systeme, die Theorie funktionaler Gesellschaftsdifferenzierung, die Distanzierung von (körperbasierter) Interaktion und Gesellschaft sowie die systemtheoretische Kommunikationstheorie Konzepte, die körpersoziologischen Ansätzen zu denken geben sollten. Gerade der systemtheoretische Kommunikationsbegriff könnte für eine Soziologie des Körpers – auch unabhängig von anderen systemtheoretischen Konzepten – eine Alternative zu handlungstheoretischen Ansätzen bieten, da er erlaubt, eine (vorschnelle) Zurechnung auf subjektiv gemeinten Sinn zu vermeiden und stattdessen die Zurechnung von Ereignissen jeweils der anschließenden Kommunikation zu überlassen.

Der systemtheoretische Kommunikationsbegriff könnte also einen Ansatz bilden, die Verkürzungen des Weber'schen Handlungsbegriffs aufzubrechen, indem er Kommunikation an die Stelle von Handlung als sozialem Letztelement setzt und Handlung als einen *Sonderfall* von Kommunikation behandelt.

Die durch die Evolution von Verbreitungsmedien und die funktionale Differenzierung der modernen Gesellschaft realisierte Distanzierung von Gesellschaft und Interaktion wie Körperlichkeit zieht einer Soziologie des Körpers, die sich als Gesellschaftstheorie versteht, jedoch recht enge Grenzen, insofern – im Gegensatz zu einfachen wie vormodernen Gesellschaften – nicht mehr davon ausgegangen werden kann, dass sich Sozialität im Wesentlichen in der Form von Interaktion realisiert und das Soziale mithin unhintergehbar an Körperlichkeit bzw. körperliche (Ko-)Präsenz gebunden ist. Zwar sind strukturelle Kopplungen zwischen sozialen Systemen, psychischen Systemen und Körpern unbestreitbar, aber strukturelle Kopplungen realisieren neuartige Formen der Abhängigkeit *und* Unabhängigkeit der gekoppelten Systeme. Die Evolution von Verbreitungsmedien wie Schrift, Buchdruck und elektronische Kommunikation hat jedenfalls eine Abkopplung der Kommunikation von der Bedingung körperlicher Anwesenheit vorangetrieben, sodass Kommunikation von einem Mitlaufen körperlicher Referenzen entlastet und so mit neuen Freiheitsgraden ausgestattet wird.

Mit all dem ist nicht gesagt, dass Körper und Körperlichkeit in der modernen, funktional differenzierten Gesellschaft an Bedeutung einbüßen. Ganz im Gegenteil realisiert die moderne Gesellschaft, wie vor allem Karl-Heinrich Bette gezeigt hat, durch die Ausdifferenzierung spezifischer körperdistanzierter wie körperprozessierender bzw. körperaffiner (Sub-)*Systeme* eine paradoxe Gleichzeitigkeit von Körperaufwertung *und* Körperverdrängung, wobei sich die Differenzierungsform der modernen Gesellschaft auch in den gesellschaftlichen Umgang mit dem menschlichen Körper einprägt, den sie weder in einheitlicher Weise noch als Einheit behandeln kann. Ein Bruch mit der differenzierenden Behandlung ihrer körperlichen Umwelt würde einen Bruch mit der Differenzierungsform der modernen Gesellschaft voraussetzen, der jedoch nicht absehbar ist. Eine Körpersoziologie, die die Logik und Realität funktionaler Gesellschaftsdifferenzierung nicht zumindest reflektiert, beschneidet sich mithin ihrer (gesellschaftstheoretischen) Möglichkeiten. In diesem Sinne führt für die Körpersoziologie an der Systemtheorie kein Weg vorbei – sei letztere auch noch so körperfern. Gleichwohl bleibt das Manko, dass es (bislang) mehr systemtheoretisch inspirierte Theorie über Körper, aber nur wenige Beispiele einer Anwendung systemtheoretischer Paradigmen im Rahmen körpersoziologischer Kontexte und Fragestellungen gibt.

Literatur

Bette, Karl-Heinrich (1987). Wo ist der Körper? In: Dirk Baecker et al. (Hrsg.), *Theorie als Passion. Niklas Luhmann zum 60.Geburtstag* (S. 600–628). Frankfurt am Main: Suhrkamp.

Bette, Karl-Heinrich (1999a). *Systemtheorie und Sport.* Frankfurt am Main: Suhrkamp.

Bette, Karl-Heinrich (1999b). Kultobjekt Körper. In ders., *Systemtheorie und Sport* (S. 106–146). Frankfurt am Main: Suhrkamp.

Bette, Karl-Heinrich (2004). *X-treme. Zur Soziologie des Abenteuer- und Risikosports.* Bielefeld: transcript.

Bette, Karl-Heinrich (2005). *Körperspuren. Zur Semantik und Paradoxie moderner Körperlichkeit.* 2., vollständig überarbeitete und ergänzte Auflage. Bielefeld: transcript.

Bette, Karl-Heinrich (2010). *Sportsoziologie.* Bielefeld: transcript.

Bohn, Cornelia (2000). Kleidung als Kommunikationsmedium. *Soziale Systeme, 6,* 111–135.

Fuchs, Peter (2005). Die Form des Körpers. In: Markus Schroer (Hrsg.), *Soziologie des Körpers* (S. 48–72). Frankfurt am Main: Suhrkamp.

Gugutzer, Robert (2004). *Soziologie des Körpers.* Bielefeld: transcript.

Hahn, Alois (1990/2000). Kann der Körper ehrlich sein? In: ders., *Konstruktionen des Selbst, der Welt und der Geschichte* (S. 387–403). Frankfurt am Main: Suhrkamp.

Kieserling, André (1999). *Kommunikation unter Anwesenden. Studien über Interaktionssysteme.* Frankfurt am Main: Suhrkamp.

Lewandowski, Sven (2004). *Sexualität in den Zeiten funktionaler Differenzierung. Eine systemtheoretische Analyse.* Bielefeld: transcript.

Luhmann, Niklas (1974/^{5}2009) Symbiotische Mechanismen. In: ders., *Soziologische Aufklärung 3. Soziales System, Gesellschaft, Organisation* (S. 263–280). Wiesbaden: VS.

Luhmann, Niklas (1984/^{4}1991). *Soziale Systeme. Grundriß einer allgemeinen Theorie.* Frankfurt am Main: Suhrkamp.

Luhmann, Niklas (1988/1995). Wie ist Bewußtsein an Kommunikation beteiligt? In ders., *Soziologische Aufklärung 6. Die Soziologie und der Mensch* (S. 37–54). Opladen: Westdeutscher Verlag.

Luhmann, Niklas (1990/1995). Der medizinische Code. In: ders., *Soziologische Aufklärung 5. Konstruktivistische Perspektiven* (S. 183–195). Opladen: Westdeutscher Verlag.

Luhmann, Niklas (1996). *Die Realität der Massenmedien.* 2., erweiterte Auflage. Opladen: Westdeutscher Verlag.

Luhmann, Niklas (1997). *Die Gesellschaft der Gesellschaft.* Frankfurt am Main: Suhrkamp.

Schulze, Bernd (2006). Körperbewegung als Formbildung. Ansätze einer systemtheoretischen Bewegungskonzeption. In: Robert Gugutzer (Hrsg.), *Body turn. Perspektiven der Soziologie des Körpers* (S. 81–93). Bielefeld: transcript.

Autorinnen und Autoren

Anke Abraham, Dr. phil., Professorin für Psychologie der Bewegung am Fachbereich Erziehungswissenschaften der Philipps-Universität Marburg. Forschungsbereiche: Soziologie des Körpers, Biographieforschung, Gender Studies, Körperpraxen in pädagogischen, künstlerisch-ästhetischen und therapeutischen Settings.
https://www.uni-marburg.de/fb21/sportwiss/mitarbeiter_seiten/abraham/index_html

Thomas Alkemeyer Dr. phil., Professor für Soziologie und Sportsoziologie am Institut für Sportwissenschaft der Carl-von-Ossietzky Universität Oldenburg. Forschungsgebiete: Körpersoziologie, Sozialtheorien der Praxis, Praktiken der Subjektivierung und Cultural Studies.
http://www.uni-oldenburg.de/thomas-alkemeyer/

Thorsten Benkel, Dr. phil., Akademischer Rat für Soziologie an der Universität Passau. Forschungsbereiche: Wissenssoziologie, Mikrosoziologie, Soziologie des Körpers, des Rechts und der Sexualität.

Ulrich Bielefeld, Dr. phil., Mitarbeiter am Hamburger Institut für Sozialforschung und Privatdozent am Institut für Soziologie der Universität Darmstadt. Forschungsbereiche: Politische Soziologie mit dem Schwerpunkt Nation, Gesellschaft und Kollektivität; Soziologie der Migration und Integration; Minderheiten und Gemeinschaftsbildung.
www.his-online.de/ueber-uns/mitarbeiter/aktuell/person/bielefeld-ulrich/details/

Fritz Böhle, Dr. rer. pol., Prof.em., seit 2008 Leiter der Forschungseinheit für Sozioökonomie der Arbeits- und Berufswelt an der Universität Augsburg und Vorstandsvorsitzender des Instituts für Sozialwissenschaftliche Forschung e. V. München.
https://www.philso.uni-augsburg.de/lehrstuehle/soziologie/sozio4/team/boehle/

Ralf Bohnsack, Dr. rer soc., Dr. phil. habil., Professor em. für Qualitative Methoden in den Sozialwissenschaften an der Freien Universität Berlin. Forschungsbereiche: Dokumentarische Methode, Praxeologische Wissenssoziologie, Gesprächsanalyse, Bild-, Video- und Filminterpretation, Milieuanalyse.
www.ewi-psy.fu-berlin.de/einrichtungen/arbeitsbereiche/qualitativ/mitarbeiter/rbohnsack/index.html

Gregor Bongaerts, Dr. phil., Professor für Allgemeine Soziologie und Soziologische Theorie an der Universität Duisburg-Essen. Forschungsbereiche: Soziologische Theorie, insbesondere Praxistheorie; Sozialphänomenologie, Differenzierungstheorie, Wissenssoziologie.
www.uni-due.de/soziologie/bongaerts.php

Jochen Bonz, PD Dr. phil., Universitätsassistent am Institut für Geschichtswissenschaften und Europäische Ethnologie der Leopold-Franzens-Universität Innsbruck. Forschungsbereiche: Fankultur, Kulturgeschichte der Popmusik, Sound Studies, Methodologie der ethnografischen Feldforschung.
www.jochenbonz.de

Hannelore Bublitz, Dr., Seniorprofessorin für Soziologie und Sozialphilosophie an der Universität Paderborn. Forschungsschwerpunkte: Machtanalytisch gestützte Analysen von Bio-/Körper- und Geschlechterpolitik, Praktiken der Subjektivierung, Selbsttechnologien und Normalisierungsdynamiken in modernen (Kontroll- und Sicherheits-)Gesellschaften.
kw1.uni-paderborn.de/institute-einrichtungen/institut-fuer-humanwissenschaften/soziologie/personal/bublitz/

Marian Burchardt, Dr. phil., Fellow am Max-Planck-Institut zur Erforschung multireligiöser und multikultureller Gesellschaften Göttingen. Forschungsbereiche: Theorien der Moderne, Transnationalismus, Stadtsoziologie, religiöse Vielfalt, Gouvernmentalitätsstudien.
www.mmg.mpg.de/departments/max-planck-fellows/dr-marian-burchardt/

Günter Burkart, Dr., Professor für Kultursoziologie an der Leuphana Universität Lüneburg. Forschungsbereiche: Paar-, Geschlechter- und Familiensoziologie, Kultur und Technik
www.leuphana.de/universitaet/personen/guenter-burkart.html

Nick Crossley, PhD, Professor für Soziologie an der Universität Manchester (UK). Forschungsgebiete: Musiksoziologie, Relationale Soziologie, Soziale Netzwerke, Embodiment.
www.manchester.ac.uk/research/nicholas.crossley/

Nina Degele, Dr. phil., Professorin für Soziologie und empirische Geschlechterforschung an der Universität Freiburg. Forschungsbereiche: Soziologie der Geschlechterverhältnisse, Gesellschaftstheorie, Sport und Körper (Fußball, Testosteron), qualitative Methoden.
www.soziologie.uni-freiburg.de/degele

Bernd Dollinger, Dr. phil., Professor für Erziehungswissenschaft mit Schwerpunkt Sozialpädagogik an der Universität Siegen. Forschungsbereiche: Devianzforschung, Theorie und Geschichte der Sozialpädagogik, Kriminalpolitik, Professionalität.
www.bildung.uni-siegen.de/mitarbeiter/dollinger/?lang=d

Stefanie Duttweiler, Dr. phil., Wissenschaftliche Mitarbeiterin an der Johann Wolfgang Goethe-Universität Frankfurt/Main, Abt. Sozialwissenschaften des Sports. Forschungsgebiete: Körpersoziologie, Soziologie der Interventionssysteme, Kultursoziologie.
www.uni-frankfurt.de/53066504/30_Duttweiler

Joachim Fischer, Dr. phil. habil., Honorarprofessor für Soziologie an der Technischen Universität Dresden; Präsident der Helmuth Plessner Gesellschaft. Forschungsbereiche: Soziologische Theorie, Kultursoziologie, Stadt- und Architektursoziologie, Philosophische Anthropologie.
www.fischer-joachim.org

Christian Gärtner, Dr. rer. pol., vertritt den Reinhard-Mohn-Stiftungslehrstuhl für Unternehmensführung an der Universität Witten/Herdecke und ist Privatdozent an der Helmut-Schmidt-Universität der Bundeswehr Hamburg. Forschungsbereiche: soziologische und psychologische Grundlagen von Wissen und Fähigkeiten, Management-Tools in wissensintensiven Organisationen und Netzwerken.
orga.hsu-hh.de/gaertner

Gunter Gebauer, Dr. phil., Professor em. für Philosophie an der Freien Universität Berlin, Fachbereich Philosophie und Geisteswissenschaft. Forschungsschwerpunkte: Historische Anthropologie, Sozial- und Sprachphilosophie, Geschichte und Soziologie des Körpers.
www.cultd.eu/gebauer/bib.htm

Hanna Katharina Göbel, Dr. rer. soc., Wissenschaftliche Mitarbeiterin an der Universität Hamburg, Institut für Bewegungswissenschaft (Arbeitsbereich Kultur, Medien, Gesellschaft). Forschungsbereiche: Kultur- und Körpersoziologie, Soziologie der Dinge/Artefakte, Praxistheorie (sowie STS und ANT), Architektursoziologie und Urban Studies.
https://www.bw.uni-hamburg.de/personen/goebel-hanna-katharina.html

Udo Göttlich, Dr. phil., Professor für Allgemeine Medien- und Kommunikationswissenschaft am Fachbereich Kulturwissenschaften und Kommunikationswissenschaften der Zeppelin Universität Friedrichshafen. Forschungsgebiete: Medien-, Kommunikations- und Kultursoziologie sowie Cultural Studies.
www.zu.de/lehrstuehle/amk/index.php

Robert Gugutzer, Dr. phil., Professor für Sozialwissenschaften des Sports an der Johann Wolfgang Goethe-Universität Frankfurt/Main. Forschungsbereiche: Körper- und Sportsoziologie, Film- und Religionssoziologie, Neophänomenologische Soziologie.
www.uni-frankfurt.de/53066419/10_Gugutzer

Melanie Haller, Dr. phil., Lehrbeauftragte an der Universität Hamburg/Bewegungswissenschaft, HAW/Hamburg, AMD/Hamburg und der Universität Paderborn, Forschungsbereiche: Körper- und Bewegungssoziologie, Modetheorie, Gender Studies, Subjekttheorie, populäre Tanzkulturen (Tango Argentino, Salsa, Swing) und qualitative Methoden.

Jan Haut, Dr. phil., Wissenschaftlicher Mitarbeiter am Institut für Sportwissenschaften der Johann Wolfgang Goethe-Universität Frankfurt/Main. Forschungsschwerpunkte: Soziologische Theorien des Sports, Sozialgeschichte des Sports, Gesellschaftliche Funktionen des Leistungssports, Soziale Ungleichheiten im Sport.
www.uni-frankfurt.de/53170634/090_Haut

Stefan Hirschauer, Dr. rer. soc., Professor für Soziologische Theorie und Gender Studies an der Universität Mainz. Forschungsschwerpunkte: Praxistheorien, Qualitative Methoden, Soziologien des Wissens, des Körpers und der Geschlechterdifferenz.
www.theorie.soziologie.uni-mainz.de/universitaetsprofessor-dr-stefan-hirschauer/

Dagmar Hoffmann, Dr. phil., Professorin für Medien und Kommunikation am Medienwissenschaftlichen Seminar der Universität Siegen. Forschungsschwerpunkte: Darstellung und Aneignung von Körperbildern, Mediensozialisation und Medienpraktiken im Social Web und in Fan Fiction Communities.
www.uni-siegen.de/phil/medienwissenschaft/personal/lehrende/hoffmann_dagmar/?lang=de

Katharina Inhetveen, Dr. phil., Professorin für Allgemeine Soziologie an der Universität Siegen. Forschungsbereiche: Soziologie der Gewalt, Soziologie der Flucht, Migration und Mobilität, Politische Soziologie, Methoden qualitativer Sozialforschung.
www.uni-siegen.de/phil/sozialwissenschaften/soziologie/mitarbeiter/inhetveen/

Antje Kahl, Dr. phil., Wissenschaftliche Mitarbeiterin im SFB 1171 „Affective Socie-ties: Dynamiken des Zusammenlebens in bewegten Welten" an der Freien Universität Berlin. Forschungsbereiche: Wissenssoziologie, Thanatosoziologie, Religions- und Körpersoziologie, Affekt- und Emotionsforschung, Methoden qualitativer Sozialfor-schung.
www.sfb-affective-societies.de/forschung/projektnomadin/kahl/index.html

Uta Karstein, Dr. phil., Wissenschaftliche Mitarbeiterin am Institut für Kulturwissen-schaften, Universität Leipzig. Forschungsbereiche: Religions- und Kultursoziologie, Architektur- und Kunstsoziologie, Differenzierungs- und Konfliktsoziologie.
www.sozphil.uni-leipzig.de/cm/kuwi/

York Kautt, PD Dr., Wissenschaftlicher Mitarbeiter am Institut für Soziologie der Jus-tus-Liebig-Universität Gießen. Forschungsbereiche: Kultur-, Medien- und Wissens-soziologie; Soziologie visueller Kommunikation; Methoden qualitativer Sozialfor-schung.
www.uni-giessen.de/fbz/fb03/institute/ifs/prof/mikro/teamalle/kautt

Gabriele Klein, Dr. rer. soc., Professorin für Soziologie von Bewegung, Sport und Tanz an der Universität Hamburg. Forschungsgebiete: Soziologie des Körpers, Kulturso-ziologie, Performance Theorie, Tanztheorie, Geschlechtersoziologie, Urban Studies.
www.bw.uni-hamburg.de/personen/klein-gabriele.html

Hubert Knoblauch, Dr., Professor für Allgemeine Soziologie an der Technischen Uni-versität Berlin. Schwerpunkte: Sprache, Wissen, Kommunikation, Religion, Qualita-tive Methoden.
www.soz.tu-berlin.de/Crew/knoblauch/

Bojana Kunst, Dr. phil., Professorin am Institut für Angewandte Theaterwissenschaft an der Justus-Liebig-Universität Gießen. Forschungsbereiche: Philosophie des Kör-pers, Theorie von Choreographie und Dramaturgie, Politik und Choreographie.
www.inst.uni-giessen.de/theater/de/mitarbeiter_innen/prof-dr-bojana-kunst

Tobias Lehmann, Studium der Soziologie, studentische Hilfskraft am Lehrstuhl für Soziologie (Prof. Dr. Reiner Keller) der Universität Augsburg und im Rahmen des BMBF-geförderten Verbundprojekts ‚Kindeswohl als kollektives Orientierungsmus-ter?‘, Teilprojekt ‚Medikalisierung und Konzepte des Kindeswohls in institutionellen Kontexten‘.

Thomas Lemke, Dr. phil., Professor für Soziologie mit dem Schwerpunkt Biotechnologie, Natur und Gesellschaft an der Johann Wolfgang Goethe-Universität Frankfurt/Main, Forschungsbereiche: Wissenschafts- und Technikforschung, Biopolitik, soziologische Theorie, Gesellschaftstheorie.
www.fb03.uni-frankfurt.de/soziologie/tlemke

Diana Lengersdorf, Dr., Jun.-Professorin am Lehr- und Forschungsbereich „Geschlecht, Technik und Organisation" an der Universität zu Köln. Forschungsbereiche: Soziologie der Geschlechterverhältnisse, Arbeits- und Organisationssoziologie, Science und Technology Studies, Soziologie sozialer Praktiken.
www.hf.uni-koeln.de/35849

Sven Lewandowski, Dr. phil., Lehrkraft für besondere Aufgaben am Institut für Politikwissenschaft und Soziologie der Julius-Maximilians-Universität Würzburg. Forschungsbereiche: Soziologie der Sexualität, Soziologische Theorie, Systemtheorie, Körpersoziologie.
www.SvenLewandowski.de

Katharina Liebsch, Dr. phil. habil., Professorin für Soziologie unter besonderer Berücksichtigung der Mikrosoziologie an der Helmut Schmidt Universität/Universität der Bundeswehr Hamburg. Forschungsbereiche: Wissen und Normen, Private Lebensführung, Biopolitik sowie Methoden qualitativer Sozialforschung.
www.katharina-liebsch.de

Gesa Lindemann, Dr. phil., Professorin für Sozialwissenschaftliche Theorie an der Carl-von-Ossietzky Universität Oldenburg. Forschungsbereiche: Sozialtheorie, Gesellschaftstheorie, Methodologie und qualitative Methoden, Techniksoziologie, Soziologie des Körpers, Reflexive Anthropologie, phänomenologische Soziologie.
www.uni-oldenburg.de/sozialwissenschaften/ast/personen/gesa-lindemann/

Jens Loenhoff, Dr. phil., Professor für Kommunikationswissenschaft an der Universität Duisburg-Essen. Forschungsschwerpunkte: Kommunikations-, Handlungs- und Sozialtheorie, Soziologie des Körpers, Wissenssoziologie, Interkulturelle Kommunikation.
www.uni-due.de/kowi/loenhoff.shtml

Philip A. Mellor, PhD, Professor für Religion und Sozialtheorie, Universität Leeds, UK. Forschungsgebiete: Religion in Sozial- und Kulturtheorie, Embodiment, Christliche Theologie und Soziologie, Durkheim Studies.
www.leeds.ac.uk/arts/people/20049/theology_and_religious_studies/person/684/philip_mellor

Michael Meuser, Dr. phil., Professor für Soziologie der Geschlechterverhältnisse an der Technischen Universität Dortmund. Forschungsbereiche: Soziologie der Geschlechterverhältnisse, Wissenssoziologie, Soziologie des Körpers, Methoden qualitativer Sozialforschung.
www.fk12.tu-dortmund.de/cms/ISO/de/Lehr-und-Forschungsbereiche/soziologie_der_geschlechterverhaeltnisse/index.html

Mona Motakef, Dr. phil., Wissenschaftliche Mitarbeiterin am Institut für Sozialwissenschaften der Humboldt-Universität zu Berlin. Forschungsbereiche: Geschlechterforschung, Soziale Ungleichheit, Soziologie der Arbeit (Prekarisierung von Erwerbs- und Reproduktionsarbeit), Soziologie der Körper und der Biopolitik, Interpretative Methoden der Sozialforschung.
www.sowi.hu-berlin.de/de/lehrbereiche/sag/mitarbeiterinnen/mona-motakef

Michael R. Müller, Dr. rer. soc., Professor am Institut für Medienforschung der Technischen Universität Chemnitz, Senior Fellow am Kulturwissenschaftlichen Institut Essen, Forschungsbereiche: Wissens-, Kultur- und Mediensoziologie, Visuelle Soziologie, Körpersoziologie, Politische Soziologie, Methoden der qualitativen Sozialforschung.
www.tu-chemnitz.de/phil/imf/viskom/leitung.php

Yvonne Niekrenz, Dr. rer pol., Wissenschaftliche Mitarbeiterin an der Universität Rostock, Institut für Soziologie und Demographie. Forschungsbereiche: Kultursoziologie, Soziologie des Körpers, Gegenwartsdiagnosen sozialer Beziehungen.
http://www.wiwi.uni-rostock.de/soziologie/theorie/niekrenz/

Günther Ortmann, Dr. rer. pol., Professor für Führung an der Universität Witten/Herdecke, bis 2010 Helmut-Schmidt-Universität Hamburg. Forschungsschwerpunkte: Organisation(stheorie), strategisches Management, Führung.

Michaela Pfadenhauer, Dr. phil., Professorin für Soziologie an der Universität Wien. Forschungsbereiche: Wissenssoziologie, Sozialkonstruktivismus, Mediatisierung, Soziale Robotik, Professionssoziologie, Interpretative Sozialforschung.
www.soz.univie.ac.at/personen/mitarbeiterinnen-am-institut-fuer-soziologie/pfadenhauer-univ-prof-dipl-pol-univ-dr-michaela/michaela-pfadenhauer-publikationen-uni-wien/

Sophia Prinz, Dr., Wissenschaftliche Mitarbeiterin am Lehrstuhl für vergleichende Kultursoziologie der Europa-Universität Viadrina Frankfurt/Oder. Forschungsschwerpunkte: Praxistheorie, Poststrukturalismus und Phänomenologie, ästhetische Theorien, visuelle und materielle Kultur sowie Transkulturalität.
www.kuwi.europa-uni.de/de/lehrstuhl/vs/kulsoz/mitarbeiter/prinz/index.html

Jürgen Raab, Dr. rer soc., Professor für Allgemeine Soziologie am Campus Landau der Universität Koblenz-Landau, Forschungsbereiche: Wissens- und Kultursoziologie, Visuelle Soziologie, Körpersoziologie, Politische Soziologie, Phänomenologie, Methoden der qualitativen Sozial- und Medienforschung.
www.uni-koblenz-landau.de/de/landau/fb6/sowi/soziologie/mitarbeiter/sozio-profs/raab/juergen-raab

Werner Rammert, Dr., Prof. (em.) für Techniksoziologie, Institut für Soziologie an der Technischen Universität Berlin, Wissenschafts-, Technik- und Innovationsforschung, Mensch-Technik-Interaktion.
https://www.tu-berlin.de/?id=73119

Andreas Reckwitz, Dr. phil., Professor für Vergleichende Kultursoziologie an der Europa-Universität Viadrina in Frankfurt/Oder. Forschungsgebiete: Allgemeine Soziologie, Soziologische Theorie und Kultursoziologie.
www.kuwi.europa-uni.de/de/lehrstuhl/vs/kulsoz/professurinhaber/index.html

Julia Reuter, Dr. phil., Professorin für Erziehungs- und Kultursoziologie an der Universität zu Köln. Forschungsschwerpunkte: Allgemeine Kultur- und Migrationssoziologie, Körper- und Geschlechtersoziologie, wissenschaftlichen Karrieren.
https://www.hf.uni-koeln.de/35242

Matthias Riedel, Dr. phil., Professor am Department Wirtschaft, Gesundheit und Soziale Arbeit der Berner Fachhochschule. Forschungsbereiche: Soziologie der Berührung und des Körpers; Soziologie von Alter und Generationenbeziehungen, Partnerschaft und Familie sowie Methoden empirischer Sozialforschung.
www.soziale-arbeit.bfh.ch/de/ueber_uns/kontakt/detailseite.html?tx_bfhpersonal
pages_p=rdm1&tx_bfhpersonalpages_screen=data&cHash=110ca1246565518cdaba2
917a674440f

Hilmar Schäfer, Dr. phil., Wissenschaftlicher Mitarbeiter am Lehrstuhl für Vergleichende Kultursoziologie an der Europa-Universität Viadrina in Frankfurt/Oder. Forschungsbereiche: Kultursoziologie, Soziologische Theorie, Praxistheorie, Soziologie der Bewertung, Kulturelles Erbe.
www.kuwi.europa-uni.de/de/lehrstuhl/vs/kulsoz/mitarbeiter/schaefer/index.html

Thomas Scheffer, Dr., Professor für Soziologie und Sozialpsychologie mit dem Schwerpunkt Interpretative Sozialforschung am Institut für Soziologie, Fachbereich Gesellschaftswissenschaften der Johann Wolfgang Goethe-Universität Frankfurt/Main. Forschungsbereiche: ethnographisch, ethnomethodologisch inspirierte Forschungen zur Verwaltung von Migration, zu Strafverfahren und deren Vergleichbarkeit, zu Verknüpfungen von Feldforschung und Diskursanalyse im Feld der parlamentarischen Politik sowie zu Diskurs- und Kulturanalysen zur Fragen demokratischer Kriegsaufarbeitung.
www.fb03.uni-frankfurt.de/43944511/home

Larissa Schindler, Dr. phil., Leiterin des DFG-geförderten Forschungsprojekts „Die Flugreise: Zum körperlichen Vollzug technisch beschleunigter Mobilität" am Institut für Soziologie der Universität Mainz. Forschungsschwerpunkte: Körper, Wissen, Mobilität, Qualitative Methoden, Praxistheorien.
www.theorie.soziologie.uni-mainz.de/dr-larissa-schindler/

Robert Schmidt, Dr. phil., Professor für Prozessorientierte Soziologie an der KU Eichstätt-Ingolstadt. Forschungsbereiche: Praxistheorien und Praxeologie, Kultursoziologie, Organizational Studies, soziologische Ethnografie und Qualitative Methoden.
www.ku.de/ggf/soziologie/soziologie3/ueberblick/

Henning Schmidt-Semisch, Dr. phil., Professor am Fachbereich Human- und Gesundheitswissenschaften der Universität Bremen, Institut für Public Health und Pflegeforschung, Abt. Gesundheit und Gesellschaft. Forschungsbereiche: Soziologie der Gesundheit, sozialwissenschaftliche Sucht- und Drogenpolitikforschung, Gesundheit in Strafvollzug und Kriminalpolitik.
www.ipp.uni-bremen.de/mitglieder/henning-schmidt-semisch/

Imke Schmincke, Dr. phil., Akademische Rätin am Institut für Soziologie der Ludwig-Maximilians-Universität München, Lehrstuhl Gender Studies und Soziologie. Forschungsgebiete: Feministische Theorie und andere kritische Gesellschaftstheorien, Geschlechtersoziologie, Körpersoziologie, Bewegungsforschung.
www.gender.soziologie.uni-muenchen.de/personen/wiss_ma/schmincke_imke/index.html

Markus Schroer, Dr. phil., Professor für Allgemeine Soziologie an der Philipps-Universität Marburg. Forschungsbereiche: Soziologische Theorie, Geschichte der Soziologie, Kultursoziologie, Soziologie der Aufmerksamkeit und des Visuellen, Raum- und Körpersoziologie.
www.uni-marburg.de/fb03/soziologie/institut/arbeitsschwerpunkte/allg_soz

Cornelius Schubert, Dr. phil., Akademischer Rat, Universität Siegen, Technik- und Medizinsoziologie, Innovationsforschung.
www.uni-siegen.de/phil/sozialwissenschaften/soziologie/mitarbeiter/schubert_cornelius/

Rainer Schützeichel, Dr. rer. soc., Professor für Soziologie an der Fakultät für Soziologie der Universität Bielefeld. Forschungsbereiche: Soziologische Theorie, Wirtschaftssoziologie, Wissens- und Religionssoziologie.
www.uni-bielefeld.de/soz/personen/schuetzeichel/

Chris Shilling, PhD, Professor für Soziologie, , Universität Kent, UK; Gastprofessor an der Universität Uppsala/Schweden. Forschungsgebiete: Embodiment, Körperpädagogik, Sozialtheorie, Körperwissen.
www.kent.ac.uk/sspssr/staff/academic/s/shilling-chris.html

Gabriele Sobiech, Dr. phil., Professorin für Sportsoziologie an der Pädagogischen Hochschule Freiburg. Forschungsbereiche: Soziologie des Körpers und des Sports; Geschlechterkonstruktionen in Sport und Gesellschaft; Heterogenität/Diversität in Ungleichverhältnissen; Körper, Bewegungs- und Raumaneignung.
www.ph-freiburg.de/soziologie/institut/mitglieder/sobiech/kontakt.html

Michael Staack, M. A., Wissenschaftlicher Mitarbeiter an der Johann Wolfgang Goethe-Universität Frankfurt/Main, Abt. Sozialwissenschaften des Sports. Forschungsschwerpunkte: Körper, (Kampf-)Sport, Rhythmus, Qualitative Methoden.
www.uni-frankfurt.de/53066641/60_Staack

Silke Steets, Dr. phil., Privatdozentin für Soziologie an der Technischen Universität Darmstadt. Forschungsbereiche: Soziologische Theorie, Wissenssoziologie, Stadt- und Raumsoziologie, Architektursoziologie, Methoden qualitativer Sozialforschung.
www.silke-steets.de

Christian Steuerwald, Dr. phil., Wissenschaftlicher Mitarbeiter am Institut für Soziologie der Universität Mainz, Arbeitsschwerpunkte: Theoretische Soziologie, Soziologie der Körper, Gesellschaftsvergleich, Sozialstrukturanalyse und Soziale Ungleichheit, Soziologie der Künste.
http://organisationvonarbeitundbetrieb.soziologie.uni-mainz.de/dr-christian-steuerwald

Rene Tuma, Dr. phil., Wissenschaftlicher Mitarbeiter am Institut für Soziologie der Technischen Universität Berlin (Fachgebiet Allgemeine Soziologie, Prof. Knoblauch). Forschungsbereiche: Wissenssoziologie, Interpretative Methoden, Videoanalyse, Techniksoziologie.
www.tu-berlin.de/?id=74301

Willy Viehöver, PhD, Wissenschaftlicher Mitarbeiter am Institut Technik-Theologie-Naturwissenschaften (TTN) an der Ludwig-Maximilians-Universität München. Forschungsbereiche: Diskursforschung, Medizin- und Gesundheitssoziologie, Wissenschafts- und Technikforschung, Soziologie des Körpers, Wissenssoziologie.
www.ttn-institut.de/node/1893;

Paula-Irene Villa, Dr., Professorin für Soziologie/Gender Studies an der Ludwig-Maximilians-Universität München. Forschungsschwerpunkte: Soziologische Theorie, Gender Studies, Biopolitik, Care, Populärkultur, Gender und Science.
www.gender.soziologie.uni-muenchen.de

Margit Weihrich, Dr. phil., Wissenschaftliche Mitarbeiterin an der Forschungseinheit Sozioökonomie der Arbeits- und Berufswelt an der Universität Augsburg. Forschungsbereiche: Arbeitssoziologie, Dienstleistungssoziologie und interaktive Arbeit, Handlungstheorie und soziale Mechanismen, Soziologie alltäglicher Lebensführung, Methoden qualitativer Sozialforschung.
www.philso.uni-augsburg.de/lehrstuehle/soziologie/sozio4/team/weihrich/

Jessica Wilde, M. A., ist Promovendin am Lehrstuhl für Allgemeine Soziologie an der Philipps-Universität Marburg. Ihre Arbeitsschwerpunkte sind: Soziologische Theorie, insbesondere Pragmatismus und Akteur-Netzwerk-Theorie, Stadt- und Architektursoziologie.

Herbert Willems, Dr. phil., Professor für Soziologie an der Universität Gießen. Forschungsbereiche: Soziologische Theorie, Qualitative Sozialforschung.
www.uni-giessen.de/fbz/fb03/institute/ifs/prof/mikro/teamalle/willems

Christoph Wulf, Dr. phil., Professor für Anthropologie und Erziehung an der Freien Universität Berlin. Arbeitsschwerpunkte: Historisch-kulturelle Anthropologie, Pädagogische Anthropologie, ästhetische und interkulturelle Erziehung, Performativitäts- und Ritualforschung, Emotionsforschung, Mimesis- und Imaginationsforschung.
www.christophwulf.de/

Julia Wustmann, M. A., Wissenschaftliche Mitarbeiterin am Lehr- und Forschungsbereich Soziologie der Geschlechterverhältnisse an der Technischen Universität Dortmund. Forschungsbereiche: Geschlechtersoziologie, Wissenssoziologie, Soziologie des Körpers, Methodologie und Methoden der qualitativen Sozialforschung.
www.fk12.tu-dortmund.de/cms/ISO/de/home/personen/iso/Wustmann_Julia.html

Printed by Books on Demand, Germany